台湾研究

两岸经济合作与海西建设

石正方 主编

九州出版社 JIUZHOUPRESS | 全国百佳图书出版单位

图书在版编目（CIP）数据

两岸经济合作与海西建设／石正方主编. —北京：九州出版社，2011. 11

ISBN 978－7－5108－1241－5

Ⅰ. ①两… Ⅱ. ①石… Ⅲ. ①海峡两岸－经济合作－中国－文集②区域经济－经济建设－福建省－文集 Ⅳ. ①F124－53②F127. 57－53

中国版本图书馆 CIP 数据核字（2011）第 232119 号

两岸经济合作与海西建设

作　　者	石正方　主编
出版发行	九州出版社
出 版 人	徐尚定
地　　址	北京市西城区阜外大街甲 35 号（100037）
发行电话	（010）68992190/2/3/5/6
网　　址	www. jiuzhoupress. com
电子信箱	jiuzhou@ jiuzhoupress. com
印　　刷	涿州市星河印刷有限公司
开　　本	720 毫米 ×1020 毫米　　16 开
印　　张	35. 5
字　　数	556 千字
版　　次	2011 年 12 月第 1 版
印　　次	2011 年 12 月第 1 次印刷
书　　号	ISBN 978－7－5108－1241－5
定　　价	88. 00 元

目　　录

海峡两岸经济周期协动性的测量与分析

王 华*

一、引 言

经济周期波动是与经济增长相伴随的普遍现象，在追求经济增长的同时尽可能避免经济周期波动造成的负面冲击，也是任何经济体制定和实施宏观政策的基本目标所在。不同理论对经济周期的成因提出了多种解释，但归结起来不外乎外生冲击（如技术革新或体制突变）与内生传导（如投资波动或消费波动）两个层面的因素。随着全球经济一体化与区域经济一体化的发展，世界各国（地区）经济联系日益紧密，一国经济周期波动得以通过各种渠道向其他国家传导，从而形成所谓的国际经济周期协动现象。

关于国际经济周期协动性的产生原因，也即经济周期的跨国传导机制，主要包括国际贸易传导、国际投资传导与国际金融传导等渠道，而国际贸易是其中最主要的传导渠道（Sherman & Kolk, 1996）。经由国际贸易而形成的产业内专业化分工格局，增强了贸易各国经济周期的波动关联；大量的实证研究也证明，国际贸易发展与国际经济周期协动性具有正向关系（Frankel & Rose, 1998；Gruben, Koo & Millis, 2002；Baxter & Kouparitsas, 2005）。国际直接投资促成国际生产体系的形成，提升了资本来源国与目的国之间产业结构的同质性；而跨国公司全球利益和风险共担机制则是跨国公司影响世界经济周期的主要传导机制（宋玉华等，2007）。在国际金融传导机制方面，de Haan、Jacobs 和 Mink（2007）认为货币一体化水平和国际借贷发展程度

* 作者简介：王华，厦门大学台湾研究院副教授。

等对金融开放的两个国家（地区）之间经济周期的传导起着重要作用。

随着中国对外开放程度的不断提高，对全球经济一体化参与程度的日益加深，中国与各大经济体之间可能存在的经济周期协动性已经引起越来越多的关注和研究。表1列出了已有相关研究中的测量结果。由表中可知，大部分研究的结论都认同中国与其他国家（地区）之间的经济周期协动性仍不明显，这在很大程度上源于中国整体的开放度仍然不高——如对资本帐户仍施行管制，利率与汇率也未市场化。但从动态的角度来看，中国经济与世界经济的周期协动性已经表现出不断增强的趋势。

表1　对于中国与其他国家（地区）经济周期协动性的研究测量结果

文献	研究对象	研究区间	测量结果及匹配对象	研究结论
任志祥和宋玉华（2004a）	中国与其他9国（地区）	1979～2002	$\rho<0$，日本、菲律宾；$\rho\in[0, 0.2]$，泰国、新加坡、印尼、马来西亚；$\rho\in[0.2, 0.4)$，韩国、香港、美国	中国与其他国家之间经济周期波动的相关性较弱
任志祥和宋玉华（2004b）	中国与其14个主要贸易伙伴	1992～2001	$\rho_{HP}<0$，澳大利亚、美国、日本、荷兰、新加坡；$\rho_{HP}\in[0, 0.3]$，英国、马来西亚、加拿大、泰国、德国；$\rho_{HP}\in[0.3, 0.5]$，法国、意大利、韩国；$\rho_{HP}>0.5$，香港	中国与其他国家之间经济周期的协动性不强
程传海（2007）	中国与东亚14国（地区）	1970～2004	$\rho<0$，菲律宾、老挝、文莱、日本、缅甸；$\rho\in[0, 0.3]$，柬埔寨、泰国、韩国、马来西亚、新加坡、印尼；$\rho\in[0.3, 0.5]$，台湾、香港、越南	中国经济周期波动的独立性较强
		1991～2004	$\rho<0$，文莱、菲律宾、缅甸；$\rho\in[0, 0.3]$，日本、柬埔寨、韩国、老挝；$\rho\in[0.3, 0.5]$，香港；$\rho>0.5$，印尼、台湾、马来西亚、新加坡、泰国、越南	中国与其他国家（地区）经济周期同步性有所增强
喻旭兰（2008）	中国与东盟5国	1994～2005季度数据	$\rho\in[0.5, 0.7]$，印尼、泰国；$\rho\in[0.8, 1]$，马来西亚、新加坡、菲律宾	中国与其他国家周期同步性较高

续表

文献	研究对象	研究区间	测量结果及匹配对象	研究结论
孙阳（2009）	中国与其16个主要贸易伙伴	1994～2004	$\rho<0$，美国；$\rho\in[0,\ 0.3]$，加拿大、俄罗斯、日本；$\rho\in[0.3,\ 0.5]$，英国、韩国、澳大利亚、意大利、法国、荷兰、泰国；$\rho>0.5$，马来西亚、德国、印度、香港、新加坡	
童笛和张文彬（2009）	中国与东亚9国（地区）	1980～2008季度数据	$CI\in[0,\ 0.3]$，台湾；$CI\in[0.3,\ 0.5]$，香港、泰国、日本、菲律宾、马来西亚、韩国、新加坡；$CI>0.5$，印尼	中国经济周期波动方向与其他国家（地区）不一致
彭斯达和陈继勇（2009）	中国与美国	1990～2005	$\rho_{HP}=0.372$	经济周期协动性程度不高，但呈现逐步增强趋势
李星（2009）	中国与美国	1978～1989	$\rho_{HP}=0.38$	周期同步性不显著
		1990～1999	$\rho_{HP}=-0.48$	
		2000～2007	$\rho_{HP}=0.82$	周期同步性较高
石柱鲜等（2009）	中国与日本	1976～2006	$\rho_{CF,r(10)}\in[0.3,\ 0.5)$，2005年后	经济周期协动性表现出增强趋势
	中国与韩国	1987～2006	$\rho_{CF,r(10)}\in[0.3,\ 0.4)$，2005年后	

注：对于研究区间，如无特殊说明，均为年度数据；由于测量方法不同，测量结果不尽可比，其中 ρ 表示增长率周期分量的相关系数，ρ_{HP} 表示 HP 滤波周期分量的相关系数，$\rho_{CF,r(10)}$ 表示 CF 带通滤波周期分量的 10 年期滚动相关系数；CI 表示基于 B－B 算法的虚拟变量序列的一致指数。

海峡两岸经贸关系的发展使得台湾地区与祖国大陆的经济联系正不断加强。目前祖国大陆已经成为台湾最重要的投资地和贸易伙伴，台湾对外投资中超过半数投向大陆地区（农业和制造业投资大陆比重甚至超过70%），而对大陆的巨额出超也成为台湾经济成长的重要源泉。而台湾也已成为大陆利用外资的第五大来源地，2009 年大陆第五大贸易伙伴、第三大进口来源地和第十二大出口市场。鉴于如此密切的经贸往来，本文试图对海峡两岸经济体的经济周期协动性进行测量。经济周期协动性的有无涉及到海峡两岸经贸交流密切程度、产业合作关系的深入程度以及在全球价值链中的地位相关性等多方面因素，是对两岸经济相互依存关系的最为综合的表征，可以作为未来两岸经济制度性一体化设计的重要依据。

论文共分为五个部分，第二部分说明本文采用的研究方法和数据来源，第三部分对海峡两岸经济周期协动性进行具体测量，第四部分对测量方法论的合理性与严谨性进行更多探讨，第五部分为研究结论和政策启示。

二、研究方法与数据收集

（一）关于经济周期波动分量的提取

一般来说，经济变量的时间序列包含三种变动因素，即长期趋势 T、循环（周期）波动 C 和随机扰动 I；对于季度或月度变量，序列中还可能包含季节性波动 S。其中长期趋势是指经济变量随时间的推移所表现出的一种稳定的变动趋势；循环波动是围绕着长期趋势以数年为周期的一种周期性波动；随机扰动是由偶然因素引起的不规则变动；季节性波动则是由气候、节日等因素引起的一种每年重复出现的周期波动。将经济时间序列按上述构成因素加以分解，对深入分析和把握经济指标的变动特征，从而准确地测量和预测经济周期具有非常重要的作用。时间序列分解模型的加法形式为

$$Y = T + C + S + I$$

其中 T、C、S、I 均为绝对量；该模型比较直观，但不利于不同经济变量之间的比较。乘法形式的分解模型则为

$$Y = T \times C \times S \times I$$

其中除 T 为绝对量外，C、S 和 I 均为相对量，便于各变量之间的互相比较，但直观性较差。

在经济周期研究中，按照是否对经济变量时间序列各因子进行分解，可以把经济周期测量方法分为两类。对于增长型经济周期波动①，通常采用增长率周期或增长周期两种方法来加以测量。增长率周期法又称为直接法，一般是按环比增长率来测量变量的周期波动；通过与上一年同期数值相比，可以大致消除序列中长期趋势和季节因素的影响，从而反映经济变量的周期波

① 经济周期可分为古典型与增长型两类，古典型经济周期体现为经济变量绝对水平的上升和下降的交替循环，增长型经济周期波动则只是增长速度出现快慢的交替变动，变量绝对水平则始终呈正的增长趋势。

动和不规则变动。该测量方法简单易行、直观明了，因没有量纲，便于变量间的比较。当经济变量总体上服从指数增长时，增长率周期法可以完全消除序列中长期趋势的影响，但对于增长速度低于或高于指数增长的情况，则会产生长期趋势消除过度或不足的问题；同时环比增长率受短期波动的影响较大。

增长周期法是在对变量进行时间序列分解的基础上，采用变量的循环波动分量 C 来测量其周期波动，它反映了变量对其长期趋势的相对偏离程度随时间发生的循环波动。用这种方法测量的周期波动也称为“离差型周期”。该测量方法更符合经济周期的原本含义，但涉及到时间序列分解模型的选择和季节波动及长期趋势的测定等问题。

篇幅所限，本文仅采用增长率周期法来反映经济周期的波动分量。

（二）经济周期波动分析及其协动性测量

对于经济周期波动，可以从波动幅度、波动的平均位势以及波动的扩张与收缩长度等方面进行分析，从中判断经济周期波动的状态特征。其中波动幅度是每个周期内波动高度（峰位）与波动深度（谷位）的离差，表明每个周期内经济增长高低起伏的程度，波动系数 CV 是衡量周期波动幅度对历史增长趋势偏离程度的标准化指标；波动的平均位势指每个周期内各年度经济增长率的几何平均值，反映每个周期经济增长的总体水平；波动的扩张/收缩长度是每个周期内扩张/收缩期的时间长度，反映每个周期经济扩张（或经济收缩）的持续性。

协动性是用来测量样本国家（地区）间经济周期波动方向的一致性和相互联系紧密性的特征。交叉相关分析技术适于用来进行协动性分析，两个国家（地区）A 与 B 间经济周期波动分量的 Pearson 相关系数计算公式为

$$\rho_{AB} = \frac{\mathrm{Cov}(Y_A, Y_B)}{S_{YA}S_{YB}} =$$

$$\frac{\sum_{t=i-r+1}^{n}(Y_{tA} - \bar{Y}_A)(Y_{tB} - \bar{Y}_B)}{\sqrt{\sum_{t=i-r+1}^{i}(Y_{tA} - \bar{Y}_A)^2 \sum_{t=i-r+1}^{i}(Y_{tB} - \bar{Y}_B)^2}}, i = r, r+1, \cdots, n$$

变量运行的正相关性显示了周期的协动性特征（宋玉华等，2007）。当样本国家间经济周期波动的相关系数为正值且数值较大时，说明国家间经济周期

波动的方向一致，并且相互联系紧密，即可以定量确证样本国家（地区）间的经济周期波动具有较强的协动性。

为了考察经济周期协动性随时间推移而产生的变化，除了计算全部样本期间的相关系数外，还可以根据样本期间的重要事件进行分段，计算分段相关系数，从中反映不同时期协动性的演化情况。同时，还可以计算较小区间（如 r 期）的滚动相关系数，从中显示协动性的动态演化情况；滚动相关系数的计算公式如下

$$\rho_{AB}^{(i)} = \frac{\mathrm{Cov}^{(i)}(Y_A, Y_B)}{S_{Y_A}^{(i)} S_{Y_B}^{(i)}} = \frac{\sum_{t=i-r+1}^{i}(Y_{tA} - \bar{Y}_A)(Y_{tB} - \bar{Y}_B)}{\sqrt{\sum_{t=i-r+1}^{i}(Y_{tA} - \bar{Y}_A)^2 \sum_{t=i-r+1}^{i}(Y_{tB} - \bar{Y})^2}}, i = r, r+1, \cdots, n$$

严格来讲，由上述（同期）相关系数衡量的是经济周期波动的同步程度，可称为同步性或同期性。而协动性是比同步性内涵更宽泛的概念，例如国际经济周期的传导往往存在时滞，可能产生一国经济周期波动与另一国滞后期经济波动的相关性，此时需要借助错期相关系数来加以测算，l 阶错期滚动相关系数的计算公式为

$$\rho_{AB}^{(+l,i)} = \frac{\mathrm{Cov}^{(+l,i)}(Y_A, Y_B)}{S_{Y_A}^{(i)} S_{Y_B}^{(i)}} = \frac{\sum_{t=i-r+1}^{i}(Y_{tA} - \bar{Y}_A)(Y_{t+l,B} - \bar{Y}_B)}{\sqrt{\sum_{t=i-r+1}^{i}(Y_{tA} - \bar{Y}_A)^2 \sum_{t=i-r+1+l}^{i+l}(Y_{tB} - \bar{Y})^2}}, i = r, r+1, \cdots, n-l$$

在此基础上，还可以借助 Granger 因果检验方法来进行更为严格的经济周期波动传导方向与时滞的检验。

（三）数据来源

本文研究中，将反映经济周期的指标确定为国内生产总值（GDP）这一综合性的经济总量指标，研究区间设定为 1978 ~ 2009 年。大陆地区 GDP 数据采用《新中国五十年统计资料汇编》、《中国统计年鉴 2009》以及国家统计局网站公布的 1978 ~ 2009 年 GDP 指数，据此整理得到各年份相对于上一年的环比增长率数据。台湾地区 GDP 的历年增长率数据则取自台湾统计资讯网公布的“国民所得及经济成长”统计。

三、海峡两岸经济周期协动性的实际测量

（一）海峡两岸经济周期的波动分析

海峡两岸 1978～2009 年 GDP 增长率的波动轨迹可如图 1 所示。由图中可知，两岸的经济波动都较为明显，周期性也较为突出。

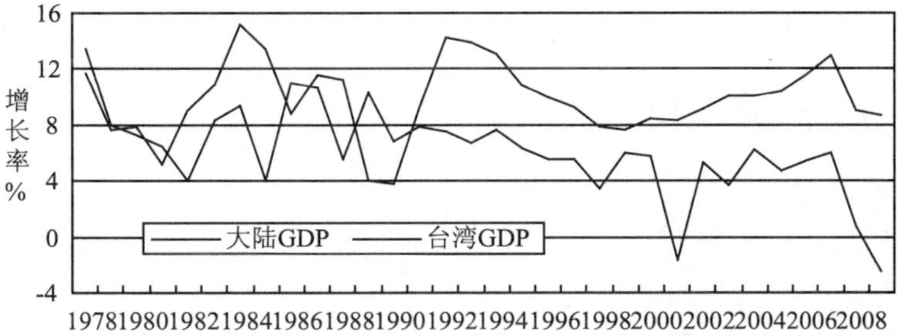

图 1　海峡两岸 GDP 的增长率曲线

按照经济周期的“谷－谷”划分准则，1978～2009 年的 31 年间，中国大陆地区经济增长率的波动共呈现出 4 轮周期。如表 2 所示，前 2 轮周期属于 5 年左右的短周期类型（基钦周期），后 2 轮周期则属于 10 年左右的中周期类型（朱格拉周期），4 轮周期的平均长度为 7 年。改革开放以来，经济周期波动趋缓，周期变长，显示经济运行逐渐趋于平稳。但各轮周期的扩张长度普遍较短，表明扩张的持续性较弱，稳定性仍有待提高。

表 2　大陆地区各轮经济周期中 GDP 增长率的波动状况

周期序号	波峰年份	波谷年份	波动幅度（%）	波动系数	平均位势（%）	周期长度（年）	扩张长度（年）
1	1984	1986	6.4	0.24	11.45	5	3
2	1987	1990	7.8	0.57	7.63	4	2
3	1992	1999	6.6	0.24	10.66	9	2
4	2007	2009	4.3	0.15	9.86	10	8
4 轮周期平均			6.3	0.28	9.76	7	3.75

台湾地区经济增长率的波动则经历了 5 轮周期。如表 3 所示，5 轮周期中有 2 轮为长度 8－10 年的中周期，有 3 轮为长度 3 年的短周期，各轮周期

的平均长度为5.4年。各轮周期的波动幅度有渐次递增的趋势，且近10年来的波动系数明显提高，平均位势却显著下降，显示经济增长速度趋缓，经济稳定性逐渐丧失。

表3　台湾地区各轮经济周期中GDP增长率的波动状况

周期序号	波峰年份	波谷年份	波动幅度（%）	波动系数	平均位势（%）	周期长度（年）	扩张长度（年）
1	1984	1985	5.25	0.39	7.21	3	2
2	1986	1988	5.43	0.34	9.05	3	2
3	1989	1998	6.81	0.27	6.76	10	1
4	1999	2001	7.62	1.31	3.31	3	2
5	2004	2009	8.72	0.84	3.64	8	6
5轮周期平均			6.77	0.52	5.83	5.4	2.6

相对而言，海峡两岸经济周期波动幅度大体相当；但纵向来看，两岸经济波动状况存在观感上的明显反差，大陆地区呈现稳中有升的趋势，台湾地区则恰好相反。

（二）海峡两岸经济周期同步性的测量

进一步观察图1可知，海峡两岸经济周期波动表现出一定程度的相似特征。如在1978～1981、1984～1985、1992～1998以及2007～2009年间，两岸周期波动都处于收缩阶段（经济增长率不断下降），而在1982～1984、1990～1991以及2001～2007年间，两岸周期波动都处于扩张阶段（经济增长率不断上升），周期收缩或扩张重叠的年份达到21年。这为两岸经济周期的协动与否提供了直观的判断依据。

表4为两岸GDP增长率的Pearson相关系数。从中可知，1978～2009年间，两岸经济周期波动的协动性（同步性）并不显著。考虑到在较长历史时期内可能存在多种不同的相关模式，在此进一步根据样本期间的重要事件进行分段，计算分段相关系数，从中反映不同时期协动性的演化情况。实际以1990和2000年为界划分为3段，分别考虑1990年台湾当局颁布《对大陆地区从事间接投资或技术合作管理办法》从而正式认可对大陆投资、以及2000年台湾民进党执政等事件前后，两岸经济周期协动性可能产生的变化。实际分段相关系数亦见于表4。

表 4　海峡两岸 GDP 增长率的 Pearson 相关系数

研究区间	1978～2009	1978～1989	1990～1999	2000～2009
相关系数	0. 1286	0. 0005	0. 3605	0. 5657 * *

注：＊＊表示可在5%显著性水平下拒绝无相关性原假设（单边检验）。

由表 4 的分段相关系数可见，在 1990 年以前，两岸的交流规模很小，层次亦低，基本不存在经济周期的协动性现象；而 1990 年之后，随着两岸经贸往来的不断深入，经济周期协动性也不断呈现，1990～1999 年相关系数为 0. 3605，2000～2009 年相关系数则达到 0. 5657。虽然台湾当局一直奉行管制政策，主张分散贸易和投资市场，降低对大陆经贸依赖，但两岸经济周期协动性的不断提升，清晰显示两岸经济相互依存是不可逆转的大趋势。

进一步，利用滚动相关系数来表现两岸经济周期协动性的动态演化特征。由于两岸经济周期的平均长度都在 6 年上下，故采用 2 倍于该长度的 12 年期的滚动相关系数。这样既可以较全面地概括短期经济周期的经济关联特征，又避免了由于原始序列周期长度过短导致的动态趋势表现不充分的问题。1989 年起各年份的滚动相关系数如图 2 所示。

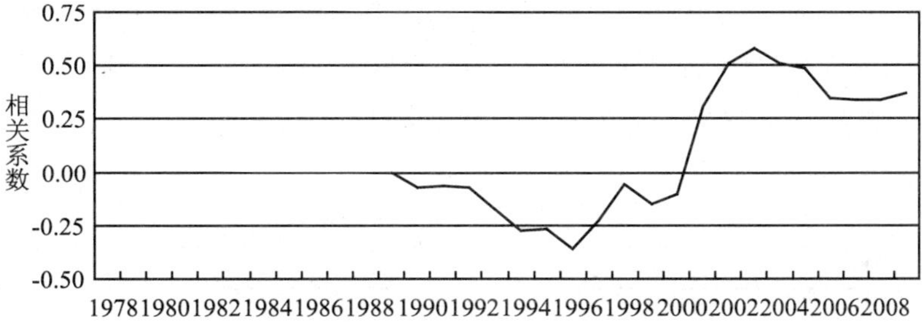

图 2　海峡两岸 GDP 增长率的 12 年期滚动相关系数曲线

从中可知，2001 年至今两岸经济周期波动的 12 年期滚动相关系数较高，表现出较为明显的周期协动特征，之前各年份的滚动相关系数则不显著。具体而言，从 1990 年开始，两岸经济周期波动开始表现出一致趋向，导致 2001 年开始的 12 年期滚动相关系数迅速上升。而恰恰是也从 1990 年开始，两岸经贸交流进入密切发展阶段，意味着海峡两岸可能存在实质性的周期协动现象。

（三）海峡两岸经济周期跨期协动性的测量

在上述同期相关系数所测量的经济周期波动同步性之外，利用错期相关系数来反映两岸经济波动的跨时期传导，结果如图3和图4所示。由图3可知，在1989～1991年间，大陆地区经济波动对滞后2年的台湾地区经济波动之间存在一定的错期相关；而在2002～2005年间，大陆地区经济波动对滞后1年、2年和3年的台湾地区经济波动之间都存在较为明显的错期相关。

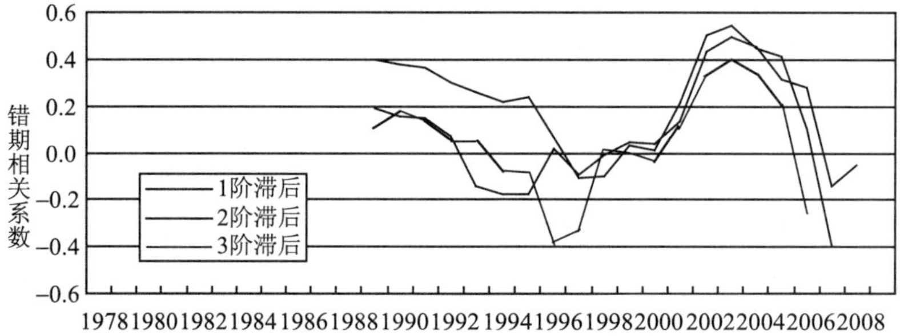

图3　大陆GDP增长率与台湾滞后期GDP增长率的滚动相关系数曲线

由图4可知，在1999～2000年间，台湾地区经济波动对滞后2年和3年的大陆地区经济波动之间都存在较为明显的错期相关；而在2001～2003年间，台湾地区经济波动对滞后1年的大陆地区经济波动之间存在较为明显的错期相关。

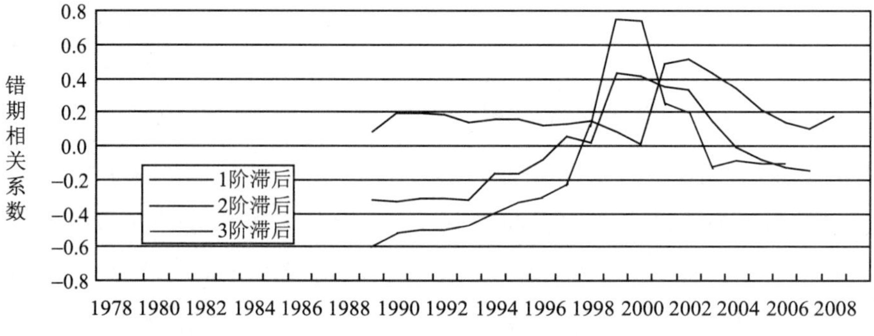

图4　大陆滞后期GDP增长率与台湾GDP增长率的滚动相关系数曲线

总体而言，错期相关分析并未提供稳定而明显的跨年份的经济周期协动传导信息；基于 Granger 因果检验的结果同样也无法给出有价值的信息，在此不再赘述。

四、关于测量结果的进一步讨论

基于海峡两岸 GDP 增长率的（全样本、分段、滚动及错期）相关分析，直观地给出了两岸经济周期波动之间可能存在的协动性特征，这也是目前研究文献中通用的测量方法。然而，仅仅采用相关分析技术还无法揭示经济周期协动性的全面特征，这其中包括周期协动性的传导机制、传导方向、传导速度、传导力度等多方面重要内容。

理论研究支持国际（区际）贸易和投资是经济周期协动性的主要传导渠道。海峡两岸经贸关系业已不断深入发展。根据大陆海关统计，自 1978 年两岸开展小额间接贸易始，两岸贸易交流迅猛发展，至 2009 年底累计贸易总额已经达到 9600 多亿美元，名义年均增长率接近 30%；其中大陆对台湾出口额达到 1700 多亿美元，自台湾进口额达到 7900 多亿美元，累计贸易逆差达 6200 亿美元。两岸贸易额在双方对外贸易总额中已经占据相当比重：2000 年以来，两岸贸易占台湾对外贸易总额比重超过 10% 并不断攀升，2005 年达到 20%，目前更超过四分之一；尤其是台湾对大陆出口额，已占台湾出口总额的 40% 以上，台湾自大陆进口额则占到台湾进口总额的 10% 以上，对大陆的巨额出超也成为台湾经济成长的重要源泉。两岸贸易占大陆对外贸易总额的比重则基本维持在 5% ~8% 之间，其中大陆对台湾出口额占大陆出口总额的比重在 2% 上下，自台湾进口额占大陆进口总额比重在 10% 上下，但近年三项比重都呈现下降之势。利用上述指标构造两岸贸易强度指数，由图 5 可知，两岸贸易强度基本处于上升的趋势，只是近 4 年来贸易强度略有下降。比较图 5 中贸易强度曲线与图 2 中经济周期协动性（相关系数）曲线，可以发现二者有很高的相似度。因此可以认为，两岸贸易往来确实成为两岸经济周期协动性的重要传导渠道。

在两岸投资方面，一直以来都仅有台商对大陆的单向、间接渠道的投资，虽然目前台湾当局已经开放大陆资金入台，但规模尚为有限。根据大陆商务部统计，截至 2009 年底，台商在大陆投资项目达 80499 项，实际投资金额 495.4 亿美元，占大陆累计利用外资总额的 5.2%，台湾业已成为大陆

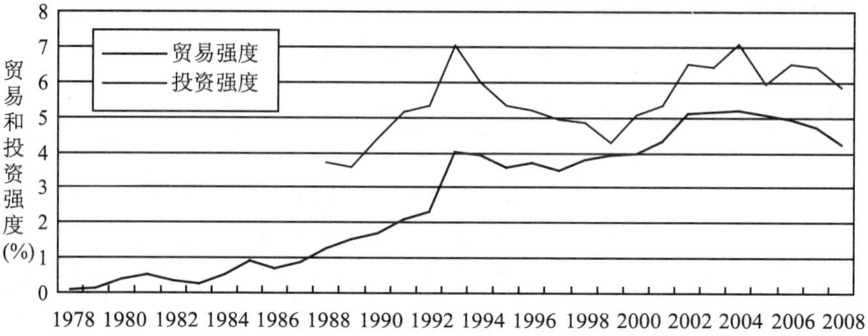

图 5　海峡两岸双边贸易强度与投资强度曲线

计算公式：（1）贸易强度 = 双边贸易总额/（大陆地区对外贸易总额 + 台湾地区对外贸易总额）×100；（2）投资强度 =（大陆口径台商对大陆投资总额 + 台湾口径台商对大陆投资总额）/2/（大陆地区实际利用外资总额 + 台湾地区对外投资总额）×100。

数据来源：两岸双边贸易总额数据取自大陆海关统计，大陆地区对外贸易总额及实际利用外资总额数据取自《中国统计年鉴 2009》，大陆口径台商对大陆投资总额数据取自大陆商务部统计，台湾口径台商对大陆投资总额数据取自台湾“投审会”（剔除历年补报数据），台湾地区对外贸易总额及对外投资总额数据取自《Taiwan Statistical Data Book 2009》。

利用外资的第五大来源地。而根据台湾“经济部投审会”统计，1991 年以来台商对大陆投资金额以年均 27.4% 的速度增长，对大陆投资占全部对外投资的比重不断上升，近年来每年比重已经达到 70% 上下；而经核准的项目累计超过 37000 项，合同投资金额累计达 750 亿美元以上，占累计对外投资比重的 55.83%，其中农业和制造业投资大陆比重都超过了 70%，祖国大陆已经成为台湾最重要的投资地。考虑到统计数据的稳定性与准确性，同时利用大陆口径和台湾口径的台商投资数据来构造两岸投资强度指数。由图 5 可知，两岸投资强度在 1999 年之前呈先增后减态势，之后则呈总体上升趋势，目前基本维持在 6% 上下。投资强度曲线与经济周期协动性曲线之间同样存在一定的相似性（虽然相似度低于贸易强度曲线），可以认为台商投资是两岸经济周期协动性的重要传导渠道。

除了直接经贸往来之外，两岸外向型经济结构以及台商“大陆生产、欧美销售”的产业格局，导致二者同时会遭受世界市场经济景气波动的冲击，由此经由间接渠道形成经济周期协动现象。理论上讲，即使两个经济体之间不存在直接经贸往来，只要二者经济结构存在相似性，就易于同时受世界经济的影响冲击而呈现经济周期的协动特征，对此不妨称之为“表象协动”。因此，在分析海峡两岸经济周期协动性问题时，有必要对周期协动性的来源和传导渠道加以区分讨论；而源于世界经济冲击的两岸经济周期协动性，更昭示了海峡两岸在经济全球化过程中合作共赢的客观前景。对此将另文分析，此处不再展开论述。

经济周期协动性不仅表现为两岸经济波动的同步性，还体现为波动传导的方向和速度。基于同期相关系数的结果无法揭示这两种特征，而图 3 和图 4 的错期相关分析结果又未能提供稳定而明显的跨年份的经济周期协动传导信息。对此一种可能的解释是，这种波动传导的时滞在 1 年以内，故而年份时间序列中无法体现这种传导节奏。王华和唐永红（2010）利用 1989 - 2008 年季度数据的短期 Granger 因果关系检验发现，台湾地区经济增长率对于大陆地区经济增长率有单向因果关系，并认为其原因一方面在于台湾经济规模较小，而经济开放度又较大陆为高，对世界经济景气的冲击更加敏感，因而经济波动会提前于大陆；另一方面，台湾对自大陆进口商品贸易的限制以及对陆资入岛的禁止，则在短期内有效隔绝了大陆经济波动的影响。该研究对本文的上述推断提供了一定支持。可以认为，短期内，台湾地区经济周期波动存在提前于大陆地区经济周期波动的可能性，但这种提前并非实质性传导，而是共同受世界经济景气的冲击所致。

此外，经济周期协动性还涉及一国（地区）经济周期波动导致另一国（地区）经济周期相应波动的力度。经济周期协动性对于规模不同、结构不同的经济体而言，效果是不同的。直观判断，在完全开放条件下，如果经济周期波动由较大规模经济体向较小规模经济体传导，则预期会产生更大幅度的波动；如果经济周期波动由较小规模经济体向较大规模经济体传导，则预期波动幅度会减小。借由弹性概念表述，即较小规模经济体对于较大规模经济体的经济周期波动的弹性系数会相对较大，而较大规模经济体对于较小规模经济体的经济周期波动的弹性系数会相对较小。然而在相关分析过程中，不论弹性系数大小，只要两国（地区）经济周期波动表现为同向趋势，都可以得到较大的相关系数。对此问题的一种替代性方法是建立回归模型来估计不同经济体在国际经济周期协动过程中的相对弹性系数，这也同样成为本研究的未来拓展方向。

五、海峡两岸经济周期协动性的演化趋势与政策启示

海峡两岸经济周期波动业已呈现一定程度的协动性特征，并且这种协动性有不断提升的趋势。尤其是近20年来，大陆经济周期波动趋于平稳后，两岸增长率周期波动显现出较为明显的同步性。然而，不可忽视的问题是，大陆地区的经济开放度并不高；由于政治僵局横亘其间，两岸经贸交流也存在很多障碍和局限，并未完全按照经济规律实现生产要素和商品的自由流动；即使在两岸三通直航实现以来，经济交流的单向性现象也未能完全改观；同时，两岸经济体规模大小的差距是非常明显的。在此背景下，二者之间经济周期波动未来会遵循怎样的传导机制实现相互影响，是需要重点考虑的问题。

首先，随着大陆地区对外开放度的提高和产业结构的升级，两岸经济结构特征逐渐趋同，致使二者针对世界经济景气冲击的敏感性日益接近；但相对于作为小型经济体的台湾地区，作为大型经济体的大陆地区拥有更大的经济腹地和市场空间来吸收来自外界的经济波动冲击，正常情况下经济周期波动幅度应当会小于台湾地区，此时即产生表象性的、非对称的周期协动现象。其次，目前大陆地区在台商全球产业布局中仅处于加工生产环节，而非终端市场，大陆市场的投资冲击与消费波动对台湾地区的影响实际并不大；但世界市场的需求波动会对大陆台资企业的出口（在统计数据中表现为大陆地区的出口）产生直接影响，进而通过两岸贸易渠道影响到台湾地区的经济周期波动，由此形成外部来源的、间接传导的两岸经济周期协动性。随着两岸产业合作的深化以及台商对大陆终端市场的开拓，两岸经济周期波动的协动性会不断由外部来源向内部来源转变。再次，由于两岸经贸交流不是完全受经济规律所驱使（如存在严重政治干扰和诸多政策限制），在经由贸易和投资渠道传导经济周期波动方面还存在很多“绝缘”层；如果经济规律之外的干扰和限制得以不断减弱，则贸易和投资强度的提升对于周期传导的力度也会有更明显的体现。可见，海峡两岸经济周期协动性的形成和传导，其中还存在众多的变数，并非用一般的经济理论可以予以完全解释；需要随着时间推演，利用更多经验事实和数据来加以检验。

海峡两岸经济周期协动性的显现，对于推动两岸“三通”新形势下的经贸关系发展与经济一体化政策设计不无启示。一方面，两岸经济周期协动性是两岸经贸往来关系不断加深、两岸经济体产业合作关系不断深化、面对全球市场的竞争力协同提升与互利双赢格局形成、相互经济依存关系形成的综合体现。这种协动性又要求两岸交流由“量”向“质”的进一步提升，从而提升两岸经贸合作的深度与广度，不断优化贸易和投资结构。在当前国际金融危机冲击与国际市场贸易保护主义反弹的情况下，两岸出口导向型经济面临严峻挑战，加之出口导向经济增长效率的边际递减，迫切需要推动产业结构转型升级。当前则应以进一步挖掘两岸产业比较优势、降低经贸交流成本和提升贸易结构作为两岸贸易政策的着力点，提升大陆台资制造业企业的全球竞争力，实现两岸出口加工产业向全球产业价值链中附加价值高的环节转移。在吸引台商投资的过程中，既要注重台资企业的就业创造效应，也应关注其采购、研发、经营和销售当地化的可能性，切实推动台资企业与当地企业充分融合、对当地产业结构升级优化起到必要的促进作用。另一方面，鉴于两岸经济周期已经显现协动特征，可以考虑建立经济周期波动的协同预警系统，进而将构建两岸宏观调控政策的协调机制作为两岸经济制度性一体化设计的前期重要内容；通过在对外经济政策、财政政策与货币政策等方面的双边协调，共同应对外部经济冲击、抵御负面影响，不断提高经济运行的稳健性，实现经济长期稳定增长，并为远期向“两岸共同市场”、货币一体化的迈进积累可行的合作经验。

本文研究还存在诸多局限性，有待进一步拓展和完善。首先，经济周期协动程度的高低是一个相对概念，本文提供了纵向对比结果，却未提供横向对比结果（两岸经济体与其他国家或地区的经济周期协动性程度），无法呈现两岸参与全球经济一体化的全貌。其次，相关分析提供了周期协动性的总体测量，但关于协动性的传导方向和传导力度等特征，则作用不大，还需要借助其它分析手段来分析实现。再次，关于协动性的传导机制，本文的分析有待进一步深入，如两岸产业内贸易、政治限制等要素的作用。最后，关于经济周期波动分量的提取方法，也会对测量结果产生影响，有必要采用其它方法（如 HP 滤波等）重复上述研究，以对比判断不同方法下研究结论的稳定性。

参考文献

[1] 程传海:《东亚经济周期协动的研究》,《亚太经济》2007 年第 3 期。

[2] 胡少东,李非:《台湾 GDP 序列结构突变与经济周期》,《台湾研究集刊》2009 年第 3 期。

[3] 李星:《中美两国经济周期同步性研究》,《财经理论与实践》2009 年第 3 期。

[4] 彭斯达,陈继勇:《中美经济周期的协动性研究:基于多宏观经济指标的综合考察》,《世界经济》2009 年第 2 期。

[5] 任志祥,宋玉华:《我国与东亚区域内贸易及经济周期的协动性研究》,《国际贸易问题》2004 年第 5 期。

[6] 任志祥,宋玉华:《中外产业内贸易与经济周期协动性的关系研究》,《统计研究》2004 年第 5 期。

[7] 石柱鲜,黄红梅,邓创:《贸易对中日韩经济周期协动性的影响研究》,《东北亚论坛》2009 年第 4 期。

[8] 宋玉华等:《世界经济周期理论与实证研究》,北京:商务印书馆,2007 年,225 - 226。

[9] 孙阳:《贸易模式、贸易密度与经济周期协动性——对中国及其主要贸易国的实证研究》,《世界经济情况》2009 年第 1 期。

[10] 童笛,张文彬:《东亚经济周期同步性研究》,《世界经济研究》2009 年第 8 期。

[11] 王华,唐永红:《台商投资、两岸贸易与经济增长:对于两岸经济相互依存性的系统度量》,《国际经贸探索》2010 年第 6 期。

[12] 喻旭兰:《中国与东盟国家经济周期同步性的实证分析》,《广州大学学报(自然科学版)》2008 年第 2 期。

[13] Baxter, M. , and Kouparitsas, M. A. "Determinants of Business Cycle Comovement: A Robust Analysis." Journal of Monetary Economics, 2005, 52 (1): 113 - 157.

[14] De Haan, J. , Jacobs, J. , and Mink, M. "Measuring Synchronicity and Co - movement of Business Cycles with an Application to the Euro Area." CESifo Working Papers, October 2007.

[15] Frankel, J. A. , and Rose, A. K. "The Endogeneity of the Optimum Currency Area Criteria." The Economic Journal, 1998, 108: 1009 1025.

[16] Gruben, W. , Koo, J. , and Millis, E. "How Much does International Trade Affect Business Cycle Synchronization?" Federal Reserve Bank of Dallas, wp - 02 - 03.

[17] Sherman, H. J. , and Kolk, D. X. Business Cycles and Forecasting. Harper Collins College Publisher, New York, 1996: 295 - 315.

新时期两岸经贸合作的进展与前景

熊俊莉*

美国次级房贷引致的金融危机，使全球各国（地区）经济都受到剧烈冲击，我国大陆与台湾地区也均呈现经济成长趋缓与外贸出口下滑的现象，快速发展的两岸经贸往来遭遇挑战。然而，2008 年以来海峡两岸经贸关系出现了重大的积极变化，大陆地区陆续出台多项惠台政策协助台湾摆脱经济困境，台湾当局对两岸经贸关系的政策思路也作了重要调整。在两岸均持开放态度并积极推动下，两岸经济关系将更加紧密，两岸经济合作将朝正常化、制度化、机制化的方向逐步推进。

一、国际金融危机对两岸经济的影响

美国次级房贷引爆的全球金融危机，除了使美国经济承受萎缩的重大压力，也迅速蔓延至全世界经济体。2008 年 8 月以后危机加深，美、日、欧等发达国家经济大幅衰退，减少了对发展中国家（地区）的投资；内需大幅萎缩，减少了对出口导向经济体的产品进口。亚洲多个高度依赖外需的出口导向型经济体，如日本、中国大陆、韩国、台湾等，都遭受严重冲击。此次国际金融危机对大陆与台湾地区的冲击显著表现在经济增长、对外贸易与两岸经济往来等三个方面。

（一）两岸 GDP 增速均大幅减缓

2008 年下半年国际经济环境急转直下，尽管中国大陆金融市场受到的影响有限，但实体经济却受到直接、快速的冲击。按可比价格计算，2008 -

---

* 作者简介：熊俊莉，中国社会科学院台湾研究所助理研究员。

2009年中国GDP分别增长9.6%和8.7%，与往年相比，增速明显下滑。①尤其2009年第1季经济增长率仅6.2%，同比降低了4.4个百分比，规模以上工业增加值降幅达11.3%，企业效益明显下降，就业困难增多。2009年下半年中国经济呈V型复苏，但复苏的基础仍很脆弱，政府投资与刺激内需等政策虽然带动第4季GDP恢复10.7%的增长，但国民经济运行仍面临较多不确定因素，金融危机导致的民间投资趋弱、就业增长和农村劳动力转移减缓、价格下行压力等问题可能在一段时间内难以完全消除。

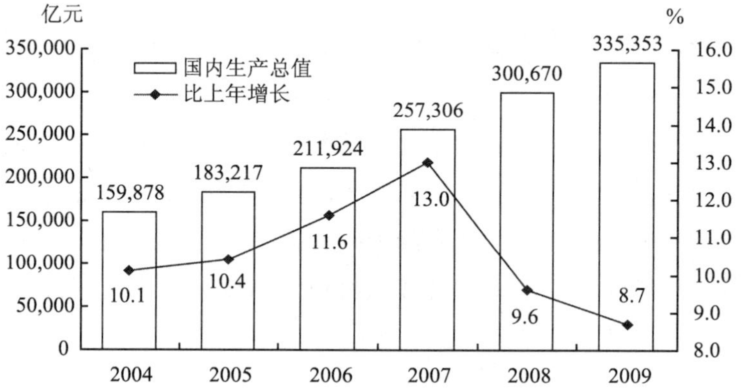

图1　2004－2009年中国GDP及其增长率

资料来源：中国国家统计局，《2008年国民经济和社会发展统计公报》，2009年2月26日；《2009年12月份及全年主要统计数据》，2010年1月。

金融危机对台湾经济造成的冲击远超过预期，不仅严重影响台湾制造业及出口贸易，岛内的民间投资也快速萎缩，导致2009年台湾经济衰退1.87%，创60年来最大衰退纪录。受国际金融危机影响台湾经济在2009年第1季创下罕见的9.06%的经济衰幅，全年民间投资大幅衰退19.6%，岛内就业形势不断恶化，9月失业率创下6.04%的高位。台湾经济在金融危机中也暴露出内需不足、服务业竞争力弱、产业转型升级困难等结构性问题。

（二）两岸对外贸易均大幅衰退

金融危机对中国经济最大的冲击是外贸出口。由于美、日、欧经济陷入深度衰退，国际市场需求大幅萎缩，自2008年11月起我国对外贸易形势发

① 国家统计局：《2009年国民经济总体回升向好》，www.stats.gov.cn，2010年1月21日。

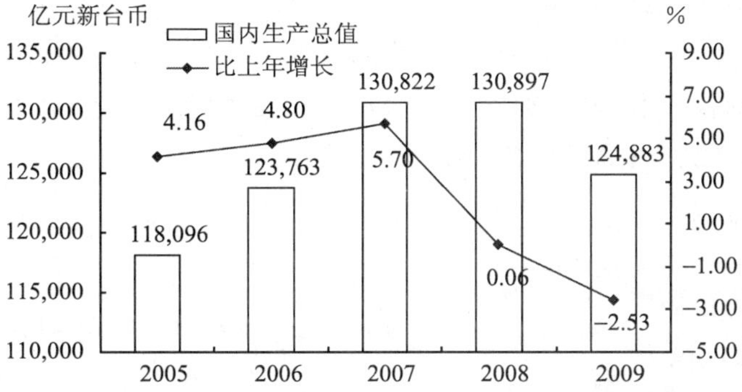

图 2　2005－2009 年台湾 GDP 及其增长率

资料来源：根据台湾"行政院主计处"2009 年 5 月发布的"国民所得统计及经济情势展望"绘制。

生逆转，出口下降 2.2%，是 2001 年 7 月以来首次下降。2009 年第一季度国际金融危机持续恶化和蔓延，中国对外贸易延续去年 11.12 月持续下降的态势，且降幅明显扩大，外贸出口总额比去年同期下降 19.7%。出口是拉动中国经济增长的"三驾马车"之一，贸易进出口总额占 GDP 近 70%。国际金融危机中，它也成为导致中国经济下滑的最主要因素之一，2009 年第 1 季净出口对经济的贡献率已经下降为－0.2 个百分点，依靠出口拉动经济成长陷入困境。世界银行的《中国经济季报》指出，全球危机使中国出口受到重创，并对社会投资和市场情绪产生影响，对制造业的影响尤其明显。

相较大陆地区台湾外贸面临的形势更加严峻，由于外贸依存度高达 128%，① 全球金融危机造成台湾外需与出口的急剧减少。自 2008 年 9 月起台湾外贸出口一路走跌，9－12 月，出口额年增率分别为－1.6%、－8.3%、－23.32% 及－41.9%，2009 年 1 月更降至－44.1%，② 创下台湾 1971 年有贸易统计以来的最大衰退幅度。台湾最主要的几个出口市场均出现对台湾产品需求大幅下滑的现象，2009 年 1 月台湾对大陆（含香港）出口衰退 58.6%，对东盟（6 国）出口衰退 51.1%，对欧洲、美国、日本等

① 外贸依存度指一国（地区）对外贸易总额与国内生产总值的比值。2008 年大陆 GDP 与贸易总额分别为 43270 亿美元与 25616 亿美元；台湾 GNP 与贸易总额分别为 4026 亿美元与 4961 亿美元。

② 台湾"经济部统计处"2009 年 5 月 25 日发布的统计数据，http：//2k3dmz2. moea. gov. tw。

主要市场的出口也受金融危机影响分别衰退32.6%、26.5%及17.9%。由于产业过度集中、产品结构单一，台湾的电子产品、基本金属及其制品、塑橡胶及其制品、机械、矿产品出口下滑幅度惊人，分别衰退45.3%、43.6%、44.7%、32%及42.4%。①

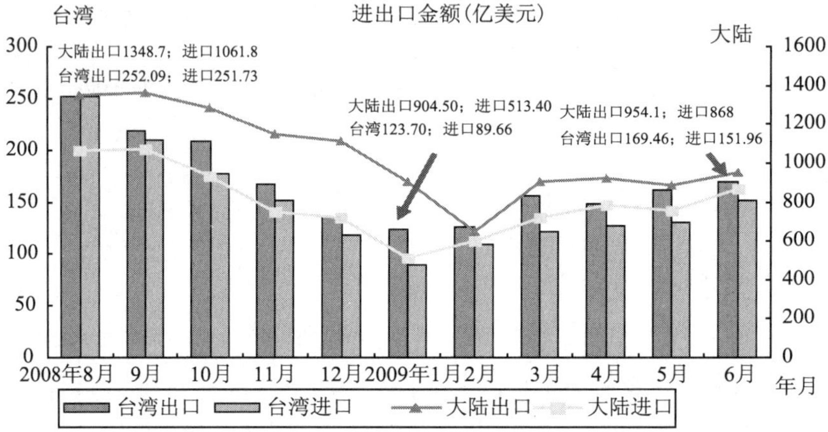

图3 两岸进出口贸易额统计（2008.8－2009.6）

资料来源：根据大陆商务部、台湾“经济部”统计数据绘制。

国际金融危机也造成两岸外贸进口不同程度的衰退，台湾受到的冲击尤为严重。岛内进口需求快速下滑，2008年8月至2009年1月进口减少了64.4%，严重影响了台湾对外贸易的健康发展。2009年下半年两岸对外贸易均出现企稳回升，但金融危机的深层次影响依然存在，两岸出口最主要的美欧最终市场复苏速度缓慢，两岸对外贸易持续增长仍面临较大的不确定因素。

（三）两岸贸易与投资遭遇瓶颈

尽管政治、文化等领域存在分歧，两岸经济关系却相当紧密。台湾对大陆（含香港）的出口依存度近年来稳定在40%以上，且仍呈上升趋势，大陆已经成为台湾地区最大的贸易伙伴和最大的出口市场，是带动台湾经济增长的最重要动力。2002年以后台商对大陆投资金额占台对外投资总额的比重一直都维持在65%以上的高位，大陆已成为台商对外投资高度集中的地

① 台湾“国贸局”2009年2月9日发布的统计数据，http：//cweb.trade.gov.tw.

区。台商投资大陆，往往都从台湾购买关键零组件、机械设备，因而形成贸易创造效应。台湾出口大陆的比重逐年上升，台湾外贸出口与大陆外需市场的连结程度也相当紧密，从而形成两岸经济较高的关联度。

然而，快速发展的两岸经贸往来也因国际金融危机遭遇挑战。台商对大陆投资金额增长率从2007年的30.5%大幅下降至2008年的7.2%。自2008年第4季起台商对大陆投资金额持续减少，2009年1－4月台商投资大陆金额同比减少62.58%，全年衰退幅度达33.2%。① 两岸间投资对贸易的带动作用，似乎更早就开始失效。因此，当金融危机爆发，中国对美国出口衰退时，台湾对大陆出口衰退的幅度更大。2008年9－12月，中国对美国的出口成长率分别为15.39%、12.44%、－6.13%及4.14%，而台湾对大陆的出口成长率却不断衰退，分别为－16.3%、－19.9%、－38.5%及－54%，也验证了台商投资大陆所带动的贸易效果已经开始减弱。

二、近期两岸经贸合作的新进展

面对这场20世纪30年代以来全球最严重的金融危机，中国大陆和台湾地区都深受拖累，但却因此建立起更紧密的经济合作关系，联手应对经济波动的冲击。大陆地区陆续出台多项促进两岸经贸交流与合作的政策，协助台湾抵御金融危机、缓解经济困难，且已经彰显成效；台湾制定了“搭桥专案”等两岸经济合作策略，希望借助大陆市场实现经济复苏。更紧密的经济合作关系，为两岸尽早摆脱金融危机、恢复经济活力做出了突出贡献。

（一）大陆对台经贸政策推动两岸经济合作

大陆地区自2005年起，通过“国共经贸论坛”陆续公布了80多项惠台政策和措施（表1），主要集中于农业、开放大陆居民赴台旅游、便利台湾民众出入境、教育、专业执照、医疗、交通航运等方面。虽然当时在台湾当局阻挠下许多未及时付诸实施，但自从2008年国民党在台湾重新执政后，两会（海协会与海基会）恢复协商，许多惠台政策得到落实。大陆尤其重视帮助台湾地区抵御金融危机，并明确表示，如果世界经济形势持续恶化，台湾方面提出缓解经济困难的要求，大陆方面愿意尽最大努力提供协助。

---

① 台湾“经济部”统计数据，http://www.moea.gov.tw.

表1　近年大陆地区惠台措施统计

时间	会议	惠台措施
2005. 4. 26 ~ 5. 3	连战和平之旅	3 项
2005. 5. 5 ~ 13	宋楚瑜搭桥之旅	3 项
2006. 4. 14 ~ 25	两岸经贸论坛	15 项
2006. 10. 17	两岸农业合作论坛	20 项
2007. 4. 28 ~ 29	第三届两岸经贸论坛	13 项
2008. 12. 20 ~ 21	第三届两岸经贸文化论坛	10 项
2009. 5. 15 ~ 22	首届海峡论坛	8 项
2009. 11. 5 ~ 8	两岸农渔水利合作交流会	12 项
2010. 6. 20	第二届海峡论坛（航空会议）	9 项

随着金融危机的深化，台湾经济遭遇了前所未有的困难，外贸出口大幅减少，股市房市快速下滑。相对而言，大陆尽管也受到金融危机的冲击，但强大的复苏能力使它成为全球抵御经济危机的一个重要信心来源。大陆地区自 2009 年 2 月起启动“家电下乡”、“汽车下乡”等政策，采用财政补贴方式，鼓励汽车、家电“农村消费”及“以旧换新”，是大陆惠农强农、拉动内需、带动生产的一项重要措施。该政策已经取得了很大成效，据家电下乡信息系统统计，截至 2009 年底家电下乡相关产品销售量与销售额已分别达 3768 万台（件）和 693 亿元。

“家电下乡”不仅带动了大陆地区家电产业发展，为了帮助台商渡过金融危机，大陆还扩大对台湾采购的政策取向，台湾电子、电脑及相关产业也都得到实惠。2009 年大陆彩电厂向台湾友达、奇美与华映等厂商采购了约 44 亿美元的面板，使台湾在大陆面板市占率由 2008 年的约 35% 提高至 50%，大幅领先主要的韩国竞争厂商三星、LG 等。2009 全年大陆赴台的海贸会各采购团、面板团、四川团、江苏团、广州团和河南团等对台采购超过 150 亿美元，① 采购团受到岛内业界的普遍欢迎，有效地提升台湾产业界和民众对未来的乐观预期，并实质性地增加了台湾的投资和消费，有利于台湾

① 台湾“中央日报”：《贸协：今年邀大陆来台采购团成果 150 亿美元》，2009 年 12 月 16 日，http：//www. cdnews. com. tw.

经济尽快走出低迷、实现复苏。

大陆刺激内需的各种措施，正逐渐带动两岸经贸依存度回升，两岸贸易成为拉动台湾经济复苏的重要动力。2009 年两岸进出口贸易的金额及占台湾贸易总额比重均呈现回升态势，台湾对大陆（含香港）进出口比重分别上升 1 和 2.1 个百分点，已经超过金融危机前的依存程度。台湾对大陆出口订单大幅增长，带动台湾整体出口形势好转。大陆已代替美国成为台外销订单的最大来源地，10 月增长率高达 20%，带动台湾外销订单出现国际金融危机以来的首次正增长，同比增长 4.41%；12 月台湾对大陆（含香港）出口增长 91.2%，带动整体出口增长 46.9%。投资带动两岸贸易的效应虽然已经减弱，大陆内需市场复苏又成为两岸贸易回升的重要动力。

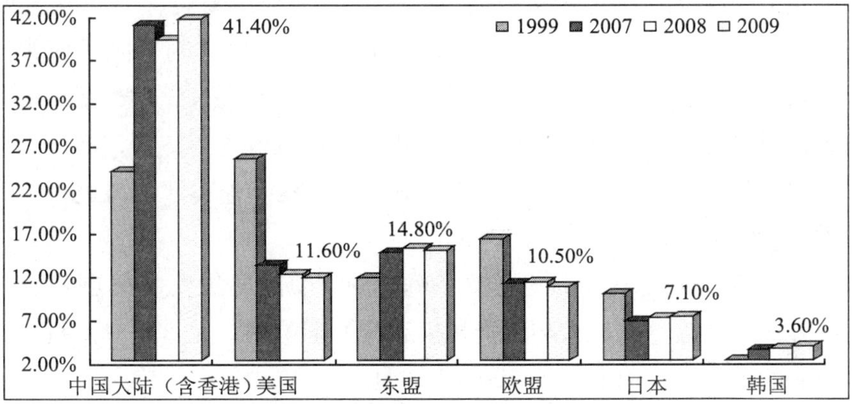

图 4　台湾出口依存度变化情况

资料来源：根据台湾“主计处”统计数据计算绘制。

（二）台湾调整两岸经贸政策促进经济合作

从李登辉的“戒急用忍”到民进党执政初期的“积极开放，有效管理”，转而至 2006 年出台的“积极管理，有效开放”，2008 年以前两岸经贸关系由于台湾当局持续的管制政策无法正常发展。国民党重新执政，为两岸经贸关系的正常化发展带来了曙光，两岸海运空运全面直航、陆资入台等 20 多项开放政策陆续出台，原来民进党执政时期对大陆产品进口的限制，对台商投资大陆的限制都逐渐放宽。

台湾一直采取“宽出严进”的大陆贸易政策，对大陆产品进口进行严格限制。2002 年以后才开始在 WTO 架构下逐步放宽大陆物品的进口，截至

2010 年 2 月 1 日止，台湾已经开放对大陆 8628 项农、工产品的进口，占全部货品（10879 项）的 79.3%。

表 2　台湾历年开放进口大陆物品统计表

年份	1988－1989	1990－1999	2000	2001	2002	2003	2004
项数	92	5666	5786	5888	8055	8493	8614

年份	2005	2006	2007	2008	2009	2010	
项数	8666	8660	8718	8753	8617	8628	

注：2009 年 1 月 1 日台“货品会”增、删修订 2189 项货品。

资料来源：根据台湾“国贸局”统计数据计算绘制。

两岸资本市场开放的基础比贸易部门更加薄弱，台湾的“主管部门”不仅禁止大陆厂商到台湾投资，而且台商投资大陆也要遵循“在大陆地区从事投资或技术合作审查原则”（2006 年）：一是投资人对大陆投资累计金额不得超过“主管机关”设定的投资金额或比例上限；二是投资或技术合作的经营项目分为禁止类和一般类，禁止制造业投资达 102 项，准许投资的一般类累计投资金额超过 2000 万美元需列为专案审查案件，超过 1 亿美元列为重大投资案件审查。

随着台湾当局两岸政策的开放，单向的、受限的投资局面逐步发生转变。一方面，台湾放宽赴大陆投资规模和产业别限制，尤其是对高科技产业和服务业的限制。台湾当局于 2008 年 8 月 1 日起，将台商赴大陆投资上限由 40% 放宽至 60%（在台设立营运总部或跨国企业者不设限），并简化投资审查程序，仅对超过 5000 万美元的个案进行项目审查，金额在 100 万美元以下只需要事后报备即可；放宽赴大陆投资高科技产业的限制，开放 6 代以上 TFT－LCD 面板厂登陆、开放 12 英寸厂及 8 英寸参股和并购大陆晶圆厂、开放半导体封测和 IC 设计产业赴大陆投资；进一步开放服务业赴大陆投资，允许银行业、信托服务业、金融租赁业、创投业、二类电信业的一般业务投资大陆，放宽不动产业投资规模的限制。另一方面，台湾方面开放陆资赴台，两岸实现双向投资的进程也逐步取得进展。2008 年 12 月台湾开放大陆合格境内机构投资人（QDII）入台投资证券期货市场；2009 年 4 月海协会与海基会达成共识，台湾将在政策制度上允许大陆资本进入岛内开展投资；5 月台“行政院”审核通过“大陆地区人民来台投资许可办法”与

“大陆地区之营利事业在台设立分公司或办事处许可办法”；6 月，台湾当局审查“大陆地区人民来台投资业别项目”草案，敲定陆资入台投资项目，第一阶段开放 100 项，其中包括制造业 64 项、服务业 25 项、公共建设 11 项，虽然是采用“正面表列”方式，开放的项目受限，但两岸已经拉开双向直接投资的序幕，未来分阶段循序渐进的开放在预期之内。

表 3　台湾对厂商投资大陆政策的调整

投资者	调整前投资上限	调整后（2008. 8. 1）投资上限
个人	新台币 8000 万元	每年 500 万美元
中小企业	新台币 8000 万元	新台币 8000 万元或净值或合并净值的 60%，以较高都为投资上限
非中小企业	净值或合并净值的 40% 或 30% 或 20%	净值或合并净值的 60%

注：台湾“经济部投审会”修订“在大陆地区从事投资或技术合作许可办法”及“在大陆地区从事投资或技术合作审查原则”，并于 2008 年 8 月 1 日起生效。

事实上，台湾当局不仅大幅调整两岸经贸管制政策，也重视利用大陆经济复苏契机与更紧密的两岸经贸关系，带动台湾尽早摆脱金融危机和经济停滞。目前台当局正加紧推动“逐陆专案”和“搭桥专案”，并取得了一定成效。台湾当局推行的“新郑和计划”，在“强力拓展大陆市场”方面制定了“逐陆专案”，通过各项具体措施帮助台湾厂商争取大陆内需市场。“搭桥专案”自 2008 年底开始推行，已举办了中草药、太阳光电、车载资通讯等两岸产业合作及交流会议，范围涉及合作创新研发、供应链整合及产品标准等方面，迄今已促成超过 100 家两岸企业或协会签订合作或意向书。面临外销的萎缩，两岸市场整合与经贸合作已经成为台湾当局的主动选择。

大陆与台湾当局均认为，目前两岸关系面临难得的历史机遇，为促进两岸更紧密的经贸关系创造了良好的环境，尤其是面对国际金融危机对两岸经济的影响和冲击，双方应秉持优势互补、互利双赢的原则，加强和深化两岸经贸交流与合作，实现两岸经贸关系正常化。

三、两岸经济合作的前景

国际金融危机后，在两岸均持开放态度并积极推动下，两岸经济关系将更加紧密，两岸经济合作将朝正常化、制度化、机制化的方向逐步推进。

（一）两岸经济关系正常化将稳步进行

2008年以来，两岸经济合作出现了重大的积极变化，两岸“三通”、开放观光、陆资入台等陆续得到落实，均成为两岸经济关系正常化进程中的重要标志。

两岸推动“三通”已有些时日，但受政治因素影响一直无法实现，阻碍了两岸经济关系的正常发展，对两岸的经济发展均造成诸多不利面。尤其是两岸无法直航，极大增加了进出口运输成本、人员往来成本等，损害了双方的经济利益。两会协商后，已于2008年12月15日实施日常包机与航线截弯取直，后又实现定期航班和航班时刻表、票价的正常化，2010年5月两岸再次扩大直航的范围，大陆地区新增6个客、货运航点，两岸每周航班数也增加至370班。由于台湾与大陆乘客比例约为5：1，两岸台商与赴大陆旅游的台湾民众将是两岸客运直航的最大受益者。台湾“工商建研会”一份针对岛内企业的民调①显示，93%的民众肯定直航有利于节省通航时间；70%的民众认为直航可减少交通成本；36%的民众肯定直航能降低物流成本，有助于增加商机，也即大多数岛内民众肯定“三通”直航对经济的正面效应。

两岸人员往来一直是单向、不平衡的。台湾民众经过简单的审批便能进入大陆地区，而大陆民众到台一直受到诸多限制，人员往来的限制使两岸经济合作无法正常开展。开放大陆居民赴台旅游成为两岸旅游业合作发展的契机，为两岸经济关系正常化迈出一大步。台湾在民进党执政时期虽然被迫开放大陆居民赴台旅游，但把每日开放的人数限于1000人，推广的态度也不积极，因此成行的人数一直很有限。执政党轮替之后，将人数上限提至3000人，但由于仍存在诸多限制，如需团进团出、10人以上才能成团、必须提出相关的财力证明等，其效果也未见提升。2008年7月至12月，大陆到台旅游总人数为61000人，平均每天仅300人。两会第二次会谈后，两岸放宽组团人数、保证金等规定，如大陆开放赴台旅游的省市数增加到25个，成团人数降为5人等。大陆赴台旅游的人数迅速增加，据台“主计处”统计，今年1－4月大陆赴台游客超过50万人，已经超过日本成为台最大的游

① 陈牧民：《评估“新政府”上台后开放的两岸政策》，远景基金会，2009年3月。

客来源地（同期日本约 35 万人）。开放大陆居民赴台旅游对台湾的观光及相关服务业也有很强的提振作用，对出口严重下滑的台湾而言，是扩大内需的一项重要利好因素。台湾“内政部移民署”统计数据显示，截至 2010 年 4 月底止大陆地区居民赴台旅游人数已超过百万，按每人在台平均停留 8 天 7 夜，每日消费 250 美元（约新台币 8000 元）估算，已为台湾观光相关产业带来新台币 572 亿的外汇收益与商机。①

陆资入台是实现两岸双向投资、经贸关系正常化的重要环节，多年来受到台湾执政当局的阻挠无法开放。金融危机给台湾资本市场带来巨大压力，2009 年台湾全年固定资产投资衰减 11.4%，民间投资大幅衰退 19.56%；吸引 FDI 的情况也不乐观，2009 年台当局核准外商赴台投资金额衰减了 42%。在国际竞争的压力下，引进具有雄厚资本优势的大陆投资，成为台湾经济复苏的曙光。2009 年 6 月，台湾当局关于陆资入台的相关配套政策将陆续出台，继开放证券投资及期货交易市场后，两岸开放直接投资也取得突破性的进展。2009 年 7 月至 12 月台当局已核准 23 件大陆投资项目，投资金额共计 3749 万美元。② 尽管目前由于陆资入台投资的产业范围受限导致大陆厂商投资台湾的规模较小，但已经为大陆资金、机构、人员入岛创造了条件，为未来推动两岸双向投资以及两岸经贸关系正常化开启了新的篇章。

（二）两岸经济合作制度化将加快步伐

在两岸经济关系功能性联结越来越紧密的基础上，加强经济合作制度化建设的要求便提上日程，两岸中断将近 10 年的制度化协商管道“海协会－海基会”也得以恢复。两岸两会恢复协商后，迄今举行了 4 次会谈，签署了 12 项协议和 1 项共识，为两岸经贸关系制度化奠定了基础。两岸也确定了制度化协商的常态运作机制，每半年将举行一次两会高层会谈，推动两岸经贸关系的正常互动。

两岸经济合作制度建设的内容十分丰富。以金融合作为例，在 2009 年 4 月两岸签署《海峡两岸金融合作协议》，建立了合作框架的基础上，又进

---

① 中评网：《百万陆客带给台湾 572 亿新台币》，2010 年 5 月 20 日，http：//www. chinareviewnews. com.

② 台湾“投审会”：《98 年 12 月核准侨外投资、陆资来台投资、国外投资、对中国大陆投资统计新闻稿》，http：//www. moeaic. gov. tw.

一步开启实质性合作与合作规则制度化的大门，就信息交换、信息保密、金融检查、沟通交流和危机处理等方面，11 月两岸签署了银行、证券及期货、保险业等三项监管合作备忘录（MOU），随着两岸监理机关建立制度性的对话机制，两岸将逐步消除彼此金融市场的实质进入障碍。今年 3 月台湾“金管会”公布了“金融三法（两岸金融、保险及证券业开放办法）”，台湾金融业获准赴大陆设分行、子行及参股，5 月又修改了“大陆地区人民来台投资业别项目”，将银行、保险和证券业列为陆资可入台投资的行业。大陆方面，有关两岸金融合作制度层面，如现行《外资金融机构管理条例》中对台适用部分也将进行调整。建立和完善两岸经济合作中的各种制度，使经济往来有章可循，是两岸经济合作正常发展的必然要求，是两岸经济合作有序进行的重要保障。

（三）两岸经济合作机制化将逐步推进

两岸经济合作的制度建设正加速进行，为了使这些制度不流于形式，得到正确的贯彻实施，就必须建立起长效机制，来保证两岸经济合作的落实、推动、纠错、评价等，签订 ECFA 正是两岸对经济合作机制化的尝试。

两岸签署 ECFA 是互利互惠，合作双赢的事。尤其台湾产业竞争力已经出现弱化趋势。台湾商品出口占全球市场的比重，由 1999 年的 2.2% 下降为 2008 年的 1.6%，外贸导向型的台湾经济面临竞争力危机，台湾方面迫切希望通过 ECFA 扩大两岸经济合作，争取大陆内需市场，化解经济发展遭遇的困境。其一，ECFA 缓解了台湾“边缘化”于区域经济整合的出口危机。大陆是台湾最大的货物贸易出口市场，若再加上东盟 10 国，共占台湾出口总额的 53.9%。“10 + 1”生效对台湾出口大陆与东盟地区的产品形成巨大压力，尤其是机械产业和化工产业约 50% 产品出口集中于两地，若能通过 ECFA 实现出口大陆零关税或低关税（目前台湾石化、机械、汽车及零组件产品对大陆出口关税约 6.5% – 14.9%），既有助于增加对大陆的出口，也可经大陆以较低关税转出口至东盟各国，对台湾提升产品出口竞争力有很大助益。其二，ECFA 有利于台湾提升服务业的国际竞争力。台湾服务业占 GDP 比重约 70%，已经取代制造业成为经济的支柱产业，但岛内需求饱和、解决就业不足、服务业出口竞争力弱等问题逐渐暴露，服务业国际化的压力增大。两岸若在 ECFA 中就服务业市场准入条件达成一致，将为台湾提升服务业竞争力提供契机。今年第1季的统计数据显示，外商投资大陆模式正发生重大转变，对服务业的投资提升至FDI的45.2%，很快将超过制造业，拥有巨大潜力的大陆服务业市场将成为外商新一轮竞争的战场。台湾服务业在大陆服务业市场展开与其它外资企业的竞争，将可能因ECFA框架内有条件的开放两岸服务业获得先机和竞争优势，进而提升台湾服务业的整体水平与竞争力。其三，ECFA有利于台湾产业结构升级。一是对台湾传统产业转型升级有利。近年来台湾调整产业结构成效不明显，除了岛内自身经济因素影响，另一个重要原因是对大陆施行贸易壁垒，表面看来保护了岛内传统产业、避免了“产业空洞化”、维持了贸易优势和顺差，但实际上扭曲了两岸贸易结构，进而对生产消费、资源分配、国际分工等都造成扭曲，对台湾经济和产业长期健全发展产生不利的影响。两岸签订ECFA，大陆承诺尽量不影响岛内弱势产业和中小企业，正因为考虑到台湾传统产业的短期承受能力，但台湾自身经济转型与产业升级的要求越来越迫切，循序渐进地推动两岸贸易正常化和自由化符合台湾利益。二是对台湾新兴产业发展有利。台湾提出发展生物科技、观光旅游、绿色能源、文化创意、精致农业、医疗照护等“六大新兴产业”的目标，但岛内市场狭小，而大陆对新兴产业的政策支持力度大、发展速度快、市场潜力大，与大陆合作发展新兴产业有利于台湾在新的全球产业链中占据优势地位。三是对台湾产业创新有利。两岸签署ECFA后，创新资源将随物流、人流便利化，知识产权保障制度将逐步完善，有利于两岸展开深层研发创新合作，对台湾成为“全球创新中心”、实现“台湾黄金十年”的目标有很大帮助。

签署两岸经济合作框架协议，是两岸经济合作机制化的重要步骤。目前，两岸两会已就ECFA进行了三次正式协商，就协议的名称、基本结构，协商原则、协议文本等问题达成了共识。当前两岸双方形成良性互动态势，为两岸签署经济合作框架协议，建立具有两岸特色的经济合作机制提供了极为有利的条件。在两岸均持开放态度并积极推动下，两岸经济合作机制化有望取得突破性进展，促进两岸经济进一步紧密合作。

抓住机遇，推动两岸经贸合作进入新的发展阶段

陈克明*

近几年来，随着两岸关系的改善，两岸经贸关系不断取得突破性的进展，其中，两岸实现直航以及就签订 ECFA（两岸经济合作框架协议，Economic Cooperation Framework Agreement，ECFA for dhort）展开商谈这两个重要事件具有十分重要的战略意义。一方面，把两岸经贸关系正常化向前推进；另一方面预示着两岸经贸合作有可能拓展新的发展空间。

两岸经贸合作经历了三十多年的发展，取得举世瞩目的成效，达到较高的发展水平，但这是在非直通的、单向的状态下实现的，是非正常化的双边经贸合作关系状态，两岸实现直航，解决了长期以来影响两岸经贸正常往来的一个十分重要的、基础性的、基本的问题，而 ECFA 的最终签署，将从总体上基本解决两岸双边经贸合作的正常化、制度化、机制化问题，毫无疑问，这将标志着两岸双边经贸合作关系进入稳定运行与不断深化的成熟期。

我认为，两岸实现直航与签订 ECFA，还为发展基于区域多边合作的两岸经贸合作关系创造条件，拓展两岸经贸合作的新空间，使两岸经贸关系由单纯的双边关系向双边与多边关系同时并存发展转变，两岸经贸合作关系进入新的发展阶段，其具体表现就是把两岸经贸合作融入东亚区域合作，两岸共同参与东亚区域合作。

二十世纪九十年代后期，全球区域经济一体化出现迅速发展态势，掀起第三次浪潮。据 WTO 统计，截至 2008 年 5 月，向 WTO 通报生效的区域经济合作协定已达 205 个，其中 80% 是近十年来缔结的新协定，目前正在以

---

* 作者简介：陈克明，教授，华侨大学台湾经济研究所所长。

平均每月1个的速度递增，全球GDP排名前30位的国家或地区，无一例外参与了不同类型的区域经济合作组织。积极推动、融入区域合作，已经成为我国加入WTO后对外开放的新起点，是中国顺应世界经济发展潮流的最佳选择和不可逆转的大趋势，“十一五”规划明确提出：“中国应积极参与多边贸易谈判，推动区域和双边经济合作，促进全球贸易和投资自由化便利化”。我国已完成谈判和在谈的自由贸易区已有12个，涉及29个国家和地区，涵盖我国对外贸易总额的四分之一；自2002年我国与东盟签署《全面经济合作框架协议》着手建立自由贸易区以来，双方贸易关系发展迅速，2004年至2008年，中国—东盟贸易额由1059亿美元增加到2311亿美元，今年1－4月，中国与东盟贸易额达870.93亿美元，增长58.5%，互相投资额也有较快的发展，至2008年累计接近600亿美元，其中2008年中国对东盟直接投资额为21.8亿美元，比上年增长125%。在国际金融危机严重冲击的2009年，中国对外贸易下滑13.9%的形势下，与东盟贸易也只下降7.9%，更远远低于对主要贸易伙伴欧盟（－14.5%）、美国（－10.6%）和日本（－14.2%）的下降幅度。“10＋1”（或“10＋3”）自由贸易区的建立，以及正在积极推动之中的大东亚共同体的构想，将对中国经济的发展乃至于东亚、亚太地区经济发展意义重大。

两岸经贸关系发展的历史经验表明，两岸经贸合作的不断发展依仗且得益于中国经济的发展，经过多年的快速发展，2008年，两岸贸易总额达1292.17亿美元，其中台湾对大陆出口额1033.4亿美元，自大陆进口额为258.78亿美元，到2002年，祖国大陆超过美国成为台湾最大的出口市场，2003年超过日本成为台湾的最大贸易伙伴，2005年成为台湾仅次于日本、美国的第三大进口市场，而台商对大陆投资早已是台湾对外投资的最主要投资地，占台湾对外投资总额的三分之二以上，高居榜首。这些都与祖国大陆经济在较长时期内高速发展密切相关。所以，从这个意义上说，跟随着中国经济的发展趋势，两岸经贸合作关系必然也要融入区域合作的潮流之中。

事实上，对于台湾经济的发展来说，融入区域合作，不但符合台湾经济发展的长远利益，还具有紧迫性。

第一，台湾经济也是高度开放的经济，与东亚、东南亚各国有十分密切的经贸关系。除了与日本、韩国有较长历史且规模较大水平较高的贸易关系外，台湾与东盟各国也有较为密切的经贸关系，东盟十国不但是台湾商品的主要出口地之一，2008 年台湾对东盟的出口占台湾对外出口总额比重为 15.2%，台湾还曾是东南亚国家的主要投资来源地，是台湾海外厂商重要的海外生产基地，台湾在东南亚诸国有一定的产业合作基础，甚至也还有相当的社会文化基础，可以说台湾与东亚地区各国在发展经贸合作方面有一定的基础和发展潜力与前景，况且，大东亚区域合作所形成的是世界第三大自由贸易区，其巨大的市场规模与发展潜力，对于自身经济纵深不足、高度依赖外部市场的台湾来说，提供了一个广阔的长远发展空间。

第二，由于某种原因，台湾目前被排除在东亚区域合作之外，面临被“边缘化”的严重威胁。2010 年“中国—东盟自由贸易区”启动后，中国大陆与东盟各国约 90% 的商品贸易陆续实现零关税，而台湾的出口产品约 65% 集中在这两个市场，不能享受关税减让的台湾产品的出口竞争力必将受到严重削弱，甚至于完全失去应有的市场地位，到目前为止，台湾只有与拉丁美洲五个“邦交”小国签订自由贸易协定，仅占台湾对外贸易总额的 0.2%，融入东亚区域经济合作中，对台湾来说至关重要，不但表现在市场占有上，还表现在充分利用东亚地区业已形成或正在形成的产业链关系，通过跨国公司的生产和销售网络在东亚地区各经济体之间的水平分工联系，发挥台湾成为跨国企业的“全球创新中心”、“亚太经贸枢纽”和“台商运筹经营”的“营运总部”的作用；另外，融入东亚区域合作，特别是参与东亚地区的水平分工，还可以减缓甚至于阻止台湾的产业“空洞化”趋势，因为如果不能加入到区域合作之中，台湾的多数零组件出口必然面对较高的关税课征问题，这就必然促使终端产品制造商要求零组件供应商必须将零组件的生产转移出去，融入区域合作后，这些零组件供应商就可以继续保持在台湾生产并随着业务的发展而增加直接投资，创造更多的就业机会，从而有效地缓阻台湾的产业“空洞化”。

所以，通过特定的形式，借助于两岸经贸合作的深化，通过两岸经济的整合，将两岸经贸合作关系融入区域合作之中，对台湾经济的未来发展意义十分重大。

我们知道，当代区域经济合作的主格调和发展趋势是建立和发展水平型国际分工，这是一种以产品生产的产业链为基础形成的区域间产业内贸易的国际分工关系，其建立及其发展的深度与广度，除了取决于参与分工的不同国家或地区的要素结构差异外，还在很大程度上取决于合作区域内的物流成本和跨境交易成本，这是因为产业内的产品生产工序分工所形成的因要素差异而产生的比较优势空间是比较有限的，如果物流成本和跨境交易成本过高，就必然湮没了比较优势，水平分工关系就无法建立。显然，两岸实现直航、签订 ECFA，将能有效地降低区域内交易的物流成本和跨境交易成本，为两岸的企业，特别是台湾的企业参与到东亚区域水平分工体系中，创造了十分重要的基本条件，有利于两岸共同参与大东亚区域合作，也必将推动大东亚地区国际分工水平的不断提高并促进经济的快速发展。

因此，如果两岸通过经济整合共同参与区域经济合作，两岸经贸合作关系就不是单纯的双边关系，意味着两岸经贸合作由现在的双边经贸合作关系发展为融入区域经济合作的多边关系，标志着两岸经贸合作进入新的发展阶段，两岸经贸合作因为有了一个新的拓展空间而前景无限。

推动基于区域多边合作的两岸经贸合作关系的发展，拓展两岸经贸合作新的发展空间，应该认真研究解决以下问题：

第一，尽快完成 ECFA 的签订并尽快落实和细化延伸，积极探讨台湾借助于 ECFA 融入区域合作的具体方式途径。

首先，尽快完成 ECFA 商谈并正是签订，是十分紧迫的任务，尤其是对台湾而言更是迫在眉睫，中国—东盟自由贸易区已经启动，最近在韩国首尔举行的中日韩政府首脑会议讨论了关于“大东亚共同体”的未来十年进程，东亚区域合作的发展步伐在加快进行，没有给台湾留下踌躇犹豫的时间；其次，即使很快签订 ECFA，要得以落实并产生发挥作用需要一个过程和时间，何况 ECFA 只是一个框架协议，需要具体细化和延伸，直到两岸经济产生实质性的整合效果，才是真正的发挥作用，才能有利于两岸共同参与区域合作，必须尽可能地缩短这一过程；最后，在落实和细化延伸 ECFA 的过程中，需要认真研究如何通过具体的方式途径借助于 ECFA 将台湾带入区域合作的过程中，其中既有一些可以选择的途径，如建立两岸四地自由贸易区以及借助于区域合作中的非制度安排，协助台湾逐步参与介入区域合作等等；也需要探索是否有尽快促使台湾参与区域合作的捷径方式，包括从政治层面的制度化的途径与方式。

第二，巩固直航成果，尽快形成、完善台湾海峡航运市场体系，推动海峡航运港口的整合，建设台湾海峡物流体系。

直航是实现了，但真正要使直航在两岸经贸合作中发挥好作用，特别是要有助于两岸共同参与区域合作，必须要在两岸之间形成高效率的运输体系并使之能成为区域物流体系中的有机组成部分。应该说，直航虽然实现了，但两岸航运业界不能仅仅满足于此，应该充分认识到这个问题并不只是两岸共同参与区域合作的基本条件，也就是说不只是通与不通的问题，它还涉及到两岸在参与区域合作中的竞争能力和地位问题，因为只有高水平的发达的物流体系才能为从产业分工协作提供低成本、高效率的物流服务，使优势产业的作用充分得到发挥。在海峡地区建设功能强大的高效率的物流体系是需要较长时间的艰苦努力的，需要及早考虑、规划并有效实施。这是一项任重而道远的任务，必须尽快采取措施，建立和完善台湾海峡运输市场及其体系，发挥市场机制作用，通过海峡两岸航运港口的整合，建设台湾海峡航运港口体系，并在此基础上建设功能强大的台湾海峡物流体系，为两岸共同参与区域合作提供强大的基础设施。我以为，两岸官方和航运业界应及早就这一事项展开沟通、研讨并制定具体的工作计划，积极推动。

第三，研究寻找基于区域多边合作的两岸产业分工与产业合作的具体方式和内容，以提高两岸产业合作的水平，增强两岸在区域合作中的竞争力。

对于水平分工来说，不同国家或地区依照各自的要素结构、要素价格形成相对优势进行产品生产上的工序分工，不同的行业、产品的不同工序的规模经济不同，这就决定不同国家或地区的产业和企业在分工体系中的地位、作用和具体的内容。两岸共同参与区域合作，不仅仅是两岸的产业、企业各自以其自身的优势参与分工，更重要的是两岸通过合作形成新的、具有更强竞争性的优势产业，这不但可以提升两岸各自的产业水平，还可以增强两岸在区域合作中的地位能力，这就是我们强调的两岸共同参与区域合作的关键所在，它和两岸分别以各自独立身份参与区域合作应该是有区别的，所以，需要从区域合作的视角，以提升两岸产业在区域合作中的地位为目标，寻找两岸产业合作的具体产业及其合作的最佳途径、方式和具体内容，以期通过提升两岸产业合作的水平，增强两岸在区域合作中的地位和竞争能力，推动东亚区域合作水平的发展提升。

参考文献

[1] 陈继勇：《后金融时代海峡两岸经贸合作的发展与前瞻》，新浪财经 2009 年 11 月 22 日。

[2] 朱磊：《对两岸积极合作路线图的思考》，中国台湾网，2010 年 1 月 25 日。

[3] 商务部国际贸易经济合作研究院、南开大学、对外经贸大学联合研究组：《两岸经济合作协议研究报告摘要说明》，华广网，2010 年 2 月 25 日。

[4]《中国与东盟的经贸合作日益密切》，《中国经济时报》，2010 年 5 月 27 日。

两岸“经济两化”功能与推进

刘　红　王森森*

经过两年多来的和平发展，两岸关系已站在新的历史起点上，面临着进一步发展的良好契机和有利条件。现阶段的主要任务是是实现两岸经济关系正常化、两岸经济合作制度化（“经济两化”）。ECFA 的推进，为两岸解决“经济两化”问题打开了新的大门。

一、“经济两化”背景概述

（一）经济全球化发展的必然结果

自 20 世纪 80 年代以来，“在国际分工深化发展的基础上，随着各国和各地区经济开放度的增加，各经济体间的各种壁垒逐渐消除，整个世界相互渗透、相互依存、相互依存、相会影响的程度不断加深，规模与形式不断增加”的经济全球化①，逐渐成为世界经济发展的潮流和趋势。

由于经济全球化是要在世界范围内的资金、技术、产品、市场、资源、劳动力进行有效合理的配置，通过突破市场障碍和各种约束，降低直接的生产成本和间接的交易成本，从而为追求利益最大化的各种经济体的结构调整和经济发展，提供更多的机会和空间。在经济全球化的大背景下，两岸“经济两化”可以充分整合和利用两岸经济互补性，有助于两岸经济结构调整和产业结构升级，进一步谋求各自最大化利益的需要，提高各自在经济全球化浪潮中的抗风险能力。不仅将为两岸贸易与投资提供十分便利的条件，

---

* 作者简介：刘红，北京联合大学中外政治制度学科带头人，台湾研究院教授；王森森，国际关系学院国际政治专业硕士研究生。

① 邓丽娟：《台湾研究 25 年精粹—经济篇》，北京：九州出版社，2005 年 6 月，第 240 页。

大幅度降低两岸经贸交流的成本和时间，提高市场竞争力，赢得更多商机，获得更多的利润，更重要的是可以增强两岸在国际市场中的竞争力，提高两岸参与经济全球化的实力。

正是在经济全球化的推动下，大陆和台湾先后加入了世界贸易组织。虽然受困于台湾当局的经贸政策，台湾迟迟没有履行相应的承诺，WTO 原则在两岸之间也没有发挥效用，但是这无疑为两岸经贸交流提供了一个平台和参照物。双方本着"WTO 精神"，推动两岸"经济两化"的实现，建立具有两岸特色的经济合作机制，具有十分重要的意义。

（二）符合区域经济一体化的潮流

区域经济一体化是经济全球化的必然结果，是指在一定区域内的若干国家和地区，为维护本国或本区域的利益而进行的国（区）际合作与交往。随着区域经济一体化不断走向成熟，那些地理位置临近、经济上依存度较高的国家和地区形成一种区域联盟，借此提高自身经济能力和在国际经济中相对优势的分工地位。20 世纪 90 年代末期以来，东亚地区的经济格局发生了深刻变化，曾经是东亚经济火车头的日本经济经历了 10 余年的长期增长停滞，与此同时中国经济在改革开放的前提下持续高速增长，区域内的主要国家和地区都把中国变为了自己最重要的贸易伙伴。中国经济的崛起加速了东亚区域经济的整合，东亚地区开启了区域经济一体化的进程。就中国而言，其继与东盟签署"10 + 1"、与东盟、日、韩签署"10 + 3"协议外，内地分别与香港、澳门签署《关于建立更紧密经贸关系的安排》（CEPA），开创了国家主体与单独关税区经济一体化的新模式，并获得了巨大成功，为香港、澳门的经济发展注入了新的活力。

与 2010 年元旦开始启动的东亚区域经济一体化相对应的，是台湾一直游离于整个区域经济的边缘地带，台湾经济被边缘化的危机将进一步加大。而如果两岸实现了"经济两化"，两岸经济的互补性，有助于台湾利用大陆广阔的经济发展空间，有助于台湾尽快融入东亚区域经济一体化的进程，便于在东亚区域内与其他国家和地区的竞争中获得优势，加快台湾经济借助世界经济全球化、区域经济一体化的发展而发展。

（三）大陆经济发展的必然结果

改革开放彻底改变了中国经济发展的轨迹。从 1978 年到 2009 年，年均实际增长率约为9.8%，GDP由3645亿美元增长到335353亿美元①，是同期世界经济年均增长率的3倍多，整个经济规模已经由1978年的世界第十前进为世界第三，中国已成为世界上最具有发展潜力的经济大国之一。尤其在国际金融危机期间，中国经济展现了前所未有的活力，率先走出经济危机的困境，成为稳定世界经济的重要力量。正如美国彼得森国际经济研究所高级研究员戈德斯泰所讲："中国在应对此次国际金融危机方面的表现非常出色。中国在提振全球需求增长方面将发挥重要的作用。"②

与中国大陆经济快速发展相对应，台湾在国际经济中的地位则相对下降。"根据IMF等国际机构公布的资料，台湾经济规模由曾经的世界第十六退至2008年的第二十六，出口由20世纪80年代中期的世界第十一位降至2008年的第十八位。"③ 由此可见，随着中国大陆经济的腾飞，两岸经济实力的消长明显。从两岸经贸发展的历程来看，大陆经济实力越强，对台湾的吸引力就越大，两岸经济交流与合作的动力越强。此外，大陆在经济发展上正致力于推动经济结构转型和产业结构优化升级，改变过去经济发展过度依赖投资和出口的做法，更加重视内需对经济的拉动作用，逐渐把经济增长从以往主要依赖物质资源的投入调整到技术进步、自主创新和劳动力素质的提高上来。这些转变无疑会对传统的两岸经贸交往产生巨大的冲击，尤其是会影响台商在大陆的投资活动。因此，两岸必须要实现"经济两化"，并以此为基础寻求两岸经贸新的互补点与合作策略，才能开创两岸经贸发展的新局面。

（四）台湾经济自身发展的要求

从台湾经济发展的进程来看，台湾在历史上都是挂靠或依附于某个或成为某个经济体的一部分，然后通过发展有比较利益优势的产品和产业，促进自身经济的发展。例如："在20世纪80年代中期以前，台湾经济深度依赖美、日市场，以美、日劳动密集型产业加工基地的角色处于美、日为核心的西方经济体系的边缘地位；20世纪80年代中期以后，台湾经济逐渐将重心

---

① 罗宇凡：《2009年中国经济"保八"目标完成结构调整任重道远》，新华网，2010年1月21日。

② 《应对金融危机国际社会充分肯定中国积极作用》，《人民日报》，2009年4月1日。

③ 朱磊：《两岸经济关系的发展潜力依然巨大》，《台湾周刊》，2009年第5期，第5页。

转向亚洲，并通过引进美、日资本和技术，对东南亚、大陆实施直接投资等环节推进产业升级换代，逐渐以技术密集型产品加工基地的角色在亚太国际产业分工体系中发挥技术及产业中介功能。”① 因此，从本质上讲台湾经济属于一种外向出口、“浅碟形”经济。

然而，台湾这种外向型经济受外部因素干扰较大，尤其是在世界经济不景气时受损更加严重。在国际金融危机的冲击下，与台湾经济联系密切的三大发达经济体美国、日本和欧元区都处于不同程度的衰退。台湾经济“内需提振乏力，消费和投资意愿下降；外需市场萎缩，对外贸易由盛转衰；服务业增长停滞，制造业面临严重产能过剩”②。2009 年，台湾经济仍呈负增长态势，形势有所好转，但前景依然不乐观。国际金融危机之后，各经济体之间的经济实力此消彼长，台湾由于其自身出口经济的特点，必将加深对大陆经济的依赖。因此，加快实现两岸“经济两化”，为台湾经济发展注入新的活力，成为台湾经济再次起飞的重要起点。

二、“经济两化”的经济动因

（一）有利于两岸经贸的继续发展

从某种程度上来讲，两岸经贸关系的发展历程，就是两岸经济关系正常化、经济合作制度化的试验过程。自 1979 年元旦全国人大常委会发表《告台湾同胞书》发表，在大陆的积极推动下，以小额海上贸易和经香港转口的间接贸易为主要形式的两岸经贸开始起步。到 90 年代前期，大陆在促进两岸经贸交流、鼓励台商投资等方面的法律、政策和工作体系基本完备，为此，两岸经贸交流与合作迎来第一个高潮期，先后在 1996 年 3 月两岸民航运输票证实现“一票到底”，1997 年 1 月就两岸“试点直航”问题达成协议，极大地方便了两岸交流。两岸经贸的发展，有力地回击了李登辉提出的“戒急用忍”政策③。在民进党执政期间，先后在 2001 年 1 月实现厦门和金

① 李非：《台湾研究 25 年精粹—两岸篇》，北京：九州出版社，2005 年 6 月，第 174 - 175 页。

② 李非、吴凤娇：《国际金融危机下的台湾经济形势分析》，《台湾研究集刊》，2009 年 2 月，第 53 页。

③ 李登辉：《在台湾工业总会召开的“经营者大会”上致辞》，台湾《中国时报》，1996 年 9 月 15 日。

门、马尾和马祖间的海上客货直航，2003年春节起先后实现“春节包机、节日包机和专项包机”，全面回击陈水扁当局限制两岸经贸的对策①。特别是在2005年4月起，在国共两党开始交流后，大陆又多次出台惠台政策②，这为两岸经贸关系的进一步发展提供了新的政策支持。2008年5月，两岸关系开始历史性转折，“两会”协商制度化和两岸“三通”的实现，写下了两岸交流合作的新篇章。

31年来，两岸累计贸易额达到9636.2亿美元，其中大陆对台湾出口1723.5亿美元，台湾对大陆出口7913.2亿美元，台湾顺差达6189.7亿美元③。经过30余年的运作，已经成为两岸“经济两化”的调试过程。受国际金融危机等因素影响，自2008年11月后，两岸贸易往来开始出现大滑坡④。但随着世界经济形势的进一步好转，加之两岸经贸制度化协商的进行，特别是ECFA的工作商谈的展开，两岸经贸将逐步回稳，并且将成为“经济两化”的主要推动力量。

（二）有利于增加两岸经济互补性

两岸实现经济关系正常化、经济合作制度化的过程，也是两岸经济互补性和依存度不断增强的过程，进而互助互惠、共创双赢的过程。两岸经济交流与合作的历程表明，两岸经济存在互补互利的关系。台湾的市场狭小，是一个浅碟形的经济体，相对于大陆来说，台湾在资金、技术、管理和营销方面存有优势，而大陆在科技人才、劳动力、土地、市场方面具有明显的比较优势。正是基于彼此间经济发展的互补性，两岸经贸形成了紧密的依存关系；或者说经贸依存度越高，表明经济互补性越强。从1978年到2009年，从台湾方面来看，对大陆的进口依存度由0.42%上升至11.7%，对大陆的出口依存度由零上升至42%，台湾对大陆外贸依存度由0.19%上升至28%。从大陆方面来看，对台湾的进口依存度由零上升至8.5%，对台湾的

① 李气虹：《台湾放弃“戒急用忍”政策》，《联合早报》，2001年11月8日

② 胡锦涛：《高举中国特色社会主义伟大旗帜，为夺取全面建设小康社会新胜利而奋斗》，《人民日报》，2007年10月25日。

③ 《2009年1－12月大陆与台湾贸易、投资情况》，商务部台港澳司，2010年1月15日，http：//tga. mofcom. gov. cn/aarticle/d/201001/20100106749276. html.

④ 《2009年1－12月大陆与台湾贸易、投资情况》，商务部台港澳司，2010年1月15日，http：//. tga. mofcom. gov. cn/aarticle/d/201001/20100106749276. html.

出口依存度由0.47%上升至1.7%，大陆对台湾的外贸依存度由0.22%上升至4.8%。当然，大陆对台湾的外贸依存度，近几年来不升反降，特别是2009年降幅要大一些，这是近几年来大陆经济发展好于台湾的结果。也是受国际金融危机的影响，2009年间两岸贸易下降17.8%，台湾外贸下降达20%。大陆外贸虽说下降13.9%，但是经济基本面不受影响。因此，大陆对台湾的外贸依存度有所下降，更是说明两岸经济互补性的重要，台湾方面的需求要大于大陆。由此可见，两岸“经济两化”，有助于在发展两岸经贸的同时，有利于两岸经济互补性的增加。

（三）有利于台湾和两岸产业调整

伴随着台湾地区工业向大陆地区的不断产业转移，海峡两岸贸易的商品结构和参与贸易的企业结构也发生较大的变化。20世纪80年代初期，大陆从台湾进口的产品主要以日用消费品为主，也包括一定的电子产品和机器设备。大陆输入台湾的产品主要是农工原料、土特产品。90年代以后，不论是台湾还是大陆，从对方进口的产品已由早期的少数几种民生消费品，发展到两岸生产所需的农工原料或工业产品，商品结构日趋多元化。到2000年以后，资本和技术的密集型产品成为构成海峡两岸贸易商品的主体。目前，随着两岸经济关系正常化、经济合作制度化不断深入，两岸的贸易和商品结构的多元化趋势愈发明显。与海峡两岸商品贸易结构不断变化相对应的是海峡两岸参与贸易的企业主体也发生了较大变化，“20世纪80年代初期海峡两岸贸易基本上由两个区域内部的企业参加，进行垂直的产业间贸易。20世纪90年代后，贸易主体由区域内的企业转变为以跨区域合资企业和跨区独资企业为主。”① 目前，随着两岸“三通”的实现，台湾当局放宽了台资企业投资大陆的限制，加之两岸制度化协商取得了巨大成果，如两岸MOU的签署，使得参与经贸活动的两岸企业迎来新的机遇和挑战，从而带来新一轮企业结构的调整。可以说，两岸经贸交流和台商投资大陆的发展，要求双方进行产业调整，“经济两化”是产业调整的最佳途径。

（四）有利于拓宽两岸经贸合作领域

随着两岸经贸的发展，两岸在农业、工业、高新技术产业、服务业等领

---

① 张为付：《海峡两岸经贸合作的特点与趋势研究》，《南京财经大学学报》，2006年第5期，第33页。

域合作不断加深，并呈现出由传统产业合作向高新技术产业与现代服务业合作的趋势。农业方面，两岸农业交流与合作已进入快速发展时期，初步形成了宽领域、多层次、全方位的合作双赢发展格局。据不完全统计，截至2009年底，在大陆投资发展的台资农业企业已达6100多家，投资大陆农业的台资达72亿美元。在大陆的16个省区的海峡两岸农业合作试验区和台湾农民创业园，台资农业企业已达5000家，利用台资58亿美元。工业方面，台商投资大陆项目已达80061个，到位台资495.4亿美元。自2008年开始，台湾经济部门和大陆方面开始建立搭桥专案，启动以来，在中草药、通讯、太阳能光电、车载资讯、LED、照明、风力发电等项目上，已促成300多家企业商谈，并签署18份合作协议书。在未来两岸经贸合作中，台资企业将通过新增投资转向科技含量高的产业，原有产业要增加以技术和品牌为核心的竞争力。在现代服务业领域，大陆具有巨大潜力，与大陆相比台湾在现代服务业领域起步较早，行业发展成熟，正好弥补大陆在现代服务业领域相关经验和资金方面的某些不足。“经济两化”有助于在当前经济全球化和区域经济一体化的飞速发展中，两岸经济界通过更高层次的制度设计和战略规划，利用两岸之间行业的互补性，拓宽两岸经贸合作领域，提升两岸经贸合作层次，形成两岸共有的“合力”，更好的推进两岸经贸协调、有序和可持续发展。

三、积极推进两岸“经济两化”进程

经过30年的经济交流和“三通”的实现，如何以某种制度化、机制化的安排，为两岸经济持续稳定发展提供保障被提上议事日程，ECFA就是在这一背景下提出和推动的。ECFA协商正在正常进行，第一阶段性协议签署也要在6月完成，但要想全面落实ECFA精神，还要积极做好相关方面的工作。

（一）减少签署ECFA的不利因素

一是改变两岸经贸交流中的不对称、不平衡的格局。长期以来，台湾当局对大陆实行歧视性待遇。就商品贸易而言，大陆对台湾地区商品全面开放，台湾仍禁止大陆农产品834种、工业品1360种输入岛内，占台湾进口商品总数的20.3%。就两岸经贸看，截止到2009年，在两岸累计9636.2亿美元贸易额中，台湾方面的顺差高达6189.7亿美元，占64.2%，严重不平衡。在投资方面，与大陆长期以来鼓励和保护台湾同胞来大陆投资不同，台湾直到2009年6月起才开放陆资入台，但在投资领域和操作上设有许多限制。在两岸人员往来方面，大陆基本处于开放状态，但是台湾方面对大陆人员赴台依然设置种种障碍，即使大陆居民“赴台自由行”旅游也没有实现。由此可见，两岸在人员交流与往来方面的不对称状态还是极为明显的。总之，虽然马英九上台后放宽了两岸经贸交流的限制，但短期内两岸经贸不对称、不平衡格局依然难以扭转，这是需要解决的问题之一。

二是消除岛内政治因素对两岸“经济两化”的干扰。两岸关系和平发展和推动ECFA的进程，招来岛内绿营的强烈反对，甚至发动流血抗争事件。绿营在对其“泛政治化”的同时①，宣扬“台湾劳工没头路、农民害了了、传统产业死了了、冲垮321万白领、台湾香港化和薪资大陆化、矮化台湾‘主权’、为‘一中市场’铺路”等“十大谎言”②，阻碍ECFA的协商和签署。泛绿阵营还在发动ECFA“公投”，一方面反对两岸经济合作，一方面以此作为内部进行政治动员、赢得年底“五都选举”的主打议题。绿营的做法干扰了两岸“经济两化”的进程，但无法阻挡两岸“经济两化”的潮流。

三是解除部分台湾民众对ECFA的疑虑。对于“经济两化”，台湾工商企业界一直是支持两岸“经济两化”的主要力量，但是还有部分群体存有疑虑。部分纺织日用品、制鞋、纸业、陶瓷、皮革等弱势传统产业者，担心受到大陆产品的冲击。部分台湾南部农民，在一些政客的刻意误导下，对大陆惠台政策的不甚了解，甚至抵制两岸经贸的开放。部分学者和媒体，他们声称当前两岸夸大了“经济两化”所带来的效应。针对岛内的种种疑虑，大陆方面多次释出善意，强调“在商谈ECFA时，我们会充分考虑台湾农民兄弟的利益”③，大陆商签ECFA的立场是“可以让利”④，都表现出了了大陆在两岸“经济两化”上的极大诚意。当然消除疑虑需要时间，更需要

---

① 《ECFA只是政治议题？——解析争议中的盲点》，中国台湾网，2010年1月26日。

② 《双英辩论登场前蓝戳破民进党十大谎言》http：//www. chinareviewnews. com 2010 - 04 - 23 11：48：21.

③ 《胡锦涛春节前夕看望台湾同胞：共同开创两岸关系更加美好的未来》，新华网 http：//www. chinataiwan. org/wxzl/zhyyl/hjt/201002/t20100221 _ 1258881. htm.

④ 温家宝：《因为两岸是兄弟所以让利 依然想去宝岛》，中国台湾网，http：//www. chinataiwan. org/wxzl/zhyyl/wjb/201003/t20100317 _ 1287902. htm.

"经济两化"的效益显示。

对于上述问题，台湾当局也表示，ECFA若能达到60%民众支持，签署两岸经济合作框架协议（ECFA）心里才较踏实，还要再加油①。台"陆委会"在ECFA两次工作商谈后民调显示，58.9%的民众认为ECFA有助于台湾的经济发展；53.1%的民众支持与大陆协商签订ECFA②。这一结果，与近一时期来的相关民调结果基本一致。应该说，签署ECFA已是大势所趋，民心所向，不利因素正在逐步消除。

（二）积极推进"经济两化"

一是继续为两岸实现"经济两化"营造良好的政治氛围。目前处于两岸关系和平发展的巩固期，应按照大陆提出的"建立互信，搁置争议，求同存异，共创双赢"③、"面向未来，捐弃前嫌，密切合作，携手并进"④、"先易后难，求同化异，循序前进，积极稳妥"⑤等原则、方针，全面推进两岸交流和合作。从马英九当局来看，在赞同两岸"经济两化"的同时，对于绿营宣扬ECFA是"亲中卖台"、"牺牲台湾主权"的攻击分外小心，因而在两岸"经济两化"问题上缺乏果断和气魄。从绿营来看，一方面出于"台独意识形态"，他们就不愿与大陆经济交往过密；一方面希望借ECFA议题，打击马英九的两岸经贸政策，赢得部分选民支持，重夺政权。然而，两岸"经济两化"已是大势所趋，各类政治力量应摒弃"戒恐心理"，以更加积极、开放、务实的心态来看待两岸"经济两化"。

二是创新经贸交流机制。由于两岸关系的特殊性，两岸的经贸交流和协商，始终处于一种以民间直接、官方间接的状态。如两岸经贸交流"戴白手套"的协商机制，海协会和海基会作为两岸当局授权处理两岸各项交流

---

① 吴敦义：《60%民众支持签ECFA心里才踏实 要再加油》，中国台湾网，http://www.chinataiwan.org/taiwan/tw_PoliticsNews/201005/t20100507_1360619.htm.

② 台湾最新民调：《过半民众支持两岸商签ECFA》，新华网，http://www.chinataiwan.org/taiwan/tw_PoliticsNews/201005/t20100508_1362263.htm.

③ 《胡锦涛总书记会见中国国民党主席吴伯雄时的谈话》，《人民日报（海外版）》，2009年4月30日。

④ 《温家宝总理会见两岸共同市场基金会最高顾问钱复》，《人民日报（海外版）》，2009年4月23日。

⑤ 《两岸经济合作框架协议首次专家工作商谈取得多项共识》，新华网，http://www.chinataiwan.org/flfg/dt/201002/t20100201_1242791.htm.

具体事宜、沟通协商两岸交流中的各种问题的民间社团，是当前主要经贸协商机制。在具体协商时，根据需要已有主管部门官员上桌谈判。如两岸官方默许或授权的行业性交流机制，在两岸官方不能直接商谈的情况下，此类谈判早就进行。MOU、2009年11月签署的两岸食品产业与科技合作文件、2010年5月互设旅游办事处，就是属于此种类型，作为在两岸关系特殊发展时期的成功选择。如地区性交流协商机制，大陆各省区或重大企业，与台湾相关部门进行直接商谈，签订协议。此类商谈越来越多。创新两岸经贸交流机制，是推动两岸"经济两化"实现的重要途径。

三是加快两岸经济合作制度化进程。"两岸经济合作的制度化是指对两岸经济活动予以规范，制定双方共同遵守的办事规程或行动准则。正常化是解除不合时宜的政策限制的过程，制度化则是建立符合双方利益需要的行事规范的过程。"① 而在实际协商过程中，两岸经贸正常化和制度化协商往往会交织在一起，双轨同进。如两年来两会签订12个协议和达成的2个共识中，关于"三通"、"陆客赴台"本身的协议，包括"正常展开"和"如何进行"的制度规定。两会就共同打击犯罪及司法协助协议、渔业劳务合作、农产品检验、两岸标准与检测合作协议等议题达成协议，以及专业领域就MOU、2010年年5月互设旅游办事处等文件，则主要是为"三通"的"顺利进行"提供制度上的保障。目前，要加快两岸经济合作的制度化，首先需要签署ECFA，推动两岸经济合作制度化进程。

（三）加快"经济两化"示范区"海西区"建设

一是海峡西岸经济区前景美好。海西区的发展战略框架，与港澳粤经济区有很大相似之处。港澳粤经济合作经验之一，利用政府对地区的政策倾斜，加快发展地区航运、金融、物流、贸易、会展、旅游等优势行业，联手推动地区内产业结构调整和优化升级，推进地区内基础设施对接，从而使港澳粤区域成为亚太地区最具活力和竞争力的城市群。经验之二，加快港澳粤区域内高新技术创新合作，构建开放融合、布局合理、支撑有力的区域创新体系，形成广州—深圳—香港为主轴的区域创新布局。以建设粤港澳科技产业园、深港创新圈和穗港、珠澳、莞港创新合作基地为重点，推动建立粤港

① 朱磊：《对两岸经济合作路线图的思考》，中国台湾网，2010年1月25日。

澳联合创新区。经验之三，以港澳粤经济圈为依托，推动整个泛珠江三角洲的发展，并以此为突破口，加强港澳同内地城市的联系，互通有无、优势互补，增强港澳地区同内地的经济联系，为港澳经济发展注入新的活力①。港澳粤经济区的成功，对海西区的建设具有相当的借鉴意义，很有参考价值。要说有不同，海西区的外接地区经济规模、实力更强，内连地区更广、更多、更近，地理位置来说更是港澳粤区、长三角、台湾地区和大陆腹地的中心，可以说海西区的前景更加美好。

二是加快海峡西岸经济区建设。海西区建设的起点很高，重点一为建立海西自由贸易区。从发展战略角度讲，海西区建设应坚持以闽台合作为主体，利用闽台之间独特的地缘、产业优势，以贸易和投资为重点，建立海峡西岸自由贸易区。重点二为加强区内闽台合作。扩大“三通效应”，积极拓展区内的产业合作。在农业合作方面促进闽台农业资源进一步整合和优化配置。在服务业方面，推动双方服务业的全面对接，推动区域内现代服务业的优化升级。在其他产业合作方面，积极推动相关产业结构的调整和优化升级，为其他内陆地区同台湾进行产业合作时提供经验。重点三为加大辐射力度。要以海西区为依托，分别港澳粤经济区、长三角经济区、华中腹地发展，改变原有福建地处东南、与大陆腹地连接不利的局面，发挥地理优势的作用。重点四为区内制度化建设。注重区域内的制度化建设，发挥两岸经济合作制度化“先行先试”作用，为日后构建具有两岸特色的经济合作机制打下坚实基础。重点五为扩大交流平台建设。利用国家在海西区建设方面的政策倾斜，继续大力推动海交会、台交会、投洽会等重大涉台经贸盛会的召开，以拓宽交流渠道，提高合作的层次，改善了台商投资环境，从而为区域经济制度化建设创造了良好的氛围和条件。

实现两岸“经济两化”，建立具有两岸特色的经济合作机制，是客观趋势所至，是两岸同胞所愿，是双方利益所在。因此，两岸应携手合作，消除阻碍两岸“经济两化”的不利因素，扩大“三通”带来的正面效应，加快两岸经济合作制度化进程。

---

① 周英峰：《海关总署：2009 年内地进口港澳 CEPA 项下货物增长加快》，新华网，2010 年 1 月 28 日。

深化两岸经济合作的路径与重点

朱　磊*

深化两岸经济合作既是推动两岸关系和平发展的重要内容，也是适应全球经济发展潮流的必然选择。经济全球化与区域经济一体化是当今世界经济发展的两大趋势，并由此带来两个层次的经济开放：第一层次，在经济全球化潮流下，世界上超过150个国家或地区加入了世界贸易组织（WTO），对其它所有WTO成员进行一定程度的经济开放；第二层次，在多边谈判进展有限的困境下，区域经济一体化潮流随之兴起，WTO成员间通过以自由贸易协议（FTA）为主的区域贸易协议（RTA）形式进行更优惠的关税减让和经济开放。

深化两岸经济合作需要进行涵盖这两个层次的经济开放（如图1）。两岸虽同为WTO成员，但因特殊的政治关系和背景，双方经济相互开放程度落后于对其它WTO成员的开放程度，其中主要是台湾对与大陆进行经济交流与合作的限制较多，很多方面连第一层次的入世承诺都未实现。因此，本文认为未来加强和深化两岸经济合作的路径，一是实现两岸经济往来的正常化，二是推进两岸经济合作的制度化，三是探讨和落实两岸经济关系的机制化安排。正常化大体上是双方实现第一层次的开放程度，即双方基本获得对方加入WTO时向其它WTO成员承诺的开放内容；制度化与机制化则是在两岸经济进一步自由化的过程中逐步实现第二层次，即WTO成员间签署FTA时的开放程度；而在现实中正常化、制度化与机制化是同时推进的。在两岸签署经济合作框架协议之后，两岸产业合作新型化将是深化两岸经济合作的重点内容。

---

* 作者简介：朱磊，中国社会科学院台湾研究所经济室主任，经济学博士。

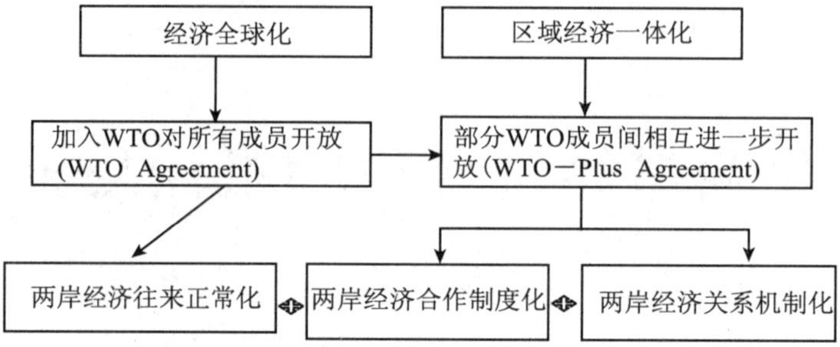

图1　两岸经济关系深化的世界经济背景

一、两岸经济往来正常化

两岸经济往来正常化，主要指改变两岸经济往来因政策限制造成的间接、单向、局部的不正常状况，实现直接、双向、全面的两岸经济往来格局。1979年以前的30年间，两岸经济基本处于隔绝状态，是在特殊历史、政治条件下进行的严格政策限制。大陆发表《告台湾同胞书》、明确倡议两岸开展经济文化交流后，两岸经济往来从无到有，从小到大，政策限制也逐步放松，这是两岸经济往来正常化的开端。在两岸经济往来正常化的进程中，大陆率先提出并大力推动两岸实现包括通航、通邮、通商在内的“三通”，并单方面大幅开放对台贸易与投资，政策松绑的速度和程度远远走在台湾前面。2008年以来，随着两岸关系实现历史性转折，大陆不断加大推动两岸经济合作的力度，台湾也相继实施了有利于两岸经济关系发展的政策，双方在“九二共识”基础上推进协商，共同促成了两岸全面直接双向“三通”、两岸签署金融监管备忘录（MOU）等成果，不少学者据此认为两岸经济往来的正常化已经“基本实现”。

但从WTO的角度看，两岸相互放松经济限制政策尚未达到入世时承诺的标准。21世纪初，两岸先后加入世界贸易组织（WTO），各自对WTO成员做出了不同程度的经济开放的承诺。按照WTO规范，该承诺适用于WTO的所有成员，即每个成员均应给予其它所有成员“最惠国待遇（Most Favored Nation，MFN）”（注：WTO文件明确说明该术语包括国家和地区，无主权意涵），不应歧视任何WTO成员。目前，大陆对与台湾的贸易及投资往来完全开放，与其它外资相比还有“同等优先，适当放宽”的原则，而台湾方面的政策限制仍较多。以开放商品进口为例，台湾对大陆以外的WTO成员开放了99%以上的入世时承诺的商品进口，但对自大陆进口的商品却分为禁止进口、有条件进口、允许进口三类，其中有条件进口和允许进口种类合计不超过80%。截至2010年1月1日，台湾准许从大陆进口的农工产品共8625项，占全部商品总数10867项的79.37%，其中农产品开放62.26%（1427项），工业产品开放83.94%（7195项）。① 再以开放大陆企业赴台投资为例，目前台湾开放大陆企业投资岛内制造业项目仅占台入世承诺项目的30%，自2009年7月开放至2010年4月，大陆赴台投资资金为22.5亿元新台币，仅占同期台吸引岛外投资的1%左右。对大陆开放服务业项目仅占台入世承诺项目的22%，金融业对大陆开放则尚在筹划。因此以“最惠国待遇”的标准看两岸经济往来正常化还有较长的路要走。

二、两岸经济合作制度化

两岸经济合作制度化，是指对两岸经济活动予以规范，制定双方共同遵守的办事规程或行动准则。正常化是解除不合时宜的政策限制的过程，制度化则是建立符合双方利益需要的行事规范的过程，二者大体可以理解为“破”和“立”的关系，即破除障碍和确立规范。两岸经济由长期隔绝到相互往来，必然存在规则、标准等多方面的制度差异和制度空白，需要通过协商寻求可以共同遵守的制度化安排。

首先需要建立两岸经济议题协商的制度化安排。自2008年6月两岸两会恢复协商以来，已经形成每年两次分别在两岸城市举行会谈的常态化、制度化模式，以两会为主的稳定的两岸经济协商制度日益成熟，并将在此基础上形成并完善多层次的经济交流的沟通与协商机制，包括两会协商机制、政党交流机制、行业协会协商机制、专家交流机制、企业合作论坛、民间交流论坛等。第一，海协会与海基会的两会协商机制是两岸官方正式授权的专门协商平台。随着两岸经济关系的迅速发展，应强化现有的两会协商机制，如建立对口交流的专业小组，两岸经济主管部门官员与相关领域专家直接参与。第二，国民党与共产党建立的两岸经济文化论坛平台成为海峡两岸之间

① 台湾“经济部”网站 http：//cweb. trade. gov. tw.

一种特殊的经济协商机制。特别是国民党在野期间，这一协商机制在两岸经济合作过程中起到了两会不能起到的独特作用。在两会协商机制恢复后，两岸经济协商机制的性质、功能与角色，需要根据形势需要重新进行定位，更好地发挥先导作用。第三，行业协会协商机制。2005年两岸在解决台商春节包机问题上创造了“澳门模式”，即由两岸行业协会组织出面，相关官员以民间行业代表或顾问身份参加，就两岸航运或包机等问题进行协商，并达成共识，然后各自分别安排。这是在两会商谈无法恢复的情况下，两岸双方采取的权宜性措施，对于务实解决两岸交流中迫切需要解决的问题发挥了特殊的作用。当前，两会商谈已恢复，但由于建立两岸经济合作广泛复杂，两岸仍可借重两岸民间机构的联系渠道，对其中的专业性、行业性议题进行先期交流，寻求共识，为两岸协商进行铺垫。

其次是功能性议题的制度化安排，即针对两岸经济往来中某一重要问题或事项进行制度化安排。内容包括：投资保障协议、避免双重征税协议、贸易争端处理机制、产业标准的共同制定及知识产权保护等。例如两岸两会第四次领导人会谈签署的《海峡两岸渔船船员劳务合作协议》、《海峡两岸农产品检疫检验合作协议》、《海峡两岸标准计量检验认证合作协议》，以及此前签署的《海峡两岸食品安全协议》、《海峡两岸共同打击犯罪及司法互助协议》、《海峡两岸金融合作协议》等，即属于两岸经济合作制度化的范畴。从这个意义上说，两岸签署经济合作框架协议也属于制度化安排的内容，但由于该协议牵涉面极广，涉及到不同产业及不同经济行为的相互联系及相互作用，与前述单一功能性议题的制度性协议有着很大不同，因此在两岸经济合作制度化基础上需要再提出两岸关系“机制化”的概念。

此外，两岸经济合作制度化还包括区域合作以及产业合作的制度化安排。区域经济合作制度化既有诸如海峡西岸经济区等大区域经济合作，也包括海西区内某些实行特殊政策的经济特区和先行先试综合试验区的制度化建设。产业合作制度化的内容，既有目前两岸积极推动的“产业搭桥计划”的制度化安排，具体包括中草药、太阳能光电、车载资通讯（汽车电子）、航空、纺织与纤维、通讯、LED照明、光储存、资讯服务、风力发电、自行车、设计服务、流通服务、食品、精密机械等15项产业的合作制度，同时也广泛涵盖两岸农业、制造业和服务业的全面合作，如精致农业、旅游业和金融服务业等产业合作的制度化安排。

三、两岸经济关系机制化

两岸经济关系机制化，是指将两岸经济交流与合作中的各种经济政策与经济活动纳入有明确发展方向的有机系统内，构建出一个符合两岸关系特色、适应两岸共同发展需要的经济合作机制。其中最核心的内容是签署两岸经济合作框架协议。两岸经济合作框架协议是为实现两岸经济关系正常化、推进两岸经济全面深入合作而做出的具有两岸特色的制度化安排。

从性质上看，世界贸易组织（WTO）对成员间的经济合作协议一律称为“区域贸易协议（Regional Trade Agreement，RTA）”。依据协议的实质内容，WTO 对 RTA 主要分为 4 类：一是对部分贸易商品进行关税减让，称“部分范围（Partial Scope，PS）”；二是对大多数贸易商品关税减让，称“自由贸易协议（Free Trade Agreement，FTA）”，绝大多数 RTA 均属此类；三是协议内容含有服务业合作，则称“经济整合协议（Economic Integration Agreement，EIA）”；四是关税领土合并，对外实行共同的关税和贸易限制，称为“关税同盟（Custom Union，CU）”。两岸商签的经济合作框架协议内容以货物贸易为主，多数学者主张应属于 FTA 范畴，也有学者提出两岸经济合作机制需要在 WTO 已有框架基础上进行创新。①

事实上，两岸经济合作框架协议有鲜明的两岸特色，既不同于以往 WTO 成员间签署的一般性 FTA，也不同于中国大陆与港澳地区签署的 CEPA。其特色突出表现在：第一，两岸是在尚未完全实现经济正常化的条件下同时推动经济自由化。目前全球 400 多个 RTA 均相互提供比当初加入 WTO 时所承诺的更优惠的关税减让条件，即“超 WTO 协议（WTO - Plus Agreement）”，而两岸是在逐步实现 WTO 承诺的同时展开“超 WTO 协议”的谈判，这与一般 FTA 谈判在实现了 WTO 承诺的基础上进行“超 WTO 协议”谈判的内容不同。第二，早期 FTA 内容仅限于货物贸易关税减让，近年来服务贸易和投资内容也经常出现在 FTA 内容中，但经济合作内容仍较

① 唐永红，邓利娟：《当前两岸经济合作机制创新的空间与路径》，《台湾研究》2005 年 6 期。

少见，而两岸经济合作框架协议内容不仅涵盖货物贸易、服务贸易和投资，还包括有规划指导、有政策支持、有产学研一起参与的新型产业合作与各种经济合作，远比一般意义上的 FTA 复杂和丰富。第三，由于两岸关系特殊，虽同为 WTO 成员，商签两岸经济合作框架协议的过程中要体现“血浓于水”的同胞情义，即在平等互利的基础上要照顾对方的关切。正是在这种特殊环境下，大陆提出在就两岸经济合作框架协议的谈判中会有五个方面的特色：① 一是两岸在早期收获中提出希望对方降税的产品，无论是金额还是在各自出口中所占的比例，大陆方面都会少于或低于台湾方面；二是大陆方面选择对台湾降税的产品时，将尽可能选取能惠及台湾中小企业和广大基层民众的相关产品；三是大陆方面提出希望台湾方面降税的要求时，将尽量不影响台湾的弱势产业；四是大陆不会要求台湾方面进一步扩大大陆农产品入岛；五是大陆无意对台湾实施劳务输出。除了要符合两岸关系特色外，两岸经济合作框架协议还要适应两岸共同发展需要，并需得到两岸各界支持，受到国际社会欢迎。

两岸签署经济合作框架协议，目的是促进两岸经济共同发展，增进两岸同胞共同福祉，最大限度地实现优势互补，最大可能地追求互利双赢。根据两岸研究单位有关“两岸经济合作框架协议”研究的共同结论与建议，两岸经济合作框架协议的签署，对两岸经济发展均有正面的效益。中华经济研究院研究结果显示，签署两岸经济合作架构协议，虽对台湾不同产业带来不同程度的正、负面影响，但整体而言，将促使台湾的 GDP 增长，并对福利、贸易、就业、产值等总体经济产生正面效益。两岸签署经济合作框架协议对提升台湾经济竞争力、避免边缘化尤其重要。2010 年“中国 - 东盟自由贸易区”启动后，中国大陆与东盟约 90% 的商品陆续实现零关税，台湾出口产品的 40% 以上集中在大陆，在日、韩也加紧与大陆商签 FTA 的形势下，两岸如不签署经济合作框架协议，台湾产品在大陆的竞争力将面临东南亚与日、韩产品的两面夹击，前景堪忧。相反，该协议如能顺利签署，则对台湾成为跨国企业的“全球创新中心”及“亚太经贸枢纽”和台商运筹经营的“营运总部”将有重要意义。总之，两岸签署经济合作框架协议，有利于在

① 国台办主任王毅 2010 年 3 月 30 日接受台湾《旺报》专访的讲话。

现有基础上更为迅速全面地深化两岸经济合作，有利于为两岸人民谋得更多和更实在的利益，有利于台湾经济提升竞争力和扩大发展空间，有利于两岸共同应对世界经济发展趋势。

四、两岸产业合作新型化

两岸签署和落实经济合作框架协议后，两岸应“以互补互利、共同发展为目标，大力推动两岸新型产业合作”。① “两岸产业合作新型化”的内涵主要是“三有三新”，即有规划指导、有政策支持、有产学研一起参与，以及开拓新领域、新方式、新布局的两岸新型产业合作。“有规划指导”是指未来两岸产业合作需要通过两岸相关单位的沟通与协商，对两岸产业合作进行有针对性的规划和引导，避免完全由企业自发进行合作的盲目性；“有政策支持”是指两岸产业合作要符合两岸的产业政策，既要顺应大陆加快转变经济发展方式的战略，也要适合台湾推动“黄金十年”加速进行产业结构转型升级的需求，在两岸产业政策的支持和鼓励下，强化两岸具备优势互补的产业合作，提高台资企业与大陆企业及大陆市场的结合程度；“有产学研一起参与”是要充分发挥两岸产业界、学术界及相关研究部门的多方智慧，对两岸的智力资源进行有效调动和整合，更好地进行两岸产业政策对接，圆满地推动两岸新型产业合作。

两岸产业合作的新领域、新方式和新布局是适应两岸产业结构发展形势的时代要求。

第一，两岸产业结构的发展阶段决定了两岸产业合作需要开拓新领域。与台湾已处于后工业化阶段相比，中国大陆尚处在工业化进程中，工业在经济中的地位较重，而服务业尚未得到充分发展。台湾服务业产值占 GDP 比重虽已高达 3/4，但却长期呈现低就业比重、低实质成长、低投资比例、低劳动投入、低研发投入、低国际竞争力、低产业关联度等特点，也急需突破瓶颈，服务对象向外延伸。台湾当局最近提出未来经济发展重点是服务业的扩大化与精致化，同时制造业也由过去的代工、制造型产业转型升级为营

① 2009 年 10 月 25 日，国务院台办主任王毅在题为“促进两岸产业与经济交流合作”的两岸关系研讨会开幕式的讲话中首次提出“两岸新型产业合作”。

运、管理、创新、智慧、服务型产业。因此两岸拓展以服务业为主轴的产业合作新领域有着广阔前景。例如，目前两岸已优先选择了城市食品物流、无线城市、半导体照明等三个产业作为试点进行合作，其特点即为两岸间优势互补明显且原有合作欠缺深度。以城市食品物流业为例，大陆传统批发市场和农贸市场的渠道仍占主导地位，食品、特别是农产品生产分散，物流设施相对落后，管理水平不高，而台湾则在这些方面有较多值得大陆借鉴的经验。台湾服务业在大陆服务业市场增长潜力大于制造业产品市场的背景下，也可利用大陆市场迅速扩大经营版图。台湾连锁、餐饮等服务业比发达经济在大陆更具优势，台湾金融服务业也具有百万大陆台商的基本市场。台湾服务业在大陆市场以外，还可与大陆服务业合作，共同承接全球服务转移和外包，迅速进入国际服务业分工格局，两岸服务型企业在建立境外品牌、技术中心和市场营销渠道等方面加强合作，可以共同提高两岸服务型企业的国际竞争力。

此外，全球经济、科技发展日新月异也要求两岸产业合作不断开拓新领域。例如，低碳经济是世界发展潮流，发展绿色能源产业也成为两岸产业合作的重要领域。台湾当局视其为“台湾产业新的生命力”，并制定了技术突围、关键投资、环境塑造、出口转进及内需扩大等五大策略，计划以此为基础实现2025年二氧化碳排放量回到2000年的水平。大陆则提出要以节能增效和生态环保为重点，加快发展绿色经济、循环经济和节能环保产业，推广应用低碳技术，积极应对气候变化，实现产业升级和结构优化。节能环保产业是今年两岸产业搭桥专案计划交流的重点，将有几场搭桥会为两岸产业合作提供契机。以LED照明为例，台湾领导人近日表示将在岛内全面更换路灯为LED灯以刺激该产业发展，同时大陆也在推动“十城万盏”计划，双方可通过产业合作共同快速发展。今年2月台湾工研院照明检测实验室与北京国家电光源质量监督检测中心共同签订合作检测协定，正式启动两岸互相认证机制，在互相认可LED灯具测量标准后，台湾厂商销往大陆LED灯具检测成本及与时间大大节省，加速产品上市，帮助台湾产业切入大陆市场，未来还可努力将两岸标准推广成为全球标准，奠定两岸相关产业在全球LED照明市场的潜在利基。

第二，两岸产业的发展水平各异要求两岸在产业合作中尝试和扩大新方式。两岸产业分工方式复杂，既有产业间分工，也有产业内和产品内的垂直分工和水平分工，还有特征较模糊的混合型分工，因此未来产业合作方式也必然是复杂多样的，需要突破已有的合作方式。其一，对于两岸均处于萌芽期的新兴产业，如生物科技产业，两岸可考虑采取联合研发的方式，加强资金、技术、信息与人员交流，合作制定产业标准，加速产业技术的吸收、消化与创新，实现资源整合。其二，对于两岸均处于快速成长期但一方领先的产业，如台湾设计、制造技术较领先的半导体产业，可考虑通过深化和细化双方在研究、制造与管理等不同环节的分工，同时发挥良性竞争，加强自身已有优势，带动对方水平提升，为下一步合作奠定基础。其三，对于台湾已处于成熟期而大陆仍处于快速成长期的产业，如信息电子产业，可考虑采用合作生产模式，加强产业内和产品内分工，并借助大陆庞大的内需市场建立和发展自有品牌，改变原有低利的代工模式，在产品营销、市场掌控、产品设计、物流、人际关系、通路布局、策略规划、资金取得、财务规划、风险管理及库存调控等方面加强专业知识和技术水平，扩大经营版图。其四，对于两岸均处于稳定成熟期的产业，如家用电器产业，可考虑通过两岸大型家电集团的相互投资、技术学习或策略联盟，加快技术升级，扩大市场和产能，也可通过融资收购方式整合双方产能，提升产品的国际市场竞争力。

第三，两岸经济发展形势将加速两岸产业合作的新布局。空间经济学的最新理论研究表明，[①] 产业集聚中心主要有两大类，一是新兴产业集聚地，以知识密集为特征，二是成熟产业集聚地，多为投资人预期的产物，以劳动密集为特征，二者的形成原因各不相同，后者主要受投资人预期影响较明显。台商在大陆的集聚现象较为明显的长三角、珠三角和环渤海等地区主要是劳动密集型产业或价值链生产过程中的劳动密集环节，未来将向新兴产业集聚地转型，而大陆其它地区也需要更多的较具规模的成熟产业集聚地。全球范围看，世界经济发展呈现雁行分布，创新型经济因研发力量储备较丰裕，技术和产业创新的概率较高，易于形成以知识密集为特征的新兴产业集

---

① 梁琦：《空间经济学：多学科的整合与创新》，《经营管理者》2009 年 18 期；梁琦：《产业集聚论》，商务印书馆，2004 年；藤田昌久、克鲁格曼、维纳伯尔斯：《空间经济学：城市、区域与国际贸易》，麻省理工学院出版社，1999 年；等。

群；模仿创新型经济紧随其后，受制于产业结构的发展阶段，其原创性不如领先型经济，但可以通过节约成本和改进工艺两种主要途径进行模仿创新；模仿创新型经济在生产规模化的过程中，将技术和资本物化到机器和流水线上，操作变得简单，产品变为劳动密集型，并向劳动力具有比较优势的追赶型经济投资，形成成熟产业集群。中国大陆长期以来属于典型的劳动力具有比较优势的追赶型经济，但随着资本日益丰裕和劳动力价格逐步提高，生产要素价格改变，国家提出“自主创新”的发展战略，加速了向创新型经济的转变，并因研发力量的储备增强具备了形成新兴产业集聚地的基本条件。台湾经过半个世纪的发展由追赶型经济演变为模仿创新型经济，并正在努力向创新型经济迈进，其知识密集型产品的生产比重在 90 年代后期已经超过非知识密集型产品。2010 年 4 月 16 日，台湾立法部门三读通过《产业创新条例》为岛内形成以知识密集为特征的新兴产业集群提供了有利条件。台商到大陆投资主要是基于降低生产成本和市场布局的考虑，① 这使台湾成熟产业大量外移，目前以“台湾接单、大陆生产”为特征的“三角贸易”在台湾制造业中的产值比重较高，已超过 50%，而电脑、电子产品制造业更高达 80%，说明台湾已不具备成熟产业集聚地的条件；而新兴产业集聚地则需要有更强大的人才、资本和技术储备，台湾当局需要在开放大陆技术人才、资金和机构入台方面采取更开放的措施才能为这一目标提供基础条件。总之，未来两岸产业合作将展开新一轮布局，两岸在形成以知识密集为特征的新兴产业集群的过程中既竞争又合作，共同推动两岸经济关系向前发展。

① 李非：《台湾高科技产业与两岸产业合作趋势》，《厦门大学学报》，2003 年第 1 期。

兩岸經濟合作機制相關問題之研究
——從簽署 ECFA 政策思維談待解決之歧見

戴肇洋*

一、前　　言

海峽兩岸自 2008 年 5 月台灣二次政黨輪替後，重新開啟已中斷許久之對話關係，透過兩會（海基會、海協會）先後進行四次江陳會談，代表兩岸政府共計簽署 12 項協議及達成 1 項共識，並且在各項交流往來關係大幅進展基礎下，已就兩岸簽署「經濟合作架構協議（Economic Cooperation Framework Agreement，ECFA）」達成共識，此一協議對於兩岸關係發展而言，可以說是奠定新的里程。

不可否認，近些年來中國大陸經濟崛起，除了積極與各國間簽署自由貿易協定（Free Trade Agreement，FTA）之外，挾藉其經濟實力推動整合東亞區域貿易體系政策日益明顯，包括2002 年 11 月與東協（大陸簡稱東盟）10 國間所簽署之「全面經濟合作框架協定」（亦即東協加一），業已自 2010 年元月 1 日起生效，預估至 2015 年東協加三（中國大陸、日本、南韓）一旦完成時，此一區域將可能發展成為全球最大的自由貿易板塊。面對此一發展趨勢，2008 年國民黨候選人馬蕭陣營在大選政見上提出以改善兩岸關係為競選主軸，並且在執政之後於 2009 年 2 月 27 日宣佈推動簽署兩岸「經濟合作架構協議」，作為未來兩岸經濟活動的基礎，進而與各國間簽署自由貿易協定之條件。

由於簽署 ECFA 將是兩岸自 1949 年分治後秉持 WTO 原則，以兩個獨立經濟體之名義進行簽署，對於兩個經濟體而言，並非僅是單純的經濟性議

---

* 作者簡介：戴肇洋，财团法人台湾综合研究院研三所所长。

題，而是涉及複雜的政治性議題，尤其各自背後對於簽署 ECFA 所隱含的政策目標差異，勢必使得兩岸在經濟合作機制上衍生一些歧見。亦即兩岸在簽署 ECFA 共識下，如何解決既有所存在之歧見，是未來兩岸關係是否更進一步朝向正常、穩定發展之關鍵所在。爰此，本文擬就兩岸對簽署 ECFA 之政策思維作一觀察，從其政策思維中找出兩岸在經濟合作更進一步往來時待解決的問題加以歸納，以作為未來促進兩岸關係更加互信、和諧之參考。

二、台灣對簽署 ECFA 之政策構想

2008 年 5 月之後，政府為解決兩岸已日益密切的貿易、投資之往來，推動兩岸簽署「經濟合作架構協議」，其除了希望突破兩岸所存在因一個中國原則而無法簽署 FTA 的瓶頸，以及因應 2010 年東亞區域經濟整合所形成之貿易限制之外，尚有隱含促進兩岸關係正常穩定發展，乃至達到兩岸共存共榮目的。茲將台灣對於簽署 ECFA 政策思維，分成政治與經濟層面彙整如下：

（一）從政治層面的角度評之

1. 降低一中政治立場歧見

長期以來，「一個中國」原則可以說是兩岸在政治立場上最大、也是最不易解決之歧見，所以在推動上以採取較不具有政治敏感度與爭議性的 ECFA 模式作為主軸。其實，ECFA 模式在國際間已有先例可循，2002 年 11 月大陸與東協 10 國簽署的「全面經濟合作框架協定（Framework Agreement on Comprehensive Economic Cooperation）」就是其中最典型的代表模式，雙方在主權對等下，歷經多年包括商品貿易（2004 年）、爭端解決機制（2004 年）、服務貿易（2007 年）、投資（2008 年）等範圍諮商、談判，於 2010 年元月起正式生效實施。至於之前中國大陸與港澳間所簽署的「更緊密經貿夥伴安排（Closer Economic Partnership Arrangement，CEPA）」模式，則是屬於一個國家之內單邊開放市場對於某一特別行政區域提供貿易、投資等優惠措施，兩者模式在國家主權立場上，有極大的不同。

很顯然地，由於 FTA 模式涉及國家主權，取得共識時間較為冗長，CEPA 模式則又因兩岸特殊關係，而極易陷入政治議題爭端，所以在目前兩岸對於「一中」政治立場仍有極大歧見氛圍下，推動兩岸 ECFA 模式，對於

解決兩岸已日益密切的經濟合作，的確具有創新性與前瞻性。簡單地說，在推動兩岸經濟合作機制上，若能秉持 WTO 原則，採取較單純的 ECFA 模式，不但可以跳脫將兩岸歸類為「國與國」關係，或是被視為「宗主國－特別行政區」關係的窠臼概念，而且亦可走出一條符合兩岸政治現況較具體可行的模式，更為兩岸經濟合作關係正常穩定發展開創造新的契機。

2. 擴大參與國際社會空間

目前政府積極推動簽署兩岸 ECFA，其最大壓力乃是，中國大陸經濟崛起及其推動東亞區域經濟整合，此一發展趨勢對於仍依賴進、出口貿易帶動經濟成長或產業發展的台灣而言，其參與國際社會空間，勢必較之以往面對更多挑戰。事實而言，近些年來中國大陸積極與其他國家間簽署 FTA，例如中國大陸與海灣國家之合作聯盟、與南部非洲之關稅同盟，以及與澳大利亞及巴西等國家之簽署 FTA，除了有穩定產業資源來源之政策目的之外，乃是中國大陸正積極推動睦鄰策略（neighboring county relations strategy）之一環。亦即中國大陸藉由簽署 FTA，促進與 FTA 夥伴國家之間的經濟合作，進而更進一步擴大參與國際社會空間。

簡單地說，近些年來中國大陸為能擴大參與國際社會空間，採取多元化、多層次策略，不但已展現其主宰國際經濟的雄心，而且亦提升其影響國際政治之地位。此一發展趨勢，對於近年台灣所推動以經濟為主軸，加強與各國之各項交流往來，擴大參與國際社會空間的務實政策，將是另一新的挑戰。

（二）從經濟層面的角度評之

1. 提供台灣經濟切入國際舞台

誠如上述，東亞區域經濟在中國大陸積極投入下朝向整合發展，並且至 2015 年時將有可能建立成為全球最大貿易板塊。此一發展趨勢，除了對於全球經濟板塊的重組與貿易結構之調整產生深遠的影響之外，尤其對於地理位置包括於東亞板塊之內的台灣經濟成長或產業發展，更是造成極大之衝擊。面對外在環境不斷壓迫與日益嚴峻趨勢之下，台灣與經濟實力日益強大及交流往來更加頻繁的中國大陸展開各項經濟議題對話，進而簽署 ECFA，是無法避免之選擇。此外，另從台灣經濟長期發展來說，在簽署「經濟合作架構協議」後，亦可提供台灣經濟在國際舞台上有切入之空間，包括與各國間進行談判簽署自由貿易協定等機會。

2. 降低台灣經濟遭到排擠風險

隨著中國大陸經濟實力提升，不斷與許多國家間訂定各種區域或雙邊經濟合作協議，加上東協加一已於 2010 年元月 1 日正式生效實施，更進一步擴大對周邊國家的影響。由於中國大陸已成為台灣最大出口與最多貿易順差的市場，不過依據近些年來中國大陸進口來源統計資料分析顯示，雖來自台灣進口金額仍有成長，但所佔比重卻在逐年下降；相對來自東協 10 國或南韓進口金額成長幅度，卻已超過台灣成長幅度，其所佔比重亦是微微成長，顯示中國大陸已逐漸成為東協國家及南韓的主要出口市場。此一發展趨勢，倘若台灣一直被排除在東亞區域經濟體系之外，彼長我消將會提高未來台灣經濟風險，最後可能迫使台灣經濟淪為邊緣化與產業陷入空洞化危機，所以簽署 ECFA 是台灣在東亞區域經濟整合過程中，尋求因應較有利益之策略選擇。

3. 加速促進兩岸產業互利互惠

由於台灣先天條件較為匱乏，加上技術累積不足，使得傳統型製造產業與代工型高新技術產業升級轉型，仍有其發展限制。在此同時，為免未來遭到經濟邊緣化、產業空洞化，乃將兩岸簽署「經濟合作架構協議」，作為促進兩岸關係發展最重要的機制。另一方面，中國大陸也因在全球經濟變革下，亟須重建一種能夠促使其經濟保持活力並永續增長機制，這種機制間接影響未來中國大陸產業升級轉型發展，所以簽署經濟合作架構協議對於兩岸而言，將會帶給彼此互利互惠。亦即台灣希望透過兩岸資金、技術、貿易、投資等資源整合、分工，以持續海峽兩岸關係之正常、穩定發展。簡單地說，近些年來台灣正面對著全球與大陸經濟之雙邊競逐，兩岸關係必須與時俱進，以更加開放的態度積極連結中國大陸資源與市場，促使台灣產業持續發展。

4. 形塑吸引外商來台投資誘因

台灣產業結構相較港澳更為多元多樣，而且多項產業早已建立一個頗完整的供需體系，假如兩岸簽署經濟合作架構協議，在兩岸關係更加緩和下，除了能讓台商利用更優惠的身份進軍大陸佈局內需市場之外，更可配合台灣擁有頗完善良好的投資環境，形塑吸引外商來台擴大投資誘因。亦即台灣如果能夠善用地理優勢，國際著名跨國企業對大陸之投資都可能先湧至台灣，例如設置亞太區域營運總部或成立物流中心等，不但可以引進新興產業，而且亦可創造更多就業機會，所以簽署 ECFA 對台灣而言，的確存在其迫切性與必要性。

三、中國大陸對簽署 ECFA 之政策思維

眾所周知，長期以來解決「台灣問題」對於中國大陸歷屆領導人而言，是積極建立自己威信的重要手段之一，其各自所發表的對台政策論述，不但反映每一時期領導人風格，甚至顯示其發表論述之際所掌握的權力現況。茲將中國大陸對於簽署 ECFA 政策思維，分成政治、經濟層面加以歸納如下：

（一）從政治層面的角度論之

1. 實踐兩岸和平發展目標

中國大陸領導人胡錦濤於 2005 年 3 月取代江澤民開始全面接班時，雖然外界一直擔心中共中央是否以對台政策作為政治角力之籌碼，但是其在綜攬權力後，採取較前更靈活又堅持、積極又耐心、細膩又全面的「溫和軟化」手段建立對台政策思維，同時也展現了其對台政策特質①，從其上任以來，對台政策在其引導下由「胡四點」、「新胡四點」衍生到「胡六點」等論述上，均可看出胡錦濤對解決台灣問題的耐心與決心②。

若將江胡兩人對台政策做一比較分析，可以觀察胡錦濤與江澤民之政策不同在於其所採取的方針，包括：其一，不訂統一時程、爭取對話協商；其二，採取「不戰併台」上策，加強例如心理戰、法律戰、輿論戰、外交戰、經濟戰、文化戰等作為對台策略；其三，對台獨更硬、對其他更軟，擴大拉攏、甚至既往不咎，抵制法理獨立、默認事實獨立，藉以爭取台灣民心，取得最後統一；其四，持續武備、阻美奪台，不以下策的軍事攻台，而是以上策之臨界威攝，作為維持與大國之溝通空間；其五，靈活處理主權、正視兩

---

① 信強（上海）：《建構命運共同體：大陸對台灣戰略之重構》，《中國評論》，2009 年 4 月號，頁 17。

② 馬準威：《ECFA 之簽署對兩岸關係的影響：政治層面分析》，http：//tpas. hcu. edu. tw/ez-catfiles/b083/img/1181/b1 -2. pdf，2010 年 5 月 21 日。

岸分治①。整體而言，其係以硬的更硬，防止台獨分裂勢力，軟的更軟、釋出惠台政策利多，拉攏台灣各界向心。

很顯然地，自 2008 年 5 月 20 日後，從諸多脈絡例如每年定期二次江陳會談常軌化、制度化協商，不斷釋放一些善意或提出更多實惠政策中看出，胡錦濤其對兩岸關係之友善變化及樂觀期待。亦即胡錦濤非常瞭解簽署 ECFA 對於促進未來兩岸關係正常、穩定發展的重要性與迫切性；不過，仍以堅持「一中原則」為前提下，採取較溫和、軟化之手段作為對台政策主軸。

2. 追求建立中共歷史評價

1979 年鄧小平南巡之後，推動中國大陸改革開放政策，不但建立其在中共歷史上的評價，而且亦奠定了其在國際政治上地位，所以胡錦濤接任第四代領導人之後，同樣有強烈追求歷史評價之思維。雖胡錦濤對台政策在基本上仍未脫離「一個中國原則」方向，但在實際上卻隱含著對解決台灣問題的「耐心」與「決心」。尤其在 2008 年已中斷許久的兩岸兩會協商順利進行後，不僅解決歷任國家主席都無法完成的「三通」，在對台工作脈絡上提出「胡六點」更是有其重要之意涵，同時也意味著胡錦濤在 2012 年任期屆滿前，對於圓滿完成中國大陸對台任務所存在的急迫感與使命感，不論是 ECFA 或「和平協議與軍事安全互信機制」，均是希望透過「協議」完成其歷史評價。

平心而論，從胡錦濤採取兩岸「和平發展」取代「和平統一」的政策之中，其實已意識到兩岸在短期內不太可能達到統一，更加難以在其任期內完成統一。但是，兩岸在短期內不能統一，並不代表無法建立胡錦濤在中國大陸歷史上特殊評價，例如將二、三十年無法完成的三通，在短短 7 年中完成；當然，如果需要在 2012 年之前交出更亮眼的貢獻，完成簽署 ECFA 對於兩岸而言，都是史無前例，在邏輯上一旦開創先例，之後其他「架構協議」將會有跡可尋，可以說是已提供兩岸作為之後協商「政治架構協議」之起點。

---

① 林中斌：《中共嚐試面對民進黨政府》，《歐亞研究通訊》，第 10 卷，第 4 期，2007 年，頁 2－4。

由此可見，在胡錦濤「先經後政、先易後難」對台政策思維下，若能完成簽署 ECFA，在經濟意義上不但對兩岸經濟合作產生重要之影響，在政治意義上更是屬於一種政治「統合架構」，此乃胡錦濤在其任期欲追求的歷史評價。

3. 凸顯兩岸關係最佳機遇

2000 年之後，民進黨取代國民黨執政之後，兩岸關係陷入較緊張之局面，此一期間中國大陸多次表明反台獨、反分裂立場，對台政策在其全國人大所提出的「報告」中，與兩岸有關的論述均屬嚴峻、嚴厲批判。直至 2008 年 5 月之後，其報告內容開始出現較溫和之變化，充滿對兩岸和平發展之信心，不但恢復已中斷多年的對話，而且開啟已期盼許久的三通，使得兩岸關係除了經濟往來日益頻繁之外，文化交流更加活躍。尤其 2008 年 9 月全球金融風暴之後，中國大陸將兩岸共同合作解決金融危機，作為深化合作之基礎。

換句話說，在兩岸關係逐漸改善後，雖然中國大陸對台不再疾言厲色，同時更將目前兩岸關係發展視為歷史機遇，所以簽署 ECFA 成為近年對台工作之中最需要掌握的鑰匙。亦即簽署 ECFA 對於中國大陸而言，儘管在經濟層面上不易創造很高的效益，相對在兩岸政治層面上卻是象徵很高之意義，不論是中共國務院或國台辦，均將這個議題作為對台政策最重要之工作核心。

4. 體現對台人民善意時機

依據最近問卷調查顯示，由於台灣內部已有五成以上的民眾，以及七成以上的上市、上櫃公司支持兩岸簽署 ECFA，在這個背景下，即使簽署 ECFA 並未給中國大陸帶來多大的經濟利益，但是截至目前為止，中國大陸內部對於簽署兩岸 ECFA，似乎沒有太大反彈聲浪。亦因如此，中國大陸當局願意在第五次兩會「江陳會談」中，積極與台灣討論簽署 ECFA 有關的議題，一反過去對此議題所呈現遲延與保留的態度。

儘管兩岸關係在此之前受到達賴訪台及美國對台軍售事件影響之下，或許產生一些短期波折；不過，中國大陸對台政策決策體系在本質上並未有所多大變化，尤其近來中共國務院或國台辦對台政策發言，開始重視拉攏台灣民意動向，正呼應胡錦濤對台政策一路走來「寄希望於台灣人民」的期待。

簡單地說，不論從台灣內部民調的比重，或是對兩岸簽署 ECFA 重視的程度，都是提供中國大陸當局改善台灣人民對中國大陸印象的楔子，也是體現對台人民善意大好時機。

（二）從經濟層面的角度論之

1. 有效連結海西經濟特區

雖發展海西經濟特區規劃早於 2004 年提出，但直至 2009 年 5 月中國大陸國務院始才正式通過「關於支援福建省加快建設海峽經濟區的若干意見」①，這份「若干意見」之內容洋洋灑灑，卻是賦予發展海西經濟特區最重要的政策基礎。若將其經濟政策中心思維加以觀察可以看出，在建設海西經濟特區政策方向上，仍是以「與台灣經濟的資源整合、全面對接」為主軸，所以從產業、交通、人才到金融，無一不談吸引台灣作法。亦即在兩岸經濟合作架構協議下，允許在對台經貿、航運、旅遊、文化、教育等方面交流與合作中，採取更加靈活開放政策，俾以達到先行先試取得經驗。此外，中共國台辦又於馬英九就職週年前夕，針對海西經濟特區宣佈惠台八大措施。

凡此諸多對台政策方向，無論是其促進地方經濟發展策略需要，或隱含「閩台對口」政治企圖，北京政府確實已將海西經濟特區定位為兩岸先行、先試的特區。無庸置疑，由於福建與台灣相對中國大陸其他地方具有人緣、血緣、地緣、商緣等四緣之關係，在經濟合作上限制條件較少，姑且不論中國大陸宣布積極支持海西經濟特區發展時間，與台灣宣佈推動簽署 ECFA 之時間是否有所關聯。不過，值得觀察的是，中國大陸藉此凸顯海西在兩岸關係發展上所存在之政經策略地位，成為新的對台工作平台，尤其在兩岸三通基礎下，除了可以磁吸新的一波台灣產業前往海西經濟特區投資之外，又可在藉此機會學習台灣經驗加速海西經濟特區建設。

2. 落實構築一中共同市場

溯及上述，1980 年代中國大陸實施改革開放之後，在地理位置接近與語言文化共通條件下，磁吸許多台商不斷西進前往投資，從早期的傳

① 《海峽西岸經濟區（海西經濟區）》，http：//big5. xinhuanet. com/gate/big5/news. xinhuanet. com/ziliao/2009 -06/15/content _ 11545160. htm，2010 年 5 月 20 日。

統產業至近期之科技產業。此一期間，為免台灣經濟與產業過度傾斜與依賴中國大陸，雖曾經採取部分管理措施，但與中國大陸之投資貿易往來反而更加緊密、深化，不但成為台灣最大出口市場，也是最多貿易順差來源。

由於中國大陸市場已成為台灣佈局全球市場不可或缺的基地，中國大陸藉此兩岸簽署 ECFA，除了達到製造業產品關稅互免之外，其更重要的則是，服務業後續談判，包括批發、零售、觀光、旅遊、銀行、保險、運輸、醫療，乃至各種專業技師人員、經理人員互相開放，這意味著透過 ECFA 促進兩岸經濟往來、產業合作更加密切與關聯。亦即完成 ECFA 簽署之後，將有助於兩岸在經濟上直接跳進「共同市場」整合階段，成為名副其實「一中共同市場」，同時亦有利於在政治上間接進入「和平統一」試行階段，達到「一個中國」目標。

四、兩岸經濟合作機制待解決之問題

從上述兩岸政府對於簽署 ECFA 政策中可以看出，彼此所期待之目標的確存在一些差異。由於簽署 ECFA 已成為兩岸之共識，在完成簽署之同時，也是加強兩岸經濟交流之開始，更是深化兩岸產業合作之起點。茲將兩岸經濟合作機制諸多待解決之項目之中，可能涉及主權認知或法令修訂較迫切之問題，分別臚列說明如下：

(一) 台灣對外簽署 FTA 問題

就以現今世界經濟發展情形來說，由於杜哈回合貿易談判並無突破進展，雙邊主義已取代多邊主義成為區域經濟整合的重要模式。亦即在自由化、國際化貿易發展趨勢下，以依賴對外貿易帶動經濟成長的台灣，未來若要避免遭到國際社會孤立，以及更進一步擴大參與國際貿易體系，其最佳因應之道就是加強與各國間建立合作夥伴關係，包括簽署各種經濟合作協議或自由貿易協定，藉以延伸生存發展空間。

不過，長期以來海峽兩岸關係的特殊，以及國際政治環境之現實，不論中國大陸所主張的「一個中國」原則，或是政治強權國家所倡議之「大國外交」政策影響，均是不易讓台灣得以有機會透過「主權國家」或更具體的身份參與國際社會。此一論述，可以從今年 6 月 1 日中國大陸外交部發言人談話中看出其端倪①。亦即面對全球區域經濟整合潮流之下，中國大陸在積極與其他國家簽署 FTA 的同時，並不必然同意台灣能與其他國家簽署 FTA，此乃中國大陸始終認為台灣加入區域經濟整合，必須採取類似港澳特別關係模式處理。

儘管依據 WTO 原則之下，台灣有權本著會員國身分與其他會員國間洽簽 FTA，中國大陸無權表態；但是，中國大陸為了避免我方順利與東協或各國洽簽 FTA 的同時，藉由經濟主體對等洽簽，進而形塑政治實質對等形象，將會進行阻擾各國與台灣之簽署 FTA。因此，如何在與中國大陸簽署的 ECFA 內容中，讓胡六點的第二點能夠落實其原貌，解決各自歧見，是未來推動兩岸合作機制之中最重要且優先處理之問題。

（二）兩岸投資保障協議問題

隨著海峽兩岸經濟往來日益密切，台商登陸投資規模不斷擴大，以及陸資對台投資逐漸增加，顯示彼此產業互相依存大幅升高；然而，在此同時台商於中國大陸之投資因權益受損而投訴案件，卻是逐年增加。雖目前中國大陸業已制定投資保護相關法令，但投資保護相關法令似乎仍有諸多闕失，在實質上並未完整確保台商投資權益，所以如何加強台商登陸投資及陸資對台投資保障，已成為兩岸經濟合作機制之中頗為迫切之問題。

不可否認，由於受到「一個中國」原則影響，中國大陸已將台商視為「特殊性國內投資者」，加上中國大陸又將兩岸關係視為內政問題，簽署投資保障「協定」這種具有國際條約性質文件，勢必造成海峽兩岸對等事實。再者，在中國大陸制定投資保護相關法令後，已掌握台商投資活動之規範主導權，在某種程度上抑制我方所主張之簽署投資保障協定之需求性②。不過，若從兩岸發展情勢論之，雖兩岸簽署投資保障「協定」仍有其困難，但簽署民間性質投資保障「協議」，並非絕不可為。

① 中國大陸外交部：《反對台灣與其他國家簽署官方協議》，《中國時報》，2010 年 6 月 2 日。

② 吳典城：《大陸專門性台商投資規範之經濟效益分析——兼論兩岸保護台商投資的可行方案》，《共黨問題研究》，第 27 卷第 7 期，2001 年 7 月，頁 32。

事實而言，中國大陸於1995年所提出之「江八點」① 之中，即已提及「贊成在互惠互利基礎上，商談並簽署保護台商投資權益民間協議」。此外，同年5月於台北舉行第4度「焦、唐會談」中，針對第2次「辜汪會談」進行第1次預備性磋商並商議第2次「辜汪會談」議題內容時，於會談中雙方所達成之8項共識，其中之一就是「有關台商投資權益保護協議問題」。惟因情勢變化，使得日後兩會會談中斷，此一議題方遭擱置②。另一方面，中國大陸國務院對台事務辦公室重要智囊清華大學台灣研究所所長劉震濤，於2008年兩岸（國共）經貿論壇上指出：「兩岸應該通過兩會渠道簽訂『兩岸投資保障協議』，其協議內容應該體現出保障兩岸同胞的『雙向』特性③」。

很顯然地，在面對兩岸貿易投資日益增加下，台灣與中國大陸之簽署投資保障協議，例如避免雙重課稅、保障財產安全等相關範圍，是兩岸經濟合作機制極為迫切之問題。至於簽署雙邊投資保障協議對象，囿於中國大陸對「一個中國」原則之堅持，以及兩岸已有多次談判經驗和協商模式，仍以兩會會談、簽署為務實可行之途徑。是故，排除雙方歧見，推動簽署兩岸投資保障協議，已成為未來兩岸談判、協商之重要議題；然而，兩岸情勢瞬息萬變，是否如願順利簽署投資保障協議，亦在未定之天，在短期內若兩岸投資保障協議無法簽署時，更加需要有其他替代模式之規劃。

（三）兩岸租稅互免協議問題

兩岸簽署租稅協議是投資保障協議之外，另一重要亟待解決的問題。在兩會第四次江陳會談中，因課稅主權認定發生爭議而於臨門一腳時意外破局。不可否認，此乃兩岸關係特殊，並未簽訂租稅協定，所以採取「抵免」作法避免重複課稅，在理論上，個人所得稅及企業所得稅似不存在重複課稅問題；但是在實務上，兩岸缺乏稅務合作及交流機制，很難具體掌握雙方規

① 「江八點」，係時任中共中央總書記、中華人民共和國主席的江澤民，於1995年1月30日於「為促進祖國統一大業完成而繼續奮鬥」之談話，該談話第5點提及「簽訂保護台商投資權益的民間性協議」之議題。

② 吳典城：《大陸專門性台商投資規範之經濟效益分析——兼論兩岸保護台商投資的可行方案》，《共黨問題研究》，第27卷第7期，2001年7月，頁32。

③ 劉震濤：《對兩岸雙向投資權益保障問題的探討》，第4屆兩岸經貿文化論壇（上海），97年12月，頁6。

定，不易判斷某項所得是否存在重複課稅。亦即台灣方面因無法確實掌握大陸台商所得實況及納稅情形而無法給予稅收抵免，相對中國大陸方面同樣因無法掌握台商在台所得實況及納稅情形而無法給予稅收抵免，以致可能產生重複課稅情形。

此外，許多台商透過第三地（例如英屬維京群島等免稅天堂）投資大陸地區，並且利用轉讓定價安排，以高進低出之手法，將利潤保留在第三地。對此現象，如果兩岸國稅單位均都認定同一台商企業利用移轉價格逃漏稅捐，予以調高應稅收入，因兩岸之間尚無租稅協定或爭議溝通機制，而可能發生重複課稅情形。此外，長期以來所存在之台商台灣接單、大陸生產，在台灣要課營業稅，在大陸要課加值稅，在稅賦負擔上的確很重。

在面對台商赴陸投資規模大幅增加，以及陸資對台投資可能迅速成長下，避免重複課稅是兩岸政府無法迴避的重要工作。儘管兩岸均都認同雙方必須簽署租稅協議，但是誠如前揭中國大陸堅持以一個中國原則為前提，此種在國際間屬於國與國之間的協議，如果中國大陸仍是主張參考大陸與香港簽訂的「中國內地與香港特別行政地區關於對所得避免雙重徵稅的安排」模式作為簽署兩岸租稅協議條件，台灣方面絕不可能接受此種矮化主權安排。隨著兩岸簽署 ECFA，未來兩岸在協商租稅協議問題時，有關租稅協議名稱及模式，必然為協商之最大爭議所在。是故，如何在平等、互利原則下，研擬兩岸皆可接受模式，例如分階段、多管道，由易至難逐步推動，是未來兩岸在經濟合作機制上待解決的問題之一。

（四）兩岸智財權益保障協議問題

大陸知識產權法律體系組成非常複雜，包括法律、行政法規、中央政府規範性文件、司法解釋、部委規章、地方政府規章、地方政府規範性文件及國際條約等，其制定部門包括全國人大、全國人大常委會、國務院、國務院各部委、地方政府、最高人民法院、最高人民檢察院等部門。在知識產權法律體系組成中，全國人大及其常委會所頒布的知識產權專法數量很少，僅有專利法、商標法及著作權法，其餘知識產權規定都由其他部門立法，其具體表現則為法規、規章等形式，而且在法律與規章之間，也無一個統一知識產權總則作為統攝①。

就以大陸各地對台商的保障來說，雖自 1994 年起北京、福建及廈門等地方，依據中央制定台灣同胞投資保護相關規定，但除此之外，對知識產權的專利權、商標權及著作權方面，則未有針對台商而訂定者，此乃台商在經營上常常因對於知識產權法律不太瞭解，而引發一些糾紛。

由於大陸已成為世界最大的製造工廠，也是目前台商對外投資最集中的地區。台商在大陸經營上，除了必須具備大陸關於知識產權方面法制現況、行政管理與執法體系、侵犯知識產權行為與其應負法律責任知識之外，更應充分了解發生知識產權糾紛之中較常見之類型、發生原因，以及救濟方式。不過，最重要的仍是，如何透過兩岸協商，簽署知識產權互助協議，提升大陸知識產權保護環境與水平，以維護台商之權益，是未來兩岸在經濟合作機制上重要之議題。

至於未來簽署「兩岸智慧財產保護協議」方面，其內容必須包括：1. 設置兩岸知識產權/智慧財產權糾紛申訴與處理專責機構；2. 定期安排兩岸專利及商標審查業務人員進行互訪與交流；3. 建立兩岸共同打擊假冒、仿冒及盜版機制與措施；4. 建立兩岸專利快捷審查機制（Patent Prosecution Highway, PPH）；5. 建立兩岸相互提供專家證人或鑑定資料機制；6. 相互提供兩岸著名商標（馳名商標）名冊，並且建立保護機制；7. 相互提供兩岸知名農特產品產地名稱（地理標示）保護措施；8. 兩岸適度採用對方領域使用證據，共同制止商標惡意搶註；9. 專案處理兩岸特殊爭議商標註冊等。

五、結　語

「兩岸猿聲啼不住，輕舟已過萬重山」、「山窮水盡疑無路，柳暗花明又一村」，可以說是現今兩岸關係發展最貼切的寫照。兩岸分治已逾 60 年，儘管在法令或制度上有所差異，但是在因應全球化潮流來勢洶洶、區域化整合腳步加快的同時，尤其兩岸均都面對不同經濟型態升級與產業結構轉型之

① 彭思舟：《中國知識產權法律保護制度之研究——從因應 TRIPs 協定之角度分析》，台灣：文化大學中山所博士論文，2005 年，頁 401 - 404。

際，兩岸經濟沒有理由不加強交流，兩岸產業沒有理由不深化合作。

因此，簽署 ECFA 已成為兩岸在考量長期利益上必須的選擇；然而遺憾的是，此一以經濟面要素整合為主的協議，卻因過多政治面迷霧掩蓋，使得 ECFA 原貌更加模糊，如果正本清源將會發現，其對於兩岸關係發展是有利的，同時亦會帶來一些不利。整體來說，簽署 ECFA 對於兩岸而言，不但是分治以來兩岸關係正常穩定發展最重要的突破，而且是面對未來兩岸經濟交流合作最關鍵的挑戰，是機會同時是風險，彼此如何異中求同、形成共識，乃是各自所期待的焦點。

參考文獻：

[1] 包宗和、張五岳等（2003），《爭辨中的兩岸關係理論》，五南圖書公司。

[2] 李非主編（2003），《海峽兩岸經濟一體論》，博揚文化公司。

[3] 朱敬一主編，史惠慈等（2009），《ECFA 開創兩岸互利雙贏新局面》，財團法人兩岸交流遠景基金會。

[4] 林中斌（2005），《中共建構中之國家發展戰略，和平崛起論，以智取勝》，全球防衛雜誌出版社。

[5] 寇建文（2005），《中共菁英政治演變：制度化與權力的轉移》，五南圖書出版社。

[6] 殷存毅（2006），《兩岸經濟關係，2006－2008 年台海局勢研究報告》，北京：九州出版社。

[7] 張五岳主編，趙春山等著（2007），《中國大陸研究》，新文京出版社。

[8] 楊開煌（2005），《出手—胡政權對台政策初探》，海峽學術出版社。

[9] 楊保筠，郭國興（2009），《金融危機與東亞區域合作》，《北大東南亞研究論文集》，香港：社會科學出版社。

[10] 嚴勝雄、吳連賞（2000），《中國發展．發展中國》，麗文文化公司。

[11] 王健全（2004），《台灣產業發展之瓶頸與尋求突破的新思維》，《經濟前瞻》，第 95 期。

[12] 王昆義、李黎明（2006），《攻心為上—解構中國對台與論戰》，《第九屆國軍軍事社會科學研討會論文》。

[13] 朱浩（2004），《東亞區域經濟整合—台灣的觀點》，《台灣經濟研究月刊》，

[14] 余克禮（2009），《六點意見—是推動兩岸關係和平發展的重大戰略方針》，北京：兩岸關係。

[15] 紀欣（2004），《從五一七聲明談寄希望於台灣人民》，《海峽評論》，第 162 期。

[16] 郭國興（2009），《析論東亞區域經濟整合與台灣經貿策略》，《展望與探討》，第 7 卷，第 11 期。

[17] 倪永杰（2009），《兩岸和平發展的機遇管理爭議》，《上海台灣研究》，上海台灣研究所，頁 32－33。

[18] 林中斌（2007），《中共常是面對民進黨政府》，《歐亞研究通訊》，第 10 卷，第 4 期。
[19] 宋怡慶（2006），《現階段中共對台統戰工作之策略研析》，《陸軍學術雙月刊》，第 42 卷，第 489 期。
[20] 邵宗海（2002），《中共十六大後兩岸政治關係之走向》，政治大學中山人文社會科學研究所。
[21] 信強（上海）（2009），《建構命運共同體：大陸對台灣戰略之重構》，《中國評論》，2009 年 4 月號。
[22] 唐永紅（廈門）（2010），《海西區先行試戰略可與兩岸 ECFA 連接》，《中國評論》，2010 年 2 月號。
[23] 童振源（2003），《中共十六大後對台政策分析》，《中國大陸研究》，第 46 卷，第 2 期。
[24] 童振源（2008），《十七大後中國對台政策評估與兩岸關係展望》，劉勝驥等編《二十一世紀中國：中國十七大觀察報告》，政大國關中心。
[25] 戴肇洋（2009），《簽署兩岸經濟合作架構協議之評估》，合作金庫銀行《今日合庫》，第 35 卷第 6 期。
[26] 戴肇洋（2010），《中國大陸推動企業對台灣投資經緯及其影響評估》，台灣銀行《台灣經濟金融月刊》，第 46 卷第 2 期。
[27] 鍾焰（2009），《今後八年台灣經濟發展情勢評估》，《戒驕戒躁 2009 年》，上海東亞研究所。
[28] 顧瑩華（2008），《東協加一對台灣的影響》，發表於兩岸經貿合作及發展研討會。
[29] 寇建文（2005），《中共菁英政治的演變：制度化與權力的轉移》，五南圖書出版社。
[30] 馬準威（2010），《ECFA 之簽署對兩岸關係的影響：政治層面分析》，http：//tpsa. hcu. edu. tw/ezcatfiles/b083/img/img/1181/B1 -2. pdf。
[31] 張五岳（2007），《胡錦濤報告涉台部分的表述值得肯定與重視》，中國評論新聞：http：//www. chinareviewnews. com。
[32] 戴肇洋（2010），《大陸對簽署 ECFA 之策略與可能動向》，台灣綜合研究院網頁。
[33] 經濟部：http：//www. ecfa. org. tw。
[34] 行政院大陸委員會：http：//www. mac. gov. tw。
[35] 中國大陸國台辦：http：//www. gwytb. gov. cn/lajm/tzqyxh. asp。

试析具有两岸特色的“ECFA”

陈　蘋*

前　　言

两岸经济合作框架协议（即所谓的“ECFA”）的签署势在必行，它不仅涉及台湾经济发展的大战略，也是建构两岸经济关系正常化与制度化的必由之路，对未来签订两岸和平发展协定也有公权力部门对接商谈的借鉴意义。

两岸经济合作框架协议的商签，是一个复杂的过程。1 月 26 日两岸“两会”于北京的第一次专家磋商，在“ECFA”的中文名称上达成基本共识，奠定了重要的里程碑。此后，在中央领导人不断承诺之下，“ECFA”的两岸特色更加凸显，对于“两岸经济规模的差异”，对于岛内疑虑者，包括中小企业、中下阶层民众，特别是中南部农民的让利或安抚，都将具体落实在谈判桌上，为后续的“ECFA”实质协商，乃至于上半年完成签订打了一剂大局平稳的强心针。“ECFA”的两岸特色，尤其是“兄弟让利说”等立即引发热议，本文就此作一些初浅分析，并提出一些值得思考的问题。

一、“ECFA”的两岸特色

2 月 22 日，马英九借助出席大陆台商春节联谊活动之机，呼应胡总书记于春节前夕到福建看望台商时关于支持两岸签署经济合作框架协议的明确承诺，强调“ECFA 绝对有必要，而且动作要快”，在岛内产生了激荡效应。除了《自由时报》、民视、三立电视台等亲绿的媒体与民进党、台联党外，

* 作者简介：陈蘋，福建社会科学院现代台湾研究所研究员。

岛内绝大多数媒体和民众都认同：“ECFA”是台湾走出困境的唯一出路，是大陆对台湾表达善意的最有力途径，这一趋势为两岸签署“ECFA”奠定了基础。3 月初在北京举行的“两会”，大陆领导人针对两岸签订经济合作框架协议的谈话，尤其是 3 月 14 日温总理对这一协议具有两岸特色的理性诠释，“兄弟让利说”成为关注焦点，对台湾的民心民意、社会舆论均产生影响。参见表 1。

表 1　“两会”期间大陆领导人对“ECFA”的谈话

日期	谈话者	谈话内容
3/4	海协会会长陈云林	双方对签署前准备工作与作业时间的预期差不多，签署时间应该就是 5.6 月之间。但是“ECFA”涉及的范围很广，所以作业层级一定会很高。
3/5	国务院总理温家宝	其在政府工作报告中指出，通过签订两岸经济合作框架协议，促进互利共赢，建立具有两岸特色的经济合作机制。
3/5	国台办主任王毅	以十六字解释大陆让利：平等互利、合情合理、释放善意、好事办好。
3/6	商务部长陈德铭	我们会非常关心台湾民众和每个企业、每个农民的利益。
3/13	商务副部长姜增伟	“ECFA”中文名称两岸已经取得共识，让利细节由工作小组洽谈中。
3/14	国务院总理温家宝	温总理在回答台湾记者的问题时指出：两岸正在商签的经济合作框架协议是一个具有综合性的、具有两岸特色的协议。我确实讲过，要让利。这种让利给台湾，比如关税减免可通过“早期收获”实现。我知道商签协议是一个复杂的过程，但是正因为我们是兄弟，“兄弟虽有小忿，不废懿亲”，问题总是可以解决的。

“ECFA”是台湾一方先提出来的，主要是由于“10 + 1”协议 2010 年元旦启动，大陆与东盟之间的货物贸易逐步实现零关税，这一趋势将使台湾货物对大陆出口陷入十分不利的境地，影响岛内很多企业的生存与发展，也关系台湾广大民众的切身利益和福祉，无论谁在台湾执政都不能不认真面对这一现实问题。所以，马英九当局希望两岸之间尽快签署解决问题的协议，保持和提高台湾产品在大陆市场的竞争力，尤其是提出在签署

“ECFA”的同时，要求大陆方面作出“早期收获”的安排，即让“10+1”运营后倍受冲击的台湾部分产品提前实现关税减让。大陆方面充分理解台湾所面临的问题，并呼应台湾的要求开始“ECFA”及“早期收获”的商谈，“ECFA”也就凸显其两岸特色。温总理就大陆对于两岸经济合作协议的立场概括为三原则：一是两岸平等协商，二是谋求互利共赢，三是照顾彼此的关切。

“ECFA”的性质是一项经济合作协议，打一开始双方就很明确，目的是推进两岸经济交往的正常化、机制化与制度化，不可能有政治内容。“ECFA”是一个综合性的框架协议，在这个总协议之下还会有各项细化的协商，即视两岸经贸关系现实环境的变化与条件的成熟再逐步签订“补充协议”，是一个长期协商而持续修订的过程。至于“两岸特色”的提法，主要体现三个方面：第一，它源自并服从于 WTO 关于自由贸易协定的有关规定，但又严格区别于国与国之间的自由贸易协议，是一个中国主体之下四个关税区之间经贸关系的一种协定。第二，两岸的“ECFA”实际上不等于全面“自由贸易”，将来也不可能达到这样境地，如对于多数大陆商品出口而言，台湾市场规模有其局限；对于大陆劳工入岛部分将来的协议也不会有，因为这不止是政治上的“让利”问题，还涉及岛内的人口政策与敏感的社会议题。第三，区别于国际间通行的自由贸易协议，“ECFA”考虑到台湾幅员小、资源少、生产成本高的特点，大陆方面承诺在商谈过程中会关心台湾中小企业和广大基层民众的利益，尤其是让台湾农民放心。

毋容置疑，“ECFA”能够筑起两岸经贸更紧密合作的桥梁，台湾整体经济就能得到更好的发展，民众就会从中获利。从马英九当局推动“ECFA”的经济战略意图即可见端倪：一是藉由两岸经贸正常化，强化台湾与经济增长强劲的中国大陆之连结，进而连结全球。二是填补台湾经济全球化的缺口，促进台湾与跨国企业之策略联盟，强化全球布局，因应全球化的竞争。从台湾“陆委会”的民调（2009 年 4 月 19 日）、电视媒体 TVBS 对民众的两次民调（2009 年 3 月与 10 月）、以及《远见》杂志民调中心 2009 年 12 月民调的资料汇总来看，超过半数的民众认为未来两岸经贸需要更加密切的发展，有必要签订“ECFA”；有半数民众认为民进党若能与大陆密集交流，将有助于争取台湾的整体利益；有近半数民众对马当局能否保障台湾民众权益持有疑虑与不安。

二、“让利”能让两岸经贸合作走的更远

从国际实践来看，迄今已有数百个经济体在 WTO 架构下推动商签了 266 个双边经济合作协定。虽然，对等开放互惠互利原则是商签双边经济合作协议的国际惯例与共识，但各经济体的动机与目的并不完全一致，只要能够通过这一途径实现各自寻求的利益，就能促进经济合作协议的签订。经验已经证明，与重要经济伙伴发展自由贸易，是参与区域经济一体化进程的有效途径，“让利”策略在区域经济整合中发挥重要的作用，也是中国加入 WTO 精神的延续，并不稀奇。

譬如，在与香港、澳门协商更紧密经贸关系时，中国大陆采取了很多的让利措施，香港与澳门得到巨大的实惠，顺利渡过了国际金融危机。作为国际金融中心之一的香港，在这一波世界性金融海啸肆虐中经济受到严重冲击，2009 年 5 月 9 日，《“内地与香港关于建立更紧密经贸关系的安排”补充协议六》在香港签署，大陆让出一点，香港获利匪浅，不仅有助于支持香港在金融服务、物流、旅游等方面的发展，还进一步巩固香港作为国际金融、航运、物流、高增值服务中心的地位。

再如，本世纪初，中国同东盟领导人审时度势，高瞻远瞩地作出了建立“中国—东盟自由贸易区”的重大战略决策；2010 年，“10 +1 自贸区”如期建成，成为惠及 19 亿人口的自由贸易区①。从 2004 年开始，中国通过对东盟部分国家单方面的“让利”，即通过约 600 项农渔产品关税减让的“早期收获”计划，为东盟成员带来了益处②。在温家宝总理的倡议下，“中国

---

① 20 世纪 90 年代以来，东盟与中国的经济联系日益紧密，双边贸易持续攀升。2000 年 11 月，在新加坡举行的中国 – 东盟第四次领导人（“10 +1”）会议上，朱镕基总理首倡就建立中国 – 东盟自贸区进行研究。得到了东盟各国领导人的积极响应。经过双方的共同努力，2002 年 11 月 4 日，我国与东盟在柬埔寨金边召开的第六次中国—东盟“10 1”领导人会议上签署了《中国 – 东盟全面经济合作框架协议》，决定在 2010 年建成中国—东盟自贸区，并正式启动了自贸区建设的进程。

② 东盟国家从中国得到更多的经济支持：如中国与东盟双边贸易额保持快速增长，2005 年、2006 年双边贸易额每年净增近 300 亿美元，2007 年达到 2025.5 亿美元，提前三年实现了突破 2000 亿美元的目标。

—东盟博览会”① 每年在广西南宁举办，从根本上解决了让谈判成果落地的问题，也为自贸区成员国之间加深经贸合作开辟了全新渠道，创造了重要的实现形式，并为双方进一步深化金融、服务、投资、农业、信息产业等领域的合作提供了制度化保障；2007 年 1 月 14 日，中国和东盟正式签署了《服务贸易协议》，中国将在 WTO 承诺的基础上，在建筑、环保、运输、体育和商务等 5 个服务部门的 26 个分部门，向东盟国家做出新的市场开放承诺；2009 年，中国与东盟签署相关投资协议。经过十年时间的努力，中国用实际行动成功地消弭了原先东盟内部对中国崛起的疑虑，让双方的经贸关系从起初的“经济合作架构协定”逐步深化并促成 2010 年元月生效的世界上最大的自由贸易区，也让各方都可以实现利益的最大化。

近 30 年来，大陆经济社会改革开放发展过程有台湾民众的贡献，尤其是台湾工商界带来了资金、技术与管理经验，带动了两岸经贸的合作与产业的对接，在此过程中实现了互利双赢。今后大陆经济社会结构转型同样包含着台湾同胞应有的贡献，只有建立起具有两岸特色的经济合作机制，才能在区域经济更兴盛的趋势下，以平等互惠实现更深入的交流与合作。5 年前的首次“胡连会”确立了“五项共同愿景”，建立两岸经济合作机制是重要内容之一，无疑，“ECFA” 协商是一项“打基础”的工程，双方在这一方面是有共识的。

由于众所周知的原因，两岸经贸交流与合作长期处于单向、不对等、不平衡的局势，即便在两岸均加入 WTO 之后，也没有根本改变这一态势。迄今，台湾仍禁止大陆 2194 种产品输入（其中工业品 1360 种、农产品 834 种），占台湾全部进口商品的 20. 3%；至于物流之外的两岸投资、金流、人流等，双边更处于高度的不平等、不对称与不平衡格局。尽管两岸经济体本身在规模上的不对称性，双方不太可能实现完全的对称性局面，但正是在这样高度不对称、不平等、不平衡的谈判起点上，双方协商签订两岸经济合作协议，大陆必须让利，否则无以为继。两岸的“ECFA” 实际上不等于全面

---

① 博览会由中国和东盟 10 国经贸主管部门及东盟秘书处共同主办，广西壮族自治区人民政府承办的国家级、国际性经贸交流盛会，以“促进中国—东盟自由贸易区建设、共享合作与发展机遇”为宗旨，涵盖商品贸易、投资合作和服务贸易三大内容，是中国与东盟扩大商贸合作的新平台。

“自由贸易”，将来也不可能达到这样境地，必须“具体问题、具体分析”，给常识面的思考一个空间。当前两岸讨论商签的“ECFA”，主要包括以下内容：一是早期收获清单（签订协议后即时减免关税与开放的具体产品及行业类别等）；二是防卫措施、争端解决机制、执行机构、修正与生效、终止条款等；三是将于未来再行具体讨论的议题纲目或框架（现阶段没有内容，将来如无可行性，也就不必再谈）。

随着大陆经济的快速发展，两岸经贸交流与合作还有巨大的潜力和广阔的空间，大陆方面愿在力所能及的范围内做点贡献。事实已经证明，在国际金融危机冲击下，2009年台湾经济出现罕见的衰退，大陆积极加大对台的采购以及大陆游客入岛旅游的快速发展，成为加快景气复苏的重要动力之一，在这一过程中倾注了大陆各界愿为台湾经济发展与台湾民众福祉尽一份力量、办一点事实的心愿。从国台办主任王毅接受台湾记者的专访谈话中可以看出大陆对商签“ECFA”的基本态度：一是“早期收获”中大陆要求降税产品的金额与比例都少于台湾；二是大陆选择的降水产品降税尽可能惠及台湾中小企业与基层民众；三是尽量不影响岛内的弱势产业；四是大陆不会要求扩大大陆农产品入岛；五是大陆无意对台湾劳务输出①。这是实事求是的做法，台湾主流媒体也不得不承认这是充满诚意的。

“ECFA”带动下的两岸经贸机制化与制度化，不仅会让两岸经济整合更加紧密，而且交往更加规范、权益的保障也将更加完善，不仅有助于增进两岸更多阶层和群体的共同经济利益，而且能增进双方逐步累积互信，必将成为两岸关系和平发展的重要支撑。当然，也会让大陆的价值观影响到台湾，时间的延长会让更多的台湾民众认识大陆，进而更加了解大陆，并从认识产生认同。因此，只要是有利于台湾经济提升竞争力和扩大发展空间、只要是有利于台湾民众的事情，大陆都会尽最大努力去做，并且一定努力做好。

对于大陆而言，若在每一件事情上都能实现双方的共同发展、共同获益当然最好；若暂时只能使一方获得利益，那么一荣俱荣，也是应该努力去做

---

① 《旺报》采访团：《签署ECFA王毅提出五点意见》，见台湾《旺报》2010年3月31日A3－6版。

的。处理两岸经贸关系算的是两岸关系的大账，我们要抓住机会，让两岸关系奠定一个全新的基础。就制度化视角，中共十七大报告已经提出构建两岸关系和平发展的目标，“ECFA”显然是加快两岸融合的助推剂，有助于营造台湾海峡和平发展的环境，甚至对未来签订两岸和平协定，也有公权力部门对接商谈的借鉴意义。

三、台湾对“ECFA”需求与矛盾

在“东盟+1”的区域自由贸易区启动后，台湾若不积极加入，其竞争力下滑势难避免。若能通过建立两岸稳定的经贸合作架构，开启双边良性互动机制，则可提供台湾产业发展新契机，并能推动台湾成为全球创新中心、亚太经贸枢纽、台商营运总部等。就是在这一背景下，台湾于2009年初提出“ECFA”议题，目的是借此进一步占领大陆市场，也希望作为进入“东盟+1”这个更大市场的敲门砖。对于“ECFA”，台湾民众心目中都有一本“利大于弊”的经济小账，即便是绿营的大部分学者和政治人物也很清楚，在经济上台湾别无选择，签订“ECFA”已刻不容缓，因此成为岛内民众关注的大事之一。

事实上，在两岸两会就“ECFA”内容展开正式协商之前，岛内民间业者已经先行，其中被列入早期收获（减税）清单的石化、纺织、机械、汽车产业的谈判最受瞩目①。台湾四大产业工会不仅积极促成“ECFA”，而且为了降低官方协商的阻力，早已展开内部协调，并从2009年初开始，由各公会的理事长与大陆相关的工会、协会密集沟通、取得共识。台湾业者声称，他们都已经“乔”好了，交给当局参考，就等官方协商的结果。此外，台湾高科技面板产业也希望纳入早期收获清单，还期望加速签订投资保障协议、知识产权保护协议等，以协助面板业者西进风险的控管②。在2009年12月底第四次“陈江”会谈时，海协会副会长郑立中就公开表示，两岸市场和生产规模差很多，“ECFA”绝不可能等量开放，似乎已经回应了台湾

---

① 此四大产业每年出口额高达台湾总出口的三成，是岛内主要创汇来源，对台湾经济的重要性不言而喻。

② 钟俊元：《让利 为台湾面板奠定基础》，台湾《工商时报》2010年3月18日第A9版。

业者的需求。

“让利”政策是贯彻“给予台湾人民实质利益”方针的体现。一方面表明大陆深刻了解岛内弱势群体的需求，释解台湾“三中族群”（指为数广大的中小企业、中下阶层和中南部农民）的疑虑，给予他们对“ECFA”支持的信心；另一方面表明大陆更有信心，向台湾基层民众表达直接让利的诉求，今后这样的方式将更多付诸实践并收获直接效果。大陆方面之所以能不断释出善意，强调可以做到让利，其实道理很简单，因为大陆同胞始终认为“两岸同胞一家人，台湾同胞是我们的兄弟”。

作为“以小事大”的台湾，在“ECFA”议题上显示出积极的主导性，就是希望让台湾“得到的多而给出的少”。为了强化对ECFA的宣传，马英九就提出“一帮、二不、三要”的口号：“一帮”即帮助人民做生意，提升台湾竞争力；“二不”即不开放大陆劳工入岛、不增加从大陆进口农产品（根据台“农委会”报告：管制中的830项农产品不开放进口，已经开放的1415品项也不降税）；“三要”即要关税减免、要投资保障、要保护知识产权。从已经透露的信息来看，在“ECFA”协商的早期收获项目中，台湾希望在大陆市场有更多的“收获”，却处处设限不愿开放己方市场，并以台湾市场很小为由，来合理化其“要的多给的少”之目标，且宣称大陆方面必须配合才足以证明“有善意”。

但我们注意到，台湾希望在签“ECFA”时多争取一些利益，却又对“让利”怀着“既期待/又怕受伤害”的矛盾心态，舆论最直接的评述是“要让利，不要兄弟”。尤其是经过岛内反对势力的意识形态操弄与杯葛，除了经济上的有利或不利之外，“ECFA”是否深化台湾经济对大陆之依赖，进而使台湾当局政策方向受制于大陆，或实质上促进两岸政治统一，也就成为岛内一般民众心中的“问号”，徒增“ECFA”在岛内的“政治争议”。

权衡大局，“ECFA”已经势在必签。台湾当局已对“ECFA”定调为对等互利而非让利，执政的国民党与马英九加强了与中小企业以及中南部基层民众尤其是农民的沟通说明，职能部门也提出了具体明确的协助配套方案，以及相关的保障机制，希望降低岛内对“ECFA”的疑虑。但由于岛内选举不断，一切都是政治，公共政策难有理性的辩论空间，面对绿营势力以“糟糕经济学”为前提对“ECFA”的政治否定，考验的是马英九团队化解矛盾的执政能力。

四、几点思考

第一，大陆方面必须注重把“好事办实，实事办好”。

从实践来看，“对等开放、互惠互利”原则是自主自愿商签双边经济合作协议的国际惯例与共识，但谈判就是“GIVE AND TAKE（给与拿）”的妥协过程。对于“ECFA”商谈的原则，大陆方面已一再表明立场：平等协商、互利共赢、照顾彼此关切。事实上这也是两岸“两会”成功签署12项协议所取得的有益经验。大陆方面不断释出善意的对台政策，面向的是全台湾的2300万民众，这就要求对台湾民众的承诺一定要实事求是，说到做到，克服困难，把好事办实，把实事办好。但我们也要考虑下述问题：1. 大陆惠台政策受制于客观原因，未尽然能让台湾中下层人民完全受益。两岸签订的诸多协议使台湾经济整体受益，但有些效益在短期内难以展示，或一般民众感受不深。“ECFA”签署后，大陆方面必须考虑后续解决问题的办法，让岛内更多的中小企业、基层民众，特别是南部农民或居民积极参与到两岸共同的事业中来，拓展生涯的规划空间，创造出实实在在的“实质利益”。也就是说，让利的成果要惠及更多的台湾基层民众。2. “让利说”发酵后，可能岛内要求“让利”的层面会越来越多，不仅是经济层面，甚至还会在文化、教育、制度等层面提出更高的要求①。就此，一方面大陆应对“让利”的政策进行宣传与解释，避免曲解或别有用心的负面解读；另一方面应防止台湾方面向大陆需索无厌，即便满足了，又因反面的操作，而削弱了台湾民众对大陆善意的感受，且一旦未能有所满足，还可能立即被操弄成为轩然大波。

第二，台湾方面马英九当局必须增强化解矛盾的能力。

台湾经济所面临的问题，是其本身经济结构深层次的问题，要从根本上

---

① 在根据岛内媒体的调查现实，台商在大陆面临的最大问题多是机制与制度层面：一是不可预测的成本太高（56%）；二是政策变动难掌握（50%）；三是劳资争议多（39%）；四是治安不佳（19%）；五是交际应酬多（18%）；六是租税与劳动的年度调整（18%）；七是政府行政管理的单位太多（14%）。不论是经济或政治都需求赶快建立制度化的沟通管道，台商会要求参与在地的政治活动，增加表达自己权力的话语权。

摆脱困境，更多的应该由台湾社会内部去解决。岛内智者以事实说明，没有“ECFA”台湾经济不会有明天，但不容否认的是，“ECFA”只是台湾巩固市场的短中期手段，绝非灵丹妙药①。何况，根据WTO规定，2013年台湾必须面对2200多项大陆产品的全面开放。台湾方面必须认清，经济全球化与区域经济一体化是无可阻挡的趋势，通过“ECFA”，台湾将成为区域整合的参与者，可从以下三个面向思考：1. 建立两岸分工新模式，追求台湾经济的“增量”与“流量”。借助“ECFA”，首先将台湾建设成为两岸技术商品化的研发、设计、物流、训练、服务与管理中心；其次是随着金流、物流、客流的增加，大力提升创新服务水平，从文化创意、观光旅游到医疗照护等提升台湾的地位。2. 开拓大陆内需市场。“ECFA”不仅对台湾的高科技产业与传统产业有利，中小型服务业亦可参与开拓大陆内需市场，有利于形成两岸新的供应链。3. 找准台湾的定位。面向全球，台湾的最佳位置在大陆与世界中间，通过“ECFA”，有助于台湾找回失落的十年，让台湾的经济很快地能够更上一层楼，让台湾的明天更美好。

当然，天下的事往往利害参半，面对“ECFA”确实有赢家也有输者，可能对岛内弱势产业、劳工造成冲击。台湾经济基本面与结构面问题的解决，大陆市场只能是助力而非主力，针对“ECFA”，马英九当局必须订定确实的配套措施，做好受冲击产业与弱势群体的辅导与帮扶，同时应加强宣传与解释工作。也就是说，必须更多地按照经济规律办事，应避免既误导台湾民众，又让民进党找到攻击的理由。台湾当局已经承诺照顾受到冲击的产业及弱势群体。如台湾“经济部”编列新台币950亿元预算计划，以10年为期，辅导受到“ECFA”冲击的产业升级转型，其中约一半是用于保护劳工的政策②。就长期而言，台湾厂商仍需持续进行产业的创新升级，通过大陆政策市场的保障来杠杆资源、发展品牌、营运全球，才足以持续台湾的竞争优势，争取台湾可大可久的利益。

虽然，从李登辉到陈水扁掌权的这段时间里，台湾当局百般设法实施管

---

① 王键全：《台湾经济，如果没有ECFA…》，台湾《经济日报》2010年3月18日A4版。

② 依据台湾“经济部”书面报告，成立专案小组加强对岛内可能因“ECFA”受损的产业，目前包括成衣、内衣、毛衣、泳装、毛巾、寝具、织袜、制鞋、袋包箱、家电、石材、陶瓷、中草药、农药、环境用药、动物用药、木竹制品等17项。

制策略，以延缓台湾经济对大陆市场的依赖，结果证明其成效有限。台湾对大陆的贸易依存度从20世纪90年代已开始逐步上升，且大陆取代美国成为台湾出口的最大市场，这一趋势难以逆转。若不能因势利导，通过商签“ECFA”，舒解台湾经贸发展的安全压力，走出以意识形态左右事实的决策失真，未来必然恶化台湾的生存条件。目前，岛内主流民意希望通过“ECFA”的“双英辩论”，能够为关乎台湾经济民生的公共政策跨出理性思辨的一步，将公共政策的性质还原，共同增进民众的知识、启发民众的智慧。但就目前的现实来看，“台独”理念作祟已经蒙蔽民进党的理性判断能力，几乎“逢中必反”，对两岸间任何的交流或合作都持反对态度，甚至还将“ECFA”提升为涉及复杂的政治认同和社会文化冲击等深具争议的“意识形态议题”，诸如“将导致台湾经济进一步对大陆依赖，进而使当局政策方向受制于大陆，实质上进一步促进两岸政治统一”；“台湾外交空间或对外企洽签FTA仍难以突破中国因素的制约”等，均成为民进党反对ECFA的理由。对于国民党马英九而言，其挑战还在于如何提升话语权，把推动ECFA的道理和好处向台湾人民讲清楚，表现出当权者择善固执的魄力，并强化老百姓对他们的信任和连结，以唤起台湾人民心中更好的愿景，让台湾民众达到更高境界的“心服”。

第三，稳握两岸关系和平发展的关键是争取台湾民心。

从大背景来看，目前尚不希望两岸统一的台湾民众有一种很强的防御心理。似乎大陆发展愈快，综合实力愈强，台湾民众愈是感动压力与顾虑，尤其是台湾与大陆相比越来越处于劣势时，岛内民众心理上表现出一种失落感，并内缩为“台湾主体意识”的增强。虽然“ECFA”仅仅是经济议题，但岛内民众担心掉入大陆设定的议题框架，两岸关系将因经济上的“量变”转为政治上不可挽回的“质变”。因此，民进党猛烈攻击马英九将与大陆签署“ECFA”等政策，确实收到一些效果，并仍准备将“ECFA”作为其对抗国民党的政治操作杠杆，即便是两岸顺利签署“ECFA”之后，民进党还是会把逐条内容拿出来操弄，把国民党马英九贴上“卖台”的标签，甚至被当作选举造势的工具，要求全面“公投”等等。

两岸关系看似千头万绪，但其核心问题还是岛内仍有相当的民众对“中国”存在疏离、陌生，甚至反感、厌恶的情绪，因此影响了他们对大陆的了解，甚至是拒绝面对，这正是影响两岸关系的“深层次问题”。推动两岸关系和平发展之关键，在于争取台湾民心，争取民心之道，需从“义”与“利”两方面着手。但台湾部分民众对于两岸关系和平发展现状的茫然失措，一时还难以调适，两岸在价值、理念和生活形态上的鸿沟，完全不是“让利”所能消弭①。从现实来看，台湾当局对于两岸政治议题目前还是回避的，使“两岸牌”在马当局施政中的效用在递减，两岸关系发展中的互信问题已更加凸显，牵涉到两岸主权、政治、利益分配等领域，若单纯地强调经济议题，在政治上达不成共识，“ECFA”的继续深化将面临困难，这就需要我们酝酿、积聚新的动能。

两岸的交流与合作，不应只是利益通，更关键的是感情通、心灵通，这就要求我们思考：两岸的交流需要从“利益共同体”向“命运共同体”转型，应以逆向思维认真研究台湾民众的疑虑与反感；做台湾民众工作的重心应该向下沉、向南移，确实了解台湾的民之所思、民之所欲；要用一些更贴近台湾民众需要的、更实际的东西来感动和影响他们，在两岸经济合作创建机制化、制度化发展的进程中，探索出双方建设共同家园的相处方式。

第四，在“海区西”创建“ECFA”的先行先试基地

相较于内地兄弟省份，过去福建因台湾而贫穷。海西区大战略就是希望在两岸和平发展的新形势下，整合区域资源，使福建能在未来两岸产业分工与合作中凸显其特征性，尤其在机制与制度创建上释放能量，并带动未来福建因台湾而富裕。

在两岸签署“ECFA”之后，闽台区域整合与发展，必须展现全新的思维。其先行先试的政策惠及闽台两地，主要体现在三个方面：一是在先行先试中推动两岸联手拼经济、促发展；二是在先行先试中建设两岸往来的大通道、大枢纽，形成一个北承长三角、南接珠三角、西联内陆腹地、东出台湾海峡的人流、物流、资金流、信息流的立体网络；三是在先行先试中增强中华文化的创造力与凝聚力。今年5月初，福建省长黄小晶率团访台时，通过面对面地告诉台湾同胞，海西先行先试政策，绝对不是一句口号，而是实实在在的行动，“不可行的就改，可行的就继续往前推！”也就是说，未来海

① 洪奇昌：《让利与兄弟之邦》，台湾《旺报》2010年3月18日第A17版。

西将更进一步规划，以务实、宏观、效率来加快推动先行先试。

在海峡两岸进入互利共赢、合作共生的新的发展阶段，如何落实创建闽台产业分工合作长效机制，让福建对台的潜在优势变成战略优势，迎接两岸关系与经济整合新形势所带来的机遇与挑战，关键就在于规划设计、确定行动路线图，尤其要注重发挥机制与制度创新的能量与作用。

ECFA 与两岸经济合作方式及途径的选择

盛九元*

一、东亚区域经济一体化与两岸经济合作趋势

改革开放 30 年，中国大陆同东亚国家/地区的贸易投资往来非常密切，保持了良好的互动关系，共同支撑起东亚经济繁荣发展的局面，共同分享东亚区域经济合作的成果，共同应对来自经济全球化和区域一体化迅猛发展的挑战。对于中国大陆而言，在更高层次上进一步加强同东亚的互动合作、进一步推动东亚区域经济合作的机制化建设，成为中国新一轮对外开放的战略选择，其不仅能够有效解决自由贸易区的市场规模问题，还可以形成紧密的国际分工关系，促使产业结构升级转化，经济获得更为持续健康的发展，尤为重要的是能够形成与欧盟、北美自由贸易区真正抗衡的整体实力，更加有利于周边环境的和谐与稳定。现阶段，大陆经济面临着经济发展增长方式转变与结构调整的关键时期，而两岸经济合作有助于推进整体大中华地区经济协作的形成与有效合作。

在推进区域合作的实践中，中国—东盟自由贸易区已被视为典范，充分体现出在政治互信基础上的经济一体化的实际效应。从协商进程看，2002 年 11 月中国—东盟完成签署全面的框架协议，2003 年 7 月 1 日框架协议正式生效。2004 年 11 月，双方签署自由贸易区货物贸易框架（包括早期收获计划），并于 2007 年前提前对 11 类商品（橡胶、木业、汽车、纺织、农业、电子商务、渔业、保健产品、航空、电子、旅游业）实行免关税。

* 作者简介：盛九元，浦东台湾经济研究中心副主任，研究员。

2007年1月，双方完成签署自由贸易区的服务贸易框架协议，并于当年7月1日起执行第一阶段服务贸易自由化。2009年8月，双方签署“东盟与中国投资协议”，完成自由贸易区谈判的全部过程。2010年1月1日与东盟6个原创国（印尼、马来西亚、泰国、新加坡、菲律宾、文莱）全面实施自由贸易区计划，93%的产品实行零关税。2015年将与东盟4个新成员（越南、柬埔寨、老挝、缅甸）全面实施自由贸易区计划。由这一进程可以看出，中国—东盟自由贸易区是在互补互利互谅的基础上，依据经济发展规模、水平的实际情况，分阶段、按步骤协调推进的过程。对于双方的经济发展均产生直接有益的影响。据统计，在中国—东盟自由贸易区协议生效后，即产生明显的效果。2010年1月份，双边贸易额达到215亿美元（出口106亿，52%；进口109亿，120%），较09年同期增长80%（同期对欧26%，对美19%），东盟超越日本成为大陆第三大贸易伙伴。其中上海关区进出口47亿美元，62%，高于平均增幅31%。随着第二阶段服务贸易开放及第一阶段投资开放协议的实施，预期中国—东盟将出现新的突破性的增长。

由于东亚地区占台湾出口比重的60%以上（其中对大陆及港澳的出口占台湾出口的40%），因此，中国—东盟自由贸易区的建设必将对台湾经济发展产生直接的影响，从近期来看，主要是对台湾的传统制造业出口产生冲击（大陆与东盟将实现平均税率为0.1%左右的零关税。而台湾则需要面对7%－11%的平均关税，尤其是在纺织、机械、化工方面，涉及产品约700多项）；而从中期看，台湾将由于贸易转移效应显性化而出现产业加速外移的效应；长期而言，更是导致台湾经济的边缘化（被排斥于区域经济一体化的协商进程之外）。由此分析，两岸尽快协商签署ECFA已成为台湾摆脱当前经济困境、参与区域一体化进程和实现经济持续稳定增长的主要途径，势在必行。

中国—东盟自由贸易区的建设对两岸经济合作的模式提出了新的要求，即需要对两岸的要素进行优化配置，实现合理、双向、有序的要素流动机制，从而有效提升整体经济的竞争力，以更好地适应区域经济一体化的调整。与此相应，在大陆投资的台商需要顺势而为，充分利用自身在技术、管理、行销等方面的优势，结合大陆经济结构调整与两岸合作模式的变化，以“调结构（产业转型、产能转移、产品转向）、促民生（转向内需、重点发展服务型经济)”为重点，顺大陆的“工业化（供给）、城市化（消费）”进程而为，从而实现“保增长”（保持在大陆持续增长的态势）的目标。台湾属于浅碟型经济，对外依赖度高，因此中国——东盟自由贸易区的建立会对台湾形成直接的影响（贸易区内的平均工业关税会从 9.8% 降为零(0.1%)），而台湾则要承受平均9% -12%的关税，这对一般制造业而言是难以获利的。在当前台湾囿于各种因素尚无法直接参与贸易区的情势下，通过与大陆签署经济合作协议不失为一种有效的解决途径。由此，在《天下》2010 年 2 月份所做的调查中，台湾 88% 的 CEO 表示支持两岸签署 ECFA，60% 则表示会强化与大陆的经济合作。正是基于上述原因，两岸在有关 ECFA的协商过程，很快达成相应的共识，并在基本原则上达成一致，现阶段，双方尚需要解决的关键问题是早期收获项目的具体安排。台湾方面提出需要减税和开放市场准入的项目包括纺织、机械、化工、金融服务（银行）等，约 1000 项，涉及细目多；其中也包含有部分需要调整和协商的成分，如尼龙纱项目，目前这类产品台湾已经不再生产，而以进口为主，因此，具体的清单尚待进一步的完善。由此分析，双方针对有关早期收获清单可能还需要进一步简化、细化，并通过协商以其他方式达成相应的目标。更重要的是，依据两岸达成的共识，在具体协商进程中，可以参照 CEPA 的协商模式，即先确定基调，减少分歧（避免争议），并在此基础上进一步充实具体内容。同时，需要指出的是，在当前的国际经济合作大背景下（WTO 规范与区域经济合作的作用日益凸显），两岸进行协商协议的基本原则应当是“平等协商、互补互利、循序渐进、产生实效”。只要依循这一原则，就会尽可能减少台湾民众的疑虑，并使协议能够尽快对双方各自的经济发展与产业合作产生直接的助益。

长期以来，在两岸关系发展过程中，经济交往始终是最活跃的因素，也是推动两岸关系发展主要动力来源。自 2008 年 5 月以来，台湾岛内局势出现重大调整，两岸关系发展呈现出良性互动的格局：依循“先经后政、先易后难、循序渐进”的原则，在“九二共识”的基础上，两岸两会的事务性协商得以恢复，并相继达成 12 项协议与 1 项共识，实现两岸“直航”与陆资赴台，推动了两岸经济合作与民间交流进入新的发展阶段，随着两岸关系格局的调整，尤其是 MOU 的签署（ECFA 也进入协商签署阶段），两岸经济合作发格局也面临新的调整。在这种情势下，大陆民众很自然地形成对于两岸尽快进行政治性对话与协商的期待，希望两岸关系能够在经济与政治关系接续深化的共同推动下得以更健康、稳定、有序的发展。

但也必须看到，在两岸交流日益密切的情势下，现阶段两岸之间深层次、结构性的矛盾仍然存在，“一个中国”原则在岛内尚未形成普遍的认同，从而导致在政治对话难以在短期内开展，更遑论形成制度化的政治对话与协商机制。由此分析，现阶段，经济、文化与社会等方面的交流仍将是推动两岸关系和平发展的主要动力源。

二、ECFA 是推动两岸经济合作基本途径

从东亚区域经济整合的整体态势看，随着中国—东盟自由贸易区建设进程的加快，相关国家和地区要求参与的呼声日益高涨；而全球金融危机的爆发，更使得东亚各经济有切肤之痛，从而在区域货币合作、市场开放与加强经济协调方面的机制化建设得以有效推进。从目前情况看，尽管经济复苏态势明显，全球经济仍存在着较大的波动，不确定性因素短期内难以化解。根据 IMF 预测，2010 年全球经济增速为 3%，发达经济体仅为 1.3%，新兴经济体为 5 - 6%，这种状况将持续至少两年。这就使得亚太地区各经济体现在的强劲复苏势头存在着反复的可能，台湾经济由于对外依赖高，更是面临较大的不确定性。在这种情势下，作为台湾经济发展稳定器与助推器的两岸经贸合作机制化建设，尤其需要加快推进。事实上，中国—东盟自由贸易区的建设已经对两岸经济合作的模式提出了新的要求，即需要对两岸的要素进行优化配置，实现合理、双向、有序的要素流动机制，从而有效提升整体经济的竞争力，以更好地适应区域经济一体化的调整。与此相应，在大陆投资的台商需要顺势而为，充分利用自身在技术、管理、行销等方面的优势，结合大陆经济结构调整与两岸合作模式的变化，以“调结构（产业转型、产能转移、产品转向）、促民生（转向内需、重点发展服务型经济）”为重点，顺大陆的“工业化（供给）、城市化（消费）”进程而为，从而实现“保增长”（保持在大陆持续增长的态势）的目标。因此，尽快推动签署 ECFA 不仅对于加快两岸经济合作的机制化建设、推动台湾经济发展具有重要作用，而且也有利于更好的实践两岸关系“和平发展”的理论，为两岸关系持续、

健康、稳定的发展和实现台海和平、造福两岸民众奠定坚实的物质基础。

以 ECFA 为例，尽管 ECFA 对台湾经济发展的积极意义已经由台湾各界大规模的宣导而日益明晰，但民众的疑虑仍在。由于 ECFA 在岛内仍存在着较多的争议，尤其是绿营势力以进行“公投”为诉求，不断鼓动与凝聚反 ECFA 的力量，从而对 ECFA 的实际运行产生一定的阻碍。从绿营的基本论述来看，主要涉及三方面的内容：一是担心对台湾主体性的影响（包括避免台湾的“港澳化”和符合 WTO 的规范），二是担心对台湾传统制造业和农业的冲击（包括避免引进大陆劳工问题），三是担心台湾的国际经济活动空间拓展的限制（与其他 WTO 成员协商签署 FTA）。事实上，ECFA 作为单纯的经济合作协议，其本身的设计不仅希望能够有效避免引发两岸间的政治争议，而且更是希望通过协议能够有效解决当前台湾经济发展所面临的困境，探讨两岸经济合作机制与东亚区域经济合作相衔接的问题，实现两岸的优势互补，共同提升两岸经济的国际竞争力，增进民众福祉。这是两岸协商签署 ECFA 的基本原则和大方向，其原则是互补互利，方式是循序渐进，途经是彼此尊重、相互协商，其目标是实现共同繁荣，这是符合两岸民众根本利益和两岸经济合作现实的，既有效反映出两岸在经济发展水平、规模上的差异，也有效顾及台湾民众的关切（“让利说”与目前“不开放大陆劳工赴台、不开发大陆农产品入台”承诺），然而，即便如此，由于两岸关系的特殊性与敏感性，使得 ECFA 这类经济议题业难以顺利推进。当然，针对台湾部分民众对 ECFA 存在的疑虑，还是需要予以关注，一方面台湾当局需要通过积极的宣导，使民众对 ECFA 有更加清楚的认知，进而减少疑虑，而另一方面是通过 ECFA 的实践，使民众充分感知 ECFA 队台湾经济和民众福祉的增进效果，使民众从 ECFA 中获得实利，这就需要注意以下三方面的问题：一是密切关注 ECFA 签署后的实际推进进程与效果，使其效应切实惠及多个领域，能够为全民所享有（尽管针对不同产业、区域、阶层难免会有所差异），从而避免为泛绿势力所利用，使 ECFA 问题出现政治性的干扰与反复（如“公投”等），这就需要在积极推进 ECFA 的同时，辅之以其他相应的配套措施，以产生更加直接的效应；二是切实落实相关的协商进展与两岸经济发展的实际需求，避免产生政策脱节，从而影响 ECFA 实际效益的发挥，尤其是切实解决好台湾经济发展与东亚区域经济整合相衔接的问题，减缓台湾经济界对边缘化的疑虑；三是认真细致的做好产业损害评估与完善补偿机制问题，对两岸受到损害的产业予以积极的关注，从而使 ECFA 的正面效应大于负面效应，也使得 ECFA 获得更多的台湾民众的支持与理解。

从目前情况分析，两岸经济合作虽已逐步进入“民间、单向、间接”的方式向“直接、双向、机制化”的阶段，尤其是 ECFA 的签署更使两岸经济合作向正常化、规范化、制度化方向发展，但从实际情况看，其中尚存在不少需要解决的问题，主要包括以下四方面：（1）作为 WTO 的两个成员方，两岸需要解决贸易结构的不均衡问题与相互开放的不对称问题（并非单纯的两岸巨额贸易逆差问题），实现真正的双向经济互动；（2）在考虑彼此关切与均衡双方实际经济规模、市场容量的基础上，寻求适应实际发展需要的两岸经济合作的模式，推动两岸经济发展目标的实现（通过产业和项目合作、拟定共同标准、共同进行研发等）；（3）通过机制化合作的实践，解决区域经济整合进程加快过程中台湾参与国际经济合作的问题，以进一步发挥 ECFA 的实际效应，切实落实“对人民有益”的承诺；（4）需要进一步强化两岸金融与货币合作问题，以更好地应对国际经济与金融环境不稳定的状况，避免经济的动荡与剧烈波动。

经过两阶段的协商，两岸对于签署两岸经济合作框架（架构）协议已初步达成共识与处理原则（包括早期收获清单），并规划进一步就货物贸易的开放开展协商，从而为签署 ECFA 奠定基础。与此同时，从两岸经贸合作的实践看，通过进行一系列有成效的沟通与协商，两岸已经建立起一些具有特色和创造性的合作模式，克服了部分现有的障碍，为两岸经济合作问题的解决提供了有效的途径，如市场开放、准入门槛的调整、产业搭桥、区域产业合作、“点对点”合作等，不仅显示出两岸经济合作的巨大潜力与活力，而且也显示两岸寻求合作方式的弹性与灵活性。

经济合作的实践证明，通过完善两岸经济合作机制还可以在一定程度上为化解两岸关系发展方面的相关矛盾奠定基础，如：（1）通过两岸经贸法律合作框架的建构为两岸关系的规范与发展提供实践；（2）通过两岸经贸争端解决机制的完善为建立两岸政治对话与协商机制及处理两岸之间的相关政治问题累积经验；（3）通过两岸在国际经济组织合作中的行为规范为解决台湾的国际活动空间寻求合适的解决途径。

从更深层次看，两岸现阶段存在的诸多问题与两岸民众之间缺乏交流与沟通的现实情况有密切的关系，而在和平发展的总体框架下，通过经济合作方式与途径的选择可以为两岸的社会文化融合提供更坚实的基础，具体的路径包括：（1）可以借鉴经济合作架构的建立，有效规范与推进两岸交流交往的制度化进程；（2）通过市场与投资开放，推进两岸民众交流交往的扩大与从业选择的多元化，尤其是使台湾青年人择业的选择面将更加宽广，深化两岸民众之间的沟通与交流；（3）随着两岸企业共同合作赴海外投资发展实践的深化，也有助于推进两岸在国际合作中的成效推广等。上述均显示，两岸经济合作框架（架构）协议的协商签署对于推动两岸经济共同发展、维护台海和平、加深两岸民众交往并为两岸关系的和平发展提供具体的实践、奠定更加坚实的基础。

当然，由于两岸关系的发展尚囿于诸多因素的制约，尤其是在对“一中”原则认知上存在的分歧，导致两岸之间结构性的矛盾短期内难以化解，因此，充分利用深化与发展两岸经济合作及与东亚区域经济合作相衔接的有利时机，积极解决两岸关系发展中面临的障碍也不失为当前情势下的有效选择，具体而言，可以通过下述的途径入手：

1. 通过两岸直接双向经济往来所形成的新的经济交流格局，进一步推进两岸经济关系的深化，具体的推进方式可以包括以下方面：

（1）通过进一步放宽陆资入台的领域和范围，及其对两岸关系的正面影响，有助于两岸相互的了解和探索解决相关争端的有效方式；

（2）采取积极有效的措施推进两岸金融合作与资本市场的相互开放，有助于两岸共同抵御国际金融危机的冲击和影响以及两岸经济合作的深化；

（3）通过现阶段正在积极实施的共同制订产业技术标准、产业搭桥计划与两岸教育交流与人才交流计划，尤其是共同研发的实践，从而使两岸在共同制定技术标准与制程标准方面占据较有利的地位，使两岸能够互蒙其利；

（4）利用 ECFA 的早期收获计划及其延伸，尤其是 ECFA 阶段性协商进程的开展，有效解决台湾与东亚区域经济合作相衔接的问题，这也是胡锦涛总书记2008 年 12 月 31 日纪念“叶九条”30 周年讲话中关于签署两岸综合型经济合作协议中的重要内容①。

2. 在国际金融危机的冲击下，全球经济复苏步履蹒跚；在这一情势下，有效拓展内需市场、转变经济增长方式成为大陆经济发展的基本趋势。在这一过程中，两岸经济合作的空间将进一步扩大，而大陆十二五发展规划与新的区域发展战略重点的扩展，使两岸经济合作的领域、区域与产业重点也相应出现调整。这些领域可以包括以下方面：

（1）大陆区域经济发展重点是确立与调整，包括海西区（两岸经贸）、成渝经济区（西部开发）、浦东综合改革配套试点（体制改革与国际金融中心建设）、滨海新区配套试点（环渤海经济区）等，使两岸经济合作的面向与重点也可以进行更有针对性的调整与互动；

（2）在更多的先行先试条件下，进行区域间的合作（如北台湾与长江三角洲、海西区与台湾等）有利于两岸经济合作领域与模式的扩展与延伸，并根据不同产业的发展需求进行相应的调整，从而形塑新的合作亮点；

（3）在区域合作的基础上，通过两岸协商进行经济发展规划的沟通与协调，有助于两岸经济优势更有效的整合以及经济结构的优化，在条件许可的情况下，也可以考虑设立两岸合作协调委员会的方式推动合作的开展，从而为两岸合作的深化与机制化的合作构建奠定基础。

3. 东亚区域经济合作的深化、发展与调整，也在很大程度上对现有的两岸合作格局将产生直接的影响，尤其是东亚经济合作格局调整的路径选择与两岸应对（两岸四地经济合作），有助于两岸建构起经济合作的规范和台湾参与国际经济组织语与活动空间的拓展。

三、两岸经济合作面临的问题与障碍及解决途径

在开展两岸经济合作与建构和平发展总体框架的过程中，也必须认识到，台湾部分民众对两岸经济合作深化（ECFA）与两岸关系发展仍抱持疑虑，从而对两岸经济合作的发展形成一定的阻力，这主要体现在三方面：一是在当前岛内政局变化与蓝绿对抗的情势下，两岸合作范围与领域限制的消除与经济关系正常化进程与时程难免受到较大的影响；二是两岸需要建立起

① 《人民日报》2008年12月31日。

各种方式、各领域的对话与协商机制以因应多样化的协商与合作，包括经济合作的正常化与制度化；三是区域经济合作的指向性问题，包括妥善处理好有关ECFA的分阶段推进、台湾与其他经济协商签署ITFA或FTA等。

针对上述问题，建议从以下方面入手，通过适当的模式构建与方式选择，从而有效推动两岸经济合作的深化以及两岸和平发展架构的建立：

1. 寻求合适的时机与方式，循序推动两岸各种方式、多种渠道的政治性对话与协商的启动与两岸互信机制的建立，尤其是建立两岸关系应急事件处理机制，包括台湾方面提出的军事互信机制；

2. 通过区域性合作试点、产业选择与框架的建立（海西区、浦东新区、滨海新区、成渝区等），从而为两岸合作的深化提供新的选择途径与规范；

3. 借助产业搭桥计划与两岸项目（可以考虑选择以新兴产业、大项目合作为切入点）合作相衔接，通过共同利益机制的形成为两岸合作提供新的动力；

4. 以陆资入台及其在岛内的发展效应（与台湾经济发展的关系、社会影响与可持续性问题）为坐标，注重解决在双向交流中产生的摩擦与冲突，并进而形成与完善争端解决机制与规范；

5. 积极推进资本市场的扩大开放及金融与货币合作，强化抵御金融风险的效应，并以此为基础进一步深化两岸经济合作，形成更有效的整合机制；

6. 在条件许可的情况下，开展两岸宏观经济政策沟通与协调（包括协商机制与组织机制的建设），尤其是将十二五规划与台湾经建计划有效实现衔接，并进而推动两岸经济合作共同机构（两岸经济合作与协调委员会）的形成与运作，为两岸关系的深化与发展奠定基础。

ECFA 簽訂後對兩岸經貿關係之影響初探

徐東海*

壹、前　　言

馬英九在 2008 年三月初大選電視辯論會上，首先提到兩岸可簽定「綜合經濟合作協議」（Comprehensive Economic Cooperation Agreement，簡稱 CECA），後來台灣將 CECA 修改為 ECFA（「兩岸經濟合作協議」），在定位上，「兩岸經濟合作協議」可視為建立未來兩岸經濟整合的「框架協議」，若真正實現，未來兩岸除了可以確定在一定時程（五或十年）內，逐步取消所有貨物貿易的關稅與非關稅壁壘、逐步服務貿易自由化、建立開放和競爭的投資機制，便利和促進兩岸投資、建立爭端解決機制外，甚至可以透過協商，逐漸形成允許貨物之自由流通，及採取共同對外關稅及貿易政策，並允許其他生產要素（如人員、資金、勞務、商品）自由流動之共同市場。

本文目的在探討兩岸簽訂 CECA 後對兩岸經貿關係之影響。首先探討馬英九政府就任後推動務實、開放、穩健的兩岸經貿政策，使兩岸經貿關係走向正常化、制度化發展，進而希望能建立兩岸關係機制化－簽署兩岸經濟合作協議（ECFA），其次，分析台灣對 ECFA 的規劃與目前協商進度，最後探討 ECFA 對兩岸經貿關係可能之影響。

貳、馬英九政府的兩岸經貿政策

馬英九政府在 2008 年 3 月就任後，對兩岸經貿政策的看法是，兩岸應

---

* 作者簡介：徐東海，景文科技大學國際貿易系助理教授。

維持和平與合作的關係，故兩岸經貿應走務實、開放、穩健的路線，「先易後難」、「先經濟後政治」，讓台灣能善用大陸的利基（niche），重新找回台灣的經濟活力。逐步實現兩岸經貿關係的正常化、制度化發展，進而建立兩岸經貿關係的機制化－兩岸簽署兩岸經濟合作協議（ECFA）。

馬英九政府在政策上，主張兩岸要由「自由貿易區」為起點，進一步邁向「兩岸共同市場」。然而兩岸共同市場的建立是個長遠的目標，絕非一蹴可幾，經過兩岸兩會第一次至第四次江陳會，提出推動下列兩岸經貿合作的具體項目（表一）：

1. 雙向直航：建構以台灣為中心的「雙黃金航圈」，亦即以儘速推動兩岸直航為基礎，連結東北亞與東南亞，使得台灣成為雙核心區域交會的中心點，致力協助本國企業以台灣做為「全球運籌中心」，也使在台的外商可以把台灣當作亞太地區的營運總部。

2. 開放大陸觀光客來台：預計每天開放三千人，每年一百萬人，四年內增至三百萬人，振興台灣的觀光業並增進兩岸人民的相互瞭解，未來並逐漸增加開放觀光之人數。

3. 開放陸資來台投資：建立兩岸資金雙嚮往來，允許大陸企業來台投資，活絡台灣經濟。同時，允許人民幣掛牌買賣，建立有特色的區域金融中心。

4. 開放台商回台上市：放寬上市門檻以及申請者限制，爭取國際間尚未公開上市的優良台商來台上市。

5. 鬆綁 40% 之投資上限：對於台商赴大陸投資，應以「全球佈局」為考量，「原則開放，例外管制」，俾台商能掌握商機，壯大企業實力。

6. 建立兩岸產業共同標準：召開兩岸產業合作論壇，讓台灣的應用科技、資金及管理能與大陸的基礎科技及市場相結合，建立兩岸產業共同標準，合作邁向世界。

7. 兩岸簽訂兩岸經濟合作協議（ECFA）：兩岸儘速簽訂兩岸簽署經濟合作架構協議（ECFA）以增進兩岸經貿關係由正常化到制度化，進而走向機制化。此外，針對兩岸間商業活動，兩岸當局都應積極提供相關商業資訊，以服務全球商投資經營及管理各方面需要。

8. 開放台灣金融業登陸：儘速簽署兩岸金融監理備忘錄，儘早開放台灣金融業赴大陸佈點，一方面提供大陸台商融資管道，另一方面擴大台灣金融業的營業版圖。

9. 簽署農業合作協議，建立有秩序的交流合作：建立兩岸間有秩序的農業技術交流合作，共同進軍國際農產品交易市場，並將台灣優質水果出賣至大陸。

10. 建立食品安全與合作打擊犯罪機制：2008 年三鹿毒奶粉事件發生後，對兩岸經貿關係產生嚴重的負面影響。為有效解決此類事件，兩岸同意在兩岸兩會的框架下簽署「海峽兩岸食品安全協議」，建立兩岸專家交流與互訪機制，召開食品安全研討會，共同推動兩岸食品貿易發展，提升兩岸食品安全管理水準。兩岸展開交流後，兩岸不少通緝犯跑至對岸躲藏，為消彌兩岸成為犯罪者的天堂，將彼此通緝犯引渡回境內，兩岸簽署「合作打擊犯罪機制」。

11. 兩岸漁業合作：該協議生效後，兩岸將各自指定對口單位，處理大陸漁工引進、漁工管理等問題，對台灣船主更有保障。

12. 兩岸農產品檢疫檢驗：該協議將有助於解決台灣面臨的兩岸檢疫檢驗問題，以確保境內農業生產安全及保障消費者健康，並順暢我方農產品出口中國大陸。

13. 兩岸標準計量協議：協議內容包括標準、計量、檢驗、驗證認證及消費品安全等 5 大項目，涉及的範圍都是標準及檢驗等跟技術性貿易障礙有關的事務。協議有助於，一提升台灣產業競爭力；二是加強進口消費品安全管理，保護台灣消費者的權益。

表一　馬英九政府上任後推動的兩岸經貿政策

1. 直航	7 月 1 日前落實週末包機；年底前每日包機，2009 年 7 月包機改班機。
2. 開放觀光	初期每天 3000 人，第 2 年每天 5000 人，第 3 年每天 7000 人，第 4 年每天 1 萬人
3. 放寬台商投資限制	通案解除企業赴大陸投資 40% 上限，上調到 60%，配套措施讓企業根留台灣
4. 兩岸貿易	支援台灣農產品出口大陸，限制大陸農產品進口
5. 陸資來台	開放陸資來台，開放房地產等多項產業

续表

7. 人員往來	不開放大陸勞工赴台
6. 金融往來	簽署兩岸金融監理備忘錄，開放新台幣與人民幣兌換，開放台資銀行登陸設分行、子行和參股大陸銀行，開放大陸銀行來台辦事處等基金型態的外國機構投資人免出具無陸資聲明書、開放香港交易所掛牌企業來台第二上市（櫃）；開放赴大陸投資證券期貨業、放寬基金投資陸股及香港紅籌股、H股的限制；開放台港股票指數型基金（ETF）相互掛牌等。
8. 空運	落實貨運包機
9. 通郵	兩岸郵件直接往來
10. 經濟合作	兩岸簽署經濟合作協議（ECFA）
11. 食品安全	兩岸簽署食品安全協議
12. 合作打擊犯罪	兩岸簽署合作打擊犯罪協議
13. 漁業合作	兩岸漁船漁員勞務合作協議
14. 農產品檢疫檢驗	兩岸農產品檢疫檢驗合作協議
15. 標準計量協議	兩岸標準計量檢驗認證合作協議

資料來源：作者自行整理

2008 年上半年，兩岸經貿關係仍然延續近年來平穩發展態勢，兩岸貿易保持較快增長，台商對大陸投資持續增加。不過，自 2008 年下半年開始，受國際金融危機與經濟不景氣衝擊，兩岸經貿關係發展受到影響，兩岸貿易由較快增長，出現反轉變為負增長。依經濟部國貿局統計，2009 年兩岸貿易總額（含香港）為 1093.2 億美元，年增長 −17.5%；其中，大陸對台出口 256.2 億美元，較上年同期增長 −22.1%；大陸從台進口 836.9 億美元，較上年同期增長 −15.9%。台灣對大陸（包括香港）市場的依存度也相應下降，依台灣國貿局統計，從去年的 21.9% 降為 21.2%。

台商對大陸投資持續維持投資項目減少與投資金額低增長或負增長態勢。依台灣經濟部投審會統計，2009 年台商對大陸投資項目 249 個，較上年同期減少 48%，金額 60.5 億美元，年增長 −38%，增長速度較前幾年有較大幅度下降。這顯示兩岸經貿政策鬆綁後，受到全球金融風暴和經濟不景氣的影響，台商對大陸投資顯著下降，但 2010 年 1 −5 月投資項目和金額較上年同期相較大幅增加 187% 和 239.9%。

參、ECFA 的規劃與協商進度

一、ECFA 的規劃

ECFA 在定位上，台灣政府部門強調 ECFA 不採取港澳模式，所以既非大陸與港澳所簽的 CEPA，也不是一般的自由貿易協定，而是屬於兩岸特殊性質的經濟合作協議，不違背世界貿易組織的精神，同時只規範兩岸經濟合作事項，不涉及統獨及政治問題。

台灣政府部門選擇架構協議的理由，包含如下：

1. 不是一步到位 FTA，僅先定架構及目標，具體內容日後再協商，化解一般 FTA 立即開放壓力。

2. 雙方一旦簽署，可望解決我被邊緣化之問題。

3. 開放項目及時間表明確，使我經營環境具可測性，有助吸引外資。

4. 「早期收穫」搭配調適期，可滿足迫切需要之項目，兼顧我短中長期經濟發展需要。

5. 提供台灣凝聚共識與政策調整之時間與彈性。

從經濟部說帖中總結，台灣簽定 ECFA 的主要目的有三：

1. 推動（兩岸經貿關係）正常化；兩岸雖都是 WTO 成員，但彼此經貿往來仍有許多限制。

2. 避免（我在區域經濟整合體系中被）邊緣化；目前全世界有 230 餘個自由貿易協定，彼此間互免關稅，若我無法參與，將面臨被邊緣化的威脅，在重要市場失去競爭力。

3. 促進（我經貿投資）國際化：兩岸洽簽架構協議，使兩岸經貿關係具可預測性，有利台商全球布局，並吸引外商來台，使台灣成為亞太營運樞紐。

台灣政府部門在衡諸兩岸經濟相對規模與台灣產業發展後，主張「多步到位」是台灣現階段的最佳策略。在兩岸經貿限制尚未完全鬆綁之前，採取一步到位的 FTA 模式，可能對台灣內部產業的衝擊較大，顯非台灣的最佳選擇；若採取堆積木策略，就個別議題逐一協商，又因其他 WTO 會員可主張「最惠國待遇原則」而使得台灣無法獨享雙邊關稅減讓的優惠待遇；而以未來貿易自由化與經濟合作為目標所簽署的架構協定，由於採取階段式、多步到位之方式，不僅提供簽署方凝聚共識與政策調整空間的彈性，且符合 GATT 第二十四條規定，因此所簽署有關市場進入的優惠措施，具有排除其他 WTO 會員適用的效果。況且若能在架構協議中納入早期收穫條款，部分產業更能提早享受 FTA 創造之利益，因此架構協議是目前推動兩岸經貿自由與合作關係的較佳策略。

目前台灣政府部門在依據「東協—中國大陸全面經濟合作架構協定」研擬兩岸經濟合作架構協議（ECFA）時可以就名稱、貨品貿易、服務貿易、投資、其他經濟合作領域、行政與制度安排等六大部分來作為談判的一基礎。

這六部分，除第一部分協議名稱外，第二部分是貨品貿易，包括：

1.「早期收穫計畫」：列出雙方早期降稅貨品項目及降稅時程。

有關早期收穫計畫的涵蓋內容，依據以往的經驗均集中於商品貿易部分，然依循 WTO 的規範亦無明顯禁止納入非商品貿易部分，故台灣與中國大陸洽談早期收穫計畫時，可不必拘泥於商品貿易的範圍，可視需要將服務貿易納入考量，形成具兩岸特色的早期收穫計畫。

2.「市場進入」：

（1）同意未來就貨品貿易市場進入進行談判，並訂定未來談判時程。

（2）貨品分為一般類與敏感類，並依敏感程度高低訂定不同之降稅時程。

（3）考慮兩岸貨品貿易正常化問題及保留項目。

（4）其他：原產地規則、貿易救濟措施、非關稅措施（技術性貿易障礙措施、食品安全衛生與動植物防疫檢疫措施）。

3. 服務貿易：

（1）同意未來就服務貿易市場進入進行談判，以及未來談判時程，並考慮兩岸服務貿易正常化問題及不開放項目。

（2）不排除訂定服務貿易之早期收穫計畫。

4. 投資：

（1）透過談判以逐步實現投資機制自由化。

（2）加強投資領域合作，便利投資並提高投資規章和法規的透明度。

（3）建立投資保護機制。

5. 其他經濟合作領域：智慧財產權保護、爭端解決機制、關務合作、電子商務、貿易便捷化、避免雙重課稅等。

6. 行政與制度安排：協議生效、執行與管理。

另外，在考量兩岸經貿關係之特殊性與市場規模大小後，就談判策略上，兩岸經貿解除管制不應被視為是推動兩岸經貿自由化與加強合作關係的一個絕對先決條件。而且 ECFA 本身即是一種分階段到位的架構，因此經貿限制的逐步鬆綁與 ECFA 應可並行不悖，同步推動。亦即逐步解除我對中國大陸經貿往來的限制，應不影響在 ECFA 架構下先行推動進一步自由化的規劃。

二、ECFA 協商進度

截至 2010 年六月中旬為止，兩岸針對 ECFA 已進行三次協商，如果一切順利，6 月下旬將舉行 ECFA 第四次正式協商，同時舉行第五次江陳會的預備性磋商，兩岸高層仍希望 6 月底前簽署 ECFA，如果稍晚一些，7 月初應會簽署 ECFA。

在六月中旬結束的 ECFA 第三次正式協商，雙方就協議文本基本達成共識，協議文本除序言外，尚包括總則、貿易與投資、經濟合作、早期收穫、其他等 5 章共 16 條組成，其內容涵蓋兩岸間主要的經濟活動。（表二）

表二　ECFA 協議文本（未定稿）

序言	表達兩岸透過 ECFA 推動經貿合作關係制度化的長期願景及基本
第一章總則	三項經濟合作的願景，一是「加強與增進兩岸間的經濟、貿易與投資合作」，二是「促進雙方貨品貿易與服務業貿易的進一步自由化，逐步建立公平、透明、便利的投資條件及機制」。三是「擴大經濟合作領域，建立合作機制」。
第二章貿易與投資	針對貨物貿易、服務貿易、投資等制定雙方進一步協商的原則與項目。

续表

序言	表達兩岸透過ECFA推動經貿合作關係制度化的長期願景及基本
第三章經濟合作	明列了四項主要的經濟合作目標，一是逐步減少兩岸關稅與非關稅障礙，二是逐步消除或減少服務貿易的限制性措施，三是提供投資保護，促進雙向投資，四，促進貿易投資便捷化和產業交流與合作。其中明列與多項經濟合作的項目，包括智慧財產權保護、金融業合作、雙邊經貿團體互設辦事機構、海關與電子商務合作。
第四章早期收獲	包括貨物貿易早期收穫與服務貿易早期收穫相關條款。
第五章其他	包括了爭端解決、機構安排、生效、終止等條款。

資料來源：作者自行整理

另有五項附件，包括「貨品貿易早期收穫清單」、「服務業貿易早期收穫清單」、「適用於貨品貿易早期收穫的臨時原產地規則」、「防衛機制」、「適用於服務業貿易早期收穫部門及開放措施的服務提供者定義」。

台灣經濟部長公布最新兩岸早收清單，台灣早收清單有500項、金額超過120億美元；大陸為250項、金額約30億美元。我方與陸方項目為2比1，金額為4比1，無論項目及金額均符合雙方比例原則。（表三）

表三　ECFA部分早收清單

項目	台灣部分	大陸部分
工具機	提出30項，多數取得，其餘持續爭取	不對台灣生產的數位控制工具機降稅
化學品原料	已開放他國進口的項目，開放陸貨進口	部分項目可輸入台灣
紡織、機械	相互開放部分項目	相互開放部分項目
石化	相互開放部分項目後續爭取聚丙烯（pp）、聚氯乙烯（pvc）、聚乙烯（PE）輸陸降稅	相互開放部分項目
汽車	零組件輸往大陸，後續爭取整車輸出降稅	不開放台制整車輸入
農產品	僅開放台灣農業產輸往大陸，約十五項目以上。	不開放大陸農業產輸往台灣
其他貨品貿易	自行車及零組件、鋼鐵、袋包箱、衣服、內衣、襪子等產品輸陸	
服務類	金融業、電腦服務業、貨運承攬、獨資設立醫院、民用航空器維修可進入大陸	開放部分金融業赴台投資
總計	500項，金額超過120億美元	250項、金額約30億美元

資料來源：作者自行整理

台灣方面提列早收清單的三項原則為：台灣產品的競爭力足夠、保護台灣 17 項弱勢產業、主要競爭對手已享受出口至中國的低關稅待遇等。台灣早收清單項目，主要可分為四大類，第一類為化學品、石化原料、塑膠原料及製品、橡膠原料、紡織纖維、布、紡織化學品；第二類為鋼鐵、鋁、銅製品、機械及其零組件、工具機及其零組件、汽車零組件、自行車及其零組件、運動器材；第三類為部分電子產品及材料、光學產品；第四類則為若干農產品。目前早收清單尚未完全定案，還有若干細項還在討論，台灣方面將秉持上述原則持續與陸方協商。至於這次來不及納入早收清單的項目，未來還有第二次的早收清單談判。

台灣方面也提出，兩岸在洽簽 ECFA 後，將在海基、海協平台下設立一個由兩岸談判代表組成的「兩岸經濟合作委員會」，一同處理因 ECFA 而來的後續協商、解釋與溝通，並強調該委員會的架構就是 TIFA（Trade and Investment Framework Agreement，即台美貿易暨投資架構協定）的「兩岸版」。未來「兩岸經濟合作委員會」完成之協議，將由兩會簽署或由兩會指定之代表簽署，相關協議並將依兩岸條例第 5 條的相關規定送立法院備查或審議，沒有所謂密室協商、暗渡陳倉的問題。

在這次協商雙方也同意在文本放入「生效條款」，也就是要求 ECFA 須經國會審議通過後，才會生效，並且訂有「終止條款」。據報載，協議所定的終止條款，明定了期限，即一方通知另一方終止後，另一方如不同意要求協商，應於 30 天內提出，如果雙方協商始終沒有結果，則在通知之日起算，屆滿 180 天協議就自然終止。其中通知中止必須以書面通知，而被告知一方要求協商，對方不得拒絕。

在這次協商兩岸在臨時原產地認定及貿易救濟兩附件協商，建立初步共識。在臨時原產地認定，原則採從嚴認定；但防衛措施援引，從寬認定，至少維持 WTO 救濟適用門檻。臨時原產地的認定，主要是避免他國搭兩岸 ECFA 早收清單便車，因此，雙方原則上同意在產地的認定標準從嚴。WTO 對產地認定標準，未有一致認定標準，但一般規範是實質轉型後的附加價值至少達 35%，做為原產地認定。

至於在防衛措施方面，由於防衛條款是兩面刃，從嚴有人擔心大陸產品衝擊台灣，但同時也不利我產品銷大陸，因為從嚴恐將動輒被大陸控反傾銷；再加上兩岸簽署 ECFA 是互惠互利協議，因此，雙方在啟動防衛措施的救濟標準的共識，至少不得高於 WTO 的規定。

肆、簽署 ECFA 對兩岸經貿可能影響

ECFA 屬於綜合性的經濟合作協議，其包含層面非常廣，從進出口到總體經濟、從製造業到服務業、從投資到就業等等，幾乎都會受到影響。

依中華經濟研究院所做的研究顯示，如果東協加三（即東協加上中日韓三國）成立，而台灣不能與中國大陸簽署 ECFA，則台灣經濟成長率會下降約 1.65%。

反過來說，如果兩岸之間簽署了 ECFA，台灣的產品可以免稅進入中國大陸，因此出口會增加，而且在大陸市場上也足與其他國家的產品相競爭，而不用擔心台灣產品被邊緣化的問題。依"中經院"所做的估計結果顯示，兩岸如果簽署了 ECFA，將會使台灣的經濟成長增加 1.65% 到 1.72% 之間。而如果台灣再與東協加三都簽署 FTA，則台灣的經濟成長率可以更增加到 3.26% 左右。（表四）

表四　兩岸簽署 ECFA 對台灣經濟之影響　　單位:%，億美元

項目	%，億美元	有利產業	億美元	不利產業	億美元
實質 GDP（%）	1.15 - 1.72	機械	83 - 85	電子與電機	-76
總出口量（%）	4.87 - 4.99	化學塑膠	87 - 92	其他運輸工具	-2 ~ 4
總進口量（%）	6.96 - 7.07	紡織	28 - 31	木材製品	-1
貿易條件（%）	1.4	鋼鐵	21		
社會福利（億美元）	77.1 - 77.7	石油與煤製品	19		
貿易餘額（億美元）	17.6 - 17.8				

資料來源：中華經濟研究院（2009）

其實不但是台灣的經濟因而受惠，中國大陸的總體經濟一樣會得到好處。中國大陸商務部所做的研究顯示，兩岸如果簽署 ECFA，中國大陸的經濟成長率可以增加約 0.36% 到 0.40% 之間；而如果中國大陸再把東協加三的效果放進去，則 ECFA 產生的效果會上升到 0.67% 到 0.70% 之間。（表五）

表五　兩岸經濟合作協定對大陸經濟影響

指標	方案 1	方案 2	方案 3	方案 4
GDP（%）	0.63	0.63	0.67	0.67
福利（百萬美元）	9007.5	9038.5	9277.93	9282.69
貿易餘額（百萬美元）	6145.75	6117.5	5900.32	5897
貿易條件（%）	0.69	0.68	0.63	0.63

資料來源：商務部、外經貿大學、南開大學（2009）

一、簽署 ECFA 將對台商投資大陸產生下列可能影響

首先，台灣放寬已台商投資領域和投資上限。第一，兩岸簽署金融備忘錄，允許銀行赴大陸投資，將帶動金融業（包括證券、保險）新一波登陸的熱潮，增加台商融資管道，這將會使兩岸產業分工從製造業，擴大到服務業，促使兩岸產業分工更加深入；第二，台商投資上限從 40% 上調至 60%，據台灣經濟部調查，截至 2007 年第三季止，島內上千家上市櫃公司中，受大陸投資上限 40% 影響最大的前五大行業，依序是玻璃、紙業、食品、橡膠及水泥業，主要都是傳統產業；最不受影響的則是內需型的觀光業、金融業及運輸業。也就是約有 6% 的台灣上市上櫃公司，無法再增加對大陸投資金額。目前已逾限的有 50 家，逼近上限九成的則有 74 家。

第二，雙向直航節省人員和貨物來往時間和金錢，有助於台商在大陸的投資佈局。在空運方面，如果以桃園直飛上海估算，航空公司一年可以省下百分之 45 的燃油費，即一年至少省下約 30 億元。另據大陸海協會估算，若按每年兩岸四百五十萬人次往來，每人可節約一千元人民幣計算，就可省下五十億人民幣。

在海運方面，若不繞行日本石垣島，每艘船可二十七小時，平均節省成本百分之十五到三十，除了節省油費，在簽證費部份，每次可以省下 30 萬，如果以一年 4 000 航次來算，一年就可省下 12 億元。當然兩岸三通，還會造成台灣若干產業利益受損，政府應及早作好相應配套措施。

第三，馬英九政府推動愛台 12 項建設，加上台灣投資環境持續改善，以及大陸投資環境受到實施新勞動合同、人民幣升值、提高企業所得稅率

（內外資企業稅率均為25%）和加工貿易轉型（取消高耗能、高污染、高資源產業的出口退稅）等因素影響，導致台商倒閉風險增多。台商多以轉移到第三地投資避險（如越南），或回台投資，甚至結束在大陸的投資。

大陸台商面對外部環境的變化，也積極調整經營策略，尋找新的出路。

第一是台商向內陸與中西部轉型趨明顯。沿海地區生產成本上升，經營壓力增大，加快向內陸、中西部及北部轉移。

第二大陸內陸省份或地區加大吸引台資的力度，台資企業的這次轉移從過去個別企業行為發展為集體性的轉移趨勢。

第三不少以傳統產業為主的台商開始積極向第三產業發展，實現多元化經營，同時積極拓展內銷渠道。

第四台商回流步伐加快。台灣政府部門從台商表明返台意願開始就提供單一窗口、協助籌資、找尋土地、補充性外勞、補助技術研發和租稅優惠，希望六管齊下讓台商谷台投資。

政府協助台商籌資，包括台商回台第一上市（IPO）或第二上市（TDR），迄今包括康師傅在內已有19家台商成功發行TDR。

在外勞聘僱部分，外勞核配比率8月底、9月初將實施新制，外勞核配比率將從目前5%、18%、20%三級制改為10%、15%、20%、25%、35%五級制。在總量管制下，外勞聘僱比率上限提高，可讓企業更合理分配外勞。外勞薪資與基本工資「調適」方面，因外勞薪資（基本工資）內含仲介費和膳宿費，勞委會規劃透過推動外勞「直接聘僱」省下仲介費，並調高外勞膳宿費，以減輕雇主負擔。

經濟部將從協助台商取得土地，目前立即或短期內可提供台商的包括各工業區、科學園區、自由貿易港區和加工出口區，其中彰濱工業區和台南科技園區面積較大，彰濱工業區有200多公頃土地，台南科技園區有100多公頃土地。此外，台灣營所稅從25%降到17%，租稅環境的改善，能替台灣帶來長期的發展。

由於台灣人力成本較高，政府希望台商回台是以高階製程或研發創新為主，預料兩岸簽署經濟合作架構協議（ECFA）後，台商返台投資意願會增強，預料下半年工業區會有明顯買氣。

林祖嘉教授的一項研究顯示，加入自由貿易區或是與其他國家簽署自由貿易協議，的確會產生顯著的吸引外資流入的效果。他選擇加入歐盟的27個國家（加入的時間不全然相同）、加入北美自由貿易區的3個國家、中國與東協簽署的自由貿易協議的11個國家，以及中國與香港或澳門簽署更緊密經貿夥伴關係等等，然後分別計算這些國家在加入或簽署自由貿易協議之前3年的外資流入，以及加入之後3年的外資流入。結果發現，這40幾個國家在加入後3年的平均外資流入比加入之前3年的外資流入要淨增加122.5%。台灣與大陸簽署ECFA後，台灣成為外資進入中國大陸平台誘因增加，對於台灣發展成為營運中心也會有很大的幫助。

二、兩岸若能簽署ECFA對未來兩岸貿易發展，能產生下列可能影響

第一是製造業投資帶動的貿易漸減。台商為降低運輸成本及原料的需求，已逐漸帶動中上游工廠一起在當地投資，將會促使採購在地化，減少對貿易的需求。

第二是台灣對大陸順差成長趨緩。截到2010年1月止，尚有2142項農、工產品限制大陸產器進口，佔所有進口貨品10867種的20%，若台灣實現加入WTO開放市場的承諾，逐漸開放更多大陸產品進口；加上大陸回銷台灣產品中有部分為零組件和低階電子產品，大陸產品的單價會提高，使大陸出口台灣金額逐年增加，在上述趨勢下，台灣對大陸出口成長減緩和大陸對台灣出口成長增加情況下，將使台灣對大陸貿易順差將逐年趨緩。

第三是兩岸貿易競爭性增加、互補性下降。在大陸經濟逐漸發展成熟之後，兩岸經濟的互補性逐年降低，競爭性逐年增加。例如筆記型電腦的代工方面，台灣已經完全被大陸取代。

三、兩岸若能簽署ECFA對未來陸資來台的影響

從台灣開放大陸資金來台投資，據統計從2009年7月至2010年5月核准陸資來台投資件數為52件，核准投資金額計7713.7萬。就產業別分析，前3名分別為電腦、電子產品及光學製品製造業3458萬6千美元（44.84%）、資訊及通訊傳播業2832萬7千美元（36.72%）及批發及零售業779萬8千美元（10.11%）

陸資來台成效看似有限，但與台灣當初的評估有很大的差距。主要是政府雖從積極面評估及規劃開放陸資來台投資相關的政策，惟陸資來台投資涉及個別企業投資策略、規劃與執行（一般企業對外投資考察與規劃期間約6

至 12 個月），亦涉及兩岸雙方政策與法令的接軌（大陸企業對外投資，也需要經過大陸相關部門的核准，約 1 至 3 個月），需要一段時間的磨合，開放陸資來台的效果也才能逐步發揮。

伍、結　論

區域經濟整合的風潮在全球各地風起雲湧，亞太地區也不例外。過去由於非經濟因素的干擾，台灣參與區域性貿易組織的推動過程並不順利。台灣馬英九政府就任以來兩岸關係逐漸改善，若兩岸能短期內順利簽署（ECFA），預期將有助於台灣參與亞太地區自由貿易協定的洽簽，將可大幅提升台灣對外貿易、投資以及整體經濟的發展潛力。

從兩岸經貿關係發展分析，兩岸三地成立自由貿易區之後，對兩岸三地的進出口、實質 GDP 及社會福利均有正面貢獻，台灣與大陸之間的進出口量及社會福利將大幅成長，其中對台灣經濟的效益又大於對大陸經濟的效益。

兩岸若能簽署經濟合作架構協議對未來兩岸投資、貿易發展，均將產生正面影響，台商投資大陸與台灣的意願與能力都會加強，對兩岸經濟產生增長作用；對兩岸貿易長久以來失衡現象，會有一定程度的導正，同時兩岸產品在國際市場的相互競爭也會加強。

參考文獻

1. 中華經濟研究院，《兩岸自由貿易協定之量化評估》，經濟部國際貿易局委託研究計畫 2005 年。
2. 《兩岸經貿月刊》，《什麼是經濟合作架構協議》，2009 年 3 月號，2 - 7。
3. 大陸商務部、南開大學、外經貿大學，《兩岸經濟合作協定研究報告摘要說明》，http：//www. caitec. org. cn/c/cn/news/2009 - 10/13/news _ 1617. html，2009 年 10 月 13 日。
4. 中經院，《兩岸經濟合作架構協議之影響評估 摘要說明》，http：//sys. cier. edu. tw/site/cier/public/data/OpenFileService. pdf，2009 年 7 月 29 日。
5. 林祖嘉，《兩岸簽署 ECFA 的必要性與急迫性》，《中央日報》，2009 年 3 月 14 日，http：//www. npf. org. tw/post/3/5589
6. 徐東海，《兩岸經濟合作架構協議（ECFA）之探討—從東協十加一觀點分析》，2009 國際經營與管理暨兩岸經貿學術研討會，台北，景文科大，2009 年 6 月 5 日。
7. 高長，《ECFA 簽訂對台灣經濟可能造成之影響（未發表文稿）》，2009 年 12 月。

8. 高長，《兩岸經貿關係與大陸經改》，五南出版公司，台北，2009 年第二版。

9. 陳坤銘、周濟、林家慶，《兩岸經貿正常化下亞太區域經濟整合對台灣經濟之影響》，發表於世新經濟系 2008 年學術研討會—「與龍共舞?」兩岸開放對台灣經濟的影響，2008 年 10 月 4 日。

10. 經濟部，《兩岸經濟合作架構協議—答客問》，http：//www. ecfa. org. tw/qa. php，2009 年 11 月 30 日。

11. 謝目堂、徐東海，《從兩岸經貿關係看兩岸經濟合作前景》，2009 年東北亞與環黃海圈經濟貿易合作國際研討會，山東煙台，魯東大學，2009 年 7 月 1 日。

论 ECFA 框架下两岸经贸争端解决机制的构建

彭　莉*

2008 年马英九先生提出未来两岸签署综合性经济合作协议之后，胡锦涛总书记在同年 12 月发表了《告台湾同胞书》三十周年座谈会上的讲话，正式回应了马英九先生的主张，提出“两岸可以为此签订综合性经济合作协议，建立具有两岸特色的经济合作机制”。两岸经济性合作框架协议（下称 ECFA）是在两岸经济整合过程中建立起来的有关货物贸易、服务贸易、投资便利化等议题的综合性规范，涉及到一系列协议的签订，进而也将衍生出诸多的法律问题。本文拟就 ECFA 框架下两岸经贸争端解决机制构建问题进行探讨。

一、ECFA 框架下构建两岸经贸争端解决机制的必要性

争端解决机制是主要为解决国际或区域性争端而设置，包括了争端解决机构、解决规则、方法等在内的一整套法律制度。① 近年来，随着海峡两岸关系逐渐缓和，双方签订经济合作框架协议已指日可待，ECFA 框架下建构两岸经贸争端解决机制的重要性也日益显现。

（一）现有经贸争端解决方式与两岸争端解决机制的构建

长期以来，受制于政治因素，大陆与台湾一直无法在官方层面开展正常的经贸交流与合作，在经贸争端解决问题上亦是如此。海峡两岸经贸争端的

---

* 作者简介：彭莉，厦门大学台湾研究院两岸关系研究所所长，教授。

① 麻慧：《中国 - 东盟自由贸易区争端解决机制之探讨——以比较研究为视角》，《东南亚研究》，2005 年第 4 期。

形式主要有三种：第一、个人与个人的争端；第二、个人与官方的争端；第三、官方与官方的争端。入世前两岸经贸纠纷主要是企业层次的问题，未涉及两岸官方层面的交涉，纠纷处理主要通过当事人协商、仲裁机构仲裁与法院诉讼等方式处理。入世后两岸经贸纠纷出现新的变化，除企业层次的一般经贸纠纷外，官方层面的经贸纠纷、贸易争端与知识产权的保护等变得日益突出,① 双方采取了“民间协商与以 WTO 作为平台处理的双重模式”处理经贸争端，但“两岸的贸易争端解决机制仍未完全建立”。② 随着 ECFA 的签订，两岸经贸争端的样态将更加复杂,③ 为此，应尽快建立起以规则为导向的争端解决程序，将争讼交付给相对专门、固定的机构解决，以确保两岸经贸关系在合法化、常规化的轨道上运行。

（二）经济交流互信的增强与两岸争端解决机制的构建

2005 年连战和宋楚瑜访问大陆以后，两岸互信开始逐步建立。但是，由于台湾政局和台海局势的复杂性，两岸互信出现波折的可能性非常大。台湾方面长期以来一直担心对大陆经济过度依赖而导致所谓的“安全”问题，在争端解决方式上，虽然就纯经济层面来说，一旦进入 DSU 程序争端不能圆满解决，以实力为取向的交叉报复规则对台湾并不一定有利，但仍有部分人士基于政治因素提出运用 DSU 程序争端，因此，双方对于是否能够在经济层面解决争端均存有疑虑。两岸争端机制的建立正是基于“没有救济就没有权利”的法学哲理，为双方互信奠定基础基，使得双方权利的实现不仅通过实体上权利义务的规定达成，更体现为权利受到侵害时的专门救济措施，体现为有公正独立的救济部门运用固定与中立的程序来保障权利的实现。可以说，争端救济程序的建构，是从程序角度来稳固双方建立在相对薄弱的互信基础之上的实体承诺，保障经济协议的实体规定在受到侵害时能够得到合理的解决，实现实体权利与救济程序的双重保障，进而起到夯实两岸互信基础的作用。

（三）内地与港澳 CEPA 争端条款与两岸争端解决机制的构建

2003 年内地先后与香港、澳门签订了关于建立更紧密经贸关系安排协

① 王建民，刘玉春：《入世后两岸经贸争端及处理机制》，《国际经贸合作》2003 年第 11 期。

② 王建民，刘玉春：《入世后两岸经贸争端及处理机制》，《国际经贸合作》2003 年第 11 期。

③ 李念祖：《两岸经济协议与两岸经贸争端解决机制 ADR》，《两岸经贸》，2010 年第 4 期。

议（下称 CEPA）。CEPA 对争端解决机制规定相当简洁，仅在第 19 条第 5 款规定“双方将本着友好合作的精神，协商解决《安排》在解释或执行过程中出现的问题。委员会采取协商一致的方式作出决定”，而未对解决可能发生的争端所应适用的程序、法律、所作决定的效力以及工作机构等内容进行明确规定。从委员会的职能来看，其主要的存在价值并非解决争端，而是负责监督、指导 CEPA 的执行。① CEPA 实行之后，有学者提出，内地与港澳之间的争端并不是很多，CEPA 中“争议解决制度的缺位”并非是 CEPA 的缺陷或立法上的失误，而是富有创造性的制度设计和价值选择上的必然。② 那么，是否可以由此导出两岸之间也可以采类似规定？答案应该是否定的。内地与港澳之间的经贸争端之所以没有大量出现有其特定原因的。首先，CEPA 明文规定内地与港澳之间互不采取反倾销、反补贴的措施，即使是可能引起争端的保障措施也是只针对“列入附件 1 中的原产于另一方的某项产品”，③ 这就从源头遏制了相当大一部分经贸争端的产生。两岸间的情况与此有较大不同。虽然由于贸易政策上的不同导向及市场规模上的差距，两岸贸易发展长期处于不平衡状态，大陆对台贸易逆差不断增长，ECFA如取消贸易救济措施对台湾实际上有利，④ 但台湾方面认为，大陆是全球反倾销调查之首要目标，台湾一旦放弃对大陆采取反倾销措施，恐将沦为大陆廉价产品倾销之市场，对台湾本地传统制造业将造成严重冲击，故声明将会继续援用 WTO 反倾销协定、补贴及平衡措施协定、防卫协定等贸易救济措施，并增设双边防卫机制条款，以维护台湾产业利益。⑤ 对此，大陆

---

① 陈立虎，赵燕敏：《CEPA 争端解决机制规则构建之分析》，《暨南学报（哲社版）》，2006 年第 6 期。

② 韦经建，王小林：《论 CEFA 的性质、效力及其争议解决模式》，《当代法学》，2004 年第 3 期。

③ 《内地与香港关于建立更紧密经贸关系的安排》第 9 条规定：“如因《安排》的实施造成一方对列入附件 1 中的原产于另一方的某项产品的进口激增，并对该方生产同类或直接竞争产品的产业造成严重损害或严重损害威胁，该方可在以书面形式通知对方后临时性地中止该项产品的进口优惠，并应尽快应对方的要求，根据《安排》第十九条的规定开始磋商，以达成协议”。

④ 近年来大陆对台湾产品的反倾销案件明显多于台湾对大陆反倾销案件。

⑤ 王泰铨、刘家华：《两岸经济合作框架协议（ECFA）之形式架构与实质内容》，《月旦法学杂志》，2009 年第 6 期。

商务部台港澳司司长唐炜表示："双方可以洽谈签订特别防卫条款"。① 据此，两岸关于设置贸易救济条款问题似乎已达成部分的共识；二是内地与港澳之间就可能出现争端的领域采用了即时签订补充协议的方式，以尽量避免争端的出现。虽然两岸也可以借鉴即时签订补充协议的做法避免争端出现，但协商的速度是赶不上争议发生的速度，并且内地与港澳之间在未规定的领域还是有争端发生的可能性，② 更何况两岸之间的争端领域会更广泛、更复杂；三是港澳与中央政府是明确的地方与中央的关系，双方的争端可以方便地通过协商或是相关行政措施得以解决，而对于大陆与台湾而言，两者间还存在着较大的政治分歧，要呈现出诸如大陆与港澳式的良性互动，多少显得为时过早。此外，对 CEPA 中"争议解决制度的缺位"持肯定说亦只是一方之见，也有一种观点认为，"没有争端解决规则的 CEPA 是不完整的"，"应当对 CEPA 下两地间解决争端的规则进行补充，以适应经济合作的发展"。③

解决争端机制不仅具有维持经贸秩序的职能，还有经贸论坛的作用，能够及时反馈经济基础对上层建筑的要求，促进创设和改进制度规定，丰富和发展法制对经济的反应，④ 为此，两岸应以积极的态度促成争端解决机制的建立，无论一何种方式体现，经贸争端解决机制的构建都应当是一种具体而详实的制度设计。

二、两岸经贸争端解决机制适用的主体及客体范围

两岸经贸争端解决机制的构建，首先要明确的是该机制适用于何种对象，针对何种事项，为此主体与客体问题必须先行探讨。

（一）主体范围限定

从广义上来理解，经贸争端包括了微观主体也就是争端双方是一般民事

---

① 《唐炜：有信心年底完成 EFCA 协议》，http//www.haixia.com/shenghuo/lalt/…/11073.html 14K 2009－9－17。

② 《北京通过打假保护 CEPA 的行为没有得到香港的赞同》，http：//www.ehomeday.com/news/event_news/news_20040826_3.htm。

③ 慕亚平、肖丽：《应当构建 CEPA 下的争端解决机制》，《中山大学学报（社会科学版）》，2004 年第 4 期。

④ 慕亚平、肖丽：《应当构建 CEPA 下的争端解决机制》，《中山大学学报（社会科学版）》，2004 年第 4 期。

自然人、法人、非政府组织的争端，而狭义的争端解决机制仅指当事双方官方之间、一方为自然人和法人与另一方官方之间的争端。[①] 参照上述情况，两岸经贸争端主体也包含了上述几种型态，但是否将三类主体的争端都纳入机制的调整范围当之中，则必须进行详实的考察，否则将影响整个机制的设计方向和架构。

1. 现有经贸争端解决机制的主体范围限定

根据传统国际法原理，私人不是国际法上的主体，没有法定的诉权。无论是 WTO 还是区域经济组织争端解决模式大多都将成员公民之间的争端排除在适用范围外。

政府间的争端是所有争端机制必然要调整的对象。例如 WTO 是约束政府行为的，WTO 的成员是指国家及单独关税区，只有成员的政府方能参与争端解决。WTO《关于争端解决规则与程序的谅解》第 1 条“范围和适用”第 1 款规定“……本谅解的规则和程序还应适用于各成员间有关它们在《建立世界贸易组织协定》规定和本谅解规定下的权利和义务的磋商和争端解决……”，明确规定其适用对象为适用于“成员”。再如中国与东盟关于经济合作的《争端解决机制协议》规定：“任何影响《框架协议》履行的成员方任何级别的政府措施所引起的争端都可以通过该机制来妥善解决”，主体范围限定为“政府措施”。南亚和东南亚经济合作组织贸易谈判委员会会议也就建立“经贸争端解决机制”达成一致，决定成立三方高级仲裁委员会，以解决国家间的经贸争端。其他诸如 EU、NAFTA 等区域性的争端解决机制中，同样将政府间的争端作为争端受理的主体。

对于私人与政府的争端，现有的经贸争端解决机制大多数没有纳入。传统理论认为，主权国家垄断诉权，私人不能享有诉权，即使另一方非私人也不能受理。但是晚近鉴于个人在国际贸易活动的地位逐渐上升，此政策也呈现松动迹象。目前有关私人参与国家间争端解决的法律机制主要有以下三个：第一是欧盟人权保护机制。EU 的《贸易壁垒规则》规定任何认为已遭

---

① 前者如相关当事方的法律、政策、措施是否符合贸易规则的要求；后者则较集中于一国的公民在另一方所受到的待遇是否低于协议的标准。马进保著：《CEPA 框架下经贸争端解决机制与程序》，北京：中国人民公安大学出版社 2005 年版，第 249－250 页。

受对欧盟产生影响的贸易壁垒损害的自然人、法人或企业协会都可向欧委会提出申诉，欧委会有权决定是否接受申诉。依据这一原则，在一定情况下，由于成员没有履行《欧洲共同体条约》义务而给本国个人造成损失的，个人可以向欧洲法院对成员国提起诉讼。这在第41/74号案（凡·黛案）、第C－6/90和C－9/90号合案中均得到体现；① 第二是解决国家与他国国民间投资争端机制，即ICSID机制。ICSID机制主要就是调整当事国一方国民与另一成员国之间的投资纠纷，同时排除私人之间、成员国之间的争端；第三是北美自由贸易协定（NAFTA）第11章确立的争端解决机制。② NAFTA认为，个人诉政府争端可以成为争端解决机制的适用范围，但以争端已用尽当地司法和行政途径，经过私人（包括自然人和法人）向其本国政府申请为提交争端解决机制的前提，且局限在第11章投资协定范围内，当投资者与东道国政府发生争端时，投资者可以在该协定下的争端解决机制与东道国政府解决争端，即投资者可以成为投资争端解决的主体。

由此可见，现有争端解决制度大都以政府间的争端为主体，排斥私人间争端，而只有在部分领域开放私人对政府的争端诉讼。

2. 两岸经贸争端解决机制的主体适用范围

海峡两岸同属一个中国，两岸经贸争端解决机制与其他区域组织争端解决机制有着质的区别，但现有国际上通行的惯例有借鉴意义，在确定主体范围亦是如此。

首先，两岸争端解决机制应谨慎纳入私人间诉权。一方面，现阶段两岸私人争端的当地救济制度虽然仍有进一步完善的空间，但是基本可以满足解决私人争端的需要。实体方面，随着两岸加入WTO之后对各自相关政策的大幅调整，两岸经贸立法上的差距与分歧不断缩小，这就为私人争端的顺利解决提供了实体保障。程序方面，大陆对于一方或双方涉及台籍人士的案件向来高度重视，一般交由中级人民法院审理，部分地方还设置了台商法庭以确保涉台案件裁决或判决的公正性。此外，随着2009年4月《海峡两岸共

① 金晓晨：《国家主权让渡在WTO争端解决机制中的发展——兼评外经贸部、最高人民法院关于贸易壁垒、反补贴、反倾销的三个规定》，《政治与法律》，2003年第2期。

② 叶兴平：《北美自由贸易协定争端解决机制的创新及意义》，《当代法学》，2002年第7期。

同打击犯罪及司法互助协议》的签订及司法领域合作的进一步开展，两岸司法协助也将迈入正常轨道。另一方面，私人的好讼倾向在一定程度上会激化争端。如果将所有纠纷均纳入争端解决机制之中，将可能造成滥诉情形，从而导致争端解决机制沦落为一个不受控制的民事诉讼系统，削弱双方官方层面对贸易进程的关注度和控制力。最后，一般而言，私人不易受政治压力的左右，如允许其行使诉权，可使许多成员之间的一些贸易纠纷非政治化，① 但是由于两岸之间政治的敏感性，不仅不会削弱政治的影响力，反而可能被人为操作而无限放大。

其次，两岸争端解决机制可以有限地受理私人与另一方官方层面的争端。两岸间的争端，私人与官方的纠纷并非不存在，为了防止将这一部分排斥而削弱两岸争端解决机制的实用性，两岸争端解决机制可以有限地受理私人与另一方官方层面的争端。在投资争端领域可以允许私人的直接诉权，即私人在用尽当地救济之后直接将争端诉诸两岸机制，对此后文将有详细分析，在此不再赘述。

最后，在将两岸官方层面的争端作为主体的同时，应注意将地方政府包含在内。两岸经济一体化的进程中包含着次级一体化问题，两岸之间未来的经济框架，不仅有总体性的规定，各地也会有一系列的配套措施出台，尤其是大陆地域辽阔，地方立法机构具有相对独立的立法权，长期以来，各省市为吸引台资纷纷出台了众多地方涉台法规，台商部分权益往往据此产生，争端的出现也不可避免。由于地方涉台法规是结合当地特色而制定的，并非都能上升至中央层级，如果将这些地方层级的纠纷排除在外，将会导致相关纷争不能获得良性处理。

（二）客体范围限定

除主体范围外，客体范围是构建两岸经贸争端机制必须先行考虑的另一问题。

1. 国际现存经贸争端解决机制关于客体范围的限定

WTO《关于争端解决与程序的谅解》第 1 条“范围与适用”中规定

---

① Glen T. Schleyer: Power To The People: Allowing Private Parties To Raise Claims Before The WTO Dispute Reslution System, Fordham Law Review, April 1997。

“本谅解的规则和程序应适用于按照本谅解附录1所列各项协定体（谅解中称“适用协定”）的磋商和争端解决规定所提出的争端。本谅解的规则和程序还应适用于各成员间有关它们在《建立世界贸易组织协定》规定和本谅解规定下的权利和义务的磋商和争端解决，此类磋商和争端解决可单独进行，也可与任何其他适用协定结合进行”。从以上两个规定可以看出，DSU涉及的客体范围很广，不仅包括货物贸易、服务贸易、与贸易有关的知识产权，还包括多边货物贸易协定中的与贸易有关的投资，保证了DSU相对较高的适用性。

《欧共体条约》是EU运作的主要依据。《欧共体条约》中涉及高度一体化国家联盟，且是现今经济一体化最高的区域性组织，除包括了一般区域性组织的涵盖范围外，还涉及关税、农业、牧业、渔业、货币、资金流动，金融、内部市场，外贸等一系列方面，可以说欧盟争端解决机制“不仅解决欧盟经济一体化过程中的争端，也维护和促进了欧共体的经济一体化”。①

北美自由贸易协定受案范围也比传统的争端解决机制更为广泛，不但包括传统的货物贸易，而且包括非传统的争端，如金融服务、与贸易有关的知识产权、劳工问题、环境问题等。而在投资领域，其定义也扩大到了证券和房地产。② NAFTA对不同的争端规定了不同的解决机制，从NAFTA的争端设置机制可以清楚看出其争端机制的客体范围。

中国与东盟协议规定任何根据《框架协议》及其附件和未来文件而引起的争端都可以根据该协议来解决，不仅涵盖了协议里的所有领域，而且将“未来文件”不确定的领域也适用此机制，因而该协议规定的争端解决范围同样广泛。

2. 两岸经贸争端解决机制的客体范围

两岸在经贸领域开展更广更深的合作与交流已经是不可逆转的趋势。虽然在ECFA涵盖的内容不可能面面俱到，而可能是一个分层次、分阶段的发展过程，但ECFA显然并不仅仅涉及货物贸易，而广泛涉及服务贸易、投

---

① 杨丽艳：《区域经济一体化法律制度研究》，北京：法律出版社2004年版，第318、320页。

② 费郝夫：《北美自由贸易区争端解决机制——一种独特的争端解决模式》，《南华大学学报》，2006年第6期。

资、知识产权保护及产业合作等领域。为了充分发挥两岸经贸争端解决机制的功能，也为了保证两岸各个领域的经贸争端都能得到合法妥善的解决，从诉讼经济的角度考虑，似无需为每一类型的经贸争端制定一个争端解决途径，而应当让这些领域一并纳入同一机制中来。此外，可以考虑借鉴东盟模式，将“未来文件”不确定的领域也纳入争端解决机制之中。

必须要特别指出的是，国际社会在投资方面并没有像货物贸易那样形成一致的意见，因此 WTO 仅就与贸易有关的投资问题进行了规范。按 TRIMs 协议，与国民待遇原则不符的 TRIMs 主要有以下几种：当地成分要求、贸易平衡要求、贸易平衡要求、进口用汇限制、国内销售要求，也就是说，只有以上原因引发的投资争端才能诉诸 DSU，而不涵盖所有的投资争端。但是在区域性经济组织中，投资争端除了适用 ICSID 的规定外，大都被纳入经贸争端解决机制之中。两岸经济一体化的实现，投资便利化当为其中重要一环，随着在两岸经济合作进程的推进，以及台湾方面“大陆地区人民来台投资许可办法”、“大陆地区之营利事业在台设立分公司或办事处许可办法”的逐步完善，两岸单向与不对称的投资格局将一定程度上得到改变，为此，如果将这一部分争端排除在外，让受损害的一方仅能通过当地救济的原则来进行诉讼，就又回到原来的老路，争端解决机制变成了一种备而不用的摆设了。再者，一旦两岸投资争端不能合理解决，由于台湾不是 ICSID 成员，不能适用其规定，部分投资纠纷只能就此搁置甚至引发矛盾。最后，两岸之间的投资关系不像国际间的投资争端有着众多的利益交叉，双方能通过自己内部多种渠道进行沟通，因此，没有必要将投资争端排除在外或是像 WTO 那样只对与贸易有关的投资争端才予以适用。

三、两岸经贸争端解决机制运行模式的选择

在探讨两岸经贸争端解决机制的主客体适用范围之后，我们要进一步研究争端解决机制运行模式的选择问题。由于政治经济环境的不同，世界各主要区域性经济组织一般均不直接适用 WTO 的争端解决机制，各自争端解决模式的设置也不完全相同。两岸争端解决机制的建构，不仅仅要关注相关国际惯例的最新发展，同时还受双方政治、经济、法制状况，以及两岸关系现状及未来走向的影响，因此，必须在参考现有主要争端解决机制运

行模式的基础上，结合双方多年来的成功实践，开创两岸争端解决机制的新思维。

（一）可供两岸参考的经贸争端解决机制运行模式

WTO争端解决机制DSU是在GATT的基础上完善起来的。DSU的基本程序如下：（1）磋商。当一成员认为另一成员违反或不符合WTO规则，从而使自己遭受损害时，可要求对方进行磋商，磋商是启动DSU的必经阶段；（2）专家组。如果磋商失败或超过期限，起诉方可以要求任命专家组。DSU采用“反向协商一致”原则，即只有当全体的专家都否定的时候才能拒绝争端的提出，专家组的报告通常应在6个月内提交争端各方，在紧急案件中，包括与易腐货物有关的案件，期限缩短3个月；（3）上诉。任何一方就专家组做出的裁决均可提出上诉，上诉可以确认、修改或推翻专家组的法律调查结果和结论；（4）裁决的执行。经贸争端解决机构负责裁决的实施，裁决一旦做出，双方必须遵守，如不能遵守，必须进行相应的给付、赔偿和终止义务，如果都不采取的话，可以启动“交叉报复”。上述程序的设计使WTO争端解决机制的法律效力大大增强。

EU争端解决模式侧重采用了国际争端解决模式中的法律手段。EU根据欧共体高度经济政治一体化的特点设计了具有最强法律效力的司法方式——设置欧洲法院，以《欧共体条约》作为争端解决机制建立以及运作过程中的依据。与此同时，EU对争端的解决一定程度上也结合了政治与行政手段，政治方法主要体现为各成员的国家元首和政府首脑间的政治协商，行政方法主要通过欧盟委员会的行政手段促使争端解决。① EU争端解决机制中法律、政治及行政这三种争端解决方法是互为联系、互为补充的。

NAFTA的争端解决程序结合了WTO和EU两种制度的优点，争端解决机制的建立既没有超越于成员之上，也没有严格的法律等级，但注重以规则为导向，使得其区域一体化法律制度具有很强的效力。NAFTA对不同争端设置了不同的解决程序，加之可选择适用WTO的DSU，共达9种之多，除投资争端主要采取仲裁的方式，磋商是每一个机制启动的必要程序。NAFTA的设计者并不想将其争端解决机制设计成以司法性为主，他们更热衷于

① 《欧洲共同体条约》第169条、第171条第2项规定。

政治与法律因素混合的争端解决机制，有人将北美自由贸易区争端解决机制称为“实用主义与法治主义的混血儿”，其设计紧扣自由贸易区的宗旨和目标。①

ASEAN 的争端解决主要是利用各个国家之间的承诺，注重国家之间的磋商和调解，强调成员之间就各种互相关心的问题进行积极广泛的协商。东盟争端解决机制也采取仲裁方式，但是没有强制的法律效力，缺乏有力的执行机制，可以说，东盟国家之间的合作，很大程度上依靠各成员国的配合和对义务的自觉履行。②

（二）两岸的特殊性对现有模式的排斥与选择

1. 协商为主——两岸经贸争端解决的基本原则

为了保证两岸经贸争端的有效性，两岸的争端机制应当具有规则取向，这种规则取向不仅仅表现在争端解决方式应当把原有的一些效果较好的民间方式纳入到体制当中来，使其具有法律上的合法性与权威性，另一方面还表现在应当加强争端机制的法律效力，使其不仅具有广泛的适用性，确保最后裁决对双方都构成相应的拘束力。但是，在强调规则取向的时候，我们也要注意到两岸同属于中华文化的法律体系，无论法律制度如何不同，还是坚持和为贵的“非讼”思想，尤其是现有的一些民间解决方式，③ 既简便又有效，为争端解决营造了不同于司法方式的和谐互信环境。它们是经过两岸 20 多年经贸交流而累积下来的智慧结晶，不管成体系还是不成体系，都有利于两岸争端的和平解决，因而应当继续发挥其应有的作用。同时，这些“软性”方式已被实践证明其存在的合理性，在发挥原有方式的基础上应当创造出一些新的民间方式抑或是政治方式，来扩展两岸争端解决的途径。所以我们可以要求争端方必须走完磋商、调解和调停等民间或是政治途径后，才允许进入仲裁程序，从而分流部分争端进入仲裁程序，一定程度上降低准司法手段的使用率，实现两岸争端的“软着陆”。

2. 两岸经贸争端解决机制的运行方式选择

---

① 杨丽艳：《区域经济一体化法律制度研究》，北京：法律出版社 2004 年版，第 318、320 页。

② 莫世健：《论世贸组织内的大中国自由贸易区法律框架》，载陈安主编：《国际经济法论丛》第 5 卷，北京：法律出版社 2002 年版，第 131 – 132 页。

③ 已有的民间解决方式主要是通过双方的行业协会或是公会就两岸争端进行协商。

第一，排斥专属管辖，可选择排除性管辖

DSU仅对在多边体制上对自身的管辖权做出了规定，而没有对区域合作协议内部的争端做出相应规定。现存的区域性争端解决机制对于自身争端解决机制与DSU的管辖权冲突的处理大致可分为专属管辖、选择管辖及排除性的选择管辖等类型。

两岸经贸争端解决方式建议使用排他性管辖，一来由于排除管辖已为现有RTA争端解决机制所广泛运用，成为协调RTA与WTO争端解决机制管辖权冲突的首选；① 二来假使采用专属管辖的方式，争端解决将可能变成一个封闭型的机制，对于两岸来说，其不确定性是值得顾虑的地方，一旦一方逃避或是破坏此种机制，如果没有其他的机制进行救济，则可能对另一方造成损害。当然，适用排他性管辖并不是意味着双方可以任意选择，而是允许进行有条件的排除性管辖，两岸争端解决机制协议中可以规定：本机制适用于各缔约方间就其“协议”项下的权利和义务争端的避免和解决；一旦适用本机制，自然排除其他模式的适用。如此既保持了机制管辖权的相对开放性，也保证了两岸争端解决机制适用的优先性。

第二，排斥强制司法模式，可选择准司法性的仲裁方式

由于经济、社会、法制环境的差异，尤其是短时间内政治分歧尚难以消除，两岸要像EU那样建立一个跨越双方的超司法体系，目前还存在较大困难。此外，司法方式涉及到财产保全、证据确认、法律适用、判决执行等诸多问题，其复杂与冗长的程序往往让当事方心生畏惧。因此，两岸之间应避免采用EU那样的司法审判方式来解决两岸的纠纷。但是，两岸间可考虑选择适用准司法程序，其中仲裁被认为是在经贸争端解决方面最好的手段。两岸之间采用仲裁方式解决争端，一方面可以避免因强制司法性方式所可能产生的易于激发矛盾等副作用，另一方面也可以享受仲裁所带来的方便快捷，成本较低，保密性强等好处，进而有利两岸的经贸争端的顺利解决和两岸经贸关系的良性发展。

第三，排斥“交叉报复”手段，可选择赔偿等补救措施

---

① 徐运良：《协调WTO与RTAs争端解决机制管辖权冲突的方法探析》，《法学杂志》，2009年第5期。

现有诸多经贸争端解决模式，大都认同在败诉方未能切实履行义务时，胜诉方可以采取交叉报复的措施。但是对于两岸来说，如果引入交叉报复的形式，不仅不利于争端的解决，而且可能进一步激化矛盾，尤其是当民粹主义高涨之时，往往会被利用而引起政治连锁效应。另一方面，现代企业在经营范围上不再局限于单一领域，如果启动交叉报复，尤其是涉及到不同产业的替代报复，则可能导致的结果是，一方某企业就某个特定领域政策提出异议，但是在争端不能解决，双方采取跨领域的交叉报复时，另一领域的政策也可能被波及，则该企业就将遭到双重制裁，这样对于两岸的企业来说，百害无一利。虽然两岸之间排斥采取交叉报复的措施，但是为了加强解决方式的强制性和执行力，可以采用其他的惩罚替代措施，加强解决方式的多样性，增强裁决的约束力，比如减让，补偿等执行方式，一则此种方法相对温和，不会造成强烈的反弹；二则也有相应的救济效果，可以抵消因为没有适用交叉报复所带来的裁决执行力相对弱化的缺陷。

第四，排斥复杂冗长程序，可选择缩短相应时限

无论是 WTO 还是其他区域性组织的争端解决机制都是多边贸易体制下的产物，其宗旨即在于协调各成员的利益，因而不得不在多个国家或地区的要求中寻找多方利益矛盾的平衡点，为此其在时限的设置上也相对较长，例如按 DSU 规定，WTO 争端解决机制自投诉时起至 DSB 作出决定时超过 14 个月，但在实际审理案子时往往要持续 2 - 3 年才能解决。① 两岸同文同种，在一个国家内不同法域的经贸交流合作应比国际范围更加强调便捷。两岸经贸争端的解决机制应摒弃审限过长、效率低下的程序设计，在诸如调查时间、送达期限等问题的设置上，均可以相对缩短期限。

四、两岸经贸争端解决机制的具体设置

海峡两岸在政治制度、法律制度和社会制度存在明显差异的前提下，要构建一套为双方共同认可的争端解决程序，以促进经贸关系的发展，就必须搁置政治上的歧见，放下不同的意识形态的束缚，遵循相互尊重、平等互

① 张潇剑：《国际民商事及经贸争端解决途径专论》，北京：北京大学出版社，2003 年，第 152 页。

利、公正效率等原则，将机制设置的重心仅仅围绕在经贸领域展开。

（一）建立常设的指导委员会作为争端解决的平台

现有相对成熟的争端解决机制一般都设有相对应的常设机构，例如DSU有常设委员会，EU有欧盟委员会，NAFTA有自由贸易委员会等等。对于海峡两岸而言，为了保证争端解决机制的良好运作，同样必须设置一个常设机构作为争端解决的平台。由于两岸海基会、海协会已经身兼多职，未来在ECFA的签订甚至争端机制的构建中可能起到“立法”的作用，加之争端解决机制是一个涉及到经济、法律领域的专业机构，同时又是一个执行的机构，因而似可以借鉴香港与内地CEPA联合指导委员会的形式，在两岸之间设立争端解决的联合指导委员会（以下简称“委员会”）。与CEPA不同的是，两岸间的委员会应当为常设的机构，同时扩大其权力，并在下面设置专门的工作小组。

1. 委员会为常设的机构：作为未来两会之外的两岸沟通渠道，委员会由两部分的人员组成，一部分是非常任委员，包括两地政要和商界人士，由双方官方指派，担任常务委员的商界人士必须在两地具有重要的影响，可由大陆和台湾从直接涉及ECFA内容的行业协会和商会推荐；另一部分为常驻委员，常驻委员为固定委员，真正参与争端解决的全过程。为了保证机构的常设性，还应当有常驻的机构工作人员，保障机构的日常运作。

2. 委员会拥有较大的权限。委员会可以对两岸之间争端的预防和解决提供指导性的意见；在两岸争端提交仲裁小组的时候，委员会可以随时进行调解或是通过其他方式促使两岸协商和解；此外，借鉴WTO总理事会和NAFTA的自由贸易委员会的职权范围，赋予委员会设立仲裁小组的权力，对裁决与建议进行监督并予以执行。

3. 委员会下设专门工作小组。委员会身负多重任务，应下设工作小组为执行机构。例如根据ECFA成立货物贸易促进工作组、服务贸易促进工作组、投资促进工作组等等，各专门委员会还有相应的专家和技术人员，应当尽一切可能，促成两岸间经贸争端当事人进行协商，以求迅速、快捷的解决争端。

（二）两岸经贸争端预防机制的设置

两岸在致力于争端解决机制启动的模式设置的同时，也应当关注两岸贸易摩擦的产生源头——贸易政策的制定，建立一个对双方的贸易政策进行经济性监督的机构。该机构同样隶属于委员会，主要实现下面两个职能：

1. 政策知会功能

由于两岸官方层面交往始终不畅，即使在经济政策层面的交流和沟通也显得非常有限，因此，建立这样一个机构，在于为两岸架设一个经济交流的桥梁，通过经济性的监督，了解双方在官方层面多大程度上遵守 ECFA 规则和纪律，促进各自履行义务；其次是通过更多地了解各自的贸易政策和实践，增强贸易政策及做法的透明度而使双方贸易体制更加顺利地运作。知会内容包括：任何新的反倾销或反补贴立法的细节、影响贸易的新的技术标准、影响服务贸易的规章的变化、农产品义务的实施以及涉及与贸易有关的知识产权协议的法规与规章等。对于已经互相知会的政策，发现另一方的贸易政策有可能会引起双方的贸易摩擦甚至经贸争端，另一方应当本着合理建议的原则提请另一方对此项政策做更慎重的考虑，以方便另一方在其立法、行政范围内对相关政策作出修正。

2. 法律咨询职能

预防机制的建立不仅是作为双方政策知会的平台，也可以作为双方在法律问题上的咨询机构。该机构必须要收纳一些在两岸法律，经济，贸易或是政府行政问题上具有相当权威的专家人士，对相关问题做出解答。此外，应当将两岸已经知会的贸易政策或是法律、法规，通过网络或是备忘录的形式定期发布，使之公之于众，让两岸的个人和企业能够共享政策层面沟通的便利。

（三）两岸经贸争端解决机制具体规则与程

1. 协商

如前所述，协商应作为两岸经贸争端解决的主要方式，并且是强制前置程序，争端双方只有在经过了协商无效果之后才能提起专家仲裁。协商的启动可以借鉴有关港澳“安排”第 9 条的规定：“如因《安排》的实施造成乙方对列入附件……造成严重损失或是严重损害威胁，该方可在以书面形式通知对方后临时性地终止该项产品的进口优惠，并应尽快应对方的要求，根据《安排》第 19 条的规定开始磋商，以达成协议”。

协商不受一定形式或是程序的限制，而力求在最大的程度上以最及时、快捷的方式解决问题，因此可以利用现有成功实践了的经济争端解决平台。在两岸经贸争端产生后，针对地方政府的争端，可以采用直接协商的形式，例如借鉴广东省人民政府关于泛珠三角经济合作区‘9+2’模式，在内地九省政府与港澳之间就共同排除合作中可能出现的障碍进行对话。对两岸官方层面的争端，双方应当本着化解矛盾的态度进行有效沟通。官方层面的磋商，可以利用原有的行业协会、或是通过两会平台进行友好、理性的协商，也可以另外开辟一条道路——即两岸官方层面代表在争端解决机制平台上的咨商。

2. 调解

不同于 DSU 为选择程序，在两岸争端机制中调解应设计为必经程序，即争端双方自行协商之后仍然不能取得共识，则必须经由委员会的介入，进入调解程序。委员会本着中立性和公正性原则担负着调解的责任。调解程序可以在任何时候开始，也可以在任何时候结束。一般由委员会依其职权开展调解，一旦调解被终止，投诉方即可请求提起仲裁。

3. 仲裁

当双方在经过协商以及调解程序之后仍然不能就两岸争端达成一致的解决方案，根据“反向协商一致”原则，只要当事一方将争端提请专家仲裁小组，即可进入仲裁程序。由于两岸之间经贸关系的复杂性，应当由双方就经贸、法律领域的专家联合组成专家名单，以供当事方挑选对争端领域有研究的仲裁专家。这些专家在遵循“入世”承诺书及保持与 WTO 规则相一致的前提下，结合实际情况处理纠纷。

五、结　语

随着海峡两岸关系逐渐缓和，双方建立经济合作框架协议的条件已成熟，ECFA 框架下建构两岸经贸争端解决机制的重要性也日显凸出。在借鉴现有的争端解决机制的基础上，结合两岸关系的特殊性，未来两岸经贸争端解决机制应当是一个以调整一方主体为官方经贸争端为主的机制，其调整的范围包括货物贸易争端、服务贸易争端、投资争端、知识产权争端等各领域，以及“未来文件”不确定的领域，ADR 在解决两岸经贸争端中应广泛采用。为此，协商和调解应设置为强制前置程序，专家仲裁小组则作为准司法手段有利于争端规则导向的实现。

由兩岸經濟合作協議談兩岸金融合作遠景

許振明*

第一節　經濟全球化及自由化之趨勢

1980 年代中期以來，國際經濟往自由化及全球化的趨勢加速推動。一方面美國及前蘇聯的和解，促成冷戰的結束。另一方面亞洲各貨幣在美國紐約廣場協議後，匯率不斷升值；同時關稅也不停的調降。1990 年代北美、歐盟、亞太經貿區域加速整合，世界貿易組織（WTO）終於 1995 年正式成立。中國大陸及台灣則在 1986 年左右先後申請加入 GATT（WTO 的前身），並分別於 2001 年底及 2002 年初正式成為 WTO 會員。這些都顯示經濟自由化的加速推進已成為世界經濟的主導力量，且兩岸追求經濟自由化及全球化的方向一致。

與此同時，資訊通訊科技的快速發展，網際網路（Internet）之無遠弗屆，影響力遠遠超過前幾次的工業革命，世界經濟已進入資訊暨通訊化的時代。

經濟自由化的潮流及資、通訊革命的發展交互運作及影響，全球之人員、物資、資金、資訊突破各國疆界，快速流通與整合，無疆界的地球村逐步形成。各國生產、貿易、企業經營、生活形態及社會組織均出現結構性的轉變。形成彼此產業相互依賴，同步性強，分工愈趨多元的局面。經濟體與經濟體、企業與企業之間，必須強化專業分工，緊密協調合作，才能追求多贏。在此經濟共生共榮的背景之下，正可提供各國長期和平合作的基礎。

* 作者簡介：許振明，台灣金融研訓院院長。

1995 年 WTO 成立後，世界貿易自由化的範圍已由製造業逐步擴及農業、服務業貿易，及相關的投資活動；各國關稅稅率也大幅消減。1996 年至 2009 年世界貿易量成長率年平均可達 7.27%，遠較 1980 年代的 4.2%高。在區域整合方面，雖然歐、美兩大經濟體曾在上一世紀末獨領風騷，不過近年來中國大陸與東南亞國協（ASEAN）結盟，與上述經濟體鼎足並立，力量不可忽視。而兩岸經貿近 20 年來的互動，亦正適切反應出全球經貿分工與整合的關係，雖然過去兩岸沒有簽署經貿協定，但由於經貿、產業結構互補性高，實際的整合成效十分顯著，已形成一種明顯的分工體系，中國大陸亦已成為台灣最大的貿易夥伴。

第二節　大陸經貿暨金融影響力與日俱增

中國大陸改革開放以來，經濟持續快速增長，自 2007 年起，大陸的國內生產毛額已超過德國，成為僅次於美、日的第三大經濟體。大陸過去 30 年經濟快速之成長與發展，帶動力量來自於對外貿易的迅速擴張，其亦帶動東亞地區貿易活動的繁榮。2000 年至 2009 年間，中國大陸對外貿易額由 4743 億美元增至 24300 億美元，年平均成長率約為 22.19%，占東亞 11 個經濟體（中國大陸、日本、韓國、台灣、香港、新加坡、泰國、馬來西亞、印尼、菲律賓及越南）對全球貿易的比重由 15.1%提高至 31.6%；而中國大陸對上述東亞 10 個經濟體之貿易額於同期亦由 2479 億美元增至 11048 億美元，年平均成長率約為 20.5%，占東亞 11 個經濟體區域內貿易比重由 15.6%提高至 27.1%。也就是說，中國大陸與日本、韓國、台灣及東南亞各經濟體之經貿關係逐年迅速提升，使得整個東亞地區對中國大陸的依存程度不斷加深。而中國大陸近年來快速的經濟成長和對東亞各國的大量進口，在某種程度上，直接間接地活絡了整個東亞的經濟，其中當然也有助於台灣經濟成長。

伴隨著大陸經濟的高速發展，金融業相應地迅速發展，並累積了豐富的發展經驗和良好的基礎，整體實力和抗風險能力不斷增強，金融市場規模逐年增長，市場參與主體規模也進一步擴大。以銀行業而言，相較 2005 年底銀行業金融機構總資產人民幣 37.5 兆元，2009 年底已達 78.8 兆元，4 年多來成長超過一倍。2009 年 14 家上市銀行實現利潤人民幣 4348 億元，同比增長 16.45%。

工、中、建、交等四大國有上市銀行 2009 年在金融海嘯帶來的巨大壓力下，業績依然表現不錯。其中工行以人民幣 1294 億元的淨利潤繼續佔據榜首，同比增長 16.4%；建行淨利潤為 1068 億元，同比增長 15.32%；中行淨利潤為 808 億元，同比增長 27.20%；交行淨利潤為 301 億元，同比增長 5.59%。2009 年，在適度寬鬆的貨幣政策之下，各大銀行貸款業務均快速擴張，年報資料顯示 2009 年工、中、建、交四家銀行貸款增幅分別為 25.3%、49%、27%、38.44%。主要商業銀行不良貸款率為 1.8%；資本充足率達到標準的銀行從 2003 年底的 8 家增加到 204 家，達標銀行資產占全部商業銀行總資產的比例由 0.6% 上升到 99.9%。2009 年全球一千大銀行排名，大陸四大國有銀行已在世界 25 大之列。此外，證券業經過十餘年的發展，亦從無到有，從小到大，證券市場之建設成效顯著。根據大陸證監會的資料顯示，上市公司從 1991 年的 14 家增加到 2009 年的 1718 家；2009 年底股票市價總值達到人民幣 381897 億元，已超過 2009 年 GDP 總量 335353 億元，投資者開戶數 1139 億萬戶。證券市場的快速發展，促使企業直接融資能力提高，人民理財種類增多，使大陸直接金融比重較低的局面有所改變，證券市場在國民經濟中的地位逐步提升，作用日益凸顯。而保險業，無論人身及財產保險之保費收入亦逐年穩步成長。

中國五大銀行之資產及成長率　　單位：人民幣百萬元

銀行名稱	2008 年總資產	2009 年總資產	總資產成長率
中國工商銀行	9757146	11785053	20.78%
中國建設銀行	7555452	9623355	27.37%
中國銀行	6951680	8748177	25.84%
中國農業銀行	7014351	8600000	22.61%
交通銀行	2682947	3309137	23.34%

資料來源：Bankscope

以上經貿與金融的數據非常清楚地說明，在過去 20～30 年間，大陸在經貿及金融方面的實力非常迅速地擴張。2008 年底金融海嘯發生後，歐美國家飽受經濟衰退與金融市場混亂的困擾，大陸雖亦遭受波及，然經濟實力仍舊堅強，目前其經濟產出占全世界之比例已超過 13%，且外匯存底亦超過 2.4 兆美元。由於大陸外匯準備金額龐大，使得在金融海嘯發生後，人民幣匯率相對美元穩定，致使人民幣於國際貨幣市場的影響力不容小覷，亦引發諸多人民幣國際化的討論。

第三節　兩岸經濟合作架構協議（ECFA）的簽署與兩岸金融合作

中國大陸金融市場快速成長，對於台灣金融業者之機會為何呢？此值得探討。首先，大陸正努力發展上海在 2020 年成為國際金融中心，市場開放程度逐漸提高。其次，大陸銀行的市場與資產規模，均遠大於台灣，通路價值亦高，台灣銀行業者可透過策略聯盟機會，增加獲利來源。第三，大陸銀行業淨利差遠大於台灣，但服務效率和風險管理能力較弱，台灣銀行業者可善用服務效率和徵授信能力之優勢，爭取客戶。

2009 年 4 月第三次江陳會談簽訂了「海峽兩岸金融合作協議」，隨後於 2009 年 11 月兩岸金融監理機關亦完成簽署銀行、證券及保險金融監理合作備忘錄（MOU），並於 2010 年 1 月正式生效。MOU 的簽署可說是初步完成兩岸金融市場開放的前置作業。

後續則需面對實質層面的市場准入的問題。換言之，兩岸金融交流與合作之深化仍有賴後續兩岸經濟合作架構協議（ECFA）及相關協議的進一步協商談判。台灣經由兩岸 ECFA 的談判簽署，一方面考慮經濟規模前提下，達到實質對等；另一方面考慮營造兩岸金融業者良性競爭環境，使兩岸金融交流合作順利進行。

同時，台灣金融機構在大陸市場面臨以下挑戰：第一，台灣比其他國家之銀行晚進入大陸市場，已流失之商機必須加倍努力才能迎頭趕上，但目前大陸採行緊縮貨幣政策，又面臨資產價格泡沫化問題，應注意避免搶到邊際客戶增加風險。第二，辦事處升格為分行延宕多年，人民幣業務落後於他國外資銀行，影響獲利。第三，須審慎選擇進入當地市場之策略：分行、子行、參股各有不同策略價值，大陸經濟區塊也各有特色，台資銀行應先了解本身核心競爭力，選擇有效之進入市場策略，積極佈局。採分行型態，就要經營批發性業務，不應期待亦能發展零售性業務；應以企業金融、外匯和現金管理業務為主，並優先服務台商及其供應鏈廠商。採子行型態者，可擴及消費金融及財富管理業務。採合資銀行型態者，應先確定可參與經營、策略合作之程度與商機。參股時也應特別注意在資產價格泡沫化時期，銀行資產與客戶特性所隱藏之風險，審慎出價及設計符合策略需求之合約。第四，大陸徵授信制度落後，又面臨資產價格泡沫化，台商營運也面臨查稅等各種不確定性之風險，應掌握台商產銷模式、金流與合法擔保品，加速發展徵授信機制，有效控管風險。第五，大陸銀行因有人民幣利差保障，因此外幣貸款利率競爭力甚高。最後，台灣銀行業者獲利太差，想在大陸市場參與併購，當前最重要之挑戰，就是改善獲利能力，方可在資本市場取得併購所需之資本。

在證券期貨業之因應策略：第一，台灣應積極爭取大陸開放台灣證券商可全資全照進入大陸市場，對合資證券商之持股比率亦可超過五成。第二，開放證券業者相互設點、QDII 基金相互投資對方市場、經營模式相互交流、協助台資企業在兩地資本市場募資、促進券商收入多元及跨業行銷、導入新金融商品、共同發展電子交易業務及前中後台之交易系統。第三，在期貨業方面，鄭州和大連交易所僅推出商品期貨；滬深 300 股票指數期貨合約 2010 年 4 月 16 日在中國金融期貨交易所正式上市，台灣可爭取大陸開放市場，並合作發展金融期貨商品。另外，亦可促成期貨商品相互掛牌。第四，海外投資商品的相互合作：台灣自 2000 年後便逐漸開放海外投資，目前投信公司投資國際之海外基金占整體投信資產規模的 20% 左右，2006 年又實施境外基金總代理，經過這幾年的發展，境外基金數量已遠勝境內基金，足證明台灣基金業者海外投資經驗豐富。中國大陸之基金公司若要投資海外，僅能以境內合格投資人（QDII）基金進行投資，目前中國大陸僅有約 10 檔 QDII 商品，而且績效均相當有限。因此，預期未來兩岸在海外投資業務上應有相當大的合作發展空間。第五，雙方證券交易所、期貨交易所可透過合編指數、ETF 相互掛牌與交易所策略聯盟等方式，合作發展市場。

保險業為金融業中最早進入大陸市場者，而保險公司登陸必須採合資方式，且合資保險公司外資持股比率不得超過五成之限制，應爭取放寬，以免造成增資之不確定性。並協議大陸對台灣保險業登陸放寬 532 條款之限制

（目前壽險業僅7家符合，產險業總資產均未達規定門檻）。

在互認金融證照方面，雙方訓練機構亦可規劃推動兩岸證照互認機制；對持有專業證照之專業人士，原則上彼此承認專業科目考試及格證書，僅需加考當地法規即可承認其執業資格。

由於大陸之經濟規模與重要性逐年提升，目前已是全球第三大的經濟體，具備雄厚之外匯儲備水準，並與亞洲區域內的經貿互動關係日益緊密，台灣若不積極加入亞太區域經貿整合，勢必逐漸被邊緣化。因此，更快速的自由化，並積極融入國際經濟分工之中，扮演不可或缺的角色，應為台灣未來努力的方向。而ECFA對台灣而言，絕對是未來長遠經濟發展的關鍵一步。

2008年6月30日開始，台灣開放金融機構辦理人民幣現鈔買賣業務。2009年9月24日台灣中央銀行總裁彭淮南宣佈，台灣17家銀行在香港的19家分行向金管會提出申請核准，並與香港中國銀行簽訂協定後，即可承做人民幣業務，包括存款、匯款、跨行人民幣結算業務。根據中央銀行統計，開放人民幣在台兌換實施以來，自2008年6月底到2010年2月底，台灣金融機構總計買賣人民幣現鈔達145.3億元，其中44家金融機構、共計3112家總分支機構辦理人民幣現鈔買賣業務，總金額累計64.8億人民幣；另外，一般民間的157家合法收兌處，總交易金額超過80.5億人民幣，交易數量驚人。地下流通或民間自行交易的「影子市場」，保守估計也有相同規模，加上本地金控業的外匯交易室人民幣NDF業務爆紅，人民幣在台的交易熱度，已超過深圳等跨境貿易人民幣結算試點。

兩岸當前的金融市場准入條件並不一致，根據大陸外資銀行管理條例之規定，外資銀行需先設辦事處滿2年後才能升格分行，分行設立達3年且連續2年獲利才得承作人民幣業務，此即所謂的「等待期」；而單一外資參股單一陸銀上限為20%，全體外資參股陸銀上限為25%。在證券業規定方面，大陸規定外資參股上限為33%；若是投資基金，則單一外資持股比例不得超過20%，全體外資不得超過25%。在保險業規定方面，進入大陸市場的保險公司需符合申請前1年最低資產50億美元、成立需30年以上及在中國境內設立代表機構2年以上的「532」門檻。

據報導，2010年6月13日ECFA兩岸第三次協商，在金融業方面，雙方監理機關已有共識，在銀行業准入部分，雙方監理官已有共識，台灣銀行業者申設分行前，需設立辦事處的等待期由現行 2 年縮為 1 年；至於承作人民幣業務的限制，則從原本的「3 年分行、2 年獲利」，縮短為「2 年分行、1 年獲利」。在保險業部分，「532」門檻將放寬解釋，資產總額計算產險和壽險集團總公司可以併計，經營保險業務 30 年也擴大解釋，將併購而來也可計算。在證券業部分，台灣爭取能有「全資全照」，惟大陸可能僅會對於台灣投信業者申請境外合格投資人（QFII）部分予以放寬。按大陸現行規定，申請 QFII 者管理資產規模需達 50 億美元，且獲准等待期漫長，QDII 境外投資顧問近一年管理資產需達 100 億美元以上，台灣幾乎沒有任何一家公司符合。至於在提高金融服務業持股比例議題上，現階段大陸主管單位仍相當堅持，可能不再早收清單之列。

ECFA 關於金融服務業

業別	大陸現行規定	台灣爭取	雙方已達共識
銀行業	設立辦事處滿 2 年才能設立分行	取消限制	縮短為 1 年
	分行設立 3 年，且連續 2 年獲利，才能承作人民幣業務	取消限制	縮短為 2 年分行、1 年獲利
	單一外資參股大陸銀行比重不能超過 20%	提高比重	
	外資子行 10 億人民幣的資本額，只能開設 6 家分行；需要增加營運資金才能增設分行	放寬限制	
	申設分行，母行總資產須達 200 億美元；申設獨資銀行或入股大陸銀行，母行總資產須達 100 億美元	調降門檻	
	子行限制貸存比為 75%	提高比重	
	同業拆款上限為營運資金的 2 倍	放寬限制	
保險業	「532」門檻：申請前 1 年最低資產 50 億美元、成立需 30 年以上	從寬解釋	資產總額計算產險和壽險集團總公司可以併計，經營保險業務 30 年也擴大解釋，將併購而來也可計算
	外資持股比重最高 50%	提高比重	
	合資對象僅限 1 家	放寬限制	
	外資不能承作強制車險	取消限制	

续表

業別	大陸現行規定	台灣爭取	雙方已達共識
證券業	參股證券公司比重最高三分之一	取消限制	
	不能設立獨資券商	取消限制	
	不能承作 A 股業務	取消限制	
期貨與投信業	僅開放香港中介機構設立合資期貨經紀公司，且股權比重僅限 49%	對台開放	
	投信業管理資產規模需達 50 億美元，才能申請 QFII 資格	調降門檻	

資料來源：本研究整理

如何因應兩岸經貿往來不斷擴大的需要，盡量減少政治性及政策性障礙，有效化解兩岸金融市場分割僵局，加速兩岸金融交流與合作，則為 MOU 簽訂後，在 ECFA 協商中須積極協商推動的方面。雙方金融主管機關及金融業者應認真思考如何運用現有金融資源，發揮相輔相成的效能，並擴大互惠範圍，密切合作，以降低金融不穩定的情形發生，並加速提升雙方在國際上的競爭力，共創雙贏的局面。

更進一步，未來雙方應建立貨幣清算機制甚至換匯機制，全面開放以人民幣及新台幣為兩岸貿易計價單位並擴大直接通匯、搭建聯合徵信資訊分享平台、加強兩岸金融人員訓練及金融專業證照相互認證等，以利降低金融往來成本。並加強雙方中央銀行經常帳與資本帳資金往來資訊之統計與合作，必要時亦可共同對抗金融危機。

第四節　經濟全球化趨勢下的國際資金移動與外人直接投資

在經濟全球化的趨勢下，金融的全球化與金融市場的整合。國際資金的移動，透過短期資金在金融市場的投資及透過長期資金移動使企業對外直接投資達成。外人直接在中國大陸投資及台商在大陸投資，就短期國際資金移動而言，大陸嚴格的外匯管制，導致資金的移動受到限制，造成資金移動地下化的情況嚴重。未來中國大陸開放短期資金的移動，勢必會影響到匯率的變動。由台灣的經驗顯示，資本的開放、外匯管制的鬆綁，都必需伴隨匯率機制的調整。尤其是 1997 年與 1998 年的亞洲金融風暴經驗顯示，國際資金完全移動與固定匯率制度的並存，常引來投機資金炒作外匯市場及金融市場，影響金融市場及匯率的穩定。

本人在 1989 年的一篇文章指出，一國若外匯管制放寬，及推動貿易自由化，因而開放進口商品的輸入，則匯率機制的選擇應朝浮動的匯率制度來調整。

根據 IMF 資料，1980 年以來，開發中國家外來的「外人直接投資」(Inward FDIs) 已躍升超過幾十倍。長期的外人直接投資提供開發中國家許多效益。例如：公部門的基礎建設大增。然而，長期的外人直接投資也會擴張投資所在國的資本存量。

1990 年代以後外人直接投資在東亞相當活躍。台灣、南韓、香港、新加坡和日本是主要外人直接投資供給經濟體，而中國大陸和東南亞各經濟體是主要的外人直接投資需求經濟體。1997 – 1998 的亞洲金融風暴改變了外人直接投資的流向，由外人直接投資在中國大陸和東南亞各經濟體之間的分佈可明顯看出。舉例而言，過去十年台灣流到中國大陸的投資持續上升，但 1997 年以後相對於東南亞金融危機受創經濟體，外人直接投資流到中國大陸的比重穩定增加。雖然在東亞區域經濟整合的後面有許多動力，例如科技、偏好、公共政策，但民間企業似乎扮演了主要角色。

海峽兩岸間之經貿往來可溯自 1987 年，台灣政府開放民眾赴大陸探親，開啟兩岸經貿交流的非正式大門。即至 1992 年台灣施行「台灣與大陸人民關係條例」，正式將兩岸經貿交流活動合法化，從此兩岸間的經貿往來漸趨緊密。兩岸間之貿易逐年成長，使得大陸及香港地區成為台灣對外出口貿易之第一大地區。而台商至大陸投資亦持續成長，亦成為台灣對外投資之第一大地區。

至 2010 年 4 月底止，台灣對大陸之直接投資金額為 868.04 億美元，以占對外投資金額而言，累計約占 70% 左右。如果與 1992 年以前相比，可說有天壤之別，因為 1992 年以前，台灣政府禁止台灣民眾至大陸投資。即使在 2003 年初兩岸爆發嚴重的 SARS 疫情擴散的危機，嚴重影響兩岸經貿活動，仍然不減台商赴大陸投資的趨勢。此外，表二與表三亦顯示，2009 年台灣產品出口至大陸為542.48億美元，位居台灣出口的首位，而台灣由大陸進口產品金額為244.22億美元，位居台灣進口來源的第二位；中國大陸已是台灣最大之貿易伙伴。1987年至2009年間，兩岸貿易總額從15億美元增加為786.7億美元，成長達52倍，為最大順差來源。兩岸貿易額占對外貿易總額比重從1987年的1.7%上升到2009年的20.81%。台灣對大陸出口以原料及零組件供外銷加工為主，拓展大陸內銷市場之能力相對落後日本及韓國。台商在大陸的生產方式持續在地化，採用當地生產的材料及零組件之比例持續上升，漸漸減少對台灣的進口依賴。

由兩岸間經貿往來之熱絡，顯示大陸近年來之快速成長確實對台灣經濟有所助益。然而，無可諱言者，中國大陸經濟發展並非全然對台灣經濟有正面效果，免不了有負面影響，例如：結構性調整使得台灣產業外移，造成結構性失業人口增加。因此，兩岸經貿往來是促成兩岸成為長期性夥伴？亦是成為競爭對手？這是台灣民眾關切主題。若兩岸經貿往來確實會促成夥伴關係，則諸多經濟措施之開放將會加速施行。否則，常不免形成政治議題而影響兩岸關係之發展。

從經貿分工的角度而言，兩岸之間雖然存在著競爭，但有更大的互補性。台灣具有優良的管理及技術人才，更具有雄厚的高科技研發商業化基礎，而大陸有廣大的廉價勞動力，亦有巨大的內部市場。雙方在同文同種的優勢下，加速和深化彼此之經貿互動與合作，對兩岸在世界市場競爭力之提升必有幫助。近一年來，大陸各省加強來台採購，已對台灣產品出口及經濟復甦有著正面貢獻。未來，兩岸仍應持續強化產業分工，台灣在順利完成產業轉型及升級下，相信應可再創另一經濟發展高峰。

第五節　兩岸快速經貿成長帶來了金融合作商機

一、兩岸資金流動

大陸於2001年底加入WTO以後，外資不斷流入。2002年外人投資至大陸的金額高達 527 億美元，居全球第一位。2003 年雖然遭受 SARS 的影響，外人投資至大陸仍然居世界第一位，金額達 535 億美元。1990 年代以來，兩岸間的資金移動呈現出大陸享有金融賬及資本賬的順差，台灣則享有經常賬及貿易賬的順差。台商至大陸投資生產，創造兩岸貿易快速成長，不但擴大兩岸資金移動，而且亦加速兩岸對外貿易成長，累積巨額外匯存底。大陸吸收大量台灣的投資資金，但台灣對大陸享有貿易順差並擴大對歐美貿易的順差。兩岸經貿往來呈現互蒙其利共創雙贏局面。台商在大陸的投資排名由早期的第 2 位降為 2003 年的第 6 位，次於香港、日本、美國、韓國和維京群島。但維京群島之眾多對大陸投資案均出自台商之手。事實上，台商在大陸的投資仍然應為第 2 位。造成台商資金移至第三地之主因，為兩岸政府對資金移動的管制政策。政策管制徒然增加台商投資之交易成本，無助於阻止資金的移動。

值得注意的是，隨著台灣於 2009 年採取降低遺贈稅稅率及兩岸關係和諧，使得台商滯留海外資金回流台灣，形成資金過剩現象，如何導引過剩資金至生產事業已是當前重要課題。

大陸加入 WTO 後，台商的投資地點已有向上海周邊擴散的趨勢，江蘇省之台商投資比例已超越廣東省。台商在大陸投資的產業以電子業為主幹。近年來已擴展至高科技領域。大陸加入 WTO 後，台商的投資由外銷導向轉為內銷導向，服務業的投資案明顯增加。尤其是兩岸政府於 2008 年 5 月後兩會恢復協商，使得台商在金融、航運、通路、會計師、律師等領域的投資限制逐漸開放。

二、台商銀行融資與股市融資

1990 年代開始，台灣政府開放台商至大陸投資，因此兩岸貿易及資金往來大幅上升，使得兩岸在經貿關係上的密切程度不亞於任何自由貿易區域（FTA）之區內貿易投資關係。雖然貿易及投資密切，但金融外匯往來仍然缺乏積極性，無法更進一步帶動雙方經貿往來。

要解決台商在大陸的融資問題，其順序應為先使台商能向銀行取得融資，進而在大陸股票市場上市。因此，台灣銀行業者前往大陸設立分行本來就有必要。況且對於廠商財務報表的準確性與資訊交流能有效掌握，銀行亦可降低發生逾期放款的風險。所以台灣的銀行若未能登陸，就無法就近提供台商服務，掌握貸款客戶的最新資訊，不利台商在大陸的發展。

台灣銀行業者直接通匯的開放及允許台灣銀行業者與大陸地區銀行直接往來，能大幅節省廠商通匯的時間與成本。而開放台灣銀行業者在大陸設立據點以便對台商放款，不但提供台商多元的資金調度管道，亦增加廠商資金匯回台灣的意願。因此，隨著兩岸經濟合作協議（ECFA）之簽定，若能將金融業登陸納入早期收割項目內，則將增加台商之融資管道。

然而，為了降低台灣銀行業者在大陸之營運成本，並提升銀行效率，大陸當局應當早日容許銀行經營人民幣業務，以因應兩岸之間愈來愈緊密的經貿關係。

三、兩岸金融及外匯政策合作

自1990年初，台灣開放民營銀行設立，並且追求金融自由化、國際化，希望建立區域金融中心。區域金融中心的前提為以東亞區域為主要腹地，尤其是服務在中國大陸的台商為主要考量之一。隨著1997年至1998年亞洲金融風暴出現，台灣企業財務受影響，拖累銀行的經營，使得銀行的不良資產逐漸增加。

雖然兩岸的經貿往來在1990年代快速成長，尤其台商在大陸的投資於1993年以後，隨著台灣當局開放的政策而快速成長，但是進入21世紀，兩岸關係惡化，使得銀行無法順利到大陸市場發展。於是出現台灣內部銀行過多，導致惡性競爭的局面。

為了解決銀行經營的困境，民進黨政府主張的以金融機構合併重整為主要策略之金融改革。然而台灣銀行業面臨的困境並非光靠金融整併即可解決。基本上，銀行存貸市場及金融市場的規模若無法擴大，銀行欲恢復1990年代初的榮景，相當不易。

台灣的銀行彼此之間激烈競爭，原因在於市場侷限於台灣本土市場，而未能擴及兩岸市場。這是非常可惜的事情。政府的政策要求金融業者要以國際佈局為主要策略，但是金融業要進入國際市場談何容易。以銀行業這種高風險的行業而言，在國際競爭激烈的環境下，生存實屬不易。

台灣的銀行業雖然經過多次金融困境，但是卻學習到許多處理金融問題的經驗與對策。尤其是台灣的銀行業不是由中國大陸輾轉來台復業，就是日據時代留下來的銀行，具有相當水準的商業銀行經營經驗，這是中國大陸的銀行無法比擬的。有此利基何以台灣的銀行業不能登陸在大陸發展呢?

就目前中國大陸金融現況觀察，以公營銀行為主的銀行，其經營效率主要在於政策保護，對於大陸經濟發展之效果不明顯。反而隨著經濟的快速成長，大陸的銀行業才是受惠者。此外，大陸雖然由外國、台灣、香港吸取了一些金融法規及制度變革的經驗，並於近年來多方派員至香港、新加坡及歐美培訓金融人才，然而有效地運用金融技術及金融管理人才仍不足因應快速之經濟成長及結構轉型。引進台灣的金融發展經驗，協助大陸訓練培養金融人才，為台灣金融業及金融監理當局的利基。

2002 年本人研究發現，大陸在 2001 年加入 WTO 前，金融深化的結果並未對於大陸經濟成長有明顯的正效果，其理由為大陸金融發展速度相較於經濟成長的速度偏低，實證資料顯示中國大陸的教育、人力資本及國營事業對經濟成長的貢獻不明顯。此外，大陸對於國際收支帳的金融帳管制，匯率機制仍然維持人民幣小幅浮動釘住美元制度，與 1980 年代初期新台幣之中心匯率制度相同。

相較之下台灣擁有較為進步的管理技術及金融改革、金融自由化及外匯自由化，與處理金融問題之經驗，可供大陸參考。為兩岸金融安定與經貿往來發展起見，大陸方面放寬設立銀行的資本額限制，讓台灣的銀行業能順利登陸，兩岸並且共同合作金融檢查，由台灣提供經驗，建立監督機制。一方面可幫助台商取得融資，另一方面也可以改善大陸金融問題，有助於兩岸及亞太地區的安定。

第六節　台灣金控公司設立經營對大陸的啟示：子銀行績效比較

台灣設立金控公司對本土銀行業的影響頗大，金控下的子銀行及非金控的銀行經營績效表現，可以概述如下。我們發現金控子銀行不論是在資產、放款及貼現或者存款佔有率的平均表現均較非金控銀行佳。以資產佔有率而言，2007、2008 與 2009 年金控子銀行平均的市場佔有率為 4. 14%、4. 20%

與4.15%，而非金控銀行則為1.62%、1.72%與1.74%。

金控子銀行不論是在淨值佔資產比率、逾放比率或者稅前純益佔平均淨值比率（淨值報酬率）等方面，其平均表現均較非金控銀行佳。就逾放比率而言，2007、2008與2009年金控子銀行平均的逾放比率為1.68%、1.50%與1.03%，而非金控銀行則為4.38%、3.32%與2.06%，顯然台灣金融業降低經營風險已有成效。就淨值報酬率而言，金控子銀行有一家連續三年呈負值；非金控子銀行則有3家連續三年呈負值。

關於大陸最近積極思考規劃籌設金融控股公司，開放讓企業集團開辦金融控股公司，使金融控股公司可以服務企業，尤其是資金直接融通企業曾引起多方討論。基本上，若允許金融控股公司可以扮演投融資的角色，或創業投資的角色，這樣的想法類似1997年亞洲金融風暴發生之前日本及韓國所謂的中心或核心銀行對企業集團融資的關係。

眾所周知，在亞洲金融風暴發生之前，日本、韓國的銀行體制存在企業集團掌控銀行經營的嚴重弊病，銀行欠缺良好的公司治理，存在嚴重的關係人交易，使得銀行的資金大量挪用至企業集團關係人，造成日後銀行大量產生呆帳與逾期放款。亞洲金融風暴以後，日、韓兩國的銀行體制產生重大變革，發展出美國式的金融控股公司模式。台灣的銀行、證券及保險業亦追隨日、韓的模式，開放金融控股公司的設立。台灣的金融控股公司模式是採取子銀行、子證券公司及子保險公司的控股公司模式，而非採取歐洲式的綜合銀行業務（universal banking）經營模式，即使是金融控股公司設置創投公司（venture capital）也是採取子公司的模式成立來經營。因此，雖然大部分台灣的金融控股公司由企業集團入主，但台灣的金融主管機關對於金融控股公司的內部公司治理極為注意，金融控股公司法規的限制極為嚴密，以避免出現人謀不臧的關係人交易情況。有關於金融控股公司的股權結構及金融防火牆的規定，對於離職政府高官的聘用及金融資訊的流通都有嚴格的限制。也因為台灣對於金融控股公司之嚴格監理，及要求其做好內部控管與風險管理，因此在這一波2008年國際金融風暴發生後，才能倖免於難。台灣的金融控股公司經營模式經驗值得進一步觀察研究做為大陸、港澳以及其他各國的參考。

第七節　發展產業供應鏈融資，強化兩岸中小企業及農村金融合作，促進經濟及社會穩定發展

一、產業供應鏈融資

供應鏈金融是解決企業不易取得貸款的一種方法。在歐美地區供應鏈金融已發展多年且被廣泛地運用，台灣自 1994 年引進應收賬款承購業務（Factoring）以來，相當多銀行及金融機構便陸續投入此一業務之承作，至今此業務已發展的相當成熟。2001 年台灣經濟部推動連結金流資訊之 C 計畫，成功協助連結銀行、中心廠及供應商間的訊息，以電子化供應鏈上之交易訊息為基礎，做到全球收付款、多行帳戶整合、線上融資等；其中特別值得一提的是融資部分，以交易資訊（免擔保品）進行線上（即時）融資方式是 C 計畫獨創之作業模式。融資項目包括訂單前融資、訂單融資、驗收單融資、發票融資、應收賬款融資，供應商可在任何階段向銀行業者申請融資，即時彌補資金缺口。藉由 C 計畫解決銀行與企業供應商間資訊不完全的情況，進而提升銀行貸款意願及效率，使中小企業除傳統貸款外，多了一種方便取得資金的管道。

近年來，中國大陸多家銀行亦陸續推出供應鏈金融，目前工、中、建、交等四大國有銀行、民生銀行、招商銀行、深圳銀行、光大銀行、浦發銀行等都已涉足此一業務。各銀行依據自身客群結構發展不同的解決方案，如：中國工商銀行針對沃爾瑪（Wal－Mart）每年在中國大陸之採購，金額約達 200 億美元，推出的「沃爾瑪供應商融資解決方案」，提供沃爾瑪在中國大陸約上萬家上游供應商供應鏈貸款。工商銀行藉由對沃爾瑪及供應商間之物流、金流進行管理，為沃爾瑪供應商提供從採購、生產到銷售的全流程融資支援，解決了沃爾瑪在中國大陸中小企業供應商的融資困局。中國銀行亦於 2010 年 5 月在廈門成立了供應鏈融資中心，為廈門乃至福建省的供應鏈企

業提供融資解決方案。該中心配合客戶從下訂單、製造、裝運、收款的各個貿易環節，推出了應付賬款融資、應收賬款融資和貨押融資等三大類別的供應鏈融資商品，協助企業順利取得營運資金。

台商無論至世界任何地方發展，向來具有群聚習性。往往中心大廠的設址，能帶動周邊供應商跟隨。對銀行而言，針對台商發展供應鏈融資，可以說是能快速爭取客戶，提供現金管理等加值服務，又能兼顧貸放風險的最好策略。此外，大陸中小企業長期以來也存在融資難題，供應鏈金融能使銀行更清楚地獲取供應鏈間的物流資訊，對提升貸款意願及效率有極大的幫助。因此，兩岸銀行業者應積極發展產業供應鏈融資業務，相信無論對中小企業融資或銀行實質收益皆有正面效益。

二、中小企業金融與農村金融

中小企業及農民不易取得資金是世界各國普遍存在的現象，中國大陸亦不例外。在中小企業融資方面，由於中小企業與銀行間存在資訊不對稱問題，又缺乏可供抵押的資產，且大陸之信用擔保體系尚不完善；因此，儘管大陸當局要求國有銀行發放大量的貸款來幫助經濟擺脫低迷局面，然而，無論大型國有商業銀行、股份制商業銀行或城市商業銀行為了防範風險及考量中小企業貸款筆數多，每一筆貸款額度小，貸款成本高等因素，貸款仍主要流入大型國營企業與城市的大型企業，民營中小企業貸款依然不易。同時，台商中小企業在中國大陸之融資需求亦得不到充分地滿足。

在農村金融方面，如同中小企業金融一般，以大銀行為主的金融體系，亦不能為小農提供充分的金融服務，會間接抑制農村發展。因此，發展適合農業生產特性的金融機制，如：小額信貸、農村銀行、農村保險等，尤其重要。大陸當局近年來積極引導境內外銀行資本、產業資本和民間資本到農村地區投資、收購及新設銀行業金融機構，冀以促進農村發展。明確的政策宣示下，不同功能、不同層次及不同性質的農村金融機構迅速設立。截至2009 年 6 月底，中國大陸已有 118 家新型農村金融機構開業，包含村鎮銀行 100 家，貸款公司 7 家，農村資金互助社 11 家。從地域分佈來看，中西部地區 84 家，東部地區 34 家。從經營情況來看，已開業機構實收資本人民幣 47.33 億元，存款餘額 131 億元，貸款餘額 98 億元，累計發放農戶貸款

55 億元，累計發放中小企業貸款 82 億元，且多數機構已實現盈利，其中 2009 年累計盈利 4074 萬元。從發起設立機構看，100 家村鎮銀行中，有 80 家由地方中小銀行發起設立；14 家由國家開發銀行、國有銀行和全國性股份制銀行發起設立；6 家由外資銀行發起設立。其中，中資銀行多由一家銀行發起、多家公司聯合設立，外資銀行則均為獨資設立。顯示中國大陸的村鎮銀行已初步形成資本構成多元、民間資本過半的局面。

無論在中小企業或農村金融方面，台灣銀行業者、信用合作社及農漁會信用部等均已累積多年經驗，徵授信，以及中小企業與小農輔導技術純熟。而且台灣銀行業與台商在台母公司已建立長期往來關係，對個別企業的信用情況較為瞭解。台灣金融機構在進入中國大陸後，透過銀行間的交流合作，參股城市商業銀行、農村商業銀行，成立村鎮銀行，或與當地銀行策略聯盟等方式，對於兩岸企業，尤其是不易取得資金的中小企業及小農，將有很大的幫助，更將有助於兩岸之經濟發展與社會安定。

此外，兩岸亦可在徵信及信用保證機制等方面合作。台灣「金融聯合徵信中心」已成立運作數十年，在徵信資訊及技術已趨完備，並於 2004 年獲得世界銀行（World Bank）對全世界信用報告機構調查評比，在「公共信用報告機構」所屬之 68 個經濟體中，綜合評分名列第一名。在信用保證方面，台灣亦已建構完成以商業銀行機構為主，配合信用保證基金強化企業信用之融資體系。信用保證基金之設立宗旨係在發揮信用補強功能，對具有發展潛力但欠缺擔保品之中小企業提供信用保證，以降低銀行貸放風險，提高銀行對中小企業提供融資的意願。中國大陸在徵信及信用保證制度方面雖在持續地建置與強化中，但尚未完善，仍然是片面局部的，普及性不足，這對銀行辦理放款業務將造成很大的阻礙。因此，大陸可參考台灣「金融聯合徵信中心」及「中小企業信用保證基金」的成功經驗，設立類似的輔助性金融機構，以降低銀行放款風險，全面性解決中小企業融資的問題。

而台灣在新興產業創立過程中，為解決高科技產業具有的高風險、高報酬特徵，運用創投公司提供資金給被投資公司，並視需要參與其經營管理工作，提供人員、財務、行銷等協助，如此被投資公司可說受益良多，而創投公司也藉此獲得投資效益的保障。因而兩岸在產業合作方面，未來也可朝向開放台灣創投公司至大陸輔助台商及大陸高科技企業創業，使其有足夠的資金進行高風險、高報酬之事業。

第八節 結論與建議

為鼓勵與推動兩岸金融的合作，以及追求兩岸金融安定與經貿往來發展，我們提出六點建議以供參考：

（一）利用台灣經驗協助大陸金融改革及金融發展

運用台灣豐富的金融人才，協助大陸銀行及其他金融機構增進管理技術，訓練金融保險人才。

（二）台灣金融機構登陸服務台商及促進兩岸金融直航

及早讓台灣的銀行業前往大陸設立分行，讓台灣的銀行業能及早辦理人民幣存匯業務。透過合資的方式與中國大陸的金融機構合作，便利服務台商在大陸的發展。

（三）建立兩岸貨幣自由的流通管道

建立兩岸央行貨幣清算制度，人民幣先在台灣之境外金融中心（OBU）掛牌，並規劃五年內在本國銀行外匯指定銀行掛牌。而新台幣能在大陸特區掛牌，以因應兩岸之間愈來愈緊密的經貿關係，維持台灣企業的競爭力。

（四）修正台商投資保護條例

為了保障台商的財產安全，希望中國大陸當局可以修正台商投資保護條例。

（五）發展產業供應鏈融資，提昇企業融資效率

建構產業供應鏈融資平台，解決銀行與企業供應商間資訊不完全的問題，以提升銀行放款意願，有效化解中小企業融資難題。

（六）強化兩岸中小企業及農村金融合作，促進經濟及社會穩定發展

台灣銀行業者、信用合作社及農漁會信用部等已累積多年經驗，透過兩岸銀行間的交流合作、策略聯盟、參股、成立村鎮銀行，等方式，對於兩岸企業，尤其是不易取得資金的中小企業及小農，將具正面效益，更將有助於兩岸之經濟發展與社會安定。

表一　台商在大陸投資概況

年別＼類別	經濟部核准核備資料				大陸對外宣布資料		
	數量（件）	金額（億美元）	平均投資規模（萬美元）	占我對外總投資比重（%）	項目數（個）	協議金額（億美元）	實際金額（億美元）
1991	237	1.74	73.48	9.52	3884	35.37	11.05
1992	264	2.47	93.56	21.78	6430	55.43	10.50
1993	新申請 1262	11.40	90.33	40.71	10948	99.65	31.39
	補辦許可 8067	20.28	—	—			
1994	934	9.62	103.02	37.31	6247	53.95	33.91
1995	490	10.93	223.00	44.61	4778	57.77	31.62
1996	383	12.29	320.95	36.21	3184	51.41	34.75
1997	新申請 728	16.15	221.78	35.82	3014	28.14	32.89
	補辦許可 7997	27.20	—	—			
1998	新申請 641	15.19	236.97	31.55	2970	29.82	29.15
	補辦許可 643	5.15	—	—			
1999	488	12.53	256.72	27.71	2499	33.74	25.99
2000	840	26.07	310.36	33.93	3108	40.42	22.96
2001	1186	27.84	234.74	38.80	4214	69.14	29.79
2002	新申請 1490	38.59	258.99	53.38	4853	67.41	39.71
	補辦許可 3950	28.64	—	—	—	—	—
2003	新申請 1837	45.95	250.08	53.66	4495	85.58	33.77
	補辦許可 8268	31.04	—	—	—	—	—

续表

類別 / 年別	經濟部核准核備資料				大陸對外宣布資料		
	數量（件）	金額（億美元）	平均投資規模（萬美元）	占我對外總投資比重（%）	項目數（個）	協議金額（億美元）	實際金額（億美元）
2004	2004	69.40	346.31	67.24	4002	93.06	31.17
2005	1297	60.07	463.15	71.05	3907	103.58	21.52
2006	1090	76.42	701.10	63.91	3752	—	21.36
2007	996	99.71	1001.10	60.65	3299	—	17.70
2008	643	106.91	1662.68	70.53	2506	—	19.00
2009	590	71.43	1210.68	70.38	2555	—	18.80
2010（1－4月）	143	35.89	2509.79	81.00	—	—	—
合計	38074	868.04	227.99	—	—	—	—

資料來源：經濟部投資審議委員會及中國大陸商務部，本研究整理。

表二　2009年台灣進出口貿易名次表　　單位：美元

中文名稱	貿易總額（含復運資料）			出口＋復出			進口＋復進		
	名次	金額	比重（%）	名次	金額	比重（%）	名次	金額	比重（%）
全球國/地區別		378038242624	100		203670817997	100		174367424627	100
中國大陸	1	78670764058	20.81	1	54248101236	26.635	2	24422662822	14.006
日本	2	50721322521	13.417	4	14501968520	7.12	1	36219354001	20.772
美國	3	41706191946	11.032	3	23552548066	11.564	3	18153643880	10.411
香港	4	30567422281	8.086	2	29444915862	14.457	27	1122506419	0.644
韓國	5	17809142927	4.711	6	7302461280	3.585	4	10506681647	6.026
新加坡	6	13422758976	3.551	5	8613599392	4.229	9	4809159584	2.758
德國	7	10368563627	2.743	8	4695828634	2.306	7	5672734993	3.253
沙烏地阿拉伯	8	9332049961	2.469	26	674150201	0.331	5	8657899760	4.965
馬來西亞	9	8612606353	2.278	11	4059995637	1.993	11	4552610716	2.611
印尼	10	8409810940	2.225	13	3226178014	1.584	8	5183632926	2.973

資料來源：國際貿易局貿易統計系統（http：//cus93.trade.gov.tw/fsci/）。

表三　2010 年 1－2 月台灣進出口貿易名次表　　單位：美元

中文名稱	貿易總額（含復運資料）			出口＋復出			進口＋復進		
	名次	金額	比重（%）	名次	金額	比重（%）	名次	金額	比重（%）
全球國/地區別		73475455849	100		38427109032	100		35048346817	100
中國大陸	1	15605401472	21.239	1	10896862538	28.357	2	4708538934	13.434
日本	2	9968295108	13.567	4	2662538727	6.929	1	7305756381	20.845
美國	3	7773078201	10.579	3	4105818442	10.685	3	3667259759	10.463
香港	4	5522173939	7.516	2	5258767567	13.685	24	263406372	0.752
韓國	5	3630174676	4.941	6	1484093615	3.862	4	2146081061	6.123
新加坡	6	2741766370	3.732	5	1654438202	4.305	6	1087328168	3.102
沙烏地阿拉伯	7	1978957544	2.693	31	105066808	0.273	5	1873890736	5.347
德國	8	1952777832	2.658	10	902059095	2.347	8	1050718737	2.998
馬來西亞	9	1873386441	2.55	11	837318618	2.179	9	1036067823	2.956
澳大利亞	10	1592995200	2.168	14	522278115	1.359	7	1070717085	3.055

資料來源：同表二。

表四　金控子銀行市場佔有率　　单位:%

項目 / 銀行名稱	資產總額			放款及貼現			存款		
	2007	2008	2009	2007	2008	2009	2007	2008	2009
台灣銀行	10.93	11.82	11.98	10.75	10.75	11.00	11.67	12.95	12.79
台北富邦銀行	4.05	4.26	4.42	3.70	4.08	4.46	3.86	4.25	4.38
第一商業銀行	6.16	6.61	6.13	6.03	6.29	5.92	5.96	6.08	6.09
華南商業銀行	5.76	5.69	5.66	5.94	6.10	5.97	6.14	6.09	6.06
兆豐國際商銀	6.91	6.96	7.02	6.72	7.08	6.82	5.73	5.73	5.87
國泰世華商銀	4.56	4.57	4.82	4.27	4.38	4.33	4.88	4.78	5.20
元大商業銀行	1.22	1.20	1.17	1.35	1.28	1.27	1.24	1.29	1.21
永豐商業銀行	3.54	3.33	3.28	3.40	3.42	3.51	3.75	3.49	3.29
玉山商業銀行	3.06	3.09	2.98	2.89	2.88	2.96	2.88	2.98	3.13
台新國際商銀	3.21	2.90	2.68	3.15	2.82	2.68	3.15	2.78	2.62
日盛國際商銀	0.85	0.77	0.60	0.94	0.76	0.68	0.96	0.86	0.63
中國信託商銀	5.27	5.37	5.25	4.49	4.55	4.54	5.10	4.94	4.93
台灣新光銀行	1.37	1.37	1.35	1.56	1.52	1.53	1.54	1.57	1.50
中華開發工銀	1.07	0.85	0.79	0.48	0.43	0.35	0.13	0.13	0.12
平均值	4.14	4.20	4.15	3.98	4.02	4.00	4.07	4.14	4.13

資料來源：中央銀行出版的本國銀行營運績效季報。

註：台新金控擁有彰化商銀 22.55% 股份及過半數董事席位，惟本表選擇收錄金控母公司具有絕對控制權之子銀行。

表五　金控子銀行市場佔有率

单位:%

項目 / 銀行名稱	資產總額			放款及貼現			存款		
	2007	2008	2009	2007	2008	2009	2007	2008	2009
中國輸出入銀行	0.27	0.29	0.28	0.40	0.42	0.44	NA	NA	NA
高雄銀行	0.56	0.62	0.59	0.63	0.74	0.75	0.60	0.70	0.63
台灣土地銀行	6.78	6.98	6.76	8.09	8.41	8.51	7.23	7.25	6.87
合庫商業銀行	8.64	8.52	8.28	9.74	9.94	9.69	8.92	8.71	8.28
彰化商業銀行	4.70	4.78	4.75	5.14	5.33	5.47	4.82	4.90	4.86
花旗（台灣）銀	1.00	0.77	2.29	0.76	0.38	0.71	0.97	0.68	2.38
上海商業銀行	2.13	2.17	2.12	1.61	1.78	1.88	1.98	2.06	1.95
聯邦商業銀行	1.29	1.24	1.11	1.16	0.98	0.92	1.25	1.22	1.09
遠東國際商銀	1.28	1.22	1.21	1.26	1.15	1.15	1.23	1.24	1.23
萬泰商業銀行	0.73	0.55	0.44	0.67	0.53	0.40	0.62	0.54	0.41
大眾商業銀行	1.11	1.11	1.21	1.22	1.20	1.26	1.05	1.07	1.16
安泰商業銀行	1.02	0.95	0.97	1.04	0.99	1.00	0.91	0.89	0.91
慶豐商業銀行	0.35	0.25	0.15	0.34	0.23	0.10	0.33	0.23	0.18
陽信商業銀行	0.87	0.81	0.72	0.98	0.91	0.87	0.98	0.92	0.80
板信商業銀行	0.61	0.57	0.52	0.73	0.67	0.63	0.68	0.63	0.57
台灣中小企銀	3.99	3.97	3.82	4.71	4.82	4.92	4.05	4.08	3.87
渣打國際商銀	1.72	2.17	1.97	1.61	1.69	1.68	1.80	2.26	1.89
台中商業銀行	0.93	0.97	0.99	1.09	1.10	1.18	1.13	1.14	1.11
京城商業銀行	0.61	0.51	0.52	0.74	0.57	0.51	0.70	0.59	0.54
華泰商業銀行	0.37	0.37	0.34	0.48	0.44	0.44	0.41	0.42	0.38
三信商業銀行	0.37	0.36	0.35	0.45	0.43	0.41	0.44	0.43	0.40
台灣工業銀行	0.41	0.42	0.39	0.33	0.36	0.32	0.25	0.27	0.26
全國農業金庫	1.56	1.49	1.95	0.24	0.46	0.60	1.85	1.68	2.24
大台北商銀	0.15	0.14	0.13	0.14	0.15	0.14	0.17	0.16	0.14
中華商業銀行	0.32	NA	NA	0.40	NA	NA	0.27	NA	NA
寶華商業銀行	0.29	NA	NA	0.39	NA	NA	0.38	NA	NA
平均值	1.62	1.72	1.74	1.71	1.82	1.83	1.72	1.83	1.83

資料來源：同表四。

参考文獻

Hsu, Chen－Min (1989), " Tariff Policy and Quantity Expectations in an Economy with Classical Unemployment ," *Journal of International Economic Integration*, Vol. 4, No. 1, pp. 99－121.

Hsu, Chen－Min, and W. C. Liu (2002), "The Role of Open－Door Policy in China's Economic Development and Integration Process. ", Paper presented at the Academic Conference of The Political and Economic Reforms under the Transition of International Society, Mainland Affairs Council, and the College of Society, National Taiwan University.

Hsu, Chen－Min and Wan－Chun Liu (2004), " The Role of Taiwanese Foreign Direct Investment in China: Economic Integration or Hollowing－Out ," *The Journal of the Korean Economy*, Vol. 5, No. 2, pp. 207－231.

ECFA 与两岸金融合作双赢

邓利娟*

长期以来与两岸贸易与投资迅速发展呈鲜明对比的是，两岸金融交流合作严重滞后，两岸金融往来明显不对称。在两岸关系步入和平发展轨道的背景下，2009 年两岸先后签订《两岸金融合作协议》及两岸金融监督管理合作谅解备忘录（MOU），正式启动了两岸金融交流合作正常化的进程。2010 年 6 月 29 日，将对两岸金融交流合作产生更加深刻影响的两岸经济合作框架协议（ECFA）正式签订。本文拟在分析当前两岸金融市场相互开放现状的基础上，说明两岸签订 ECFA 对两岸金融合作的意义；进而阐明如何在 ECFA 下实现两岸金融互利双赢；最后提出实现两岸金融互利双赢的现实路径。

一、两岸金融市场相互开放的现状

21 世纪初，两岸先后加入世界贸易组织（WTO），当时两岸虽未进行协商，但也没相互运用“互不适用”原则。因此，从理论上讲，两岸相互开放金融市场，互设金融机构已不存在障碍。因为作为 WTO 的正式成员，大陆与台湾都应遵守 WTO 规范，相互减少甚至消除贸易与投资的障碍，根据入世时的承诺向彼此开放市场。但由于两岸关系的特殊性，实际情况较为复杂，直到 2009 年两岸签署金融 MOU 后，金融机构市场准入问题才真正有所突破，而且两岸开放的情况仍有很大差异。

（一）大陆金融市场对台开放的现状

大陆在 2001 年加入 WTO 后，认真履行入世承诺，在 5 年的入世过渡期

---

* 作者简介：邓利娟，厦门大学台湾研究院副院长，教授，区域经济学博士生导师，国家“985 工程”台湾研究创新基地成员。

内，逐步放宽外资金融机构市场准入与业务范围的限制。以银行业为例，至2006 年 12 月，随着大陆公布《外资银行管理条例》，大陆开始全面履行加入 WTO 时关于对外开放银行业的承诺，银行业从此走上全面开放的道路。换言之，外资银行已能够在大陆承诺的基础上享有“国民待遇”，大陆取消了外资银行经营人民币业务的地域限制和对象限制等。

对于台湾地区的金融机构在大陆设立分支机构，《外资银行管理条例》第 72 条规定，“比照适用本条例。国务院另有规定的，依照其规定。”而从实际情况来看，除了 1995 年和 1997 年两家以外资名义在宁波和上海设立的台资银行外，根据台湾“金管会”统计资料，截至 2010 年 3 月底止，台湾的银行已在大陆设立 9 家代表处及 1 家其他分支机构；台湾的财产保险业与人身保险业分别在大陆设立 9 家与 7 家办事处。① 至于证券业，早自 1997 年起台资证券公司就开始在大陆设立代表处，目前有 14 家台资证券公司在大陆设立了 25 个代表处。此外，台湾保险业在大陆市场已有 3 家合资公司与 2 家独资公司营业。② 随着 2010 年 1 月两岸金融 MOU 生效与 3 月台湾当局修改两岸金融相关法规，台湾银行业及证券期货相关事业已可直接投资大陆或设立营运据点，比照外资金融机构经营相关业务。

表 1　台湾金融业在大陆设立分支机构现状

业别	家数
银行	1. 台资银行 2 家（协和银行、华一银行）；2. 代表处 9 家；3. 其他分支机构 1 家
保险	1. 财产保险业 9 家办事处；2. 人身保险业 7 家办事处；3. 合资公司 3 家与独资公司 2 家
证券	14 家台资证券公司在大陆设立代表处 25 家

资料来源：作者整理统计。

（二）台湾金融市场对大陆开放的现状

2002 年台湾入世时，对服务贸易市场开放的承诺分水平承诺（指总体方面）与个别行业承诺两种。在水平承诺上，台湾承诺投资方面，除个别

① 台湾“金管会”：“台湾地区银行在国外设立分支机构地区别、国家别统计”、“保险业家数及其分支机构统计表”，http：//www. fsc. gov. tw/Layout/main _ ch/index. aspx? frame = 1，2010 年 6 月 9 日查阅。

② 《两岸经贸月刊》编辑部：《为何要签两岸金融合作协议》，台湾《两岸经贸月刊》，2009 年 4 月号。2009 年 12 月台湾富邦产物和富邦人寿在厦门投资设立独资产险公司。

行业另有规定外，个别或全体外国投资人投资台湾上市公司股票取消持股比例限制；人员进出及停留方面，允许商业访客入台停留90天；土地及其权利取得方面，允许外国人购置或租用土地。在个别行业承诺方面，台湾对包括金融业在内的12大类服务业共约100项行业或业务的开放，提出了程度不等的承诺。① 事实上，为了争取加入WTO，台湾自20世纪90年代起就已主动实行金融业各项自由化措施，至入世时金融业在市场进入及国民待遇两方面已能符合WTO的规范，使外国银行在台分行与台湾本地银行得以平等竞争。不过，台湾对大陆则是采取例外的做法，没有按入世的承诺向大陆开放金融市场。

2002年1月，台湾出台《加入WTO两岸经贸政策调整执行计划》，预定将大陆资金对台投资从原来的“完全禁止”按台湾“入会服务业特定承诺表”的行业范围调整为“分阶段开放”。2003年10月，台湾修订“两岸人民关系条例”相关法规，使大陆金融机构赴台投资也有了所谓法源依据。但此后，除了对大陆入台投资不动产略有放宽外，台湾相关主管部门迟迟不出台配套法规，致使开放大陆投资的政策无从落实。

2009年6月，台湾公布《大陆地区人民来台投资许可办法》与《大陆地区之营利事业来台设立分公司或办事处许可办法》等法规，允许大陆资金有限度地赴台投资。但金融服务业仍属“暂不开放的服务业”。② 2010年3月，配合两岸金融MOU生效，台湾“金管会”公布“两岸金融三法”③的修正条文，其主要内容除了以较低门槛规范台湾银行业、保险业、证券期货业赴大陆投资外，就是开放大陆相关金融业者赴台投资，但其条件相较于外资却严苛得多。以银行业为例，按规定，大陆银行可以赴台设办事处、分行、子行及参股台湾银行业，但设立办事处条件为：须全球排名前一千名、

---

① 《台湾、澎湖、金门及马祖个别关税领域服务业特定承诺表及最惠国待遇豁免表》，2001年11月7日，台湾“国贸局”：http：//cwto. trade. gov. tw/mp. asp？ mp = 1

② 台湾“陆委会”：《开放陆资来台从事事业投资政策说明》，2009年6月30日，http：//www. mac. gov. tw/big5/cnews/news980630. pdf

③ 即“台湾地区与大陆地区金融业务往来及投资许可管理办法”、“台湾地区与大陆地区保险业务往来及投资许可管理办法”及“台湾地区与大陆地区证券期货业务往来及投资许可管理办法”三项管理办法，台湾“金管会”：http：//www. fsc. gov. tw/Layout/main _ ch/index. aspx？ frame = 1，2010年5月24日查阅。

在经济合作发展组织（OECD）国家经营业务两年以上、无重大违规等。大陆银行在台设办事处满 2 年后，才能申请设立分行，而且设立分行的条件更加严格（参见表 2）。至于大陆资本参股台湾银行的开放则要另定时间。而对于外资来台设立分支机构，台湾并无上述相应的限制规定。配合“金管会”出台上述十分有限的对大陆开放政策，台湾“经济部”于 2010 年 5 月 20 日修正公布《大陆地区人民来台投资业别项目》，将大陆银行、保险及证券业赴台投资纳入正面表列，大陆金融业从此正式可以申请赴台设立办事处等。

表 2　台湾银行业对大陆开放的相关规定

大陆银行业投资台湾的途径	大陆银行业投资台湾的门槛
可设立办事处、分行、参股（分行、参股择其一）。 办事处：设立办事处一处为限。 分行：设立分行一家为限。 参股：大陆银行参股台湾单一金融机构最高持股 5%；大陆银行累计参股同一台湾金融机构最高 10%。	办事处：申请前三年无重大违规；申请前一年在全世界银行资本或资产排名前一千；已在 OECD 会员国设立分支机构并经营业务两年以上。 分行：申请前五年无重大违规；申请前一年在全世界银行资本或资产排名前两百名；在台湾设立代表处两年以上且无违规（另有约定按约定处理）；已在 OECD 会员国设立分支机构并经营业务五年以上。 参股：申请前五年无重大违规；申请前一年在全世界银行资本或资产排名前两百名；已在 OECD 会员国设立分支机构并经营业务五年以上。

资料来源：台湾“金管会”：《台湾地区与大陆地区金融业务往来及投资许可管理办法》，http：//www. fsc. gov. tw/Layout/main_ ch/index. aspx？ frame = 1

综上所述，现阶段两岸金融市场双向开放终于迈出了重要的步伐，但总体而言，这一进展艰难缓慢，并呈明显不对称状态。很显然，两岸金融下一步的互动面临着两个不同层次的课题。其一，台湾至今还没有按入世承诺向大陆开放金融市场，仍对大陆采取严重歧视政策。换言之，台湾早已对外资开放的政策，大陆业者至今不能同等适用。这意味着两岸金融往来迄今尚未实现正常化。其二，大陆虽然早就按入世承诺向台湾开放金融市场，但由于两岸关系的因素，台湾业者事实上难以充分享受公平竞争待遇。举例而言，两岸迟至 2009 年才签署金融 MOU，而台湾所谓“两岸金融三法”更迟至

2010年才修改出台，较早赴大陆市场的台湾7家银行的代表处虽因此可以升格为分行，但这些分行还要满足"开业3年以上、且2年连续盈利"的要求才能经营人民币业务。相较于早就进入大陆金融市场布局经营的外资银行，台湾银行事实上处于劣势竞争地位。这意味着两岸金融合作不仅需要正常化，还需要更紧密化安排，使双方业者能享受比外资更加优惠的待遇，即所谓"超WTO待遇"。

二、ECFA及其对两岸金融合作的意义

随着2008年台湾岛内政局发生重大改变，两岸关系，特别是两岸经贸关系加快改善与发展，两岸恢复了制度性协商，两岸直接"三通"基本现实，大陆居民赴台旅游与大陆对台投资政策实施，两岸金融合作步伐加快，两岸经贸关系正常化进程明显加快。为了适应两岸经贸关系发展的新形势，同时也为了应对全球区域经济整合加速推进的潮流，尽快签订两岸ECFA，建立有特色的两岸经济合作机制，使两岸经济往来制度化与规范化，便成为当前两岸最紧迫与最重要的议题之一。而金融服务业正是ECFA的重要议题，ECFA的签订势必对两岸金融合作产生重大影响。

（一）两岸ECFA的基本内涵

鉴于经济全球化发展的趋势及其面临的各种现实条件的约束与制约，WTO允许成员间作为最惠国待遇原则的例外签订区域贸易协议（RTA，Regional Trade Agreement），签约成员间通过相互取消关税及限制商务的法规，发展各成员间更紧密的经济关系，使得区域内进行的贸易较区域外贸易的自由化程度高，以加强自由贸易。GATT第24条及有关GATT第24条解释谅解书中关于最惠国待遇原则在关税同盟与自由贸易区的例外安排中，对RTA的基本规范为，区内须促进贸易，对区外不增加贸易障碍；对内绝大部分贸易产品（一般为90%产品）应取消关税及消除限制性的商业法规；对外不得提高关税及商业法规不得更具限制性；合理期间内（一般为10年应消除贸易障碍）应取消贸易障碍。GATS第5条中关于促进服务贸易自由化方面规定，允许成员间签订服务贸易协议，该协议应包含大多数的服务业部门，在协议生效时或合理期间内，消除现有的歧视性措施与禁止新的或更

多的歧视性措施。①

两岸签订的 ECFA 在性质上即属于符合上述 WTO 规范的 RTA。基于两岸经贸关系的实际情况，两岸采取的是大陆与东盟经济整合过程所实施的“框架协议” + “早期收获”模式。所谓“框架协议”，其内涵是规范双方经济合作的法律基础与基本框架，达成双方合作的宗旨、目标、纲要等，而具体合作内容，则由双方经后续协商进一步签订个别协议，如货物贸易协议、服务业贸易协议等来逐步达成。换言之，就是以渐进的方式推动双方的经济整合。而在“框架协议”下搭配“早期收获”安排，是指对双方最急迫且有共识的商品与服务业，先进行关税减免与市场开放，以提早实现优惠利益。②

2010 年 6 月，两岸“海协会”与“海基会”签订的 ECFA 的内容，主要包括文本和五个附件，附件分别是货物贸易早期收获计划、服务业早期收获计划、关于实施货物贸易早期收获计划的临时原产地规则、关于适用于货物贸易早期收获产品的双方保障措施、关于实施服务业早期收获计划的提供服务者定义。而文本内容除了序言及总则外，主要包括以下几部分：③

其一，对货物贸易、服务贸易与投资的规范：主要是针对今后需要继续推动的个别协议，如货物贸易协议、服务业贸易协议、投资协议等，订出协商范围与主要事项，推动的基本时间表。

其二，对“早期收获”的规范：规定双方可以在现阶段提早享有降税与服务业开放利益的项目，以及相关配套措施。

其三，对经济合作的规范：主要包括金融合作、海关合作、知识产权保护等领域。

其四，其他方面的规范：主要规定落实 ECFA 内容的相关配套安排，如机构安排、争端解决机制、例外条款等。

在服务业早期收获计划中，大陆向台湾开放 11 项，包括 8 项非金融业

---

① 邓力平，唐永红：《经济全球化、WTO 与中国特殊经济区再发展》，厦门：厦门大学出版社，2003 年，“附录三”，第 370 页，“附录六”，第 380 页。

② 邓利娟：《现阶段加快两岸金融合作进程的可能途径》，《台湾研究》，2010 年第 1 期。

③ 商务部台港澳司：《海峡两岸经济合作框架协议》文本及附件，2010 年 6 月 29 日，http://tga.mofcom.gov.cn/aarticle/e/201006/20100606995238.html

与3项金融业，金融业包括银行、保险与证券期货业；而台湾向大陆开放9个项目，其中只1项为金融业，即银行业的开放。两岸金融业相互开放的具体内容为，大陆向台湾金融业提供一系列早收待遇，其中部分已经是“超WTO待遇”，使台湾可享受比WTO成员更优惠的待遇（参见表3），而台湾仅向大陆提供1项早收待遇，不仅开放项目少，开放的幅度也仅较“两岸金融三法”中相关规定略微放宽（即大陆的银行业经许可在台湾设立代表人办事处且满1年后，可申请设立分行）。

表3 大陆方面金融服务部门的开放承诺

部门名称	具体承诺
保险及其相关服务	允许台湾保险公司经过整合或战略合并组成的集团，参照外资保险公司市场准入条件（“532”申请进入大陆市场。
银行及其他金融服务（不包括证券期货和保险）	1. 台湾的银行在大陆申请设立独资银行或分行，提出申请前应在大陆已经设立代表处1年以上； 2. 台湾的银行在大陆的营业性机构申请经营人民币业务：提出申请前在大陆开业2年以上且提出申请前1年盈利； 3. 申请经营在大陆的台资企业人民币业务：提出申请前在大陆开业1年以上且提出申请前1年盈利； 4. 台湾的银行在大陆设立的营业性机构可建立小企业金融服务专营机构； 5. 为台湾的银行申请在大陆中西部、东北部地区开设分行设立绿色通道； 6. 主管部门审查台湾的银行在大陆分行的有关盈利性资格时，采取多家分行整体考核的方式。
证券、期货及其相关服务	1. 对符合条件的台资金融机构在大陆申请合格境外机构投资者资格给予适当便利； 2. 尽快将台湾证券交易所、期货交易所列入大陆允许合格境内机构投资者投资金融衍生产品的交易所名单； 3. 简化台湾证券从业人员在大陆申请从业人员资格和取得执业资格的相关程序。

资料来源：两岸ECFA附件四，商务部网站：http://tga.mofcom.gov.cn/aarticle/e/201006/20100606995238.html

（二）ECFA的两岸特色

ECFA固然在性质上属于国际间通行的RTA，但由于两岸政治关系与经济关系的特殊性，使其必然带有自身明显的特色，而这一特色将深刻地影响今后包括两岸金融合作在内的两岸经济合作。

1. 签订协议的双方主体定位弹性务实。

大陆与台湾同属一个国家，两岸同胞是一家人，但目前两岸的政治关系仍然是“国家尚未统一的特殊情况下的政治关系”，双方的看法存在较大分歧。基于这一政治现实，两岸签订 ECFA 的主体定位就有别于一般的区域经济合作协议。国际上的 RTA 大多系国家与国家之间的协议，两岸同属一国，明显不能适用。而另一方面，两岸 ECFA 又不适宜直接比照大陆与港澳间的 CEPA，因为 CEPA 是港澳回归祖国、大陆与港澳的政治关系确定之后，在“一国两制”基础上，大陆作为国家主体与单独关税区香港、澳门之间签订的综合性自由贸易协议。从两岸现实出发，两岸应以目前双方已有的“九二共识”为基础，务实、弹性地解决两岸间的定位问题。① 两岸以“海协会”与“海基会”的框架签订 ECFA，就较好地体现了这一精神。

2. ECFA 不单纯追求经济利益。

现阶段两岸关系发展的主题是和平发展，这已是两岸的共识，也是国际社会的普遍期待。两岸签订 ECFA，建立两岸经济合作机制，是加强两岸经济交流合作的客观需要，也是构建两岸关系和平发展框架的重要内涵。因此，作为经济协议的两岸 ECFA，除了与其他区域经济协议一样，追求双方经济利益互利双赢外，还应积极发挥促进两岸和平发展的作用。在此背景下，两岸 ECFA 特别关注两岸民众的实际利益尤其是台湾民众的利益，尽量减缓因 ECFA 实施所带来的利益分配格局的改变对两岸相关弱势产业、弱势群体造成的冲击。

3. ECFA 同时推进两岸经济关系的正常化与更紧密化的安排。

现阶段两岸经济关系的特殊性突出表现在两岸经济关系尚未实现全面正常化。迄今为止，台湾没有遵循 WTO 规范，按入世时承诺对同是 WTO 成员的大陆消除贸易与投资障碍及开放市场，无论是在货物贸易方面，还是在服务贸易及投资方面，台湾对大陆都还存在诸多的限制。这一特殊性使两岸 ECFA 与一般区域经济协议主要致力于超 WTO 待遇安排、促进双方经济更紧密化不同，它要同时推进两岸经济关系的正常化与更紧密化的安排，以达到两岸经济互利双赢的目的。不过，基于现阶段两岸政经互动的格局，不论

① 邓利娟：《循序渐进建立具有两岸特色的经济合作机制》，《两岸关系》，2009 年第 3 期。

是正常化还是更紧密化安排，比较务实有效的做法应是“循序渐进、逐步进行”。

（三）ECFA 对两岸金融合作的意义

如前所述，现阶段两岸金融合作与两岸整体经济合作一样，迫切需要推进正常化与更紧密化安排以实现两岸金融的互利双赢，而两岸 ECFA 的签订将为其提供难得的历史性机遇。从较长期而言，ECFA 文本中对两岸服务业贸易协议的协商范围、主要事项及推动的时间等规范，以及之后两岸服务业贸易协议的实际协商签订，将对两岸金融合作的深化发展产生全面而深刻的影响。而从较短期而言，金融业开放议题已经纳入“早期收获”安排，两岸金融业者因此可以提早享受到市场开放的优惠利益，两岸金融交流合作步伐将会进一步加快。不过，由于两岸金融服务业早期收获清单明显不对称，现阶段两岸金融往来的不平衡性将更加被强化。值得一提的是，由于 ECFA 是以渐进的方式推动双方的经济、金融整合，其效应也将是在两岸协商、实践的过程中逐渐显现。

三、ECFA 下两岸金融合作双赢的思路

要使两岸 ECFA 真正达到促进两岸金融合作深化发展、实现两岸金融合作双赢的目标，探讨 ECFA 后续金融协商所应遵循的原则就至关重要。由于双方的利益与立场有所不同，只有根据两岸金融现状，综合考虑双方实际需求，才能有效突破目前两岸金融合作面临的瓶颈。总体而言，两岸金融合作与两岸整体经济合作一样，在本质上是互利互惠的经济行为，两岸金融往来与合作只有遵循市场经济原则及规律，才可能持续健康地向前发展。因此，两岸金融协商的首要原则应是平等互利，主要体现为符合 WTO 规范原则、双向互惠原则等。而同时，基于两岸关系的特殊性，两岸金融协商还应充分反映两岸特色，采取适度“让利”原则、循序渐进原则等。

（一）符合 WTO 规范原则

如前所述，两岸早已都是 WTO 成员，WTO 下两岸经济交往与合作自然应遵守 WTO 的法律原则和有关规定，特别是应严格遵守“最惠国待遇原则”和“国民待遇原则”。大陆自 2006 年 12 月结束 5 年过渡期后，全面履行入世时关于对外开放金融业的承诺，包括台湾在内的境外金融机构已能在

大陆承诺的基础上享有“国民待遇”。而台湾方面则是在进入市场及“国民待遇”方面对大陆金融业采取差别歧视，至今不按入世承诺向大陆开放金融市场，从而造成两岸金融往来明显不对称状态，严重制约了两岸金融互补性优势的充分发挥。因此，在 ECFA 后续金融协商时台湾当局有义务遵守 WTO 规则，改变其长期以来的对大陆经贸政策思维及做法，按照对 WTO 的承诺开放市场，给予大陆“最惠国待遇”和“国民待遇”，以体现 WTO 的公平互惠原则。

然而，在近来两岸金融实际互动中，台湾金融主管部门及主流舆论却有一种模糊事实的论述，认为台湾是以发达地区身份加入 WTO 的，其对金融市场开放的承诺标准高于大陆，如果双方根据入世时的承诺向彼此开放市场，就会形成实质不公平。因此，两岸金融“应依据‘加权对等’或‘实质对等’的原则进行协商，才能创造互利双赢的结果”。[①] 换言之，大陆金融业进入台湾市场不能比照外资权益，而要面对差别很大的歧视性待遇。但众所周知，WTO 成员的入会身份是以其经济发展程度来确定的，以 WTO 为代表的国际经济社会的通常做法是，发达经济体应较发展中经济体率先履行经贸活动自由化与更加开放市场的义务，因此，所谓两岸按入世承诺向彼此开放市场会形成实质不公平的说法是站不住脚的，真正的不公平正是台湾不履行 WTO 成员义务向大陆开放市场。事实上，台湾在对外资开放金融市场时，并无发达国家及地区与发展中国家及地区之区分，仅仅是歧视性对待大陆。

（二）双向互惠原则

长期以来，两岸金融往来严重受制于政策因素而呈现“单向、不平衡”的扭曲发展。扭转这种局面，促进互利双赢，是当前推动两岸金融关系正常化的重要任务。因此，ECFA 后续金融协商要体现“双向互惠”原则，而不应过于强调大陆对台湾的“单向优惠”，从而造成两岸金融往来不对称状态持续扩大化。基于两岸金融往来的现状，目前两岸推动金融往来“双向互惠”的内涵应首先是，台湾方面遵守 WTO 的基本法律原则与有关规定，公

---

① 台湾“金管会”：《“两岸经济协议”（ECFA）金融政策宣导工作答客问》，http：//www. fsc. gov. tw/Layout/main _ ch/index. aspx？ frame =1，2010 年 3 月 30 日更新。

平地向大陆开放金融市场，进而两岸相互提供比 WTO 协议要求更优惠的条件，使两岸金融合作更紧密化。

但是，台湾金融主管部门与岛内媒体舆论却明显存在着过度期待大陆单向“让利”的心态。他们一方面希望台湾仍然可以不按 WTO 规范，继续维持对大陆金融业进入台湾市场的歧视性限制，“两岸金融三法”设置的高门槛就是其中典型表现；而另一方面则希望大陆超越 WTO 入会承诺，向台湾提供比外资更加优惠的条件，让其享受“超 WTO 待遇”。① 很显然，这种心态不符合“平等互利”原则，无法体现合作双赢的精神。

台湾方面之所以对两岸金融开放采取不对称的立场，其主要理由之一是，两岸“金融机构的家数、资产规模，均有极大的差距，所以两岸金融市场开放相互进入的条件，必须有衡平性的考量。”② 这种论述的逻辑表面上似有一定道理，其实则不然。两个经济体之间的经济金融往来主要取决于互利互惠，两岸金融规模的差距并不能成为台湾特别限制大陆的正当理由。事实上，在台湾金融市场对外开放中，并没有对金融规模更大的美国、日本等做出特别的限制。

(三) 适度“让利”原则

如前所述，ECFA 两岸特色之一是不单纯追求经济利益，这就要求 ECFA 后续金融协商，在坚持上述平等互利这一基本原则的基础上，还应体现两岸特色，而采取适度“让利”原则便是体现两岸特色的重要内容。

所谓“让利”是指在两岸互动中一方牺牲某些权利与利益而给另一方较多的好处。目前，大陆方面对两岸 ECFA 是采取明确而具体的“让利”立场，“让利”的对象主要为台湾中小企业、基层民众特别是农民朋友，以保护相关弱势产业及弱势群体的利益。这在两岸货物贸易早期收获计划中已充分体现。在金融业方面，大陆也有适当“让利”必要，一方面，如前所述，大陆虽然早就按入世承诺向台湾开放金融市场，但由于两岸关系的因素，台湾业者事实上处于劣势竞争地位，如果大陆能提供一定超过外资的优

① 台湾“金管会”：《“两岸经济协议”（ECFA）金融政策宣导工作答客问》，http://www.fsc.gov.tw/Layout/main_ch/index.aspx?frame=1，2010 年 3 月 30 日更新。

② 台湾“金管会”：《“两岸经济协议”（ECFA）金融政策宣导工作答客问》，http://www.fsc.gov.tw/Layout/main_ch/index.aspx?frame=1，2010 年 3 月 30 日更新。

惠待遇，将有助台湾业者弥补部分流失的机会。另一方面，大陆广大台资企业具有强大而急迫的融资需求，倘若台湾金融业能够尽早进入大陆市场为其提供服务，对两岸将是互利双赢的。

然而，总体上在金融业方面大陆能对台湾“让利”的空间应是比较有限的。其中最主要的原因是，台湾的金融业并非属于需要保护的弱势产业，事实上，其发展水平与竞争力总体上还高于大陆的金融业。台湾“金管会”指出“以银行业为例，台湾的银行在外汇业务、消费金融、衍生性金融商品、财富管理等业务，不但较大陆地区银行具有竞争力，在金融创新能力及服务效率也高于大陆地区银行，加上岛内银行业已经是一个高度竞争的市场，所以开放大陆地区银行来台设立据点，对本地银行业者的冲击应属有限。”因此，在 ECFA 后续金融协商中，台湾不应对大陆的“让利”过度期待，而应更多地考虑改变两岸不对称开放的局面。此外，迄今为止，两岸金融往来呈明显不对称格局，台湾仍对大陆设有种种限制，这也极大制约了大陆对台湾“让利”的空间。

总之，大陆在 ECFA 后续金融协商中，合情合理的做法是坚持在平等互利的基础上对台湾适度“让利”。这种适度“让利”可以表现在整体两岸金融合作上的适当优惠，也可以体现为在特定区域给予台湾特别优惠。

（四）循序渐进原则

具有两岸特色的 ECFA 后续金融协商，除了应当坚持适度“让利”原则外，还应坚持“循序渐进”原则。关于这一点两岸已有较高的共识，目前需要进一步探讨的是这一原则的具体内涵。

其一，循序渐进推进两岸金融往来的正常化与更紧密化。如前所述，一般区域经济协议主要是进行超 WTO 待遇安排，促进双方经济的更紧密化，而由于两岸关系的特殊性使 ECFA 要同时推进两岸经济关系的正常化与更紧密化的安排。但在此过程中，两岸经济关系的正常化显然更加迫切，特别是台湾金融业发展较早、对外开放程度较高，更有条件加快步伐按照 WTO 入会承诺向大陆开放市场。

其二，循序渐进推进两岸金融往来的正常化。尽管两岸金融合作正常化十分必要与紧迫，市场条件也已具备，但基于现阶段台湾岛内政治现实及两岸之间互信尚不充分，仍难以一步到位。台湾方面应积极作为，创造条件，采取逐步推进、渐进加快的方式，务实有效地促进两岸金融往来的正常化。

其三，循序渐进推进两岸金融往来的更紧密化。两岸金融合作更紧密化安排在理论上应是两岸相互提供比 WTO 协议要求更优惠的条件，但实际上主要是大陆提供台湾金融业者在大陆市场享受比外资更加优惠的待遇。由于大陆金融业发展相对较晚，对外开放程度相对较低，这一安排做到“循序渐进”尤其重要。特别是大陆地域广阔，各地区发展水平不均衡，差异性很大，再加上金融业本身的敏感性与风险性问题，短期内在大陆全面实施两岸金融开放政策，事实上较为困难。比较稳妥的方式应是，采取“局部先行”策略，选择地缘关系密切、已有较好对台关系基础的区域，进行两岸金融开放政策安排的先行先试，在累积经验、条件成熟后再逐步扩大到大陆各地。

四、现阶段两岸金融合作双赢的路径

基于上述两岸金融合作的思路与原则，推动互利双赢的两岸金融交流合作的深化发展可以依循以下现实路径。

（一）双向开放，加快改变两岸金融不对称格局

大陆方面已按入世承诺向台湾开放金融市场，两岸金融双向开放的焦点在台湾方面。合情合理而又符合现实情况的做法应是，台湾在 ECFA 下分两个步骤渐进向大陆开放金融市场：

第一步：比照大陆已向台湾开放的程度，逐步对等地向大陆开放。如前所述，自 2006 年 12 月起，大陆全面履行加入 WTO 时关于对外开放银行业的承诺，外资银行可在大陆承诺的银行服务范围内、并满足大陆承诺中保留的资格条件的基础上，享有国民待遇。大陆承诺的银行服务范围是：接收公众存款和其他应付公众资金；所有类型的贷款，包括消费信贷、抵押信贷、商业交易的代理和融资；金融租赁；所有支付和汇划服务，包括信用卡、赊账卡和贷记卡、旅行支票和银行汇票（包括进出口结算）；担保和承诺；自行或代客外汇交易。而大陆承诺中保留的资格条件主要是：外资在华设立金

融机构的总资产要求、从事本币业务的资格要求等。①

台湾可以比照上述服务范围及资格条件的规范，逐步对等向大陆开放。

第二步：按照入世承诺，逐步公平地向大陆开放。前文提及，台湾入世时对其金融服务业方面的开放承诺已提前逐步落实了，而台湾入世近10年的实践证明，金融业对外开放的负面影响十分有限。因此，台湾应当放弃对大陆特别限制的做法，按照入世承诺逐步公平地向大陆开放金融市场（参见表4）。

表4　台湾入世金融业市场准入的部分承诺

（1）允许设立：商业银行、外国银行分行、银行国际金融业务分行、外汇经纪商、信用卡机构及票券金融公司；
（2）设立银行、票券金融公司以及外汇经纪商金融机构必须为股份有限公司；
（3）商业银行：除经许可者外，同一人持有同一银行之股份，不得超过其已发行股份总数之5%，且同一关系人持股总数，不得超过其已发行股份总数之15%；
（4）外国银行分行：外国银行符合业绩条件，或其资产或资本在全球银行中排名前五百名者，可在台湾申设其第一家分行；*
（5）银行国际金融业务分行：国际金融业务分行不得办理外币与新台币间之交易及汇兑业务，且不得办理直接投资公司股票及不动产业务；国际金融业务分行之客户限于非居住民及办理外汇业务之银行；
（6）信托投资公司：禁止新设；
（7）外汇经纪商：投资外汇经纪商受下列限制：单一岛内或岛外金融机构投资之股权限于10%；金融机构以外之单一岛内或岛外投资者之股权限于20%。外国货币经纪商投资不受上述限制。

资料来源：《台湾、澎湖、金门及马祖个别关税领域服务业特定承诺表及最惠国待遇豁免表》，2001年11月7日，台湾“国贸局”网站，2010年5月20日查阅。

* 业绩条件要求指外国银行于前三历年度与台湾银行及主要企业往来总额在10亿美元以上，且其中中长期授信总额需不少于1.8亿美元。

（二）局部先行，带动两岸金融合作深化发展

在大陆方面，现阶段推动两岸金融合作深化发展，除了在ECFA早期收

---

① 延红梅：《中国银行业的对外开放与监管——访中国银监会监管三部负责人》，《中国金融》，2006年第23期。

获清单内对台湾金融业提供适当优惠外，重点应是在特定区域给予台湾金融业特别优惠，以“局部先行”的策略逐步满足台湾金融业的需求。

从现实条件看，以福建为主体的海峡西岸经济区是这一特定区域的最有利选择。福建在两岸经济交流合作中具有独特的地缘优势，多年来包括金融合作在内的闽台经贸合作的发展一向具有“先行先试”显著特征，福建在两岸经济整合中明显地发挥了桥梁与纽带作用。换言之，福建及海西区所拥有的基础与条件使其在 ECFA 中所能扮演的角色能够类似广东及珠三角地区在 CEPA 中所扮演的角色。①正是基于这样的背景，2009 年 5 月国务院发布了《关于支持福建省加快建设海峡西岸经济区的若干意见》。该意见明确规定，在两岸 ECFA 下（原称两岸综合性经济合作框架），允许福建在对台交流与合作中，“采取更加灵活开放的政策，先行先试，取得经验”。②具体而言，福建对台金融交流合作的先行先试，可以比照 CEPA 中相关待遇，在市场准入与业务经营方面采取更加开放的政策。

1. 银行业

（1）进一步放宽台资银行在福建设立分支机构的条件。采取个案审批办法，同意台湾银行业不必设立代表处，而直接设立营业性机构；参考 CEPA 中相关待遇，把台湾银行业准入的总资产要求降至60 亿美元等。

（2）鼓励台资金融机构参股福建金融机构。对于台资金融机构进入福建参股地方银行，作为战略投资参股，其单一及全体比例不受限于 20% 和 25% 的规定。同时，支持符合条件的企业、个人投资者，参股投资厦门银行业机构。

（3）对进入福建的台资银行，给予放宽业务经营权限，不受从事人民币业务资格条件的限制，可直接办理人民币业务，同时，也可以办理新台币业务。

（4）对在闽设立的台资银行、台资银行分行、合资银行及财务分公司等金融机构，其企业所得税实行优惠政策。

---

① 邓利娟：《现阶段加快两岸金融合作进程的可能途径》，《台湾研究》，2010 年第 1 期。

② 《国务院关于支持福建省加快建设海峡西岸经济区的若干意见》，2009 年 5 月 14 日，（国发〔2009〕24 号），新华网：http：//news. xinhuanet. com/newscenter/2009 - 05/14/content _ 11374189. htm

（5）优先支持福建的商业银行到台湾设立分支机构。

2. 保险业

在两岸金融服务业早期收获清单中，大陆已在外资保险业市场准入条件“532”规定方面对台湾提供一定程度优惠，对福建引进台资保险公司应进一步加大优惠幅度，如放宽台资寿险业持股比例，允许其高于50%；并放宽福建台资寿险业合作对象的限制等。

3. 证券业

（1）给予有关台湾证券业准入的优惠政策，对台湾证券投资不限合资形式，或提高持股比例，不限制33%；

（2）在业务经营方面，开放台资证券商的经纪、承销、自营业务范围，可从事A股经纪及B股自营。

（三）合作共建两岸区域性金融服务中心

积极推进落实上述闽台金融交流合作先行先试的措施，不仅会起到局部先行，累积经验，进而带动整体两岸金融合作深化发展的作用，还将随着两岸金融产业的集聚，促进两岸区域性金融服务中心的形成与发展，为两岸金融合作双赢创造一个更广阔的平台与载体。事实上，国务院支持海西发展意见中已经提出建立两岸区域性金融服务中心的目标，2010年6月国务院进一步确定“厦门发挥在体制机制创新方面的试验区作用，扩大金融改革试点，建立两岸区域性金融服务中心，先行试验一些金融领域重大改革措施”。① 在此背景下，大陆方面还应在厦门及海西区循序推动两岸金融合作其他领域更加开放的措施，如，扩大两岸货币双向兑换范围；建立两岸货币清算机制；开展两岸跨境贸易人民币计价结算；推动对台离岸金融业务；设立两岸合资的产业投资、创业投资和其他各类投资基金；设立区域性股权柜台交易市场（OTC），促进多层次资本市场发展；鼓励与支持各类两岸金融中介服务机构的设立，等等。

① 《孙春兰在第二届海峡论坛大会上的致辞》，中国台湾网：http：//www.chinataiwan.org/tsfwzx/jctj/201006/t20100621_1420344.html，2010年6月21日。

兩岸經濟合作協議與台灣經濟發展

王瑋琦*

壹、前　言

美國學者 Richard K. Betts 表示，東亞有許多不滿正在惡化，比起冷戰時期，更有可能製造衝突，蓋冷戰時的兩極化，有助於壓抑地方爭議的升高。雖然，中共陸上邊界糾紛問題目前暫時緩和；但是，仍存在危險因子。自九〇年代起，中共國力的發展對亞太區域安全之影響，普遍受到世人的關注；因此，中國相關研究也成為重視之焦點。美國學者 Hans J. Morgenthau 認為從權力平衡理論的角度，任何一個國家的領導人均戮力追求其國家的優越地位，藉以立足於國際舞台；所以，其在國際上的作為，是在維護、增加或者是顯示其權力。中共自改革開放以降，歷年來平均國內生產毛額年成長率達到百分之十，中國大陸已經成為全球第一外匯存底大國、第三貿易大國與第四大經濟體，近年來眾多外國研究機構預測中國大陸未來極能超過日本、趕過美國，成為世界最大的經濟體，故中共未來超日趕美成為世界第一等強國應是指日可待的。伴隨中共國力日漸壯大，在兩岸交流互動過程中，對台政策之信心與靈活度也與日俱增。所以，台海情勢發展向來是備受注目之焦點。

在陳水扁主政期間台海兩岸安全情勢詭譎不定，時有山雨欲來風滿樓之勢，往往被世人認為在 21 世紀是極有可能爆發戰爭的地區之一。台灣在歷經二次政黨輪替後，馬英九領導的政府強調要與對岸保持和平對話，「擱置爭議」成為兩岸重新協商的基礎；此外，胡錦濤主席在十七會議中，倡議

* 作者簡介：王瑋琦，台灣樹德科技大學通識教育學院副教授。

兩岸政黨談判，協商結束敵對狀態，達成「和平協議」。而且，當前馬英九提出「不統、不獨、不武」，有助於雙方關係之改善。

儘管台灣與中國大陸關係逐漸和緩，兩岸貿易往來日趨緊密，馬英九於今年五月七日接受《華盛頓郵報》專訪時，對兩岸現狀表示，台灣不預期在短期內獲國際承認；外交上的孤立台灣可應付，經濟上的孤立卻足以致命。馬英九指出，由於各國相互簽訂自由貿易協定（FTA），貿易更為自由，相對於台灣在主要外銷市場佔有率則在下降，但ECFA洽簽後，無論是外人的資金或是台灣人的海外資金，在兩岸關係改善增強投資動機下，進入台灣的誘因將會增加，一旦大形勢改變過來，經濟會日積月累地成長，故ECFA是台灣最重要的經濟合作協議。

當前馬政府重點是針對兩岸貿易、旅遊和政府間合作保持進展。因此，馬政府已經與大陸簽訂十二項協議，包含MOU、直航和放寬陸客來台旅遊限制等，預計今年來台觀光的陸客可突破一百萬人次。是故，洽簽兩岸經濟合作協議（ECFA）是政府戮力以赴的重大目標。美國前總統甘迺迪（John F. Kennedy, 1917 －1963）曾在其總統就職演說中強調：「不要問你的國家能為你做什麼；而要問你能為你的國家做什麼。」（Ask not what your country can do for you; ask what you can do for your country）。職是之故，吾等在兩岸關係之十字路口上，深思未來兩岸關係之發展。緬懷過去、展望未來，希望提供兩岸政策之決策階層宏觀之觀察與微觀之探討，冀望對未來兩岸關係有更正面、積極之作用。

貳、台灣經濟發展的問題

台灣是一淺碟型經濟結構，內需市場狹小、自然資源較少、科技基礎薄弱，能維持適度的增長，靠的是市場的開拓。台灣經濟發展的問題，如下所示：

一、內需市場狹小：台灣經濟發展對外貿易依存度在1980年代高達95.6%，出口依存度也達47.89%。至1995年依存度雖降至81.6%，但出口貿易依存度仍有42.36%。。

二、科技基礎薄弱：台灣產業升級雖有一定的成效，但關鍵技術對外依賴性較高，如積體電路晶片產量已躍居世界前列，然電路設計這一關鍵技術仍需依靠發達國家，工業技術自主開發能力不強的基本格局未改變。

三、財政狀況不佳：20 世紀 70 年代台灣實現了收支盈餘，但 90 年代中期以後，由於採取擴張性財政政策，出現赤字。

2000 年民進黨執政後，由於國際經濟的不景氣，財政收支赤字更形惡化，依據行政院主計處的統計，每年財政赤字約在 2500 億新台幣。2005 年底政府舉債已達 3.7 萬億新台幣，2009 年底債務總額占 GNP 的比重將逼近公共債務法的上限 40%，達到 39.1%，如果加上地方政府的債務即隱藏性債務，專家估計應占 GNP 的 60% －70% 左右。在股市方面，近幾年來一直維持在 4000 －7000 點左右，由於股市低迷不振，全台股民財富縮水 1/3 甚至 1/2 左右。2000 年以來，政府採取了一系列的金融改革措施，但實際效果大打折扣。2006 年政府接管台東企銀、花蓮企銀、中華商銀，2007 年金融、電信產業、有線電視市場，外資爭相收購，台灣在全球化的趨勢下，2008 年的金融海嘯風暴加速經濟與社會板塊大變動，M 型社會儼然成型。政府面對的是如何以有限的資源解決金融風暴。總體來看，財政和金融方面的實質改善還有長遠的路要走。

四、政治的不穩定：自政黨輪替以來，台灣的政局有二大特質。

（一）藍綠二元的政治勢力對立，造成不穩定的“雙峰社會”，所謂的北藍南綠的特殊政治環境，藍綠內部仍有深淺之分，2000 年以來整個社會就陷入極端化、對立化的政治氛圍之中，中間選民只是沉默的一群。

（二）找不到共識的政治議題：

1. 憲改是民進黨凝聚綠營基本盤的選舉策略；藍營則以維持現狀為訴求。藍營的「不統、不獨、不武」與綠營的「公投」、「正名」與「台獨」，形同二條平行線，找不到交集點。

2. 兩岸政策，兩岸議題是朝野競逐的主戰場之一，民進黨政治上推動「法理台獨」與「文化台獨」；經貿上，則在「積極管理」的前提上「有效開放」，國民黨的馬英九則堅持「中華民國」與「九二共識」，反對「台獨」，提議發署「兩岸經濟協議架構」，主張「五不、五要」，贊成兩岸直航，並以“連胡會”五項願景作為兩岸關係發展的路線。

21 世紀世界經濟全球化是一個大趨勢，隨之而起的是經濟區域集團化。原因可從兩方面看，第一，全球資源短缺、生態失衡，僅靠世界自由市場配置資源，已證明有多種缺失，需要區域合作，共同協商解決問題。第二，面對占世界經濟總量 1/4 的美國與 1/10 的日本，其他國家只能以合作方式與之抗衡。

20 世紀 90 年代歐盟多數國家的政府對企業是持著嚴格的微觀管制，又有著健全的社會福利計畫，相對公平的所得分配及高稅收，凡此，影響了經濟上的國際競爭力，於是在全球工業國家組織各占一席的德、法、英、義捐棄前嫌，接受文化差異，克服重重經濟困難，改變幾百年傳統，達成統一貨幣，試圖建立歐洲共同市場推動技術和產業結構的變化。各個國家也採取一系列的政策措施，推動企業購併重組，發展高新技術，改革分配、福利制度等等，適應激烈的世界經濟競爭。此外，東南亞國協、北美經濟合作組織、拉丁美洲經濟體系，東非經濟共同體、西非經濟共同體相繼成立，目前，在世界貿易組織成員間簽署區域經濟協定的已超過 200 個，其中 130 多個是在 1995 年以後簽訂的。區域經濟的形成已是世界的大趨勢。

台灣在 2002 年 1 月加入世貿組織（WTO），但世貿組織的杜哈回合談判已經陷入僵局。台灣也是會員之一的亞太經濟合作會議（APEC）計畫實施的 APEC 自由貿易區也宣告失敗，目前雙邊自由貿易協定蔚為風潮，而台灣卻常被排除在外，與台灣簽訂雙邊自由貿易協定 FTA 的三個國家，都來自邦交國：巴拿馬、尼加拉瓜與瓜地馬拉，台灣對名稱的堅持，曾扼殺了 2002 年與新加坡簽訂 FTA 的機會，也嚇退了其他東南亞國協（ASEAN）國家。1992 年東南亞國協簽署的《東協經濟合作協定》，14 年來影響日益明顯；2007 年 1 月 14 日中國在菲律賓舉行的高峰會議，達成中國大陸與東南亞國協成員國之間的服務交易自由化，而台灣被排除在外，雖然 2006 年台灣仍是世界第 16 大貿易體。

2002 年陳水扁主持「大溪會議」，以「深耕台灣、佈局全球」的經濟戰略來因應國際上雙邊自由貿易協定（FTA）的風潮，期望與美國、日本簽署貿易協定（FTA）作為「反邊緣化」和「去中國化」戰略的切入點，然美國布希政府與日本安進三首相都無意激怒中國，我政府承認，除非美國率先簽訂，否則未來不會達成任何重大的雙邊貿易協定。以區域經濟發展的角度來看，中國大陸挾擁有龐大全球外匯儲備的優勢，與東協十加三（中國、日本、韓國）合作，即有可能造就「亞元」的誕生，為繼美元、歐元、日圓、英鎊的世界第五大貨幣，台灣如何因應此種趨勢，不被孤立，是最大的課題。

從2000年至2007年，台灣吸引的淨國際投資為負1074億美元。這不僅是台灣資金大舉淨流出，也是伴隨著台灣人才、技術與消費力的嚴重外流，結構性地侵蝕台灣的國際競爭力，造成台灣永久性與持續性的傷害。台灣是一個海洋經濟體，台灣必須融入國際經濟體系，必須運用台灣在亞太經濟體系的優勢地位永續發展台灣的經濟。然而，中國阻撓台灣參加東亞經濟整合協定，使得台灣無法利用東亞經濟整合的契機，反而要面對歧視的競爭壓力，更凸顯台灣的市場狹隘，讓台灣在吸引國際投資上陷入劣勢。

當前馬政府政策就是壯大台灣，透過產業創新條例將台灣打造成為亞太創新中心、亞太經貿樞紐，促成兩岸經濟協議讓台灣貿易更為順暢，增加外商投資，減少失業，整體布局的思考，是台海和平，降低戰爭可能性，確保台灣安全。

參、簽兩岸經濟合作協議之重要性

台灣在國際經貿市場最大的競爭對手南韓，於2009年與全球最大經濟區「歐洲聯盟」已完成自由貿易協定（FTA）的簽定，2010年「東協加一」正式運作；南韓陸續與他國簽訂FTA，日本強力倡議東亞共同體（東亞自由貿易區），凡此，著眼於經貿戰略需求考量，是其因應經濟難題主要策略之一，惟同樣的與日、韓同為貿易競爭對手的台灣則倍感壓力；因此，面對日益嚴峻之國際經貿環境挑戰，我方須秉持「危機極小化、機會極大化」之作為，積極融入各大區域經貿組織，始能化危機為轉機，再創經濟競爭力。

兩岸互補合作是由台灣提供應用經驗，結合大陸製造能力和市場，將強化雙方競爭力。兩岸若能結合雙方優勢，國際競爭力將具優勢。①

馬先生於2009年11月表示，兩岸經貿交流頻繁，為因應雙重課稅、關稅減讓以及可能的投資爭端，兩岸應簽署「ECFA」，在完整的架構下，維

---

① 《青年日報》，2009年11月7日，版2。

持交易秩序。馬執政以來，兩岸三地情況的發展，使得一些理念逐漸有實現的可能，馬政府非常重要的政策就是改善台灣對外及兩岸的關係，讓台灣有更好的發展機會。①ECFA 兩岸「經濟合作架構協議」，全名是 Economic Co-operation Framework Agreement；與 2003 年中國和香港、澳門簽訂的 CEPA「更緊密經貿關係安排」類似；然而，ECFA 是專屬於兩岸一些經濟的互相開放，只適用於兩岸，可讓相關業者，進一步享受到獨家優惠，居有利的位置，卻又不違反 WTO 的精神。②

2009 年底江丙坤指出，過去三次江陳會談已基本解決大三通的通郵與通航問題，第四次江陳會談將聚焦在深化通商相關議題。除簽署兩岸金融監理備忘錄（MOU），針對 ECFA 將積極展開對話，並希望盡早簽署。③MOU，是 Memorandum of Understanding，中文翻成「備忘錄」，雙方對於彼此該做什麼事有相互的認知，是一種表達意向的基礎文件，我方金管會過去和三十九個國家簽訂 MOU；兩岸簽署之 MOU，只是意向表示；是一種原則性的宣示，包括：資訊交流、資訊保密、金融檢查、持續聯繫等合作事項。④

由此顯見，馬政府採取加強與大陸經貿關係，作為台灣融入區域經濟的重要策略。因為當大陸經濟崛起，亞洲成為國際經濟重要區域，台灣要如何參與連結整個亞洲區域經濟，不致被邊緣化，不但是一個重大經濟議題，更直接關乎台灣的生存與發展。⑤

為強化台灣國際競爭力，馬政府的「立足台灣、兩岸分工、佈局全球」的經濟發展政策，是以大陸世界工廠之優勢與廣大新興市場之能量，成為台灣在經營國際空間上，從過去的阻力逐步成為助力。⑥

以 2008 年為例，大陸出口至台灣的貨品達新台幣九千多億元，占進口總額百分之十三，是台灣第二大進口方，這些貨品共課徵新台幣一百四十億

---

① 《青年日報》，2009 年 11 月 6 日，版 2。
② http：//tw. news. yahoo. com/article/url/d/a/091110/1/1unpi. html
③ 《青年日報》，2009 年 11 月 4 日，版 2。
④ http：//tw. news. yahoo. com/article/url/d/a/091110/1/1unpi. html
⑤ 《青年日報》，2009 年 11 月 6 日，版 2。
⑥ 《青年日報》，2009 年 11 月 6 日，版 2。

元的稅收，占全部關稅收入的百分之十七；至於台灣出口至大陸的貨品達到新台幣二兆多元，而台灣廠商繳給大陸的關稅是新台幣一千多億元。①

若兩岸簽訂 ECFA，石化、紡織、機械等產品列入關稅減讓的早期收穫項目，台灣雖然會減少三十八點八億元的關稅收入，但出口商卻相對不用支付共四百一十九億元的關稅給大陸，一來一往「少付為賺」的原則下，等於台灣賺了三百九十億元，這讓台灣出口商的降稅利益相對提高，也相對減輕關稅負擔，更能提昇出口的競爭力。②

民進黨主席蔡英文把 ECFA 當作全面的自由貿易協定，並據此認為十年內要全面開放大陸產品零關稅進口，陸委會主委賴幸媛直指此為錯誤說法。賴幸媛將 ECFA，定義為「具備世界貿易組織（WTO）精神下的特殊經濟協議」，認為 ECFA 是一個「小而必要的協議」，並不是大而全面的自由貿易協定（FTA），是具備 WTO 精神的兩岸特殊經濟協議；

從全球各國已簽署的兩百七十二個自由貿易協定而言，WTO 並未規定會員在簽完 FTA 後，一定要在十年內完全開放市場，有些國家在簽 FTA 後十年內，連百分之五十的程度都沒有達到開放。所以賴幸媛強調，蔡英文的說法是不實的訊息，未來 ECFA 出現時，台灣絕不可能全面開放大陸產品進口，這是馬政府談判的大原則。簡言之，ECFA 就是要爭取中國大陸給台灣產品免關稅待遇。免關稅讓台灣產品更具價格競爭力，出口增加，則產業蓬勃發展，人民生活就會更好。

在全球自由化受阻後，如能掌握區域自由化或雙邊自由化，就能佔有一席之地。近年來台灣的出口全球排名日趨下滑，內部因素是政府產業政策、技術發展等政策的緩不濟急，外部因素則是台灣近年難以參與區域經濟整合，貿易條件日趨惡化。2010 年起東協加一已開始運作，全球的雙邊 FTA 簽訂也是快速展開，如果台灣不能突破此困境，則台灣以外貿為主的經濟，可能將江河日下。

一、國際 FTA 現況

根據中國商務部的統計，至 2009 年全球有 266 個 FTA 運作中，2010 年

---

① 《青年日報》，2009 年 11 月 10 日，版 2。

② 《青年日報》，2009 年 11 月 10 日，版 2。

已簽與洽簽中的尚有 21 件，如 3/12 泰國與澳洲 FTA 簽定，4 月韓國與歐盟簽定。東亞國家近年積極推動簽署 FTA，運作中的 FTA 已由 2000 年的 3 個至今增加至 58 個。韓國已簽署的 FTA 計有美、印度、歐盟、東協、智利、新加坡等國家，日本所簽署的計有東協、墨西哥、智利、澳洲、韓國、印度等國家，中國大陸所簽署的包括東協、智利、紐、澳、南非等國家關稅同盟等。

目前全球涵蓋人口達 3 億以上的前三大 FTA，第一大為歐洲經濟暨貨幣同盟（EMU），人均所得為 2 萬美元以上；第二大為由美國、加拿大、墨西哥組成的北美自由貿易區（NAFTA），其中美、加兩國人均所得遠高於墨西哥；第三大為與台灣地緣位置最為接近的東協自由貿易區（AFTA），由印尼、馬來西亞、泰國、新加坡、菲律賓、汶萊、越南、寮國、緬甸、柬埔寨等十國組成。根據中國商務部的研究，歐、美等主要經濟體在其他國家或區域簽定自由貿易協定主要考量有以下主要因素：

1. 地理位置相近；
2. 產品互補；
3. 以自我為中心。

二、國際 FTA 的合作經驗利弊

玆以美、墨、東協與中國及香港、中國簽定之 CEPA 檢驗期間的利弊。

（一）美墨（NAFTA）

北美自由貿易區（NAFTA）又稱美加墨自由貿易區，於 1992 年 8 月簽定北美自由貿易協定後成立，1994 月 1 日年正式生效運作。（NAFTA）主要優惠條件是區域內 99% 的貿易產品享有 10 年的免關稅貿易、消除區域內跨邊界服務的主要管制。對墨西哥的影響效益為：

1. 墨西哥對美貿易順差逐年增加。

2. 墨西哥在簽定 NAFTA 後，1995 – 2000 年間失業率較簽訂前顯著降低，但科技泡沫即中國加入 WTO 後，失業率再呈現回昇態勢。

3. 經濟成長與海外直接投資（FDI），簽定後黃金五年，1996 – 2000 年墨西哥平均經濟成長率達 5.4%，優於同期間全球平均成長率 3.76%（IMF 統計），亦高於簽訂前的水準。海外對墨國的投資較 1990 – 2000 年期間踴躍。

（二）東協加中國

根據中國商務部的統計，2010 年 1 月起『東協 +1』將使中國與六個東協成員國（印尼、馬來西亞、泰國、新加坡、菲律賓、汶萊）之間 90% 以上的產品實現零關稅，中國對東協的平均關稅已從 9.8% 降到 0.1%，東協 6 個成員國對中國的平均關稅從 12.8% 降到 0.6%。2015 年中國與東協成員國越南、寮國、緬甸、柬埔寨之間的貿易自由化也將同樣的水平。

東協加一的效益：

1. 根據中國商務部統計，中國與東協間 雙邊貿易的往來數量由 03 年的 782 億美元大幅成長至 08 年的 2311 每元，其中中國從東協進口額由 03 年的 473 億美元大幅成長至 08 年的 1170 億美元，關稅減讓及區域貿易的合作增加，也促使東協出口至中國的競爭力加強，僅 08 年對東協進口的商品減免將近 36 億美元。

2. 初期東協對中國的貿易順差加大，但貿易協議更廣泛的實施後，東協對中國的順差開始縮小，而中國進口東協產品增速，平均優於同期間中國對全球的進口增速。

3. 東協加一開始到金融海嘯發生前，東協國家的 GDP 年增率普便高於 03 - 07 年間全球 GDP 平均增速 4.65%，同期間東協六國 FDI 流入也呈現逐年增加的情形。根據中國商務部統計中國對東協的投資從 2003 年的 2.3 億美元成長到 2008 年的 218 億美元，將近 9 倍

（三）香港 - 中國 CEPA（更緊密經貿安排）

CEPA 是中國與香港行政特區於 03/6/29 簽署，CEPA 的主要內容及主要產業在服務業部門，以其進程看分為六部曲：

第一步為逐步開放中國各城市人民旅遊；

第二步為開放專業證照取得；

第三步為開放部分服務業人員交流；

第四步為逐步開放人民幣業務及保險業務；

第五步為逐步實施貨物零關稅；

第六步開放法律、金融、建築等業進入中國市場。

自 2004 年 1 月 1 日起，香港產品（涉及電子、食品、藥品、紡織品等），符合原產地規則進入中國時，可享受零關稅優惠。03 年起至今，中國

香港就 CEPA 以簽署六份補充協議，對香港擴大服務貿易市場准入的範圍及取消了許多限制；在投資部份，香港資先可更自由的進入大陸，如 04－06 年間香港增加服務業、製造業 3 億及 48 億港幣投資；中國方面則增加了 92 億港幣投資；就業機會，香港增 3.6 萬人就業機會，中國增加 1.6 萬人就業機會，CEPA 使香港與中國經貿往來更加密切。

盱衡情勢，台灣外貿環境更處劣勢。ECFA 雖不一定可保證台灣的外貿一帆風順，惟可讓台灣突破被邊緣之困境。ECFA 的簽署不完全確保台灣與他國簽署 FTA 暢行無阻，但如果沒有 ECFA 台灣可能面臨四面楚歌之窘境。再則中國（含香港）出口額占台灣出口總數已超過 40%，因此，與中國洽簽 ECFA 應是目前東亞區域整合過程中台灣不可缺少的競爭環節。

根據中華經濟研究院的報告指出，若台灣無法參加東亞區域整合，則可能對台灣經濟有負面的衝擊，在 GDP 總量及貿易數量上將下滑，並將使台灣的貿易順差及社會福利同時減少。倘若，台灣再不能進入區域自由化或雙邊自由化的領域，台灣等於在區域或雙邊經濟版圖中就被邊緣化，等於被迫鎖國；因此，面對全球多邊貿自由化的浪潮，須戮力突破區域經濟整合的困境。往昔，台灣尋求與其他國家簽署 FTA，惟進展有限；迄今僅與巴拿馬、瓜地馬拉、尼加拉瓜、宏都拉斯、薩爾瓦多等五個中美洲國家完成簽署。但這些國家原本就是邦交國，且對台貿易額比例不及台灣貿易總額的 0.2%，而與其他國家，則履履受挫；揆厥所由，係其主要問題是中國的介入與反對。台灣的主要貿易夥伴均不是邦交國，過去台灣要洽簽 FTA 時，往往因顧忌中國的反對而裹足不前；例如，台灣和非邦交國談 FTA 進度最好的是新加坡，是在台灣的名稱問題上而拖延至今。

肆、兩岸經濟合作協議對兩岸關係之影響

一、簽兩岸經濟協議俾利兩岸經貿關係朝互利互補的方向發展

隨著全球化經濟的深化發展與中國大陸經濟力量的崛起，因此經濟制裁手段也開始成為對外交往與對付台灣的重要工具，大陸所建立或參與的區域經濟組織，包括「東協加一」、「東協加三」等，都是台灣至今無法參與的自由貿易協定，導致台灣在區域經濟的邊緣化，削弱對外貿易競爭能力與整

體經濟力量。另一方面，大陸經濟力量的壯大，台北對北京在經濟貿易的依賴亦隨著加深，此一情況不僅有利於促進雙方政治發展，一旦必要時更能成為對台獨的經濟威懾力量。

自2008年6月第一次江陳會登場正式宣告兩岸交流往來正常化以來。當前，在馬英九的兩岸政策下，台海戰爭的可能性似乎極小，現今中共的政策是以和為貴；美國學者Shelley Rigger指出，陳水扁與民進黨走台獨冒進路線是行不通的；馬英九改弦易張正進行一項實驗，是否能行尚不得而知，但帶來新的憧憬與想像空間。台灣是出口導向的經濟體，與主要貿易夥伴洽簽自由貿易協定（FTA），是維持經濟命脈重要選擇，現今美國政府樂見兩岸加強經貿合作、改善關係，美國商會認為該協議對台灣是利大於弊，且符合美國利益，美國政府與美國商會都公開表示支持。有關兩岸經濟合作架構協議（ECFA）的利弊得失，透過兩岸經濟協議，許多國際企業將會重新看到台灣的地位與價值，針對台灣內部對於兩岸經濟協議的疑慮，中國信託金控首席經濟顧問劉憶如表示「從貿易開放的角度來看，兩岸經濟協議是我們唯一的路，雖然它的確會有許多風險與困難，但過去我們都能一一克服，許多國際研究機構都看好台灣的經濟成長率為亞洲四小龍之首，我們應該要有信心」。

執政的國民黨特別重視ECFA有關弊的部分，對若干產業的衝擊，秘書長金溥聰說「利弊都要說」。對可能受衝擊的產業將量身訂做因應措施，讓受影響者受到補助以求產業升級。例如，以高科技登陸管制為例，謹慎保守為原則，「早期收獲清單」是以受東協與中國大陸自由貿易區受直接影響的產業項目為主，之後再按部就班，不會一步到位！」

台灣農民擔心ECFA開放中國農產品來台；陸委會副主委高長表示，目前大陸有八百卅幾項農產品禁止進口，2010年3月底與中國大陸協商時，雙方均達成共識不會開放；目前進口的一千四百多項農產品，不調降關稅；不涉及統獨及政治，為提升台灣經濟競爭力，兩岸經濟協議是小而必要的經濟協議。

在全球化環境變遷下，兩岸關係已從昔日緊張對峙，邁入良性互動發展之時期；為兩岸長期和平與發展，台灣方面必須採取新思維、掌握兩岸關係發展的脈動和契機，促使兩岸關係新局之開展。往昔兩岸經貿互動雖然密切，惟台商大多以大陸為製造基地的布局，在台灣政策的限制之下，台商與在台跨國企業難以充分發揮優勢；兩岸倘若能充分運用產業價值鏈之互補優勢，以台灣產業的高生產效率、優越的管理、研發與商品化能力及完整供應鏈體系，搭配中國大陸充沛的人力資源與廣大消費市場，得以提高兩岸產業在全球市場中的競爭力，進而掌握主導制定國際標準的潛力，俾有效協助台商「以大陸為市場」，積極與全球接軌；台灣經濟部次長梁國新強調，希望在 ECFA 架構下，達到產業合作的戰略考量，即協助台商把以往「以大陸為工廠」的發展方向，調整為「以大陸為市場」，與大陸進行品牌及通路的合作。① 以下將簽署 ECFA 對台灣之效應構表如下：

表一　簽署 ECFA 對台灣之效應一覽表

模擬情境	原始就業人數	情境一 維持農工管制現況已開放之農工產品自由化大陸貨品全面零關稅		情境二 維持農業部門管制且不降稅工業部門解除進口管制且自由化大陸貨品全面零關稅	
		變化率（%）	量化量（人）	變化率（%）	量化量（人）
合 計	10100720	2. 6	257286	2. 6	263100
農業（1－32）	716218	1. 7	12288	1. 7	11951
製造業（33－112）	1890890	1. 4	25961	1. 5	28105
服務業（113－161）	7493612	2. 9	219037	3. 0	223044

說明：各產業就業人數由主計處 2006 年雇用表推估而得。

資料來源：中經院 2009. 06「兩岸經濟合作架構協議之影響評估」，引自李樑堅，「ECFA 簽訂對產業造成之衝擊及影響」，載於 98 年度兩岸政策論壇（南部地區）計畫－ECFA 產業會議論文集（高雄：義守大學，2009 年 10 月），頁 31。

馬英九指出，兩岸關係逐漸和緩，與日、美及歐盟等其他國家也恢復高層的互信，未來若與中國大陸簽署「經濟合作架構協議」（ECFA）後，在國際上，大陸的阻力會減少，其他各國也會比較願意與台灣簽署經濟合作協定；如果能與中國大陸在 ECFA 有所突破，台灣與其他主要貿易國簽訂 FTA（自由貿易協定）的機會會較大，畢竟台灣的出口占 GDP 的百分之

① 《聯合報》，2009 年 12 月 7 日，版 A8。

六十四，如果這方面不能克服，對台灣未來的貿易會有非常大的負面影響。①

兩岸資金、人才、市場皆已具備，應合力在多領域上超越歐美，尤其兩岸正緊鑼密鼓在談 ECFA，兩岸不僅要相互扶植，在全球經濟從衰退振興之際，雙方都要扮演重要角色。雙英辯論後，多數台灣民眾支持簽署 ECFA；對此，大陸國台辦主任王毅在南京表示，「這是好事」；ECFA 本身對兩岸皆是好事，雙方簽署該協議，是為了最大限度實踐兩岸優勢互補，創造互利雙贏。

台灣有 40% 貿易逆差來自中國，簽訂 ECFA 也是市場選擇；既然，兩岸 ECFA 是台灣打開國際經貿空間的關鍵，面對中國崛起，如何在 ECFA 架構下為台灣未來的產業發展取得最大競爭優勢和利益，應是台灣朝野共同努力的方向。

二、簽兩岸經濟協議可讓台灣避免被「邊緣化」

由於，WTO 杜哈回合的多邊貿易談判卻陷入膠著，毫無進展。隨著多邊貿易體系的式微，區域貿易結盟與雙邊貿易協定相繼而起。至今全球已經簽了二百七十二個 FTA，2010 年一月一日起東南亞國協與中國的「東協加一」自由貿易區上路，規模僅次於歐洲聯盟與北美自由貿易區。兩年後，日本與南韓還會加入，形成「東協加三」的格局。

全球貿易互動的改變，在政治因素阻礙下，外國不願意與台灣簽署雙邊貿易協定，使得台灣在全球自由化的競爭中相對處於劣勢，致使如今台灣產品不論輸往東協、歐洲、美國、南美所須擔負的關稅，均較那些彼此簽署自由貿易協定的國家來得高。

東亞國家近年紛紛推動簽署 FTA，韓國已簽署的 FTA 計有美、印度、歐盟、東協、智利、新加坡等，日本所簽署的計有東協、墨西哥、智利、澳洲、韓國、印度等，中國大陸所簽署的同樣也包括東協、智利、紐、澳、南非關稅同盟等。面對如此情勢，台灣外貿環境更處劣勢。

在全球化的浪潮下，應該沒有經濟體會自願從全球自由化的舞台中退卻，但是由於政治因素，有些經濟體卻被全球自由化所孤立。從二 2000 年

① 《青年日報》，2009 年 12 月 21 日，版 1。

到2008年，亞太地區簽了五六個自由貿易協定，只有兩個經濟體不在其中，一個是北韓，一個是台灣。北韓是自願選擇鎖國，台灣則是被迫鎖國。其原因是中國大陸的因素，這也是地緣經濟與地緣政治的必然。誠如，經濟部政務次長林聖忠表示，目前兩岸都是世界貿易組織（WTO）會員國，但在經貿上仍有眾多限制，基於中國大陸是台灣目前最主要的出口對象，出口至大陸的產品平均要徵百分之九的關稅，如果不能和主要貿易對象簽訂自由貿易協定（FTA），台灣產品出口價格勢必較高，無法與中國大陸內需產業競爭，再加上中國大陸與東協已大幅排除非關稅貿易障礙，台灣產品的競爭力勢必較為弱勢。

誠如，台灣經濟部政務次長林聖忠指出，台灣與中國大陸簽署「兩岸經濟合作架構協議（ECFA）」有其必要，在全球貿易自由化趨勢下，簽署兩岸經濟協議除可降低關稅、減少非關稅貿易障礙外，並能避免台灣在亞太經濟區域整合的過程中被「邊緣化」，進而吸引跨國企業來台投資的意願，解決投資與勞工就業的基本問題。

三、兩岸完成經濟協議，有利台灣未來與他國進行貿易談判

馬英九曾對外籍駐台媒體說明，當台灣與主要貿易夥伴洽簽FTA時，「對方建議我們先去跟中國簽，他們要先觀察中國的行動!」故兩岸簽署協議後，有助於我和他國簽署自由貿易協定。馬英九指出，他親自帶領自由貿易協定（FTA）小組，主導與各國洽簽FTA；基於兩岸關係趨於和緩，因此簽署ECFA有助台灣與其他國家簽署自由貿易協定，並能促進區域和平，同時呼籲中國大陸不要阻撓。中國國台辦主任王毅表示，台灣與其他國家簽署FTA，「對大家都有好處」。由此觀之，台灣與其他國家積極推動自由貿易協定的簽定，中國表達正面態度，這對台灣未來與他國簽訂FTA的談判籌碼更為有利，並或可加強與其他國家的簽署進程。中國在兩岸關係的發展上，願意釋出更多善意，在「外交休兵」、台灣獲邀出席世界衛生組織年會、兩岸加強交流及簽署ECFA之後，中國還能放手不再干擾台灣對外簽署FTA的努力。

當前亞洲區域經濟整合，較成功的模式是「東協加N」的模式，也就是東協加一、加三或加六，其重點是東協為軸心。如果台灣只和中國大陸簽ECFA，而無法和其他國家簽FTA，則無疑台灣會被中國大陸經濟統合而邊

緣化。然而，台灣的被邊緣化，不利於亞洲地區的安全與穩定，也不符合美、日的國家利益。如只有中國與台灣簽訂 ECFA，對中國大陸無疑如虎添翼，而東協恐有淪為邊陲之虞，故東協為本身利益和亞洲整體的利益，也需要與台灣簽 FTA。

基於前述，兩岸 ECFA 應該可帶來其他國家和台灣簽 FTA。如果台灣只能和中國大陸簽 ECFA，其結果是美、日和東協應不會坐視 ECFA 後台灣的被邊緣化，而會和台灣簽 FTA。

四、簽訂 ECFA 有助穩定兩岸關係，並符合美國利益

台灣是出口導向的經濟體，與主要貿易夥伴洽簽自由貿易協定（FTA），是維持經濟命脈重要選擇，現今美國政府樂見兩岸加強經貿合作、改善關係，美國商會認為該協議對台灣是利大於弊，且符合美國利益，美國政府與美國商會都公開表示支持。美國政府對兩岸簽署該協議一直抱持樂觀其成的態度，如美國在台協會（AIT）台北辦事處處長司徒文也曾表示，AIT 歡迎台海兩岸更緊密的經濟合作，如此才可便利商業合作、促進安全。因為美國知道，兩岸關係改善、兩岸經貿關係的拓展與制度化，有助亞太局勢的穩定。美國與大陸都是台灣主要的貿易夥伴，台灣會努力拓展與美國與大陸的貿易關係，因為台灣與大陸改善經貿關係，將有助台海穩定，符合美國利益。

美國在台協會前任理事主席卜睿哲在出版的《台灣的未來：如何解開兩岸的爭端》中文版序言強調，馬英九自 2008 年就職以來的作法，正是創造台海穩定秩序的努力；他說，單是追求穩定，在民主的台灣已經夠難，但如果能做到，穩定不僅符合兩岸雙方的利益，也符合美國的利益。

五、台灣的弱勢產業與族群可能遭受的衝擊

依據中華經濟研究院的報告（其研究報告是假設貿易全面自由化、農工產品關稅全降下），受損產業為部份電機及電子產業、蔬菜及水果、運輸工具、木材製品、成衣、其他。

台灣經濟部次長林聖忠指出，目前台灣與中國大陸已進行數次兩岸經濟協議的正式協商，並探討台灣「早期收穫清單」，確認中國大陸農產品進口項目不會增加，對台灣傳統弱勢產業和大陸勞工來台等問題，已有共識，即兩岸經濟協議不涉及勞工議題。

林聖忠強調，兩岸經濟協議是增進雙方的經貿與投資實質關係的開始，也是加入亞太區域經濟整合的第一步，為因應自由貿易帶來的衝擊，經濟部依個別產業特性及遭遇問題啟動十年九百五十億元的配套措施，分別進行「振興輔導」、「體質調整」、「損害救濟」等協助，台灣加入世界貿易組織（WTO）時，針對農業編列了一千億元預算，期能將產業傷害降到最低。

ECFA 決不是萬靈丹，哪些產業要開放、哪些要保護，都需要相當的磋商過程，簽了也不見得保證讓貿易突飛猛進，但在自由貿易區塊紛紛成形的時代，沒有它，可能會失去很多機會。因此，台灣如果不能盡快尋求進入自由貿易集團的管道，很可能會在全球競爭中落入邊緣地位。

兩岸簽署 ECFA 固然有助貨品、資金、技術的流通，台灣人民期望台灣在改善兩岸關係後，能進一步加強國際化，而不是被吸納到中國經濟體系裡，逐漸失去自主性，離國際社會也愈來愈遠，增加人民的不安全感。如果政府能與其他國家簽署 FTA，當然有助於開拓更多貿易商機，此外還可以產生平衡效果，一方面降低對中國市場的依賴，一方面也化解民眾的不安。

六、兩岸經濟協議不會損害台灣主權

對於民進黨主席蔡英文以香港和大陸簽 CEPA（大陸與香港更緊密經貿安排）有許多後遺症為例，馬英九回應說，ECFA 不是 CEPA，不會有任何「一個中國」、「一國兩制」、「和平統一」等政治語言，台灣不是港澳；ECFA 是單純的經濟協議，與統獨無關。

面對在野黨、地下電台與部分團體聲稱，簽訂 ECFA 台灣會喪失主權，高長指出，過去和大陸簽訂十二項協議「有喪失主權嗎?」高長說，喪失主權說是恐嚇民眾、不負責任的說法；有人擔心和大陸簽訂 ECFA，台灣「會被大陸吃掉」，高長表示歐盟會員國使用一種貨幣歐元，相當於經濟上是同一國家，但政治上仍是各自存在的國家，沒有被吃掉的問題，台灣和大陸經濟上合作經濟效益會提升，政治上沒有被吃掉的疑慮。

伍、兩岸經濟合作協議簽訂後台灣應有之經貿戰略

現實主義的論點而言，任何國家為維護、增加或顯示本國的權力，必須

有近、中、長程的國家戰略或計畫，俾資肆應未來國際局勢的發展。戰略是一個選擇的問題（problem of choice），如欲擬訂為明天設計的戰略（Strategy for Tomorrow），必須對未來作求全求善的選擇與判斷。美國學者柯林思（John M. Collins）指出，戰略係在所有環境之下，運用國家權力，透過威脅、武力、間接壓力、外交與其他手段控制對手，以達到國家安全利益和目標的藝術和科學。① 美國學者杭廷頓（Samuel P. Huntington）認為，國家戰略係一個國家對於生存及發展的競爭者，規劃設計國內及外交政策，以達成國家目標；任何成功的國家戰略規劃都必須結合經濟、政治和軍事等方面。另一學者 Golbery C. Silva 認為國家安全在政府的掌握與指導下，應至少包含四大戰略，即政治戰略（Political Strategy）、經濟戰略（Economic Strategy）、心理戰略（Psychological Strategy）與軍事戰略（Military Strategy）。兩岸經濟合作協議簽訂後台灣應有如下之經貿戰略：

一、台灣與他國 FTA 與兩岸 ECFA，須同時進行相輔相成

對美國而言，台灣擴大與大陸經貿，將使台灣經濟更多元，有益區域和平、穩定、繁榮，所以符合美國的外交政策。因此美國應協助台灣朝此方向努力，且「第一步是與台灣簽署自由貿易協定」，如此可號召其他國家倣效。兩岸磋商 EAFA，目的之一是讓台灣能與東協各國簽訂協議，以確保台灣在東協各國市場利益；但這點還要看兩岸關係如何。因此台灣應爭取其他選項，特別是著眼於快速成長的經濟體如印度，印度科技可能不需要台灣，但服務業能提供台灣大量投資機會。像十五年前的大陸，印度可能有十年榮景，每年經濟成長率達 12%、13%，對台灣而言，機會無限。

台灣企業與外商企業建議台灣要簽訂經濟整合協定的優先對象是中國，其次才是美國、歐盟、東南亞與日本。換言之，台灣如要藉由中國的市場，較易達到「台灣全球化」之目標；「中國化」與「全球化」是相輔相成，而不是互斥與對立。

同時，台灣要活用中國市場與生產資源，以提升台灣在全球經濟競爭的優勢與促進台灣經濟發展的全球化。但在策略上，台灣應該交互利用美國與中國之政治槓桿，同時完成台美與兩岸經濟整合協定，以維護台灣的經濟自

① 《青年日報》，2009 年 11 月 6 日，版 2。

主性與克服中國障礙因素，進而再與主要經貿伙伴建構經濟整合體制。這樣才能極大化台灣的區域經濟整合效益。

今年起東協加一已經開始進行，全球的雙邊 FTA 更是快速成長，當務之急，借鏡南韓的發展策略，加強與歐美日先進國家的經貿關係，積極洽簽 FTA，以取得新的商品生產技術，以及品牌與行銷管道，同時增進我對外經貿關係。

經濟是台灣發展的命脈，而國際化是台灣經濟發展的最高指導原則。在全球化和區域經濟化下，和其他國家特別是東亞地區國家簽自由貿易協定（FTA），對台灣有利。國民黨欲利用由中國而走向世界；民進黨則主張先由世界再走向中國。目前和台灣已簽署的 FTA 僅中、南美洲巴拿馬、瓜地馬拉等五個國家，佔台灣對外貿易只有百分之 0.18。所謂由世界走向中國的策略顯然受到極大限制，其關鍵在中國。2002 年 6 月，中國外經貿部長表示：「凡是跟中國建交的國家，同台灣展開經貿關係，一定要遵行一個中國的原則。這些國家如果跟台灣當局簽訂自由貿易協定，必然會給他們帶來政治麻煩。」因此，兩岸簽署 ECFA，能否使台灣也能和其他國家簽 FTA，是台灣朝野爭辯的癥結所在，也是支持與反對 ECFA 主要理由。事實上其他國家要不要和台灣簽 FTA，主控權在他方，不在台灣。馬英九在 4 月的政策辯論會上宣布將親自加速推動台灣洽簽 FTA，並呼籲大陸「不要阻撓台灣洽簽」。

施顏祥表示，在洽談兩岸經濟協議的同時，經濟部也與其他主要貿易對手國進行洽簽 FTA 工作。根據目前我方與很多國家接觸的經驗來看，各國都分別透露，只要兩岸情勢和緩，極有可能與台灣完成 FTA 簽署。也就是說，如果兩岸完成簽署兩岸經濟協議，未來幾年內，一定會完成與其他國家簽署 FTA。

二、台灣須借由 ECFA 以提昇台商競爭力，以求布局全球

我方的競爭力在鄰近國家地區中，迄今仍在新加坡、日本及香港之後，其他國家則是窮追不捨，國際激烈的競爭環境，又處於十倍速的時代，進步緩慢者均會被進步快者超越淘汰，遑論後退或原地踏步者。華府智庫「傳統基金會」政策研究報告指出，台灣經濟出路之一，在於擴大與中國大陸

的合作，惟已晚十五年。於今之計，除兩岸間的 ECFA 外，台灣也不妨放眼印度，同時美國也應與台灣簽署自由貿易協定。①

美國傳統基金會研究員 Derek Scissors 曾指出，二十世紀八〇年代，中國迫切需要台商這樣的中介與世界接軌；兩岸經貿自由化若在十五年前就開始，台灣獲益將十分巨大；如今兩岸更加開放當然值得追求，同時台灣也需要其他改革，視野也應超越兩岸。② 因為，中國很快就成為全球第二大經濟體，甚至再一代，就成為全球最大經濟體；而且，中國成功走向全球化，將使台商機會愈來愈少。③

馬英九希望把台灣打造成全球創新中心、區域的經貿樞紐，台商的營運總部，及外資的區域總部，「全球創新中心已逐步落實，《產業創新條例》就是一個重要的步驟；但成為區域經貿樞紐，簽 ECFA 是重要一環!」。ECFA 的簽署也並不保證台灣從此與他國簽署 FTA 開了綠燈，但是沒有 ECFA 可能連開綠燈的開關都找不到。簡言之，ECFA 只是台灣經濟自我拯救的一個開始。

ECFA 可使台灣成為外商布局中國大陸的捷徑外，促進台灣中小企業與日本等先進國家的商機，藉由技術合作或策略聯盟等方式，融合雙方優勢，提昇台灣產業在中國大陸與印度等新興市場的競爭力，創造雙贏利基。

馬表示，過去十年外商來台投資很少，薪資降低，失業率上升，必須簽訂 ECFA，才能對大陸的外銷增加，亦可增加就業機會；馬親自領軍自由貿易小組，以拓展對其他國家的自由貿易協定（FTA），政府會強力推動，以此布局全球。

三、台灣政府須補助輔導弱勢產業、協助產業升級

馬表示，兩岸經濟協議簽訂後，除了台灣對大陸外銷以及就業機會將增加外，更重要的是在台灣的外資均普遍表示，如果簽了後他們願意加碼，其他外商也將會來台投資，屆時台灣將成為亞太經貿樞紐，因為在台灣投資有

① 《中國時報》，2009 年 11 月 11 日，版 A12。
② 《中國時報》，2009 年 11 月 11 日，版 A12。
③ 《中國時報》，2009 年 11 月 11 日，版 A12。

助於這些廠商將產品外銷到世界第二大的外銷市場中國大陸，這都可以幫助就業。據中華經濟研究院估計，如果全面實施之後，將會增加就業人口二十六萬人。馬並指出，如果未來有廉價商品進到台灣，島內可能會有一些競爭力較不夠的產品受到影響；對此，勞委會已做了完整研究，約有十七項產業，八萬名勞工受到衝擊，這八萬名勞工不是失業，而是薪資或福利會受到影響；經濟部也編列了十年九百五十億元預算保護可能受到影響的勞工，其中勞委會就有三百六十五億元，希望把衝擊降到最小，因此，整體而言絕對是利大於弊，這也是政府拚經濟、拚就業很重要的一環。

馬指出，我們仍要努力增加外商在台加碼投資，據調查，一千多家外商表示，如果未簽訂兩岸經濟協議，大概有百分之二十幾的外商將離開或者不會選擇加碼，但是一旦簽訂，會有百分之三十幾願意加碼，這也是改善台灣情況重要的一步。李桐豪也說，貿易開放和自由化是台灣在世界生存的機會，兩岸經濟協議更是基本要件。他並以台灣加入 WTO 後的農業為例，政府過去三年每年都要花費一百二十億元幫助農民，民國一百年還要編更多相關預算，因為台灣的產業結構已改變，不簽兩岸經濟協議，並不代表產業不會受到衝擊，問題癥結在於政府有無能力處理開放過程中受到傷害的產業。

馬積極推動 ECFA，但稱 ECFA 的自由化程度及時程完全視兩岸談判而定；不一定要達到 90%，也不必在十年內完成，有其他 FTA 為例。墨西哥的低自由化是北美自由貿易協定生效當年的數據，過度期後墨西哥對美、加貿易高度自由化。大陸與巴基斯坦亦然，雙方協議在第二階段使不低於 90% 的貿易自由化。日本將農業排除於自由化外，但與新加坡的雙邊農業貿易不及總貿易量的 2%；以貿易量計，其自由化比例仍高於 90%。

四、台灣需要安內攘外的雙軌經濟戰略

2005 年以來台灣在多項競爭中已為韓國擊敗，21 世紀不同於 20 世紀，大陸儼然成為亞洲地區的「大哥」（此為菲律賓總統艾若育的說法）。① 台灣以降低關稅、移除貿易障礙因應，並無法改善台灣被排除在東協之外的

① Playing the other woman, The Economist Jan. 18th, 2007.

命運，多年來的堅持，可能很快為印度、巴西、韓國取代；在區域經濟的競爭中，運用與大陸文化差異不大，且同文同種的優勢，應有機會再度昂首。

目前，台灣正處於又一次重要轉型期，本身亟待解決的問題有產業空洞化；及由工業化社會向後工業化社會轉變，服務業正面臨著拓展外需市場和強化國際競爭力的壓力。若從區域經濟角度看，又面臨在國際產業分工中的重新定位，以及如何避免在區域經濟發展中被邊緣化的問題。

若台灣朝野有共識，願在低度的經濟成長狀況下，致力追求民衆快樂指數，如不丹，閉關鎖國無損人民的快樂，上述的現象，將不成為台灣的經濟、社會問題；但若欲追求有若丹麥水平的快樂指數，則順應亞洲區域經濟發展的趨勢，是台灣理性的選擇。因此，台灣需要有以下的雙軌戰略。

（一）為避免產業空洞化和競爭力下降，成為亞洲區域經濟發展中的成員是必要的條件。2003 年 10 月 7 日中國國務院總理溫家寶和日本首相小泉以及韓國總統盧武鉉在巴里島舉行中日韓領導人第五次會談時，研擬建立中日韓自由貿易區問題；此外中國預定在 2010 年簽署中國 – 東協經濟合作框架協議。不可諱言的，任何經濟體都不能忽視中國的市場。在中國大陸積極的介入東北亞與東南亞的經濟行為之下，如何成為東亞區域自由貿易協定的成員，為當務之急，基於九二共識的原則，台灣應有積極發揮協商的空間。

（二）善用兩岸經濟關係的特殊形式，即“官方授權、委託或默許、民間代理”式的制度安排，建立共同經濟圈。

1992 年，兩岸在新加坡「辜汪會談」達成了所謂的「一中各自表述」原則，並各自成立了「海峽交流基金會」和「海峽兩岸交流協會」的民間社團，授權這兩個協會處理兩岸各項交流的相關事宜，如文書認證及溝通協商兩岸交流中的各種問題。這是一種官方以民間身分接觸的協商機制。1994 年中國公佈《台商投資保障條例》，本可在此條例基礎上，兩岸為台商建立投資保障協定，維護我台商在中國投資的權益，對台商根留台灣或台灣經濟穩定發展都有相當的貢獻。

目前仍在進行中的還有官方授權（或委託）及參與的民間專業團體協

商機制。自2002年始，為協商春節兩岸客運包機事宜，兩岸專業團體航空協會在澳門舉行商談，其中兩岸有關政府官員以顧問身分參與商談，此模式稱為“澳門模式”，官方退居後台，直接參與程度降低。

第三種是官方默許的民間行業性交流商談機制。自1990年始台灣工業總會、電機電器行業公會等行業團體多次到中國與相關機構商談促進台商大陸投資事宜；兩岸金融學會以召開了五屆金融合作論壇，討論兩岸金融合作的政策性和業務性問題。就以兩岸金融業的互動實例，足以證明此管道對兩岸經貿交流的作用是直得肯定的。

陸、結　語

近十年來兩岸關係低迷，對峙到爆發決裂的邊緣，如何建構一個和平、穩定的關係，是未來兩岸領導必須面臨的重大且不可迴避的議題。為了避免台海兩岸兵戎相見，爆發不可收拾的戰爭，及降低兩岸對峙的氣氛，溝通、談判取代對抗是可運用的途徑；藉由促進兩岸進一步交流、對談，共謀和平。

曾任台灣行政院經濟建設委員會主委的陳添枝表示，兩岸經濟協議是台灣走向世界的第一步，貿易開放對台灣有利，但政府也必須建立相關風險管理能力與機制；儘管過去台灣開創舉世稱羨的經濟奇蹟，但面臨中國大陸崛起，美國、日本都在改變以往的經營模式，台灣不可能置身事外；尤其我方對大陸出口持續成長，但大陸市佔率卻下滑，我方一定要改變。馬強調，經濟策略是要讓台灣更國際化，不能只仰賴兩岸關係，正在進行的台美貿易暨投資架構協定（TIFA），待技術性問題解決後就可重啟談判；不是要跟所有的國家都簽FTA，即使雙邊貿易關係密切，也要考慮產業結構。

我方與中國大陸簽署ECFA影響至關重要，在全球貿易自由化趨勢下，簽署兩岸經濟協議除可降低關稅、減少非關稅貿易障礙外，並避免台灣在亞太經濟區域整合的過程中被邊緣化，進而吸引跨國企業來台投資的意願，解決投資與勞工就業的基本問題；亦有助於雙方關係之改善。

兩岸關係自馬英九主政後，兩岸兩會聯繫及互動逐步恢復，隨後兩岸制度化協商與溝通管道的重新啟動正常運作，也重啟兩岸互信；當前，兩岸關係的改善已呈展現出和平與穩定繁榮之契機，並獲得國際間多數國家之肯定。事實上，第一次至第四次江陳會所簽署之協議，是兩岸在「九二共識」基礎上，擱置爭議，依循「先經濟、後政治，先易後難，循序漸進」的步驟和協商原則之運作模式的成果。這些協議都是馬英九競選期間之政見與主張之「優先協商議題」；對大陸而言，積極回應馬政府的主張，具有落實2006年3月20日「胡四點」有關「貫徹寄希望於台灣人民的方針絕不改變」，以及「只要是對台灣同胞有利的事情，都會盡最大努力去做，並且一定努力做好。」等最高指導方針的意涵。① 誠如，大陸海協會會長陳雲林也強調，兩岸過去兩年達成九項協議與一項共識，證明兩岸和平發展已是大勢所趨，無人可扭轉，目前兩岸協議能否為兩岸民眾帶來實質利益，已成為人民接受的唯一標準。

参考文献

1. Richard K. Betts, Enemies of Intelligence: Knowledge and Power in American National Security (New York: Columbia University Press, 2007), pp. 15 – 30.

2. Chong – pin Lin, "Chinese Military Modernization: Perceptions, Progress, and Prospects," Security Studies, Vol. 3, No. 4 (Summer 1994), pp. 718 – 735; Allen S. Whiting, "Chinese Nationalism and Foreign Policy After Deng," The China Quarterly, No. 142 (June 1995), pp. 295 – 316.

3. Joseph S. Nye, "China's Re-emergence and the Future of the Asia – Pacific," Survival, Vol. 39, No. 4 (1997/1998), pp. 65 – 70.

4. Hans J. Morgenthau, Politics Among Nations (New York: Alfred A. Knopf, Inc., 1956), pp. 35 – 36.

5. 溫英幹，台灣經濟發展導論。

6. 2006 台海局勢研究報告，頁 173。

7. 韓太平，《國際經濟關係政治化對我國外交的影響》，平原大學學報，第 24 卷，第 2 期，2007 年 4 月，頁 46。

8. 陳欣之，《中共主導整合，台灣更邊緣化》，聯合報，2005 年 12 月 12 日，版 16。

9. 有關台灣方面的損失分析，可參閱林祖嘉，《東亞經濟整合對台灣經濟發展的影響與衝擊》，兩岸共同市場基金會通訊，第 13 卷，2006 年 3 月，頁 15 – 20。

10. 劉長欣、李鴻顯、姜春潔，《台灣：問題及對策》，石油大學學報（社會科學版），第 21 卷，第 6 期（2005 年 12 月），頁 56。

① 《中國時報》，2009 年 12 月 23 日，版 A14。

11. 鈕先鍾《二十一世紀的戰略前瞻》台北：麥田出版社，1999 年，頁 5。
12. John M. Collins, Grand Strategy (Annapolis, Maryland: United States Naval Institute Press, 1973), p. 14.
13. Richard F. Ellings and Dward A. Olsen, "A New Pacific Profile", Foreign Policy, No. 89 (Winter 1992/1993), p. 125.
14. H. M. Maria, State and Oppositi on in Military Brazil (Austin: University of Texas Press, 1985), p. 21.

ECFA对台湾农业的影响探析

赵玉榕*

两岸经济合作框架协议的商谈已取得显著进展，在大部分问题上达成了共识，综合利弊，签订这样一个框架协议，给台湾带来的好处已经毋庸置疑，但同时，也不免会在一定时期内对某些产业和社会群体造成一些影响。其中农业是分歧最大的领域之一。那么两岸签订ECFA究竟会给台湾农业带来怎样的影响？是利还是弊？客观、理性看待这一问题，将有助于使协议双方实现利益最大化和代价最小化。

一、岛内各方对台湾农业受ECFA影响的反应

商签ECFA，标志着两岸关系率先在经贸关系上有了制度性突破，这将为日后两岸关系的全面发展奠定了重要的基础，更将大大推动两岸各自经济增长和两岸关系的长远和平发展。因此，商签ECFA一直就是两岸民众普遍关注的重要问题，也始终得到了台湾主流民意的欢迎和支持。签订这样一个框架协议，不免会对两岸各自的某些产业和社会群体，在一定时期内造成一些影响，由此引起部分台湾民众的担心和忧虑，引发一些不同的意见和看法，ECFA与农业，即ECFA究竟将给台湾农业带来什么样的影响，众说纷纭。同时由于民进党对两岸签署ECFA持反对态度，使得ECFA这一互利双赢的经济合作议题蒙上了政治色彩，更使ECFA与台湾农业的话题在岛内不断升温。

第四次两会领导人会谈以来，受到两岸民众尤其是台湾工商界人士普遍期盼的“两岸经济合作框架协议”终于有了明确的推进时间表，两岸两会

* 作者简介：赵玉榕，厦门大学台湾经济研究中心副教授。

在北京就 ECFA 议题举行了多次商谈，考虑到 ECFA 可能冲击台湾农业和弱势产业，大陆政府按照平等协商、互利双赢和彼此照顾对方的三项原则，在商签协议时充分考虑两岸经济规模和市场条件的不同，关心台湾中小企业和广大基层民众的利益，尽量降低或避免对台湾弱势产业、中小企业、基层民众的负面影响，提出五点保证：大陆降税产品的金额与出口将少于或低于台湾，降税产品惠及台湾中小企业和基层民众，不影响台湾弱势产业，不要求大陆农产品输往台湾，无意对台湾实施劳务出口。特别要照顾台湾农民的利益，让利给台湾。体现大陆的一贯立场，充分表现了大陆的善意，同时也展现了大陆力促两岸签署 ECFA，建立具有两岸特色的经济合作机制的诚意和决心。

台湾岛内各方在 ECFA 究竟将给台湾农业带来什么影响问题的看法上有着明显的分歧。

表示担忧的一方认为：台湾初级农产品成本高，没有竞争优势，一旦开放大陆农产品进口，台湾本地的农产品市场将受到冲击，进而影响台湾农民的生存。尽管还有 381 项大陆的农产品被管制进入台湾，但不保证原来已经开放的项目不会扩大进口，而且一旦签署 ECFA，之后的十年内也将有至少 90% 的商品要达到零关税，低成本的大陆农产品会对岛内市场造成冲击，进而导致农村失业人口激增，对岛内“三农”造成不利影响，并且将加大台湾对大陆的依赖性。

持肯定意见的一方认为：ECFA 对岛内农产加工业者及农民而言，“并非世界末日”，认为 ECFA 会增加大陆农产品进口，严重打击台湾农业“实为谬误之看法”，如果不签 ECFA，“台湾未来一定会受到损害”，“大陆的农产品，短期间并不会大举入侵，也不可能取代台湾本土之农产品”，反之至少在 ECFA 签订之后的数年之内，台湾农产品的外销大陆都会有很大的空间，茶叶、兰花、凤梨等农特产品可望大幅减免关税，为台湾的出口农产品带来稳定和庞大的市场空间，“对农民绝对有利”。加入 ECFA 对台湾农业有挑战，也是机遇，应该“做好准备来迎接机遇与挑战”，农业受冲击难以避免，关键要靠“政府”来化解，出台对弱势产业进行适当补助的配套政策，而不应该“划地自限”，在全球一体化的背景之下，台湾农业的“最佳策略是升级而非单纯的保护”。

ECFA 是马英九选举时两岸经济合作的重要政见和政治承诺，不会因为有不同的声音而放弃他的政治主张。针对民进党和岛内各阶层对 ECFA 将给台湾农业带来何种影响的不同看法，当局分别作出了有针对性的反应。马英九说，产销失衡是当前台湾农业发展瓶颈的关键所在，大陆与东盟签定全面经济合作架构协议后，今年起东南亚各国销往大陆的农产品完全免关税，台湾如果不签两岸经济协议，就必需要负担百分之九的关税，台湾农产品将失去行销大陆的竞争力；台湾行政部门研拟了对 ECFA 协商的策略，并通过舆论加强宣导，寻求共识；"陆委会"主委赖幸媛称签 ECFA 时将会坚持"四保"，就是"保就业、保出口、保台商、保传产"，同时也会坚持"三不"，"不矮化主权、不开放大陆劳工、不扩大农产品进口"，许诺台湾将继续管制 830 项大陆农产品进口,① 即使未来与中国大陆协商两岸经济合作架构协议（ECFA）时，也"一定会把关"，不会再增加开放中国大陆农产品进口项目；台湾农政部门联合有关学术机构进行研讨，并派员到各乡镇农会举行 ECFA 宣讲会，打消农民的顾虑。

ECFA 是两岸经济合作框架协议，目的是促进两岸经济全面、深入合作。民进党为反马争权，将 ECFA 炒作成了政治议题，煽动中南部农民反对 ECFA，制造一些假议题，说签署 ECFA 之后，"大陆的农产品会大举进入台湾，台湾农产品卖不动了，农民没有饭吃"，声称"若中国农产品开放，粗估稻作、杂粮、特用作物、蔬菜和果树等五项产业将造成至少 29 万农民失业，减少产值 100 亿元"，并以此作为话题，在岛内媒体、"立法院"等各种场合发声，并策划采用"公投"、游行的手法，搞"街头运动"，将签署 ECFA 对台湾农业的负面影响扩大化，造成台湾农民对于 ECFA 的抵触和抗议。

二、ECFA 对台湾农业的影响

台湾的市场有限，农业的发展历来是靠对外贸易来带动的，从短期来

① 目前台湾管制中国大陆 831 项农产品进口的主要项目包括稻米、花生、大蒜、红豆、东方梨、香蕉、芒果、菠萝等关税配额产品，以及大宗产品如茶叶、甘蓝、白菜、马铃薯、洋葱、热带水果、花卉、畜产品、吴郭鱼、牡蛎等主要初级生鲜及加工产品。

看，可能对台湾岛内农产品市场造成一些冲击，在一定程度上将加剧两岸农产品在国际市场上的竞争态势，但从发展的眼光来看，台湾可以从双方市场的开放中获取更大的好处，台湾水果、蔬菜和水产品等出口的市场份额将进一步扩大，也是调整台湾产业结构、有效提升台湾的产业竞争力，实现可持续发展的良机。

（一）负面影响

1. 大陆农产品具有价格方面的优势，可能对台湾岛内农产品市场造成冲击。

两岸农产品相对世界平均水平，均不具比较优势，但是台湾农产品相对祖国大陆而言比较优势更弱。① 近几年台湾从大陆进口的农产品数量和金额增长迅速，但目前进入台湾市场的大陆农产品在台湾进口农产品总值中所占的比重很小，只有5%，从产品结构来看，以植物性中药材、水果及其制品、乳品、皮及其制品、羽毛等为主，这些基本都是台湾不生产或产量较少，市场需求量较大的产品，因此对台湾的市场不会造成不利影响。由于两岸农产品生产成本存在明显的差异，导致农产品价格悬殊，同一农产品大陆的价格要比台湾低50%以上，个别产品甚至仅为台湾的1/6。以2008年3月台湾与福建部分农产品批发价格为例，每公斤稻米价格台湾为34.13元新台币，福建为12.90元新台币，相差2.8倍；每公斤大白菜台湾为8.6元新台币，福建为4.3元新台币，相差2倍；每公斤花生价格台湾为50.33元新台币，福建为8.17元新台币，相差6.16倍。② 由两岸农产品价格的差异所决定，如果两岸全面开放市场，相对较为廉价的大陆农产品势必会有更多的机会进入台湾市场，台湾的同类产品因为价格上不具优势而在与大陆产品形成的竞争关系中处于劣势。

2. 两岸农产品在产品和国际市场方面的趋同性，将可能对台湾农产品的出口造成一定的不利影响。

两岸出口的农产品无论在出口市场还是产品结构上都具有一定的相似

① 李兵：《把握“大三通”契机，促进两岸农产品贸易进一步发展》，《国际贸易》2009年第10期。

② 《台湾农业统计月报》，“行政院农业委员会”http://www.coa.gov.tw；中国食品商务网www.21food.cn。

度，从市场趋同度来看，中国大陆与台湾各自农产品出口市场排名前 10 位的国家和地区中有 6 个是相同的，即日本、美国、香港、韩国、马来西亚和越南（表 1）。各自出口排名较前的产品，相似度也较高，例如鳗鱼在大陆出口农产品中排名第二位，在台湾排名第 10 位左右，从 1992 年到 2006 年，台湾活鳗鱼在日本市场的占有率从 88.85% 下降至 43.78%，中国大陆活鳗鱼在日本市场的占有率则从 11.01% 上升至 56.21%。① 尤其在农业生产自然条件与经济文化方面与台湾较相似的南方省市，与台湾出口农产品的相似度更高，例如 1997 年至 2003 年福建和台湾的 14 种主要出口农产品中有近 50% 的农产品是相同的。② 这充分表明两岸农产品在国际市场上已经形成了明显的竞争，两岸农产品市场开放在一定程度上会加剧这一态势。

表 1　2009 年大陆和台湾排名前 10 位的农产品出口市场

排名	1	2	3	4	5	6	7	8	9	10
中国大陆	日本	美国	香港	韩国	德国	马来西亚	俄罗斯	印尼	越南	荷兰
台湾	日本	香港	美国	大陆	越南	泰国	韩国	马来西亚	菲律宾	新加坡

资料来源：《2009 年中国农产品出口分析报告》，商务部 http：//wms. mofcom. gov. cn；台湾“行政院农业委员会”农产贸易统计查询系统 http：//www. coa. gov. tw。

（二）正面影响

1. 台湾水果、蔬菜和水产品等出口的市场份额将进一步扩大。

台湾经济增长是靠外销来拉动的，农业也不例外。近几十年来由于农业发展碰到生产成本提高的瓶颈，产品的国际市场占有率下降，农产品对外贸易持续逆差。台湾农业资源有限，内部市场狭小，农业生产和涉农企业大多是外销导向型的，对外部市场反应较为敏感，因而稳定的市场供需和安全便捷的销售通路显得尤为重要。自从两岸关系改善之后，台湾农产品进入大陆市场迅速增加，2002 年为 4.33 亿美元，2009 年扩增为 11.54 亿美元，2009 年大陆为台湾第五大农产品进口地及第四大农产品出口地。两岸农产品贸易快速发展除了大陆对台湾的农产品进入大陆市场提供了一系列的优惠条件之外，更直接的原因还在于大陆消费市场庞大，且消费层次多元，具有不可低

① 林启渊：《海峡两岸农产品在日本市场的竞争分析》，《台湾农政与农情》第 183 期。

② 台湾“行政院农业委员会”编印的农业统计要览和 2004 年福建海关进出口统计。

估的市场潜力，。ECFA 签订之后，台湾能从中获得最直接的好处是岛内生产的农产品可以享受低税或零关税进入中国大陆市场，在满足大陆不同层次消费者需求的同时，也将促进台湾农产品价值的实现，台湾也会从大陆增加原材料的进口，使台湾农民和农业企业能够从中获益。台湾的农产品虽然价格高，但因其品质上乘而在大陆市场乃至国际市场有市场竞争力，这一优势将因 ECFA 对其关税的免除而获得一定程度的提升。①

2. ECFA 是调整台湾产业结构、有效提升台湾的产业竞争力，实现可持续发展的良机。ECFA 的签署之所以引起关注，是因为让台湾民众直接感受到压力的那些产业，都是本来就不具备竞争力的，即使两岸不签署 ECFA，在全球化的大环境下，它们的发展空间照样很小，很难生存。台湾农业是台湾的“夕阳产业”，相对于第二和第三产业，农业经济的“不景气”已经持续了多年，目前农业产值的比重不足 1.6%，农产品出口在总出口中的比重也仅为 1.65%。因此台湾农业是否能够持续发展，并不在于是否签订 ECFA,而在于农业如何有效地升级和转型，而 ECFA 对刺激产业更新将起到积极的作用。台湾农业经济在入世后不仅未发生明显的衰退，而且还呈现出增长的总体态势，就是一个很好的说明。加入世界贸易组织以后，台湾适时地对农业发展方向进行了调整，并配合一系列的政策和措施，采取中、长期发展规划与短期应急性措施相结合的方法，以建立新的产业秩序来应对贸易自由化潮流，“发挥农业生产科技、生活体验、生态景观内涵，建立具有特色和高度竞争力的产业”；按国际惯例给农业以既符合多边纪律规则，又富有效率的保护与支持；放宽农地管理规定，提高农地资源利用率；推动农业生物技术园区建设，鼓励企业投资高科技农业，强化农业高科技研发，重视科研成果的保护及商品化，促使台湾农业转型为“知识型产业”；调整农业生产结构，对传统产业进行合理规划，发展有潜力的精致农业来提升农业的总体竞争力；制定进口救助和价格稳定措施等等。这些应对措施有效地促进了农业成功升级与转型，减缓了 WTO 对农业的冲击。从统计资料中可以看出，入世后农产品生产和出口实际所受到的影响，比入世前预期的要小，农业生产和贸易发展基本保持平稳。2008 年与入世前的 2001 年相比，农业产

---

① 唐永红：《ECFA 对台湾农业的可能影响》，华夏经纬网，www. huaxia. com。

值增加17.5%；农产品出口值增加27%，2007年农户的年平均农业经营收入比入世前5年的平均水平增加了17.8%；农业经济增长率下滑在2006年以后有明显的减缓（表2）。由此可见，贸易自由化给农业带来的并不必然是负面的影响。ECFA是两岸农产品贸易关系逐步实现正常化的重要步骤，大陆具有竞争优势的农产品进入台湾市场，在对台湾农产品市场形成竞争压力的同时，也将刺激台湾农业朝着以精致化农业的发展方向，转变经济增长方式，发挥精致农业、科技农业的优势，提高产品品质，实现新一轮的转型和升级，与价格相对便宜的大陆农产品形成市场区隔，从而将保证台湾农产品的竞争优势。

表2　入世以来台湾农业发展概况

	农业产值（新台币千元）	农产品出口值（百万美元）	农民所得		农业增长率（%）
			每户（新台币元）	农家/非农家（%）	
2001	352689979	3030.84	881298	77.56	-1.95
2002	350477906	3149.85	860771	75.50	4.74
2003	350884755	3243.42	873901	76.91	-0.06
2004	386444326	3554.25	893124	78.08	-4.09
2005	382726113	3582.33	872677	75.43	-8.07
2006	376993825	3298.67	941160	80.43	6.08
2007	388294769	3433.22	937053	79.31	-1.9
2008	414397566	3849.03			-1.45

资料来源：根据台湾"行政院农业委员会"公布各统计数据汇总。

3. 两岸农产品具有品质和市场的区隔性，大陆农产品在短时间内不会占据台湾市场或对台湾产品的国际市场份额造成大的威胁。

农产品的国际竞争力是交易过程中表现出来的一种对市场的占有能力，主要由价格、质量和信誉三部分竞争力组成。中国自加入世贸组织以来市场逐渐开放，农产品贸易规模不断扩大，贸易总额由2002年的304.3亿美元发展到2008年的985.5亿美元，中国已成为世界第四大农产品贸易国。①

① 中华人民共和国商务部：《2009年中国农产品出口分析报告》，http：//www.mofcom.gov.cn。

由于受农业资源条件和劳动力转移进程制约，我国农业小规模经营基本特征难以在短期内改变，国内农业生产成本大幅提高，同时为了应对国外的技术壁垒，加大源头的质量控制，也增加了农业成本，尤其是粮食作物、植物油、部分经济作物的比较优势进一步弱化，出口农产品的成本一直维持在较高的水平，而且受农业产业化水平、加工工艺、技术装备、生产管理的制约，农产品出口加工程度低，缺少品牌产品，农产品的质量安全水平也还不尽人意，农产品出口的整体比较优势在下降，2004 年起从入世前长期的顺差转变为持续的逆差状态，而且逆差额呈逐步扩大的趋势。我国的农产品出口正面临严峻的挑战。

同时，大陆农产品目前尚不具备有足够的竞争力和台湾的高品质农产品在国际市场上角逐。与大陆农产品的比较优势相符，大陆水产品及其制品、蔬菜水果及其制品、禽畜产品三大类劳动密集型农产品占农产品出口比重合计为 60.2%，台湾的农产品走的是高品质的路线，在农产品生产过程中品种优良，技术先进、管理科学，由此决定了台湾农产品在国际市场上具有较强的竞争优势，与中国大陆农产品具有市场区隔性。当前国际竞争不再是低水平的价格竞争，而是上升到价格、质量、服务与品牌的综合竞争。中国农产品贸易存在的主要问题非短时期内可以得到解决，因此，大陆的农产品，短期间并不会大量进入台湾市场，取代台湾本土之农产品，台湾农产品在国际市场上热带果蔬花卉、优质育种等高端农产品方面优势突出，在国际市场上仍然具有相对的竞争优势。

4. 两岸农产品生产结构与消费习性虽有一定的相似性，但在品种上不会形成相互竞争，存在互补双赢的空间。大陆地域辽阔，南北跨度大，具有农产品种类多样化的特点，台湾农产品相对比较单一，但在品质上更胜一筹，因此两岸在产品品种方面具有较强的互补性，不会完全重叠。近年两岸农产品贸易的迅速发展就是一个极好的说明。两岸农产品贸易开始于 1979 年的两岸小额贸易，伴随着两岸关系的逐步缓和，两岸农产品贸易关系紧密，台湾开放大陆重要农业原料进口从 1987 年的 27 项发展到目前的 1407 项，特别是 2005 年大陆宣布对台湾部分水果等农产品实行进口零关税政策以来，两岸农产品贸易量迅速增长，尤其是台湾对大陆农产品出口大幅增加。台湾有关统计资料显示，2001 年到 2008 年，两岸农产品贸易额增长

2.71 倍，其中台湾从大陆进口增长 1.73 倍，台湾向大陆出口增长 7.92 倍。（表3）虽然两岸农产品贸易台湾呈现逆差，大陆呈现顺差，但从台湾向大陆出口增长速度明显快于大陆对台湾的出口增长中，可见，两岸农产品贸易的不平衡正在逐渐改善之中。两岸农产品贸易的发展充分说明了两岸农产品的高互补性。从两岸农产品贸易的产品构成来看，大陆对台湾出口的农产品主要是加工层次较低的初级农产品，主要有木材及其制品、植物性中药材、皮及其制品、水果及其制品和蔬菜及其制品；台湾向大陆出口以具有竞争力的花卉及其种苗为主，水产品和热带水果。可见大陆在温带果蔬及其制品、大宗粮食作物等方面具有比较优势，台湾在花卉、热带果蔬及其制品方面具有比较优势，两岸农产品具有很强的互补性，在品种上不会形成明显的相互竞争，更多的是对台湾农产品市场的补充和调剂，使台湾消费者能够享用到更加价廉物美、新颖多样的农产品，丰富和扩展岛内的消费市场。

表3　两岸近年农产品贸易统计　　单位：千美元;%

年度	进口		出口		贸易差额
	台湾从大陆进口	与上年比较	台湾向大陆出口	与上年比较	
2001	262764	—	48891	—	-213873
2002	367574	39.89	66396	35.80	-301178
2003	409060	11.29	175730	+164.67	-233330
2004	501375	22.57	291904	66.11	-209471
2005	567526	13.94	361063	23.69	-206463
2006	562834	- 0.83	430265	19.17	-132569
2007	711812	26.47	430764	0.12	-281048
2008	717796	0.01	436464	0.01	-281332
2009	549460	-30.63	364052	-19.89	-235408

资料来源：根据台湾“行政院农业委员会”农产贸易统计查询系统数据统计。

三、全球贸易自由化下台湾应有的认知

在全球范围内开展农产品的贸易自由化，会使世界农产品资源得到合理配置和充分利用，从而扩大生产与交换，增加消费与福利，促进经济整体水平的提高。当今世界，全球农产品贸易自由化已经成为不可逆转的世界潮流。台湾为推动外向型发展模式，经济的发展和贸易制度的安排，均以适应

国际市场的需求为转移，正视两岸农产品贸易自由化对于台湾经济发展所带来的积极意义，是台湾当局应有的认知。

（一）农产品贸易自由化是不可逆转的世界潮流

开放农产品市场、降低保护程度，实现国际农产品贸易自由化，是农产品贸易的总趋势。按照WTO农业协议所构建的国际农产品贸易自由化的基本框架，国际农产品自由化的发展将呈现三种趋势：双边农产品贸易自由化、区域农产品贸易自由化和全球农产品贸易自由化。目前两岸并没有最终完全开放市场的时间表，ECFA属过渡协定，无强制性，在协议的过渡期内可分阶段分步骤开放，但按WTO架构，通常在10年内，双方必须完成约90%的商品服务免关税。按此比率计算，目前台湾10936项贸易货品中，届时至少将要有9842项免关税，而目前已经开放的农工产品一共为8721项（其中工业货品1384项，农业货品1415项），缺口还有1121项，除非届时再开放1121项工业货品，才能保证农产品不再开放。如果按照工农货品分别计算开放比率，那么工业货品和农业货品还需要分别开放515项和606项。因此，换句话说，无论是那种计算方法，可能都无法完全保证农产品不再开放。对台湾而言，有两大客观现实绝无可能改变：一是贸易自由化的趋势非台湾所能改变；二是中国大陆作为台湾农业资金重要外移地和农产品的潜在重要市场的客观事实也不会改变。如果多哈谈判成功，台湾将同时承受来自全球的开放压力，届时台湾对其它国家和地区开放市场，对中国大陆也必然不可能例外。而且，台湾若与美国签FTA，美国农产品对台湾农业的冲击可能更难以令台湾所接受。台湾若能通过ECFA，作为一种平衡经贸关系的经验总结，在未来面对其它FTA及更进一步全球化开放的冲击的时候，才会有更佳的竞争力及适应力。

（二）台湾限制大陆农产品进口是规避适用WTO协定，有失公平

两岸在2001年先后加入WTO，由于两岸关系特殊，台湾认为大陆避免让两岸关系国际化，不会要求台湾开放市场，开放大陆农产品进入台湾市场会对台湾农业造成较大的冲击，出于对以上两点的判断，台湾做出了暂不对大陆开放农产品市场的决定，对大陆规避适用WTO最惠国待遇的原则。目前两岸在签订ECFA协商过程中对农产品贸易达成的协议，同样具有不公平性。首先，大陆有竞争力的大宗农产品均未在台湾的开放清单内。如大陆出

口排名前20位的农产品中，有11种大宗农产品未列入台湾地区开放清单，有玉米、鸡肉、茶叶、大米、大蒜等；其次，台湾目前禁止从大陆进口的农产品，却早已向日本、美国等发达经济体开放，例如台湾地区进口前20种农产品中，就有10种产品未对祖国大陆开放，如玉米、黄大豆、棉花、小麦、牛羊肉、羊毛、食糖、苹果等。另外，实行关税配额管理的22种农产品，也未准从祖国大陆进口。这一对中国大陆的特殊管制，明显带有歧视色彩，严格说来不符合WTO多边互惠的精神，是有失公平的。有朝一日中国大陆要求这800多项农产品解禁，也是农产品贸易“正常化”的正常要求。签署ECFA是两岸经贸关系制度化的重要步骤，是排除彼此之间的贸易障碍的良好开端，从公平的角度讲，两岸间在贸易、投资以及人员往来等方面存在的不合理的限制，影响两岸关系的正常发展，消除歧视性限制，体现WTO的公平原则，还有赖于通过ECFA加以实现 。

（三）达成利益最大化和伤害最小化需要两岸共同努力

两岸经贸关系制度化进程的加快，为两岸农业合作和资源整合提供了新的机遇。弱势产业总会在激烈的竞争中遭受相对较大的冲击，这是每个优势与弱势产业并存的经济体都将面临的问题。两岸既要本着互相理解和宽容的态度，给弱势产业一定的时间适应自由贸易的规则，同时也要遵循WTO协定的规则，逐渐消除歧视性的限制，使两岸经贸关系循正常的轨道发展。两岸农业交流与合作已进入快速发展时期，初步形成了宽领域、多层次、全方位的合作双赢发展格局。为避免具有竞争优势的农产品大量进入对台湾地区农业造成冲击，大陆政府已经表明了极大的善意，在台湾农产品开放问题上做出适当妥协和让步，未来在开放台湾农产品进口、农业智慧财产权、动植物检疫检验等方面做出对台湾有利的安排。台湾方面则不应该过分强调“Made in Taiwan”的狭隘思维模式，而应综合考量，将两岸农业优势结合起来，共同开拓农产品贸易的国际市场，① 遵循贸易自由化原则，按照循序渐进、分阶段推进的模式，逐步开放岛内部分产业，对岛内农业采取设立特别救助基金或从受益产业中拿取部分收益来补贴的方式予以救助。总之，当前

① 赵万红：《直航对两岸农产品贸易及农业发展的影响探讨》，《台湾农业探索》2009年第5期。

全球化及亚洲经济整合是大势所趋，对两岸是机会也是挑战，两岸应共同面对，通过两岸共同努力，达成双方利益最大化和伤害最小化。

四、结　　论

ECFA 是贸易自由化和区域经济一体化的必然趋势，也是两岸经济整合的必要步骤，符合两岸的长远利益，也是台湾农业持续发展的需要，对台湾农业来说利大于弊。从长远来看，台湾对农产品实行的高保护政策，将使其无法迈开自由贸易的步伐，而在国际贸易中日益陷入不利的境地。随着日本、美国、印度等主要贸易伙伴与有关国家签订的自由贸易协定以及大陆与东盟协议陆续生效，台湾的出口农产品将丧失一定的市场份额。由此可见，如果台湾不开放农产品市场，其结果必然是得小利而失大利。相反，如果台湾加快迈向自由贸易的步伐，不仅将促进台湾农业产业结构的调整，使其尽快融入到世界农产品市场的舞台，对台湾经济的未来也有着积极的意义。签署 ECFA 使两岸经贸关系制度化向前迈进了一大步，两岸彼此之间的贸易的障碍有望得以排除。目前两岸间在贸易、投资以及人员往来等方面存在的不合理的限制，影响了两岸关系的正常发展，消除歧视性限制，体现 WTO 的公平原则，还有赖于通过 ECFA 加以实现 。总之，农产贸易自由化已是无可抗拒的时代潮流，贸易自由化对台湾农业的发展而言，是危机也是转机。在国际农产品贸易自由化的大趋势下，不违背 WTO 的公平原则，认清国际大环境的变化，灵活调整产销结构及经营策略，充分发挥农业的多功能价值，台湾农业才能得到永续发展。我们期待两岸双方在关税减免，贸易政策上互相让利，加速两岸农业贸易投资便利化进程，实现 ECFA 经济效益最大化，让两岸的民众真正得到实惠。

两岸经济合作模式与ECFA框架下的福建对台合作
——推动两岸经济合作制度化之探讨

单玉丽*

目前，两岸经济合作有众多模式，但因受政治政策等因素影响，总体上仍停留在功能性合作阶段。2008年以来，随着两岸关系发生积极重大变化，以大陆政府和国民党当局主导的“两岸经济合作框架协议”（ECFA）即将签订，它是两岸经济合作从功能性向制度性转变的重要标志，对未来两岸经济合作模式和合作机制演进将产生重要影响。但同时它只是一个框架性协议，只是两岸制度性合作的开端，要实现两岸经济合作制度化还有漫长的道路，在这一过程中需要不断摸索，积累经验，逐步推开。福建作为“两岸人民交流合作先行先试区域”，应积极发挥作用，探索在ECFA框架下的两岸次区域经济合作模式，为两岸经济合作全面制度化作出贡献。

一、两岸经济合作模式的演进

（一）经济合作模式的概念

模式的本意是“法式”、“范式”，可供效仿的方式。区域经济合作模式是指区域经济合作主体之间以及与之密切相关的其他要素互相结合、互为因果的组织方式、工作内容和运行机制，不同经济合作模式具有不同的运行机制。在这里，“运行”是反映合作中各主体互相作用和功能发挥的动态变化过程；“机制”是泛指合作运行过程中其系统运行诸要素之间互相联系的运作原理和工作准则。一般而言，区域经济合作运行机制主要有三个层面：在

---

* 作者简介：单玉丽，福建社科院当代台湾研究所所长，教授。

区域合作的资源优化配置方面，主要有市场机制、管理机制、协商机制、伦理（诚信）机制；在区域合作主体功能发挥和整体优势营造方面，主要有动力机制、整合机制、激励机制和约束机制；在推动区域合作主体良性互动方面，主要有协作机制、竞争机制、开放机制和学习机制。

区域经济合作模式是一个复杂的社会经济组织系统，一方面各个合作主体的经济基础不同，目标定位有别，政策取向各异；另一方面也受到区域内社会生态、观念意识、文化认同等差异影响，因此，区域经济合作模式的构建及运行效果如何，不仅取决于合作主体经济发展水平和功能发挥，而且需要社会广泛的心理认同。

纵观世界区域经济合作发展的实践，经济合作模式主要有两大类：一是功能性区域经济合作模式；二是制度性区域经济合作模式。前者一般是由民间自发的基于市场机制推动的以资源禀赋互补流动为特征的经济交流与合作，没有政府之间协议或制度的保障；后者是以各个合作主体的政府为主导，通过签订一定合作协议和组织制度保障的区域经济合作。功能性经济合作是区域经济合作的初级阶段，由功能性经济合作向制度性经济合作演进是实现区域经济一体化的必然趋势和过程。

（二）两岸经济合作模式的演进

上个世纪七十年代末，祖国大陆一系列缓和两岸关系的政策措施，揭开了两岸经济合作的序幕。30年来伴随着两岸投资和贸易的进展，经济合作模式不断完善，尽管目前两岸经济合作模式总体上还停留在功能性合作初级阶段，但随着两岸关系的改善，经济合作模式亦日趋多样化。

1. 贸易合作模式

贸易合作模式是建立在市场价值规律基础上的商品交易活动。国际贸易形态（模式）一般分为两种：一是产业间贸易，二是产业内贸易，两岸贸易合作最初是从产业间贸易开始的。在两岸经济合作初期（1980年代中以前），两岸关系处于非正常状态，商品交流的唯一形式是以“调剂余缺”为目的的海上小额贸易，其特点是隐蔽式、小规模的民间自发行为，具有经营品种特、规模小、速度快、批次多、交易方式简单等特点，逐步从从以物易物发展到货币交易。1987年台湾当局解除“戒严令”，开放两岸民间往来，两岸民间贸易化暗为明，以资源互补为特征的产业间贸易经香港转口而迅速发展，并在投资带动下由产业间贸易向产业内贸易转变，投资性贸易成为两岸贸易的主渠道。1990 年以后，由于台商投资电子信息产业迅速增加，投资性贸易大幅度增长，由此造成两岸贸易发展的不平衡。到 2006 年两岸仅电子电机设备及其零组件的贸易总额就达 423.2 亿美元，其中台湾对大陆出口 357.76 亿美元，占 84.5%，而台湾从大陆进口仅占 15.5%。这是两岸贸易失衡的一个重要原因。另一个原因是政策因素。长期以来，台湾当局对祖国大陆一直采取“出松严进”的倾斜性政策，严格限制大陆商品进口。直至 2008 年台湾名目关税税率为 5.56%，实质关税税率仅 0.98%，并有 99.2% 的商品免除进口许可证，市场开放的自由度很高，但对祖国大陆农工产品进口限制高达 2187 项，限制比率达 19.99%。这也是两岸经济合作制度化缺失所造成的独特现象。

2. 产业合作模式

国际间产业分工合作模式一般有三种，即垂直型产业合作模式、水平型产业合作模式和混合型产业合作模式。两岸产业合作主要是以台商对大陆的单向投资形式体现的。随着台商投资领域的不断扩大，两岸产业合作模式呈现了明显的阶段性特征，形成从垂直分工向水平分工再到混合分工演进的态势。1980 年代初，两岸产业发展水平落差较大，台商投资以农业和劳动密集型加工业为主，产业合作以资源互补为导向，呈现垂直分工的状态。农业合作分工主要是台商自带优良品种和技术到大陆租地种植，利用大陆廉价地租和劳动力，产品出口或在大陆内销。工业投资主要是传统加工业，基本模式是“两头在外”，产业的上游在台湾母厂，中下游生产出货在大陆，即所谓的“台湾接单，大陆生产，产品外销”，形成垂直分工关系。

1990 年代以后，大陆制造业快速发展，两岸产业技术水平差距缩小，产业分工逐步从垂直分工走向水平分工。台商农业投资延伸到农产品加工或进行土地成片开发，形成产供销一体化的产业化生产体系，一些台资企业外接国际市场，内联基地和农户，形成了“引进一个品种，建立一片基地，致富一方百姓”的产业发展模式。工业投资方面，由于台湾产业结构调整加快，重点发展高科技产业，一部分技术密集度较低的制造业开始整体性向大陆转移。与此同时，大陆的浦东开发及珠三角、长三角台商投资区的崛起，也为台商上、中、下游产业链配套投资提供了机遇、拓宽了合作空间，两岸工业合作的水平分工规模进一步扩大。进入21世纪，台湾投资环境恶化，岛内产业加快外移，台商投资进一步向关联化、在地化、区域化方向发展，两岸产业合作领域从第一、二产业向第三产业延伸，合作技术层次从资本、技术密集型向以电子信息技术为主的高科技产业转变，在大陆台商集中区形成一批集管理、研发、制造、财务运作、市场营销于一体的混合型分工模式。

3. 园区型合作模式

园区型模式是大陆政府为推动两岸经济合作而设计的一种有效方式。为落实中央政府“同等优先，适当放宽”的对台政策，为台商投资创造良好环境，大陆中央政府有关部门及一些地方政府在特定地区设立不同级别或不同功能的两岸经济合作园区，形成两岸经济合作的一种独特模式。这种模式的特点是：（1）单边政府主导，经祖国大陆中央政府或地方政府正式批准设立，受大陆法律保护；（2）园区土地面积较大，通常以乡（镇、区）为单位，一般不超过县（市、区）的范围，有明确的园区边界；（3）由政府出资进行基础设施建设（“三通一平”或“五通一平”），制定引进台资的包括地租、税收、投融资、项目审批等在内的优惠政策；（4）成立有别于园外的管理机构。

两岸园区型合作始于上世纪八十年代末，具有代表性、运作效果明显的有两种类型：一是台商投资区；二是台湾农民创业园。台商投资区是两岸工业合作的平台，如经国务院批准于1989年在福建厦门海沧、集美、杏林和福州马尾设立的台商投资区，总面积约70平方公里，每个投资区都设立独立的管理委员会，实施租金、增值税、消费税减免和项目开发资助等优惠政策。经过20年建设，台商投资区已发展成为福建省重要的高科技产业基地。如厦门海沧台商投资区至2006年集中台资69家，形成电子、石化、机械三大主导产业，90%以上企业获得很好的投资回报，得到胡锦涛总书记的充分肯定。此外，还有一种由台资企业独立兴建和管理的台商投资区，如山东烟台的鸿富泰科技园区，投资1.14亿美元，是台湾鸿海精密企业集团在渤海湾的重要生产基地。

台湾农民创业园是两岸农业和农村经济合作的成功模式。第一个国家级台湾农民创业园于1997年在福建漳浦诞生，该园核心区面积1.5万亩，设花卉、果树、茶叶、农产品加工 4 个功能区和科技服务及创业孵化 2 个中心，总投资 8100 万元，目前已有 55 家台资企业入园。2006 年 10 月，在博鳌举办的第二届国共经贸论坛上，两岸就支持台湾农民创业园作为两岸农业合作平台达成共识，并建议新增若干国家级台湾农民创业园。目前大陆已有福建漳浦、漳平、清流、仙游，山东栖霞，四川新津、攀枝花，重庆北碚，安徽巢湖，江苏无锡、江宁、淮安、淮阴，广东珠海今湾，湖北武汉黄陂等 15 个国家级台湾农民创业园。

园区型合作模式除上述两种类型外，各地还设立了一批由地方政府主持、名称各异、规模和运作方式相似的两岸经济合作基地、合作园区，如福建东山台湾水产品加工基地、惠安绿谷台商高科技产业基地、福州青口东南汽车制造基地等。有些基地由台商承租后自主管理、自主招商、自负盈亏。

4. 地区性合作模式

此类模式的性质和管理与园区型模式相似，都是由中央政府有关部门或地方政府批准设立，不同之处是其合作的地域面积大，范围从一个市到一个省。两岸农业合作方面，如 1997 年经国台办、农业部、商业部批准成立的海峡两岸（福州）农业试验区、海峡两岸（漳州）农业合作试验区。两个试验区都在福建省海峡办领导下分别设立管委会，在审批办证、通关验收、投资领域、用地方式、产业扶持、税收减免等方面为台商提供优惠，建立试验区项目联合审批、口岸联检、统一收费、统一受理投诉等一条龙服务。在此基础上，2005 年国务院“两部一办”批准把两个试验区扩大到全省，建立海峡两岸（福建）农业合作试验区。

到目前为止，经国务院“两部一办”批准的两岸地区性农业合作模式已遍及大陆各地，如黑龙江的哈尔滨、牡丹江、佳木斯、大庆，山东平渡，陕西杨凌，江苏昆山、扬州，广东佛山、湛江，上海郊区，广西玉林及海南全省等。

在工业领域合作方面，地区性合作模式主要体现在珠三角、长三角等台商投资集中地区，其典型代表是“东莞模式”和“昆山模式”。前者主要依托香港、深圳区位优势，由台商自发形成的以电子与电脑硬件为主的产业聚集区，以“两头在外”加工出口为特征，地方政府引导与优惠政策的扶持作用并不显著。“昆山模式”则是依托上海浦东开发和长三角崛起优势，在地方政府强力主导下通过各项优惠政策吸引台商投资合作开发形成的，重点发展以笔记本电脑为主的高科技电子产业。

5. 服务平台合作模式

此类模式是大陆政府或民间为台商企业提供设备、资金、技术、信息、培训等服务的合作形式。按照功能不同可分为基础条件服务平台、研发公共服务平台和创业公共服务平台三大类。基础条件服务平台是通过共用、共享提供研发需要的软件和硬件设备，为台资企业降低研发成本和风险而建立的服务平台。包括大型仪器、中试平台、测试手段、技术手段、科技文献、信息等，平台运作主要通过台商投资区、台湾农民创业园、基地、试验区里的科研条件保障机构，与高校、科研机构联合设立的服务中心、科技文献机构等体现的。

研发公共服务平台以应用技术的产业化为目标，通过两地科技人员的合作，研究开发产业发展急需的关键技术、共性技术和前瞻性技术，着力于科技成果商品化、产业化开发，加速产业升级换代。

创业公共服务平台是由一系列包括人财物相互关联的资源，经过整合而形成的集成保障服务。平台形式体现在政府及高校、科研机构、各类社团组织为促进两岸合作而提供的各种有型和无型的科技创业公共服务。此种模式通常通过互联网完成，因而又称“虚拟模式”，是信息社会条件下两岸经济合作模式的创新。

服务平台合作模式的代表者如：2005年由厦门市科技局与台北县电脑商业同业公会联合成立的“厦门——台北科技产业联盟”；2008年由国家科技部和福建省科技厅立项扶持建设的“闽台科技型企业投融资服务平台”；1990年福建省科学技术协会设立的“闽台科技交流中心”；2004年福建省地震局与台湾相关部门联合筹组的“闽台地震科技交流培训中心”；以及由厦门市政府引导，产学研结合，市场化运作的“闽台生物医药研发与产业化合作平台等。

6. 对口合作模式

对口交流合作模式以两岸相关单位对口链接为特征，包括市对市、县对县、学校对学校、科研单位对科研单位等，这种模式通常是双向的，并签订一定的协议。如福州保税港口与台湾基隆自由贸易港保税区签订的《两区对接协议》，就两区对接达到资源共享，实现通关便利等作了明确规定。

两岸经济合作模式从贸易合作到产业合作，从园区合作到地区合作，从硬件模式到软件模式的不断创新、不断发展，是两岸经济合作规模扩大和水平提升的体现，是两岸企业共同努力的结果，它为两岸功能性合作向制度性合作转变打下了坚实的基础。

需要指出的是：（1）鉴于两岸经济合作是一个复杂的组织系统，涉及多主体、多目标、多影响因素及多变的经营方式，其模式的界定比较困难，上述6种模式除贸易合作外，主要是结合实际情况以合作的对象、内容和载体为主要依据，如此界定可能有利于执行过程中更有针对性地考察、研究和推动；（2）从发展角度看，如此界定的经济合作模式的演替，与两岸经济合作发展的阶段基本相吻合，不同发展阶段有不同的主体模式，从一个侧面体现了两岸经济合作发展的客观规律和发展趋势；（3）任何模式都是相对的，不同模式常常是相互交叉存在的，如服务平台模式存在于园区之中，而园区型模式又是地区型模式的组成部分，不同模式之间相对独立，又互相依存、互相促进；（4）尽管一些模式是在祖国大陆政府主导下形成的，但只是单边的政府行为，单向的资源流动，没有两岸公权力协议的约束，因而，无论当前两岸经济合作规模有多大、模式有多少，都只能是功能性合作，离制度性合作还有一定距离。

二、影响两岸经济合作模式从功能性向制度性演进的因素

（一）政治因素

政治因素对两岸经济合作模式的影响是深刻的。上世纪80年代末，台湾当局解除“戒严令”，开放两岸民间交往，两岸经济合作化暗为明。90年代初汪辜会谈达成“两岸一中”共识，经济合作进入新阶段，两岸贸易从“小额贸易”模式发展为转口贸易，两岸产业合作从垂直分工转向水平分工。1996年李登辉推行“戒急用忍”政策，两岸经济合作一度停滞。入世前后，在民间推动下，台湾当局开放笔记型电脑、通讯产品和消费性电子三大类产品赴大陆投资，促使两岸合作快速增长，合作模式日趋多样化。嗣后，由于陈水扁抛出“一边一国”论，加快推行“台独”路线，两岸经济合作再起波澜。2005年国共达成“两岸和平发展共同愿景”，2008年台湾

政党轮替、马英九当局放宽对大陆的投资限制，促使两岸经济合作模式不断创新。历史证明，政策是两岸经济合作模式转换的决定性因素，而政策因素的实质是政治因素，政治对立是阻碍两岸经济合作模式制度化的症结。单纯从经济学意义上探讨两岸经济合作问题而忽视两岸政治因素的复杂性和特殊性，经济合作问题的症结终将难以求解。因此，两岸经济合作机制的建立首先要考虑两岸政治关系的特殊性，这是因为，世界上各种经济一体化的实践表明，制度性一体化安排需要在国家或地区公权力主导下自上而下推动，需要有许多共同的法律、制度、政策等政治层面要素的保障。因此，从两岸关系发展和台湾岛内政治生态来看，未来政治因素仍然是影响两岸经济合作制度化的要素。

（二）经济因素

经济因素对两岸经济合作模式转换的影响主要表现在以下两个方面：

其一，两岸经贸合作不平衡、不稳定，限制了两岸合作的深化。从两岸资本流向看，1980～2009年台商投资大陆实际金额累计达494.67亿美元，由于台湾当局严格禁止大陆资本进入台湾，导致两岸资本往来单向流动，投资效果严重失衡。如大陆台资占大陆外资比重从10.68%下降到6%；而台商投资大陆金额占台湾对外投资比重从9.52%上升到67.46%，最高年份达到71%，大陆成为台湾最大的投资地（见表1）。

表1　台商投资祖国大陆情况　　单位：亿美元、%

年份	祖国大陆统计资料		台湾官方核准资料	
	实际到资	占大陆外资比重	协议金额	占台湾对外投资比重
1980－1991	8.65	10.7	1.74	9.52
1992－1995	107.41	9.9	54.70	36.10
1996－2000	145.67	6.8	108.54	33.04
2001－2005	156.04	6.4	301.50	61.90
2006－2009	76.90	6.0	283.04*	67.46*
累计或平均	494.67	7.90	749.52	41.6

资料来源：根据《两岸经贸统计月报》第151期及台湾《2009年经济年鉴》整理。

*为2008年数据。

从两岸贸易分析，1990－2009年两岸贸易总额从40.4亿美元上升到

1062.3亿美元，增加52倍，其中大陆自台湾进口从32.8亿美元上升到857.2亿美元，增加26倍；大陆对台湾出口从11.3亿美元上升到205.1亿美元，增加18倍。台湾对大陆贸易顺差从1990年的25亿美元上升到2009年的652亿美元，1980至2008年台湾从两岸贸易中净得资本6191亿美元。两岸贸易不平衡的结果造成了两岸贸易依存度的畸形发展。1990－2008年，台湾对大陆的贸易依存度从4.23%上升到26.03%，其中进口依存度从1.4%上升到13.05%，出口依存度从6.54%上升到40.42%（见图1）。

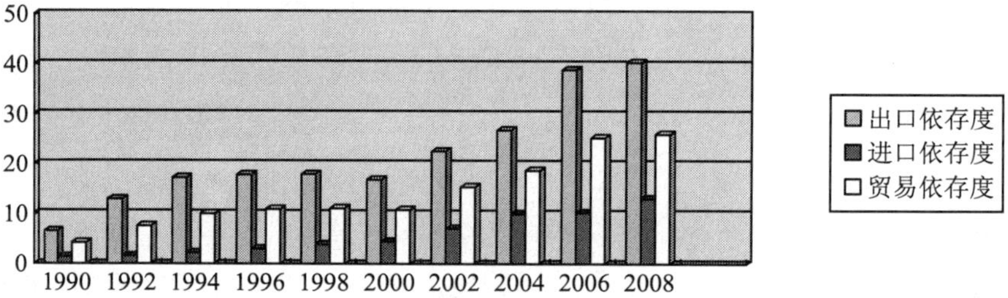

图1　台湾对大陆贸易依存度

两岸投资与贸易的不对称、不平衡状态，有悖于现代市场经济客观规律的常理，有悖于互利双赢的基本原则，不利于两岸自然资源、资本、技术、人才等要素的合理流动和优势互补，不利于两岸经济合作模式的发展和机制的建立。

第二，两岸经济发展水平不同和经济总量悬殊造成了台湾民众的心理障碍和社会认同差异。改革开放30年来，祖国大陆进入前所未有的快速发展轨道，国民经济总量大幅度增加，外汇存底高居世界之首，在国际上的地位和影响也水涨船高，但总体上还处于工业化中期阶段，而且人口众多，人均水平较低，地区差别、城乡差别较大。而台湾已于上世纪80年代末完成工业化和农业现代化，1990年代进入后工业化时期。根据中国现代化报告课题组研究，目前台湾已基本实现第二次现代化，而大陆还处于第一次现代化过程中。2008年台湾三次产业结构为1.69∶25.04∶73.27，人均GDP17040美元，城市居民人均收入8084美元，农民人均收入6085美元。同年，大陆人均GDP3315美元，城镇居民收入2313美元，农民人均收入698美元，分别是台湾的19.5%、28.6%和11.5%。从另一方面看，大陆的经济总量和物质资源又是台湾所无法比拟的。大陆经济总量是台湾的8.7倍，主要工农产品产量是台湾的数十倍乃至几百倍。显然，两岸经济发展水平差异也将给两岸民众的社会认同和政治互信带来负面影响。

（三）社会人文因素

人类社会史研究表明，一个地区如果长期与母国分离便很容易产生新的本土意识，随着世代交替，这种本土意识将会上升为族群认同，并在一定条件下转化为对政治乃至主权的诉求。我国台湾地区400年来先后经历了荷兰、西班牙、郑成功、清朝、日本和国民党政府的统治，近代独特而悲惨的历史经历造就了今日台湾民众的独特心态，形成了强烈的“台湾情结”“台湾意识”。特别是日本50年的“皇民化”教育和国民党50年的反共灌输，加上李登辉、陈水扁近10年的“去中国化”，沉重的历史经历给台湾民众心理留下的伤痕不是一时可以抚平的。因此，尽管近30年来两岸经济合作、文化交流、人员往来不断深化；祖国大陆再三对台湾释出善意，作出让步；两岸经济合作也给台湾经济带来了显而易见的好处，但这些努力迄今都还没有能够真正改变台湾民众固有的历史遗留下来的社会心态和文化认同。

实践证明，在短期内，经济上的实惠并不足以改变台湾民众政治上的立场，时至今日，在“统”“独”问题上选择“维持现状”的台湾民众仍然高居6成以上。由此可见，社会文化对两岸经济合作的影响是深刻的。

三、在ECFA框架下建设海峡两岸闽台区域经济合作先行区

著名经济学家理查德．利普赛根据生产要素流动程度级别将区域经济一体化分为6种等级，即：特惠关税区、自由贸易区、关税同盟、共同市场、经济同盟、完全经济一体化。10多年来，两岸学者就两岸经济合作模式进行过许多研究，内容涉及“大中华经济圈”、“中华经济共同体”、“两岸共同市场”、“两岸自由贸易区”、“台湾海峡经济区”等，笔者也于1998年在《福建学刊》发表了“区域经济整合与台湾海峡经济区构建”一文，然而限于种种原因，这些研究成果都未能付诸实践。现在“两岸经济合作框架协议”（ECFA）即将签订，为两岸合作模式制度化实践提供了机遇。为了落实国务院《关于支持福建省加快建设海峡西岸经济区的若干意见》（以下简称《意见》），促进两岸经济合作制度化，最近一段时间，在福建省委、省政府领导下，全省上下都在为建设两岸经济合作先行区出谋划策。现综合各

方意见结合笔者思考，提出建设“海峡两岸闽台区域经济合作先行区”（以下简称“闽台区域经济合作先行区”）的初步设想，供商榷。

（一）建设闽台区域经济合作先行区的意义

国务院支持福建省建设海峡西岸经济区的《意见》指出，福建省要“从维护中华民族核心利益、促进祖国统一的大局出发，牢牢把握两岸关系和平发展的主题，着力推进两岸交流合作，促进两岸互利共赢”，建设“两岸人民交流合作先行先试区域，发挥海峡西岸经济区独特的对台优势和工作基础，努力构筑两岸交流合作的前沿平台，实施先行先试政策，加强海峡西岸经济区与台湾地区的全面对接，推动两岸交流合作向更广泛范围、更大规模、更高层次迈进”。为了贯彻落实国务院《意见》，福建必须把握两岸ECFA签订的机遇，把建设“两岸人民交流合作先行先试区”摆在重要议程上。因为ECFA签订是30年来两岸有识之士共同努力的成果，是基于两岸公权力主导下的经济合作制度化的开端，而不是终结。从ECFA到两岸经济合作制度化、一体化还有漫长的过程。基于制约两岸关系正常化的政治、经济、社会、文化等因素的复杂性，ECFA的实施、深化和发展不是一蹴而就的，需要从易到难、从点到面、从局部到整体逐步推进。根据理查德．利普赛经济一体化的经典理论，次区域经济合作是比特惠关税区更低一级的区域经济一体化模式，相对于其他一体化模式容易，因此，在区域经济合作理论指导下，利用闽台特殊的区位优势，以“闽台区域经济合作先行区”为试点，把已列入ECFA“早期收获”清单但还需分期实施的项目，以及尚未列入“早期收获”清单而需要“一定调适期”的项目和“敏感性”项目，率先在“先行区”试行，推动ECFA的全面实施。同时，探索建立具有区域特色的两岸经济合作新模式、新机制，寻找两岸经济全面合作制度化的切入点和突破口，为两岸合作机制化积累经验。

（二）构建“闽台区域经济合作先行区”的基本思路

建设“闽台区域经济合作先行区”的总体目标是：以探索建立两岸经济合作机制为方向，以闽台区域经济一体化为目标，以国务院支持海峡西岸经济区建设《意见》为依据，通过先行先试，把“闽台经济合作先行区”建设成为两岸ECFA的先行先试区、两岸经济合作的紧密区域、两岸文化交流的重要基地、两岸直接往来的综合枢纽和推进祖国和平统一的前沿基地。

要实现这一目标，必须在科学发展观指导下，从推动祖国统一大局出发，把握两岸关系和平发展主题，贯彻落实中央对台方针和国务院的《意见》，充分发挥闽台“五缘”优势，坚持以人为本，科学发展；建立互信，搁置争议，求同存异，共创双赢；立足闽台，面向全国；先行先试与协调发展相结合；政府主导与市场导向相结合等基本原则，把福建的先行先试纳入ECFA框架，作为两岸ECFA的先行试点，以加快闽台经济合作模式从功能性向制度性的方向发展，为两岸建立经济合作机制，实现构建两岸共同市场目标积累经验。

其次要依据先行先试区域的特殊的目标和任务，因地制宜，规划设计多层次、点面结合的区域空间布局，重点建设以平潭岛为平台的共同规划、共同建设、共同投资、共同管理、共同受益的“五共”试点区；以厦门港、福州港为主体的两岸保税港区和自由贸易港区；以福厦沿海高科技产业带为主体的两岸制造业合作先行区；以两岸农（林）业合作试验区和台湾农民创业园为基地的现代合作先行区，以厦门为主体的两岸金融服务中心和面向海内外的两岸现代物流和交通枢纽。

第三，加强领导，创新机制。成立有国家相关部门和台湾有识之士参加的“海峡两岸闽台区域经济合作先行区”建设领导小组和办事机构，做好先行区的领导和协调工作；成立包括台湾和海外专家参加的专家智囊团，为规划和实施管理提供智力支持；遵照国务院《意见》认真落实中央赋予海峡西岸经济区建设的优惠政策，创新合作机制，重点建立闽台协商机制、政策支持机制、台商准入机制、经贸双向交流机制、资本开发机制、民间交流机制、劳务合作机制、地方联系机制等。

构建两岸经贸合作紧密区域研究

李　非*

在海峡两岸关系出现和平发展和国务院支持海峡西岸经济区建设政策出台的新形势下，如何进一步构建两岸经贸合作的紧密区域，发挥大陆临近台湾区域的独特对台区位优势，努力将其打造成两岸经济合作框架协议（ECFA）的先行先试区和对台交流政策的综合试验区，构筑两岸交流合作的前沿平台和对台政策的试验窗口，从而推动两岸交流合作向更广范围、更大规模、更高层次迈进，不仅有利于促进区域经济合作和经济发展，而且有利于推进两岸经济整合以及两岸关系和平发展。

一、构建两岸经贸合作紧密区域的重要意义

（一）深入推进对台先行先试的有效尝试

当前，构建两岸经贸合作紧密区域区面临着难得的重大历史机遇和前所未有的政策施展空间。随着两岸关系发生重大而积极的变化，两岸“两会”制度化商谈取得重大成果，两岸“三通”全面实现，经济、文化以及其他各个领域的交流合作不断取得新的成果，民间交流日益活跃，从而为构建两岸经贸合作紧密区域，积极有效地开展和推进对台先行先试提供了良好的外部环境和施展舞台，但也对建设两岸经贸合作紧密区域提出了新的更高标准和要求。在新的形势下，充分发挥紧密区域在对台交流中先行先试的作用，可以更好地服务两岸关系和平发展的大局。因此，两岸经贸合作紧密区域的政策定位应与“两岸人民交流合作先行先试区域、对外开放综合通道、东南部沿海先进制造业基地、重要自然和文化旅游中心”相衔接，与两岸经

---

* 作者简介：李非，厦门大学台湾研究中心副主任，教授，博士生导师。

济合作框架协议相呼应，并且更加超前，更加具体，更加具有可操作性，尤其在对台经贸、航运、旅游、邮政、文化、教育等方面，实行更加灵活开放的政策。这是构建两岸经贸合作紧密区域、深入推进对台政策先行先试的有效尝试。

（二）建立两岸经济合作机制的重要步骤

“两会”恢复商谈后，达成了一系列有关促进两岸经济合作的协议和共识，为两岸经济交流的正常化带来了显著的成果。在两岸经济关系基本实现正常化后，两岸经济合作的制度性安排就需要循序渐进地推动，逐步从功能性整合走向制度性整合。因此，2010 年“两会”协商的重点是推动签署两岸经济合作框架协议（ECFA）。但是，两岸制度性经济合作不仅需要一个逐步推进的开放过程，更需要局部地区渐进试行。因为两岸经济合作机制的构建，除需要两岸之间人流、物流、信息流和资金流等生产要素的顺畅流通，还需要两岸就相关事项进行制度性协商，其间肯定会涉及到公权力部门和比较敏感的议题，短期内全面实现和一揽子地解决有相当难度，需要一个长期的、分阶段实施的过程，因而应统筹安排，从点到面，从局部到整体，逐步推进。构建两岸经贸合作的紧密区域，可在对台经贸政策试行方面创造一个有利的“外壳”和平台。没有“先行先试”的区域合作试点，就不能解决两岸经济制度化安排的一揽子政策问题。可见，构建两岸经贸合作的紧密区域，既为两岸经济合作提供新的平台和载体，又为两岸经济关系发展提供新的动力和机遇。

（三）建设两岸经贸合作紧密区域的战略举措

随着中国大陆改革开放的不断深入，以行政区划为主体的经济管理模式逐渐被打破，以经济关系为纽带的区域经济协作日益得到加强。各地根据自身的资源条件、产业优势和技术基础，不断加强相互之间的经济联系，从而出现了多种形式的区域经济合作。从珠江三角洲到长江三角洲，从环渤海经济区到中部地区，从海峡西岸经济区到北部湾地区，区域之间既出现相互合作的趋势，又形成相互竞争的态势。在国家 20 世纪 80 年代“开放广东沿海特区”、90 年代“发展上海浦东新区”、21 世纪初期“开发天津滨海新区”的战略步骤下，通过构建两岸经贸合作的紧密区域，积极开展“两岸区域经济合作试点”，大力促进“海峡经济区”的形成，完全符合深化沿海开放战略和区域协调发展战略的实际要求，是中国区域经济发展的客观需要。2009年5月，《国务院关于支持福建省加快建设海峡西岸经济区的若干意见》正式出台，预示着构建两岸经贸合作的紧密区域已成为现实的可行性。

（四）扩大对台交流合作的重要部署

建设两岸经贸合作紧密区域，推动对台政策先行先试，可提升至“推进祖国和平统一大业的战略部署”的高度来考虑。大陆临近台湾的区域在促进两岸关系和平发展和祖国统一大业中有着不可替代的独特优势和重要地位。2006、2010年春节胡锦涛总书记两次视察福建时，要求“推进两岸经济技术交流合作取得新进展，促进两岸直接通航出现新局面，把寄希望于台湾人民的方针做到实处，推动两岸共同弘扬中华文化的优秀传统”。这些都表明构建两岸经贸合作紧密区域的重要性和紧迫性。

二、两岸经贸合作紧密区域的基本构想和功能定位

（一）两岸经贸合作紧密区域的基本构想

扩大对台经贸交流，建设两岸经贸合作紧密区域，应按照建立两岸人民交流合作先行区的要求，遵循科学的指导思想，确立明确的发展目标，落实循序的推进步骤，采取更加灵活开放的政策。

1. 指导思想

突出科学发展，突出对台优势，紧紧抓住中国沿海地区经济结构调整和新一轮跨越式发展的机遇，积极推进基础设施建设，大力发展高新技术产业、新兴服务业和高优农业三大现代产业体系，不断拓展产业规模，优化产业结构和提升产业素质，为加快构建两岸经贸合作紧密区域和促进两岸关系和平发展做出新的更大贡献。

2. 发展目标

建设两岸经贸合作紧密区域的发展目标是建设“先行区”和“示范区”：对内加快建设科学发展的先行区和体制机制创新的试验区，将其建设成重要的先进制造基地、港口物流基地、高优的现代农业基地和高级技术人才教育基地，初步形成适应科学发展的体制机制和具有国际竞争优势的先进制造业、现代物流服务业和高优农业三轮驱动的现代化产业体系，建成文明和谐家园的先行区；对外以强化与台湾的经济融合为基点，以全面深化两地

经济合作、促进两岸经贸合作紧密区域经济繁荣为主轴，进一步发挥对台政策先行先试和龙头带动作用，成为两岸交流合作的重要口岸和前沿平台，与台湾共同形成一个“通道顺畅、产业循环、经济一体、文化融合、制度趋同”的“两岸共同家园”的“示范区”。

3. 推进步骤

建设两岸经贸合作紧密区域，推进对台政策先行先试政策，应统筹安排，循序渐进，从点到面，从局部到整体，逐步开放，因而要做到短期的临时安排与长期的战略布局相结合，其发展规划可分三个阶段完成：

（1）启动阶段：进一步完善基础设施建设，构建两岸经贸合作紧密区域的基本框架和服务功能，为各类产业和社会事业发展创造良好的硬体环境，为建设两岸经贸合作紧密区域奠定坚实的物质基础。在对台政策先行先试方面，全面推进两岸经济关系的正常化，进一步发挥原有民间形式的经济交流机制，通过投资环境的改善，吸引更多的台商到两岸经贸合作紧密区域投资和发展，并在两岸商签经济合作框架协议的进程中，出台相关先行先试的政策措施，为两岸在一定区域内商品、资金、人员等生产要素的自由流动做出某种优惠和便利性安排，为全面建立两岸经济合作机制创造有利条件。

（2）发展阶段：从纵深方向全方位地拓展区域经济合作的范围和领域，深入推进两地经济关系从功能性整合走向制度性整合，加大对台招商引资力度，大规模引进台湾资金、技术和人才入区创业，初步形成“两岸共同家园”的雏形，促使产业分工和协作更加深入、产业集群迅速发展、对台交流合作更加紧密、商业氛围不断繁荣。

（3）提高阶段：在健全投资环境的基础上，推动两岸经贸合作紧密区域成为大陆沿海地区的先进制造基地、现代港口物流基地、对台交流交往基地、高级技术人才教育基地、高优农业和海峡旅游发展基地。在全面建立两岸经济合作框架的基础上，促进两岸在经济上的不断融合，最终形成“两岸共同家园”，形成紧密相关、高度依存、共生共荣的经济整体。

上述三个阶段是一个循序渐进的发展过程，在条件成熟时，有些政策内容可以同时实施和落实，也可跳跃式发展。

（二）两岸经贸合作紧密区域的功能定位

两岸经贸合作紧密区域的功能定位，要紧紧围绕建设“先行区”和

“示范区”的发展目标，在深化改革和扩大开放上先行先试，奋力成为科学发展和体制创新的先行区；在对台招商和扩大利用台资上先行先试，全力构筑两岸产业对接的集中区；在对台工作和扩大交流合作上先行先试，全力打造“两岸共同家园”和“两岸融合的示范区”。

1. 在深化改革和扩大开放上先行先试，奋力成为科学发展和体制创新的先行区

围绕建设两岸经贸合作紧密区域的发展目标，全面改善投资环境，大力推进基础设施建设，构建公共服务平台，提高两岸经贸合作紧密区域的改革开放水平。

（1）推进基础设施建设，优化投资硬环境。以打造科技工业园区为目标，加快园区建设，完善道路、供水、供电等基础设施和社会设施配套，为产业集聚发展提供功能更加完善的载体；进一步明确园区的发展规划和功能定位，不断完善园区的配套建设、管理和服务，促进企业向工业园区集聚，引导关联企业聚集化发展，形成以龙头骨干企业为主导、中小企业为配套、物流配送为保障的各具特色的工业园区。

（2）构建公共服务平台，优化投资软环境。深化行政审批制度改革，创新行政审批方式，简化和规范审批程序，提高行政效能和办事效率，率先实行审批管理“零收费”制度，构建服务型政府。转变政府职能，全面推进政事、政资、事企、政府与市场中介组织分开，强化政府经济调节、市场监管、社会管理和公共服务的职责。增强服务意识，改善服务方式，创新服务手段，营造亲商、安商、富商的良好氛围，促进技术服务、标准检测、网络信息、培训、现代物流等产业集群区公共服务平台建设。

2. 在扩大利用台资上先行先试，全力构筑两岸产业对接的集中区

针对台湾产业发展特点和对外转移趋势，加大对台招商引资力度，着力推进与台湾先进制造业、金融服务、旅游会展、航运物流、商贸、文化创意等方面产业的对接，提升产业合作规模、层次和水平，打造两岸产业对接集中区。

（1）加大对台招商引资力度，扩大利用台资规模。抓住国内外新一轮产业重组和生产要素转移的契机，密切跟踪台湾产业发展动态，密切与台湾相关行业协会、企业的联系，依托各类产业园区，突出“以台引台”，促进

两岸产业对接。以优化产业结构和增强竞争力为核心，以重大项目、高科技、高附加值项目、生财项目为重点，着力引进一批高质量的产业链龙头项目和配套项目。

（2）完善科技发展机制，有效提高利用台资水平。注重引进先进技术、管理经验和智力资源，加大多元化科技投入，提升企业技术进步和技术创新能力，为高新技术产业发展提供支撑。加强对产业技术创新服务平台建设的指导，并在资金、技术、人才等方面给予必要的支持，切实增强服务功能。

（3）走新型工业化道路，打造先进制造业基地。密切跟踪台湾先进制造业的发展趋势，围绕龙头企业有针对性地展开产业集群招商，加速上、中、下游配套企业的引进与衔接，延伸产业链条，扩大集群规模，做大做精拳头产品。大力实施品牌带动，加大自主知识产权和自有品牌的培育力度，引导和推动技术、资本等资源向优势品牌企业和产品集聚，不断提升产业核心竞争力和整体发展水平。

（4）发展现代服务业，建设港口物流基地。把握台湾服务业积极拓展大陆市场的机遇，加强与台湾服务业的合作，完善服务业发展规划，吸引台湾高端服务业项目落户两岸经贸合作紧密区域，在区内中心城市设立地区总部、配套基地、采购中心、物流中心、营运中心和研发中心，促进现代服务业和先进制造业有机融合，全面加快现代服务业发展，努力推动现代服务业上规模、成系统，不断增强中心城市的综合服务功能，提升城市生活品味和服务建设两岸经贸合作紧密区域能力。

3. 在扩大对台交流合作上先行先试，全力打造“两岸先行先试的示范区”

（1）两岸 ECFA 特别试行区。ECFA 的商签和实施是一个复杂和冗长的过程，需要一系列谈判和分步骤、分阶段实施。在此过程中，两岸经贸合作紧密区域可作为 ECFA 的特定先行先试区域，在谈判前后和 ECFA 实施过程中，比照 CEPA 签订时广东的一些做法，先行实施某些正在商谈或将要商谈的项目和条款，为 ECFA 的顺利签署和全面实施探索途径，积累经验。鉴于 ECFA 是两岸之间关于经济贸易合作与一体化发展的总体框架协定，双方在此框架下还要分别进行两岸贸易协定与投资协定的商签，在此过程中，两岸经贸合作紧密区域作为两岸合作的一个特殊区域，可在某些领域进行先期探索和实施。如在设立两岸金融合作试验区以及台湾服务业市场准入等方面争取中央更多的政策支持，积极试行两岸金融机构设置及信贷、汇兑、结算的开放，放宽汇率、税率、利率限制。

(2) 两岸要素往来通行区。积极探讨和大胆试行两岸贸易和人员等要素往来便利化管理办法，推动两地海空客货运直航更加便捷，使两岸各种生产要素的流动更加顺畅。如以平潭岛建设开发为重点，促进经贸交流和各类要素的直接双向流动，并在设立对台综合试验区以及台湾商品的市场准入等方面争取中央更多的政策支持，在争取赴金、赴台旅游，本地居民赴台自由行，外地居民办理赴台旅游签注等方面率先取得突破。

(3) 两岸同胞融合示范区。进一步做好台胞服务工作，对台胞在本地置产置业、就学就业、居住生活等实行居民待遇，鼓励常住台胞融入社区生活，参与社区服务，依法支持在当地投资、工作、生活的台商、台湾专业人士和优秀人才加入群团组织。进一步提升与台湾文化、教育、卫生、体育、民俗、宗教等方面交流合作的层次和水平，做好台湾人民工作，促进两岸民间交流和情感融合，努力为推动两岸关系和平发展做出新的贡献。

三、两岸经贸合作紧密区域的政策机制和具体措施

两岸经贸合作紧密区域的政策机制，就是要在扩大对外开放、深化体制改革和加强对台合作方面，积极探索新路径，努力打造新模式，建立一整套适应科学发展、体制创新和两岸融合的全新的政策机制。因此，如何充分利用两岸经贸合作紧密区域的对台特殊区位优势、工作基础和中央的政策支持，在进一步落实“同等优先、适当放宽”政策的基础上，把先行先试工作融入 ECFA 的总体框架中，有步骤地让一些带有探索性的经济贸易合作议题，在 ECFA 签署之前或每次补充协议之前，比照早期收割条款的形式，在两岸经贸合作紧密区域内先行先试，发挥“政策试验”的功能，通过局部先行和试验，探索建立具有区域特色的两岸合作新模式和新机制，为推动两岸经济合作框架协议进程和促进两岸经济一体化做出新贡献。

(一) 提供便利的投资合作条件，健全投资开发建设机制

加强投资领域的合作，提供更加优惠和便利的投资环境，形成更加有利两岸经贸合作紧密区域建设的投资机制。

1. 财税支持政策

（1）在国家产业布局和规划上，优先安排国家重大项目在区内布点，对基础设施建设给予一定的财政配套支持，采取如投资补贴、财政贴息、低息贷款等相关优惠措施，吸引各类资金参与建设；（2）对投资鼓励类项目，享受15%所得税优惠税率，免征设备进口环节增值税；对投资电子、机械等重大项目，免征设备关税和进口环节增值税；对台商投资企业税后利润再投资，继续实施退还再投资部分已缴纳所得税税款40%的政策；（3）对于非台商投资区范围，比照台商投资区执行过渡期税收优惠政策，对原来享受15%优惠税率的台资企业，2012年按25%税率一次性过渡到位，之前继续执行15%税率；（4）区内自台湾进口商品所征关税返还，成立有关产业发展基金，或争取设立两岸合资的“海峡投资基金”，拓展融资渠道。

2. 土地审批政策

重新梳理土地收储机制，赋予灵活的土地政策：（1）积极推动台商投资区扩区，将更多地区纳入台商投资区范围，形成一个更大范围的台商投资区，其建设用地指标由国土资源部单列解决，一次性下达、封闭运作，定期考核，可有效解决制约经济发展的用地瓶颈问题，增强对接台湾产业转移的载体功能，从而为吸引台湾大资本、大项目的落户创造条件；（2）对台商工业用地实施优惠价格政策，或采取5年税收返还政策；（3）经批准，生产性台资企业利用原工业厂房发展服务贸易类项目（不包括商业开发），免补缴土地出让金；（4）进一步完善农村宅基地管理制度，健全农村宅基地和村庄整理所节约土地的复垦及利用的制度。

3. 项目审批政策

积极争取中央支持，将台资项目核准和审批权限下放给地方，进一步简化台资项目审批内容：（1）由省级政府审批鼓励类项目5亿美元以下、限制类项目3亿美元以下的台资项目的合同、章程和变更以及相应的发证权；（2）涉及国家产业政策持股比例要求的，放宽为允许台商控股；（3）对台湾500大企业在区内投资的项目审批，在有关规划、重大项目布局及项目审批、核准、备案等方面给予倾斜；（4）对于不需要国家宏观调控的项目由地方主管部门自行审批，如涉及国家宏观调控的项目，可采取个案审批，优先安排；（5）对于不需要国务院行业主管部门审批的行业，如房地产、管理咨询、饭店餐饮和仓储业务等，直接改为登记制，投资总额在5000万美元以上的服务项目由区内相关部门上报商务部审批；而对需征求国务院行业主管部门意见或先由行业主管部门立项的行业，如医疗、广告、电信、建筑、旅行社、物流服务等，下放给当地自行审批，并报国家备案；（6）台资高新技术企业享受经济特区高新技术企业相同政策，放宽台资高新技术企业认定标准，将研发经费投入比例标准下调50%，将研发人员比例从10%调整到5%。

4. 台商准入政策

（1）对台商投资免予提供投资主体资格证明的公证和认证以及台商资信证明，可视同内资，享受内资待遇，从事零售、餐饮、商业经纪与代理、旅馆业、租赁服务业、娱乐服务业、信息咨询服务业等无需外资审批，实行登记制，并参照内资企业进行年检；（2）放宽台商投资的股比限制，允许台商以独资或控股的方式投资机电等产业，投资文化创意产业享受大陆同类企业相同政策；（3）参照CEPA模式，对港澳开放的一些行业、领域、范围等，也逐步对台商开放，除举办合资、合作和独资经营企业外，鼓励台商申办个体工商户，申请登记的经营范围，可参照国家允许港澳居民的经营范围办理，并鼓励台商购买企业股票、债券，承包、租赁、购买企业；（4）下放台资进入两岸经贸合作紧密区域的审批权限，开放基础设施、市政公共事业和服务贸易投资领域，鼓励台商取得土地使用权，开发经营，参与基础设施项目建设，并取得经营特许权等；（5）鼓励台湾投资者租赁农村集体土地，从事农业生产，对台资农业企业享受农业产业化龙头企业的优惠政策。

（二）实行开放的服务贸易政策，增强两岸经贸合作紧密区域的综合服务功能

努力推动两岸经贸合作紧密区域的服务业发展，增强综合服务功能。区内一些服务业领域，可优先向对方开放，放宽市场准入条件，相应降低市场准入门槛，或减少过渡期的期限，以吸引台湾企业来区内设立地区总部、配套基地、采购中心、物流中心、营运中心和研发中心。

1. 金融业开放政策

健全服务于两岸经贸紧密合作区的金融市场体系、金融机构体系、金融

业务创新体系、金融人力资源体系和金融法规政策体系，改善金融发展环境，深化对台金融合作，打造两岸区域性金融服务中心。一些带有“试验性”的政策，可在紧密区内试行操作，总结经验后再推广至其他地区。（1）对台资银行申请设立分行（或法人机构或入股商业银行）前一年年末总资产要求降低至60亿美元，且无需先在内地设立代表机构；（2）进一步扩大两岸货币双向兑换范围，推动互设兑换网点，增加兑换品种，提高兑换限额，扩大兑换对象，新台币挂牌兑换业务由个人扩展到企业，由现钞延伸到现汇，试点银行从中国银行扩大到其他商业银行；（3）允许对台贸易直接采用人民币结算，区内银行与台湾地区的银行直接采用新台币结算两岸通汇业务，无需兑换成美元间接计价通汇，区内银行可以为台商开展新台币贷款、贸易融资、担保等业务；（4）台湾同胞投资者经批准可以在区内设立风险投资公司、担保公司、技术转移中心和会计机构等中介机构，从事投资、技术培训和咨询服务等活动；（5）采取股份制形式，与台湾共同合资建立农业合作社、农业信托或农村银行；（6）对区内台资企业给予金融支持，将其纳入大陆中小企业信用担保体系，台商在生产和经营过程中所需的周转资金及其他必要的借贷资金，在同等条件下享受银行优先贷款的待遇；（7）积极推动对台离岸金融业务，为台资企业提供包括离岸存款质押在岸授信业务、离岸综合授信额度、离岸贸易授信融资业务、离岸贷款业务和银团贷款、债券融资等服务，并探索开展离岸再保险业务。

2. 商务物流政策

降低台湾经销商、代理商以及物流、仓储企业的准入门槛，为台商提供更多的发展空间：（1）台湾同胞投资者以及台湾同胞投资企业，可以参与台湾产品交易市场的经营活动，台湾地区的公司、企业、其他经济组织以及台湾同胞投资企业，可以组织举办台湾产品展览、展销活动，设立产品展位，允许台湾服务提供者设立独资、合资、合作企业，试点经营境外展览业务；（2）授权当地审批、组织赴台湾举办商品交易会，及在本地举办面向台湾和海外的大型会展活动，对组织赴台举办的商品展会，赋予组展单位面向全国各省（市、区）的招展权；（3）鼓励台商设立物流企业，利用台湾资金、设备和技术参与物流设施的建设或经营，允许台资物流企业注册的货代公司同时经营货代和货运业务。

3. 其他服务业开放政策

积极承接和吸引台湾各类服务企业前来投资设点，开办分支机构或办事处，放宽准入条件和进入范围。（1）台湾地区的科研机构、大专院校经批准可以设立科研分支机构和科研示范基地，台湾同胞投资者在企业内部设立研发中心，可按增设分支机构或增加经营范围的形式予以核准登记；（2）取消台资卫生保健机构投资总额限制，鼓励台湾的医疗机构合资、合作兴办医院，允许台湾服务提供者以独资形式设立门诊部门；（3）根据企业的生产需求（即劳动力市场的需求）培育应用型的技术人才，建立有关的中介服务机构，发展职业教育，引进台湾优秀的职业教育资源和人才，为社会提供台湾优秀职业教育和培训机构的信息咨询，并允许台湾投资者独资开办职业教育学校、职业技能培训机构，条件成熟后再开放其他办学类型，如2+2的合作办学模式（两地各读2年），学生取得本科学历，两岸互认。

（三）实行优惠的商品贸易政策，提供便利的贸易经营环境

在贸易领域扩大对外开放，进一步加强对台合作，提供更加优惠和便利的贸易环境。具体合作政策包括：贸易优惠政策、贸易促进措施、商品检验检疫、电子商务等方面。

1. 贸易优惠政策

（1）对区内劳动密集型产品和高新技术产品出口率先实行全额退税，逐步扩大全额退税产品范围，在三年内完全对本区所有出口商品全额退税；（2）将对台贸易人民币结算试点扩大为国际贸易人民币结算试点；（3）先行对两岸贸易实行税率优惠，对双方商定的商品，只要符合原产地规则，可享受比规定更加优惠的低关税，甚至是免税或零关税，可先行实施扩大台湾农产品进口零关税政策措施，将进口台湾农业优良种苗的审批权下放给当地；（4）对互补性较强的商品项目适当减免关税，试行部分工业品进口零关税政策措施；（5）对台资企业通过小额贸易进口自用机器零配件免征关税和进口环节税。

2. 贸易促进政策

实行更加开放的贸易政策，鼓励两岸经贸合作紧密区内的保税区、经济技术开发区、台商投资区、加工出口区等，与台湾的“加工出口区”、“科学园区”、“自由贸易港区”、“营运中心”等进行对接，赋予更加灵活、多

样变通的功能：（1）设置转运发货中心、发货仓库，放宽台湾贸易商进入条件；（2）有步骤地建立对台贸易渠道和网络，鼓励、促进台资企业产品返销台湾，或利用台湾、金门等地区进行简单加工、包装，以 MADE IN TAIWAN 出口至国际市场；（3）鼓励加工贸易产业升级，探索企业转型的路径和模式，给予企业五年左右的自主调整期，实现角色转移、园区转移、增值转移；（4）加强涉台贸易市场建设和运作，继续办好对台小额商品交易市场，提升配套服务水平，扩大经营规模，增强辐射影响力，简化对台小额贸易商品通关、船舶检疫手续，放宽免税入市的台湾商品范围，即产地限制、产品范围限制，允许台商生产所需的机电产品配件进入交易中心经营，取消一次性进口额度限制。

3. 通关便利化政策

（1）支持两地海关特殊监管区的紧密合作，就货物通关合作事宜进行磋商，实现互通信息、互认查验结果、检验检疫结果和审议价格；（2）通过全面推行网上审批、扩大授权、快速审核等措施，使合作紧密区域出口的产品检验检疫审批等行政许可进入快车道，最大限度地减少审批程序；（3）对台湾出口至区内的产品采取直通放行，即经产地相关机构检验检疫合格后，直接签发通关单，企业可凭通关单在报关地海关直接办理通关手续，无须在口岸二次申报；（4）对符合条件的进口法定检验检疫货物，口岸机构受理报检后签发通关单，不实施检验检疫，仅对货物加施封识（包括电子锁等），货物直运至目的地，由目的地口岸机构核查封识后实施检验检疫；（5）对台湾农业种苗等生产要素，直接由当地检验检疫部门检疫通关即可引进。

总之，扩大对台经贸交流，建设两岸经贸合作紧密区域，就是要造就适应科学发展和体制创新的先行区、对台经济政策的试验区和两岸合作的示范区，以作为构建两岸经济合作框架协议和机制的政策导向与发展方向。

参考文献

[1] 潘征等主编：《探索与成就—福建改革开放 30 年》，福州：福建人民出版社，2008 年。

[2] 张志南等主编：《海峡西岸经济区发展报告》，北京：社会科学文献出版社，2006 年。

[3] 张志南等主编：《海峡西岸经济区热点研究》，北京：社会科学文献出版社，2006 年。

[4] 李建平等主编:《中国省域经济综合竞争力发展报告》，北京：社会科学文献出版社，2006 年。
[5] 黄绍臻《海峡经济区的战略构想》，北京：社会科学文献出版社，2005 年。
[6] 钟岷源:《抚脉福建—海峡西岸的政经观察》，广州：南方日报出版社，2006 年。
[7] 肖万长:《一加一大于二：迈向两岸共同市场之路》，台北：天下远见出版公司，2005 年。
[8] 朱敬一主编:《ECFA 开创两岸互利双赢新局面》，台北：远景基金会，2009 年。
[9] 台湾区电机电子公会:《两岸合赢创商机》，台北：商周编辑顾问公司，2009 年。

中國大陸區域試點機制與兩岸海西產業合作的重要意涵

劉孟俊　鍾富國　歐宜佩*

第一節　前　　言

自改革開放以來，中國大陸經濟體制採漸進式改革，在經濟發展層面已有顯著的成效。除了區域上採取「先行先試」外，在發展新興產業上，也有其探索產業熱度的「試點」模式。如2008年推動的「十城千輛」新能源汽車試點計畫，與2009年所推動的「十城萬盞」LED照明產業計畫，均以試點先行的方式，以實現新興科技產業化為目標。此外，為進一步創造兩岸產業合作商機、建立兩岸產業合作平台，兩岸自2008年起開始推動「搭橋專案」政策，以促進兩岸產業交流合作。其目標在建立兩岸產業合作模式，營造更開放、友善的產業發展環境。其中，由於「試點」在推動兩岸產業合作上也是重要的一環，因此「搭橋專案」的規劃上，可對應著大陸漸進式改革區域試點機制，與海西就新興產業建立兩岸產業試點，調和兩岸制度體系相異，進一步落實兩岸合作商機。

在金融海嘯後，美國重回實體生產，發展新能源結合節能減碳，加上主導全球貿易規則制定，包括碳排放稅等，企圖回升美國實體經濟。「十二五」規劃期間，中國經濟發展方式轉變和結構調整，新興產業具有戰略地位。中國大陸正試圖由世界工廠轉型為世界市場，擴大發展服務業與高科技產業，調節擴大內需結合產業結構調整。意味著兩岸經貿關係總體的發

* 作者簡介：劉孟俊，中華經濟研究院大陸所副所長；鍾富國，中華經濟研究院大陸所分析師；歐宜佩，中華經濟研究院大陸所輔佐研究員。

展階段，從過去製造業交流為主，逐漸重心轉移為服務業與高科技產業合作。

金融危機後，世界各國積極推動新興產業，不僅對應全球節能減碳新趨勢的要求，同時中國大陸企圖擴大在戰略性新興產業的投資與技術開發，以搶佔下一波科技競賽的制高點。在此全球新興產業的發展趨勢中，形成兩岸產業擴大合作的新契機，為此，兩岸產業與決策單位需有新的作法。具體而言，推動搭橋專案模式不單須要考量兩岸新興產業發展需要，亦須要內涵中國大陸產業試點機制，就選定若干適當區域進行應用服務實驗，以汲取整合科技與市場經驗，及早促進新興產業技術產業化的目標。藉由兩岸搭橋專案推動的新興產業試點先行，亦可進一步促成兩岸產業鏈的整合，並共同拓展全球市場。據此，兩岸產業合作在海西經濟地區的試點先行，更有其重要意涵性。

然而，中國大陸區域試點機制所扮演的角色，偏向於內部體制改革與重大政策，對於兩岸合作共同推動試點先行的分析卻較少。因此，本文側重於海西經濟區在兩岸新興產業合作試點可扮演的角色，以作為未來搭橋專案在深化兩岸產業合作的參考依據。具體而言，就兩岸搭橋專案來說，以推動一產業一平台的合作模式外，同時亦需思考，對應中國大陸在區域試點機制，建制兩岸特有的區域合作試點機制。金融海嘯後，若以海西作為兩岸推動新興產業合作場域，應有其政策需要與價值。

在分析架構上，本文首先從制度創新的角度出發，解析在經濟特區與重大政策推動過程，區域試點機制存在的必要性，藉以說明先行先試的模式、意涵以及其所帶來之優勢。其次，在新興產業領域中，探索台灣與海西經濟區內可行新興產業發展模式。最後則建議海西經濟區建置兩岸產業合作點機制的角色與相關政策作法。

第二節　中國大陸區域試點機制

一、經濟特區面臨轉型挑戰

從初期的經濟特區，先行先試的模式邁向近期的綜合配套改革試驗區，經濟特區主要表現在經濟對外開放，通常情況下著重吸引外資，以增進當地稅收，從而帶動經濟成長。被比喻為新特區的「綜合配套改革試驗區」則注重社會經濟各個層面的體制改革和創新。先行先試模式轉化，意味著改革的特徵有多種層次的改變。首先，顯現在制度創新廣度不同，從初期的經濟發展為主，慢慢將制度創新涉及的層面擴及到社會經濟生活領域，包括文化生活、社會和諧等。其次，制度創新的著重點不同，初期的制度創新範疇較傾向於政策優惠引領，屬於一種外來型的發展模式。現階段發展的綜合配套改革試驗則更強調由內部因地制宜，符合中國大陸特色的創新模式。

目前中國大陸一共設立了八個國家級綜合配套改革試點區。上海浦東新區、天津濱海新區以及深圳市為目前僅有的全面型綜合配套改革試驗區，試驗區的試驗規模最大；成渝、武漢城市圈、長株潭城市群以及瀋陽經濟圈則被列為專題型的綜合配套改革試驗區，試驗的範疇較為集中。這從「全面型」與「專題型」綜改區的批准單位，分別為國務院與發改委。自 2005 年 6 月國務院批准上海浦東新區進行綜合配套改革試點以來，不少地方先後向國務院或發改委提出了開展綜合配套改革試點的申請。

雖然中央批准國家級綜合配套改革試驗區的腳步已逐漸放緩，但各省市仍舊以設立省級綜合配套改革試點的模式來推動改革試點，並以各地的地方特色，緊扣解決限制本地經濟社會發展的問題。例如河南省在開封市等八個城市推動「文化改革發展試驗區」，浙江省在民營經濟發達的溫州、台州推動「民營經濟創新發展綜合配套改革試驗區」，雲南則是在昆明、紅河州推動「旅遊業綜合改革試驗區」。

二、重大政策試點與區域海外合作試點

除了以地區推動各項改革試驗的模式外，中國大陸在全面推行重大政策之前，也往往會在一些地方先行試點。中國大陸近年來重大政策試點改革方案，涵蓋面亦廣，如資源枯竭型城市經濟轉型、國家創新型城市、國家技術創新工程、深化流通體制改革、公立醫院改革、境外投資外匯管理改革、跨境貿易人民幣結算等。

另一項值得關注的是，目前中國大陸的區域海外合作試點，也成為新興

模式。例如荷蘭為吸引更多自然科學領域優秀人才，在中國大陸啟動高端人才試點，吸引更多中國大陸高端科研人才，以緩解荷蘭國內的博士人才短缺現象。或是新加坡保健集團與福建省衛生廳簽署人才培訓協議，福建省將選派 110 名社區衛生服務中心工作者赴新加坡取經，學習最新的社區衛生服務經驗，並在廈門試點新加坡的社區衛生服務中心模式。另，韓國亦與中國交通運輸部簽署《陸海聯運汽車貨物運輸協定》，確定山東為對韓合作先行區。此外，台灣亞洲創新文化集團獨資建設，投資總額為 12 億美元，投資建立 87 公頃的商業複合設施，名為「中國南京亞洲創新產創意產業園區」的主題園區，預計 2011 年完成（新華社 2006 年）。專案建成後將重點在數位動漫、影音娛樂、市場運作、媒體整合及人才培育 5 個方面，同時還將引進包括動漫策劃製作等相關數位內容的 150 家企業分批入駐。

2009 年 5 月，國務院《關於支援福建省加快建設海峽西岸經濟區的若干意見》正式頒布，為平潭加快發展提供機會。國務院《意見》指出，「同意在現有海關特殊監管區域政策的基礎上，進一步探索在福建沿海有條件的島嶼設立兩岸合作的海關特殊監管區域，實施更加優惠的政策。」根據這一精神，福建在調研的基礎上，於 2009 年 7 月底正式設立福州（平潭）綜合實驗區，積極探索開展兩岸區域合作，建立兩岸更加緊密合作交流的區域平台，建設平潭成探索兩岸合作新模式的示範區和海西科學發展先行區。

基本上中國大陸各項試點改革方案，主要都是因應內部的需求所制訂的。然而，在政策改革日益困難與複雜，單純地引用海外經驗的可能難以借鏡。可以預見中國大陸與海外合作試點，動員海內外專家的能量，轉化外部經驗突破現有障礙的模式，可能將更加普遍。或者為對應中國內需市場的特殊條件，轉化海外技術產業化，尤其在新興產業合作領域，爭取與海外進行試點合作，有其必要。對兩岸而言，應可就區域試點模式推動產業合作，不僅合於中國大陸改革開放的模式經驗，更可縮減兩岸合作所需摸索過程，有效促成合作的效益。

第三節　後金融風暴兩岸戰略性新興產業合作契機

一、國際間新興產業涵蓋領域

預期後國際金融危機時代，2011 年中國的醫藥品市場成長達到 5000 億元人民幣，規模僅次於美國，排行世界第 2；中國的網路廣告市場 2007－2011 年的年平均成長率 39.5%，2011 年達到 270 億 7000 萬元人民幣規模（Fuji Sankei Business.，2007）。中國 Internet Shopping 市場動向預測報告，2011 年中國的線上購物使用者超過 2 億人，市場規模為 5700 億元人民幣（中國 iResearch，2009 年）。又，2013 年世界的 OLED 發光照明與光源市場將成長到 45 億美元規模；世界的「超材料」（meta－material）市場擴大到 6 億 1760 萬美元規模（美國 BCC Research 報告，2008 年）。世界的抗老化（anti－ageing）產品與服務的市場規模由 2008 年的 1622 億美元，擴大到 2745 億美元（美國 BCC Research 報告，2009 年）。中國全國工商聯環境服務業商會駱建華秘書長預測，2015 年中國的綠能相關產業將達到 GDP 的 10%，約 5 兆 3000 億元人民幣（Bloomberg. co. jp，2010/2/5）。國防科工委計畫，2015 年中國的造船量達 2400 萬噸，全球市占率的 35%，保持世界第一的噸位數（北京週報 日本語版，2005/3/21）。預測 2015 年，世界的油電混合車與電動車，約 50% 使用鋰離子電池（朝日新聞，2009/11/1）。2009 年英政府報告書預測，2015 年包括減少溫室氣體對策的環保相關市場規模約達到 4.3 兆英磅（讀賣新聞東京版，2009/7/16）。以上對應著全球節能減碳的全球與大陸市場新趨勢要求，同時個別國家企圖擴大在戰略性新興產業的投資與技術開發，以搶佔未來商機。

後國際金融危機時代，中國大陸推動經濟的「全面協調」與「可持續發展」，並強調「創新驅動」與「內生成長」的發展模式（溫家寶，2009）。「自主創新」為經濟結構調整和發展方式轉變的關鍵環節，發展戰略性新興產業為經濟轉型的重要作為。戰略性新興產業具有「產品要有穩定並有發展前景的市場需求」、「要有良好的經濟技術效益」、「要能帶動一批產業的興起」的特性。即戰略性新興產業須有產業帶動能力強、就業機會多、能耗低、污染少等特點，符合低碳經濟和循環經濟（Circular Economy）的發展方向，對提升產業產品附加價值，提高經濟成長的品質發揮重要作用。

在當前「後危機時代」，世界主要國家均致力於發展新興產業，但其內容與側重點卻有所差異（見表1）。大體而言，「綠色技術」與「低碳經濟」均是中國大陸與其他國家著重發展之處。因應全球能資源短缺與碳排放問題的挑戰，將電動汽車、節能環保、新能源與資訊網路列入。同時中國大陸為因應未來其他強國及前瞻性問題的挑戰，而將航空航太、生物醫藥、農業育種、海洋工程開發列入其中。就台灣六大新興產業而言，著重轉化資通訊產業過度集中於硬體製造，導引ICT製造業進入許多應用與服務產業，創造ICT產業嶄新藍海市場與商機。但相異之處，中國大陸並未將服務業單獨列入其戰略產業，而美國、日本、韓國與台灣等國相對著重醫療服務等高附加價值服務產業。

表1　中國大陸與主要國家/地区新興產業涵蓋領域

	新興產業涵蓋領域
中國大陸	戰略性新興產業七大領域：新能源、節能環保、新能源汽車、新材料、生物產業、新興資訊產業、先進設備製造業
台灣	六大新興產業：綠色能源（太陽光電、LED照明、電動車）、生物科技、醫療照護、觀光旅遊、文化創意與精緻農業 四大新興智慧型產業：雲端運算、智慧電動車、智慧綠建築、發明專利產業化 十大重點服務業：國際醫療、國際物流、音樂及數位內容、會展、美食國際化、都市更新、WiMAX、華文電子商務、教育、金融服務業
美國	新能源、幹細胞、航太航空、寬頻技術、節能環保、智慧地球、遠距醫療、生物科技等
日本	商業航太市場、資訊技術應用、新型汽車、低碳產業、醫療與護理、新能源（太陽能）等
英國	電動車、混合燃料車等
德國	電動汽車、鋰電池產業化生產
韓國	綠色技術、尖端產業融合、高附加價值服務等三大領域：太陽能電池、海洋生物燃料、IT系統、生物製藥與醫療、機械人應用、醫療服務等17項新興產業

資料來源：本研究整理，2010/06

二、中國大陸新興產業試點佈局

顯然地，發展戰略性新興產業將或已成為中國大陸重要的政策項目，預期將陸續展開區域試點。《戰略性新興產業發展十二五規劃》其發展重點領域與產業區域佈局等政策措施雖未正式公佈，惟區域相關的試點工作已於2009年陸續展開（見表2），或可據此判斷即將推動的新興產業的試點佈局。綜合而言，由表2各個產業的試點地區來看，試點區域的選擇通常較偏向低度發展區域，藉以累積有啟示的發展經驗。

但就產業試點而言，目前中國大陸戰略新興產業的區域佈局，仍偏向於經濟發達的區域；前瞻性領域，如資訊網路、航空航太、生物科技、海洋工程開發等，其重點發展區域亦偏向於經濟較發達或沿海的城市和地區。有少數資源型（大陽能、鋰電、風電等）、節能環保（低碳經濟、循環經濟等）、或材料型的產業，選擇在內陸地區進行試點。其中，關於福建地區所推動的新興試點產業有新能源產業的海上風電、新材料產業的LED、生物醫藥產業、以及海洋工程產業等。

表2　中國大陸戰略性新興產業試點區域（不完全統計）

產業	項目	試點或佈局區域
新能源	太陽能屋頂	陝西延安、新疆
	風電	風電：新疆、內蒙古、廣東、江蘇等 海上風電：江蘇、廣東、山東、福建（廈門）等
	鋰電	江西宜春（國家鋰電新能源高新技術產業化基地）
節能環保	生態經濟、低碳經濟	1. 黃河三角洲高效生態經濟區發展規劃 2. 爭取低碳經濟試點城市及地區：廣東、北京、上海、保定、合肥、南昌等
	循環經濟	1. 循環經濟試點城市：貴州六盤水與青海柴達木、內蒙古鄂爾多斯、四川攀枝花、新疆準噶爾五個西部城市 2. 區域循環經濟總體規劃：河南省、甘肅省、青海省
	智慧電網	山東、安徽等（第二批試點：江蘇、浙江、陝西、重慶、天津、湖北等）

续表

產業	項目	試點或佈局區域
新能源汽車	「十城千輛」	1. 北京、上海、深圳、重慶、長春、杭州等13個城市（試點範圍將增至20個城市） 2. 私人購買新能源汽車補貼試點：上海、長春、深圳、杭州、合肥
	電動汽車充電站	上海、天津、西安等
新材料	LED：「十城萬盞」	北京、天津、深圳、鄭州、石家莊、保定、大連、西安、上海、廈門、福州等21城市
	特種功能材料、高性能複合材料等	新材料國家高技術產業基地：寧波、大連、洛陽、金昌、廣州、寶雞、連雲港
新興資訊產業	物聯網：「感知中國」	江蘇無錫（物聯網示範基地）、上海、四川、浙江、山東等；「感知北京」、「感知杭州」
	三網融合	上海、深圳、杭州、哈爾濱、武漢、長沙等
生物產業	生物醫藥、先進醫療設備製造	1. 泰州醫藥高新技術產業開發區（江蘇） 2. 北京《推動北京生物醫藥產業跨越發展的金融激勵試點方案》 3. 永春（福建生物醫藥產業發展試點縣）
	生物農業	北京為重點發展區域
先進設備製造業	海洋工程、海洋化工、海洋新能源、生物產業、環保產業等	山東半島藍色經濟區（全國海洋經濟發展試點）
	海洋工程設備	大連、天津、青島、上海、廈門、深圳等地佈局
	航天航空	西安（中國民航唯一的通用航空試點園區）、天津

資料來源：本研究整理，2010/06

三、兩岸新興產業合作的重要意涵

著眼於未來的產業效益相當可觀，兩岸也在各領域具獨特優勢，相信兩岸產業合作將可創造共同的利益。兩岸（以及台灣與海西）重點合作的產業項目，需要從雙方整體產業的未來發展，以及對台灣的影響加以考量。具體而言，台灣為因應未來節能減碳、人口老化、創意經濟興起等世界趨勢，目前主打六大新興產業，涵蓋綠色能源、生物技術、醫療照護、觀光、文化創意與精緻農業等。在綠能領域，未來5年內，台灣政府將於風力、太陽光電、LED 照明光電、生質燃料、氫能與燃料電池、能源資通訊、電動車輛等產業及科技研究經費投入 374 億元台幣。整體綠色能源產業預估 2015 年產值可以提高至 1 兆 1580 億元台幣，達兆元產值規模，可望帶動民間 2000 億元台幣以上的相關投資。

從台灣相對優勢的電子科技產業領域來看，太陽能、電動車與物聯網①，將是兩岸戰略性新興產業合作開發新商機的最佳佈局。尤其新能源產業預期會成為重點，台灣可在太陽能電池等新能源設備供應扮演重要角色。資訊網路產業中涉及的物聯網，中國大陸所掌握的 RFID、感測器、MEMS 等關鍵技術成熟度尚顯不足，進而限制物聯網的發展推廣。據判斷，台灣可在感知層面上的技術突破和示範應用做出貢獻。

就電動汽車而言，中國大陸已成為全球最大車輛市場並最積極進軍電動車輛。在《戰略性新興產業發展規劃》發佈後，將對新能源汽車產業上下游的支持更完備，包括上游的車載電池、電控系統等關鍵零組件，及下游的電動汽車充電站等基礎建設市場，在兩岸高度優勢互補下，商機不容錯失。

另外，中國大陸國家電網已在安徽、山東等多個省市啟動智慧電網②試點工作，預期在 2020 年智慧電網總投資規模將近 4 兆元人民幣，未來在智慧電表、數位化變電站等商機可期。相對而言，經濟部能源局及台灣電力公司目前正積極推動規劃「智慧型電表基礎建設」（Advanced Metering Infrastructure，AMI），將充分運用台灣資通訊產業的優勢，開發核心元件帶動產業發展，並透過大規模建置與測試，可吸引台灣廠商投入，拓展兩岸等海外龐大的智慧電網新商機（經建會，2010）。

最後在台灣與海西重點合作的產業項目選擇層面，亦需要從兩岸整體產業的未來發展，以及對台灣的影響加以考量。首先可以思考兩岸優先推動合作的產業項目，是兩岸政策共同支持推動之產業，如台灣所推動的六大新興產業、四大新興智慧型產業、十大重點服務業，以及中國大陸所推動的新興戰略型產業、海西區重點發展產業（見表 3）。綜合上述三個層面所推動的

---

① 物聯網（Internet of Things）是指結合網際網路和無線射頻辨識（RFID）、感測器（Sensor）等技術，將所有物品連結起來所形成的網路，以實現各種智慧運用。

② 智慧電網（Smart Grid）是整合發電、輸電、配電及用戶端的現代化電力網路，可降低用電量及提升使用端能源效率，各國均納入節能減碳主要政策中。

產業項目，大致上可將台灣與海西的重點合作產業項目鎖定在綠色能源、節能環保、生物醫藥、國際物流、文化創意、金融服務等產業。特別是在新興產業的部分，其已蔚為全球重要發展產業，同時新興產業的發展也相較少在海西區展開，沒有既存利益者體系存在，能夠降低兩岸協商合作之阻礙，強化兩岸合作項目之成功機會。

表 3　兩岸重點推動的產業項目

台灣	海西區
六大新興產業 觀光旅遊、醫療照護、生物科技、綠色能源、文化創意、精緻農業 四大新興智慧型產業 雲端運算、智慧電動車、智慧綠建築和發明專利產業化 十大重點服務業 國際醫療、國際物流、音樂與數位內容、會展、美食國際化、都市更新、WiMAX、華文電子商務、教育、金融服務業。	十大與台灣對接產業 資訊、機械、石化、紡織製鞋、食品、冶金、建材、新興、物流業、金融業 海西重點發展產業 先進製造業、電子資訊、海洋生物、低碳科技、文化創意(動漫產業與數位內容)。
共同目標 綠色能源、節能環保、生物醫藥產業、國際物流、文化創意、金融服務業	

資料來源：本研究整理

第四節　新興產業與建置海西兩岸產業合作試點機制

隨著三通與 ECFA 等兩岸經貿關係的改善，兩岸經濟將加強整合，可為雙方帶來發展的新契機。兩岸共同推動「搭橋專案」政策，促進產業交流合作。為有效促進實質效益與互信關係，建議可結合中國大陸區域試點機制，推動兩岸產業合作試點。目前，海西區已被定位為對台先行先試的場域，善用賦予先行先試的政策空間，尋求雙方深化合作的運行模式，突破兩岸現有法令與限制，營造有利於未來兩岸產業合作的制度環境。海西區雖獲得對台先行先試的政策支持，但仍充滿許多挑戰，其困難度甚至高於中國大陸其他試點任務。政策規劃除考量既有的區域改革障礙外，亦需考量到兩岸體制的差異，從中摸索適切的兩岸經濟合作機制。

為達到促進雙方互利與互惠的效益，首要須建構雙方互信的基礎，是推動兩岸合作所需正視的問題。迄至目前，在兩岸產業合作上，海西區能夠發揮的試點效益，仍於初步階段，兩岸共同推動「搭橋專案」應善用海西區的先行先試權，爭取兩岸產業合作的初步成果，與摸索出可行的兩岸經濟合作機制與經驗，可發揮促進建構雙方互信基礎的作用。

縱然在 ECFA 協議下，兩岸無論是製造業或服務業仍不可能達成雙向全面性開放，但可仍利用海峽兩岸產業分工來創造雙贏的局面。由於兩岸交通往來便捷，以及在 ECFA 簽署後兩岸經貿進一步整合下，台灣與海西有機會形成一大型產業聚落。屆時，在中國大陸與東南亞投資的台商勢必就兩岸產業分工重新佈局。在台灣與海西區在製造業的層面可進行產業的垂直整合，同時服務業亦可藉由海西區的試點，逐步拓展到中國大陸的市場。

目前，中國大陸特別賦予海西經濟區「對台先試先行」的任務，或許可提供兩岸突破現有法令限制的契機，執行較具前瞻性的合作方案。對於台灣與海西區產業合作項目的考量，建議可著重於推動新興產業的共同合作發展方案，不僅能順應全球潮流，同時可呼應中國大陸與海西近期所推動的發展熱點。另外，新興產業領域仍未在海西區形成產業聚落，兩岸合作在協商與規劃上有較大的自主空間。如在兩岸產業標準、無線城市等領域，在對台先行先試的特別權允許下，有可能突破中國大陸政策或法規限制。若結合兩岸智庫與產業界力量，協助海西規劃出具創造性的合作模式，爭取中國官方承諾具體支持發展項目，將可促使台灣的新產品、新技術、新商業模式在海西經濟區展示；海西經濟區亦可對接上述新產品、新技術與新商業模式。

具體來說，在製造業的合作，可考慮中國大陸未全面性開放的高度敏感產品，在海西區利用「先行先試」來推動。目前中國和東協的 FTA 裡，列出高度敏感性產品，如部份農產品與汽車產品等。這些產品有一部份將來兩岸簽訂商品貿易協定時，未必會對台關稅減讓開放的項目。因此兩岸可就此在海西區爭取先行合作試點。另外包括關於產業標準的產業（如無線城市、物聯網、WiMAX）與生物科技產業（如中藥草與學名藥），也可以藉由在海西區的先行先試政策，爭取大陸開放台商在當地的發展機會。

由於兩岸經濟規模相差懸殊，對於合作所應優先推動的產業項目，還需要考慮到對台灣投資與就業環境的影響。對於台商回台或陸資來台投資有所助益之產業類別，如觀光產業以及兩岸產業互補型產業（電子產業垂直整合），則應以政策鼓勵與海西的產業對接；但若是產能外移產業，如石化業，則不應加以鼓勵，以免戕害台灣產業環境未來的發展。

最後，在推動中國大陸產業合作之際，台灣官方多未正視地方與國有企業在產業合作的作用，偏向台北－北京的對話，忽略中國大陸地方的能量與實力，以及國有企業在新興產業如新能源產業，具有絕對的實力。進而未理解中國大陸中央和地方在同樣的政策上，目標與價值取向有一定差異，區域試點更有「bottom－up」的特性。因而未能深刻掌握海西經濟區「對台先試先行」的重要意涵，搭橋專案設計亦疏忽與中國大陸地方合作的模式。在ECFA與後金融海嘯時代來到，推動兩岸搭橋專案需有新的作法，新興產業與區域合作試點是為重要元素，而海西經濟區應可就此加以着墨。

參考文獻

[1] 溫家寶（2009），「讓科技引領中國可持續發展」演講全文。

[2] 經建會（2010），智慧電網對台灣之機會與挑戰。

海西发展战略与两岸经贸合作

宋淑玉*

两年多来，两岸关系步入和平发展轨道，迎来了大交流大合作大发展的新一波热潮，也给两岸经贸合作带来了新的发展机遇。海西经济区具有独特的优势，因而在两岸经贸合作中可以发挥特殊的作用和作出特殊的贡献。

一、两岸经贸合作日趋紧密

（一）两岸经贸的简要回顾

随着大陆开始改革开放，全国人大常委会在1979年元旦发表《告台湾同胞书》，两岸关系进入到对峙下的交流交往阶段。《告台湾同胞书》不仅对两岸的政治关系提出了新的构想，而且直接促成了两岸经贸交流的启动。《告台湾同胞书》提出“我们希望双方尽快实现通航通邮，以利双方同胞直接接触，互通讯息，探访亲友，旅游参观，进行学术文化体育工艺观摩”。① 这是大陆首次提出了“三通”的思想。由于台湾当局坚持与中共“不接触、不谈判、不妥协”的“三不政策”，两岸的经贸交往仅限于一些小额的海上贸易和一些主要经香港转口的间接贸易。在1981年国庆节前夕“叶九条”提出“我们建议双方共同为通邮、通商、通航、探亲、旅游以及开展学术、文化、体育交流提供方便，达成有关协议”、“欢迎台湾工商界人士回祖国大陆投资，兴办各种经济事业，保证其合法利益和利润”的“三通”主张后，② 在大陆的积极推动下，1985年的7月间，台湾当局将“三不政策”

---

* 作者简介：宋淑玉，北京联合大学台湾研究院副教授。

① 《告台湾同胞书》，《人民日报》，1979年1月1日。

② 叶剑英：《关于台湾回归祖国实现和平统一得方针政策》，《人民日报》，1981年10月1日。

改为“不鼓励、不接触、不干涉”，有条件的放宽从大陆进口货物的限制，放松中小企业向大陆投资，这促进了两岸经贸关系的进一步发展。

进入到90年代以后，随着两岸开放格局的扩大，台商赴祖国大陆的投资活动开始呈现“井喷”趋势。1993年4月27日至29日，第一次“汪辜会谈”达成的共同协议中，“双方均认为应加强两岸经济交流，互补互利。双方同意就台商在大陆投资权益及相关问题、两岸工商界人士互访等问题，择时择地继续进行商谈”。[①] 1995年1月30日“八项主张”发表，大大增强了台商投资大陆的信心，大规模投资活动明显上升，两岸经贸高速增长。在两岸“直航”上也出现了两岸民航运输票证“一票到底”、海运“试点直航”重大成果。1999年12月，国务院发布《中华人民共和国台湾同胞投资保护法实施细则》。与1994年3月实施的《中华人民共和国台湾同胞投资保护法》一起，再加上80年代中期开始制订的鼓励、支持、保护台商投资的一系列各类法律法规法令一起，组成了保护台湾同胞投资的法规体系，推动着两岸经贸的进一步发展。

2000年3月后，虽然两岸关系面临“极端台独”势力的威胁而僵局依旧，但两岸经贸交往仍有所突破。在两岸贸易继续增加、台商投资大陆不减的同时，先后有“小三通”、“春节包机”等“直航”成果。特别是2005年4月国共两党签署“五项共同愿景”，大陆在次年4月提出了两岸关系和平发展思想和理论，并且在此前后先后出台了数十项惠台政策，在有效抵制“台独”势力干扰和破坏两岸交流的同时，推动两岸经贸交流继续前进。

2008年，是两岸关系出现重大转折的一年。2008年3月22日，国民党候选人马英九当选台湾地区新任领导人，这为两岸关系和平发展提供了新的契机。而且由于国际金融危机席卷全球，造成台湾经济严重衰退，经济问题成为马英九上台执政后面临的最大问题，也是马英九未来连任的最大挑战。与此相对应，大陆经济在此次金融危机中表现出了极大的活力。在这一背景下，两岸经贸关系迎来了新的发展机遇。经过两岸的共同努力，两会先后签署了12项协议和达成2个共识，两岸“三通”构想基本实现，两岸关系迈出了历史性的一步。同时，完成两岸经济关系正常化和经济合作制度化被提

---

① 汪道涵、辜振甫：《汪辜会谈共同协议》，1993年4月29日。

上议事日程。两岸经贸站在新的历史起点上，迎来新的历史机遇。

（二）两岸经贸依存度的改变

尽管两岸社会制度、经济结构和运行等方面存在很大差异，大陆始终坚持不以政治分歧影响和干扰两岸经贸交流与合作的方针，积极推动两岸经贸发展。由于台湾当局长期对两岸经贸采取限制性政策，两岸经贸呈现出单向、民间、不对称相互依赖的基本格局。但是，30 余年的经贸合作加深了海峡两岸经济相互依赖、相互促进的关系，使海峡两岸经济一体化趋势日益明显。可以说，大陆与台湾的经济联系从来没有像现在这样密切。尽管目前两岸已成相互倚重的经济伙伴，但两岸经济的互补性仍未完全发挥出来。随着国际经济环境特别是东亚经济环境的变动以及两岸经贸的深入发展，两岸已经自发形成的这种功能性一体化向制度性一体化进展成为大势所趋。

一是两岸贸易依存度的变化。过去 30 年内，伴随着台商对祖国大陆的投资及两岸产业分工与合作格局的形成与发展，两岸贸易规模不断扩大，两岸贸易在双边经济中的地位也不断提升，两经济体已互为重要的贸易伙伴。大陆自 1992 年起便取代美国成为台湾第一大贸易顺差来源地、最大的贸易伙伴、最大的出口市场。两岸贸易特别是大陆对台湾的贸易逆差，已成为支撑台湾经济持续增长的重要支柱。

30 余年来，两岸累计贸易额达到 9636. 2 亿美元，其中大陆对台湾出口 1723. 5 亿美元，台湾对大陆出口 7913. 2 亿美元，台湾顺差累计达 6189. 7 亿美元。① 从 1978 年到 2009 年，从台湾方面来看，对大陆的进口依存度由 0. 42% 上升至 11. 7%，对大陆的出口依存度由零上升至 42%，台湾对大陆外贸依存度由 0. 19% 上升至 28%。从大陆方面来看，对台湾的进口依存度由零上升至 8. 5%，对台湾的出口依存度由 0. 47% 上升至 1. 7%，大陆对台湾的外贸依存度由 0. 22% 上升至 4. 8%。当然，大陆对台湾的外贸依存度，近几年来不升反降，特别是 2009 年降幅要大一些，这是近几年来大陆经济发展好于台湾的结果。也是受国际金融危机的影响，2009 年间两岸贸易下降 17. 8%，台湾外贸下降达 20%。大陆外贸虽说下降 13. 9%，但是经济基

① 《2009 年 1－12 月大陆与台湾贸易、投资情况》，商务部台港澳司，2010 年 1 月 15 日，http：//tga. mofcom. gov. cn/aarticle/d/201001/20100106749276. html.

本面不受影响。因此，大陆对台湾的外贸依存度有所下降，更是说明两岸经济互补性的重要，台湾方面的需求要大于大陆。由此可见，两岸“经济两化”，有助于在发展两岸经贸的同时，有利于两岸经济互补性的增加。

二是海峡两岸投资依存度的变化。由于台湾当局长期以来对大陆资金入岛采取十分严格的限制措施，大陆资金基本没有投资，两岸投资关系主要表现为资金从台湾到大陆的单向流动。台商对大陆投资表现出的特点是，项目数量减少但单个项目规模不断增加，投资产业行业和区域更加集中。据统计，台商对大陆投资金额占台对外投资总额的比重在1991年即高达9.5%，虽然台湾地区对中国大陆的年投资规模波动较大，但总体上呈不断上升之势。截至2009年底，台商投资大陆项目已达80061个，到位台资495.4亿美元。大陆已成为台湾最大的对外投资目的地，台商对大陆投资依赖的程度在不断发展。两岸在经贸、投资方面所共同表现出来的依存度的变化，既由两岸经济体总体发展状况决定，也是台湾当局长期以来在两岸经贸上的限制政策的影响而形成的。

二、两岸经贸合作前景

两岸经济关系是一种以市场原则为取向、以双方经济利益需要为动力的经济联系。在经济全球化和区域经济一体化的压力下，两岸建立稳定的经贸合作机制，逐步推进经济一体化已是大势所趋。

2008年底，胡锦涛总书记指出：“建立更加紧密的两岸经济合作机制进程，有利于台湾经济提升竞争力和扩大发展空间，有利于两岸经济共同发展，有利于探讨两岸经济共同发展同亚太区域经济合作机制相衔接的可行途径。”① 2009年初，温家宝总理在第十一届全国人大第二次会议《政府工作报告》中主张，推动签订综合性经济合作协议，逐步建立具有两岸特色的经济合作机制，在会后记者会上，温总理指出，两岸经济合作机制应包括“三个适应”：要适应两岸关系发展的情况；要适应两岸经贸交流的需求；要适应两级贸易的特点。这样的合作机制才将会体现出胡总书记所指出的“三个有利于”。

① 胡锦涛：在纪念《告台湾同胞书》发表30周年座谈会上的讲话。

由此展望两岸经贸关系发展深化的前景，可以预见：在产业合作方面，产业结合度加深，将进一步实现两岸产业的互补与共赢。众所周知，两岸存在产业梯度和比较优势互补性，台湾相对于大陆在资本、技术、密集型产业上具有一定的优势，而大陆相对于台湾在劳动密集型制造业方面具有较强的优势；大陆相对台湾具有丰富的资源要素。未来随着两岸经贸制度化协商的进展，资本、技术、劳动要素的流动将会促进两岸优势的发挥和商品国际竞争力的提升，形成两岸间的联合发展优势。对台湾而言，能通过两岸生产要素的流动，减少陷于岛内经济发展的制约，推动台湾产业结构优化调整。对大陆而言，可以不断提升经济增长质量，从而促使产业结构高级化。

在两岸投资方面，投资水平将会不断提高，投资格局将会逐步过渡到双向、正常化。大陆对台投资具有很大的发展潜力，而目前大陆赴台投资集中于服务领域，主要从事批发、零售，或通过分公司、办事处从事业务联络和市场拓展业务。多年来陆资入岛却步伐缓慢，主要原因是台湾当局的政策限制，其开放的投资项目并非多数大陆业者的兴趣点所在。未来随着台湾方面开放投资领域，更多的大陆企业将会直接赴台投资，投资水平必将不断提高。同时，由于两岸在国际投资领域的供需关系及地位消长近年来已发生根本变化，台湾经济体在投资领域对大陆的投资依赖关系不仅不会弱化，反而会以新的表现形式继续增强。此外，大陆赴台游客人数有望增长，两岸金融合作将逐步增强、人才交流将日益频繁。总之，两岸经济命运共同体正在逐步形成。

三、海西发展在两岸经贸合作中的优势

虽然两岸经济合作前景广阔，但不可否认的是，两岸由于种种历史与现实原因，在一定程度上还存在着不安全感和怀疑猜忌，这需要两岸在逐渐磨合与耐心合作中累积互信。而在两岸经济合作方面，海峡西岸经济区则具有明显优势，在过去的几年里，海峡西岸经济区被视为是两岸共创双赢的最佳试点。

首先是地理区位优势。海峡西岸经济区位于台湾海峡西岸，与台湾地区一水相隔，它以福建为主体，涵盖台湾海峡西岸，包括浙江南部、广东北部和江西部分地区，是一个自然集聚的区域经济综合体。从国家宏观区域经济

发展来看，海西区北接长三角，南连珠三角，西临正日益崛起的中部经济区，是祖国几大经济区的连接点。

以福建为主体的海西区，与台湾地区地缘相近、血缘相亲、文缘相承、商缘相连、法缘相循，具有对台交往的独特优势。这种特殊的“五缘”关系是两岸人民交流合作的天然纽带和原动力，“五缘”之中首要的是地缘相近，正是由于地缘相近这一得天独厚的优势才衍生出其他四缘，使海西成为对台交流的前沿平台。近年来随着两岸关系进入和平发展阶段，2009年两岸大“三通”基本实现，节省两岸贸易、人员往来及信息交流的时间和资金成本，从而可以提升两岸经贸往来的营运效率，推动两岸“一日生活圈”的形成。在这一点上，福建的地理区位优势更加明显地凸现出来，海西经济区在两岸合作中是“近水楼台先得月”，占得先机，通过区域内的资源整合，拓展腹地，向南北两翼发展，推动与长三角、珠三角的延伸和对接，使我国沿海地区从北到南形成一条完整的区域经济一体化链条，为全方位开展两岸交流合作创造了契机。

其次是生态自然资源优势。海西区背山面海，区域内山、海资源丰富。仅福建省的山地与丘陵就占总面积的80%以上，粤东、赣东、浙南地区也主要以山地为主。加之气候温和，降雨丰沛，海西区的森林覆盖率高达60%以上，生态环境良好。区域内野生植物、野生动物种类丰富，水系多且水质良，主要城市空气质量基本达到环境功能区标准。同时，多山多水的海西区还拥有丰富的水能资源、矿产资源。特别是福建拥有全国第一的深水岸线的资源，海岸线漫长、海域广阔，拥有厦门湾、福州湾、兴化湾、湄州湾、沙埕港、三都澳等众多天然港湾。沿海地区还蕴藏着潮汐能、太阳能、风能等各种可再生资源。

靠山吃山，靠海吃海。以上这些资源优势将不断地转化为产业优势、经济优势、产品优势。从经济发展条件及两岸经贸合作来看，一方面农业是海西持久发挥对台合作的优势产业之一，良好的生态环境为台湾农业科技和精细农业向大陆转移提供了优越的自然条件。目前，台湾现代农业水平居世界前列，未来海西可与台湾携手共建海峡区域现代农业。另一方面，海西区内岸线利用的潜力非常大，岸线、港口资源是促进经济发展非常重要的条件。从我国沿海已经发展起来的经济区的经验可知，将来通过港口和城市发展的联动、港口和产业区域的紧密联动，可以预见海西区的经济发展将乘风破浪，直济沧海。

第三是同宗同源的闽台文化。福建与台湾具有一脉相承的文化渊源，同根同源的闽台区域特色文化对加快海西经济区建设起着重要的推动作用。其中妈祖文化对两岸影响深远。从妈祖信仰在台湾的发展史来看，台湾民众中信仰妈祖的人越来越多，代代相传，相沿承袭。目前，台湾妈祖信仰者有1600多万，占台湾总人口70%以上。占台湾总人口70%以上。妈祖信徒坚信，从湄洲祖庙分灵到台湾各地的妈祖宫庙，不论建庙早晚，不论规模大小，其根源在湄洲，他们视到湄洲祖庙亲自接续香火作为最大愿望，如同伊斯兰教徒朝拜麦加一样神圣。即便不能成行，也要变通为往台开基庙进香，以便寻根朔源。可以说，台湾崇拜妈祖不单是祈福消灾，而且还有更深一层涉及寻根怀祖的意味。上世纪九十年代中期以后，每年都有10万以上香客从台湾到湄洲朝拜妈祖祖庙，同时并观光、旅游、度假，甚至投资兴业。可见，妈祖信仰一直以来成为横跨台湾海峡，促进两岸交流合作的一条坚韧的精神纽带。

客家文化也是联系台湾海峡两岸人民的重要纽带。在海峡西岸，客家人主要聚居于粤闽赣三省。闽西是8000多万海内外客家人公认的客家民系形成的中心区域和重要祖籍地，也是台湾客属同胞的主要祖籍地。台湾客家人有460万，约占总人口1/5。两岸客家人共祖同根、声息相通。多年来，凭借两岸各种交流平台，两岸客家文化交流不断深化，来海西投资的许多台商都是祖籍客家。

第四是中央政策优势。2009年5月，国务院颁布了《关于支持福建省加快建设海峡西岸经济区的若干意见》，这是第一次专门针对海西建设的正式文件，标志着海峡西岸经济区已经从地方决策上升为中央决策，意味着中央是从全国的战略高度来谋划海西的整体发展，也意味着海西的建设乘上了中央政策优势的东风。在《若干意见》中，国务院为海西发展的战略定位首要便是：两岸人民交流合作的先行先试区域。实际上，福建作为最早改革开放的两个省份之一，已在“先行先试”方面积累了丰富的成功经验。在改革开放起步阶段，福建便实行“特殊政策，灵活措施”，厦门经济特区、经济技术开发区、闽南三角经济开放区、台商投资区等分层次开放依次出台、示范全国。在深化与拓展阶段，福建又推出企业产权制度改革、财政分税体制改革、发展外向型经济、“山海协作联动发展”战略捆绑实施等。之后，又提出了构建山海协作、对内联接、对外开放“三条战略通道”，市场经济体系建设全面展开。2004年，福建发挥对台优势，确立了建设海峡西岸经济区发展战略，率先零关税进口台湾水果、拓展“小三通”、设立厦门保税港区等。可以说，正是坚持“先行先试”、持续“先行先试”，才使福建在30年的改革开放过程中一步步发展起来。

中央在文件中明确支持海峡西岸经济区发展“先行先试”，这一政策优势是其他地方不可比拟的，后发优势必将在这一政策利好刺激下迅速转化成经济发展的新动力。今后海西建设要充分用好用足中央“先行先试”的政策优势，把中央政策转化为各种更为具体务实的支持措施。要敢于“先行先试”，当前两岸关系朝着积极方向发展，但仍然存在不确定因素。福建可借此政策优势探索作为建立两岸共同市场的试验区、示范点。同时也要注意“先行先试”需科学谋划，按客观规律办事，在总结一点、一地“先行先试”成败的基础上，再逐步调整两岸共同市场的试点范围，实现由经济整合到制度协调和政治整合，最终形成两岸共同市场。这种“先行先试”探索出来的不论是经验还是教训，对两岸的交流合作都是极其宝贵的。

四、海西发展战略的意义

加快海峡西岸经济区建设，是中央在新形势下做出的具有历史意义的战略决策：

一是有利于进一步完善全国经济战略布局，发挥东部沿海地区的整体带动辐射作用。加快建设海西，是国家实施“稳定发展香港，加快发展上海，东部带动中西部发展”① 的重要步骤之一。通过政策支持海西经济区建设，有利于推进海西经济区与长三角、珠三角的区域协作，逐步形成从环渤海湾到珠三角沿海一线的发展布局，促进全国区域经济整体布局的完善，为促进中部崛起、西部开发提供一条快捷顺畅的对外开放战略通道。

二是有利于抓住当前海峡两岸和平发展的有利时机，加强两岸经济合

① 2009年《政府工作报告》。

作，促进共同发展。海峡两岸有较强的互补性和进行产业对接的需求。目前，台湾已成为福建第一大进口市场，第四大贸易伙伴。因此，建设海西经济区不仅是方便两岸人民生活的需要，也是两岸经济发展的需要。把海西经济区建设发展起来，就完全有可能进一步激活两岸的经济发展，将海峡两岸提升为一个新的经济增长极。

三是为构建具有两岸特色的经济合作机制奠定基础。马英九执政以来，积极表达希望与大陆签署两岸“经济合作架构协议”（ECFA）的意愿，尽管遭到台湾在野阵营大力攻击，但马英九基于台湾整体利益以及两岸合作前景的考量，对经合协议的立场十分坚定。两岸共同推动洽签 ECFA，两岸的制度性整合已是大势所趋。加快海西建设可以为构建具有两岸特色的经济合作机制打下一定基础，提供一些资鉴，促进两岸经济制度化的尽快实现，从而为两岸经贸迎来大发展的新时代。

四是有利于海峡两岸共同携手，提升国际竞争力。加快海峡西岸经济区建设，能够促进海峡两岸的经济整合，实现两岸经济一体化，促进“海峡经济区”崛起，以便更好地参与世界范围的区域经济整合，让两岸人民同享交流合作的成果，并充分发挥中国作为地区性大国的主导作用，最终实现中华民族的伟大复兴。

五是有利于推动开创两岸和平发展的新局面。通过发展海西这一两岸人民交流合作的先行先试示范区域，可以让两岸人民密切联系，增进感情，让两岸经济进一步互动发展、互利双赢，可以逐步提高台湾同胞对祖国的向心力和认同感，有利于促进祖国统一大业的实现。

只有两岸携手共同努力，累积互信，积极推动两岸在实现经济关系正常化、建立具有两岸特色的经济合作机制上取得实实在在的进展，才能让两岸实现互利双赢，持续为两岸关系和平发展奠定更扎实的物质基础、提供更为强大的经济动力。

影響「海峽西岸經濟區」發展成功的因素

田君美　蔡吉源*

一、前　　言

本文從台灣政府在經濟發展中扮演的角色，及中國政府實施成功的區域發展策略經驗，探討影響「海峽西岸經濟區」發展成功的因素。一個經濟發展成功的案例，要有適當的政府政策，良好的地理區位、完善的基礎設施、充沛的資金、技術、人才外，更重要的是要有「市場」。台灣及珠江三角洲是以國際市場為主，長江三角洲則以中國國內及國際市場兼得。未來，「海峽西岸經濟區」的市場在哪裡？它是否能形成區域內外生產與市場的良性循環，是「海峽西岸經濟區」發展成功的關鍵因素。

二、台灣經濟發展與政府角色

一般而言，國家與經濟發展間的關係有兩種觀點：一、國家干預會影響市場運作，妨礙價格功能，導致生產、交易或分配的效率降低；二、國家干預可調整市場失靈，有助市場機制，提高資源配置的效率，從而提高經濟產出水準。長期以來，經濟學者強調尊重市場機制、避免國家干預。然而，自 1960 年代以後，一般認為，東亞國家之所以快速發展，主要原因在於國家制定發展政策，引導經濟發展之故。

所謂「發展型國家」的主要內涵是：國家以經濟發展為取向，政府有效地介入市場，並透過政策作為來引導私營部門，以國家力量來主導特定產

* 作者簡介：田君美，中華經濟研究院研究員；蔡吉源，中華經濟研究院研究顧問。

業的發展，也就是透過官僚體系的強力干預，來協助國家經濟發展，國家在推動工業化的作為中，是傾向領導市場而非追隨市場，市場受到政府管制，而表現出「統禦市場」（Governed Market）的特徵。

早期台灣經濟發展的成效，政府扮演十分重要的角色，亦被視為是國家引導（state-led）經濟發展的成功例證。國民黨在1950年之後，利用美國經援，引入技術官僚，在經濟的決策及實際運作上，透過剝削農業剩餘，進行工業化所需的原始資本積累，並採取出口導向政策，與世界經濟體系連結，進而發展出具有比較利益的產業結構。

歸納早期台灣經濟的發展經驗是，由政府選擇具有影響力的策略性工業作為扶持重點，介入關鍵性工業，協助技術引進以提高生產，引導企業進入國際市場競爭等。台灣經濟發展模式是以比較利益法則為基礎，政府運用產業政策，協助幼稚產業，並建立出口導向策略，政府在整個經濟發展中扮演重要的角色，學界以「發展型國家」稱之。這種產業結構與政府策略，反應在貿易政策上，就是一方面扶持大企業進行進口替代策略；另外，一方面協助中小企業展開出口擴張的策略。政府對於前者採取積極介入與政策支持，對於後者則以市場導向與個別輔導的方式提供幫助。同時，也藉助跨國企業所提供的資金與技術，加上本身勞動要素的優勢，成為全球主要代工生產的基地，成功發展出機械、鋼鐵、石化等資本相對密集型產業。

在1990年代前後，隨著台灣產業結構的調整，資訊產業、電信與金融等服務業，逐漸成為台灣的新興產業，此一類產業以滿足全球市場或區域市場需求為目標。當面臨全球化下資本流動，與其他國家的競資行為（capital-seeking）時，遂使台灣廠商在應對市場轉變時，出現海外投資的選項，並開始前往中國投資。

三、中國成功的區域發展策略和政策

20世紀80年代初，中國開始在少數沿海城市建構對外開放基地。1980年8月，在深圳、珠海、汕頭、廈門試辦經濟特區，這是以市場調節為主的區域性外向型經濟特區。1984年5月，進一步開放14個沿海港口城市；1985年2月，又把長江三角洲、珠江三角洲，閩南的廈、漳、泉三角地區，以及胶東半島、遼東半島列為經濟開放地區；1988年4月，興辦海南經濟特區。進入90年代，更採行對外開放的「四沿戰略」，包括：沿海、沿邊、沿江、沿路，形成全方位的對外開放。

到了20世紀末，沿海發展已經大有成果。乃於2000年，正式啟動「西部大開發」。2003年又提出「振興東北老工業基地」，要讓東北工業區重新活化；2006年4月，「中部崛起」的戰略形成；2009年9月，國務院通過《促進中部地區崛起規劃》，在2015年前，國家將集中政策、資源、資金力促「中部崛起」。

從中國開放的脈絡來看，以沿海、西部、東北、中部四大板塊，輪流發展為主軸。從2009年3月至2010年2月，短短1年間，國務院已公布14個區域規劃文件，推出的規模及力道都相當大，包括海南國際旅遊島建設、皖江城市帶承接產業轉移示範區、廣西經濟發展，海峽西岸經濟區和多項發展規劃等。

回顧改革開放以來，中國實施區域經濟非均衡發展模式，把財政、稅收、信貸、投資等一系列優惠政策，向珠江三角洲、長江三角洲傾斜，令資金、技術、人力資本等生產要素在這些區域迅速聚集。長江三角洲和珠江三角洲都位於中國東部的沿海地區，東臨太平洋，雖然只占整個中國面積的1.5%，但生產總值超過三分之一，進出口貿易額超過60%。兩個區域發展條件、特色優勢各不相同，在全國經濟發展具有舉足輕重的地位。從總體上看，20世紀90年代，珠江三角洲的經濟發展比長江三角洲快，但20世紀90年代後，特別是進入21世紀以來，珠江三角洲的經濟發展則明顯慢於長江三角洲，主要是長江三角洲的市場條件及投資環境，比珠江三角洲更有利於吸引企業投資。

珠江三角洲毗鄰香港和澳門，具有較強的對外開放意識和傳統，可以承接港澳產業轉移，外向型經濟發達，是中國內地與國際市場連接的橋樑。20世紀80年代後期，珠江三角洲大力引進國外先進的技術、設備和管理方法，開始形成以家用電器為主的產業群聚，進而發展汽車、電子資訊、化學原料及化學製品等製造業，這些產業帶動對外貿易，大大地提高該區域的貿易水平，在發展過程中倚重國際市場甚深。

珠江三角洲製造業形成產業群聚的特色是以廣州、深圳為核心，以中部都市區、珠江東岸、珠江西岸都市區為基礎的產業地理佈局，是全國最大的高新技術產業帶和世界級電子、電器產品製造基地，以三來一補和代工生產為主，屬於外資企業主導型發展模式，靠出口拉動經濟，珠江三角洲的對外貿易高於長江三角洲。

長江三角洲位處背靠廣闊的中國內地市場，既可通過長江溯江西進，又可通過京杭大運河、太湖平原和裏下河平原暢通北上，其經濟活動具有大範圍的空間擴散特徵。長江三角洲的主要優勢產業為紡織業、化學纖維製造業、通用設備製造業、文教用品製造業、金屬製品業、通信設備、電腦及其他電子設備製造業。這些產業的全國市場佔有率都已經超過 30%。長江三角洲在經濟發展過程中，主要依靠投資拉動經濟，其擴散作用強於集聚作用。

兩個三角洲的經濟發展方式都是大力創造良好投資環境，吸引外商投資。珠江三角洲是外資特別是港澳台資最早進入的地區。外資進入不僅帶來資金，更重要的是帶來新的技術經營理念、經營機制、管理方式及市場，這對兩個三角洲乃至全中國都產生很強的示範作用。長江三角洲隨著國際製造業轉移，與國際市場聯繫緊密。珠江三角洲主要依靠出口拉動經濟，而長江三角洲主要依靠投資拉動經濟。兩個三角洲獨特的發展優勢，均能在一定的程度上吸引外商投資，而資本投入是推動經濟增長不可或缺的要素。雖然珠江三角洲吸引外商投資的起步較早，但進入 21 世紀以來，長江三角洲的投資環境，在總體上比珠江三角洲更具有吸引力。更重要的是，兩個三角洲生產出來的產品都有廣大的國際及國內市場支撐。

從珠江三角洲、長江三角洲的發展經驗來看，中國政府的區域政策主要是，從國家整體區域經濟發展的角度，支持各地區自我發展能力的培育，充分發揮地方內在的比較優勢，配合各項立法，以杜絕利益集團的介入，提高地方競爭能力，並鼓勵地區間的合作，從而達到地區間和諧發展。有效的區域政策，既需要各地區間之有效合作，又需要政府各有關部門的密切配合，同時還需要各類社會團體、非政府組織和私營企業等積極參與。此外，中央政府必須創建相對公平的區域競爭平台，在統一稅制的前提下，建立地區間發展條件大體一致的競爭環境，建立明確的地區財政支出平衡機制，保證公共服務水平的均衡化。著重在宏觀調控及財政資金的合理的空間轉移支付上。至於轉移資金之具體使用則留給地方政府去決策，以提高政策實施的效率，發展地方特色經濟。

四、中國設置「海峽西岸經濟區」之緣起

長期以來，中國國務院每次公布新的區域經濟政策，都吸引資金湧向該區域，當地政府會開始招商引資，讓追隨新經濟區尋找投資點的產業、基礎建設業、地主和房地產開發商，活絡當地的經濟。一般而言，企業的盤算是，跟隨官方區域經濟政策的腳步，尋找受惠產業是一條投資的捷徑，首先享受稅負減免，減少支出，接著就是交通便利後，降低物流成本，房地產大漲之資本利得。

2004 年 1 月，福建省提出「建設對外開放、協調發展、全面繁榮的海峽西岸經濟區」（海峽西岸經濟區）的戰略構想。福建之所以推動「海峽西岸經濟區」建設，一方面是為發展自身的經濟，連結南北兩大經濟區域，以提升綜合競爭力；一方面則是希望藉以發揮對台優勢，積極促進閩台的經濟整合。對中央當局而言，加強兩岸經濟方面之交流及合作，具有實現拉攏台灣的意義。海峽西岸經濟區之構想，無論是從經濟面，抑是政治面，日後成功與否，對兩岸經濟發展都會產生相當的影響。

六年後，即 2009 年 5 月 14 日，由國務院發佈《關於支援福建省加快建設海峽西岸經濟區的若干意見》，從七個方面、共計 32 條措施，闡述加快推進海峽西岸經濟區建設的國家決策。為海峽西岸經濟區賦予：兩岸人民交流合作先行先試區域、服務周邊地區發展新的對外開放綜合通道、東部沿海地區先進製造業的重要基地、重要的自然和文化旅遊中心的角色。海西戰略從地方決策上升為中央決策，從區域戰略上升為國家戰略。採取一系列積極措施，貫徹《意見》提出的「要實施先行先試政策，加強海峽西岸經濟區與台灣地區經濟的全面對接」的要求，有計劃、分階段地推進海峽經濟區建設。

海峽西岸經濟區的空間概念是：東與台灣地區一水相隔，北承長江三角洲，南接珠江三角洲；以福建為主體，涵蓋浙江、廣東、江西等相鄰地區。福建省與廣東省屬於東南沿海地區，具有毗鄰沿海之外貿優勢，可創造區域經濟合作之有利條件。外向型經濟模式是以開拓國際市場爲重點的經濟發展戰略模式。其基本特點是，積極參與國際分工，把重點放在生產出口產品

上，以發展國際市場爲目標，旨在透過國際經濟往來，促進該區的經濟發展。這是中國繼長江三角洲、珠江三角洲、環渤海、北部灣等經濟區之後，海峽西岸經濟區成為近兩年中共對台政策「先試先行」重點區。

鑑於香港與深圳、廣州等地的合作經驗，先從鄰近小範圍的合作開始，逐步擴大雙方合作的試點，透過地區性的合作，由香港帶動深圳、廣州的發展，形成區域性的經濟發展。港深經濟融合的成功經驗，讓中央期待能夠將之複製到台灣與福建的合作。2009 年，由福建 9 市及毗鄰的浙江、廣東、江西等 11 市所形成的海峽西岸經濟區之 GDP 總值約為 24585 億元人民幣。有專家據此推算，海峽西岸經濟區經濟若按年均增長 13% 計算，大約在 2015 年可以趕上台灣。

五、中國「海峽西岸經濟區」之發展現況

福建省物產富饒，海域遼闊，海岸線長達 3324 公里，水產品資源豐富。地下礦藏有煤、鐵、銅、鉛、鋁、錳、鈦、鋅等數十種，可作為化工原料的硫鐵礦、磷礦、化工用石灰岩、無煙煤、海鹽等均有相當大的儲量。此外，建築材料用的非金屬礦資源非常豐富，高嶺土、石英砂、花岡岩、重晶石、葉臘石、螢石等礦產儲量均居中國大陸前列。

惟福建省的產業發展較晚，1990 年代初，才在湄洲灣南岸一個漁村上建起一座加工能力 250 萬噸的煉油廠，是當時福建最大的企業，完整的工業佈局一直沒有形成。海峽西岸經濟區展開後，福建集中資金優勢，由北而南，分別在湄洲灣、漳州灣、三都澳，相繼建成啟動三個超千萬噸級的石化項目。與此同時，兩座百萬千瓦級核電清潔能源項目相繼開工，緩解一直飽受缺煤少油，能源匱乏的問題。

福建省與台灣一水相連，鄰近香港、澳門，面對東南亞，與港澳的經貿合作與交流十分密切；福建沿海港口眾多，對外交通十分方便。二十世紀後，沿海航運以福州、廈門為兩大中心，形成南北沿海航線。福建省最重要的海港有福州馬尾港、廈門港和湄州灣。

交通設施對區域發展非常重要。國務院特別提出要加強海西地區現代化基礎設施建設，鐵道部投資 1000 多億修建溫福、福廈等數條大鐵路；交通部在福建進行多條高速公路、港口建設項目。一個以海、空港口為樞紐，以

鐵路海運為主通道，以公路為網路，以內河為輔助的綜合運輸體系，正在海西地區加速編織中。2010 年 4 月 26 日，福州至廈門的高速鐵路正式開通運營，兩大城市之間的火車運行時間由以前的 11 個小時縮短為 1 個半小時。未來這條高速鐵路將延伸到廣東、江西的一些城市，隨著交通網路建成，不僅壓縮時空距離，更有助於海峽西岸經濟區一體化的發展。

改革開放後，台商最早到福建投資辦廠，目前已有 10 多萬台胞常年在福建工作。根據統計，2009 年福建實際利用台資 25. 3 億美元，累計超過 160 億美元，累計批准台資項目 9850 餘項；對台貿易額 70 億美元，累計超過 660 億美元。2010 年第一季，福建利用台資項目 99 項，比 2009 年同期增加 34 項；閩台貿易額 23. 49 億美元，增長 101. 3%。福州、廈門的台商投資區將擴區，新增的泉州、漳州兩個台商投資區正在建設。

近一年來，福建省全力推進與台灣產業的雙向對接。兩岸產業對接涉及資訊、機械、石化、紡織、食品、冶金、建材和高新技術等八大行業，並允許除國家禁止之外的各類台商投資項目。廈門灣、閩江口、湄洲灣、東山灣等沿海一線的產業對接集中區，以及石化、光電、汽車、裝備製造等專業園區建設相繼啟動。福建致力於「建設東部沿海地區先進製造業的重要基地」，做大總量，調整結構，臨海石化產業、清潔能源基地、光電產業基地相繼崛起。

根據相關報導：台灣鼎元光電科技計畫與福建省電子資訊產業集團、福州市政府共同出資 4 億美元，投資 LED 外延片生產基地項目；台灣英業達集團與冠捷科技在港合資設立的英冠達控股公司，將在福清融僑經濟技術開發區投資 4500 萬美元，開發並生產電腦資訊產品；台灣富創建設也計畫投資 3000 萬美元，在長樂興建海峽娛樂度假中心。台灣聯強國際集團，計畫投資「福建省 5C 科技總部暨現代化運籌中心」設海峽西岸經濟區物流中心；潤泰集團計畫在福州東部新城投資 1 億美元，建設以超市、商貿為主的大潤發商業購物中心；富士康集團旗下賽博數碼廣場，也計畫投資 1 億美元在福州建海西通路總部。

在台商登陸之際，福建企業也紛紛登陸台灣，兩岸經貿往來日益熱絡。目前已獲准在台灣設立的福建企業達到 8 家。2010 年 7 月 28 日，福建新大陸電腦股份有限公司，投資收購台灣帝普科技公司股權申請通過商務部核准，獲得商務部頒發的《企業境外投資證書》，成為大陸首家經過正式核准的赴台投資企業。

為促進海西經濟區產業的創新能力，2010 年 5 月，中國科學院決定與福建官方在福州聯合成立「海西研究院」，研究人員編制將達到 2000 人。報導指出，創建海西研究院有 3 大目標：1. 是透過原始創新和集體創新，透過工程化研發和成果轉移轉化，透過知識創新、技術創新和區域創新的有機融合，催生更多具有自主知識產權的科技成果，引領海西戰略性新興產業的培育和發展；2. 是改造和提升傳統產業，育成高新技術企業，增強自主創新能力；3. 是建設符合海峽西岸經濟區實際的科技與經濟結合的體制機制。

海峽西岸經濟區除致力於產業發展外，對於促進兩岸金融合作發展是其主要特色。2009 年 11 月 16 日，兩岸簽署金融監理合作備忘錄，這一年來，以福建為主體的海峽西岸經濟區，正發展成為兩岸金融合作試驗區。台灣富邦金控、統一證券、台灣人壽等，已在福建設立分支機構或成立合資公司。新台幣兌換試點範圍也由局部擴大到福建全省。在台灣銀行機構入股海峽西岸經濟區銀行、引入台資保險公司、籌設台灣證券機構辦事處，以及籌辦兩岸資金組成的產業基金等方面，海峽西岸經濟區均扮演先行先試的角色。目前，台灣國泰世華、大眾銀行、中華開發金控等金融機構，都與福建海峽銀行進行接洽，商談有關投資的事宜。福建海峽銀行也與近 10 家駐台外資銀行及台灣本土銀行，建立起業務合作關係，廈門銀行與台北富邦銀行等已展開業務合作。

此外，2010 年 5 月，中國國家發展和改革委員會核准設立「海峽產業投資基金」。該基金是福建與台灣金融業在銀行、保險等合作後，又一新的金融領域合作方式。「海峽產業投資基金」是由台灣富邦金控、福建省投資開發集團有限責任公司、中國國家開發投資公司，共同出資在福建設立，為兩岸經貿合作、產業發展和台商投資企業服務。該基金管理公司註冊登記後，未來可以私募方式向工商企業、投資機構、銀行、社保基金、保險公司等機構投資者募集資金，屬區域綜合性投資基金，預計總規模為人民幣 200 億元，其中首期規模 50 億元。基金主要投資海峽西岸經濟區重要基礎設施建設、有良好發展前景的未上市企業、閩台產業合作項目和台商投資企業。

由此顯示，中國「海峽西岸經濟區」之發展正致力於交通基礎設施之建立、積極吸引台資進行各項製造業之投資、創造兩岸金融合作的利基、營造技術創新科研發展之有利條件，以利「海峽西岸經濟區」之快速發展。

六、影響「海峽西岸經濟區」發展成功的因素

雖然，以福建為主體的海峽西岸經濟區各方面的發展有目共睹；然而，當前中國的經濟發展，是區域與區域之間的角逐，海峽西岸經濟區在中國眾多經濟區域當中，要想比別的區域更具吸引台商的優勢，還必須在交通設施、政府效率、優惠政策等各方面具有特殊優勢，才能脫穎而出，達到量、質並重引資的目標。

福建是早期台商赴大陸投資的重點區域，但經過 20 多年的變化，台商重心早已移向珠江三角洲和長江三角洲；從中國整體經濟發展趨勢來看，推動海西經濟區兩岸合作，略有時不我予之感。因自 1987 年台灣開放赴大陸探親交流以來，20 多年間台灣大量資金不斷流向中國，致使台灣技術創新弛緩，產業升級有限，未來台灣若不能有所突破，台灣恐將無力再大量提供資本、技術及市場給中國矣！同時，目前海西經濟區發展程度，遠遠落後於珠江三角洲、長江三角洲，甚至渤海灣、華北等發展快速的地區，加上市場規模及腹地相對較小，若台灣將兩岸合作重心只放在海峽西岸經濟區，可能將受到某種程度的局限性。

根據上述區域經濟發展的經驗來看，當一個地區擁有政府政策傾斜的支持時，必然對其總體經濟實力、產業、金融、對外貿易、基礎建設、科技與創新、社會、環境、教育等各方面的發展，產生相當深遠的影響。因此，為擴大海西經濟區的影響力，在政策規畫上，海峽西岸經濟區除對福建省內外的產業佈局優化和提升基本經濟體質競爭力外，還應發揮其連結南北兩大經濟區域之樞紐、國際中轉和輻射中部的區位優勢。

從台灣政府在經濟發展中扮演的角色，及中國政府實施成功的區域發展策略經驗來看，影響「海峽西岸經濟區」發展成功的因素，除要有適當的政府政策介入、良好的地理區位、完善的基礎設施、充沛的資金、技術、人才之外，更重要的是要有廣大的市場。台灣及珠江三角洲以國際市場為主，長江三角洲則以國內及國際市場兼得。未來，海西經濟區的競爭力及其衍生

的市場在哪裡？是否能形成區內外生產與市場良性的自我循環，是海西經濟區發展成功的重要關鍵因素。

總之，要藉由閩台經貿合作以提升海西經濟區的競爭力，就必須考量到目前及未來台灣經濟是否能持續發展，及海峽兩岸間政治是否能良性互動而定。

參考文獻

[1]《人民日報》，《國務院關於支持建設海西經濟區意見實施一周年記》，2010 年 5 月 15 日。

[2] 吳孟道、林建甫（2009），《海峽西岸經濟區的核心—金廈特區》，國政研究報告財團法人國家政策研究基金會，財金（研）098－012 號，8 月 5 日。

[3] 李秋斌，《區域經濟差異的實證研究與 R/S 分析——基於長江三角洲、珠江三角洲和海峽西岸經濟區的比較分析》，《東南學術》，2006 年第 1 期。

[4] 童振源，《海峽西岸經濟區對兩岸經濟關係發展之影響》，"大陸十一五規劃與兩岸經濟關係"學術研討會，政治大學中山人文社會科學研究所，2006 年 4 月 26 日。

[5] 黃賾琳、傅冬綿，《區域經濟發展水平與增長方式的差異分析—基於長江三角洲和珠江三角洲的比較研究》，《上海財經大學學報》，2010 年 3 月 24 日。

[6] 新華網，《海峽西岸經濟區正發展成為兩岸金融合作試驗區》，2010 年 5 月 21 日。

[7]《福建日報》，《嶄新的崛起——海西晉陞國家戰略一年間》，2010 年 5 月 17 日。

[8]《聯合報》，《海西對台工作統籌，福建領軍》，2010 年 5 月 28 日。

海西区先行先试战略与两岸ECFA连接问题探讨

唐永红*

引　　言

自《国务院支持福建加快建设海峡西岸经济区若干意见》于2009年5月正式出台以来，海峡西岸经济区（简称海西）对台先行先试战略与两岸经济合作框架协议（ECFA）的关系引起海峡两岸有关专家学者特别是台湾各界的高度关注。台湾一些人士担心大陆此举是否意味着以两岸区域层面的合作来放慢两岸整体层面的合作步伐，甚至替代两岸整体层面的合作，从而有碍台湾全球化战略的推进与利益最大化目标的实现。大陆方面一些人士则提出，两岸ECFA以制度安排方式推进两岸整体层面的经济交流合作，包括两岸经贸关系正常化、两岸经贸活动自由化，不仅必将压缩海西对台经贸交流合作先行先试的内容与政策空间，而且使得海西先行先试战略已无存在的必要。

笔者认为，在两岸决策信息不对称且两岸互信脆弱情况下，台湾方面产生的上述担心是可以理解的，而上述大陆方面一些人士的观点显然是对区域经贸自由化与一体化的长期性缺乏足够的认知。这表明有必要厘清从区域层面推进两岸合作与从整体层面推进两岸合作的辩证关系。事实上，厘清这种关系，不仅对凝聚两岸共识、顺利推进两岸经济合作是必要的，而且对海西

---

* 作者简介：经济学博士，福建省第六届优秀青年社会科学专家，现任厦门大学台湾研究院经济研究所副所长、副教授、硕士研究生导师，国台办海峡两岸关系研究中心兼职研究员，国家“985工程”哲学社会科学台湾研究创新基地研究员，教育部人文社会科学重点研究基地台湾研究中心研究员，商务部海峡两岸经贸交流协会理事。

用好用活中央赋予的先行先试权力与政策、继续发挥在两岸经济交流合作中的先行先试作用至关重要。本文基于从区域层面推进两岸经济合作与从整体层面推进两岸经济合作的辩证关系，阐明海西先行先试战略与两岸 ECFA 连接的意义与必要性，进而探讨海西先行先试战略与两岸 ECFA 连接的思路与原则、内容与政策及其运作平台。

一、两岸经济合作需要从整体层面与区域层面同时推进

区域经济一体化理论与实践表明，区域经贸活动自由化与经济一体化不仅是一个从自由贸易区到关税同盟再到共同市场进而经济联盟以致完全的一体化这样漫长的动态发展过程（因此，两岸 ECFA 的具体内容也将随着两岸经贸自由化与一体化进程的循序推进而动态调整），而且从自由贸易区到关税同盟再到共同市场进而经济联盟等各种程度与形式的合作与一体化，相应需要各成员方在经济发展基础层面与经贸政策可协调性层面具备一定的条件（唐永红，2010a）。

当前，两岸经济体确有制度性合作以推进两岸经贸自由化与一体化的内在动力与外在压力，并在经济相互依存性、经济市场规模、经济技术发展水平、经贸政策可协调性等方面已具备进行一定程度自由化与一体化安排所必需的一些基本经济条件，以实现预期的经济效应（唐永红，2007a、2010a）。但与此同时，两岸经济体在经济结构、发展水平、开放程度与关税作用等各个层面的差异较大，这必将对两岸整体层面的自由化与一体化的步伐形成相当程度的制约（唐永红，2007a、2010a）。

事实上，从适宜的自由化与一体化形式应引致尽量小的不对称性冲击标准看，并非自由化与一体化的各种程度与形式都适宜于当前的两岸经济状态。

首先，当前两岸经济体不仅在体制与机制层面存在一定的差异，而且处于不同的发展阶段水平上（大陆经济体总体上处于工业化的中期阶段，且发展不平衡，部分地区尚处于初期阶段，而台湾经济体已基本完成工业化，并已迈向后工业化阶段），因此，近期内两岸经济体在财政、货币、收入分配、区域开发等宏观政策层面基本上难以趋同。

其次，两岸经济体当前的对外开放程度特别是各行业的国际竞争力与对

外开放程度存在较大差异，两岸经济体当前的对外关税水平特别是各行业当前的对外关税水平存在较大差距，关税工具因而在当前对两岸经济体的重要性特别是对各行业的重要性也明显不同，因此，共同的关税与经贸政策必然带给两岸经济体严重的不对称性冲击。

综上可见，关税同盟及其以上的自由化与一体化形态对两岸经济体来说只能是未来的愿景目标，而不能作为当前甚至近期的现实选择。即便是自由化与一体化程度较低的两岸自由贸易区形态，也只能根据两岸经济体各行业的当前竞争力与关税水平的现实差异，循序渐进、分步到位地加以推进。

因此，两岸经贸活动自由化与经济一体化将是一个循序渐进的漫长过程，并需要有一个彼此磨合与相互适应的过程，以便加快自由化与一体化的步伐。在这一过程中，需要探索切实可行的途径，利用有效的措施，逐步化解两岸经济交流、合作与一体化过程中可能产生的各种不利冲击、摩擦与矛盾（在存在明显差异的经济体间实行共同的经济政策必然产生明显的不对称性冲击，这种明显的不对称性冲击反过来会阻碍共同政策的推行），增强两岸的互信与共识，从而在确保成本与风险最小化的同时促进两岸经贸活动自由化与经济一体化快速并稳健发展。

一个可行途径与方式，就是在两岸整体层面进行一定程度的自由化与一体化的同时，在有条件的两岸次区域层面先行先试较高程度的自由化与一体化，为将来两岸在整体层面推进这种较高程度的自由化与一体化探索经验，累积互信，并构筑必要的经济、社会和政治基础与动力。

例如，在两岸整体层面推行自由贸易的同时，可在海西与台湾部分地区之间先行先试资本甚至劳动力等生产要素的自由流动与配置，构建类似共同市场的次区域经济合作与一体化形态，以便在将风险和代价降低到可控制和可接受的范围的同时，为将来在两岸整体层面的共同市场的构建探索经验，奠定基础。

二、海西先行先试战略与两岸 ECFA 连接的意义与作用

海西先行先试战略与两岸 ECFA 连接，就是要推进两岸 ECFA 下海西对台先行先试，特别是在对台经贸活动自由化方面先行先试，从而实现两岸区

域合作与两岸整体合作并行推进。这不仅有其必要性，而且具有重要的现实意义与作用（唐永红，2010b）。

其一，有助于两岸经贸活动自由化与经济一体化的快速稳健推进。

如上所述，ECFA下海西先行先试经贸活动自由化政策，区域合作与整体合作在不同程度的自由化与一体化位阶上并行推进，一方面有助于将自由化与一体化的冲击与代价降低到可承受的程度，将自由化与一体化的风险降低到可控制的范围内，另一方面可通过区域合作实践的先行先试来探索经验、奠定基础、累积动力，从有助于两岸经贸活动自由化与经济一体化的既快速又稳健的推进。

其二，有助于大陆将推进两岸经贸活动自由化带给大陆在地产业的不利影响降到可以承受的程度。

目前，台湾已是发达经济体，大陆还是发展中经济体。因此，还是发展中经济体的大陆与已是发达经济体的台湾进行双边对等经贸活动自由化安排，必然面临相对较大的不利冲击。区域合作与整体合作并行推进，让海西先行先试经贸活动自由化政策，显然有助于大陆将推进两岸经贸活动自由化带给大陆在地产业的不利影响降到可以承受的程度。

其三，有助于海西充分发挥在两岸经济交流合作中的先行先试作用，拓展对台经贸关系，并有助于海西自身发展。

如果只是在两岸整体层面推进ECFA，而不赋予海西在ECFA下的先行先试权力与政策，那么海西一方面将难以充分发挥其对台优势与先行先试作用，另一方面将不得不与大陆其他地区站在同一政策起跑线上与台湾发展经贸关系。在这种情况下，由于海西本身在经济规模与腹地、产业集群与配套、基础设施、内外通道等方面相对于珠三角、长三角等地区已经不具竞争优势，结果海西在对台招商引资与发展对台经贸关系方面的成效可能不彰，进而海西自身发展也将难如人意。

相反，区域合作与整体合作并行推进，让ECFA下海西先行先试经贸活动自由化政策，这一方面为海西进一步拓展对台交流合作提供了更大的政策空间，有助于充分利用两地之间的地缘政治、地缘经济、地缘文化关系与优势，做好先行先试的工作；另一方面也将使得海西较之于其他地区拥有更加开放的特殊政策优势，从而进一步增强海西对台湾的吸引力，有助于海西对台招商引资与发展对台经贸关系。

其四，有助于在冲击可承受的条件下充分照顾台湾方面的利益。

台湾当局与业界多数都希望透过商签 ECFA 及其补充协议，不仅在大陆独享“超 WTO 待遇”，而且在两岸经贸开放谈判上“多拿少给”。但大陆方面出于改善两岸经贸关系中的不对称性（这种不对称性一定程度上是因为台湾当局至今未能遵循 WTO 最惠国待遇原则所致）、促进两岸经济合作、协助大陆在地企业拓展台湾市场的需要，在两岸整体层面的合作中更愿意坚持对等开放互惠互利的原则（大陆坚持这一原则是合情合理的，因为这一原则乃是双边经济关系安排的国际惯例，更何况发达经济体应较发展中经济体率先履行经贸活动自由化与更加开放市场的义务也是以 WTO 为代表的国际经济社会之共识）。这显然对台湾是利弊参半，因为对台湾敏感产业可能会产生冲击。而在区域合作中则可避免这种尴尬。大陆可以在海西单方面向台湾业界作出更大程度更多领域的开放与准入安排（局限于特定区域的这种开放程度带来的冲击是可承受的），台湾业界则可运用海西对特定产业如金融业的较低门槛、额外优惠等政策，纵使无法实现后发先至，至少可以追回一部分过去因台湾当局禁足西进而流失的机会，并可以通过在海西的先行布局立足，为下一步进入大陆其他地区探索经验，创造机会。当然，台湾方面也可考虑类似做法，在适宜的地区建设经贸特区，在经贸特区率先向大陆作出更大程度更多领域的开放与准入安排。

三、海西先行先试战略与两岸 ECFA 连接之授权与体现

鉴于两岸经济合作有必要从两岸整体层面与两岸区域层面同时推进，海西对台先行先试具有如上所述的重要意义，《国务院支持福建加快建设海峡西岸经济区若干意见》明确提出赋予海西在两岸经济合作框架下对台先行先试政策。这实际上为两岸 ECFA 下海西进一步对台先行先试做了原则性的政策授权。

根据《国务院支持福建加快建设海峡西岸经济区若干意见》，国务院赋予海西对台经贸交流合作的先行先试权力与特殊政策包括：

“在两岸综合性经济合作框架下，按照建立两岸人民交流合作先行区的要求，允许在对台经贸、航运、旅游、邮政、文化、教育等方面交流与合作

中，采取更加灵活开放的政策，先行先试，取得经验。”

“在两岸建立长期、稳定的经贸合作机制过程中，允许海峡西岸经济区在促进两岸贸易投资便利化、台湾服务业市场准入等方面先行试验，适当增加对台合作的用地指标。”

“按照同等优先、适当放宽的原则，鼓励承接台湾产业转移，允许国家禁止之外、不涉及国家安全的各类台商投资项目在海峡西岸经济区落地，加快台商投资项目审批。”

“积极推动建立两岸金融业监管合作机制，在此机制下，优先批准台资银行、保险、证券等金融机构在福建设立分支机构或参股福建金融企业，支持设立两岸合资的海峡投资基金，进一步扩大两岸货币双向兑换范围，逐步建立两岸货币清算机制。”

四、海西先行先试战略与两岸 ECFA 连接的思路与原则

显然，上述先行先试权力与政策实际上为两岸 ECFA 下海西对台先行先试做了授权，体现了海西对台先行先试战略与两岸 ECFA 的连接。当然，这里对海西对台先行先试的授权以及如何先行先试的要求仅仅是原则性的，具体内容应根据 ECFA 在两岸整体层面推进的经贸活动自由化进程而定。

由于当前两岸经济体在经济结构、发展水平、开放程度与关税作用等方面存在较大的差距与差异等因素，两岸经贸活动自由化与经济一体化是一个循序渐进的长期过程。两岸将会先后商签 ECFA 的若干补充协议。因此，两岸 ECFA 与海西先行先试的具体内容及其连接，也将随着两岸经贸活动自由化与两岸经济一体化的深化发展而动态变化和适时调整。

基本的思路与原则是，特定的自由化与一体化的内容在两岸整体层面尚不具备条件推进的，或需要在特定区域试验探索经验的，可以让海西先行先试。也就是说，两岸 ECFA 明天要做和才能做的自由化措施可以今天就在海西先行先试。如此，即能达成 ECFA 下海西先行先试、海西先行先试战略与两岸 ECFA 连接、两岸区域合作与两岸整体合作并行推进的意义与作用。

实践中，在 ECFA 推进两岸整体层面的经贸活动自由化与经济一体化的进程中，可根据当时的两岸经济条件与两岸经济关系发展需要，通过构建起

ECFA下海西对台经贸活动自由化先行先试的运作平台（唐永红，2007b），在两岸货物贸易自由化、两岸服务贸易自由化、两岸投资自由化便利化等方面，先行先试某些正在商谈或将要商谈的自由化与一体化内容，为两岸整体层面的经贸活动自由化与经济一体化的推进探索经验、积累共识、奠定基础。

五、海西先行先试战略与两岸ECFA连接的内容与政策

基于两岸经济体当前的条件，受制于当前两岸经济体发展的较大差异性以及各自内部的各区域各行业发展的非均衡性，两岸经贸活动自由化方面，现阶段总体上主要适合推进部分产品（包括货物与服务）跨关境流动层面上的自由化与便利化；而要素特别是劳动力跨关境自由流动显然尚不具备条件，但可以推进要素在管束下流动的便利化和在局部区域流动的自由化。事实上，两岸商签的第一阶段ECFA除了推进两岸经贸关系正常化之外，在两岸经贸活动自由化层面（即所谓“早期收获”部分）主要是部分行业货物的减免关税进口、部分服务贸易的自由化以及两岸经贸交流合作的便利化安排。基于上述思路与原则，特别是基于经贸活动自由化的循序渐进需要，以及当前两岸商签的ECFA的内容，可以对ECFA下海西对台先行先试的内容与政策做如下框架性建议。

（一）两岸货物自由贸易先行先试

可在海西有条件的特定区域如厦门岛、平潭岛建立自由贸易区，以便先行先试两岸货物自由贸易。这些可先行先试自由贸易的货物包括：ECFA早期收获条款规定的减免关税或实施零关税的产品与项目、尚未列入ECFA早期收获条款的双方敏感类产品与项目。

另一方面，作为对价，大陆方面也可要求台湾方面在其经贸特区率先减免关税进口原产地在大陆的货物，或要求台湾方面率先减免关税进口原产地在海西（福建）的货物。

（二）两岸服务贸易自由化先行先试

可参照内地与香港CEPA及其各项补充协议的相关规定，对台商来海西从事服务业方面（包括金融业与非金融业服务业），较之于ECFA，采取更进一步放宽准入领域、降低准入条件、取消股权限制、简化报批程序等政策

措施。也可一步到位赋予台商以国民待遇，视台商为内资企业，准予其在海西从事服务业。

另一方面，作为对价，大陆方面也可要求台湾方面率先对大陆注册的服务行业企业进入台湾经贸特区服务行业，或者率先对海西（福建）注册的服务行业企业进入岛内服务行业，相应放宽准入领域、降低准入条件、取消股权限制、简化报批程序。

（三）两岸投资自由化便利化先行先试

可在海西率先对台商投资开放《外商投资产业指导目录》中的一些限制性行业，并降低台商投资进入门槛，让其享受部分“超 WTO 待遇”。实践中，对台商投资的准入行业与门槛，可参照 CEPA 对港澳投资准入的行业与门槛。涉及国家产业政策持股比例要求的，可放宽持股比例要求，并允许台资控股；对台湾 500 大企业在海西内投资的项目审批，在有关规划、重大项目布局及项目审批、核准、备案等方面可给予政策倾斜。

另一方面，作为对价，大陆方面也可要求台湾方面率先放宽台商投资海西（福建）的限制，以及率先放宽海西（福建）企业投资台湾或陆资投资台湾经贸特区的限制，以达到深化闽台乃至两岸产业合作的目的。

六、建设海西先行先试战略与两岸 ECFA 连接的运作平台

投资自由化、金融自由化不需要封关运作管理，但贸易自由化需要封关运作管理。为便于海西在两岸贸易自由化方面的先行先试与有效管理，得在海西的适当区域建立“贸易自由化先行先试区”。从便于封关运作管理角度看，厦门岛、平潭岛可以作为自由贸易区先行先试贸易自由化。从区位与服务区域条件、港口与物流条件、成本—效益条件等角度看，厦门岛应是贸易自由化先行先试的最佳区位选择（唐永红，邓利娟，2005）。因此，建议当前可把厦门经济特区转型成为包含“厦门自由港”（厦门岛）的“厦门自由经济区”，并寻求跨关境发展，与金门岛共建“厦金自由经济区”；与此同时，推进平潭综合实验区建设，向“平潭自由港”迈进。

其一，厦门经济特区应在其现有保税区、出口加工区、保税物流园区、保税港区的条件与经验基础上，把具有区位与服务区域条件、港口与物流条件、成本—效益条件的厦门岛建设成为类似香港的“厦门自由港”。即把厦

门岛建设成为一个遵循 WTO 无歧视原则的、境内关外的，集自由投资、自由贸易、自由金融（含离岸金融、两岸金融）、研发服务、经营服务、仓储展会、物流分拨、过境转运、国际旅游（含两岸旅游）等多项功能于一身的以现代服务业为主的综合型自由经济区。此外，平潭综合实验区在条件成熟时也可建设成为类似的“平潭自由港”。

其二，厦门经济特区其他区域（岛外区域）以及海西其他区域因不便于封关管理，不宜作为自由贸易区，但可以作为自由投资、自由金融等自由经济区，主要从事先进制造业的生产。如此，这些区域可作为“厦门自由港”及“平潭自由港”的腹地与服务区域，与“厦门自由港”及“平潭自由港”进行合理的专业化分工合作，协调发展。

其三，“厦门自由港”应寻求跨关境发展，在条件成熟时与金门岛合作结成开放性的多功能综合型“厦金自由经济区”，作为两岸经济制度性一体化的先行先试区。首先，厦门岛与金门岛可结成“厦金关税同盟”，以整合并充分发挥厦金两地的海港、空港优势以及其它经济发展资源与条件，使之成为海峡两岸的国际贸易中心、物流分拨中心和高新技术生产研发中心，成为海峡两岸与国际物流链的重要环节。进而，条件成熟时进一步推进“厦金关税同盟”迈向“厦金共同市场”，率先实现厦金之间劳动力等生产要素的自由流动与优化配置。

为构建海西对台先行先试的上述运作平台，并为其发展提供条件，需要中央相应赋予特殊政策予以支持：

一是明确地把厦门岛建设成为一个集自由投资、自由贸易、自由金融（含离岸金融）、研发服务、经营服务、仓储展会、物流分拨、过境转运、国际旅游等多项功能于一身的以现代服务业为主的综合型的“厦门自由港”，并采行“境内关外”的国际惯例做法，即对“厦门自由港”采取“一线放开、二线管住、区内自由”的海关监管模式。在条件成熟时还可建设类似的“平潭自由港”。

二是赋予“厦门自由经济区”进而在条件成熟时赋予海西以特殊政策，实行经贸活动自由化与便利化政策措施，包括经营活动自由（投资自由、雇工自由、经营自由等）、商品流通自由、货物运输自由、人员进出自由、对外贸易自由（仅限于“厦门自由港”及“平潭自由港”）、金融活动自由

（货币兑换自由、资金流动自由、资金经营自由）等等。

如此，不仅有助于构建起 ECFA 下海西对台经贸活动自由化先行先试的运作平台，而且有助于推进厦门经济特区、平潭综合实验区成为高新技术生产研发基地、对台交流合作基地、航运物流中心、金融商贸中心、旅游会展中心和文化教育中心，也有助于厦门经济特区、平潭综合实验区成为海西中心城市，与海西其他区域分工合作与协调发展。

结　论

本文基于从区域层面推进两岸经济合作与从整体层面推进两岸经济合作的辩证关系，阐明海西先行先试战略与两岸 ECFA 连接的意义与必要性，进而探讨海西先行先试战略与两岸 ECFA 连接的思路与原则、内容与政策及其运作平台。

研究表明，两岸 ECFA 下海西对台进一步先行先试，特别是推进海西对台经贸活动自由化的内容与两岸 ECFA 关于两岸经贸活动自由化的内容的连接，不仅有其必要性，而且具有重要的现实意义与作用。这不仅有助于大陆将推进自由化带给大陆在地产业的不利影响降到可以承受的程度，有助于两岸经贸活动自由化的快速稳健推进，而且是贯彻落实《国务院支持福建加快建设海峡西岸经济区若干意见》并用好用活中央赋予的先行先试权力与政策的重大举措，有助于新形势下海西继续并充分发挥在两岸经济交流合作中的先行先试作用，并有助于海西对台经贸关系的拓展及其自身建设与发展，也有助于在冲击可承受条件下充分照顾台湾方面的利益。

事实上，《国务院支持福建加快建设海峡西岸经济区若干意见》已在原则上为两岸 ECFA 下海西进一步对台先行先试做了政策授权。基本的思路与原则是，特定的自由化与一体化的内容在两岸整体层面尚不具备条件推进的，或需要在特定区域试验探索经验的，可以在海西先行先试。实践中，在推进两岸整体层面的经贸活动自由化与经济一体化的进程中，可根据当时的两岸经济条件与两岸经济关系发展需要，通过构建起 ECFA 下海西对台经贸活动自由化先行先试的运作平台，在两岸货物贸易自由化、两岸服务贸易自由化、两岸投资自由化便利化等方面，先行先试某些正在商谈或将要商谈的自由化与一体化内容。

参考文献

[1] 唐永红:《当前两岸制度性经济一体化的经济可行性考察》,《台湾研究集刊》,2007 年第 1 期。
[2] 唐永红:《当前两岸制度性经济一体化实现路径探讨》,《厦门大学学报》(哲社版),2007 年第 6 期。
[3] 唐永红:《两岸经济制度性合作与一体化发展研究》,九州出版社,2010 年。
[4] 唐永红:《海西区先行先试战略可与两岸 ECFA 连接》,《中国评论》,2010 年第 2 期。
[5] 唐永红、邓利娟:《当前两岸经济合作机制创新的空间与路径》,《台湾研究》,2005 年第 1 期。

南台灣與海西區合作發展創造兩岸互信和諧新契機

汪明生[*]

壹、前　　言

觀察大陸整體乃至珠三角、長三角、環渤海區及海峽西岸經濟區等的發展，無論是在軟、硬體的規劃構想，抑或是積極作為方面，均已不斷朝向迎接新世紀經濟潮流，並與全球脈動接軌的目標努力邁進，勢將逐漸呈現蓬勃遠景與豐碩成果。而西岸經濟區的發展，就推展進程與實質效益而論，皆與台灣各地的互動合作存有極高的必要性與重要性。筆者來自南台灣且長期居住於高雄，對於南部地區的民情文化及社會意識具有較深刻體認，後續的論述將以南台灣觀點為主，以與海西區展開兩岸合作的「兩岸合作發展創新園區」為例，研析有利於開展閩台地區合作的初步建議，俾使拋磚引玉，有利雙贏。

貳、兩岸發展交流現況

受限於主權爭議，過去兩岸間的交流合作始終以私領域的經貿而主，其它社會、文化、地區城市與民間團體等交流合作顯然較少。隨著三十年來的各自發展與不同體制，迄今其實已各自形成不同的優勢與侷限，而隱然存在著經貿以外新一輪的互補與借鏡關係：大陸的行政效率較高，對於相關發展的各項政策一般均能全面有效地大力支持。以土地及稅收等政策工具為例，固然偶有社會條件不一下的人治色彩，但為求績效而在中央與地方間幾乎可

---

* 作者簡介：汪明生，台灣中山大學公共事務管理研究所教授。

以全面授權；台灣則較為不同，近年來在推動產業轉型升級與區域經濟整合發展方面，經由不斷地積極努力亦開始展現相當成效，例如六大新興產業發展計畫、服務業服務創新旗艦計畫、與智慧生活科技區域整合計畫等，而在地方招商的企圖心與積極性上亦有大幅進展，以台灣近期發展地方特色產業群聚企業與高新技術科研單位合作創新為例，可謂政府既有政策的重大突破。然而在深入檢視之下，兩岸迄今在經濟發展以及地區合作的主要限制因素，似乎乃在於不僅是主權爭議以外的非經濟層面，例如深層的公共領域課題事務的管理體制與經驗績效，以及以一般民眾與三中階層為主的社會互信。

参、南台灣公共領域發展現況

台灣南部由於長期以來的產業結構以初級與次級產業為主，而社會結構則以農、漁業就業人口及藍領勞工為主，致使一般民眾普遍具有較深切的傳統意識，往往內視保守而突破創新不足，容易讓政治人物操弄，形成政治籌碼。以高雄市為例，由較明顯的政治變遷與公共領域參與視之，自數十年來的國民黨執政至 1998 年的政黨輪替以來，地方各界一般較少或未能主動公開觸及兩岸發展與交流議題，以致於如 2009 年地方首長在兩岸交流開發的趨勢潮流下竟仍操作涉及藏獨與疆獨的族群議題。另一方面，台灣北部政府高層的重大政策則除選舉期間的考量外，也較少主動納入較多的南部觀點，及深入關心南部的長遠發展課題。再加上因選舉政治中一再強調的「民主化」與「本土化」，造成南部民眾較深化的在地主體意識，並時常出現草莽激情干預理性思維的現象，擴散所及，更造成南部與北部間在經濟、社會、政治、政府與政策及管理等多方面的明顯差距：北部地區一般較呈現多元開放與批判制衡，民意機構、傳播媒體、民間團體與學界學者等所共同支撐形塑的輿論監督與公民意識，因此常較能兼顧平衡民主與發展；而南部地區則在一般民眾較少自主意識與息事寧人的傳統觀點下，往往不願公開表達個人之不同觀點，故對於地方發展與對外開放等政策議題，自然長期漠視、缺少討論，當然也就流於形式化的民主與長期發展的滯後。相較於戒嚴時期與國民黨執政時代，威權意識、菁英領導與中央規劃下所形成的重北輕南，民主開放與政黨輪替後的台灣南部，則似乎仍然受限於中央與地方政府財政資源不足、對外開放的意識準備欠缺與產業轉型規劃失誤所形成的政策僵固。以高雄市為例，近年來多以包裝式的城市美化與曇花一現的慶典活動短線操作，產業發展規劃浮誇不實，導致看不到真正大力有效的建設帶動與產業進駐。因此，在歷經數十年來的青壯菁英及中產白領優勢人口持續出多於進，未能累積聚集、紮根深厚存量的情況下，台灣的南部似已成為其本身整體在經濟以致全面發展，以及兩岸主權意識與合作僵局能否有效突破的關鍵地區。

以如此的地方發展與兩岸交流現況欲創造社會和諧新契機，則多年來以北京高層的政策宣示與理性訴求為主的努力方式似已有所不足。較為有效的作法，應當包括擴大打開三中階層（台灣中南部、中小企業與中低收入戶）廣面持續的雙向交流，一方面讓台灣除台商以外將近五成（尤其是南部基層）未曾到過大陸的民眾得以更方便地親眼目睹、親身體會大陸各地在經濟發展與地方建設上的突飛猛進與具體成效，另一方面並應讓更多的大陸同胞實地瞭解台灣（尤其是中南部）各地的風土特色、民情文化及開放社會，則應已是近年來以及今後長遠兩岸互動發展中的重要作為。最近兩岸各地積極辦理各項論壇與批次採購所獲致的項目合作與開放承諾，應是極具意義的進展突破。然而，因受限於主權意識及政策環境，如此有效的民間社會交流則似乎仍然重北輕南、不足以紓解乃至突破前述之台灣南部基層的民意結構困境，為求「釜底抽薪、多管齊下」，則更具開拓性、創新性的政策作為似乎已是大勢已趨、呼之欲出了。

肆、大陸發展、兩岸交流與海西經濟區規劃

大陸方面在經過三十年來的改革開放，在「珠三角」、「長三角」、「環渤海」乃至其他沿海城市地區的基礎建設、高新產業發展以及外資引入等方面一日千里，似乎將台灣自 1970 年代以來以產業發展佈局與對外貿易帶動，形成舉世矚目經濟奇蹟的經驗模式大幅吸收濃縮，甚至有後來居上之勢。以海峽西岸經濟區為例，主要的建設係源自 1978 年推行的「經濟改革」路線及「門戶開放」政策，此後系列性的相關措施連番接踵推出，致經濟成長大幅加速。自 1980 年至 2009 年，每年 GNP 的平均成長率高達 12% 以上，而過去落實「區域經濟自治」的主要政策目標，即為設立沿海

經濟特區以帶動外資投入，為實施市場經濟奠定基礎。然單就經濟效益方面而言，西岸經濟區在經營項目選擇、企業營運管理、基礎硬體設施、政府行政程序及各種攤派負擔等方面，則似乎仍然存有精進改善的空間，俾使展現對於外資更大的吸引力。此外，如何以區域發展之思維統整產業佈局，進而與「長三角」、「珠三角」、「環渤海」相較，以及突破主權爭議因素與港、澳、台共同建構整合成為完整的產業結構體與綿密且有效率的經濟網，則亦成為長遠策略發展必須積極思考佈局的課題。

此外，海西經濟區除了扮演著大陸新一輪的經濟發展要角外，以其所具備的獨特時空條件與人文基礎則更應深化成為處理兩岸各項共同事務的全方位平台。此方面顯示過去兩岸以經濟發展合作為主的建設思維已必須進而朝向社會、文教、與地方政府政策及管理等公共領域的方向發展，尤其是在與地緣及文化實為相近的南台灣的互動交流方面。然而筆者亦觀察到大陸在經過十餘年來的高速發展後所形成的一些附帶現象，例如目前各地區部門雖在物質條件上已經明顯充實，但在精神貫注的層面上與十餘年前相較則已產生明顯落差；以兩岸交流而言，早期的任事者通常具備肩負著改善與融合兩岸關係的使命感，普遍勠力而為、積極任事，然而目前的兩岸交流工作，則往往照章辦事、流於形式。究其原因則一方面似乎大陸已逐漸主動掌握許多本身發展與對外開放的機會，難免積極分身於眼前的大小繁雜事務，另一方面亦可能係相關部門已意識到此類的民間交流活動，似不易立竿見影、短期見效所致。

鑒於大陸的資源條件大幅改善具備，而台灣（尤其是南部）在持續菁英出走與內視封閉的思維意識下，似乎當前突破兩岸困境僵局的努力，已不能僅期待台灣而必須較多地寄望於大陸了。其中的關鍵重點，當在於自台商引進成功的經濟發展與企業管理經驗之後，大陸方面應繼之以深入瞭解掌握台灣十餘年來在選舉政治與多元社會下的經濟發展以及全面轉型的歷程，例如台灣發展經驗中所長期凝聚的服務產業與行政效能，乃至一般民眾的市場意識與法治素養，以及長期努力維繫的傳統文化與稍具基礎的民主政治等，皆應係為迄今兩岸對照下相對仍具領先優勢的部份。以筆者管見，兩岸的發展大勢已進入新的關鍵時刻：大陸所已經具備掌握的各項有形資源條件（如經濟、科技與工商管理及政府效能等）如能進一步重視納入、充分結合前述台灣之各項人文軟體與文化價值優勢，以及以兩岸區域合作之整體經濟發展戰略思維進行產業發展規劃，則一方面可加速縮短兩岸共同的發展與現代化進程，且在充分尊重肯定台灣多元民主社會的存在價值下，當更有利於兩岸彼此間的隔閡減少與逐漸融合。反之，則若大陸自恃於目前已具優勢領先的硬體條件與政府效能，而未見體會其後深層根本的人性主體與人本思想，無視忽略乃至不顧台灣民眾的自主意識與民主需求，甚至直接加以優勢發展下的強勢作為，則可能親痛仇快、分則兩害。

伍、兼顧公私管理的兩岸地區發展合作構想

基於上述的兩岸各自與彼此共同情勢分析，筆者於 2002 年曾經提出一福建「高優勢合創產業園區」設置計畫，計畫的主要內容係在檢視探討南台灣高雄市縣所面臨的各項發展課題，以及與福建乃至海西經濟區可合作發展的策略規劃。

在當前 2010 年兩岸較為和諧融洽的政治氛圍中，筆者認為應把握這難得良好的機遇，加強力道儘速實現由台灣自主規劃管理，大陸全力協助辦理的「兩岸合作發展創新園區」。以福建良好發展投資環境及台灣南部核心產業為規劃主軸，如先進製造業、海洋科技產業、農業科技產業與研發服務業等，作為兩岸地區合作發展規劃的主軸項目，並以合辦高等教育、經貿物流及金融設施為輔助項目，嘗試就一定時空範圍內規劃配置可供福建與台灣南部之地區核心產業於進行大陸地區全面投資發展前，得以先行進入從事生產準備、設備技術引進與正常服務營運之「合創園區」，作為台商未來與大陸內陸地區進一步合作的基地跳板。茲將「合創園區」的規劃重點說明如下：

一、設置地點

以海西區面積幅員風土氣候、人文社會等較為合適之相近地區（如平潭島），作為初步合作規劃設置的地點。未來可按雙方實際需求與執行狀況，加以推展至其他適合發展的海西區城市。

二、初期對象與引進產業種類

以兼顧平衡台灣三中階層課題（如高雄地區）為本計畫之主要目的對象，規劃進駐之核心產業項目，包括先進製造業、海洋科技產業、農業科技產業與研發服務業等，其他高等教育、經貿物流及金融項目為輔。

三、管理單位與期間

「兩岸合創園區」之管理單位與管理期間規劃如下：

1. 第一階段

自「兩岸合創園區」動工興建完成後起算五十年內，由台灣管理單位為主，全權負責區內管理暨營運事宜，大陸當地政府則以全力協助立場，配合促成「兩岸合創園區」之順利啟動發展。

2. 第二階段

自「兩岸合創園區」營運滿五十年後，由台灣管理單位移交大陸當地地方政府續行管理營運。

四、廠商定位

台灣進駐「兩岸合創園區」之產業廠商不受前項五十年的時間限制，得視其自身對大陸投資環境的熟稔程度與營運狀況，選擇留在「兩岸經濟共榮園區」內營運，抑或提前進入內陸各個地區進行擴大合作投資。

五、管理法令

「兩岸合創園區」第一階段之申請、進駐、行政與稅賦等事項，由台灣管理單位策頒遂行。第二階段則由大陸地方政府視當時狀況，以助益台灣產業發展之立場予以檢討維持或修訂。

六、商議事項

台灣產業於「兩岸合創園區」所適用之優惠法令，可於第一階段時由雙方權責單位共同研擬，其中可結合台灣促進產業升級等相關方案，與大陸現行之「經濟特區」或「保稅區」政策規定予以商議規範，吸引台商投資發展意願。

「兩岸合創園區」計畫在促進兩岸經濟合作發展的主要優勢如下：

1. 經由區域合作共同形成完整產業價值鏈

輔導兩岸地區合作與產業發展應當突破超越當前的混沌情勢與困境僵局，將海西與台灣南部的核心產業經由「兩岸合創園區」的合作方式，佈局建構全面縱深內陸地區全面完整的產業價值鏈，進而共同提昇兩岸地區之國際競爭力。

2. 資源有效分享以加快產業與地區發展

福建海西區有優越扎實的政策環境與工業基礎，台灣地區則有長期的科研創新研發能量。兩岸共同創設「兩岸合創園區」之發展方向，將促使資源有效分享，並達到產業與地區發展的重大政策目標。

3. 以合作創設「兩岸合創園區」模式，共享經濟開發利基

「兩岸合創園區」計畫在台灣方面可因此解決公共部門效率不高與ECFA簽訂後改善仍然有限的南部產業發展問題，在大陸方面則能與台灣製造業以外的服務產業與三中階層擴大合作，並於第一階段到期後，賡續長期經營，同享營運成果。

此「兩岸合創園區」除了具有協助促進兩岸經濟發展交流合作的考量外，對於兩岸地方發展等公共領域政策與管理的意涵層面更可一併檢視。回顧三十年前，鄧小平對於兩岸問題的重要主張為「和平統一」與「一國兩制」，由大陸觀點視之，此主張迄今看來仍為高瞻遠矚、極為正確的大戰略；然由台灣觀點視之，則一方面對「統一」及「一國」的主張不易接受，而「兩制」的構想中所考慮兩岸得以在不同體制與各自管理下，可能產生的安全瓣機制與由此而形成的良性競爭，則就更不是台灣一般民眾在兩岸隔海分治五十年，及台灣十餘年來在選舉政治議題炒作下，因明顯資訊不足與觀點受制，而不可能一窺全貌乃至真正瞭解的。故此「兩岸合創園區」計畫的深層涵義，即在於因應掌握縱使目前台商台屬已然佈局大陸，乃至逐漸落地生根，然而一方面受限於產業結構（仍以製造業為主）與產業環境，進一步的吸引台商台屬已因而效果有限；另一方面則因目前的兩岸僵局若無法有效突破，則兩岸發展亦可能如同台灣內部對許多重大公共政策往往產生的信者恆信、不信者恆不信的意識型態與兩極對立。加以迄今縱有十餘年來的兩岸交流，但真正來過大陸的民眾比例大約僅有三分之一，換言之，對於未曾來過大陸的三分之二的台灣民眾，如何以具體事實乃至親身體驗的方式充分說明大陸改革開放以及配套發展作為的務實與彈性，以及兩岸未來完整全面交流合作的發展遠景，因而旨在嘗試謀求以具體實踐的方式，逐步檢視修正以至有所突破前述之兩岸各自與彼此共同之發展困境與僵局，並在兼顧公私領域事務課題的經營管理方面，進行兩岸間的切磋比較與合作競爭。另言之，該計畫所隱含的主要意義應即為在大陸的土地上小規模地試行兩岸間的「一國兩治」，以致逐步修正檢視乃至在條件成熟具備下可能建構完整的「一國兩制」，其基本精神是讓台灣人能在大陸的土地上，在遵照服從大陸

的憲法法律以及其他相關規定政策的前提下，先行實施涵蓋公私領域的行政自治，進行自我管理。此「兩岸合創園區」計畫若能嘗試突破、順利推展，則本身即具有以下三點劃時代的政策意義：

1. 兩岸發展政策的具體試行與修正推進

如能讓台灣人民能夠在大陸的土地上，在一個中國的前提下嘗試實施自身的行政治理，當可初步驗證「一國兩治」的可行性。若「兩岸合創園區」計畫施行順利且成效良好，則此具體事實的充分呈現當可讓台灣民眾（尤其是南部基層未來過大陸者），真正瞭解大陸發展政策的彈性包容與誠意務實。反之，則推動中所遭遇的各項困難與問題，當可在局部試行模索克服後，作為其他地區台商管理乃至未來如果真正實施兩岸間「一國兩制」政策的修正補充。

2. 對於兩岸各自及彼此共同發展與現代化的示範效果

由於「兩岸合創園區」合作發展計畫的涵蓋面與代表性，已可相當具體而微地包括台灣的經濟、社會、政治、政府、政策與管理，乃至教育文化與價值傳承等寬廣層面及深刻內涵，在導向發展與現代化的中軸大道上，當更可產生兩岸各自與彼此共同的試點示範效果。概言之，就如同自 1980 年代開始，台商台胞將台灣的經濟發展與企業管理成功經驗，經由理性自利橫跨兩岸的投資佈局帶進大陸，協助促進完善了大陸的市場經濟體制與發展成效。「兩岸合創園區」的構想與意義，則係當兩岸皆已加入 WTO 及與全球接軌，並簽訂 ECFA 下，再加上台灣多元開放社會下對於公共領域經營管理的體制調整與意識重塑的發展經驗，此方面或亦當可對於目前強調政府治理、科學發展與和諧社會的大陸現況有所參考裨益。

3. 兼顧民主與發展的條件界定與逐步充實

「經濟發展往往導致民主政治，然而民主政治往往不利經濟發展」的各國發展經驗顯示，若要兼顧發展與民主，則需逐步充實現代公民意識，並需建構以白領中產人口為其必要條件的公民社會。台灣的民主政治固然仍有待完善成熟，然其寶貴經驗與基本重點顯示，則應為在實行民主體制前，逐步培養充實民眾在各個層面公共領域事務課題的效率及公平處理經驗。鑒於兩岸的同文同種與相似民情，環視全球與大陸在文化意識與發展經驗方面最為相近的即是台灣，其成功的經濟發展經驗可直接全盤移植大陸，而有待補強的民主經驗則更應在大陸仍處於政治改革紙上談兵、躊躇難進的現況下，作為檢驗真理的實踐教材而有參考意義。隨著兩岸的共榮發展，彼此間所堅持主張的方向重點，將應已可逐漸超越主權方面的統獨意識問題，在有利雙邊共同發展的大戰略前提之下，兩岸合作的真正主軸應在於充分切磋交換彼此的成功果實與挫折經驗而予以實踐中的截長補短、逐漸融合。如此觀點是否可行有效則端視有識之士的驗查明鑑，此乃「兩岸合創園區」構想的根本長遠政策目的。

陸、結　　語

近來兩岸的互動合作頻繁，如由海峽西岸經濟區的發展規劃視之，則因台灣南部的基層民眾大部分來自於福建，而在過去十餘年來的兩岸交流多集中於台灣北部的情形下，今後賡續加強如福建等地區與台灣南部交流的努力當可平衡過去十餘年來的不足。所以以福建為首的海峽西岸經濟區宜在獨到之天時、地利與人和的條件下，制定務實有效的兩岸發展與區域合作政策，以逐漸抒解突破台灣南部公共領域民情意識的內視保守，以及大陸經濟科技突飛猛進而人文體制有待加強的現況侷限。除了擴大展開全面持續的民間交流外，本文中建議的「兩岸合創園區」計畫的方向構想或許可以扮演積極突破的正面參考角色。

海西“两岸经贸合作紧密区域”建设相关问题研究

石正方*

自2004年福建省政府提出“海西”概念到2009年5月国务院发布《关于支持福建省加快建设海峡西岸经济区的若干意见》，海峡西岸经济区经历了五年的酝酿起步期，实现了由地方决策到国家区域发展战略的提升，也由此进入全面启动推进的重要发展机遇期，需要在短时间内迅速形成可持续发展的动力机制，培育起区域核心竞争力。而海西区域历史基础薄弱、自发展能力不足，协同发展的局面尚未形成，又面临其他区域的严峻挑战，解决这些矛盾需要充分发掘禀赋优势，大量争取外援性投入和政策性投入。于此，推进海西“两岸经贸合作紧密区域”建设凸显其重要性和策略性。关于海西“两岸经贸合作紧密区域”建设方面，已有学者从建设“两岸经贸交流先行区”的角度进行研究，① 本文则主要从科学统筹海西对台经贸合作“载体功能区”建设的角度切入，侧重对海西两岸经贸合作紧密区域建设理念、原则和策略取向的探讨。

一、新时期海西建设面临机遇和挑战

如果说本世纪头20年是福建省全面推进海峡西岸经济区建设的关键时

---

* 作者简介：石正方，厦门大学台湾研究中心、厦门大学台湾研究院副教授，国家“985工程”台湾研究创新基地成员。

① 唐永红：《海峡西岸经济区建设两岸经贸合作紧密区域问题探讨》，《台湾研究集刊》，2010年第4期。

期,[①] 那么，现阶段则是这关键期中的关键。一方面，两岸"大三通"的实现和ECFA的签署，促进了两岸经贸正常化、机制化进程，为福建充分发挥对台五缘优势和先行先试的政策优势提供了条件，五年的酝酿起步期为海西的加速发展奠定了物质基础；另一方面，"十二五"时期国家经济结构调整及区域发展战略的全面转型（向多点式、网络式开发转型）对海西建设提出了更高要求，而区域协同发展不发育也使得海西建设难以达成高效率。

1. 两岸经济合作利好形势及中央政府先行先试的政策支持，赋予海西重大发展机遇

目前两岸关系进入和平发展的新阶段，"大三通"的实现和两岸经济合作框架协议（ECFA）的签署，促进了两岸经贸合作正常化、制度化进程，在此背景下，获得中央政府对台交流先行先试的政策支持的海峡西岸经济区，可谓发展机遇空前。

其一，"三通"瓶颈消除，为福建充分、有效地发挥五缘优势，奠定了基础。海西的立意根本之一在于"海东"——海峡东岸，闽台交流合作是海西发展的重要动力。"大三通"前，由于两岸贸易往来绝大部分需要绕经港澳等第三地，致使福建在对台经贸往来中处于"形近实远"的尴尬境地，闽台一衣带水的地缘优势不得发挥。"大三通"时代，两岸经贸往来总体环境明显改善，直航"三通"不仅凸显福建对台港航优势，而且闽台"一日生活圈"将推进闽台经贸往来的深化发展，使得海西的对台五缘优势具备充分发挥的基础。

其二，经过五年来海西建设的推进，以福建为主体的海西区域资源禀赋要素得以显著提升，产业结构、地域结构等结构要素得以优化，对外联系通道得以改善，腹地纵深得以拓展，产业配套能力得以改观，区域综合实力得到加强,[②] 从而为海西在新时期对台交流中进一步发挥先行先试的作用奠定了物质基础。因此，在两岸"三通"瓶颈得以突破、两岸交流

① 《福建省人民政府关于印发福建省建设海峡西岸经济区纲要的通知》，http：//www. fujian. gov. cn/zwgk/ghxx/ghgy/200707/t20070715 _ 17869. htm。

② 石正方：《闽台经贸交流回顾与展望——基于区位优势变迁视角的分析》，《台湾研究集刊》2008年第3期。

深化发展形势需要的综合背景下，国务院发布《支持福建省加快建设海峡西岸经济区的若干意见》（下称《意见》），赋予海西科学发展、对台交流先行先试的政策空间，可谓恰逢其时，① 海西也因此获得了空前的发展机遇。

第三，ECFA 的签署，在改善两岸经济合作制度性建设的同时，也为海西的先行先试预留了空间。ECFA 的货物贸易、服务贸易早期收获利于降低两岸经济合作的交易成本，对于海西对台贸易和产业合作无疑将具有促进作用，而两岸在 ECFA 后续协商中较为敏感、一时难以达成共识的部分，可以在海西区域先行试验，待经验成熟时再行签署全面性协议，适行两岸。从这个角度来看，ECFA 为海西先行先试注入了新内涵。

总之，新时期无论从海西自身发展要求，还是从两岸交流合作大局的需要、中央政府赋予的政策倾斜和所给予的厚望来看，都要求海西抓住发展机遇，在实践对台交流先行先试，为促进两岸交流做出应有的贡献的同时，实现快速发展。

2. 国家经济结构调整及区域发展战略的全面转型对海西建设提出更高要求

目前，我国经济正值从工业化中期向后期过渡的关键时期，由于外部环境、体制改革、工业化、信息化及城镇化等因素的影响，经济发展表现出诸多新特征、新趋势。哥本哈根会议表明，全球已经开始进入低碳经济时代。“低碳经济”将成为引领我国经济结构调整乃至全球结构调整的重要驱动力。我国需要寻求低碳经济的发展模式，也即在资源和环境约束下，“新型工业化”道路将成为必然选择。新型工业化道路，就是一条信息化、工业化、城镇化相辅相成，依靠科技进步，广泛运用最新科学技术，充分利用国内国际两种资源两个市场，既高速增长又不大量消耗资源和污染环境，既提升结构又能扩大就业的速度与效益相结合的工业化道路。因此，“十二五”规划建议把经济结构转型作为核心任务之一，倡导“坚持走中国特色新型工业化道路”，“发展结构优化、技术先进、清洁安全、附加值高、吸纳就

---

① 石正方：《发挥对台优势，推动两岸经济深度对接》，《两岸关系》，2009 年第 7 期。

业能力强的现代产业体系”。①

与此同时，国家区域开发战略也开始发生转折性变化。从近年来的政策调控来看，主要有一下几个方面：一个是提出“主体功能区”划分，② 即“根据资源环境承载能力、现有开发密度和发展潜力，统筹考虑未来我国人口分布、经济布局、国土利用和城镇化格局，将国土空间划分为优化开发、重点开发、限制开发和禁止开发四类主体功能区，按照主体功能定位调整完善区域政策和绩效评价，规范空间开发秩序，形成合理的空间开发结构”。实质上，主体功能区划分的思想凸显可持续发展、协调发展的科学发展观。另一个是国家区域经济发展战略转型。新中国成立以来，我国的区域经济发展战略经历了均衡发展、非均衡发展、非均衡协调发展战略三个阶段，目前已开始向多元化网络开发阶段转型。主要体现近年来国家的区域发展战略布局呈现“全面开花”态势：从南到北、由东向西、从沿海到内地，中国区域经济已呈现多极发展、齐头并进局面。中国新一轮的区域改革试验也由此进入到一个深化的阶段。仅就 2009 年国家就出台了 11 个区域发展指导规划，③ 其中包括支持福建省加快建和海峡西岸经济区的若干意见，凸显了下一阶段我国经济发展对于区域协调、社会和谐的诉求。区域振兴规划不断出炉，意味着前所未有的结构大调整和产业大整合，也意味着各地的资源禀赋与区位优势正在得到市场化重估。在新的格局下，对所有参与者来说，或许都将是新的机会。当然也面临新的挑战：即国家区域支持政策的大“批发”下，如何凸显本区域优势和核心竞争力的问题。

在此背景下，海西建设面临更高要求。换言之，上述经济发展宏观环境的演变及区域竞争加剧的形势下，海西要实现其目标定位，一方面需要高起点、高层次定位经济发展，④ 一方面要充分发挥禀赋优势，用足用好中央赋予的政策优势，发展特色经济，尽快形成带动力强劲的地域增

① 《中共中央关于制定十二五规划的建议（全文）》，http：//www. chinanews. com. cn/gn/2010/10－27/2617353. shtml。

② 《国家主体功能区规划获通过》，http：//politics. people. com. cn/GB/1027/11869216. html。

③ 《2009 年 11 区域发展规划上升为国家战略 由粗放转为细分》，http：//www. jdol. com. cn/jdNews/195317. html。

④ 石正方：《发挥对台优势，推动两岸经济深度对接》，《两岸关系》，2009 年第 7 期。

长极。

3. 区域协同发展不发育致使海西建设难以达成高效率

区域经济协同发展是竞争与差异互补基础上的发展；是基于资源禀赋理论、劳动地域分工理论、比较优势理论等区域分工理论的发展；是特色发展与整体效益最佳兼顾原则下的发展；是充分利用区域资源的高效率发展。协同发展具体体现在基于区域产业一体化的功能耦合，即区域内部诸板块各依优势，特色发展，协力共赢，达成区域整体效益最佳。从上述视角来看，海西区域协同发展局面尚未形成，主要是产业同构和内耗性竞争的现象比较明显。仅就福、厦、泉三大中心城市区域而言，目前虽然在经济特色方面已有所区隔，如福州以服务业高速发展、电子信息及汽车与配件等现代工业集群发展为特色，厦门以电子信息、机械冶金、石化三大产业为支柱、物流、金融保险等生产性服务业高速成长为特色，泉州以工业高速发展、传统产业聚落明显为特色（形成了纺织服装、鞋业、建陶石材、工艺品、食品饮料等传统优势产业集群），但这些特色经济的优势尚不显著。

城市经济是建立在区位资源禀赋基础上的，城市经济是否具有鲜明的特色，标志其对区位资源利用是否充分，在区域中的专业化分工职能是否突出。如台湾三大主要城市的经济特色就比较突出，从而形成台湾西海岸城市经济协同一体的发展局面：台北依赖高素质密集的人力资源，以服务业繁荣发展创建优质研发、营销环境，引领台湾后工业经济发展，成为全台经济“总部”、枢纽和心脏；台中以传统产业质量提升和精致农业发挥区域资源优势，成为台湾中部的经济中心；高雄则以重工业为主导、充分发挥港口优势，承担台湾重化工业基地的角色。而福建的三大主要城市经济则比较缺乏特色，主导产业均为电子信息、机械、石化，没有形成主导产业的明显差异。

福、厦、泉等海西中心城市经济特色优势不显著，在很大程度上也反映在三大中心城市的对台产业园区方面。如表 1 所示，这些园区也大多为电子信息、机械、石化，虽在产业细分方面有所区隔，但总体来看产业同构现象明显，表明海西中心城市区域的对台经贸合作尚未形成各依优势、各具特色、错落有序、共同发展的格局。这种现象不能够及时得以治理，必将使资源利用受到内耗性竞争的制约，致使海西建设难以达成高效率。

表1　福、厦、泉三大中心城市区对台产业园区概况

	园区名称	园区的主要产业	发展概况
厦门地区	海沧台商投资区	化工、电子、机械、生物医药	投资总额43.13亿美元，合同利用台资33.25亿美元，实际利用台资26.33亿美元
	集美（杏林）台商投资区	电子、机械、化工、轻纺	截至2007年底，全区共引进台资项目达615项，累计利用台资达20多亿美元。
	火炬翔安产业园区	光电子、生物医药、精密机械	2007年底，共有274家企业落户该区，其中登记注册台资企业（含第三地转投资）已经达到84家，注册资金5亿美元，计划投资总额逾12.5亿美元。世界知名光电企业友达光电、中华映管、金保利光电、厦华电子等相继落户
福州地区	福清融侨经济技术开发区	电子、玻璃、铝业、塑胶、食品	主要以国家（福清）显示器产业园为载体，利用冠捷、捷联显示器产量已居世界第一、产品市场占有率高、品牌知名度高等优势，吸引内外资参与产业链扩展。2007年，全区显示器产业链企业60家，实现产值371亿元，约占融侨开发区总值的70.9%。
	福州保税区	物流业	
	福州经济技术开发区	电子、光机电仪一体化、生化制药、机械冶金、建材、轻纺、食品	截至2008年5月份，台资企业已经达到224家，总投资达15.75亿美元，占全区外商投资总额的26.12%，合同外资7.1亿美元，占全区合同利用外资总额的23.03%。
	青口投资区	机械、轻工、建工	区内有总投资22 690万美元的东南（福建）汽车工业有限公司及总投资7亿多美元的零部件上下游配套厂120家。汽车产业链不断拉长，产业集群不断壮大。
	马尾科技园	电子信息、生物医药、节能材料、环保设备	入驻企业超过100家，其中由跨国公司投资的企业有6家（中华映管、JVC、LG、NEG、EPSON、东北理光），被评为全国电子百强企业的新大陆。马尾科技园已初步形成以中华映管为龙头的电子信息产业、以生物医药和食品工业为辅的三大产业族群。

续表

	园区名称	园区的主要产业	发展概况
泉州地区	泉州台商创业基地	轻工、电子、机械、高科技	台商创业基地（台创园）首期规模1 500亩，2006年已全部完成招商，30余家台资企业陆续入驻，项目总体规划6 000亩以上现代化工业园区，规划年产值在100亿以上。
	绿谷台商高科技产业基地	光伏电子、电子信息、精密机械、高档轻纺	现已引进台湾长照光伏、智尊科技、东曜健身等9个台资项目（其中研发中心2个），首期合同利用台资1.3亿美元。
	洛秀台商投资区	光电、新材料、装备制造、物流、轻工	产业初步按“机电一体化产业”、“纺织服装产业”、“石化后加工产业”进行布置，分三期建设。现已引进泉州和谐光电科技项目，该项目总投资达5.7亿美元，拟建LED厂6座（其中设计延片、芯片、封装厂各2座），主要生产具有同行业国际领先水平的LED系列产品，并将形成光电（LED）系列产品从外延片、芯片、封装到应用的垂直产业链。项目建成投产后预计年产值达8亿美元，可带动下游产业年产值200亿人民币。
	台湾学者（泉州）创业园	电子信息和通讯工程技术；光机电技术与数字化设备；功能陶瓷新材料	建设中

资料来源：根据相关信息资料整理而成。

二、加快海西“两岸经贸合作紧密区域”建设

目前的海西建设面临重要发展机遇也面临严峻的挑战，其必由路径是打造特色经济，构建核心竞争力。就海西发展基础来看，无论是产业创新能力还是地域协同能力都比较落后，远未形成区域自组织自发展能力，更多的需要外源性投入和政策性投入。而就这两方面而言，海西的独特性在于对台优势，包括对台地缘经济优势及对台政策的先行先试——对台优势是海西建设的重要依托。

目前，台湾已成为福建最大的货物来源地和仅次于日本、美国的第三大

贸易伙伴。截至2009年底，闽台贸易总额达到669.56亿美元，[①] 目前闽台经贸依存度已超过25%；福建对台贸易层次逐渐提升，已实现由粗加工制成品向精加工制成品的转变；截至2009年底，福建合同利用台资210.33亿美元，实际到资160.58亿美元，[②] 占大陆实际利用台资总额的1/5，居大陆各省（区、市）第三位。目前福建台商投资已从初期的劳动密集型产业向技术、资金密集型产业发展，出现了行业整体性转移、上中下游产业配套发展趋势，以台资为主参与投资发展的电子、石化、机械等行业，已成为福建的主导产业。目前，闽台农业合作已有良好的基础。据统计，[③] 截至2009年底，福建省累计批办台资农业项目2 177个，合同利用台资27.9亿美元，实际到资16亿美元，农业利用台资的数量和规模位居大陆第一。闽台农业合作已从产业拓展到科教、经营管理、水土保持和渔工劳务合作，建成了一批台湾农业创业园区和台湾农产品集散中心，形成了宽领域、高层次的良好格局，走在全国前列。2004年，福建启动福建居民赴金门、马祖地区旅游，加强了两岸民众的双向旅游交流。2008年，福建对台旅游取得重大突破，现已成为海峡两岸旅游交流合作的前沿平台和重要区域，已成为台胞的主要旅游目的地。据福建省旅游协会统计，截至2008年底，台胞来闽旅游人数突破1 000万人次，2009年福建全省共接待台湾游客123.4万人次，占大陆接待台胞总数的27%。至2009年底，闽台“小三通”总客流量已达510万人次，年平均增长率为80%以上。此外，闽台两地的金融合作、物流业合作也已获得重大突破：闽台金融合作——台湾富邦银行入股厦门商业银行获银监会批准，成为首家投资大陆银行业的台湾银行；台湾人寿和厦门建发集团合资的君龙人寿保险有限公司正式开业，成为第一家总部设在福建的两岸合资寿险公司；台湾统一证券正式获准在闽设立办事处；闽台合作的海峡西岸国际采购与区域物流配送中心也在规划建设。

---

① 据福建省台办2008年相关数据（http：//www. fjstb. gov. cn/html/20090204/537105. html）及2009年厦门海关统计数据（http：//www. mofcom. gov. cn/aarticle/n/201001/20100106749379. html）计算获得。

② 《台海观澜：福建省长访台开启合作双赢新局》，http：//www. chinanews. com. cn/tw/tw-thsp/news/2010/05 -05/2263752. shtml。

③ 《福建批准台资农业项目2177个 数量规模全国第一》，http：//www. chinanews. com. cn/tw/tw -jjwh/news/2010/02 -11/2122015. shtml。

对台经贸长足的发展基础，加之中央政府赋予的对台“先行先试”的政策倾斜，无疑是海西经济区成长的重要动力。“海峡西岸”是与“海峡东岸”相对应的概念。建设海峡西岸经济区，一方面是从全国区域经济发展大趋势着眼，积极参与区域经济合作和竞争，构建福建及其周边地区所处海峡西岸与珠三角、长三角区域的联动发展格局；另一方面则是充分考虑了海峡东岸因素，包括利用福建“近台快攻”优势，打响“海峡牌”，大力提升本体经济竞争力，以及促进海峡西岸经济区从依托大陆发展到立足“环海峡经济区”，对台湾形成辐射力、集聚力，为将来与海峡东岸共同构建“环海峡经济区”创造条件。总之，海峡西岸经济区建设旨在通过“承‘珠’接‘长’、连接中部”，寻求经济区战略崛起，站在全国区域经济布局和经济全球化的高度来推动福建的发展，使福建拥有一个更为广阔的发展空间和腹地，进一步打造和提升海峡西岸的经济活力。从这一角度分析，“海峡西岸经济区”建设的关键在于进一步发挥对台优势，深化闽台经济合作，而推进海西“两岸经贸合作紧密区域”建设，则是其中行之有效的关键环节。

《意见》把建设两岸经贸合作紧密区域提高到发挥海西对台优势、构筑对台交流合作前沿平台的高度，指出要提升台商投资区和国家级经济技术开发区的载体作用，形成以厦门湾、闽江口、湄洲湾等区域为主的产业对接集中区，发挥海峡两岸农业合作实验区、现代林业合作实验区的窗口、示范和辐射作用，推动建立两岸区域性金融服务中心、建立海峡两岸旅游合作机制、建设海峡西岸物流中心。实际上，诸如台商投资区等既有实体区域或海西西岸物流中心等规划中的概念性区域都属于海西对台经贸活动集中布局区域，是海西对台经济合作的载体，在对台经贸交流中发挥着不同的功能，因而可称之为“对台经贸合作载体功能区”。显然，这些“载体功能区”是海西对台合作先行先试的主要依托。就地域分布来看，以厦泉漳所在的闽南地区、福州为核心的闽东北地区，以厦门湾、湄洲湾、闽江口地区最为密集。这些载体功能区是闽台经济交流高密度区域，其所承载的经济活动涉及投资贸易诸领域，但其核心无疑是产业合作。这些“载体功能区”既是闽台产业深度对接的载体，也是落实海西对台先行先试的政策平台，是打造海西特色经济，培育海西核心竞争力的重要依托和海西建设两岸经贸合作紧密区域的着力点。

三、海西“两岸经贸合作紧密区域”建设的原则

推进海西“两岸经贸合作紧密区域”建设，目的在于充分发挥海西对台优势，打造特色经济，提升海西的区域竞争力，要实现上述目标，应坚持以下原则：

1. 以科学发展观统筹海西对台经贸合作

科学发展观不仅关注经济成长，更关注经济发展，注重绿色 GDP 及 GNP，关注民生福利和社会进步。以科学发展观统筹海西对台经贸合作，不仅注重其所带来的经济效益，更注重经济效益后面的结构性调整。海西的发展应是高起点、高层次，即在承接海峡东岸产业转移方面应是有选择地接受，从长远发展、可持续发展、培育海西核心竞争力等层面出发。在这方面，《意见》提出“按照同等优先、适当放宽的原则，以信息、石化、机械、船舶、冶金等产业为重点，提升台商投资区和国家级经济技术开发区的载体作用，密切与台湾相关行业协会、企业的联系，促进两岸产业深度对接”，基本符合海西现阶段工业化中期的产业发展。与此同时，海西还应着力促进在战略性新兴产业方面的对台合作，如绿色能源、生计医药等产业。

2. 以协同发展理念协调海西区域发展

协同发展能够达成区域资源利用的高效率，对于历史基础较为薄弱，资源稀缺性较大的海西而言更是至为关键。海西区域的协同发展内涵丰富，任重道远，① 而当务之急则是推进福、厦、泉等中心城市经济的协同发展，以尽快形成海峡西岸城市密集区联动发展的格局，进而带动海西区域全局的协同共进。在海西建设中贯彻协同发展理念，核心内容就是促进区域产业极其空间布局的协调性，在产业布局方面应考虑海西内部不同区块的发展梯度，即在地域布局方面贯彻差别化竞争理念，避免产业雷同，应凸显不同区块的产业特色。

3. 以闽台经济深度对接构建区域核心竞争力

闽台经济全面、深度对接，是发挥海西对台优势、实现经济起飞的基础

① 石正方：《协同发展视域下的海峡西岸经济区建设——以厦泉漳城市联盟发展为例》，白永久主编：《区域经济论丛》，北京：中国经济出版社，2008 年，第 171 – 185 页。

性依托。全面对接主要是拓宽闽台产业合作范围。目前，闽台制造业对接已有相当基础。近年来，福建制造业已逐渐形成机械、化工和电子信息三大主导产业。这三大产业都是台湾已发展至生命周期成熟期的产业，外移趋势逐渐扩大。以此为契机，台商在福建投资的制造业合作层次不断提升。未来在制造业深入对接，形成光电产业、软件产业、石化产业基地的基础上，应加强闽台在医药、生物、新材料、新能源以及服务业（特别是生产性服务业，包括金融、物流）、农林渔业、创意产业等方面的合作。此外，合作领域要从陆域经济向海洋经济拓展，不断培育新的产业合作增长点。

深度对接，主要是指提升闽台产业合作的层次和优化合作模式，深化产业技术合作和台资产业本土化配套。目前，台资企业赴闽投资以独资经营为主，配套产业的本土化发育不够完善，这种模式不利于对台产业技术吸收引进，不利于海西区域核心竞争力的形成。因此，未来海西对台产业合作应创新模式，以政策倾斜引导台资与本地企业建立协作网络，鼓励互相参股，构建合作研发的激励机制，推动台资企业与本土企业集群网络的形成。

4. 以对台特色经济打造海西品牌

特色经济，是立足于福建禀赋资源和闽台五缘优势的经济，如闽台农林渔业合作，海洋经济合作，基于地缘优势和作为台湾与祖国大陆“中介地”角色的港口物流经济，以及基于文化亲缘关系的文化经济（如闽台文化创意产业，包括动漫、旅游、医疗保健产业等）。特色经济基于特色资源，以特色经济开发打造海西品牌，可以充分发挥海西对台优势，是海西区域产业竞争力的重要源泉。

四、海西“两岸经贸合作紧密区域”建设的对策取向

目前两岸关系大局利好，全国区域竞争更形激烈，时不我待，海西建设必须快速、全面启动，否则会丧失良好发展机遇。海西建设要充分利用对台优势，既要充分依靠既有的对台经贸合作载体功能区发挥作用，不断实现其功能完善和提升；又要加快推进对台经贸新载体功能区的开拓建设。而在此进程中，必须充分贯彻协同发展理念，实践特色发展、结构有序的发展，依赖多层次、多功能增长极带动的共同发展。在具体对策取向上应着重以下几方面：

1. 充分发挥闽南地区的优势和作用

厦泉漳所在的闽南地区，无论从历史基础和现实发展来看，都具有福建其它地区无可比拟的优势。发挥闽南地区优势主要在以下几方面着力，即开放优势（特区和侨乡优势）、经济优势（厦门的外向型经济优势、泉州的民营经济优势和漳州的现代农业优势）、港口优势以及人居环境优势（厦门、泉州分别获得“中国人居环境奖”、“国际花园城市”）。

除发挥上述四大优势之外，更为重要的是要立足闽南地区在对台经贸合作方面的优势（厦门拥有全国较早成立的三大台商投资区，业已形成了海沧精细化工、翔安光电产业园区等对台产业对接的工业园区，是福建台商投资最密集地区；漳州拥有最具特色的对台农业合作实验区，在对台石化产业合作方面也颇有作为；泉州对台产业合作也正在实现有传统产业向科技、技术、服务、现代农业的转变），以政策创新启动其它社会经济因素的联动发展，建构多层次、多特色的对台经贸紧密合作平台，使之尽快形成发展合力，进而带动海西其它地区的发展。

2. 继续完善、提升既有政策型“载体功能区”的功能

海西具有经济特区、台商投资区、两岸农业合作实验区、两岸林业合作实验区等政策型载体功能区。应加大力度充分发挥这些载体功能区在对台经贸交流合作中的重要作用，最为关键的是建议中央给予优惠政策，增强这些载体功能区在海西建设中的政策创新功能，如在土地政策、财政税收政策、物流政策等方面尝试新的突破，使之成为海西对台政策先行先试的试验田和增长极。

3. 设立新政策型“载体功能区”

除充分完善、发挥上述既有载体功能区作用外，还要积极谋求建设新的政策型对台经贸合作载体功能区，实践对台合作的政策和机制创新。目前来看，主要是推动建设一系列的枢纽性载体功能平台，以提升海西对台合作的深度与广度，如海峡两岸区域性金融服务中心——主要是借重厦门在两岸金融合作中的发展基础，最大限度放宽政策限制，使厦门成为台湾金融业转移的集中目标地；海峡两岸台商营运中心——通过优惠政策，积极鼓励现有台商和新赴闽及其邻界的海西周边地区投资的台商将其营运总部、研发基地设在条件优越的厦门，以形成集聚效应，带动其它区块的快速发展；海峡两岸

物流集散中心——充分利用厦门湾和湄洲湾的港口集群优势、积极将闽南地区打造成两岸货物往来的重要平台；等等。

4. 在推进平潭综合实验区建设的同时，推动闽南地区的对台综合实验区建设

目前，为落实国务院《意见》，福建省已启动福州（平潭）综合实验区建设。福州（平潭）综合试验区功能定位为海峡两岸交流合作先行先试综合试验区、海峡西岸经济区科学发展先行先试综合试验区、省会中心城市的重要组成部分。平潭实行“政区合一”运作机制，将设立海关特殊监管区域，在促进两岸投资贸易便利化、台湾服务业市场准入等方面实施更加优惠的政策；创办两岸产业合作园区、特色文化产业区和两岸教育合作园区，创新投融资体制，形成多元开发格局。

实际上，平潭最为独特之处在于其谋求两岸“共同规划、共同投资、共同建设、共同管理、共同受益”的合作机制创新，其对于两岸跨域共同治理的探索意义重大。但由于现实基础薄弱，平潭建设不易在短期内见效。海西较之周边区域已是滞后发展的形势，如不能在短时间内集中优势资源尽快形成增长极，以带动海西整体区域发展，则将错失发展良机。因此，笔者认为，在开发平潭综合实验区的同时，不妨同时推进基础雄厚的闽南地区的对台综合实验区建设，可以借鉴学者们已提出的诸如闽客两岸融合综合实验区、闽南两岸融合综合实验区①、厦金特别安排区②、厦金特区③等概念，其功能除了经济整合之外，更可扩展到两岸社会融合的深层次，借以落实建设海西成为两岸人民交流先行先试区域的综合发展目标。甚至可以大胆突破，谋求设立闽南金三角地区为全国综合配套改革实验区，争取中央政府的支持，在管理机制上突破现有行政壁垒，实行政区合一的管理机制。如是，厦泉漳城市联盟发展就会落到实处，整个闽南地区会很快形成发展合力，进而以其强力带动推进海西建设。

---

① 陈先才：《拓展交流合作载体平台新作为研究》，刘国深，唐永红主编：《福建对台交流合作先行先试研究》，北京：九州出版社，2010 年，第 201 – 235 页。

② 石正方：《构建厦金特别安排区研究》，王秉安，李闽榕主编：《环海峡经济区发展报告(2008)》，北京：社会科学文献出版社，2008 年，第 238 – 250 页。

③ 唐永红：《关于构建厦金特区问题的探讨》，《台湾研究集刊》，2009 年第 4 期。

5. 充分发挥“小三通”优势，深化海峡两岸旅游合作，促进海峡旅游区的形成与发展

“小三通”是福建对台独特优势，海峡旅游区是海西基于闽台渊源关系的一种特别意义上的对台经贸合作密集载体功能区。旅游经济是通过人员的流动实现的，因此是经济交流也是社会融合的重要纽带。海西建设中应充分发挥“小三通”的优势，积极开发“小三通”沿线旅游产品，通过政策创新（如启动闽台自由行、便捷闽台居民旅游出入境管理等）深化两岸旅游合作，促进海峡旅游区的形成和发展。

6. 推进海西中心城市协同发展

首先应根据历史发展基础、资源禀赋优势及区域发展需要科学定位福、厦、泉三大中心城市职能，其次是合理规划三大中心城市的产业发展方向，在此基础上，以政策杠杆引导目标产业向目标区域集群。如闽台汽车产业的对接应因势利导，使之在福州地区（青口工业区）实现集群；文创、物流、金融等生产性服务业应鼓励向厦门地区集中，以促进厦门总部经济的发育形成等。如此，一方面有利于提升产业的规模效应与集群创新效应，一方面有利于培育特色经济，实现各异优势、协同发展的局面。于此，科学定位、合理规划和运用政策工具凸显重要性。

五、结　　论

“大三通”时代，海西迎来了良好的发展机遇，同时也面临区域竞争的严峻挑战。如何在短暂的机遇期内，构建发展动力机制，走上发展的快车道，需要发挥海西对台禀赋优势，高效率发挥先行先试的政策效应，迅速培育起带动力强、发展后劲足的增长极。于此，“两岸经贸合作紧密区域”建设凸显其重要性，这些紧密区域既是两岸产业对接的平台，也是不同规模和层级的地域空间增长极，对于海西特色经济的形成和核心竞争力的构建，具有重要意义。

在“两岸经贸合作紧密区域”建设中应处理好集中投入与共同发展、基础性投入与增长极培育、优先发展与协同发展等关系，进一步优化完善既有“对台经贸合作载体功能区”的功能；同时要建立创新型“对台经贸合作载体功能区”，以配合落实海西对台交流合作先行先试政策的需要；要充

分发挥既有基础良好的闽南地区的优势。如此，才能在较短时间内快速累计发展能量，形成发展动力，迅速、全面启动海西建设，形成各功能区错落有致、协同发展、互动发展的良好局面，达成海西区域发展的高效率、高品质。

海峡西岸经济区政府、科研院所和企业区域三螺旋合作

王 勇*

随着知识经济的发展，区域正由地理、政治和文化实体转变为由企业、大学和政府部门网络组成的三螺旋创新空间，即区域空间由一系列政治组织、企业、大学和科研院所组成，它们一起合作改善区域创新条件，通过相互作用形成区域三螺旋。海峡西岸经济区作为实现两岸要素资源优化整合的先行先试区域，通过开展政府、科研院所和企业之间的区域三螺旋合作，逐步孕育形成区域特色产业集群，进而催化形成独特的竞争性区域特质。

一、大学—企业—政府区域三螺旋空间运行过程

（一）三螺旋创新模式的内涵

三螺旋初始概念来源于古代的美索布达米亚平原，当时人们发明了一种三螺旋状的提水螺旋，用来把水从低处提到高处，成为灌溉巴比伦公共农场和“空中花园”的农业水力系统创新的基础①。美国纽约州立大学亨利·埃茨科威兹教授将三螺旋物理创新加以社会化引申提炼，提出三螺旋创新模式②，即大学、产业、政府三方在创新过程中密切合作、相互作用，在保持自身的独立身份和原有作用的同时都表现出另外两方的某些能力。在三方相

* 作者简介：王勇，厦门大学台湾研究院经济研究所助理教授，“985 工程”台湾研究创新基地成员。

① Dalley. Stephanie, Peter. Oleson. Senacherib, Archimedes, The Water Screw: The Context Of Invention In the Ancient World. Technology and Culture. 2003. 1 ~ 26.

② 亨利·埃茨科威兹著：《三螺旋》，周春彦译，北京：东方出版社，2005。

互联系和作用中，代表这三方的机构范围的每个螺线都获得更大的能力进一步相互作用和合作，支持在其他螺线里产生的创新，由此形成持续创新流而共同发展。与此同时，在以知识为基础的社会中，大学、产业和政府三者之间的相互作用是改善区域创新条件的关键。产业、政府、大学都是三螺旋的重要成员，其中，产业作为进行生产的场所；政府作为合同关系的来源，并确保稳定的相互作用和交换；大学则作为新知识新技术的来源，是知识经济的生产力要素。当这三个机构范围都起其他机构范围的作用同时而保留自身独特身份时，每个机构的功能就得以放大。具体而言，大学将知识资本化作为学术目标，通过鼓励起源于大学学术研究的新公司的形成，起到了产业的作用；公司为了提高技术层次而对员工开展培训，并通过合作经营来分享知识，具有大学的某些特征；政府充当公共风险投资者的同时仍继续进行常规的工作。

（二）大学—产业—政府三螺旋

伴随着知识成为新产品开发和形成未来产品开发基础结构的更重要因素的同时，大学、产业和政府之间的合作不断增加。创业行动不仅是产业领域形成公司的个体活动，不仅有个体的创业行动，还有组织的创业行动。创业者不仅是公司，也包括大学和政府组织。由大学、产业和政府相互作用形成的三螺旋已成为孵化器、科技园和风险投资公司等创设的平台。而且，大学和其他知识生产机构性能的不断加强成为基于智力资本以某种形式更新旧经济或创造新经济活动战略的组成部分，其范围从政府、大学与产业实验室的研发活动扩展到现有产业的缄默知识的产生。而当知识的新交叉充满现有产业和新旧知识的各种结合成为公司形成的基础时，大学和其他知识生产机构将取代产业成为核心螺旋线。之后，政府与产业介入支持大学的发展，共同建立加速新知识生产的大学研究中心，由此，大学将从产业、政府获得更多的资源以进一步增强其传统的科学研究能力。

（三）区域三螺旋空间

由一系列政治组织、产业实体和大学机构共同合作改善区域创新条件，彼此相互作用而形成区域三螺旋。区域三螺旋相互作用主要发生于一系列知识空间、趋同空间和创新空间中，这三个空间彼此重叠和交叉（表1）。

表 1　以知识为基础的区域经济发展三螺旋空间及其特点

三螺旋空间	特点
知识空间	聚焦于形成“区域创新环境”。在这个环境中，不同参与方通力合作，通过集中R&D活动和与R&D相关的活动，达到临界质量，改善地方创新条件。
趋同空间	统一的区域发展思想与战略在大学、政府和企业之间的“三螺旋”多重相互作用中产生。
创新空间	努力实现在趋同空间所设定的目标。建立和（或）吸引各种公共与私人风险资本，资本、技术知识和商业知识的结合进行组织创新是在这一空间要实现的核心任务。

资料来源：Etzkowitz. Henry. 2000.

其中，创新活动的初始阶段通常由相关研发活动组成的知识空间而创造。知识空间以“临界质量”① 的形式为区域发展提供建筑材料。在地方区域里，这种“临界质量”的可达性是以知识为基础的区域经济发展的必要条件②；趋同空间是把区域内具有不同组织背景与观念的各种创新活动组织到一起的中立场所，体现为相关参与者在一起工作的过程，包括头脑风暴、问题分析和计划形成等活动。根据对本区域知识来源的分析，人们了解它们所具有的创新潜力。来自大学、产业和政府等方面的人们被组织在一起，进行调研与讨论等活动，最终各方达成一致意见，形成促进经济与社会发展的新思路与新战略。通过创造趋同空间，将具有不同机构范围背景的人们集中在一起，参与讨论并产生创新项目、行动计划或发展战略，可以使知识空间由潜在转变为现实的经济与社会发展源泉。此外，让这些有着不同背景的活动者共同参与战略评论和计划形成过程，可以使利用各种所需的资源实施计划成为可能；创新空间作为填补资助创新活动的缺口，创造努力实现趋同空间所确定的战略目标的新组织机制。在这三个空间相互作用形成区域三螺旋空间中，区域特色产业集群得以孕育形成（图 1）。

---

① 这里的临界质量来源于物理学概念，是指从技术思想中产生的关于某个特殊问题的研究资源的集中，这些知识性资源总量只有达到一定程度时才会在区域发展中起作用，这个程度就是“临界质量”。

② Casas. Rosalba, Rebeca. De. Gortari, Ma. Josefa. Santos Casas, De. Gortari, Sentos, The building of Knowledge Spaces In Mexico?: A Regional Approach To Networking. 1999. Vol (29): 2. 225 ~241.

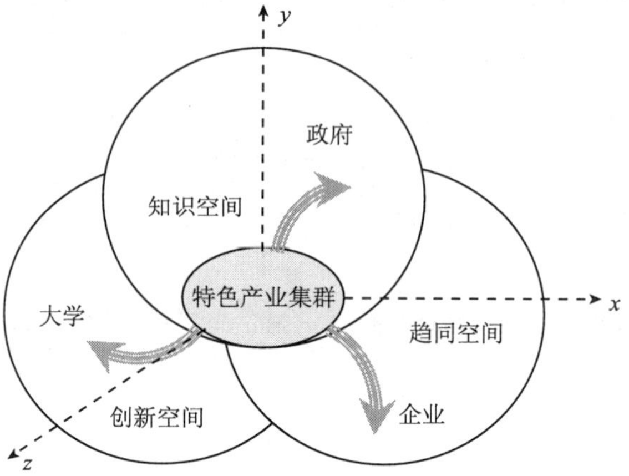

图1　大学——企业——政府区域三螺旋空间运行及特色产业集群孕育模式

资料来源：作者自制

（四）孵化器推动区域三螺旋空间的创新孵化

孵化器源自从技术发明到创新过程系统化的公私兴趣汇合，如寻求发展其创新想法的发明者和与其核心竞争力不直接相关的高新技术企业以及推动区域发展的大学等，在原有产业基础上，通过大学孵化器的发展更系统地组织源自大学研究的高技术新企业的开发。现代大学企业孵化器将大学与区域发展战略相结合，成为培育高技术新企业发展的支撑结构，以及作为致力于科学发明应用和大学研究商业化的金融支持的一系列复杂组织创新组成部分。主要有工业研究实验室、技术转移机构和风险投资企业。当前，各地区科学技术发展已日益嵌入到大学—企业—政府三螺旋相互作用关系之中，大学、政府和企业三个范围的机构都在偏离其传统作用而起混合作用，产生了诸如企业家型学者、学者型企业家以及政府企业式发展战略等混合现象。而孵化器成为推动大学—企业—政府三者关系内在化的组织，推动这三方相互作用并为这些混合作用提供发展空间。在孵化器内的企业之间，孵化器与其他机构范围之间的网络都拥有提高技术创新、组织创新和发明活动速率的潜力。

孵化器已进化为多功能和创业教育实体，具有研究和教学的双重身份，是横跨大学、企业和政府网络的组成部分。大学孵化器通过前向线性模式，即企业基于对大学研究的商业潜力的认识，和后向线性模式，即企业立足于大学对产业领域的研究兴趣，以及该地区拥有公共支撑服务和更容易邻近大学里的设备、教职员工和学生等来创建高新技术企业。由此，创业型大学里的孵化器通过孵化新的研究中心和企业增强了大学自身的科研实力。孵化器里的企业和依托的大学里的科研人员以及公共研究实验室开展合作，导致新的研究项目和新的合作研究中心通过这些合作得以有效组织起来。

二、政府营造孕育特色产业集群的区域三螺旋支撑环境

当前，经济全球化和区域经济一体化迅速发展，以各种形式参与各个层次的区域合作，已经成为世界经济发展的必然趋势①。1980 年代以来，顺应世界经济区域化、集团化的发展趋势及中国改革开放政策的实施，两岸经贸关系发展迅猛，两岸经济的互补性和依存度不断提高，海峡两岸的经济整合已成为大势所趋②。与此同时，海峡西岸经济区在发挥对台“五缘”优势的基础上已成为实现两岸要素资源优化整合的先行先试区域（图 2）。由此，基于区域比较优势而在海峡西岸经济区开展政府、科研院所和企业区域三螺旋合作，有助于实现海峡西岸和海峡东岸资源的优化配置，培育区域竞争性企业，推动海峡西岸经济区特色产业集群的孕育、形成、发展和成熟，进而提升海峡西岸经济区区域竞争特质。

（一）“创新政府”为三螺旋企业的初期发展提供风险资本扶持

中小企业是海峡西岸经济区技术创新的主体。由于当地中小企业普遍存在缺乏雄厚资金和技术基础支持的制肘，从而企业 R&D 投入相对不足。为此，地方政府可通过为其提供贷款保证、各种政府基金中介等，帮助解决当地中小企业开展技术创新的资金瓶颈，同时带动海峡西岸经济区风险投资市场的发展，促进企业融资的多元化③。为推动海峡西岸经济区风险投资市场的发展，一方面，各级政府部门要为风险投资的发展提供宽松的宏观环境。

① 黄绍臻：《海峡经济区的基本内涵及功能定位》，《东南学术》，2009 年第 1 期，113 ~ 120 页。

② 王勇：《海峡经济区竞争性区域体系构建研究》，《台湾研究集刊》，2009 年第 3 期，48 ~ 57 页。

③ 赵林海，陈首哲：《借鉴台湾经验，促进闽台风险投资业的合作与发展》，《海峡科技与产业》，2007 年第 4 期，34 ~ 37 页。

图2　海峡西岸经济区地理位置概况

资料来源：作者以相关地图为底图自制

其中，在法律环境上，海峡西岸经济区各级政府要尽快出台有关的政策法规，将风险投资事业纳入法律保障之下。同时不断规范风险投资的投资行为，切实保护创新者、创业及风险投资者的合法权益。在政策环境上，要制定有利于风险投资发展的财税、金融、土地、人才、户籍、企业登记等优惠政策。同时在产业政策上要完全放开投资限制，要“放大促小”，特别是要成立中小企业创业促进中心，赋予其应有的责、权、利，促进真正有创新能力的中小型高新企业超常规发展；另一方面，要创造能容纳多元投资主体的通畅的资本进入渠道，加大政府对风险投资的投入力度。海峡西岸经济区各级政府应尽快成立政策性风险投资种子基金，每年将一部分财政经费投入到种子基金。种子基金重点要建立起创新企业的孵化器功能，为创业企业提供资本支持与管理咨询，侧重进行风险投资的前期投入。海峡西岸经济区各级地方政府根据地区发展高新技术的重点领域，确定相应的 R&D 项目以纳入地区预算中重点资助。对于预期有较大潜在市场价值的研究成果提供创办资金，帮助其进行技术开发和推向市场。对可产生重大技术突破而风险大的 R&D 项目，由各地区政府出面承担风险，予以阶段性资助。并且，向科研人员提供资助，鼓励其从事与企业发展相关的 R&D 工作。同时，改组纯国有性质的各种投资公司，剥离不良资产，盘活存量，吸收民间资本参与，在此基础上组建新的投资公司进而改组为风险投资基金；

第三方面，要打造足够承载风险投资发展的坚实企业基础，为台湾风险投资进入创造条件。立足于发挥海峡西岸经济区以福建省为主体中小企业多的优势，加快建立产权明晰的现代企业制度，对现存的高科技企业实行以现代企业制度为目标模式的产权改造。通过创业企业和风险投资公司基于未来的合作共谋发展，用市场机制和市场原则来筛选高科技企业，最大限度地优化资本市场的资源配置，为台湾风险投资进入创造条件；第四方面，应优化台商风险投资的税收政策，增加对风险投资者的优惠，对现行高新技术产业的优惠进行整合，加大建立统一的鼓励风险投资发展的税收政策。同时，要促进产业集聚，增强中心城市的经济实力和辐射带动力，综合利用海峡西岸港口优势和对台合作交流优势，吸引台湾的风险投资，加快风险投资业的发展。

（二）政府明晰知识产权分配和建立合法技术转移体系推动产学双螺旋合作

海峡西岸经济区以福建省为主体首先要通过立法为区域产学研合作提供法律保障，从而有力的推动当地特色产业的快速集聚和迅猛发展。其次，通过和企业建立起高效的官产学合作体制，共同分担 R&D 投入资金，推动大学及研究机构与企业开展互惠的合作，加速科技成果的产业化。同时，海峡西岸经济区各级地方政府要对本地区主要研究院所进行重组和整合，以发挥学科间的关联效应和集聚效应，从而进一步提高区域研发竞争力，为海峡西岸经济区特色产业集群的孕育或升级提供强有力的技术支持。此外，各地区政府还应通过提供一系列技术合作项目和区域开发项目招标和 R&D 资金支持来催生地区产学研合作，由此，推动海峡西岸经济区高新技术产业的发展及相关集群的孕育形成。与此同时，政府有关部门应积极支持企业进行技术创新，在相关技术标准制定方面，为企业提供扶持和帮助，并根据市场需要，鼓励产业链条上的各个环节加大 R&D 力度，进一步加快有关标准和规范的制定，为两岸业界标准合作和技术创新提供良好的发展环境。当前，以福建省为主体的海峡西岸经济区应与台湾共同研究制定高精确度和高稳定性的计量标准，重点研究领域的技术标准，完善认证许可体系和技术性贸易措施体系，实现海峡两岸规格的相通和共同的技术标准，从而实现海峡西岸经济区科技成果的高效转化①。与此同时，海峡两岸还应共同建立有效的知识产权保护制度以加强两岸的科技产业合作。

（三）政府通过自上而下计划体系调控孕育特色产业集群的三螺旋环境

海峡西岸经济区各级地方政府首先要通过制定详细的集群规划来增强本地企业、大学和科研机构之间的联系，然后，根据当地优势，通过为产业培育孵化器或发展平台，为企业提供研发资金支持、完善基础设施、建立咨询和研究服务机构等，推动集群的快速发展。其次，海峡西岸经济区各级地方政府应通过国家基金组织为企业提供投资、建立企业协会、优先支持产学研合作项目等措施，极大地推动集群内各要素的合作。其中，各种企业协会将增强集群内部各要素间的合作，使教育与企业需求相结合，促进研究成果的

---

① 王勇：《闽台 R&D 创新的互补和合作分析》，《产经评论》，2010 年第 1 期，73 ~ 79 页。

快速转移，将为企业提供量身定做的服务。再者，地方政府和公共部门要保证政府政策信息顺利到达需要了解这些信息的企业中，促进建立集群内企业的供应联系，帮助建立集群内部企业的学习链，加快知识在集群内扩散，促进整个集群的升级，做好集群内各种信息收集和评价工作，尽量少干预企业事务，做好集群的外部宣传工作，吸引外部投资。此外，海峡西岸经济区各级地方政府还应通过完善公共设施来为企业提供良好的进入环境，推动企业的迅速发展。与此同时，通过统一部署、规划新兴产业发展，以及进一步搭建产学研合作平台和创设专业技术集群发展空间来系统地推进海峡西岸经济区特色产业集群的孕育成型。

三、三螺旋竞争性企业主导特色产业集群的形成和发展

（一）三螺旋竞争性企业引领海峡西岸经济区原创技术 R&D

三螺旋竞争性企业是地区工业技术尤其是高新技术的主要提供者，具备原创技术研发和工程化、商业化所高度依赖的坚实技术基础，可为创造性科学研究提供巨额的 R&D 资金投入，同时可以承担相应的高研发风险。而且，由于 R&D 的内部化，大型跨国企业既具备了强大的 R&D 能力，拥有大量专职 R&D 科学家与工程师，又使原创技术能在企业内部得以快速广泛地传播与应用，从而极大地增强了企业的竞争优势。与此同时，三螺旋竞争性企业对于通过相互专业能力的结合来开发和创造新的交叉知识，以更新自身核心能力和创造新的核心能力的需求能推动大量相关企业在空间上集聚而结成“知识联盟”。此外，竞争性企业是产业集群 R&D 投入的主体，其 R&D 资金实力雄厚，R&D 人员规模大。其 R&D 机构遍布全球，可高效整合利用全球 R&D 资源，保持其 R&D 成果的国际领先。闽台高科技企业通过股权参与和契约联合结成资源共享、优势互补、风险共担的企业战略合作联盟。企业战略联盟通过共同 R&D、技术交换、供应合同、平衡投资、单项技术转让等使闽台企业可以相互学习交流先进技术，提高企业的 R&D 能力，增强企业的核心竞争力，将有效地降低闽台企业国际化经营风险，使闽台中小企业能摆脱企业生产规模的限制，有效解决资金、技术、人才方面的制约因素，有助于闽台企业拓展国内外市场渠道。

（二）三螺旋竞争性企业推动海峡西岸经济区产学研合作的深入开展

三螺旋竞争性企业为了保持其在前沿技术领域的优势地位，充分挖掘本地区的研发资源为其提供技术支持，同时为了提高新技术研究成果产业转化效率，提升产品竞争力，三螺旋竞争性企业进一步细化产业分工，吸引各生产环节的中小企业为其提供配套服务。位于福州马尾经济技术开发区的冠捷电子（福建）有限公司是目前中国第一大、全球第二大显示器生产企业，与之配套的中华映管历经两次增资发展，目前已成为全球最大的显示管生产企业，为所在地的马尾开发区引来10多家外商投资的配套协作企业及数十家相关的台湾电子厂商落户，形成了比较完善的上下游产业链。与此同时，冠捷电子作为福清融侨电子基地的龙头，不仅带动了本基地配套产业发展，而且也带动了全省计算机整机产业和一大批电子元器件产业的发展，其辐射效应吸引和带动了更多的关联厂商来闽投资。台资企业不仅吸引台湾的配套企业在福建聚集，而且通过自身的增资扩产和吸引一些外国企业，在福建形成产业链。其中，华映光电带动了韩国LG荫罩、日本JVC偏转线圈、日本NEG玻壳等配套项目落户马尾开发区，形成以华映光电为龙头的电子产业链，项目全部投产后，年产值将突破100亿元，马尾电子信息基地也将由此成为全球最大的显示管生产基地之一；以台资企业为龙头的东南汽车公司成为福建省机械行业产业集聚度最高、产业链最长的行业①。东南汽车公司吸引了35家台湾中华汽车公司的配套零部件中小企业跨海来到东南汽车周边安家落户，建设形成占地2900多亩、总投资达2.7亿美元的东南汽车城。东南汽车公司与其配套厂家关系紧密，其零部件的供应除了发动机之外，80%都来自东南汽车城内的配套零部件中小企业，二者组成了汽车城内一个完整的产业供应链，形成了企业间垂直系列化或产业供应链关系。如今，以东南汽车为龙头引导的下游产业蓬勃发展，在福建省形成了52家配套厂的产业聚集效应，累计实现投资超过30亿元。该公司由东南汽车和110余家多层次的零部件配套企业组成，其中，规模以上汽车零部件生产企业有47家，已形成年产包括轿车和轻型客车在内的汽车12万辆以及主要零部件的

① 凌玉章：《合资合作与创新发展——福建汽车集团从闽台合资合作走向国际合资合作的思考》，北京，2006年。

生产能力。由此，以海峡西岸经济区三螺旋竞争性企业技术创新和生产为主导势必催生出区域紧密联系的产学研合作体系。闽台高科技企业、科研机构和高校根据各自的优势，建立产学研联合科技创新体制，有效解决科技链与产业链脱节的状况，促进科研成果迅速市场化。同时，扩大信息传递密度与速度，降低单个企业的技术 R&D 风险，促进原始性创新、合作创新与集成创新，实现闽台科技资源的优化配置，增强企业竞争力。

（三）三螺旋竞争性企业带动海峡西岸经济区特色产业集群的发展

三螺旋竞争性企业具有产业技术水平高、管理水平先进、高素质人力资源丰富等优势，因此，其他企业为吸收竞争性企业的技术溢出和管理经验，或吸引其人才，一般将区位选择在其周围。此外，三螺旋竞争性企业产业链长，为其提供产品 R&D、零部件生产、营销服务的上下游企业多，各企业也集聚在竞争性企业的研发中心周围，形成产业集聚区。近年来，以台资企业为骨干的电子、机械、石化三大产业已成为福建的三大主导产业，聚集效应不断显现，产业链不断延伸。电子行业以冠捷电子、厦华电子为龙头，形成华映光电、韩国 LG、日本 NEC、JVD 等一大批配套企业；机械行业以东南汽车、金龙汽车为龙头，带动台湾近百家配套厂商落户福建；石化能源行业的龙头企业厦门翔鹭集团、华阳电业等多年跻身中国境外投资企业五百强行列。2007 年以来，以台塑、台玻、友达光电、东元电机等为主体的台湾石化、钢铁、机械等重化工产业和信息、生物制药、环保等新兴产业及生产服务业、金融服务业的台湾知名企业纷纷来闽投资，加速推动了闽台的产业对接①。目前，福州和厦门的海沧、杏林、集美四个台商投资区业已成为两岸产业对接的集中示范区和大陆台资企业最为密集的区域。台商平均投资规模已增至 250 万美元以上，台湾岛内百大企业中已有 35 家落户福建，如台塑、大同、裕隆、统一、台泥、六合、太平洋电线电缆等集团企业陆续到福建投资，华阳电业、冠捷电子、华映光电、东南汽车、金龙客车、灿坤电器、翔鹭化纤、正新橡胶、清禄鞋业、三丰鞋业等台资企业已成为海峡西岸经济区相关产业的龙头企业。近年来，闽台产业分工与合作正从垂直分工向水平分工拓展，形成东南汽车、华映光电、翔鹭化纤、华阳电业等产业关联

---

① 邓利娟，石正方主编：《海峡西岸经济区发展研究》，北京：九州出版社，2008 年。

度强的大型台资产业集群。基于此，福建已初步形成以华映、冠捷、友达光电等为主体的电子信息产业集群，以东南汽车为典型的机械产业集群，以翔鹭石化、正新橡胶等为代表的石油化工产业集群。

四、创业型大学以推进区域三螺旋提升特色产业集群竞争力

（一）创业型大学吸引科学园集聚或搭建科学园推动海峡西岸经济区官产学合作

创业型大学是大学—产业—政府之间形成的区域三螺旋发展的驱动力，它由四大支撑要素构成：学术带头人能形成和实施自己的战略构想；具有通过授予专利、颁发许可和孵化等方式进行技术转移的组织能力；在管理人员、广大师生中普遍存在创业精神；能对包括大学建筑物等物质财产和来源于研究的知识产权等大学资源进行合法控制。创业型大学典型特征主要体现在：①知识资本化。②与产业和政府的相互依存性。③相对独立性。④混合形成性。它只有形成研究中心、孵化器、科技园等混成组织形式才能实现与产业、政府相互依存而又保持自身独立的地位。⑤自我反应性。创业型大学内部始终保持处于不断的调整、变化和发展之中，以应对与产业和政府之间的关系变化。

目前，海峡西岸经济区的大学不论公立或私立大学，都具有某些产业功能，与政府、产业互动形成典型的“官产学”三螺旋（The Triple Helix）互动。与此同时，大学又始终保持自己的独特身份和特征，可以是创新的组织者、主体和参与者，即创业型大学。创业型大学是官产学三螺旋模式的推进器，它通过为企业做咨询和直接创建新企业等形式服务于产业，通过承接政府重大研究项目来为政府服务。创业型大学不仅可以在三螺旋空间中的知识空间形成中起作用，而且还会促成趋同空间和创新空间的形成，成为创新行为的组织者和主体。当前，海峡西岸经济区的厦门大学、福州大学等高校已形成了较完善的产学研合作体系，其中，厦门大学产业孵化器、厦门软件园、翔安火炬高新技术开发区等都分布于厦门大学或其分校区周边。这些企业孵化器或科学园为园区的企业提供人才、培训、研究和咨询等服务。园区企业则赋予大学的教学和研究以极大的资金支持。与此同时，厦门大学还积极参与国际合作项目，使其研究成果始终保持较前沿的国际水平。

（二）创业型大学研究人员为海峡西岸经济区企业提供R&D咨询服务

当前，海峡西岸经济区的创业型大学及其研究机构的研究人员，通过与当地企业签订科研咨询信息服务合同或直接转聘到企业，为企业提供技术信息服务。这一方面为企业解决了关键技术瓶颈问题，另一方面也有助于引导该地区的创业型大学及研究机构从事企业所要求开发的技术攻关难题。而且，对于地区政府不提供融资支持的研究项目，主要由企业来给予创业型大学及研究机构以资金支持，这样，企业就拥有了对这些研究成果及前期关联成果的知情权。例如，台资福建士兴钢铁公司技术R&D长期依赖台湾母公司，无力进行新产品开发。通过与福州大学土木建筑设计院进行合作，联合开发出新型钢架结构技术，有效解决了企业的技术难题，开发出了具有良好市场前景的产品，使企业获得了巨大的收益。目前，海峡西岸经济区的创业型大学和研究机构为企业提供的研究咨询服务多为应用型研究，并且这种研究主要服务于企业的开发要求。与此同时，研究人员通过与企业开展研发咨询项目合作，能产生更有价值的研究成果。此外，海峡西岸经济区的创业型大学及研究机构下设的研究咨询服务中心（R&D）主要从事企业所要求的战略性技术专利（Strategic know-how）研究，这些研究项目主要基于该技术开发的未来市场需求，产业发展路径和关键性“背景信息”。而企业在和研究咨询服务中心开展研究合同洽谈前，首先有对新技术开发的远见，同时，充分考虑技术开发成本和风险的分担对研究咨询服务合作进展的影响。其次，预先设计好产品开发规划蓝图。最后，对开发出技术所拥有的竞争性边际效应充分定量分析。随着研究咨询服务的开展，企业对技术开发前景的判断及对开发成本和风险的分析会主导研究机构的技术开发取向，但研究机构对技术开发市场需求的科学实证很大程度上会修正企业对技术开发的最初设想，从而进一步影响到其产品规划蓝图。而企业对开发出技术所拥有的竞争性边际效应的定量分析会驱动研究机构尽可能的发掘其拥有的关键性“背景信息”，从而提高技术开发的实效（图3）。创业型大学及研究机构的研究人员在向企业提供R&D咨询服务的同时很大程度上推动了创新成果的快速商业化，同时还使生产服务型企业发展成为海峡西岸经济区区域创新生产体系中的不可或缺的重要环节和合作方。

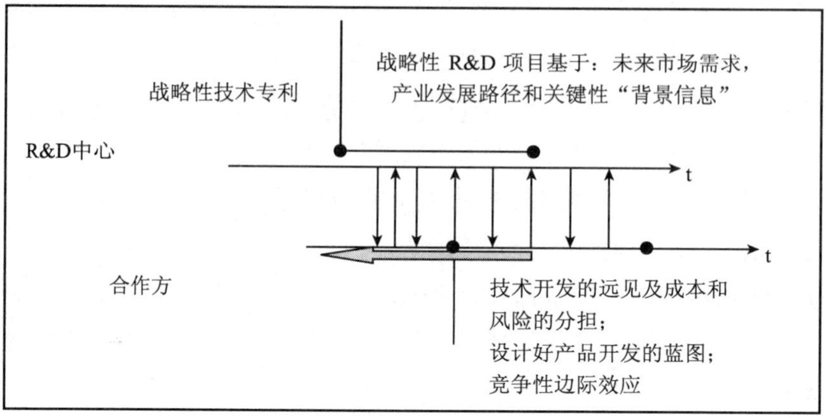

图 3　海峡西岸经济区研发咨询机构与企业之间的互动

资料来源：作者自制

（三）创业型大学技术转移推动海峡西岸经济区三螺旋高科技创新型企业的形成

近年来，海峡西岸经济区通过创业型大学及研究机构的技术转移，逐步培育形成众多三螺旋高新技术创新企业，主要体现为研究人员在直接创办企业孵化器的同时，促进科技衍生型企业的形成，其成长过程与海峡西岸经济区产学研合作的一般阶段模式相适应（图 4）。总的来看，其技术转移有两

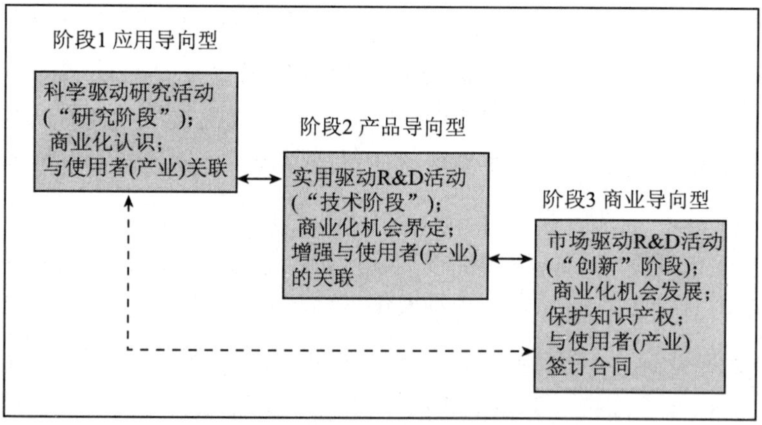

图 4　海峡西岸经济区产学研合作一般阶段模型

资料来源：作者自制

类主要途径：①非商业性质的技术转移，主要包括通过人才培养实现的技术

转移，通过论文发表实现的技术转移，以及通过非正式的社会网络实现的技术转移；②商业性质的技术转移，包括技术许可和衍生企业两种方式。技术许可是将科研成果直接转让给现有企业进行商业化开发；衍生企业方式则是基于科研院所科技成果，通过创办新企业直接对成果进行商业开发①。研究人员创办的企业孵化器是新生中小企业聚集的共享服务系统空间。它通过提供 R&D、生产、经营场地，通讯、网络与办公等方面的共享设施，系统的培训和咨询，政策、融资、法律和市场推广等方面的支持，降低创业企业的创业风险和创业成本，提高企业的成活率和成功率。当前，海峡西岸经济区通过允许创业型大学及研究机构的研究人员、大学生设立企业孵化器来为新兴企业提供设备、材料和项目开展前提等帮助，推动三螺旋高科技企业的最终形成。这类孵化器关注大学的科研成果，并且通过孵化器吸引更多的科研项目和高级研究人才。目前，厦门翔安火炬高新技术开发区已初步形成“一区多园”规模②，构成了一个孵化基地——留学人员创业园，三个综合园区——火炬园、火炬（翔安）产业区、同集园，三个专业园区——软件园、信息光电园、北大生物园的发展格局，已成功培育出一大批技术创新水平高、产业化前景好的科技型中小企业，并培育出福建省第一家在海外主板上市的留学人员高新技术企业。

五、小　　结

大学——企业——政府在空间运行过程中相互作用形成由一系列知识空间、趋同空间和创新空间组成的区域三螺旋空间，进而孕育形成区域特色产业集群。海峡西岸经济区特色产业集群的孕育、形成、发展和成熟是由创新政府、三螺旋竞争性企业、创业型大学这三个区域主要发展推动要素互动而形成的区域三螺旋空间内培育的过程。其中，在特色产业集群萌芽孕育阶段，主要由创新政府通过对中小企业初期发展提供风险资本扶持、明晰知识产权分配和合法技术转移体系来推动产学研合作，以及制订鼓励新兴产业集

① 杨德林，邹毅：《中国研究型大学科技企业衍生模式分析》，《科学管理研究》，2003 年第 4 期，45 ~ 50 页。

② 郭伟：《厦门火炬高新区：点燃海峡西岸发展的火炬》，《中国高新区》，2007 年第 12 期，51 ~ 54 页。

群发展规划等来营造完善的区域三螺旋支撑环境；随着区域特色产业集群的渐趋成型和不断发展，推动区域三螺旋运行的主力由创新政府转移到三螺旋竞争性企业，依托三螺旋竞争性企业对区域原创技术研发的引领，以及该企业对其产业链中的各生产环节的前向拉动和后向牵引作用而带动一系列相关企业在其邻近范围集聚，形成集聚放大效应，从而有效的带动特色产业集群的外延规模不断扩大；当特色产业集群日益迈向成熟阶段，产业竞争力提升的关键支撑要素流向知识、技术等无形资源，区域三螺旋的驱动力也顺势落脚至创业型大学。创业型大学和相关科研机构内的研究人员在为企业提供技术咨询等配套服务，以及直接或间接开展技术转移衍生科技创新型企业的基础上，通过吸引科学园在其周围集聚或主动创建科学园来推动官产学合同式合作。与此同时，在区域特色产业集群的驱动下，海峡西岸经济区将逐步成长为拥有独特“地方品质”的竞争性区域。

海西平潭綜合建言

謝明輝*

一、前　　言

1. 海西經濟區成立的背景原由

海峽西岸經濟區（簡稱「海西經濟區」或「海西」）為中國大陸福建省政府於2004年提出的海峽西岸經濟區戰略構想①，並於2005年由中華人民共和國國務院發佈正式成立。而海西經濟區主要發展省份為福建、浙江、江西、廣東，並以福州、廈門、泉州、溫州、汕頭之五大城市作為特區中心。

針對海西經濟區成立之主要原由，大陸在2009年5月14日發表之《國務院關於支持福建省加快建設海峽西岸經濟區的若干意見》② 一文中明確指出，海西經濟區北承長江三角洲、南接珠江三角洲，進而成為重要沿海經濟帶之發展區塊；除此之外，此區又以福建省作為發展中心，因此自地理環境至商業發展來說，皆與台灣關係密切且相互連結，進而使得此區發展絕對具備增進兩岸交往關係之優勢。而中國政府更主張透過將海西經濟區法制化的作法，以官方力量使海西經濟區作為兩岸人民交流合作之先試先行之區域，並套入和平發展的概念，著力於推動兩岸交流的合作，致力於促進兩岸自經濟、區域、社會與文化等部份之發展，以期創造互利與共赢的局面。

2. 海西經濟區成立平潭綜合實驗區之動機

---

* 作者簡介：謝明輝，台灣競爭力論壇執行長、促進平潭開放開發顧問。

① 參考維機百科，網址：http：//zh. wikipedia. org

② 《關於支持福建省加快建設海峽西岸經濟區的若干意見》2009年5月4日，新華網。取自：http：//www3. xinhuanet. com/chinanews/2009 –05/04/content _ 16431939. htm

福建省平潭縣（平潭島）是位於福建外海的島嶼群，主島面積 271 平方公里，距福州市 70 公里、距台灣新竹港 126 公里，是大陸距離台灣最近的區域，進而成為中國政府作為支持福建省加快建設海峽西岸經濟區的綜合實驗區①。

作為福建省先行先試的重要載體，平潭島成為海西經濟區建設的重點實驗區。而中國之所以成立平潭綜合實驗區，主要在於探索兩岸交流合作先行先試的示範區以及海峽西岸經濟區科學發展的先行區。此區的發展目標，在於將平潭綜合實驗區構建成為具有較強競爭力的產業支撐體系，並期望通過積極承接台灣產業轉移的作法，建設先進製造業基地，發展電子資訊、海洋生物、清潔能源等現代產業體系，並打造低碳經濟島，以構建生態園林城市為目標，形成低投入、低消耗、低排放和高效率的經濟發展方式，以全方面的方式建設現代化的生態海島城市②。而目前平潭綜合實驗區近期將重點推進六大區域建設：產業發展區、國際旅遊發展區、商貿合作區、現代物流港區、科技文化產業區、城市發展區。

3. 省長黃小晶於 2010 年 5 月 5 日來台所發佈的十項新措施及其背景

（1）十項新措施：

根據中評社報導，福建省長黃小晶在 2010 年 5 月 5 日於圓山飯店舉行之「兩岸合作與發展論壇」中發表「閩台十項先行先試政策措施」③（列項如下）：

第一，加快建設平潭綜合實驗區。第二，扶持台灣農民創業園區發展。第三，加大對台灣農產品採購和促銷力度。第四，為台灣農民來閩創業提供優質服務。第五，放寬台商投資領域。第六，優先保障閩台合作建設項目合理用地。第七，鼓勵台灣居民赴閩投資置業。第八，推進兩岸金融緊密合作。第九，做大福建居民赴台旅遊規模。第十，提升閩台小三通水平。

---

① 《福建平潭～赴上海～招台商 聲稱比特區更特別》2009 年 12 月 4 日，http：//gallop. ws/china. files/exp. htm。

② 《福建平潭綜合實驗區》2010 年 5 月 5 日，華夏經緯網，http：//big5. huaxia. com/tslj/jjkfq/2010/05/1870151. html。

③ 《黃小晶宣布：閩台合作先行先試 推十項政策》2010 年 5 月 5 日，中評社，http：//www. chinareviewnews. com。

（2）背景：

大陸福建省省長黃小晶於5月5日率團訪台，並在出席「兩岸合作與發展論壇」時表示，福建正推動加快海峽兩岸經濟區建設，期望在對台交流的部份可以「先行先試」。而省長黃小晶宣佈十項閩台合作先行先試措施的意義，某種程度除了代表為海西經濟區兩岸合作加溫，另一方面則為站在閩台交流的實際層面，以把握、維持與推動兩岸和平關係發展的概念，闡明福建省將與台灣在未來密切互動的打算。而媒體也推斷，中國可能是參考香港、深圳與廣州的區域經濟區的打造經驗，讓中國政府決定透過複製「港深經濟區」的成功經驗，透過建立海西經濟區，深化閩台兩地的合作，已形成策略性的經濟區塊。

事實上，近一年多以來，大陸國台辦在推動海西經濟兩岸合作的各種努力有目共睹。同時，其於福建平潭設置的「平潭綜合實驗區」，則是參照「共同規劃、共同開發、共同管理、共同經營、共同受益」的原則劃定特定區域，由台灣投資人開發建設與自主管理①。而這種「特中有特」的策略性作為，無疑反映出大陸中央及地方政府藉由海西經濟區推動兩岸合作的強烈企圖心。

二、平潭綜合實驗區的之SWOT分析

（一）S（strength：優勢）：

如前言所提，作為中國支持福建省加快建設「海西」經貿政策的平潭島綜合實驗區，為位於福建外海的島嶼群，是中國大陸距離台灣最近的區域。而海西經濟區更是坐擁北承長江三角洲、南接珠江三角洲的黃金地理位置，並以福建省作為發展中心，進而成為與台灣具備關係密切的重要沿海經濟帶之發展區塊。

然，根據平潭島具備的絕佳地理位置之優勢條件，其設立之平潭島綜合實驗區在開發建設規劃方面，預備於其物流園區設立四個5萬噸至15萬噸的深水泊位，以及「平潭－台灣新竹」的客貨滾裝直航捷運碼頭。除此之

① 《旺報：海西區兩岸合作應採市場導向》2010年5月12日，中評社，http：//www.chinareviewnews.com/。

外，福州馬尾保稅園區更是在平潭設置分區，以擴大轉口貿易。另一方面，教育文化區也期望能夠吸引台灣高水準大專院校進行聯合辦學，並同時依託於閩台文化資源，共同發展創意、動漫等文化產業，以創立兩岸特色之文化園區。而在民生消費方面，平潭島綜合實驗區也準備設立佔地 1.5 平方公里的台灣產品免稅區、提供兩岸合作發展的 2 萬畝特色高效農業區，以及優質的海灘資源，期望能夠獲得台商青睞，進而獲得合作建設濱海旅遊區的機會。對此，廈門大學台灣研究中心副主任李非教授表示，啟動平潭島大開發有利於完善海峽西岸經濟區沿海發展佈局，打造新的經濟增長點，並形成沿海一線持續拓展，縱深推進的開放開發格局①。平潭島開發有利於構建服務和輻射周邊地區新的對外開放通道，促進海峽西岸經濟區整體協調發展；有利於在推進兩岸區域合作試點中率先示範，積累經驗。

（二）W（weakness：劣勢）：

「海西」主要以福建省作為主體，地緣接近廣東汕頭、江西贛州、浙江溫州的三大經濟區。不過，由於其經濟規模明顯遜於長江三角洲、珠江三角洲以及環渤海經濟區，再加上與大陸內銷市場腹地連結相對不便，因此始終無法成為頂尖經濟區。另一方面，由於福建過去長期負擔「對台鬥爭前線」的角色，於是中國政府也避免在此設置大規模、高科技的經貿建設項目，以致於此地硬體建設、產業實力發展緩慢，進而使得在近 10 年來，台商投資的主流力量不設置於此②。然而，在歷經金融海嘯以後，台灣更應該找尋更多合作的經濟伙伴來創造全新的商機與利基。而台商遍佈的珠三角、長三角以及環渤海三大經濟圈，其基礎均以穩固且雄厚，因此在未來海西經濟區若無特殊的優惠政策，很難再有大規模的台商板塊移動。

（三）O（opportunity：機會）：

無論是海西經濟區亦或是平潭綜合實驗區的成立，除了有利於推動兩岸、福建、長江與珠江三角洲等地區的發展，並且也能連帶推動環渤海灣到

① 《福建整體開發距離台灣最近的平潭島》，2010 年 9 月 9 日，福建經濟網，http：//big5.ce.cn/gate/big5/fj.ce.cn/html/fjnews/2009 -9/3113255471.shtml。

② 《台灣工商時報：台灣與海西經濟區應採垂直分工》2010 年 7 月 2 日，中評社，http：//www.chinareviewnews.com/doc/1010/1/0/7/101010711.html? coluid = 7&kindid = 0&docid = 101010711。

珠江三角洲整個沿海一帶的發展佈局。換句話說，透過此二特區的全方位發展，再輔以建立高速鐵路、高速公路、大型海港、機場作為發展骨幹，絕對具備「窗口」的示範作用，以拓展福建在未來的發展空間。尤其自 2008 年馬英九當選並執政後，兩岸和平發展順暢，因此在第五次江陳會簽訂 ECFA 後，和平協議的簽署機制便會啟動，而平潭作為京台高速鐵路與台灣對接的出口，除了會體現戰略地位的價值，更會為平潭綜合實驗區在未來帶來更大的發展機會。

然，圍繞「築巢引鳳」的發展目標，福州（平潭）綜合實驗區必須積極構建具有較強競爭力的產業支撐體系。通過積極承接台灣產業轉移，建設先進製造業基地，發展電子資訊、海洋生物、清潔能源等現代產業體系，打造低碳經濟島。加快建設兩岸旅遊合作實驗區，形成保稅物流加工貿易發展新優勢。以構建生態園林城市為目標，福州（平潭）綜合實驗區將加快改造更新防風固沙林體系，強化森林景觀配置，加強海洋和海岸帶環境保護，強化資源綜合利用，形成低投入、低消耗、低排放和高效率的經濟發展方式，建設現代化的生態海島城市①。

（四）T（threat：威脅）：

廈門大學於 5 月 5 日首度發佈由廈門大學經濟學院以及輔仁大學統計資訊系發起，並由廈門大學經濟學院計統系數據挖掘中心課題組與北京商智通資訊技術有限公司共同調查之本年度第一季度海峽西岸地區 23 城市（包含福建、浙江、江西、廣東 4 省）民眾金融、旅遊、消費信心指數。

根據指數顯示，海西地區民眾對經濟發展、生活滿意及就業機會改善的信心較足，經濟已步入復甦軌道，但房價和物價對消費者信心帶來明顯消極影響。調查顯示，海西金融、旅遊、消費信心總指數為 106.95，處於樂觀範圍，對此廈門大學經濟學院計劃統計系系主任朱建平認為，此統計結果除了代表海峽西岸人民總體信心較足，更顯現出金融危機的負面影響已逐漸消除。另外，消費指數更是在三大指數中拔得頭籌，高達 110.93，顯示海西消費者在經濟發展、家庭狀況、就業、耐用品及房地產消費、海西建設等方

① 《平潭打造低碳經濟島 重點建六區域構建生態島城》2010 年 1 月 28 日，中國經濟網福建頻道，http：//big5.ce.cn/gate/big5/fj.ce.cn/html/fjnews/2010－1/81537.shtml。

面均有較強的信心。在旅遊指數值方面則為107.55，代表海西消費者對海西旅遊的發展信心較強。不過，在金融投資指數部分則為90.43，顯示出較為悲觀的狀態，表明海西消費者尚未擺脫國際金融海嘯的負面影響，對金融市場的態度比較消極，大部分居民沒有投資金融產品的意願。而本次調查新增加了經濟景氣、就業信心、房地產購買信心、海西建設信心等內容。其中海西建設信心指數達到113.45，表明大部分民眾相信，大陸加快海西建設的政策會使當地經濟狀況相對以前有所改善①。

根據上述統計數據來看，大致上來說即便海西一帶民眾對於此區發展具備信心，但是對於台灣而言，是否能供台灣在此區塊擷取最大的獲利以及能否吸引台商前往，也許才是最值得評估的部份。然，當大陸極力強調兩岸可透過海西經濟區的建構而產生更大且更完整的互動時，還有兩個觀念必須釐清：首先，海西並非台灣唯一的合作夥伴：台灣經濟因屬多元化與多層次化樣態，是以對外經貿合作，必採「多夥伴同步進行」模式，而不會是獨沽一味海西，讓長三角、珠三角、環渤海經濟圈，乃至美國、歐盟、日本，均繼續同時成為台灣的經貿夥伴②。但是，就近期廣受兩岸人民關注的ECFA簽定問題來說，海西的先試先行策略有可能因此取得先機、搶先一步。主因在於海西經濟圈的地理優勢較其他地區的經濟圈更佔優勢，因此透過海西取得台商第三次西進板塊移動的機會，並與台灣密切結合在一起，便會使得海西蛻變成海峽經濟圈，且擴大GDP的規模並加速膨脹。

三、平潭綜合實驗區之遠景與規劃

（一）主要規劃方向

針對平潭綜合實驗區的未來規劃，福建省國土資源廳除了積極爭取國土資源部的政策支援，同時也確定將平潭列為國土資源部土地管理改革綜合試點，並對實驗區建設用地給予單列審批。另一方面，福建省交通運輸廳支援向交通運輸部爭取將京台高速公路規劃延伸至平潭，以及開通閩台支線機場

① 《海西居民消費信心提升購房和投資成「隱憂」》2010年5月6日。中國台灣網，http://big5.chinataiwan.org/jm/qyys/hxxa/hxdt/201005/t20100506_1359756.htm。

② 《福建整體開發距離台灣最近的平潭島》2010年9月9日。福建經濟網，http://big5.ce.cn/gate/big5/fj.ce.cn/html/fjnews/2009-9/3113255471.shtml。

建設等事項，對平潭實驗區内的對台交通設施建設項目，將安排省級交通資金給予專項支援。然，在福建省海洋與漁業廳在項目用海、海洋漁業對台交流合作等5方面出台18個具體政策措施的部份，將重點支援平潭實驗區海洋漁業對台交流合作，包括促進綜合實驗區對台遠洋漁業合作，建立綜合實驗區對台漁業合作平台等。除此之外，一系列服務發展、加快建設的舉措也持續跟進：其中，福建省通信管理局出台十大舉措，加快平潭實驗區資訊通信業發展，包括：支援實驗區建設城鄉一體化的高速寬帶、智慧化、全覆蓋的寬帶綜合資訊網路；積極開展通信業對台交流合作；積極爭取政策支援，在實驗區内大力推進通信設施共建共用等。福建檢驗檢疫局出台服務平潭開發開放的十大舉措，包括支援平潭投資項目建設、促進旅遊產業發展、支援擴大農業合作、實行通關單放行管理、支援平潭口岸建設等。福建省林業廳支援編制《福州（平潭）森林花園島綠地系統規劃》，對實驗區涉及林業的建設項目優先給予支援，並確保建設項目徵佔用林地定額指標，賦予平潭縣林業局與福州市林業局同等的代省林業廳審核建設項目徵佔用林地的許可權等。福建省環保廳出台支援平潭環評規劃、生態體系建設、產業結構升級、加強水源保護、環保設施建設、環境監管能力建設、對台環保交流合作、建立審批「綠色通道」等環保工作的10條政策舉措①。

（二）平潭綜合實驗區應當如何「築巢引鳳」?

1. 政策：

隨著福州（平潭）綜合實驗區建設的全面啟動，平潭島成為海内外關注的焦點區域。在1月27日舉行的海峽西岸經濟區重點區域發展情況介紹會上，福建政府所報告之福州（平潭）綜合實驗區建設的有關情況②：

（1）2015年前初步形成新興城市框架：

福州（平潭）綜合實驗區的發展定位為探索兩岸交流合作先行先試的示範區和海峽西岸經濟區科學發展的先行區。其中，福州（平潭）綜合實驗區將發展的近中期目標，設立於2010年至2015年，發展方向為：促進兩

---

① 《福建省聚力推進平潭開發開放》2010年4月12日，福建經濟網，http：//big5. ce. cn/gate/big5/fj. ce. cn/html/fjnews/2010 -4/42529491524. shtml。

② 《平潭打造低碳經濟島 重點建六區域構建生態島城》2010年1月28日。《福州日報》，http：//big5. ce. cn/gate/big5/fj. ce. cn/html/fjnews/2010 -1/81537. shtml。

岸綜合互動通道；讓地區生產總值年均增速和城鄉居民收入超過全省平均水準；形成初步的產業體系和較強的產業競爭力；維持良好的生態環境品質；改善基礎設施；提高基本公共服務水準。

而中長期目標則設置為2016年至2020年，主要努力方向為：不斷深化兩岸經濟融合；探索兩岸合作新模式；以新興產業作為主導，以形成結構合理、協調發展、競爭力較強的現代產業體系；提高城市化水準明顯提高，並讓空間佈局更加合理；提升基本公共服務水準；提高就業機會以及致力於健全社會保障體系；建設生態文明系統；率先建立有利於科學發展的機制體制；實現更高水準的小康社會。

（2）打造低碳經濟島構建生態海島城：

圍繞發展目標，福州（平潭）綜合實驗區將積極構建具有較強競爭力的產業支撐體系。通過積極承接台灣產業轉移，建設先進製造業基地，發展電子資訊、海洋生物、清潔能源等現代產業體系，打造低碳經濟島。加快建設兩岸旅遊合作實驗區，形成保稅物流加工貿易發展新優勢。在構建有利於科學發展的體制機制方面，福州（平潭）綜合實驗區將以科學創新為核心，建設開放型的區域創新體系，完善公共服務和社會保障，建設優質共用的社會服務體系，創造適宜自主創新、自主創業的綜合環境。以構建生態園林城市為目標，福州（平潭）綜合實驗區將加快改造更新防風固沙林體系，強化森林景觀配置，加強海洋和海岸帶環境保護，強化資源綜合利用，形成低投入、低消耗、低排放和高效率的經濟發展方式，建設現代化的生態海島城市。另一方面，綜合實驗區也將構建兩岸合作的海關特殊監管區域，創新通關制度和查驗監管模式，實行海關特殊監管區域的稅收政策、外匯管理政策，推進兩岸投資貿易和人員往來便利。

再者，在構建兩岸區域合作前沿平台方面，福建省將加快中央支援海峽西岸經濟區建設的政策在平潭先行先試，開展兩岸區域合作綜合試驗，實行更加開放的產業政策，推進兩岸的產業深度對接和多種形式的民間交流合作，實現合作開發、共同受益。此外，福州（平潭）綜合實驗區還將構建兩岸直接往來新的便捷通道。推動交通發展先行，開闢兩岸海上客貨滾裝航線，開展海峽兩岸橋隧通道前期研究，建設開放通達的交通運輸體系，發展中轉貿易和國際航線，成為台灣連接周邊地區、中西部省份的物流綜合通道。其所產生之效應，舉例來說，由綠營執政的台南市，為因應海西的崛起，台南縣長蘇煥智於2010年6月也不得不倡議加強建設台南安平港，並擴大提升為綜合港功能與海西經濟區對接。換句話說，其引發之效益，除了能使大台南密切與海西結合在一起，以提昇大台南在海峽兩岸的競爭優勢外，更是大大削弱綠營在南台灣的反對力量。

（3）重點建設六大區域：

1. 產業發展區：位於海壇島北部中樓、蘆洋、平原，東部流水灣和西南部火燒港區域，突出兩岸產業對接，承接台灣製造業轉移，堅持集約佈局，主要發展特色無污染節水型的電子資訊、海洋生物、清潔能源等新興產業。

2. 國際旅遊發展區：以海壇島東南部海灣為主體，串連環島主要旅遊景點，整合島內旅遊資源，加快景點和配套設施建設，構建濱海休閒區、度假酒店、免稅商品貿易中心、海上絲綢之路水下文物博物館和海上運動基地等旅遊功能區，著力打造"海峽旅遊"品牌，建設世界級的國際休閒度假旅遊重點區。

3. 商貿合作區：在海壇島實行海關特殊監管區政策的基礎上，先期規劃在海壇島東部澳前區域，設立免稅商品貿易中心，促進商務辦公、資訊服務、服務外包和仲介服務等現代服務業發展。

4. 現代物流港區：以海壇島流水灣為備選點，規劃建設深水碼頭和客貨滾裝碼頭，完善現代倉儲、配送、運輸等功能，促進國際貿易和現代物流業發展。

5. 科技文化產業區：位於海壇島南部北厝、敖東區域，創辦科技文化產業園和兩岸教育合作園區，發展文化創意、文娛演藝、影視動漫、體育休閒等產業，建設海西重要的科技文化產業基地。

6. 城市發展區：提升現有城區功能和層次的基礎上，以西部海壇海峽臨岸為主軸帶，沿幸福洋至火燒港圍墾區，規劃建設沿西海岸佈局的濱海新城區，為島內人員提供具有一流水準的優質生活環境。

（4）金融投資面之相關討論①：

① 《金融資本青睞平潭綜合實驗區 多家銀行爭相入駐》2010年4月9日。新華網－福建頻道，http：//big5. xinhuanet. com/gate/big5/www. fj. xinhuanet. com/njj/2010－04/09/content _ 19598127. htm。

隨著平潭綜合實驗區開發力度的加大，基礎設施建設速度的提升，各銀行機構也紛至沓來。年初，平潭綜合實驗區管委會與國家開發銀行福建省分行簽署了開發性金融合作紀要，國家開發銀行為實驗區開發建設提供首期200億元人民幣的金融授信，重點支持交通、城市基礎設施、產業園區基礎設施、生態環境改造等關係海峽西岸經濟區建設重點領域和民生領域的項目，支持平潭組建融資平台，支持平潭專項融資規劃，以融資推動破解平潭開發建設的瓶頸問題和體制之制約因素。

此後，又有交通銀行、建設銀行、興業銀行等10家銀行向實驗區提供了總額近百億元的授信支持，相關授信可隨時使用。目前，這些銀行已開始對接實驗區土地儲備和基礎設施項目。隨著對接項目的增多，各銀行也開始著手布局在平潭的機構設施，其中，民生銀行福州分行已在平潭城區選址；海峽銀行平潭支行已成立，營業大樓將于近日裝修完畢，預計近期開業；興業銀行已確定在平潭開立分行，其分行將享有與福州分行平級的待遇；建設銀行平潭支行已由省行直管，並擬升格其行政級別。可以預期，在平潭現有的36個銀行網點基礎之上，平潭將快速增加若幹個新的銀行網點，平潭人民享受銀行全方位的金融服務指日可待。

（5）經費編列：

平潭島的投融資工作取得積極進展，已有近10家銀行累計向實驗區提供授信額度320多億元；實驗區成立後首次推出的4宗國有土地拍賣創下歷史新紀錄，最高價達1510萬元/畝。平潭島還投入2500萬元專項資金，用於構建宜居城市、打造生態園林島①。

根據協議，興業銀行將針對實驗區千億元建設規劃，圍繞基礎設施建設項目，提供重點信貸支援。以「主辦行」模式，優先支援實驗區優質關鍵項目，重點包括平潭海峽大橋及其復橋、漁平高速公路等。在中長期發展上，持續加大實驗區土地收儲、路、橋、水、電、鐵路等基礎設施建設項目的信貸投放。此外，還將在實驗區開展融資業務模式創新和金融產品組合運用。另一方面，為更好地服務實驗區建設，興業銀行將新設福州（平潭）

① 《平潭區火了　海交會上勁刮“平潭風”》2010年5月24日。中國台灣網，http://big5.chinataiwan.org/jl/ll/201005/t20100524_1382953.htm。

綜合實驗區分行，賦予較大的經營許可權，專門負責落實實驗區項目開發和信貸管理，密切跟蹤和服務實驗區各項經濟和社會事業發展。據了解，作為福建省唯一一家全國性銀行，近年來興業銀行集中全國化經營資源，加大對福建發展和海西建設的信貸投入，近3年累計在福建省內投放信貸資金超過4700億元①。

事實上，目前平潭的整體規劃、基礎設施建設等各項工作正在穩步推進：福州（平潭）綜合實驗區發展規劃綱要、總體規劃、區域規劃等編制及評估論證工作正在加快推進；平潭海峽大橋和漁平高速公路（福清漁溪至平潭海峽大橋）正在加快建設，力爭今年底同步建成通車；總長98.761公里、總投資約50億元的環島路項目已動工建設；為保障平潭建設和發展的污水處理、垃圾處理、自來水廠擴建等市政基礎設施改擴建項目已陸續動工建設②。

（三）平潭綜合實驗區之瓶頸：

根據廈門大學台灣研究院院長劉國深的意見來看，無論是海西還是平潭，兩區在目前的發展都還需要時間。主因在於，平潭腹地面積太小，且又沒有工業基礎實力，因此大陸不能因為擁有了平潭，而忽略了原本發展良好且是在短期之內台灣人願意前往的廈門、泉州及福州等地。換句話說，平潭並不如同大陸對外宣稱的那樣美好，正面臨的很嚴重的問題，也就是實際上的「硬體能力」並非如同大陸官方訊息那般完整與美好③。然，即便以平潭作為兩岸結合的試驗點是很好的概念，但如何選擇未來的發展方向（社會文化、教育、醫療衛生、居住環境、聯外交通設施、基礎建設、產學結構、城市地造工程等面向）才是最關鍵的部份。如同上述，平潭現在最大的發展瓶頸，乃基礎建設不足，尚待大力改善，並且專供未來發展所需之油、水、電仍需擴大規模，以及未來支撐發展所需之產業尚未形成，因此急需引

① 《興業銀行與平潭綜合實驗區簽訂全面戰略合作協議》2010年4月28日，《福建日報》，http：//big5. ce. cn/gate/big5/fj. ce. cn/html/fjnews/2010－4/3589558752. shtml。

② 《福建省聚力推進平潭開發開放》2010年4月12日，福建經濟網，http：//big5. ce. cn/gate/big5/fj. ce. cn/html/fjnews/2010－4/42529491524. shtml。

③ 《劉國深：海西至今發展並不滿意》2010年6月1日，《中央日報－網路版》，http：//www. cdnews. com. tw/cdnews _ site/docDetail. jsp？coluid＝111&docid＝101180490。

進，而城市發展的人口結構，無論質與量更需要全方位的調整。

四、解決平潭發展障礙之方法與路徑：

平潭對台實驗區將在大陸中央的支持下，探索與台灣民眾共同規劃、共同投資、共同建設、共同受益的路徑，希望把平潭開發成台灣所習慣、樂於投資、創業、就業、生活的「一國兩制」特區。而以下為本人提供作為解決平潭發展障礙之方法與路徑，按項目分列說明如下：

（一）落實「先試先行、共建共管」的政策

平潭島作為大陸施行對台「先試先行」的綜合實驗區，並做為最具吸引力的牛肉，對台灣來說，主張「先試先行、共建共管」的政策，並建構對台最具開放度的「自由港灣」，皆代表大陸對台採取的政經策略中已呈現最大善意，而此作法更是可望替兩岸政經發展在未來帶來更多的合作契機。

（二）推動台灣參與設計、規劃與開發

希望透過海西經濟區以及平潭綜合實驗區兩地的發展，吸引台灣各方人才前來，並發揮台灣人特有的「軟實力」才能，期望能為此特區賦予更多創意巧思、文化元素之發展。另一方面，平潭島的開發規劃將朝國際旅遊、商貿、現代物流、科技文化等低碳排產業為主，因此希望結合台灣企業進行異業聯盟，共同爭取全島獨家開發，或批下 50 或 100 平方公里土地，開發建設一個「台灣城」。然根據《工商時報》的報導①，台灣目前確定參與此開發投資公司的土地開發業者包括日勝生、台開；工程顧問公司除中鼎等三大外，還有亞新工程；營造業則有德昌營造。換句話說，平潭作為對台先試先行的試點，本身就具備有高度政治使命，故採用台灣的公司與人才參與設計、規劃與開發，才能符合與台灣接軌的戰略需要。

（三）成立平潭發展委員會並廣納兩岸人才參與，擴大建言層面且落實執行

目前已成立「促進平潭開放開發顧問團」，主要目的在於期望透過此完整的組織系統與功能，建構吸引兩岸人才前來平潭發展的平台，並投入平潭

① 《開發平潭島 3 工程顧問結盟》2010 年 5 月 3 日，《工商時報》，http：//money. chinatimes. com/news/news - content. aspx? id = 20100503000006&cid = 1206。

的整體規劃與發展計畫。而本人對此平台之發展深表贊同，並期望擴大成為具有常設功能之「平潭發展開放開發委員會」，施行定期開會、開展與修正並重之固定組織，使之確實發揮完整的功能。

（四）加速京台高速鐵路與公路興建，俟兩岸和平協議簽署完成後，使其能與台灣接軌

大陸規劃京台高鐵將透過福建平潭島與未來兩岸海底隧道直通台灣。而目前平潭綜合實驗區已展開鐵路、公路兩用橋之前期工作①。然此舉之目的在於，期望能使台灣與大陸透過平潭直接接軌，並透過交通設施的建立創造互通便利、互利互惠的局面，與便捷兩岸人員往來政策和管理機制。雖此一計畫乃為大陸方面的構想，目前尚未得到台灣的同意，但是伴隨著兩岸和平發展的進程加快，ECFA 完成後，兩岸和平協議會使平潭成為兩岸對接的窗口，進而帶來無限機會。

（五）長樂機場首先開放台灣同胞持台灣身分證自由進出，作為先試先行的突破機場

建議長樂機場開放台灣同胞持台灣身分證自由進出，作為先試先行的突破機場，成為吸引台灣民眾前往旅遊或生活的主要誘因。由於長樂機場不在平潭島，無法作封閉型管制，故如何建構管制的配套措施，是平潭島能開放台灣身分證自由進出的關鍵。

（六）實施與台灣區域一體化的政策

允許台灣金融業設點承覽人民幣與台幣存放款業務，並允許台幣可以在平潭綜合實驗區自由使用，進而擴大開放台灣車籍與車輛自由進出平潭島，並賦予平潭自由港之功能，減免關稅等優惠政策。

（七）優先考慮台灣選舉模式作為兩岸政治共建共管的試點平台

兩岸分裂 60 年，彼此社會制度與生活方式皆差異甚大，不易融合，是故必須另闢一地作為兩岸不同社會制度與生活融合的試點，而平潭這個封閉型的島嶼，便是最佳的地點。因此建議，引進台灣選舉模式，作為政治管理方式及選拔人才標準，有利於與台灣接軌融合。

---

① 《京台高鐵今年可能動工》2009 年 9 月 29 日，《聯合晚報》，http：//udn. com/。

（八）中央資金與政策確保如期到位

有關海峽經濟區及其核心平潭綜合實驗區之發展的政策與資金，中央與省應積極配合到位，上下一心，如期進行，方能獲得各方的信心與信任，確保建構海西經濟區之大功告成。

五、結　語

《中國時報》在6月8日的報導中，以「海西成敗平潭成關鍵試點」作為標題，並且在文章直接點名海西與平潭將成為未來福建地區向世人展現區域競爭力的決勝點。換句話說，大陸對此區的建設及推動已呈現完整的魄力。

平潭綜合實驗區位處閩江口，除了與福州隔海相望，平潭島更是作為大陸距離台灣本島最近的島嶼，因此就其絕佳的地理位置以及大陸釋出的「先試先行，共建共管」之訊息而言，是有機會承接台灣的產業移轉。因此臨近於台灣的海西經濟區及其核心的平潭島綜合實驗區，在未來的規劃以及實行方面，相信對於兩岸經貿、政治、生活與文化等部份，更會全方位將海峽兩岸緊密的結合在一起，使台灣海峽成為實至名歸的黃金水道、亮晶晶的城市群將成為海峽兩岸閃閃發光的鑽石群。

最後，僅將2010年4月27日刊登於中國評論新聞社《考察海西有感》之詩句，作為結語與大家共享：「海西劫波六十年，一朝迎入九重天；東盼台灣歸故里，共享繁華天地間。」

扩大宣传力度 推动“共建共管特区”平潭岛之我见

练卜鸣*

一、前　　言

福建平潭与台湾一衣带水，隔海相望，是大陆距离台湾最近之地，与新竹的海上距离最近处只有六十八海浬，平潭也是福建第一大岛，相当于五倍香港本岛面积，两倍厦门本岛面积，区位优势十分突出，据了解福建省委省政府有意将平潭岛打造成类似香港“自由贸易港市”，尤其提出要与台湾“共同规画、共同投资、共同管理”的概念，这在两岸往来历程中，算是创举，构想自然引起各界瞩目。从大陆国务院关于海西区的“意见”中得知，福建省可以“在现有海关特殊监管区域政策的基础上，进一步探索在福建沿海有条件的岛屿设立两岸合作的海关特殊监管区域，实施更加优惠的政策”。另根据福建省委政策研究室一份研究报告，福建规画未来将允许台湾民众免办签证，以台湾身分证或驾照就可自由进出平潭岛。也规画开放商品免税进出平潭岛，允许台商投资享受国民待遇；岛内税收制度也参考香港的低税率政策，争取比照中央给予西部的优惠，仅课征 15% 的企业所得税，企业间货物交易不征收增值税与消费税。这些对于平潭岛的规画深具创意也具有可操作性及前瞻性，上述措施未来即便有中央支持、基础建设也逐步开展中，但平潭要从以农渔业为主，逐步蜕变为另一个香港，恐怕还有一段漫长的过程。虽然艰辛难度也相当大，也考验福建领导班子的胆识与魄力，但前景依然可期。

---

* 作者简介：练卜鸣，台湾亲民技术学院讲师，福州外语外贸技术学院客座副教授。

二、缺乏宣传力度、鲜为人知的两岸“共建共管特区”

从2009年9月福建省正式启动平潭岛大开发计划，将之定位为对台先行先试的综合实验区后，於是这个长期处于“休眠”状态的岛屿被一声惊雷震醒，风云乍起。福建省的传媒虽多次也大张旗鼓的报导宣传，外界看到的是石破天惊的“两岸共建共管试点特区”，看到了大陆对台最具开放度的“自由港”前景。但这是大陆内部的宣传，未来如何操作？大陸中央是否支持等都有待观察，但一个好的规划、宏伟愿景，若仅有少数人知道了解，恐怕失去它的原意，其前景也堪虞，尤其标榜“共建共管试点特区”，笔者从媒体得知从去年迄今虽已有少数台湾及海外人士前往平潭岛考察，考察后也认为平潭岛是个很有特色、很有潜力、很有希望的地方，但他们也都明确指出了解平潭的人不多，曾前往平潭考察的台湾商业发展研究院副院长杜紫宸即对大陆媒体表示，台湾了解平潭的人实在太少了，笔者多次花许多心思查阅台湾的报章杂志、网络新闻及台湾官方、智库、学术等单位近一年多的新闻或研究报告，仅看到台湾中兴、世曦、中鼎、亚新等四家公司组成策略联盟共同向平潭综合实验区管委会提交规划建议书，及福建师范大学与台湾世新大学签订“合作举办福建海峡旅游学院协议书”，未来将在平潭岛设立旅游学院，二则有关报导外，其它就再也没有看到对平潭岛特区的有关报导，对此笔者也感到十分疑惑，台湾媒体常见大陆其它省区宣传旅游景区或招商的大幅广告，也常有他们的台湾合作伙伴上电视、广播或撰文替该省宣传，独不见福建省在台湾进行宣传等工作。

三、政策建议

据了解福建省拟将平潭岛规划重点建设成六大区：一个是国际旅游发展区、第二是两岸贸易合作区、第三是大型物流园区、第四是城市建设的发展区、第五是文化产业的合作园区、第六是高新技术合作园区。据此有前往考察的台湾人士指出，平潭岛是一个拥有丰富旅游资源的美丽海岛，今后应侧重发展低碳产业和知识密集型经济，大力推进高端滨海旅游业开发，把平潭岛建成一颗璀璨的“海峡明珠”，同时要利用平潭岛对台的先行先试优势，积极探索两岸合作新模式，将平潭岛构建成两岸直接往来“新的”便捷通道，构建成两岸区域合作前沿平台。综前说明，也就是说福建省委、省政府期待透过平潭综合实验区作为先行先试的突破点，探索两岸合作的新机制、新模式投石问路，也冀望为持续推动海峡西岸经济区建设注入活水源泉，目的相当明确，目标就是对准台湾，主要招商地区也在台湾，对象也是台湾的厂商及已在内地发展壮大的台资企业，既然目标目的如此明确，也以“共同规画、投资、管理”理念作为推进剂，就不应犹抱琵琶半遮面，实应扩大宣传力度，兹就笔者从事两岸经贸、政经研究多年的观察提出以下政策建议供酌参，说明如下：

1. 突显平潭特色

笔者曾在福州外语外贸技术学院讲学半年，讲授旅游专业，曾随学生前往平潭旅游，认识到平潭的特点就是海，一定要在“海”上做文章突显它的特色，在平潭除了游玩泮洋石帆、东海仙境仙人井、龙凤头海滨浴场和将军山传统景点外，还有许多丰富的旅游线路和内容，其中的一大亮点就是“渔家乐”，出海捕捞、海上垂钓、踏浪、拾贝、傍晚海滨漫步、晚上海滩篝火，让来自城市的游客们体会到渔民质朴的生活。但这些特点台湾多数人不清楚，台湾的渔民只知平潭人很会抓鱼，在对台小额贸易开放之前，台湾渔民常用台产手表、录音机、电视等向平潭渔民换回鲜活的水产品。

2. 以“共同规画、投资、管理”理念扩大宣传

从诸多数据显示，截至目前福建省依然是台外商投资的最爱之一，引进外资的成效排名一直名列大陆省区五名内，加以晚近十多年来福建省投资环境、交通建设不断优化及对台区位、政策优势等利多条件，但客观分析福建省的整体发展却不如预期，也有不少学者专家提出针砭之道，本文在此不再赘述，总结个人观察认为福建省相较大陆其它省市区而言，在宣传上稍嫌不足，也看不出有相关部门单位从事此工作，现就其它省市在台作法简要介绍如下：

（1）利用广告、广播、电视宣传该省旅游景区：在台湾四大报及主要杂志常看到介绍大陆其它省区旅游景点的大幅广告，也有不少旅行社接受某省旅游局委托在台利用上广播、电视节目及利用台湾旅展、节庆活动等方式宣传该省，即借宣传旅游行招商宣传投资环境、拜访台湾有实力的厂商为主。

（2）花钱积极参与筹办各种学术研讨会：早期大陆政府官员以学者专家名义与内地知名学府的学者教授前来台湾参与会议顺道参访、拜会老朋友、厂商等，各凭本事管道非常多，但近年来则有不少政府单位、协会、学校和台湾共同举办各式各样的研讨会，主题也琳琅满目，也借机宣传该省投资环境、交朋友等。

（3）聘请台湾人士担任该单位兼职或特邀顾问：台湾人爱面子，也喜欢自抬身价，大陆有些省市即利用此特点聘台湾人担任顾问，条件当然是要这些人上广播、电视及写点文章替他们作宣传。

以上作法可以仿效或加大力度，相信假以时日一定会有显著效果，另具体提出以下建议如下：

（1）加强与台湾设有大陆研究的系所的学校合作：台湾有不少大学设有大陆研究、国家发展、国际企业与大陆经贸等系所，也开设不少与两岸经贸的课程，但他们常苦无研究议题，闭门造车、冷饮热吵，亟需注入新议题，因此建议福建省可提供此平台、诱因供台湾学梓参访，进而将“平潭两岸共建共管试点特区”作为论文题目等。

（2）共同撰写“课题”：在台湾可撰写的地区性研究议题太少了，但台湾又有这么多的学术单位、研究单位、智库，这些单位为求生存必须想尽各种办法无中生有，因之建议大陆官方或协会、学术机构可与台湾合作撰写海西计划或平潭岛的研究报告。

（3）聘台湾大学院校老师担任兼职或特约顾问：台湾知名学者、一流学府的老师对这些头衔当然不屑一顾，但台湾有一百六十四所大学院校，后段学校老师们担心哪天因招生不足而失业，无不绞尽脑汁与厂商、内地高校互动，创造自身价值，因之可聘他们担任顾问，条件是必须常在台湾报章杂志挂该单位之名发表有关文章。

（4）仿效其它省区作法与台湾某旅行社合作，大肆宣传福建省的旅游、投资环境，及共同规划旅游路线，福建省的旅游不应该永远停留在厦门鼓浪屿、武夷山，在加上土楼而已，福建省有许多旅游资源值得推荐给台湾游客，也可与台湾有实力的财团共同开发新的旅游景点。

（5）委托台湾某公关公司或与台湾人合作成立公关顧問公司，藉此公司之名参与台湾的公益慈善、宗教、节庆等活动，深入台湾各阶层角落，宣传海西及平潭综合实验区。

(6) 出版介绍福建省的书籍：介绍北京、上海、广州等地的书籍充斥台湾书市，但与台湾一水之隔，及具备“五缘”（即地缘、血缘、文缘、商缘、法缘）优势的福建省，和台湾一样的闽南文化、客家文化和妈祖文化，却少有介绍福建省的书籍。因之建议可以委托台湾出版社出版发行或与台湾学者共同撰写合作出版与福建省有关的书籍。

四、结　　语

平潭岛要变身为另一个香港，难度高，但并非不可能，前景也值得期待，但恐怕还要经历一段相当漫长的过程。若拟藉“共同规划、投资、管理平潭综合实验区”的概念，吸引台湾人、在陆台商前往投资落户，并藉此推动海峡西岸经济区的建设，前题一定要让台湾人知道“福建省已非昔日阿蒙”，福建省的投资环境、交通建设及诸多有利条件等是其它省区望尘莫及的，福建省的优势一定要让台湾人知道，宣传不能一直局限在福建省内，宣传一定要跨越台湾海峡，且必须长期耕耘。虽然福建省的领导班子有意将平潭建设成两岸“共同家园”示范区，有利台湾人民分享两岸和平发展的成果。让平潭的开发，既是平潭人的平潭，又是台湾人的平潭；既是大陆管理的平潭，又是台湾同胞管理和开发的平潭，其气魄与胸襟值得肯定，相信也有许多台湾人、华侨想贡献一己之力及分享成果，但知道此讯息的台湾人少之又少，更不用说协助论证、提出可行性评估及宣传。因此，爰建议大陆有关方面日后的首要工作就是加大宣传力度，让台湾人知道福建省“平潭共建共管试点特区”的诸多有利措施。

注：本文曾送交《闽台经济文化交往促进会》参考，特此说明。

厦门对台交流合作先行先试分析

周明伟*

《告台湾同胞书》的发表催生了厦门经济特区，胡锦涛总书记关于两岸关系和平发展的新论述催生了海峡西岸经济区。在台海形势发生重大的积极变化和海峡两岸共创两岸和平发展新局面的新形势下，探讨厦门如何融入海西，在对台交流合作中如何做好先行先试具有尤为重要的意义。

一、厦门发展对台交流合作的独特优势

厦门是祖国大陆最早批准设立的四个经济特区之一。独特的对台区位优势和人文环境优势构成厦门经济特区设立的前提条件。概括而言，厦门发展与台湾关系的独特优势主要包括地理区位优势、人文环境优势以及基于两者基础之上的经济特区等政策优势三个方面。

（一）地理区位优势

首先，厦门与台湾一衣带水，隔海相望，距高雄 165 海里，距台中 136 海里，距澎湖 102 海里，是祖国大陆距台湾最近的城市，其地理位置优越且有良好的深水港湾，自古有“扼台湾之要，为东南门户”之称。台湾金门县居厦门湾之中，最近处离厦门不到 2000 米，金厦相连，抬头相望，是两岸难以割舍的象征之一。

其次，厦门与台湾的气候也十分接近，同属亚热带海洋性气候，温和多雨，夏无酷暑，冬无严寒。

第三，厦门海港是不冻不淤的深水良港，是国家主枢纽港和干线港，深水岸线长达二十多公里。历史上厦门是大陆与台湾的交通要道。在台湾正式

---

* 作者简介：周明伟，厦门市委党校教授，厦门市台港澳与特区经济研究促进会副会长。

归属清朝版图的200多年历史中，厦门是连接宝岛与大陆的桥梁和纽带。在1684年至1784年整整100年时间里，厦门与台湾的鹿耳门是两岸仅有的一对对渡口岸。如今厦门也是对台货物贸易、人员往来的枢纽港。1996年，交通部、外经贸部（现商务部）指定厦门为两岸直航试点口岸之一。2001年1月2日，厦门获批与金门直接往来，突破了台湾当局不允许台湾本岛船只和非金门居民直航厦门的限制，厦金航线成了连接祖国大陆与台湾的又一条通道。到目前为止，厦金航线出入境旅客就已突破500万人次。至2009年底，厦门港货物年吞吐能力达到11096万吨，集装箱年吞吐能力达到586万标箱（2007年数字）。在空港方面，厦门已经建成功能齐全、设施先进的现代化国际空港，年吞吐能力逾千万人次。这种良好的港口条件为厦门进一步拓展对台直航、扩大厦台交流合作以及两岸交流合作奠定了良好的基础。

第四，厦门有着高品位的城市环境，依山傍海，2004年获得联合国人居奖，是全国花园城市、卫生城市、旅游风景城市，是一个天然的旅游、休闲度假及居住胜地，在生活和创业的某些方面，其条件和环境甚至优于台湾本岛。

第五，厦门处于长江三角洲、珠江三角洲与台湾海峡地带“黄金三角”的中心，有得天独厚的地理区位优势。正因为这样的独特区位优势，使得厦门成为大陆与台湾往来的主要中转站。

（二）人文环境优势

自宋代以来厦门与台湾同属一个行政单位，大陆移民始从厦门移往台湾。相近的地理位置，气候条件与生活习性使厦门与台湾人民保持着密切联系与往来，正如《台湾府志》所载：“台郡与厦门如鸟之两翼，土俗谓厦即台，台即厦”。

厦门与台湾有着共同的文化传统、相似的人文环境，根在两地血缘相亲，表现在方言相通，习俗相同。台湾同胞中有70%～80%来自厦门或其他闽南地区，两地所特有的方言、习俗、宗教信仰相同，厦台文化一脉相承。人文环境的相似性容易让台商有“自己人”、“回到家”的情感认同，具有无可替代的人文环境优势。厦门是台胞主要的祖籍地之一，也是闽南地区的文化中心。闽南人和闽南文化主要是通过厦门进入台湾并传承扎根的，在台湾地区广为流传的地方用语就是闽南方言，台湾地区的民俗、歌曲、戏剧、民间信仰等都能在闽南文化中找到其渊源，台湾的商业文化也都浸染着浓郁的闽南风格。厦台之间这种渊源流长的亲缘、血缘和文缘关系，是两岸最割裂不开的情怀。

（三）经济特区等政策优势

厦门自1981年成立经济特区以来，得到中央的大力支持，形成了包括经济特区、台商投资区、高新技术开发区、保税港区在内的全方位、多层次的对外开放格局，成为国际资本的重要集聚地。在体制和管理上，厦门享有特殊政策，拥有特区税收优惠待遇；厦门是国家保留的15个计划单列市之一，享有省级经济管理权限；厦门是全国首座拥有地方立法权的副省级城市；全国四个国家级台商投资区中有三个在厦门，台商投资区享受与经济特区一样的经济权限。厦门是全国首批对台试点直航口岸之一，并可与金门界海上直接往来。国家允许厦门对出入口的台胞实行“落地签注”的特殊政策，方便台商往来厦门，还开放大陆居民从厦门经金门、澎湖往来大陆与台湾本岛，允许首批开放赴台旅游的大陆13个省市居民可以从厦门赴金门、澎湖旅游，并经金门、澎湖赴台湾本岛旅游①，同年12月，大陆居民赴台旅游省市扩大到25个。特别是2009年5月14日国务院发布《关于支持福建省加快建设海峡西岸经济区的若干意见》，更为以厦门为中心的海峡西岸经济区建设带来了难得的历史机遇。这些政策优势、体制优势、先发优势是其他地方所不可比拟的，为厦门发展对台交流合作创造了优越的条件。在不到30年的时间里，厦门从一个前沿小城一跃成为基础设施良好，深具竞争力的现代化港口风景旅游城市。

二、厦门在两岸关系发展中发挥了独特的作用

改革开放三十多年特别是厦门经济特区创办以来，厦门充分发挥对台“五缘”（指的是闽台之间地缘相近、血缘相亲、文缘相承、商缘相连、法缘相循）优势，大力拓展厦台经贸合作和各项交流交往，为发展两岸关系做出了积极贡献，发挥了独特的作用。

---

① 《厦门日报》2008年9月8日。

（一）厦门成为对台工作重要的基地

把厦门建设成为对台工作基地是厦门经济特区的责任和使命。在小平同志“和平统一、一国两制”方针指引下，厦门经济特区应运而生。国务院1985年85号文件《关于厦门经济特区实施方案的批复》中明确指出：“厦门特区扩大到全岛，逐步实行自由港某些政策，是为了发展我国东南地区的经济，加强对台工作，实现祖国统一大业作出的重要战略部署”。江泽民同志视察厦门时多次强调：“厦门经济特区是海峡两岸开展经济文化交流的一个重要窗口”，“厦门优势、特色应该体现在与台湾的经济合作和贸易上来，这个作用别的特区不能代替，这个作用随着历史前进会越来越显示出来”。2006年初，胡锦涛总书记视察厦门时强调：“厦门是我国最早建立的四个经济特区之一，完全有条件在对外开放中取得更大成绩、发挥更大作用”。同时要求“推进两岸经济技术合作取得新进展；促进两岸直接通航出现新局面；把寄希望于台湾人民的方针落到实处；推动两岸共同弘扬中华文化的优秀传统”。2010年2月，胡锦涛总书记赴闽考察选择在厦门过年，为加快推进海西建设及厦门科学发展提供了“强大的动力”。这些都充分体现了中央对厦门经济特区的殷切期望。福建省委、省政府实施“海峡西岸经济区”发展战略以来，一直把厦门作为福建省经济发展和对台工作的龙头，寄予厚望。

（二）厦门成为台商投资最密集的地区之一

台商投资厦门始于1983年，1988年以来台商来厦投资发展迅速，国务院批准设立海沧、杏林、集美三个国家级台商投资区后，先后有一批台湾知名企业落户区内，台商在厦门投资更为活跃。特别是2005年以来，台商在厦门投资势头强劲，越来越多台商看好厦门，厦门仍是台商投资最密集的地区之一。截至2008年12月，包含第三地转投资，已批准台商投资项目超过3500个，实际利用台资近70亿美元①。制造业方面，友达光电、华映光电、富士康、东元科技等一批台资大项目相继落户厦门。目前，台资工业企业产值占厦门全市工业总产值的40%左右，台资企业出口额占全市出口贸易总额近一半。服务业方面，2008年4月，台湾富邦金控通过其香港子公司间

① 台湾《联合报》2010年5月7日。

接入股厦门市商业银行，成为第一家成功参股内地银行的台资银行；2007年12月，由台湾人寿与厦门建发集团合资成立的君龙人寿保险有限公司正式开业，这是首家总部设在厦门的保险法人机构，也是厦门金融业第一家具有台资背景的法人机构；2009年3月，富邦证券获准设立厦门代表处，2010年富邦财险公司获批筹建①；长庚医院正式营业，思源科技等知名台湾软件企业落户厦门软件园。台资企业经济效益普遍较好，已成为厦门经济特区最重要的经济力量之一。

（三）厦门成为重要的对台贸易口岸

厦门对台贸易始于改革开放以后，在20世纪80年代中后期得到发展。1996年，厦门对台进出口额突破10亿美元大关。随着海峡两岸加入世贸组织，市场进一步开放，两岸贸易关系更趋密切，厦门对台贸易也呈逐年上升趋势。经二十多年发展，现在台湾已成为厦门的第三大贸易伙伴、第一大进口来源地、第八大出口市场。据厦门海关统计，2007年厦台贸易额30.5亿美元，比增40.6%。2009年厦门对台进出口42亿美元，比增9.7%。厦门对台贸易额在东南沿海城市中名列前茅。国台办授牌的厦门台湾水果销售集散中心已经成为大陆进口台湾水果的主要集散口岸之一。2007年厦门进口台湾水果922吨，是2006年的1.9倍。目前厦门口岸台湾水果进口量占大陆50%以上，已成为大陆最大的台湾水果进口口岸和集散中心②。大嶝对台小额商品交易市场，是经中央批准设立的全国第一家也是唯一的对台贸易专业市场，免税金额已经由1000元提升到3000元，发展态势良好，已经成为厦门重要的旅游特色购物点。每年一度的“4·8”厦门对台进出口商品交易会已在厦门经济特区连续举办十四届，并由一个小规模的综合性展览会发展为海峡两岸间规模最大、影响最广的经贸交流平台。

（四）厦门为促进两岸全面“三通”先行先试

实现“三通”，一通百通。经过多年努力，厦门港已是对台航运形式最丰富、实践时间最长的港口，经过多年探索和尝试，创造性地发展了具有厦门特色的对台航运模式。1997年4月19日，厦门轮船总公司的“盛达轮”

---

① 《厦门日报》2008年9月8日。

② 台湾《经济日报》2010年5月7日。

集装箱船，横渡台湾海峡直驶台湾高雄港，这是两岸隔绝48年后，海上货轮直航台湾的破冰之航。“厦门—高雄”航线开通以来，累计集装箱吞吐量296万标箱。2002年2月厦门货物首航金门，实现了祖国大陆对金门50年来第一次货物直航。2006年实现了厦门航点春节客运包机和中秋客运包机，2007年实现了厦门航点端午客运包机，2008年7月4日又实现了厦门航点两岸周末包机，成为对台包机直航的四大航空港之一。自2001年实现了与金门直接往来，2008年8月31日厦金航线第二航道正式开通，目前每天有36个班次往来厦金两地，累计运载旅客已超过500万人次①，2009年已接近120万人次，厦金航线已成为两岸人员往来的最便捷通道和重要窗口。随着东渡厦金客运码头和五通海空联运码头的先后启用及扩容，厦门作为台湾同胞进出祖国大陆最重要口岸的作用将进一步凸显。

（五）妥善处理涉台事务和突发事件

由于厦门与台湾在地理和人文方面的特殊关系，当两岸进行事务性商谈和处理有关涉台事件的时候，厦门便成为最合适的地方。根据中央授权和要求，按照两岸有关协定，厦门有效地配合了两岸重大事务性商谈，妥善处理了包括有违一个中国原则、突发死亡、寻找失踪台胞、台轮海上遇险、劳资纠纷、重危病人处置、两岸遣返交接、涉黑等大量敏感的涉台问题，对缓和两岸关系、促进两岸交往稳健发展发挥了积极作用。三十多年来，中央有关部门多次在厦门与台湾举行官方或半官方接触，处理重大涉台事务，其中著名的《金门协议》就是在厦门签订的。厦门已成为处理祖国大陆对台事务的重要基地。

（六）多方面、多层次加强与台湾的民间交流

80%台湾同胞祖籍地在福建，厦门充分发挥与台湾地缘相近、血缘相亲、语言相通、习俗相同的优势，因地制宜，通过海峡两岸图书交易会等诸多形式和载体坚持不懈地推动两岸文化交流合作；以闽南文化为主轴，通过保生慈济文化节等宗教民间信仰交流、歌仔戏等地方剧种交流、协助寻根谒祖等，大力拓展厦台民间交流活动；加强厦台青少年之间的联络，开展两岸大学生“闽南文化研习”夏令营、两岸青少年夏令营、“海峡月·中华情”

① 《厦门日报》2010年5月15日。

中央电视台中秋双语晚会、闽南语歌曲创作大赛等多形式的交流活动；积极营造良好氛围，鼓励在厦台胞融入社区生活；建立台湾水果销售集散中心，建立与台湾中南部农民交流合作的新窗口；与中国国民党台中市党部首开基层党际相互交流；举行海峡两岸农业合作成果展览暨项目推介会，促进民间交流的进一步发展。通过多方面、多层次推动两岸、厦台深入交流，使闽南文化成为了联结海峡两岸同胞亲情的特殊纽带和遏制“文化台独”的有力武器。

三、厦门面临的新机遇思考

随着两岸关系呈现出新的格局与走向，如何认识新形势下厦门对台交流合作面临的机遇与挑战，应该如何应对，都值得探讨。

（一）如何看待新形势下厦门面临的机遇和挑战？我个人认为，总体而言，机遇大于挑战。就外部而言，厦门因两岸政策开放面临来自更多竞争者的挑战；就内部而言，我厦门面临能不能抓住机遇（包括抓住机遇的能力、重点、措施等）的问题，但我认为只要积极应对，积极作为，厦门的机遇会更多，一方面厦门原有的优势如厦金直航、台湾农产品中转、文化交流、人员交流等会因政策开放而得到增强，另一方面还会产生一些新的优势，特别是随着海运直航的开放，厦门地缘相近的地理优势才真正发挥出来，才真正具备将对台地理优势转化为经济学意义上的竞争优势的可能，才真正凸显厦门与台湾产业内分工的突出优势，有利于厦门及其周边城市在新一轮吸引台商投资中占据地利优势。随着两岸致力于构建和平发展框架，厦门将不再是商人眼里有战争（因“台独”引起的）威胁的地方，这为吸引大型项目进驻创造了良好的外部条件。

两岸商谈采取先经济后政治务实推动。随着第五次陈江会的即将举行和诸多积极成果的取得，两岸关系呈现和平稳定发展，两岸经济合作进一步深化。厦门应利用台海和平发展的大好形势，抓住因两岸关系缓和及厦台交流便捷为厦门吸引台资创造的有利条件，充分挖掘两岸通航新形势下因“两岸三地”模式演变为“直航”模式后厦门产生的对台海运的新优势，尽快规划出与台湾垂直整合的对接产业，在光电代工产业方面形成自己的独特竞争优势，迅速做大做强厦门光电产业。台湾在大陆的三波投资分别带来了扩大就业、做大 GDP 和带动当地产业升级换代的积极效果，新一波台商投资较有代表性的产业是以 TFT－LCD、LED 为主，厦门要抓住三通后的新机会，着力推进厦台临港工业对接，做好友达等光电龙头企业的配套，加快厦门的产业升级。

同时，要吸引台湾的现代服务业来厦投资，大部分在厦门投资的台商服务业做得非常到位，提升了当地的服务观念、服务水准，体现了以人为本，优化了当地的服务业生态。“三通”之后，两岸间的商业活动空间将更为广阔，台湾的现代服务业，重点是港口物流业、金融业、商业、零售业和中介服务业等看重大陆快速发展的内需市场，将加速向大陆投资，厦门要加大力度宣传其投资环境以及厦门的人文优势对台商产生的亲近感，包括对两地的语言、民俗、饮食、建筑、气候等相同或相近产生的对台商在厦门发展服务业的吸引力，带动台湾的现代服务业来厦投资，并不失时机地加大力度引进台湾各类专业人才。就厦门的资源禀赋而言，厦门发展制造业空间相对有限，厦门与台湾制造业对接受到的制约较多，但厦门作为海西重要的中心城市，服务业发展空间相对较大，厦门要通过加强与台湾服务业对接来强化其区域中心城市的地位与功能。

此外，要不失时机地推动厦门企业赴台投资，第一步可率先赴金门投资，实现厦台双向投资的大发展。

在海运直航方面，两岸开放更多港口直航，对厦门港有一定的影响。但厦门港具有其他港口不可替代的对台直航优势，在直航模式下，厦门的地缘优势将完全发挥出来：一是厦门港是大陆距离台湾最近的港口，距离高雄仅 165 海里，距离台中港只有 136 海里，直航以后，厦门港将是直航台湾航程最短、成本最低且具备相当发展规模的大陆港口；二是“十五”以来，厦门港全力推进“两深”工程（即深水泊位、深水航道工程）建设，超大型船舶接待能力持续提高，最大靠泊能力达到 15 万吨级，2008 年集装箱吞吐量有望突破 500 万标箱，跻身世界 20 强，成为区域性枢纽航运中心，综合实力雄厚，具备良好的硬件优势。三是通过对台“试点直航”及厦金直航，厦门港与高雄港、金门港方面建立了信息往来通道以及海上搜救、船舶通信、航班安排等沟通协调机制，积累了许多宝贵的对台航运经验，这些经验优势显然是其他竞争港口在短期内所无法具备的。今后，厦门港将持续拓展港口服务功能，大力发展滚装运输和台湾农副产品海上直航运输业务，通过发展海铁联运等方式将台湾—厦门—内陆的运输渠道建设成低成本的便捷通道，完善港口的集疏运体系，使厦门港成为内陆地区对台运输的窗口。

（二）依托做大厦金直航稀缺资源，有计划、系统地整合厦金，推动厦金两地更快地朝一体化方向迈进。

厦金直航是两岸航运的稀缺资源，在两岸全面“三通”之前，厦金直航打造了两岸往来的“黄金航线”，现在每天有 36 班次往返厦金两地，做大做强厦金直航大有可为。让我们以五通码头的厦金直航客运业务为例，来看看厦金直航的突出优势：

一是五通码头距离金门水头码头仅 9.7 海里，航程 25 分钟，价格便宜，相对舒适。

二是五通码头距机场仅有 7 公里，由厦门国际航空港海岸开发有限公司经营，所有服务均与机场接轨，实行“一票到达”的海空联运，具有突出的距离优势和服务优势。

三是经过五通码头的海空联运套票具有明显的价格优势。

有了快捷、便利的厦金直航作依托，就可以在共同构筑“厦金一小时生活圈”的基础上有计划、系统地整合厦金，推动厦金两地更快地朝一体化方向迈进。金门是厦门大发展之门，应主动规划从厦门环岛路到小金门的厦金大桥，争取开放两岸居民持当地有效证件免办证来往厦门和金门，建议两门携手，分工合作，朝着争取成立“两岸和平发展特区”或“两岸特区”方向努力。

（三）抓住开放赴台旅游、平日航班和海运直航的契机，练好内功，更为努力地把厦门建设成为祖国大陆最为重要的对台旅游口岸城市，假以时日，把厦门打造成为沿台湾海峡地区旅游核心经济圈的中心。2008 年 6 月，台湾当局取消所有对“小三通”身分的限制；10 月起，金门对大陆游客发给落地签证或一年多次签证。大陆方面同年 9 月宣布首批开放赴台旅游的 13 个省市居民可以赴金门、马祖、澎湖旅游，并经金门、马祖、澎湖赴台湾本岛旅游，这一举措扩大了大陆居民赴金马澎旅游对象，把赴金马澎旅游线路延伸至台湾本岛，增辟了赴台第二通道，具有相当重要的意义。上述举措无疑对厦门构建两岸旅游双向对接枢纽，把厦门建设成为设施完备、机制良好、运行高效的对台旅游口岸城市具有重要意义。随着两岸“大三通”的实现，闽台旅游迅速发展，厦门与台湾旅游交流合作进入扩大双向阶段。在打造“海峡旅游”品牌的进程中，厦门优势明显，特别是厦门口岸“小三通”线路深得大陆游客青睐。今年1－4月，经厦门口岸赴台游客达5.9万人次，同比增加117%，其中，省外赴台湾旅游的游客大幅增长，同比增长180.09%；经厦金台海空联运线路赴台湾游客，占经厦门口岸赴台旅游人数的90.04%①。厦门的海上邮轮台湾游业务有绝对优势，运作成本最低，要抓住机遇，创造条件，把厦门打造成为海峡两岸邮轮观光母港。这对促进厦门赴金、赴台旅游，促进厦门本地的旅游和消费、向其他省市推介厦门都具有积极意义。为此，要积极争取公安部同意在开展暂住人员赴台旅游试点工作基础上，以旅游证件就地制作、发放为重点对厦门口岸赴台旅游的政策支持，围绕“海峡旅游”主题，加快完善旅游产品体系，加强旅游区域协作发展海峡两岸旅游共同市场，创新对台旅游营销方式，通过强化旅游交通、公共服务、旅游人才、旅游管理机制优化对台旅游合作发展环境。

（四）要强化厦金直航，把这一稀缺资源做大做强，结合闽南文化，发挥厦门在对台交流合作中的核心优势。厦门要挖掘潜力，把这一两岸人民交流的黄金水道做得更便捷，特别是要增强对台湾中南部人民的吸引力，使之成为与南台湾人民交流合作的重要载体和渠道。如果厦门进一步做大做强厦金直航，有意识、有针对性地吸引台湾的中下层民众利用这条黄金水道到祖国大陆来，让他们更多地了解厦门，了解海西，这样就能增进他们对厦门、海西的认识。同时，要重视发挥这一两岸人民交流的黄金水道的重要作用、以闽南文化为核心推动厦台文化交流。更为努力拓展厦台民间交流，更为努力发挥厦台民间交流中的闽南文化优势，发挥厦门在对台交流合作中的核心优势。随着两岸关系步入和平发展的轨道及台湾岛内局势的变化，厦门以闽南文化为载体加强对台交流合作就显得尤为有意义。厦门要进一步加强闽南文化的保护、传承、宣传，为台湾同胞到祖国大陆旅游观光、寻亲访祖创造更好地条件，提供更好地服务。

（五）抓住政策开放的契机，在强化厦门作为两岸人员交流重要通道的

① 《海峡都市报》2010年5月28日。

基础上，争取成为开放两岸人员双向流动的试点城市，为两岸人员交流作出厦门这个前沿平台的应有贡献。

（六）围绕扩大载体平台建设影响做文章。一是对厦门在对台经贸、航运、旅游、科技、文化等方面已经形成的载体平台品牌，要不断完善和拓展，继续做大做强；二是要抓住两岸同胞大交流，两岸经贸大合作，两岸关系大发展的有利时机，创造条件，争取支持，新建一批融洽同胞感情、扩大共同利益的航运、文化、教育、体育、科技等新载体平台，充分发挥厦门的“五缘”优势，推进两岸各项交流合作。

只要厦门冷静、客观地分析厦门发展与台湾关系的新形势，抢抓机遇，积极有效应对，在两岸关系发生积极变化、面临难得机遇的大背景下，厦门与台湾关系的发展空间是广阔的，前景是光明的。厦门与台湾关系将更加密切，双向交流将更为频繁。可以相信，今后一个阶段厦门与台湾关系将呈速度较快、规模扩大、结构优化、效果明显的发展态势，厦门与台湾经贸交流与合作将不断拓展，产业对接、对台贸易将保持持续快速发展的良好势头，厦门将成为两岸人员交往的重要枢纽及两岸交流的重要窗口，厦门将成为两岸旅游互动的桥头堡及海峡旅游合作区的中心城市，厦门将成为层次丰富、往来便利的两岸直航重要口岸，厦门与台湾文化、科技、教育、体育、卫生、学术、宗教等各个领域的交流将更为频繁，厦门与金门一体化将逐步实现，厦门整个城市将不断创新拓展进一步放大为两岸间交流合作的一个大平台。

四、厦门在海西建设中先行先试探讨

厦门在海峡西岸建设两岸人民交流合作的先行区中发挥先行先试的作用，必须强化使命意识、机遇意识、合力意识、平台意识，也就是认清当前的形势和厦门肩负的使命，抢抓机遇，形成合力，搭建平台，积极落实中央惠台政策，努力扩大对台经贸、通航、旅游、科技、文化、教育、体育和卫生等交流合作，着力先行先试，争取更多作为，为推动两岸和平发展，增进两岸人民福祉，发挥更大的作用。

（一）厦门具备对台先行先试的的基础和条件

1. 厦门为先行先试奠定了基础，具备经验优势

厦门作为祖国大陆对台招商引资的窗口，在经济特区创建之后随即成为

台商在祖国大陆投资的主要地点之一。1990 年代以后随着祖国大陆市场经济的蓬勃发展，厦门引进台资快速增长，有力地推动了厦门对台交流的全面开展。由于特定的历史、人文和地理条件，厦门无容置疑地成为海峡两岸交流合作的前沿，台资企业的迅速发展和厦台交流的日益频繁为厦门不断开创对台交流交往新局面创下多个“第一”的记录，成为祖国大陆对台政策先行先试的窗口。1989 年 5 月，国务院首次批准海沧、杏林（3 年后又增加集美）设立台商投资区，享有与厦门岛内经济特区相同的政策待遇，从而使厦门成为台商投资集中地之一；1994 年 8 月，厦门率先实行台胞“落地办证”政策，两年后又实行“落地签注”政策，为台胞进入祖国大陆提供便捷条件；1994 年厦门颁布了第一部地方涉台法规《厦门市台湾同胞投资保障条例》；1996 年 3 月，两岸之间经澳门“一机到底”航线开通，“厦门－澳门－台湾”航线投入营运，正式开启两岸间“换班不换机”的空中变相直航；1997 年 4 月，两岸海上试点直航开通，厦门轮船总公司的“盛达轮”从厦门港首航直达高雄港，这是两岸隔绝 48 年后，海上货轮直航台湾的破冰之航，为促进两岸全面“三通”起到示范作用；1997 年 4 月 8－12 日，首届对台商品交易会在厦门拉开帷幕，鹭岛成为祖国大陆对台贸易的重要基地，前来参展的台湾本土企业逐年增多，这一盛会已经召开了十二届，在台影响日益扩大；1998 年中央批准厦门设立大嶝对台小额商品交易市场，这是全国第一家对台贸易专业市场；2001 年 1 月 2 日，金门各界人士 180 人搭乘“太武”号客轮，由金门料罗湾码头直驶厦门和平码头，实现大陆与台澎金马地区 52 年来的首次人员直航往来；2003 年大陆台商首次经厦门从厦金航线乘船回台过年；2004 年厦门获办 5 年期《台胞证》；2005 年 4 月 11 日台湾经贸团首次突破限制，通过厦金直航参加在厦门举行的第九届“台交会”等。这些“突破”以及所带来的成就，充分说明厦门在对台经贸交往与两岸关系中的重要地位，为厦门在海峡西岸建设两岸人民交流合作的先行区中发挥先行先试作用奠定了基础。

2. 厦门具备良好的物质基础和宜居环境

改革开放三十多年来，厦门经济社会快速发展，实实在在地打下对台交流合作的物质基础。这无疑为厦门在海峡西岸建设两岸人民交流合作的先行区中发挥先行先试作用奠定了较好的物质基础。把厦门建设得更加繁荣、更加美丽、更加温馨，必将对台胞形成更为强大的吸引力、召唤力和凝聚力。厦门充分认识建设海峡西岸经济区的战略意义，通过做强做大厦门经济特区，不断增强厦门经济实力和竞争力，构筑对台交流合作基地雄厚的物质基础。改革开放以来特别是近年来，厦门的经济总量迅速增大，综合竞争力显著提高。2009 年，厦门生产总值达 1623 亿元，财政收入达 451.4 亿元，财政收入占 GDP 的比重达 27.8%，按常住人口计算，人均生产总值 64413 元（折合 9429 美元），居全国 15 个副省级城市前列。截至 2008 年 12 月 31 日，厦门市高新技术产业单位为 1237 家，实现总产值 1822.24 亿元，占全市规模以上工业总产值的 62.2%，占福建省高新技术产业总产值的 40.9%①。厦门在全国 200 个大中城市综合竞争力排名中列第 10 位。经济发达、文化繁荣、社会和谐、城市宜居的厦门经济特区对台湾同胞特别是金门同胞产生了震撼力和吸引力。

3. 厦门迎来了难得的历史机遇和有利条件

从海峡两岸的局势看，两岸关系发展出现重大的积极变化，实现历史性转折，获取突破性进展。海协会和海基会在“九二共识”的共同政治基础上恢复商谈并取得诸多实际成果，标志着两岸关系已步入和平发展的轨道，国务院适时发布《关于支持福建省加快建设海峡西岸经济区的若干意见》，这为厦门在海峡西岸建设两岸人民交流合作的先行区中发挥先行先试的作用提供了难得的历史机遇；同时，两岸开放三通、放宽政策限制，厦门－金门－台湾通道打通等等，这为进一步密切厦门与台湾之间的各项交流合作创造了比较有利的条件，厦门作为对台工作的前沿平台和桥梁纽带作用将更加凸显。

（二）厦门先行先试的重点

基于此，厦门要紧紧把握两岸关系发展出现的新机遇，完全可以在提升对台经贸合作层次，拓宽两岸人民往来通道，深化厦台对口交流等方面大胆先行先试。

1. 产业合作

厦门要紧紧抓住机遇，推进两岸产业对接。厦门要争取多吸引一些台湾

① 《科技日报》2009 年 8 月 21 日。

高科技企业和现代服务业到厦门投资。要营造更适宜台湾产业生存发展的环境，继续办好台商投资区，下力气抓好工业集中区建设，为厦台经贸合作提供有效载体，主动承接台湾光电、电子信息、精密机械、生物与新医药等产业转移，争取更多台湾企业来厦门设立生产基地、营销总部。服务业方面，抓好物流园区和营运中心建设，大力引进台湾的物流、金融、旅游、商贸、中介服务、教育卫生、文化创意等现代服务业。

2. 贸易

一要办好台交会、投洽会、两岸旅游博览交易会、两岸农产品产销论坛等重大涉台经贸盛会，做足特色，做大影响，做响品牌，同时要推动赴台举办各类商品展。二要在厦门至高雄试点直航成功运作多年的基础上，尽快做大厦台海上货运直航，更好地满足两岸贸易的需求。三要加快建设海沧保税港区，充分发挥其功能与作用，对接台湾高雄、台中等自由贸易港区，扩大两岸贸易。四要以台湾水果销售集散中心为平台，落实中央扶持政策，做大台湾农产品进口规模，改扩建大嶝对台小额商品交易市场，为台湾商品进入大陆提供方便，吸引台湾大型物流和商贸企业进入大嶝贸易市场经营两岸贸易，鼓励支持两岸工商团体参与大嶝贸易市场商品交易区、综合服务区、仓储区的经营。

3. 通航

做大做强厦金直航，提升厦金直航的规模和水平，开辟两岸三通的新渠道。一是要加快厦门海空港的基础设施建设；二是要创造条件争取厦金陆路交通、供水供电、通信等方面取得突破；三是要科学配置厦金航线两条航道的运力，壮大厦金直航；四是要逐步扩大对台滚装运输。

4. 科技、教育

一要加强厦台高科技自主创新合作：注重对台高科技产业的招商引资，扩大在光电、软件、新材料、电子信息、精密仪器、生物科技等领域的对台交流与合作；以高新技术为导向，推动海沧、集美、杏林三个台商投资区产业升级，提升台商投资区高新技术的产业带动和辐射作用；加快建设国家级对台科技交流合作基地，进一步办好台湾学者创业园和台湾科技企业育成中心，争取更多台资企业来厦建立研发中心；推进台湾农业良种的引进繁殖，推进对台花卉进出口市场、种苗研发中心、闽台花卉产业高科技园等项目建设。二要加强厦台教育合作交流：吸引台湾青少年来厦就学，建立在厦就读台湾学生奖励基金；继续办好重点学校的台生班，安排好台生和金门籍学生在厦入学，支持开办长庚护理技术学院，争取在厦门尽快开办大陆第四所台商子弟学校；办好两岸中小学（职业技术学校）校长论坛，拓展大中小学、职业技术学校等各级各类学校与台湾的对口交流和校际协作；举办“相聚厦门·两岸青少年交流周”，争取将其举办成为每年一届的有影响力的大型青少年交流活动。

5. 文化

厦门要认真谋划厦台闽南文化交流，包括文学、艺术、教育、体育、宗教、民俗、民间信仰等方面的交流，进一步加强厦门与台湾特别是台湾中南部的交流合作。一是要加大力度建设闽南文化生态保护区，采取有力措施，保护好、利用好台胞信仰的祖祠寺庙、涉台文物和涉台非物质文化遗产，利用春节、元宵、端午、中秋等中华民族传统节日，开展闽台民俗交流，把春节厦金同放焰火、元宵同乐、中秋博饼等活动举办成两岸文化大节；二是要继续通过举办海峡两岸民间文化艺术节、保生慈济文化节、峡两岸歌仔戏艺术节、海峡两岸文化创意产业博览交易会、海峡两岸图书交易会、两岸中医药发展与合作论坛、两岸青少年夏令营、“世界金门日”，闽南文化论坛、闽南语歌曲比赛、闽南文化研习营、中秋焰火晚会等民间交流活动，海峡两岸歌仔戏艺术节、闽南语歌曲大奖赛、两岸（厦门与台中）元宵主题灯会、保生慈济文化节等文化活动，丰富闽南文化内涵，增强对台湾中南部人民的吸引力；三是要进一步办好厦门卫视、闽南之声广播和厦门网，推进厦门卫视在台商投资比较集中的省市落地，争取更多厦门媒体派记者入台驻点，增强台湾民众对祖国的认同感和向心力；四是要办好两岸民众广泛参与的厦门国际马拉松赛、两岸龙舟赛、两岸高校赛艇挑战赛、厦金泳渡等体育活动，增进两岸体育交流；五是要在举办两岸图书交易会和各种论坛，吸引台湾文化团体来厦演出的同时，组织南音、歌仔戏、高甲戏、小白鹭、爱乐乐团等艺术团体赴台演出，扩大闽南文化在台湾特别是台湾南部地区的影响力。

6. 平台

厦门要成为两岸交流交往的大平台。要立足“五缘”，继续研究、协调和促进对台合作的各种会展、论坛、节庆、民俗、宗教、演出、书画、赛事、交流活动等载体平台建设，特别是要做大做强海峡论坛，做大载体平台品牌，进一步放大“平台”的外延，把整个城市打造成两岸间的一个大平台，这将有利于扎扎实实地构建对台交流合作的前沿平台。

7. 和谐

厦门要加强两岸人才交流，充实惠及台湾民众的举措，让台湾民众在厦门能实实在在地分享到两岸和平发展及厦门改革开放取得地成果，从法制层面加强台湾同胞投资保障，加强厦门与台湾司法交流和涉台投诉协调，妥善处理涉台事件，进一步密切厦金区域合作，创造条件让台湾同胞融入厦门社会。

在海峡西岸建设两岸人民交流合作先行先试区域体现了科学发展观的精神实质和构建和谐社会的内在要求。只有准确把握两岸人民交流合作先行先试区域的内涵，充分认识在海峡西岸建设两岸人民交流合作先行先试区域的重大的战略和实践意义，勤于研究，善于谋划，敢于探索，勇于创新，依靠两岸人民来积极推动，厦门才能在海峡西岸建设两岸人民交流合作的先行先试区域中发挥好先行先试的作用，才能把海峡西岸的重要中心城市厦门建设成为两岸合的纽带、通的桥梁、连的通道、和的平台。

参考文献

[1] 胡锦涛. 胡锦涛总书记在听取福建省委、省政府工作汇报后的讲话摘要，2010 年 2 月 15 日。

[2]《国务院关于支持福建省加快建设海峡西岸经济区的若干意见》，2009 年 5 月 14 日。

[3] 周明伟：《厦门与台湾关系发展 30 年研究》，厦门大学出版社，2008 年 12 月。

[4] 周明伟：《台湾在亚太地区投资分析》，中国社科院《当代亚太》，2002 年第 6 期。

[5] 周明伟：《厦门经济特区 25 周年对台工作的经验与前瞻》，《厦门特区党校学报》，2007 年第 1 期。

[6] 周明伟：《努力把厦门建设成海峡两岸交流合作的先行区》，《光明日报》，2008 年 1 月 21 日。

從「新港台互動關係」看兩岸區域經濟整合與發展之前景分析

簡澤源*

第一節　前　　言

隨著馬英九政府上台執政，兩岸關係已經出現重大的轉變，在2008年12月兩岸實現大三通、海協會會長陳雲林訪台和大批內地旅客蜂擁往台旅遊觀光購物、台灣農產品大舉登陸，加上兩岸希望早日簽署ECFA（兩岸經濟合作框架協議）等等，顯示兩岸關係進入了大發展的新時期，促進港台關係的新互動，不僅符合港台兩地發展需要和利益，對兩岸加強溝通接觸，也將會發揮積極的推動作用。事實上，香港回歸中國大陸後，港台關係的性質已發生了重大變化，成為兩岸關係的特殊組成部分。不可否認，在兩岸全面實施三通後，勢必形成新的經濟整合模式，使得香港作為兩岸中介城市的作用有所變化。但是，香港可憑著本身經濟的比較優勢（Comparative Advantages），在這大中華經濟圈中發揮重要的支援服務角色，特別是在港台經貿合作與兩岸三地經貿互動方面，以及有利於拓展更多的商機及加強投資者的信心。

第二節　香港政府主動調整港台關係

在2008年12月兩岸關係「破冰」之後，香港政府已經看到了兩岸關係發展的新局面和新需求，對港台關係主動作出了調整和推進。在2008年

---

* 作者簡介：簡澤源，香港珠海學院亞洲研究中心副研究員。

10 月發表的最新一份特首施政報告中①，提出了多項新措施和建議，包括成立香港貿易發展局台北辦事處，為港台經貿合作提供更多協助和商機。同時，還建議本港工商界和台灣工商界合組一個「港台經貿合作委員會」，加強民間交流與聯繫，以及放寬台灣民眾來港的入境安排，這些措施和建議，對推動港台關係將會起到切實有效的作用。2009 年 3 月 25 日香港政府政制及內地事務局長林瑞麟出席立法會財委會特別會議時表示 ②，隨着兩岸關係改善，香港政府的涉台政策要積極配合，而為了加強台港官方交流，將會邀請台中市長胡志強，於 2009 年 4 月 15 日來港，參加第一次香港台灣城市交流論壇，就旅遊及商貿兩個議題進行交流。政制及內地事務局下個財政年度，將會撥款 4. 6 億元，進行多項促進港台交流的活動，當中 400 萬元會用作贊助兩地民間團體進行交流活動，當局亦會協助本港商界，早日成立台灣商貿委員會。

香港和台灣最新的互動關係如下：

一、2008 底年香港貿易發展局在台北成立了辦事處，香港旅遊發展局也計劃在台灣成立辦事處。

二、香港民政事務局局長曾德成在 2009 年 3 月 30 日，由江蘇省無錫飛抵台北桃園機場，準備出席世界佛教論壇的活動，他是首位香港特區政府主要官員訪台。曾德成在機場對媒體表示，很高興來到台灣，他預計港台兩地關係將登上新的發展台階，未來會有其他主管不同政策領域的香港特區政府高級官員到台灣訪問 ③。

三、2009 年 4 月 1 日台灣國民黨副主席、台灣桃園縣縣長朱立倫訪港，並與香港特區行政長官曾蔭權會面。朱立倫訪港並與香港特區行政長官曾蔭權會面，雙方均同意在金融海嘯下，應該加強港台官方在經貿、文化、教育等方面的交流，而朱立倫更在會面中，以國民黨副主席身份正式邀請曾蔭權訪台。曾蔭權回應說，自己很希望在任期內可以重遊台灣，又邀請桃園縣明年與香港合辦「港台城市交流論壇」，朱亦回應會接受邀請 ④。

---

① 香港政府網頁 www. info. gov. hk

② 香港《文匯報》，2009 年 3 月 26 日。

③ 香港《文匯報》，2009 年 3 月 31 日。

④ 香港《文匯報》，2009 年 4 月 2 日。

四、首屆「香港台灣城市交流論壇」在2009年4月15日在香港舉行，台中市派出歷來最大的102人外訪代表團出席，與香港代表就經貿、旅遊和文化發展作交流。在會議舉行前，香港特區行政長官曾蔭權及政務司司長唐英年先後與第一次應特區政府正式邀請來港訪問的台中市市長胡志強一行會面，大家均希望自此港台關係能步入新台階，又指港台之間有很多的合作空間，包括經濟發展、金融、貿易、旅遊、教育等。香港商務及經濟發展局局長劉吳惠蘭在港台城市交流論壇上正式宣布，香港將於2009年4月27起，允許持台胞證的台灣居民，毋須按現行規定同時持有內地入出境簽注，即可以訪客身份來港，並可逗留不超過7天。台中市長胡志強歡迎和肯定有關的新措施，指這比以前的規定簡化了許多，一定可以增加台灣地區的旅客訪港時的便利性和人數，也希望香港到台中去的旅客亦有所增加①。

五、2009年5月7日台灣交易所派出近30人代表團來港，就開發衍生產品市場取經。台灣金管會與交易所在第三次「江陳會」，中台達成兩岸金融合作協議後，台灣火速落實發展藍圖，首先是加把勁爭取在港已上市與準備上市，在內地經營業務的台灣企業回台上市，其次便是發展衍生產品市場。台灣證券交易所董事長薛琦表示，台灣正努力吸引多達37家在港上市的台企回歸台灣上市。截至2008年6月，台灣機構在港已設立了超過330間地區總部或辦事處②。

六、2009年5月22日香港證監會日宣佈，已與台灣金管會就一份雙方早前所簽署的《諒解備忘錄》簽署並交換《附函》，以促進兩地市場的交易所買賣基金（ETF）跨境上市。根據《附函》的條款，在香港或台灣交易所上市並分別由持有證監會或金管會牌照的資產管理公司管理的ETF，將會得到兩地監管機構的互相認可，讓這些ETF可以跨境上市及發售。這份《附函》將加強證監會與金管會之間的監管合作，特別是有關管理ETF所涉及的信息共享及保密方面的安排。香港特區政府財政司司長曾俊華表示，香港政府十分重視香港和台灣在金融服務業方面的合作，期望兩地的ETF可以盡快在對方的交易所上市，讓港台兩地的市場參與者可以受惠於更多元化

---

① 香港《蘋果日報》，2009年4月16日。

② 香港《文匯報》，2009年5月6日。

的市場①。

七、2009年6月5-6日香港特區政制及內地事務局局長林瑞麟應台灣陸委會的邀請，以香港特區官員身份到台北官式訪問，其間會與陸委會副主委傅棟成及台北市副市長會面。是次邀請林瑞麟訪台，主要是就成立台港新的雙邊合作組織，加強雙方經貿、文化交流等各項議題進行商討、溝通。會議後宣布，台灣將成立台港經濟文化合作策進會下設經濟合作委員會，香港則會在香港貿易發展局之下組成香港-台灣商貿合作委員會。兩個委員會作對口，就兩地關心的貿易、投資、旅遊及其他雙方合作的事宜作交流和討論。港台政府的高層官員會積極參與兩個委員會的活動。林瑞麟今次訪台的最大成果，就是港台之間建立對口機構，標誌著港台之間正式建立了溝通交流的機制、渠道和平台，顯示港台關係踏上新的台階。這個新建的溝通平台，既可讓官員參與其中進行實務性合作磋商，又有助迴避一些暫時難以解決的政治敏感問題，有利於港台關係的平穩發展。香港在兩岸關係中具有特殊的地位和作用。當局應以超前的眼光去謀劃推動港台關係，深化港台的經貿關係，包括積極推動港台自由貿易區的建立，盡快與台灣簽訂「全面性避免雙重徵稅」安排，並爭取香港成為人民幣的兩岸清算中心等，爭取在促進兩岸和平發展中發揮更重要的作用。港台經貿關係一向密切，但過去一直缺乏對口機構處理商貿事宜。林瑞麟今次訪台的「破冰之旅」，令外界對港台更高層次的官員交流充滿期待②。

八、2009年6月20日中共中央駐香港聯絡辦公室副主任郭莉領軍的香港中國企業協會訪問團，應台灣工業總會邀請來台參訪。香港中國企業協會此次訪台目的是了解台灣投資環境與機會，多家重量級中資企業高管將隨同訪台，包括中銀香港副總裁高迎欣、中國海外集團副董事長孔慶平等人。據悉，繼郭莉之後，香港中國企業協會總裁王遼平也將在下個月率領另一批香港中資企業來台考察。王遼平去年底已率領一批香港中資企業法務主管訪台，先行了解台灣對外商投資的相關法律規範。香港中國企業協會密集訪台，顯示未來台灣正式開放陸資，在香港有多年投資、營運經驗的這批企

① 香港《文匯報》，2009年5月22日。

② 香港政府網頁 www. info. gov. hk

業，極可能成為首批登台的中資企業。由於香港這批大型中資企業不少都已在香港上市，必須接受香港監理機關監管，企業運作較為公開、透明①。

九、2009年6月26日香港貿易發展局與高雄市政府經濟發展局簽署雙方首份經貿合作協議，協議涵蓋兩地資訊互換、人員互訪、就對方的經貿拓展活動提供協助，以及提供商貿諮詢服務等，進一步加強雙方的合作交流，促進兩地企業經貿合作②。

十、2009年6月26日台北市長郝龍斌率團展開兩日訪港行程，他與行政長官曾蔭權會面時，提出多項合作計劃，包括赤立角國際機場與台北松山機場直航，擴大香港在台北的半官方經貿辦事處功能、加強兩地旅遊觀光及文化交流，他並邀請曾蔭權訪台出席聽障奧運會③。

十一、2010年3月5日香港政制及內地事務局局長林瑞麟和商務及經濟發展局局長劉吳惠蘭抵達台中，展開為期3日的訪問。兩位局長此次訪問台中，重點是促進香港和台中的經貿、旅遊合作，共同拓展發展空間④。

十二、2010年4月1日香港政府宣布成立「港台經濟文化合作協進會」，由香港財政司司長曾俊華出任榮譽主席。「協進會」會長將由行政會議「非官守」成員李業廣擔任，榮譽主席曾俊華為香港特首曾蔭權之弟，將擔任常務副主席的林瑞麟為港府政制及內地事務局局長。港府多個政府部門和香港金融管理局、香港貿易發展局、香港旅游發展局等單位的高層也將出任理事，該協進會層級之高十分少見，突顯港府對於當前台港關係的高度重視⑤。

十三、2010年4月2日台灣陸委會宣布「台港經濟文化合作策進會」正式成立，董事長由前財政部長林振國擔任。董監事將有約一半是由政府官員擔任，陸委會、經濟部、財政部與文建會等部會的次長級官員都將入列，與香港對口的「港台經濟文化合作協進會」，成為台港間的「兩會」，推動

---

① 台灣《經濟日報》，2009年6月21日。

② 香港《蘋果日報》，2009年6月27日。

③ 香港《文匯報》，2009年6月27日。

④ 香港政府網頁 www. info. gov. hk

⑤ 香港政府網頁 www. info. gov. hk

兩地的官方互動①。

十四、2010年6月3日台灣行政院大陸委員會主任委員賴幸媛赴香港訪問，成為陸委會成立以來，首位訪港的主委。香港當局相當重視賴幸媛的入出境，入境事務處及個別政府部門同時派遣官員全程陪同，期間入境處官員代為持證辦理通關手續，並引導走禮遇通道。賴幸媛這一趟「破冰之旅」，象徵意義不可小覷。賴幸媛是以正式官職訪港，享有一定程度的通關及接待禮遇，申請訪港的事由之一，是帶有官方色彩的「視察業務」。賴幸媛在香港表示，歡迎大陸國台辦主任王毅訪問台灣，她也期待自己能訪問大陸②。

第三節　「新港台互動關係」的經濟效益

一、2009年4月15日香港商務及經濟發展局局長劉吳惠蘭在港台城市交流論壇上宣布，香港將於2009年4月27日起，允許持台胞證的台灣居民，毋須按現行規定同時持有內地入出境簽注，即可以訪客身份來港，並可逗留不超過7天。新措施不但可彌補兩岸直航對香港流失旅客的損失，並可增加留港過夜的台灣旅客數目，令香港各個行業受惠，提升經濟效益。香港旅遊業界估計，新措施有助扭轉過往不足3成訪港台灣旅客在港過夜的情況，令在港過夜的台灣旅客比例增至5成，為香港帶來額外47萬留港旅客，並帶來23.5億元新的潛在商機。根據旅發局數字顯示，2008年訪港旅客高達2950萬人次，台灣旅客佔224萬人次，其中只有64.9萬留港超過一天，其餘71%都是經香港前往內地，而留港超過一天的台灣客，人均消費達5000元，而不留港的平均消費則只有200元。

二、2009年4月15日香港財政司司長曾俊華在港台城市交流論壇強調，香港希望在兩岸探討有關經濟合作架構協議的課題上有所貢獻。而港台合作可向3個方向發展，包括台資企業可以繼續利用香港的金融服務和現代化物流服務，形成粵港台「三點一線」的運作路線，在港的台資企業可以

---

① 台灣《經濟日報》，2010年4月2日。

② 台灣中央社，2010年6月5日。

利用CEPA和服務業在廣東先行先試的措施，開拓廣東的市場，以及透過商界組織，包括成立港台商貿合作委員會，香港與台灣的商界可以共同在內地以至其他地方尋找商機。

第四節　香港與台灣經貿往來的最新現況

一、貿易往來

目前台灣與香港互為重要商品貿易夥伴，其中台灣是香港第五大貿易夥伴、第三大出口市場、第八大轉口市場及第四大進口來源地，香港是台灣第3大貿易夥伴。2009年港台雙邊貿易達到2500億港元。值得注意的是，2004－2009年香港與台灣兩地的貿易總額均有增長，台港兩地貿易近數年的增長，主要是「大陸因素」，特別是台灣輸往香港的貨品中，大部份是經香港轉口（Re－export）及轉運（Transshipment）運往中國大陸的。港台雙方目前也互為重要的旅遊客源和目的地。

二、投資往來

目前台灣與香港是較重要的投資夥伴，香港是台灣第3大外資來源地，台灣是香港第10大投資來源地。在投資行業方面，香港對台灣的投資，現時港商是台灣第三大外資來源地，從事的投資行業，主要為與貿易、金融為主的服務業及製造業，當中從事貿易的港商，包括太古集團、怡和、英之傑等，製造業則包括震雄集團、南順集團等，而金融業則包括有匯豐銀行、東亞銀行等等。台灣對香港投資主要有批發、零售及進出口貿易業；商用服務業；和金融及銀行業等服務業，其中金融及銀行業較為積極。目前台資銀行在香港註冊的持牌銀行只有富邦銀行一家，在香港以外註冊的台資持牌銀行有台灣銀行、國泰世華商業銀行、彰化商業銀行、中國信託商業銀行、永豐銀行、遠東銀行、玉山商業銀行、豐隆銀行、第一商業銀行、華南商業銀行、台灣土地銀行、兆豐國際商業銀行、台北富邦商業銀行、台新國際商業銀行、台灣中小企業銀行；在香港註冊的接受存款公司有富邦財務（香港）有限公司，不少台資證券及投資公司，也相繼來香港成立分行，安排台灣投資者參與中國大陸及香港的投資活動。

三、金融往來

近幾年有不少「有根」及「無根」台商積極來港上市籌資金額。根據作者不定期計算的結果顯示：

1. 2006 年 10 月 31 日在港上市的台資企業有 39 家，總市值有 3467. 25 億港元，約佔香港當天股市總值 113932. 65 億港元的 3. 04%。

2. 在 2007 年 8 月 31 日，累計在港上市的台資企業有 46 家，總市值有 3779. 28 億港元，約佔香港當天股市總值 177461. 00 億港元的 2. 12%。

3. 在 2008 年 9 月 25 日，累計在港上市的台資企業有 55 家，總市值有 2251. 71 億港元，約佔香港當天股市總值 130777 億港元的 1. 72%（見表一）。

表一　在港上市的台資企業股票價值（2008 年 9 月 25 日價格）

	公司名稱	股票代碼	股票市值（億港元）	註
1	自然美	157	33. 30	
2	永恩國際	210	61. 80	
3	湯臣	258	22. 50	
4	勤美達	319	11. 80	
5	康師傅控股	322	491. 80	
6	唯冠國際	334	2. 47	
7	新焦點汽車	360	5. 42	
8	敏實集團	425	35. 90	
9	凹凸科技	457	13. 20	
10	佳邦環球	471	1. 33	
11	聖馬丁國際	482	7. 18	
12	瀚智集團	516	5. 16	
13	順誠控股	531	34. 60	
14	裕元集團	551	337. 00	恒指成分股
15	富邦銀行	636	38. 40	
16	瀚宇博德國際	667	10. 80	
17	創信國際	676	10. 10	

续表

	公司名稱	股票代碼	股票市值（億港元）	註
18	冠捷科技	903	45.40	
19	林麥集團	915	2.29	
20	中芯國際	981	42.60	
21	福邦控股	1041	1.83	
22	美亞控股	1116	3.74	
23	天鷹電腦	1129	2.83	
24	台泥國際	1136	20.60	
25	瑩輝集團	1163	2.54	
26	信星集團	1170	5.07	
27	新灃集團	1223	4.41	
28	隆成集團	1225	3.62	
29	富士康國際	2038	251.30	恒指成分股
30	味丹國際	2317	7.00	
31	友佳國際	2398	5.04	
32	精熙	2788	10.60	
33	晶門科技	2878	4.57	
34	巨騰國際	3336	35.60	
35	乾隆科技	8015	0.98	
36	上聲國際	8226	0.55	
37	富陽控股	352	1.56	
38	真明麗	1868	14.60	
39	台一國際	1808	3.60	
40	峻凌國際	1997	10.20	
41	達創科技	722	21.70	
42	九興控股	1836	69.60	
43	宏通集團	931	2.38	
44	凱普松國際	469	1.71	
45	大洋集團控股	1991	6.24	
46	旺旺控股	151	356.90	
47	陽光能源	757	43.30	

续表

	公司名稱	股票代碼	股票市值（億港元）	註
48	亞洲水泥	743	66.30	
49	寶勝國際	3813	33.90	
50	巨騰控股	3336	35.60	
51	鷹美控股	2368	5.99	
52	輝煌科技	8159	0.57	
53	東光集團	8150	0.68	
54	福方集團	885	2.69	
55	年代資訊影視	8043	0.86	
	上市台資總值		2251.71	
	香港股市總值		130777	
	台資上市公司佔全港上市總值（%）		1.72%	

資料來源：作者根據香港交易所資料計算及整理得出。

值得一提的是，目前富士康國際（2038）及裕元集團（551）是香港恒生指數成分股成員，顯示部分在港上市的台資企業有一定的份量。

第五節　「新港台關係」與兩岸經濟發展之前景分析

目前香港與台灣要積極發展經濟，加上香港及中國大陸是台灣的重要經濟夥伴，在理論上與實證上而言，香港與台灣應儘快積極推進台港關係，原因是建立更積極的台港經濟關係架構，對香港與台灣未來經濟上甚為重要。經過多年的發展，目前香港已成為亞太區主要的國際金融中心，近年累計在港上市的台資企業有 55 家，預期會有愈來愈多的台商赴港上市籌集資金。事實上，最近有很多台灣的公司主要透過合併後在香港上市，原因是大陸及台灣的金融市場諸多限制，不及香港，至於到倫敦或紐約上市，因時差關係對他們來說不大方便。其次，香港基本上是一經濟城市，不是政治城市，而目前香港是亞太區主要的國際金融中心、貿易中心，金融、貿易、投資已是全球化，因此台灣透過建立更積極的台港經濟關係，加上香港經濟的比較優勢，台灣可在香港身上增加更多的國際商業網路、資訊及商機。

此外，由於台商在中國發展的業務不斷壯大，對於業務發展資金及收購兼併平台之需求非常大，相對於返回台灣上市集資，香港資本市場較為市場化及具彈性，所募集資金的用途亦不受限制，同時兼備進一步拓展中國業務所需之策略平台，台商利用了香港的融資優勢，不單可以為企業擴大資本和提升本身實力，並可藉此優化企業形象和加強競爭力，以加快與國際接軌，及增加與中國及外商企業合作的機會，對兩岸三地經濟交流與發展有積極推進之作用。

东亚区域经济整合与台湾参与的可行性问题探讨

王建民*

新世纪以来，东亚地区区域经济合作发展迅速，并且呈现多种区域经济整合模式。在东亚区域经济合作中，台湾作为东亚地区较为重要的经济体之一，虽然积极争取参与东亚区域经济合作，但由于台湾问题的特殊性与政治的敏感性，一直被排除在东亚区域经济合作尤其是东亚经济一体化进程之外，经济发展出现所谓的边缘化与边垂化问题，也由此牵动海峡两岸在东亚区域经济合作中的互动问题与台湾参与东亚区域经济合作的适当性问题。

一、东亚区域经济合作发展趋势与特点

作为全球经济增长最快的东亚地区，区域经济合作尤其是区域经济整合发展迅速，并出现一些新的趋势与特点。

（一）多边区域经济整合模式

目前东亚地区多边区域经济整合发展最典型、最为顺利的是东盟自由贸易区的建立。东盟自由贸易区是在东南亚国家联盟（ASEAN，东盟）基础上发展起来的，走了一条“先政治（安全）后经济”的独特区域经济整合模式。

东盟成立之初是一个以维护区域安全为主的区域性政治性组织。直到十年之后的1977年，东盟国家召开第二次首脑会议，才确定将合作范围扩大到区域经济合作。上世纪80年代中期后，全球经济区域一体化的迅速发展，促成了东盟区域经济整合的发展。1992年1月，在新加坡举行的第4次东

* 作者简介：王建民，中国社会科学院台湾研究所研究员。

盟首脑会议—东盟六国贸易部长会议上，签署了《新加坡宣言》、《东盟加强经济合作的框架协定》和《共同有效普惠关税方案协定》（CEPT）等3个重要文件。同时，6个成员国贸易部长会议签署了“东盟自由贸易区”（AFTA）协议。会议确定在未来15年内，即在2008年前实现东盟自由贸易区，承诺届时进口关税降低到5%以内。

东盟确定以《共同有效普惠关税协定》作为实施自由贸易区计划的主要工具，1993年1月1日起正式生效，并付诸实施。同时规定了自由贸易区实施的内容框架，包括七项区内关税减让与时间表。可以说，关税减让是东盟自由贸易区的最重要内容与途径。东盟自由贸易区建立后，改变了过去以东亚、美国和西欧三大市场为主的贸易格局，区内贸易比重及与东亚地区的贸易比重大幅上升。

东盟自由贸易区或区域经济一体化发展，经历了从特惠贸易安排到自由贸易区的发展过程，成员也经历了由少到多的增加过程，从初期的5国增加到目前的10国。在区内经济整合上，从初期的货物贸易逐步扩展到服务贸易、投资和其他经济合作领域。2003年10月，东盟决定在2020年建立“东盟共同体”，以加速推进东盟区域一体化进程。2007年1月，第12次东盟首脑会议通过了《东盟提前在2015年建立共同体宿务联合宣言》，决定将“东盟共同体”的时间从2020年提前至2015年。同年11月，东盟领导人正式签署了《东盟宪章》，成为一个超国家的东盟宪法，成为东盟一个具有强约束力的区域经济合作组织的法律架构。在这次会议上，东盟还通过了《东盟经济共同体总蓝图宣言》，确定了东盟经济共同体的发展目标、时间表和具体措施，从而为东盟经济一体化向更层次即向政治整合迈进奠定了坚守的基础。

（二）一个经济体与多国经济集团的区域经济整合模式

东亚地区区域经济合作发展的一个显著特征是，东亚地区主要经济体与东亚地区最大的区域经济集团东盟建构的区域经济合作。东亚地区逐步出现三个“10+1”的区域经济整合趋势，分别为中国—东盟自由贸易区（10+1）、日本—东盟自由贸易区（10+1）与韩国—东南亚自由贸易区（10+1）的建设。其中，中国与东盟自由贸易区的建设发展较为快速与顺利。

中国在加入WTO的进程中，市场将日益开放，并与国际逐步接轨。东盟国家对中国加入 WTO 后可能对东盟经济发展产生不利影响表示了担忧。在此背景下，朱镕基总理从中国与东南亚地区经济合作、共同发展的大局出发，首先提出双方成立自由贸易区设想，很快在东盟内部引起积极反响。随后，双方成立了联合专家小组，对其可行性、经济效益及中国加入 WTO 的影响等问题进行研究。2001 年 11 月，朱镕基总理在文莱首都斯里巴加出席第五次东盟与中国领导人会议，双方一致同意在 10 年内建立中国—东盟自由贸易区，并就新世纪双方重点合作领域达成共识。2002 年 11 月，中国与东盟领导人在柬埔寨首都金边签署了《中国与东盟全面经济合作框架协议》，标志着中国—东盟建立自由贸易区（CAFTA）的进程正式启动，中国与东盟经济合作进入了一个新的历史阶段。

2003 年 10 月，中国正式加入《东南亚友好合作条约》，确定与东盟建立战略伙伴关系。

2004 年 9 月 4 日，在中国—东盟经贸部长会议上，双方在北京最终就货物贸易协议达成一致，并就争端解决机制达成共识。同年 11 月 29 - 30 日，在第二次中国—东盟领导人会议期间，中国与东盟 10 国签署了中国—东盟自由贸易区《货物贸易协议》和《争端解决机制协议》。《货物贸易协议》规定，从 2005 年 7 月 1 日起，双方将安照商定的时间表全面启动降税进程，意味着中国—东盟自由贸易区建设正式启动。根据中国与东盟各国确定的进程表，中国—东盟自由贸易区将于 2010 年建成，即用 5 年的时间实现这一目标。《争端解决机制协议》就适用争端的范围、磋商程序、调解或调停、仲裁庭的设立、职能、组成和程序、仲裁的执行、补偿和终止减让等问题做出了相应规定。2007 年，双方又签署了《服务贸易协议》，目前双方正在就签署投资协议进行磋商。

中国—东盟自由贸易区合作的基本内容包括：第一，货物贸易的关税减让，分为正常类与敏感类。第二，早期收获。针对不同行业与产品类别作了特别的“早期收获”规定，部分动植物与农渔产品关税减让最迟在 2004 年初开始下调农产品关税，并于 2006 年取消全部农产品关税。第三，逐步取消非贸易关税壁垒，简化和协调关税程序，但仍保留各自对非成员国的贸易保护政策。第四，建立有效的贸易便捷化措施。第五，逐步实施涵盖众多部门的服务贸易自由化。第六，中国—东盟自由贸易区对东盟新成员国给予特殊和差别待遇及灵活性。第七，将中国与东盟经济合作扩大到金融、旅游、投资、农业、人力资源开发、中小企业、产业合作、知识产权、环境保护、林业及其产品、能源以及次区域开发等领域。此外，还包括了原产地原则、配额处税率的处理、补贴、反补贴措施及反倾销措施等规定。

中国—东盟自由贸易区在建立过程中，中国对东盟有关国家采取了一系列特别优惠政策。如2001年，中国宣布对老挝、柬埔寨和缅甸等国家提供特殊优惠关税待遇，给予非WTO东盟成员国享受WTO最惠国关税税率；2003年10月1日起，中国与泰国将双方的水果蔬菜关税减至零等①。

相对的，日本—东盟自由贸易区与韩国—东盟自由贸易区进度相对滞后。日本与东盟的《东盟—日本全面经济伙伴关系协议》谈判工作于2005年4月启动，随后东盟—韩国自由贸易区的谈判也宣告启动，尽管还没有完善相关文件的签署，但东亚地区一个主要经济体与多国经济集团（东盟）的合作成为一种新的发展趋势。

（三）多个经济体与一个经济集团的东亚区域经济整合模式

这一东亚区域经济整合模式是中、日、韩三国与东盟正在积极建构的“中、日、韩—东盟自由贸易区”即东亚10+3合作模式。

在欧共体的发展与北美自由贸易区的建立，东亚地区也开始讨论东亚地区经济整合或区域经济一体化问题。1990年，马来西亚总理马哈蒂尔提出建立“东亚经济集团”（后改称为“东亚经济论坛”，EACE）设想，其拟议中的参加成员与日后的10+3框架成员基本一致。尽管当时在东亚地区经济实力最强的日本态度积极，但在东亚地区经济中颇具影响力的美国被排除在外，美国表示了反对态度，并对日本施力压力，阻挠东亚经济集团的发展。当时经济实力还不够强大也不够国际化的中国态度则相对保守与冷静。结果，这一东亚经济集团的设想未能获得共识，也未有进一步的讨论与发展。

尽管如此，关于东亚区域经济整合或东亚区域经济一体化的讨论一直没有停过止，而且在新的形势下逐步出现了中国、日本、韩国与东盟合作建立

---

① 丘杉主编：《中国－东盟自由贸易区与广东的发展》，环球文化传播有限公司出版，2004年12月第1版，第23页。

中国、日本、韩国—东盟自由贸易区的建构问题，即东亚区域经济一体问题。1991 年 1 月，第三届东盟非正式领导人会议在菲律宾马尼拉召开，首次邀请中国、日本、韩国三国领导人与会，探讨经济合作、共同发展问题。会后发表了联合宣言，称为“10 +3”联合宣言。宣言中明确表示东盟 10 国与中、日、韩 3 国同意在六个经济领域进行合作，重点包括信息科技、电子商务、贸易、投资、科技转移与技术合作等。东盟还设想与中国、日本、韩国等东亚三大经济体研究建立东亚共同市场乃至区域货币计划。马尼拉会议开幕时，当时的菲律宾总统艾斯特拉达在致词中曾表示，东盟推动贸易自由化的长期目标就是成立东亚共同市场、东亚货币及东盟共同体①。

1995 年底，在泰国举行的东盟首脑会议上，东盟正式提出与中、日、韩三国首脑举行会晤的建议，尽管日本企图单独与东盟举行双边首脑会晤与合作而未予明确支持，但却充分显示东亚区域合作再次提上议程。特别是 1997 年东南亚金融危机的爆发，加速了东亚区域经济整合的进程。同年 12 月 15 日，中、日、韩与东盟领导人（当时是 9 +3，柬埔寨加入东盟后改为 10 +3）非正式会议在马来西亚首都吉隆坡举行。会议的主要议题涉及 21 世纪的发展前景、亚洲金融危机问题与深化地区经济联系等，并达成多项共识，东亚地区 10 +3 合作机制逐步形成。

目前 10 +3 区域合作的运作机制为东亚领导人会议。在 2006 年第 8 次东亚领导人会议上，中、日、韩三国领导人会议通过了《中日韩合作进展报告》和《中日韩三国行动战略》，对未来各个领域的三方合作提出了指导方针。不过，由于东亚地区复杂的政治、文化与安全因素以及经济上的竞争关系，10 +3 区域经济合作仍处于“经济论坛”阶段，还未形成有效的或实质性的多边区域经济合作。

（四）东亚地区双边自由贸易区的整合模式

在区域经济一体化浪潮化下，新世纪以来，东亚地区经济区域合作迈入一个新的阶段，其中，双边自由贸易区或类似的合作机制迅速发展。其中，以中国、日本、韩国与新加坡等推动双边自由贸易区的建立较为积极与

① 丘杉主编：《中国 - 东盟自由贸易区与广东的发展》，环球文化传播有限公司出版，2004 年 12 月第 1 版，第 13 页。

活跃。

目前，中国已在全球范围内推动双边自由贸易区（FTA）的发展，已经签署或正在洽谈的FTA近三十个。其中，在东亚地区，中国内地分别与中国香港、中国澳门签署了更紧密的经贸关系安排（CEPA）。CEPA是区域经济整合的一种创新与发展，在性质上类似FTA，合作内容包括了货物贸易、服务贸易以及贸易投资便利化措施等，中国与新加坡于2006年10月正式展开双边自由贸易区（FTA）的谈判，目前已接近签署阶段。同时，中国—韩国自由贸易区等也进入正式讨论阶段。

日本与新加坡也已正式签署FTA，日本与泰国、菲律宾、马亚西亚及韩国与新加坡等均展开自由贸易协定（区）的商谈①，但均尚未进入最后的签署阶段。

（五）东亚次区域经济合作开发模式

在东亚地区，除了建立自由贸易区或类似的经济一体化区域合作外，也有次区域经济开发合作模式，主要包括大湄公河次区域合作与东北亚图门江次区域合作开发等。

大湄公河次区域经济合作始于1992年，成员包括中国、柬埔寨、老挝、缅甸、越南、泰国等六国。目标是加强相互间经济联系，消除贫困，促进发展，合作形式是以项目为主导。大湄公河次区域经济合作的发起者、调协人和主要筹资方则是亚洲开发银行。目前大湄公河次区域经济合作的动作机制为最高机构权力为领导人会议（每三年举行一次）、部长级会议、高官会和工作组。秘书处职能由亚行行使。中国政府公布了《中国参与湄公河次区域合作国家报告》，并已启动中国与东盟开发湄公河流域的全面合作。

大湄公河次区域经济合作围绕基础设施建设、跨境贸易与投资、私营部门参与、人力资源开发、环境保护和自然资源可持续利用等五大战略重点，共开展了包括交通、能源、电信、环境、农业、人力资源开发、旅游、贸易便利化与投资等九大领域180个合作项目，动员总资金达100多亿美元②。

① 邝梅，周舟：《中国－东盟自由贸易区创建与发展的政治经济分析》，《当代亚太》，2008年第3期，第64页。

② 佚名：《大湄公河次区域经济合作》，《上海证券报》，2008年4月17日。

经过十多年的推动与发展，大湄公河次区域合作已成为东亚地区区域合作颇具成效者之一。

东北亚地区区域经济合作进展相对缓慢，目前主要为图门江次区域合作开发。1995 年中俄朝草签了《关于建立图门江地区协调委员会的协定》，12 月中俄韩朝蒙五国副外长又签署了《关于建立东北亚和图门江开发区协调委员会的协定》和《关于东北亚和图门江开发区环境标准详解备忘录》。由于东北亚地区复杂的政治因素与经济发展的巨大差异，影响了图门江次区域合作开发的进程。

（六）跨东亚区域经济合作模式

这一合作模式就是亚太经济合作组织（APEC）。APEC 是一个包括东亚主要经济体在内的跨区域（跨洲）经济合作组织。APEC 的成员不是固定的，而是持续增加的。在目前 18 个成员中，东亚地区计 11 个成员，占了六成以上，分别为日本、中国、中国台湾、中国香港、韩国、印度尼西亚、马来西亚、新加坡、菲律宾、泰国、文莱等，可见，APEC 是东亚地区经济合作的重要组织。

上世纪 80 年代末期，全球范围内经济一体化发展尤其是欧洲经济一体化与北美自由贸易区的初步建立与亚洲地区经济的迅速发展，促进了亚太地区寻求经济合作的动力。1989 年 1 月，澳大利亚总理霍克建议召开亚太地区部长级会议，并提出所谓“汉城倡议”，即倡议加强亚太地区相互间的经济合作，并得到美国、加大拿、日本与东盟等的积极响应。同年 11 月，亚太地区有关国家第一届部长级会议在澳大利亚首都堪培拉举行，标志着亚太经合组织（APEC）的正式成立。

APEC 成立后，经过多年的努力，逐步形成一套较为完善的组织体系与运作机制。组织机构与运作机制包括了五个层次，分别是 APEC 领导人非正式会议、APEC 部长级会议、APEC 高级官员会议、APEC 委员会和工作组、APEC 秘书处。

APEC 不同于其他区域经济整合，是一个论坛性质的国际经济组织，运作机制是以磋商代替谈判，以论坛承诺代替法律协定，坚持“相互尊重、协商一致、自愿及开放的地区主义原则”，即具有高度开放性、非强制性、经济合作的灵活性的特别，因此被称为“软运行机制”。尽管如此，APEC

在促进成员之间贸易投资自由化与便利化方面仍取得可喜发展，各成员市场更趋开放，关税水平明显降低，非关税壁垒逐步削减，服务贸易和投资环境大为改善。由于重点在于推动多边自由贸易和投资、进行经济技术合作，因此在性质上也属于“类自由贸易区”形态。特别是经过多年的发展，APEC也提出了建立亚太自由贸易区（FTAAP）的设想，并获得APEC成员的广泛支持，尽管要实现这一目标仍面临很多障碍，但仍表明了亚太区域经济整合发展的大趋势。

APEC也是中国大陆与中国台湾地区、中国香港地区共同参与的唯一与东亚区域经济合作相关的经济合作组织。

在整个东亚区域经济合作中，除东盟自由贸易区及其他双边区域经济合作外，中国几乎不同程度地参与了其他东亚区域经济合作，在整个东亚区域经济合作进程中扮演着重要角色，发挥着越来越大的影响力。其重要原因在于，中国是东亚地区一个有影响力的大国，而且是经济实力不断发展壮大的大国，已成为全球第三大经济体（GDP总量于2008年超过德国，目前仅次于美国与日本），全球第三大贸易国。特别是中国与东亚地区的经贸关系发展迅速，近年来，中国逐渐取代美国或日本成为这一地区主要国家或地区的最大出口市场，成为带动东亚甚至世界经济增长的火车头。同时中国还逐渐成为东亚地区新兴的对外资本输出与投资者，在东亚地区的经济影响力持续上升。另外，中国经济日益开放，逐步与国际接轨，对区域经济合作尤其是区域经济整合采取了积极参与的态度，因此中国成为目前东亚地区参与区域经济整合最积极、参与量最多的国家，也推动了整个东亚地区经济整合的进程。

2008年国际金融危机爆发以来，国际经济形势出现新的重大变化，在给东亚区域经济合作带来挑战的同时，也出现新的合作机遇。国际金融危机与全球性经济衰退，迫切要求加快东亚区域经济合作、金融合作，共同应对金融危机，实现共同繁荣与发展。

二、台湾参与东亚区域经济合作的战略与策略

在东亚区域经济合作尤其是经济整合进程中，涉及到一个复杂而敏感的议题，即东亚地区重要经济体中国台湾地区的参与资格、身份、形式等问题

以及海峡两岸在区域经济整合中的互动问题。一方面，台湾作为这一地区重要的经济体（在亚洲，其经济规模仅次于中国大陆、日本与韩国，居第四位），希望参与东亚区域经济合作，同时希望以此扩大所谓的国际生存空间；另一方面，台湾问题的敏感性与海峡两岸关系的特殊性，又阻碍着台湾的参与，从而形成一个复杂的矛盾。也就是说，东亚区域经济整合中的涉台问题越来越突出，为中国大陆处理台湾参与东亚区域经济整合带来新的挑战。

（一）台湾在东亚区域经济合作中的处境与面临的困难

新世纪以来，东亚地区主要经济体签署双边与多边自由贸易协定（FTA）或类似的区域经济整合步伐加快，原本未建立任何双边或多边自由贸易区的中国大陆、日本、韩国、中国香港地区等，近年来纷纷加快签署或正在商谈相关经济合作协议。特别是目前，正式向世贸组织通报的自由贸易区等区域贸易安排估计350多个，尤其是绝大多数WTO成员参与了一个以上的自由贸易区或其他区域经济安排。然而，作为WTO成员的台湾（台澎金马单独关税区），作为东亚地区重要的经济体，却处境艰难，除与中南美洲邦交国签署了四个自由贸易协定外，尚未参与东亚地区任何区域经济整合。

在目前WTO所有成员中，在全球范围内，大概只有蒙古与台湾地区没有参与区域经济整合。在东亚地区双边或多边自由贸易的区域经济整合中，除朝鲜未加入WTO外，也只有台湾未能与本地区任何一个经济体签署自由贸易协定或类似的区域安排。目前台湾参与的唯一跨东亚地区经济整合的国际经济组织是APEC，而且是在中国与APEC协商下，对台湾地区参与做出特殊安排（台湾是以一个地区经济体参与，并在参与问题上有特定的限制，与其他成员有较大差别）下实现的。

就大中华经济区而言，中国大陆于2001年率先启动中国—东盟自由贸易区的建立，随后又与香港、澳门分别签署更紧密经贸关系安排（CEPA），接着与有关国家或地区寻求双边或多边自由贸易协定或自由贸易区的建立。到目前，中国大陆在全球范围内已经签署或正在商谈的自由贸易区涉及近30个国家或地区，涵盖了中国大陆外贸易总额的四分之一以上。

台湾地区继与巴拿马、危地马拉、尼加拉瓜签署FTA之后，于2007年

5月7日又与萨尔瓦多、洪都拉斯共同签署“台—萨、洪自由贸易协议”（FTA），总计与中美洲邦交国签署了4个FTA。台湾与这些国家签署FTA，主要是政治考虑，而不是经济利益考虑。这些国家人口与经济规模甚小，在台湾对外贸易与经济中的比重太低，对台湾经济发展的意义不大。台湾也曾提出与新加坡、新西兰，甚至美国、日本等签署自由贸易协定，但却因国际社会遵守的一个中国原则问题及在面临其他重重障碍无法如愿。在这种情况下，台湾一直被排除在经济区域化浪潮之外，形成台湾经济的边缘化危机，台湾经济发展大幅放慢，近十年来台湾经济增长平均不到4.3%。

经济边缘化并不是与经济中心化相对应的概念，而是与经济区域化、经济一体化或者区域济整合相对应的一个概念。台湾从来就不是区域经济中心，未来也不可能成为区域经济中心，因此本不会有所谓的经济边缘化问题，显然目前讨论台湾经济边缘化问题不是要维护台湾区域经济中心问题，而是要讨论台湾在区域经济整合或区域经济一体化发展过程中的角色与地位问题，是如何发挥台湾经济的区位优势，如何参与东亚区域经济整合问题合。可见，台湾经济边缘化的核心问题是，在全球经济区域化尤其是东亚地区经济整合过程中，因台湾问题的复杂性与海峡两岸的政治对立问题未解决，台湾未能融入这一潮流或趋势之中，而是被排除在区域经济整合与经济一体化之外，从而出现台湾经济发展的边缘化与孤立化现象。

由此可见，台湾参与东亚区域经济合作或经济整合的困难或关键在于政治问题，在于台湾有无资格参与问题或者参与的身份问题，在于海峡两岸之间的协商问题，在于台湾参与是否会遵守一个中国的原则或者是否会造成“两个中国”或“一中一台”问题，归根到底是一个政治问题，是台湾参与国际社会的政治安排问题，而不是一个简单的经济问题。

2008年以来，随着岛内政局的变化，海峡两岸关系出现积极发展态势，和平发展成为海峡两岸共同追求的目标，而且海峡两岸开始了积极的接触与协商，两岸经济交流与合作也进入一个新的发展时期。在此背景下，台湾迫切希望在海峡两岸签署两岸经济合作框架协议（ECFA）之后，能够顺利参与东亚区域经济整合，甚至加入中、日、韩—东盟自由贸易区，或与新加坡等国家签署自由贸易协议，甚至在全球范围内签署双边自由贸易协定。因此，如何解决台湾参与东亚区域经济合作问题或者如何处理海峡两岸共同参与东亚区域经济整合问题，成为新形势下大陆面临的新课题。

（二）台湾参与东亚区域经济合作的战略考虑及主要策略

台湾当局对于参与东亚区域经济整合尤其是与有关国家签署FTA，不只是单纯的经济整合或区域经济合作考虑，还有更多的政治考虑，旨在扩大台湾的国际生存空间。一方面通过参与东亚区域经济整合，提升台湾产业竞争力，避免经济边缘化危机与经济的衰落。另一方面，通过参与东亚区域经济整合，与有关国家签署FTA等，达到拓展台湾国际生存空间的目标，达到提升台湾在国际社会的参与度，发挥政治影响力。

要强调的是，在台湾参与区域经济整合问题上，民进党执政的政治考虑与国民党执政的政治考虑是有较大差别的。民进党执政时期，积极争取参与东亚等区域经济整合的政治利益考虑大于经济利益考虑，虽然也有避免台湾经济边缘化的考虑，但不是最重要考虑，其更重要的企图是谋求实现台湾独立的政治大战略，是寻求扩大国际活动空间，增强与有关国家的实质政治关系，同时抗拒海峡两岸经济整合，避免两岸经济一体化，防止两岸经济整合对两岸政治统合或统一的影响。尤其是民进党执政时积极争取与美、日签署自由贸易区（FTA）或共同建立美、日、台自由贸易区，企图将台湾融入以美日为代表的西方经济体系，以此拒绝融入正在迅速崛起的中国经济体系。

国民党执政后，积极争取台湾参与东亚区域经济合作，虽然有所谓"扩大国际生存空间"的政治考虑，但更多的是经济利益考虑，是希望避免台湾经济的边缘化，提升台湾经济竞争力，兑现马英九提出的经济发展目标，而且不排斥台湾与大陆经济的整合，因此积极推动两岸签署两岸经济合作框架协议（ECFA）。马英九当局在处理这一问题上是"先两岸后国际"，即强调优先建立两岸经济制度化合作，然而以此作为台湾打开与东亚等其他国家签署FTA的通道，以实现台湾与东南亚地区经济合作，然后再扩大到与其他国家或地区签署FTA。

台湾当局最早提出与有关国家签署FTA的设想，主要集中在东南亚地区，其中以新加坡为典型代表。90年代后期，执政的国民党争取与新加坡等签署FTA，一度有所进展。但由于中国大陆公开呼吁与中国建交的国家，应坚持一个中国原则，反对与中国建交的国家与台湾签订FTA，影响到台湾与东南亚国家签署FTA的进展。民进党执政后，仍然将与东南亚国家或东盟签署FTA（2002年，陈水扁提出与东盟签署FTA）作为重要的对外经贸战略。不过，由于中国大陆与东盟率先推动建立中国—东盟自由贸易区（CAFTA），形成“10＋1”合作机制，东南亚地区与中国经济关系发展迅速，加上中国大陆对东南亚国家与台湾签署FTA的明确立场，使得台湾争取与东盟或东南亚国家签订FTA的工作没有任何进展。

马英九在竞选时，就台湾参与东亚区域经济合作曾提出“10＋3 ＋1”设想，即台湾参加“中国、日本、韩国—东盟自由贸易区”合作机制，形成“10＋4”。马英九当选及国民党重新执政后，也积极推动与东南亚国家签署FTA的工作。但考虑到两岸关系发展的重要性，马英九当局采取比较务实的策略，强调两岸先签署综合性经济合作协议（CECA），然而台湾才便于与有关国家尤其是东南亚国家签署FTA，而且认为将率先与新加坡签署FTA，然后扩展到东亚其他国家，甚至参与10＋3经济整合进程。台湾海基会秘书长高孔廉表示，两岸签署CECA后，大陆应该允许台湾先与新加坡签署FTA，而且表示台湾与新加坡就签署FTA已有密切接触与协商。

台湾企业界与民间也有类似的主张。台湾业界（台湾工银证券投资顾问）认为10＋3占台湾对外出口市场的比重已超过65%，若在台湾所生产制造的商品无法以相同条件进入10＋ 3，不但会降低台湾外销商品的竞争力，也势必会降低未来岛内投资。同时认为，两岸签署CECA后，不仅有助于降低两岸贸易上的关税障碍，更重要的是将有助于台湾进入10＋3贸易体系，在增加台湾竞争力的同时，也可减少产业外移，缓解产业空洞化疑虑①。

目前海峡两岸在积极推进签署经济合作协议的同时，如何处理两岸达成协议后台湾参与东亚区域经济整合，是大陆面对的新挑战，也是海峡两岸关系发展面临的重大议题。

三、台湾参与东亚区域经济整合与海峡两岸经济整合的关系问题

解决台湾参与东亚区域经济合作问题，是台湾参与国际社会的一个重要

---

① 台湾《工商时报》，2009年2月11日。

议题，不是台湾单独所能解决的，而是需要海峡两岸共同协商解决的，尤其是如何处理两岸经济整合与台湾参与东亚区域经济整合的关系问题，是当前大陆面临的一个重要挑战。

这是一个非常复杂、难度甚高的问题。首先要回答台湾是否可以参与东亚区域经济整合问题。目前台湾还没有参与东亚区域经济整合，而极力希望参与，其重要策略考虑是将两岸签署两岸经济合作框架协议（ECFA）作为前提，即认为两岸签署经济合作框架协议后，台湾就可以自动与东亚甚至全球范围内的国家或经济体签署自由贸易协定等。也就是说，台湾的策略是“先两岸后东亚”，而且将两者相联系。

从目前两岸关系的互动态势与未来方向观察，台湾参与东亚区域经济整合是一种不可避免的趋势，问题是两岸如何就台湾的参与问题进行协商，达成原则性的共识，以及如何处理台湾参与东亚区域经济整合与两岸经济整合的关系问题。

2008 年 12 月 31 日，胡锦涛总书记在纪念全国人大发表《告台湾同胞书》30 周年座谈会上的讲话提出，“建立更紧密的两岸经济合作机制，有利于台湾经济提升竞争力和扩大发展空间，有利于两岸经济共同发展，有利于探讨两岸经济共同发展同亚太区域经济合作机制相衔接的可行途径”，不仅表明了两岸经济共同发展与亚太区域经济合作机制的关系问题，也指明了台湾参与东亚区域经济合作的政策方向。

显然，大陆领导人对这一问题的思维，是要将两岸经济共同发展与台湾参与东亚区域整合相联系、相衔接。如何衔接，则是我们需要回答的问题。为了避免将问题复杂化，为了避免出现严重的后遗症，比较理想的解决途径是将台湾参与东亚区域经济整合与海峡两岸经济整合分开处理。台湾方面不能错误地认为，只要海峡两岸签署了经济合作框架协议，台湾就可以自动与东亚地区或其他国家签署自由贸易协定，建立自由贸易区或参与多边经济整合。台湾参与东亚区域经济整合是一个台湾参与国际社会或国际经济组织的一个重大政治议题，需要海峡两岸的共同协商解决，台湾方面不能单独决定与处理。

从上述分析看，东亚区域经济整合或运作机制有不同模式，有多国经济集团（东盟自由贸易区）的经济整合，有双边自由贸易区的建立，有一国与多国组成的经济集团的经济整合（10+1）、有多国与一个经济集团的整合（10+3），有次区域合作开发，还有包括东亚区域为主的跨区域经济合作（APEC），因此在讨论台湾参与东亚区域经济合作或整合时，是不能有统一标准的，而是应区别对待，个案处理。

在跨东亚区域经济合作中，中国大陆与APEC已达成原则性共识，妥善解决了台湾参与APEC问题，尽管在后来的运作中，台湾当局曾经常借此平台制造事端，影响两岸在APEC的良性互动。这也是大陆未来在处理台湾参与东亚区域经济整合时应借鉴的经验与教训。不过，这一合作个案模式仍可以作为台湾参与东亚区域经济整合的参考。

对于台湾与东亚地区有关国家签署双边自由贸易协定问题，大陆过去一贯在一个中国原则下持反对意见。但在国民党重新执政与两岸关系形势出现积极变化的情况下，台湾企图在两岸签署经济合作框架协议后，与有关国家签署FTA（自由贸易区），大陆是继续反对、还是有条件允许？攸关国民党执政的巩固、两岸关系政治互信强化与两岸关系和平发展大局，是大陆必须面对的重大问题。若持续反对，则会影响两岸关系和平发展气氛，更不利于国民党在台湾的长期执政；若允许，可能就引发连锁效应，台湾将纷纷与世界范围内许多国家或地区签署FTA，可能引发一系列新的后遗症。面对如此两难困境，大陆应权衡利弊，应有条件允许台湾参与，而允许的条件为何？则是需要海峡两岸认真协商与讨论。对于台湾参与多国经济集团（东盟自由贸易区）的经济合作，则应持续反对意见。因为东盟自由贸易区开始向东盟共同体发展，逐步从经济领域扩大到政治、安全等领域，台湾是不能够参与的。对于台湾企图加入由中、日、韩与东盟构成的10+3这一东亚区域经济整合体系，目前并不具紧迫性，原则上坚持在解决了大陆与台、港、澳的区域经济整合之后再讨论。对于台湾参与次区域经济合作或地区开发（如大湄公河次区域合作）以及与东亚地区有关国家签署双边FTA则应在两岸协商基础上可有条件允许台湾参与。

总之，关于台湾参与东亚区域经济合作或整合，对不同类型或层级的区域经济整合要采取不同标准与适应办法，不能采取同一标准。最关键的是要坚持“两岸同属一个中国”这一基本原则与“灵活务实处理”原则，台湾的参与，既不能造成“两个中国”或“一中一台”的局面，同时又可在两岸关系的和平发展的框架下有效解决台湾对外签署 FTA 问题或参与东亚区域经济合作问题。

参考文献

[1] 李红梅（主编），国际经济组织，机械工业出版社，2005 年第 1 版。

[2]《当代亚太》，2008 年 1. 3 期，中国社会科学院亚洲太平洋研究所。

[3]《亚太经济》，2008 年 5 期，福建省社会科学院。

[4]《经济前瞻》（台北），2008 年，第 119 期。

构建浙台两地区域经济合作模式初探
——基于SWOT分析的策略选择与模式研究

戴文标　张泽波*

2008年5月以来，台海局势发生了重大的积极变化，两岸关系面临难得的历史发展机遇。但两岸长期累积的问题并非一朝一夕就可以解决，我们应该在“九二共识”的基础上，秉持“建立互信、搁置争议、求同存异、共创双赢”的精神，先易后难，先经济后政治，循序渐进，务实地解决两岸同胞关心的问题。

当前，构建两岸区域经济合作机制，促使两岸的经贸交流合作正常化和制度化，已经成为两岸所共同关注的焦点和热点。两岸专家对于“两岸经济合作框架协议（ECFA）”的研究也已基本完成，研究结果表明，商签这一协议对两岸尤其是台湾经济发展的影响将是正面的和积极的。大陆方面为启动商签两岸经济合作框架协议的各项准备工作已大体就绪。加强两岸经济合作，促进两岸经济合作的制度化和正常化，已经成为两岸关系发展的一种必然趋势。浙江作为中国经济发展的排头兵，在这方面理应走在全国的前列。

一、浙江加强浙台两地的经济合作的SWOT分析

台湾与大陆一衣带水，与浙江更是隔海相望，浙江与台湾地缘相近、血缘相亲、文缘相承、商缘相连，具有对台交往的独特优势，浙台两地经贸合作具有很大的潜力和发展空间，当然也面临着一定的机遇与挑战。

---

* 作者简介：戴文标，浙江大学台湾研究所副所长；张泽波，中国农业银行总行行政管理人员。

（一）浙江加强浙台两地区域经济合作的优势

1. 深厚的历史文化渊源。从历史上来看，浙江与台湾有着深厚的历史文化渊源。浙江是古越文明的发祥地，台湾早期住民中，有着古越人的后裔。温州洞头县流传的民谣："半屏山，半屏山，一半在大陆，一半在台湾"更加说明了这一点。

2. 良好的投资发展环境。在台湾电机电子工业同业公会公布的《2008年中国大陆地区投资环境与风险调查》报告中，杭州被列为"台商未来考虑布局的城市和地区"的前十名，而宁波则列在"从事高科技产业的台商未来想要布局的城市"的前十名。此前，宁波、杭州、萧山也曾多次被评为"极力推荐城市"。良好的投资发展环境，已经使得浙江成为广大台商投资兴业的首选地之一。

3. 特色块状经济构筑坚实的产业基础。块状经济是浙江的特色之一，目前，浙江已经基本形成了以萧山纺织、镇海化工、绍兴县纺织、永康五金、慈溪家电、萧山机械汽配、乐清工业电器、鹿城服装、诸暨五金、余姚家电等为代表的特色块状经济发展模式。产业基础较为稳定，这使得浙江在承接台湾产业转移方面更具优势。

4. 丰富的生态旅游资源。旅游是两岸人民相互交流、相互了解的最主要方式之一。浙江旅游资源十分丰富。全省有重要地貌景观800多处、水域景观200多处、生物景观100多处。人文景观100多处，而且特色明显，知名度高。另一方面，浙江的生态资源也在全国也名列前茅。浙江有1个国家级生态县，43个国家级生态示范区，138个全国环境优美乡镇，2个国家级生态村，总数位居全国前列①。浙江丰富的生态资源为其在发展休闲农业、精致农业等方面提供了条件和基础。

5. 便捷的交通与充足的运力。浙江由于其独特的区域位置，使其在交通运输方面的优势十分明显。在空运方面，2009年8月31日两岸直航航班定期化以后，杭州至台湾的航班仅次于上海，成为大陆与台湾的第二大通航热点城市；在海运方面，浙江省也已有5个港口和2个港区参与两岸海运直

---

① 《浙江生态环境全国领先5年来累计投入千亿》，新华网，http：//www. xinhuanet. com/chinanews/2008 - 11/12/content _ 14900339. htm

航。充足的运力为浙台两地及周边地区的人员交流与物资运输提供了保障，对于推动两地的旅游合作与产业对接作用重大。

（二）浙江加强浙台两地区域经济合作的劣势

1. 土地资源相对稀缺。浙江陆域面积10.18万平方公里，仅为全国的1.06%。而且浙江地形复杂，山地和丘陵占70.4%，平原和盆地占23.2%，河流和湖泊占6.4%。山地和水域占据了浙江80%左右的国土面积，土地资源方面相对稀缺，工业用地不足，土地成本相对较高，不利于进一步的招商引资。

2. 产业结构有待改善。块状经济，作为“浙江模式”的重要特色之一，在浙江经济连续多年的高速发展中起了重要的推动作用。但此次金融危机的冲击也使其暴露了一系列的问题。这主要表现在：第一，整体价值链的低端化使其利润空间与规避风险的空间十分狭小；第二，产业链断裂，内部产业链畸形化；第三，块状经济内企业间同质竞争严重等等。

（三）浙江加强浙台两地区域经济合作的机遇

1. 两岸展现积极的合作愿望。台湾方面，2008年3月马英九认为签订“综合性经济合作协议”（后又改称为“两岸经济合作框架协议”，即ECFA）是避免台湾经济“边缘化”的必须选择；大陆方面，胡锦涛总书记2008年12月31日在参加纪念《告台湾同胞书》发表30周年座谈会时，也对此做出了善意的回应，指出要“实现两岸经济关系正常化，推动经济合作制度化”，认为“两岸可以为此签订综合性经济合作协议，建立具有两岸特色的经济合作机制”。

2. 海西经济区纳入国家发展战略。2009年5月4日，国务院通过了《关于支持福建省加快建设海峡西岸经济区的若干意见》，明确提出海峡西岸经济区为两岸直接“三通”、携手共御金融危机的“先行先试”区。这标志着建设海西区已列入中央的战略决策。浙江的温州、丽水、衢州、金华、台州5个市被纳入海峡西岸经济区中。这是促进两岸经贸发展的一个新的平台，也是浙江加强与台湾经济合作的一个新的发展机遇。

（四）浙江加强浙台两地区域经济合作的挑战

1. 利用台资比重相对较低且有下降趋势。横向来看，与江苏、福建等兄弟省份相比，浙江在利用台资方面还存在一定的差距。截至2008年6月底，江苏省已经累计批准台资项目19651个，合同利用台资885.62亿美元，实际利用台资379.93亿美元，台资项目数和利用台资额分别约占大陆的1/5和1/3，引进台资项目数是浙江的4倍①。纵向来看，由于国家西部大开发以及振兴东北老工业基地战略的实施和全球经济环境变化的影响，全国范围内台商投资出现北移西进的趋势。台商在浙江的投资也出现了同比下降的趋势。据浙江省台办系统统计，2008年1－6月份，共新批准台资项目71个，总投资额8.13亿美元，合同利用台资5.48亿美元，引进台资项目数、总投资和合同投资与去年同期相比，分别下降53.39%、52.29%和35.53%②。

2. 对台贸易总量较小。据统计，从2000到2007年，浙江对台贸易进出口总额由12.96亿美元增长到89.01亿美元，增长了5.9倍。然而，浙江对台贸易的总量仍然较小，2007年仅占浙江对外贸易总额的5.2%，全国对台贸易总额的5.5%。2007年全国对台贸易总额排名前五位的依次为广东、江苏、上海、浙江、福建；浙江居第4位，而且与前3位的差距较大，其仅为广东的20%、江苏的24%、上海的32%。这与浙江外贸大省、经济强省以及地处对台前沿的区位优势极不相称③。

3. 海西经济区中非主体地位。海西经济区主要是以福建为主体，而且浙江划入海西经济区的5个市均处于浙西南山地、丘陵地区，经济相对并不发达，福建的优势地位远远超过浙江。浙江要借此加强与台湾的经济合作，还需进一步加强对海西经济区的融入。

二、浙台两地区域经济合作及其模式分析

（一）两岸经济合作的主要模式

对于目前大陆与台湾地区经济合作的模式，两岸的专家学者都有一定的

---

① 裘小玲，王兴洪：《学习借鉴先进经验 创新对台工作思路》，《浙江对台工作》，2008年第11期。

② 浙江省台办经济处：《2008年上半年全省引进台资情况分析》，《浙江对台工作》，2008年第8期。

③ 舟山市外经贸局课题组：《抓住机遇，扩大浙江对台经贸合作》，《浙江统计》，2009年第1期。

研究与概括。北京联合大学台湾研究院孙兆慧，中国社会科学院台湾研究所王建民等学者曾对两岸的经济合作模式与机制进行了深入分析，他们认为目前两岸经济合作主要有以下十种模式：①“台湾接单，大陆生产，海外销售”的合作模式及其变异模式；②大陆“台商经贸园区”合作模式；③以一家或数家台湾大型企业投资带动形成的上下游集聚一个地区的单一产业链合作模式；④台资企业大规模聚集形成的“东莞模式”与“昆山模式”；⑤技术入股型的经济合作模式；⑥跨国公司参与的两岸经济合作模式；⑦以企业兼并形式为主的经济合作模式；⑧台商以突破台当局政策封锁促成的两岸经济合作模式；⑨以香港为中介的两岸间接或三边合作模式；⑩通过国际离岸金融中心运作实现两岸经济合作模式①。

台湾政治大学东亚研究所魏艾教授认为，当前两岸经贸互动模式主要呈现如下几个特点：①两岸高层以民间名义透过国际会议或赴大陆参访方式，针对两岸关切议题，交换意见；②透过国共经贸交流平台就两岸经贸问题，尤其是台商所关切的问题提出解决方案；③台湾方面就内外在政经形势，逐步松绑对大陆经贸和投资管制的限制；④中国大陆片面提出优惠台湾的政策；⑤海基会和海协会透过官方复委托的机制，建立准官方的正常沟通管道，并签订若干协议。他指出，这些沟通的平台和解决问题的机制，是当前两岸互动的主要模式②。

上述专家学者对两岸目前经济合作模式的概括与整理，基本上涵盖了两岸目前经济合作的主要形式与模式，当然也包涵了浙江与台湾的经济合作的基本模式。结合上文的 SWOT 分析，本文的论述将结合浙江的三次产业结构来对浙台两地的经济合作模式进行分析。

（二）浙台两地区域经济合作及其模式分析

1. 浙台两地农业合作及其模式分析。浙台两地地缘相近，农业气候类似，农业情况互补性强，农业合作空间广阔。据统计，2008 年浙江对台进出口农产品贸易总额达 1. 14 亿美元；而且浙江目前已经累计引进台资农业

---

① 孙兆慧，王建民：《两岸经济合作：机制与模式探讨》，《国际经济合作》，2006 年第 10 期。

② 魏艾：《当前全球经济危机下的两岸经贸关系——兼论两岸经贸关系正常化机制的可行模式》，两岸经贸合作研讨会，2008 年第 10 期。

项目328个，实际到位资金1.6亿美元，投资领域以农副产品加工为主，包括茶叶、蔬菜、水果、肉制品等农产品，投资形态主要是台商独资的形式。农产品贸易与农业投资时目前浙台两地农业合作的主要模式。虽然浙台两地的农业合作虽然已经取得了较好的成绩，但从目前来看，形式还比较单一，仍处于比较初级的阶段，两地农业合作应向更深层次迈进，合作的模式应更加多样化。

2. 浙台两地工业产业合作及其模式分析。浙江目前已经成为台商在大陆投资集中、发展良好的地区。截至2008年年底，全省累计批准台资企业6800多家，台商在浙江合同投资累计达220亿美元。浙台两地在工业合作模式方面，正处于不断拓展和探索阶段。按照孙兆慧，王建民的归纳概括，目前主要集中在以下几种形式：①“台湾接单，大陆生产，海外销售”的合作模式。这是目前两岸合作最基本的形式，也是浙台两地最主要的合作模式；②以一家台湾大型企业投资带动形成的上下游集聚一个地区的单一产业链合作模式；③跨国公司参与的两岸经济合作模式。台资在浙江的发展，不仅使台湾的成功实现传统产业的向外转移，同时也带动了浙江经济的发展。

3. 浙台两地旅游文化合作及其模式分析。目前浙江已经成为大陆与台湾联系最为密切、人员交流往来的热点地区。2009年10月28日，浙江省赴台游客突破10万，成为大陆首个赴台游客超10万人的省份，浙江赴台游人数占大陆居民赴台旅游总数的1/5强。而另一方面，今年1至9月，浙江全省共接待台湾游客约76.8万人次，同比增长了11.2%。这都标志着浙台两地互动旅游步入了新的历史阶段。在两岸旅游业的合作模式方面，主要以两地景区之间签订一对一的合作协议为主要形式。如2006年杭州灵隐寺与台湾中台禅寺结盟“同源禅寺”，2008年，台湾南投县与杭州市签订“杭州西湖与南投日月潭建立交流合作关系协议”等。

但同时我们也应看到，浙台两地在旅游业之外的其他服务业的合作方面，还有很多的合作领域与发展空间，还有待于进一步的加强。

三、基于SWOT分析的策略选择与模式建议

（一）以海西经济区位新的切入点，积极抢占对台合作的先机。

海西经济区纳入国家发展战略以后，必将成为两岸交流合作的主阵地，

这是浙江发展对台关系的机遇；但浙江的在海西经济区中的非主体性也使得浙江处于相对不利的地位。浙江应以此为新的切入点，积极融入海西经济区；并借此为契机，抢占新一轮区域经济发展先机和有利地位。

（二）依托良好的生态环境资源，深化浙台两地的农业合作。

我们知道，台湾在发展精致农业，高科技农业方面存在技术和管理经验上的优势。而浙江，尤其是丽水、衢州等地区，山清水秀、气候温和，十分适合高效生态农业的发展。因此，浙江与台湾的农业合作不应仅仅停留在农产品贸易与加工这一简单的合作模式上。在具体模式方面，可以考虑以下几种模式：①建设台湾农民创业园；②引进台湾民宿，发展休闲农业；③加强联合研发与种苗推广等。

（三）针对性的承接台湾产业转移，促进浙江经济转型升级。

上个世纪80年代末，台湾产业逐步开始向外转移，起初主要以纺织、玩具等劳动密集型产业为主，90年代以来台湾的产业转移逐步向高科技产业过度，主要以电子信息等产业为主。从前文的分析中我们可以看出，浙江具备良好的投资环境和产业基础，具有承接台湾产业转移的优势。因此，浙江应在原有工业经济的基础上，合理承接台湾的高科技产业转移，培育和发展高新技术企业，推动浙江经济的转型升级。在合作模式方面，应该逐步摒弃“台湾接单，大陆生产，海外销售”的传统合作模式，积极鼓励“以一家或数家台湾大型企业、投资带动形成的上下游集聚一个地区的单一产业链合作模式”与“技术入股型的经济合作模式”。

（四）立足浙江优势资源，加强第三产业的合作与交流。

两岸实现“大三通”以后，浙台两地旅游业的热络发展已经成为两岸交流的一道亮丽的风景线，旅游已经成为浙台沟通的坚实桥梁。但是我们应看到，两岸服务业的发展还有更多的合作领域，不应仅仅局限在旅游这一行业。

1. 加强两地直航港口合作，搭建两地物流平台。物流产业关系到两岸发展的经济命脉产业。目前，浙江省已经有5个港口和2个港区参与两岸海运直航。加强两岸港口合作，搭建合适的物流平台，对于整合两岸经济发展，加强各产业在两岸的营运布局，提升两岸整体的国际竞争力将有积极的促进与推动作用。

2. 搭建两地电子商务与信息交流平台，推动电子商务国际化发展。在互联网飞速发展的今天，电子商务已经成为经济发展的必然趋势。两岸“大三通”实现克服了两岸电子商务合作与发展中存在的物流成本高、配送时间长等关键问题，两地电子商务与信息交流平台的搭建已经具备条件。浙江应进一步加强浙台两地电子商务与信息交流平台的搭建，促进两地电子信息服务业的交流与合作。

3. 加强两地金融合作研究，抢占金融合作先机。2009 年 11 月两岸金融监理备忘录（MOU）的签署，成为两岸的金融合作的一个新的转折点，两岸金融合作进入了新的发展时期。浙江应积极筹划，加强金融合作研究，争取在两岸的金融合作中占得一席之地。

参考文献

[1] 郭献文，胡作华：《全球金融危机：倒逼浙江块状经济转型》，《瞭望新闻周刊》，2009 年第 9 期。

[2] 国家统计局，http：//www. stats. gov. cn

[3] 浙江省人民政府网，http：//www. zj. gov. cn

两岸“三通”后粤台经贸合作新发展

赖文凤*

一、广东台商投资的现状与特点

1987年，台湾当局开放民众回祖国探亲，取消戒严令，准许间接贸易，台商到祖国大陆的投资开始增加。1988年，《广东统计年鉴》开始出现台商在广东投资的记录。1992年，邓小平发表南方讲话，台商对广东的投资大幅增加，到1993年进入高峰期。1997年，金融风暴横扫整个东南亚地区，东盟诸国投资环境恶化，台商的“南向”计划失利，投资重点进一步转移到大陆。这一阶段，台商对广东的投资转向资本、技术密集型产业，包括台湾统一、光宝、台塑、台达等数十家知名大企业及上市公司先后进入广东。

目前，广东已成为台资最集中的省份之一。据广东省台办统计，到2008年底，全省累计引进台资企业22815家，合同利用台资515.6亿美元，实际利用台资432.68亿美元，解决了约600万劳动力就业。台资是广东外来投资中仅次于香港的第二大资金来源，已经成为广东经济社会发展中的一股重要力量。

台商在广东的投资，主要呈现以下一些特点：

1. 投资地域相对集中

在台湾当局严令禁止直接投资、两岸尚未实现“三通”前，香港是台商到祖国大陆投资主要中转地之一，毗邻香港的广东珠江三角洲东部地区，尤其是深圳、东莞、广州、惠州、以及中山等地，成为台商主要的集聚地区，这些地区约占台商在广东投资总额的90%。早期，台资企业主要集中

---

* 作者简介：赖文凤，暨南大学台湾经济研究所讲师。

在毗邻香港、交通便利的深圳、东莞等地，以“三来一补”方式进行，通过香港外销。其后，由于深圳在政策倾斜方面转向支持高附加值、高科技产业的发展，包括港澳和台湾的大批“三来一补”企业遂迁移到交通同样方便但成本却便宜得多的东莞地区，形成所谓“东莞现象”。目前，东莞的台资企业已达5249家，占广东台资企业的1/3，已成为广东乃至全国台商投资最密集的城市。

2. 产业群聚明显

台商在祖国大陆的投资，在地域趋向集中的同时，也形成产业群聚的特点。台商在祖国大陆早期的投资中，已呈现某些产业群聚的特点。到90年代中后期，台湾IT产业，主要是电脑周边产品制造业向祖国大陆转移，并逐渐聚集在深圳、东莞等地区时，产业群聚的特点更为明显。当时，部分台湾大企业和上市公司，如台达、国巨、群光等相继进入东莞或加大对东莞的投资，这些大企业在东莞落户产生了强大的雪球效应，带动了周边和中下游企业向东莞聚集。如台达电子在东莞石碣镇投资设厂后，就吸引了超过100家协作企业聚集其周围，形成了一个有明确分工和配套、互补的产业群体和产业链。

到90年代末，东莞已发展成为全球最大桌面电脑零配件的加工出口基地，从事电脑IT产业的台资企业超过2000家，电脑IT产品年出口值达76亿美元。IBM大中华区采购副总经理李祖藩认为，如果东莞通往深圳皇岗的公路被切断，全球70%的电脑商都将受到影响。

3. 以大企业为龙头，以中小企业为主体

近年来，台资大企业相继进入珠三角，成为产业群体中的龙头企业。据统计，目前投资额超过千万美元的台资企业有400多家，超亿美元的台资企业有28家，台湾100强大企业中已40多家投资广东。全球最大电脑厂商华通电脑投资有限公司，也投资3亿美元在惠州生产电脑线路板。

不过，总体而言，广东珠三角的台资企业还是以中小企业为主体，平均每个项目的投入资金仅约184万美元，比江苏少了近1百万美元，台湾百大企业也比江苏少20多家。

4. 逐渐从劳动密集型转向资金、技术密集型

早期的台资企业多以制衣、鞋类等劳动密集型项目为主。但近年来呈现

向资金、技术密集型发展的趋势：一是劳动密集型企业向资金技术密集型转变，如东莞宝成集团的裕元鞋厂是家劳动密集型企业，现向高科技行业转型。其自行规划和投资建设的黄江工业园区以高新技术产业为主，已经有21个投资项目，其中“精成科技”的投资额达6.3亿美元；二是高科技企业继续增资扩厂。广州光宝、裕隆、联成、大众电脑、技嘉等高新技术企业和保税区的电脑城等大幅增资扩厂；三是近期引进资金技术密集型的台资企业逐步增多。珠海去年新增的119家台资企业超过四成是电子、软件和生物工程等高新技术企业。台资资金、技术密集型产业已在广东初步形成了以广州、深圳、东莞、惠州为中心的IT产业为主的高新技术产业带。台商投资企业的产业集聚力和辐射力不断增强。

二、“三通”后，广东对台合作的主要问题

2008年12月15日，两岸海运直航、空运直航、直接通邮全面启动，两岸“三通”将逐渐对广东的台资企业的投资环境产生长期的、根本性的变化，其影响将在未来逐渐显现。

1. 区域“替代效应”增强

“三通”之前，台商的人、货均需经香港中转到大陆，广东因毗邻香港而具有无可替代的交通区位优势，尤其是深圳、东莞、广州及惠州等地，成为台商的主要集聚地区，仅四市的台资企业就占广东台资企业总数的67%。“三通”之后，此项优势被严重削弱。现在除了货运包机航点只开放上海、广州外，客运包机航点则遍布东部与中部地区的18个省市；海运直航方面，开放港口有东部与中部地区的48个海港；河港开放的也有江苏、安徽、江西、湖南等省区的15个河港。这使台商投资选择的范围拓宽到整个东部及中部地区，包括长三角、环渤海湾经济圈、海峡西岸经济区、成渝试验区、广西北部湾经济区、武汉城市圈、长株潭城市群等。台湾与大陆其它各省市交往更加方便快捷，交通费用大幅降低，整个华东、华北沿海地区的区位优势凸显，对广东的替代效应增强。

2. 台商的“回流效应”呈现

“三通”后，由于粤台两地运输成本的降低和往返时间的缩短，提高了台商企业运筹效率，进而增加台资企业回流台湾的可能。台湾当局为因应

“三通”，积极吸引台商回台设立营运总部、研发基地、上市或扩大在台投资。2009 年 3 月台湾发布“推动海外企业来台挂牌一二三计划”，并举行“2009 台商投资台湾高峰会”，积极争取台商回台投资。台湾当局还积极做好全球营运总部的基础配套，并考虑在台建立全球营运总部的营利事业所得税税率降至 15%；海外分支机构汇回营收或股利不扣税；高级专业人员所得税税率则自 40% 降至 12%。台企尤其是高科技企业的“回流效应”，使粤台两地的竞争加剧。

3. 发展“路径依赖”效应

先期的台资企业相当部分属于低附加值、资源和劳动密集型企业，随着大陆沿海、沿边的开放，资源环境约束力度的加大，台商在珠三角享有的独特优势包括政策倾斜，资源配套及充足的低人力成本已经逐渐丧失，面临地价上涨、劳动力紧张、环保压力增大、能源和原材料成本持续上升等诸多问题，“三通”后，粤台合作的先发优势面临的竞争更加激烈，成本竞争优势将逐步丧失，广东台资企业处于一个旧的增长模式难以为继，新的增长模式有待确立的时期。

三通后，台资企业面临：转移或转型的选择。减少广东台资企业转移的办法就积极推动台资企业在地升级转型。目前广东台资企业转型升级存在着一些亟待解决的问题：一是自主创新意识不足、能力不强。广东台资企业主要承担加工装配等“贴牌”生产任务，产品以出口为主，企业只赚取少量的加工费，并不参与市场开拓和产品开发，因而对技术开发和产业升级的压力及动因都不足，一定程度上抑制了台资企业的自主创新和自有品牌培育；二是人才匮乏。由于大多数台资企业技术层次较低，企业缺少技术积累，而人才资源匮乏也正是广东的短板。“高才难求、中才不愁、低才挤破头”的状况，造成产业转型升级所需的技术人才和高素质管理营销人才严重缺乏；三是融资难。由于台湾当局的限制，台资金融机构无法“登陆”为台资企业提供服务。两岸信息不对称，征信系统不完善，风险难于控制，使得台资企业也难以获得大陆金融资本的支持。

4. “政策效应”递减，降低台商“双转移”积极性

三通后，台资企业的空间选择范围扩大。从广东的角度出发，广东积极推动台资企业往广东东西两翼、粤北山区转移，东西两翼、粤北山区为承接

珠三角港澳台资企业的转移，做了大量的基础设施建设工作。但由于总体财政紧张，建设资金缺乏，各项基础设施建设、服务观念以及配套措施相对较弱。同时，这些地区具有规模效应的工业区较少，部分转移地区的产业结构比较单一，缺乏相关的上下游企业和配套服务机构，产业集聚优势不明显，对台资企业缺乏吸引力，影响了企业转移的积极性。

5. 配套不足，粤台农业合作总体进展缓慢

农业比制造业合作受到的地理自然环境限制更大，农产品也有保鲜时间短的特点，“三通”后，台湾与福建、江浙一带空间距离缩短，农业合作发展迅速快过广东。目前广东佛山、湛江两个海峡两岸农业合作试验区和珠海台湾农民创业园建设虽然取得了初步成效。但也存在一些问题：一是园区未能形成产业规模，地方相关配套政策尚未完善，使园区建设总体进展缓慢；二是产品出口运费偏高，导致企业成本增加，台资农业合作企业缺乏市场竞争力；三是企业融资难，由于农业投资回收时间长，资金紧缺，台商无法以土地或物业向银行进行抵押贷款，影响投资进度；四是收费标准不明确，试验区内的农业企业用电目前仍按工业用电标准收取，不利于区内农业企业的发展。

三、“三通”后广东对台的政策与建议

“三通”后，广东的对台工作环境发生了深刻变化，但由于受金融危机的影响，广东省政府采取紧急应对金融危机，①“三通”效应受到一定模糊，广东应该采取的应对政策滞后；但“三通”的引起一系列宏观经济环境的转变是客观的事实，广东要继续保持其在台商投资祖国大陆中的战略地位，巩固其作为国际出口加工基地的地位，需重视解决以下几个问题：

---

① 2008年以来，面对全球金融危机的冲击，为促进台资企业稳定健康发展，广东省委、省政府相继出台了一系列政策措施，制定了《新形势下加强粤台经贸交流与合作的意见》，出台了《广东省支持港澳台企业应对国际金融危机和加快转型升级若干政策措施》等，加大对台资企业的政策扶持力度。东莞市台商协会与市政府合作，筹划设立台资企业融资担保公司，计划出资1亿元人民币，其中市政府支持30% -40%资金，市台协出资60% -70%，为优质台资企业提供融资担保服务。在各方的政策扶持下，根据省台办数据。2008年，广东全省新增台资项目520个，台资企业增资项目462个，合同利用台资23.63亿美元（含增资11.5亿美元），新增台资实际到位29.7亿美元（含增资）。此数据值得商榷。但却让三通长期效应被掩盖、忽视。

1. 改变“重港澳，轻台湾”的思想，积极实施“粤港澳台一体化”战略构想

“三通”后，广东面临着与长三角、环渤海湾经济圈等区域的激烈竞争。目前两岸正在加紧进行的《经济合作框架协议》磋商，台湾加入“10+1”、“10+3”指日可待，东亚将形成一个大自由贸易区，届时，台湾的地理位置与台商的作用更为重要，这是广东在与台湾乃至东盟区域经济合作中谋求更大发展的一次重大战略机遇。广东贯彻落实对台资企业实行“同等优先，适度放宽”原则，重视台资企业发展情况及存在问题，进一步完善有关的政策措施，抓住重点，突破难点，稳定和发展现有台资企业，优化台资企业区域布局，积极支持帮助台资企业做大做强。充分发挥对台工作大省的地方优势，加快推进粤台两地“三通”全面开展，积极参与两岸产业对接，深化合作层次。

改变“重港澳，轻台湾”的思想，积极实施“粤港澳台一体化”战略构想。香港、澳门是广东吸引台商前来投资的重要因素之一，过去十多年来台商都利用香港、澳门作为中介或桥梁进入广东。内地与香港、澳门的“更紧密经贸关系安排”签署后，广东应抓住这一有利时机，积极推动粤港澳三地的经济融合和经济一体化，充分发挥珠三角作为“世界工厂”和香港服务业、台湾高科技产业的优势，完善粤港澳经贸合作交流机制，提升双方在金融、物流、旅游、中介商业服务、科技产业以及基建等各方面的合作水平，进一步消除各种贸易投资障碍，拓宽现有港资企业和台资企业的发展空间，以减低台商的交易成本，并充分发挥香港的功能和作用，以增强整个区域的国际竞争力，实现优势互补，创造四赢局面。

2. 抓住机遇，积极推动“三通”后的粤台经贸新增长点

广东是吸引台资企业投资的先行区，“三通”后，粤台两地往来时间与费用的降低，使物流、人流、信息流更加畅通，为粤台经贸合作扩展了更大的空间，使粤台两地合作面临新机遇。

（1）积极推进粤台物流业发展壮大

货运直航后减少了货物中转时繁琐的通关、地面运输程序，节省了运营成本和时间，催生了粤台两地物流业的兴起。目前，广东与台湾的空港、海港已建立直接密切的联系，南航货运推出了“即日达”、“次日达”的货运

产品。虎门港和基隆港的货运直航合作事宜正在筹划中。建议广东认真研究两地物流业的情况，积极推动粤台两地物流业以及与其相关服务业。① 粤台两地航班还有很大的增长空间。目前广州到台北的直航飞行时间，跟广州到上海的飞行时间差不多。但目前南航广州飞台北只有4班，远远少于广州飞上海的航班量。

（2）推动粤台旅游业的交流合作

“三通”使粤台两地之间的人员交流更加便捷。直航包机常态化后，由广州直飞往返台北，令两地旅游路线大大缩短，日程安排更方便，行程更丰富，价格也更便宜。目前，赴台旅游逐渐成为广东旅游业一大热点。广东应抓住“国民党在广东”的历史古迹的优势，积极吸引台湾游客到广东。

3. 固本培元，构建粤台产业合作新体系

（1）创新合作方式，推动传统制造业转型升级

借鉴台湾地区完善企业创新机制，推动产业升级的经验，以及利用台湾企业的市场影响力，充分发挥两地的优势，创新合作机制，从区域竞争转为区域竞合。鼓励两地企事业单位联合设立研发机构，对重点科技项目进行合作攻关与人才交流，促使传统制造业向环保型、自主研发型、自有品牌型、管理科学型产业转变和完善。同时，联手开拓国际市场，通过更高层次上的对外开放和内部体制改革，带动双方的产业整合与产业创新，形成合理的国际产业分工与人才分工，提升双方的国际产业竞争力。

（2）深化合作层次，积极吸引高科技产业和生产性服务业来粤投资

两岸经贸关系正常化后，台湾方面对高新技术产业投资大陆政策将逐渐放宽。而珠三角完善的制造业产业链，是吸引台资的重要因素之一，所以台湾最大的液晶面板生产商奇美最终选择了到佛山南海投资。广东应抓住机遇，深化粤台产业合作层次，加强产业转移园区的基础设施和政策、法制等软硬环境的建设，努力提高公共服务水平，不断完善原有的制造业基地和产

① “大三通”降低台企运营成本，也大大改善两地营商环境。以广州至台北航线为例，周末包机需绕飞香港飞行情报区，总飞行距离608海里，而即将执行的直航包机航线飞行距离为523海里，缩短85海里。货运方面，此前广东运至台湾的货物一般通过港澳机场中转，或通过海运运抵台湾，运输加中转时间至少要1天，海运则要2天以上。货运包机开通后，预计空中运输时间仅105分钟。货运直航开通，将为白云机场带来约6万吨的货物吞吐增量。

业链条，进一步提高省内企业的产业配套能力，重点吸引台湾大企业特别是高新技术企业及生产性服务业来粤投资。

（3）完善配套措施，推动粤台农业合作

利用“三通”后的交通运输资源优势，降低企业运营成本，建议省有关部门与广州白云机场、湛江港等单位进行协商，制定海峡两岸农业合作试验区和台湾农民创业园产品进出口运输优惠措施；应提供优质的通关环境，在审批和海关、检验检疫方面提供适当便利及提高效率。建议将濒危植物出口证的审批权限下放省级相关部门，同时调整植物进出口的防疫检疫准入条件，使处理程序既保障国家防疫检疫工作，又有利于植物正常生长。对于国家禁止进口的棕榈科植物，据顺德台农反映，循正常渠道不能进口，但通过别的途径照样可以进口，建议有关部门查明情况，制定相应的对策措施。在试验区和创业园率先允许台资金融机构进入，为台商提供融资服务，并进行金融创新，扩大融资渠道；建议凡纳入园区内的农业企业及农业生产项目应按照农业用电标准收费。

4. 拓展融资渠道，积极协助台资中小企业融资

（1）大力推动粤台金融机构的合作

支持广东商业银行与台湾银行建立通汇或代理行关系；建议成立粤台金融合作试验区，在区内建立两地货币清算中心，允许台湾银行入股广东银行建立合作行，或直接投资设立分支机构。

（2）政企合作成立担保公司

东莞市政府与市台资企业协会筹划的按比例出资，合作成立台资企业信用担保公司的项目，是一个借助政府的公信力，建立银行与台资企业的互信关系，为台资企业取得贷款的很好的创意，建议尽快实施取得经验，并加以推广。

（3）加快落实办理台资企业厂房房产证，使企业能够以不动产抵押获得贷款

广东台资企业买地建厂的情况普遍，许多企业拥有不动产。但由于行政审批手续繁琐、办证周期长，许多企业没有及时办理房产证，导致企业失去了以不动产抵押获得贷款的有效的融资途径。建议抓住目前时机，理顺房产证办理机制，对于一些没有土地使用权而建了厂房的企业，应允许以地上物

作资产评估，为台资企业获得抵押贷款争取机会。

5. 加大力度，切实为在粤台商排忧解难

台商希望解决的主要问题：一是放宽台胞个体工商户注册审批限制，允许台胞在大陆尤其是广东范围内注册申请办理个体工商户。目前，广东东莞长安镇作为开展台商申办个体工商户的试点，建议可以尽快向全省推广①；二是简化台胞证办证手续，尤其在体检环节上采取方便台胞的措施，缩短被盗抢补办证的时间；三是延长台胞证签注年限。目前，上海、福建等地可办理5年期台胞证签注，而广东只能办理3年期台胞证签注，到期后，必须到香港或澳门的中国旅行社办理换证，给台胞造成不便。建议省公安厅积极向公安部反映，统一全国的台胞证签注年限，并允许在广东换领新证；四是建议省市统筹，考虑在广交会分配给台资企业一些产品展位，积极推动台资出口平台建设，扩大内销渠道。

6. 加强粤台专业人才交流

目前，常住广东的台胞有20多万人。“三通”后，粤台“一日生活圈”的形成，有利于粤台两地人员沟通、交流，形成粤台两地良好的生活与人际交往圈。建议广东抓住机遇，大力引进台湾技术型和管理型人才，吸引更多的台湾技术人才和高素质管理营销人才来粤就业。

7. 拓宽交流渠道，加强与台资企业沟通、协商

进一步鼓励和支持台商协会充分发挥沟通政府、服务台商的桥梁纽带作用。今年，广东省政协聘请了10位各市台商协会会长为特聘委员，为他们提供参政议政、反映台商诉求的渠道，受到广东台商的好评。建议建立广东省领导定期与台商协会会长见面制度，并开通“直通车”，使台协会长有畅通的渠道直接向省领导反映情况、意见和建议。

参考文献

冯邦彦、赖文凤：《台商在广东珠江三角洲地区的投资及发展前景》，《亚太经济》，2004年第2期。

① 2005年台湾居民在福建全省可以登记个体工商户。

关于两岸金融合作愿景的思考

钟　焰*

长期以来，作为两岸经济关系的重要组成部分，两岸金融合作一直呈现单向的格局。台湾金融业可以到大陆来设立代表处，但大陆的金融机构却不能入台设立代表处。随着 2008 年马英九的胜选，两岸关系出现缓和，两岸直接三通和陆资赴台陆续开放，两岸经济关系逐步由单向开放向双向开放转变。两岸金融合作也开始升温，2009 年 4 月 26 日，第三次“陈江会”正式签署了一项有关两岸开展金融合作的重要协议，对两岸金融合作、交换资讯、保密业务、互设机构、检查方式、业务交流、联系主体和争议解决等 12 项内容达成原则性协议，虽然是一个框架性的协议，但是为两岸金融合作从意向阶段向实施阶段转化打下了重要基础。而 2009 年 11 月 16 日两岸 MOU 的达成则是落实两岸金融合作协议的重要一环，两岸 MOU 协议主要涉及两岸金融监管机构在不包含客户中长户资料的资讯交换、资讯保密、金融检查、持续联系以及危机处置等方面展开合作，两岸的金融机构由此可以进入对方设立分行、子行及代表处，并有条件地开展相关金融业务经营，大陆基金也可以 QDII 的形式投资台湾股市。在两岸金融合作将出现全新格局的大背景下，加强两岸金融合作既有紧迫性也有必要性。目前两岸金融机构合作的范围总体上还是有限的，落后于当前两岸经济合作整体进程，为了进一步促进两岸金融合作的深化，对当前两岸金融合作存在机遇和挑战进行了认真分析思考，以求在两岸金融合作加速进行的大背景下探索两岸金融合作的新内涵，充分发挥两岸金融合作对两岸经济合作的促进作用。

---

* 作者简介：钟焰，上海东亚研究所副所长。

一、两岸金融合作面临重大发展机遇

（一）大陆有望形成台资金融机构的集聚区

长期以来，台湾金融业在祖国大陆的发展一直处于代表处的初步阶段。此次两岸 MOU 协议的达成，使台湾金融业在大陆开展实质性运营成为可能，而上海则有望成为台资金融机构的集聚区。目前，在大陆共有九家台湾银行设立了代表处，其中有四家在上海（世华银行、土地银行、台湾银行、第一商业银行上海代表处），一家在上海附近的昆山（彰化银行），剩下二家在北京（中国信托商业银行、合作金库银行），以及深圳（华南银行），上述总计七家台湾银行代表处具备了升级为分行、子行的资格，上海及上海周边就占据了 50%。证券业方面，台湾证券公司在大陆设立了 17 家代表处，其中 14 家在上海，保险业方面，台湾设立了代表处 12 家，其中上海 3 家。除上述代表处外，上海还有 1 家台资银行（华一银行）2 家台资保险公司（国泰人寿、国泰产险）以及台资租赁公司（中租迪和）已运营多年，取得了很好的经营业绩。台湾金融机构看中在上海集聚经营，主要考量是三：一是上海是大陆最重要的外资金融机构集聚地，目前目前在上海的外资法人银行总数达到 17 家，占全国的 58. 6%，资产总额为 7370. 93 亿元人民币，占全国外资银行资产总额的比重为 58. 84%。台湾金融机构在上海设点经营，有助其与外资和陆资同业的合作。二是长三角是台资企业分布最密集的地区之一，占了全大陆台资企业总量的 50% 以上，台湾金融业布局上海有助于其贴近服务台商。三是上海已明确了建设国际金融中心的战略目标，台湾金融机构在上海落地有助于其搭上中国经济金融发展的快车。因此大陆有望形成台资金融机构集聚区。

（二）两岸金融业务合作的范围有望进一步拓展

随着两岸金融合作的不断深入，两岸金融业务的合作范围有望进一步扩大。如上海作为祖国大陆最重要的金融市场中心，有着完整的金融市场体系，这就使得两岸金融机构在上海的业务合作有了充分发挥的空间。在货币市场方面，上海的平均贷款利率是全国最低的，上海可以成为台湾金融机构在大陆经营时重要的融资中心。在证券市场方面，两岸证券交易所之间一直有良好的业务交流关系，未来两岸金融机构可以合作编制两岸证券指数，发行 ETF 指数基金，在两岸两地挂牌上市，沪市基金也可以 QDII 形式赴台投资。在保险市场方面，两岸之间已在人寿和财产险方面展开了卓有成效的合作，未来围绕上海的国际航运中心和贸易中心建设，两岸可针对专门的航运和贸易保险进行深度合作。当前两岸金融机构可谓各有优势，两岸在金融市场、金融机构、金融业务等多方面都存在着巨大的合作空间，台湾金融机构尤其擅长服务中小企业和消费金融方面，未来两岸银行可望结成策略联盟，如两岸银行开展两地资产相互鉴价、征信平台合作，大陆银行可以作为人民币贷款来源，台湾银行则是台商客户和大陆银行间的中介桥梁，此外，两岸金融机构也可在消费贷款和银联卡市场方面展开合作。

（三）两岸金融战略的调整为两岸金融合作提供了巨大发展空间

近年来，两岸为了加强自身的金融产业的竞争力，各自相继提供了一系列的新的金融产业发展战略，从而为两岸金融合作提供了巨大发展空间。台湾当局多次表示要把台湾建成亚洲最重要的金融中心，提出台湾要成为高科技产业与周边产业的筹资中心和亚洲财富管理的中心。而大陆为了增强金融竞争力，也于 2009 年 3 月 25 日确定把上海建成国际金融中心和航运中心，上海未来将在金融市场体系、金融机构体系、金融产品和服务环境等方面着手建立一个与人民币国际地位相适应的国际金融中心。台湾金融战略目标的实现离不开大陆的庞大市场的支持，而大陆也把加强两岸金融合作作为建设上海国际金融中心的重要组成部分。两岸的金融发展战略有各自的优势，也有各自的弱点，台湾的弱点在于台湾金融机构数量过多，规模过小，难以形成规模效应。优势在于台湾金融开放较早，金融自由化进程快于大陆，有较丰富的国际金融运作经验。而大陆的金融优势在于金融机构规模庞大，如工商银行的资产规模已排名世界第一，弱点是金融机构始终在一个半封闭和受保护、半垄断的市场环境中运行，国际化运作经营严重不足。两岸金融的优势是可以互补的，两岸的弱点也可以相互帮助克服，两岸金融政策、金融市场等多方面存在着巨大的战略合作空间，发展两岸金融的战略合作将极大地增强两岸金融产业的国际竞争力，有助于两岸金融发展战略目标的实现。

二、两岸金融合作拥有广阔空间和丰富内涵

（一）两岸金融市场合作是两岸金融合作的基础平台

金融市场是区域金融合作的基本载体，两岸金融合作的基础是两岸金融市场的合作与互动，只有让资本逐渐在两岸金融市场上有足够宽松的流通对接渠道，两岸的金融要素才能进一步融合和优化配置。加强两岸的金融市场合作主要包括以下几个方面的内容：

1. 两岸的金融交易所共建交易平台。台北证交所和上海证交所可合编两岸的 ETF（交易型开放式指数基金）指数，并相互挂牌，为两岸投资者提供新的投资产品，有利于两岸企业分享资本市场利益。也可在两岸证交所建立国际板后优先上市对方企业，供两岸民众投资。

2. 建立对两岸金融市场进行监管的合作机制。由于两岸长期缺乏实质性合作，导致两岸金融机构的分类、金融业务的称呼及标准流程、金融统计等问题尚未一致，金融资讯也无法交流共享，这都将影响到两岸金融监管合作的实施，因此未来要进一步协调两岸的会计标准、金融法规和金融用语，推动两岸的金融资讯交流和金融监管法规的对接协调，探索建立两岸跨境金融风险监管处置机制。

3. 建立两岸货币兑换清算机制。随着两岸经济交流日益密切，两岸货币兑换的规模也越来越大，2008 年 6 月到 2009 年 4 月底，台湾金融机构总计买卖人民币现钞达 65.4 亿元，这些现钞主要通过香港汇丰银行和美国银行在全球各地收购而来，不仅要付出 2% 到 2.5% 的高成本（新台币和美元换汇成本只有 0.1% 到 0.2%），而且货源不稳定，每天岛内银行的人民币现钞缺口达到 2000 万元。因此与两岸开放金融交易合作相配套，需逐步建立两岸的货币兑换清算机制，初期是指定两岸的大型商业银行建立现钞兑换、供应与回流，中长期则应协商签订两岸货币清算机制，推动两岸货币的直接清算，提高兑换便捷度，降低兑换成本。

（二）两岸金融机构是两岸金融合作的实施主体

两岸金融机构作为两岸金融合作的实施主体，是推动两岸金融合作向深层发展的核心力量，为此，需从以下几个方面推动两岸金融机构的合作：

1. 鼓励两岸金融机构在两岸设立法人机构和分支机构，扩大服务范围。

随着台湾制造业大量转移大陆，台湾金融机构的服务市场日益缩小，截至2008年6月，台湾岛内共有386家银行总行和4509家分支机构，过多的金融机构导致台湾金融业竞争激烈，尤其是银行业存贷利差缩小，获利能力降低。他们迫切需要在大陆市场设立分支机构，贴近服务对象并开拓庞大的大陆金融市场。而随着陆资入台的临近，大陆金融企业也希望进入台湾设立分支机构，以便使自己的服务对象更加多元化。为此需要降低台湾金融机构进入大陆的门槛以及营业资格的限制，鼓励他们在大陆扩展营业网络，同时积极推动大陆金融机构赴台设点。

2. 推动两岸金融机构的并购和交叉持股。台湾和大陆的金融机构各有强项，大陆金融机构规模大，网点覆盖广，对本土市场企业熟悉。而台湾金融机构有混业经营和国际经营的丰富经验，双方开展并购重组和交叉持股，可以进一步密切双方金融机构合作，更快更好地进入和适应对方市场。如香港富邦银行通过持股厦门城市商业银行，取得了进入中国大陆金融市场的通行证，而上海通过间接持股香港上海银行，加强了与香港上海银行控股方台湾上海商业储蓄银行的战略联系。

3. 加强两岸金融机构人才培训和交流。金融高端人才是金融机构最重要的财富，台湾保险业曾于2000年前后派出一批资深干部培训上海的保险从业人员，从而使上海的保险业发展水平领先全国，大陆的《保险法》也师从于台湾的相关法规，大陆招商银行更是通过与台湾同业的合作，使自己的信用卡业务在国内处于领先水平。因此两岸金融机构加强人才的培训交流，不仅可以加强两岸金融机构的专业经验交流，更可以密切两岸金融人才的联系，打下两岸金融机构合作的基础。

（三）两岸金融业务合作为两岸金融合作提供丰富内涵

金融业务合作是金融合作的重要内容，两岸金融机构根据两岸经济合作的需要，围绕服务于促进制造业升级和提升服务业水平的目的进行跨两岸的金融业务合作，具体包括以下几项内容：

1. 开展中小企业融资业务合作。长期以来，尽管中小企业发展迅速，但大陆的产业政策和金融政策未对它们加以应有的关注。中小企业迫切需要通过银行进行间接融资，而大陆的国有商业银行一贯以大企业为主要服务对象，贷款抵押制度导致中小企业因缺乏抵押品而无法贷到足够的发展基金，而台湾在拓宽中小企业融资空间方面有着丰富的经验。两岸金融机构可以在建立政策性与商业性结合的专门面向中小企业的专业银行，借鉴台湾中小企业“信保基金”、“互保基金”、建立中小企业发展基金等方面进行合作，大陆还可通过创业板市场的退出机制，鼓励台湾创投基金对中小企业的投入，为中小企业发展提供金融支持。

2. 共同参与农村金融制度改革。大陆农村地区一直存在中小经济体的融资需求，农村金融市场发展的滞后使农民不仅不能得到完善的金融服务，还制约了农业现代化的发展进程。而台湾的基层金融机构农渔会信用部历史悠久，绝大多数在日踞时期就已存在，是台基层民众最乐于接触往来的金融机构，尽管存在着许多问题，但在照顾经济弱势阶层，解决农渔民的资金调剂等方面弥补了一般金融机构服务不足的问题。目前，大陆银行正与外资银行合作设立村镇银行有限公司，准备全面进军庞大农村市场。未来两岸可以在农村基层金融机构的创设和管理上进行合作，包括成立合资村镇银行公司。。

3. 进行中间业务与金融创新合作。台湾金融市场狭小，但参与的金融机构数量多，竞争十分激烈，因此台湾金融机构一直把发展在中间业务及金融创新作为加强竞争力的主要方面。台湾 2001 年 6 月通过《金融控股公司法》后，允许金融机构转型金控公司，下设子公司分别经营证券、信托和保险等多元化金融业务，台湾金融机构通过混业经营模式为顾客提供了金融百货服务方式，在中间业务和金融创新方面有较大进展，未来两岸银行可以在网上银行、客户融资、外汇业务、住宅与商业楼宇按揭等方面进行金融产品创新合作。

4. 开展财富管理合作。两岸多年来积累了大量的外汇资产，过去两岸主要将外汇资产大量注入欧美市场，造成一定损失。未来两岸要加强合作，扩大两岸资本市场规模、增加资本市场产品，争取使资金留在两岸市场，进行更有效的运用。据不完全统计，仅珠三角区域台商就有几千亿元资产存在境外的台资、港资和外资银行，仅有很少一部分存在大陆银行。未来台资金融机构在大陆设立分支机构，两岸金融机构加强财富管理业务合作，将就近满足台商的财富管理要求。

5. 开展离岸金融业务合作。建设离岸金融中心是两岸共同的金融战略发展目标。未来两岸可以通过协商对各自金融企业的跨境金融业务合作采取便利管理和优惠税收政策，鼓励两岸企业合作开展离岸金融业务。如利用台湾银行对大陆台商母公司资信了解，向其在大陆分支机构开立担保信用证，再由台湾银行在大陆的分支机构转开备用信用证给大陆银行，由大陆银行向台资企业提供人民币贷款。未来条件成熟时两岸可合作建立离岸金融市场。

三、推动两岸金融合作应考量的战略因素

（一）推进两岸金融合作应有经营规划意识

两岸金融合作是个相当复杂的过程，不是签署一个 MOU 就能一劳永逸的。台资金融机构一般规模较小，又较国际金融机构进入大陆市场滞后，因此，如何使台资金融机构进入大陆市场后站得住脚，能获得一定的市场份额，能在外资金融机构激烈竞争和中国大陆金融机构尚受一定政策保护的市场中生存下去，而不是台商所谓的“看得见，吃不着的市场”，是关系两岸金融合作能否顺利开展的关键。这就需要我们要有经营规划的意识，要采取系列性的政策，帮助台资金融机构在大陆市场站稳脚跟，并迅速扩展适度的经营规模。如根据 2002 年 1 月大陆公布的《外资金融机构管理条例实施细则》规定外商独资或台资银行要申请设立分行，才有资格升为分行，成立分行三年后，才可吸收人民币业务，外商在大陆设立分行母行资本额须达 200 亿美元以上。台资银行规模较小，进入大陆市场又晚，因此急需大陆有关部门降低台资银行进入大陆设立分行的门槛，同时缩短经营人民币业务的时间和地域限制，并在外债经营额度上给予倾斜，或让台资金融机构优先在大陆证券市场上市融资，以利台资银行迅速扩大在大陆的经营规模。

（二）推进两岸金融合作应与两岸双向投资进程互为促进

在第三次“陈江会”中，“两会”在签署两岸金融合作协议的同时，也发表了关于陆资入台的共识。陆资入台是两岸经济关系由单向转为双向的重要一步，对于两岸经济关系持续深入的发展具有重大意义，但是陆资入台也面临着台湾当局诸多政策的限制，台当局对陆资入台投资领域采取正面表列方式，而不是负面表列方式，这意味着陆资入台进入的产业领域将会被有所限制，相当一部分产业，如晶圆与 TFF—LDC 液晶产业暂不开放，律师与会计师等涉及证照的服务业暂缓开放，同时陆资只能以参股或来台设公司参与

标案的方式参与公共建设。这意味着陆资入台将是一个复杂而长期的过程。两岸金融合作作为两岸双向经济合作的重要组成部分，也必须秉持分阶段推进的政策，以免欲速而不达。

（三）以两岸金融合作促进两岸经济关系的全面发展

两岸金融合作是两岸经济合作的重要组成部分，两岸金融合作的推进将带动两岸经济关系的全面发展。首先，两岸金融合作将促进两岸经济合作框架协议的协商进程，因为台资金融机构要在大陆市场扎根发展，需要大陆的优惠政策，而这种政策安排只有在两岸经济合作框架协议的范畴内进行才符合 WTO 的相关规定，因此，随着两岸金融合作的深入，两岸经济合作框架协议的协商也将变得十分迫切。第二，有助于两岸经济政策协调合作模式的形成。两岸金融合作涉及两岸金融法规对接、两岸金融监管工作协调、两岸金融业务合作等多方面内容，两岸通过密切的金融政策协调互动，有助于两岸进一步建立金融和货币政策的协调机制，以增强双方抵御跨境金融风险的能力。第三，两岸可以利用金融及资本纽带，增强两岸大企业的重组并购力度，面向国际市场，打造国际产业竞争力。陆资入台不是看重台湾规模狭小而竞争激烈的岛内市场，更多地是希望加强与台湾大企业的战略联盟，利用台湾企业遍布全球的营销网络和台湾市场与国际市场更紧密的联系，大陆企业以台湾为前进基地，台湾企业以大陆为依托，两岸企业共同走向全球市场，而两岸金融合作将为两岸企业的全球合作提供广泛的金融支持。

海西區構建對台金融市場的機會與挑戰

李孟洲*

壹、前　　言

海峽西岸經濟區（簡稱「海西」或「海西區」），乃是大陸促進對台「大交流」① 的主力平台，其政策優勢在於「先行先試」。以此角度來檢視海西對台經貿交流領域中的各個類項，發現「金融往來」所具有的「先行先試」空間相對大，也較易收效。

此因金融交流在歷來兩岸經貿逐步發展過程中，是屬於「滯後」類項，至今大陸各省份的對台金融交流，僅有少數「試點」性項目，其餘為大片空白。所以，海西區如能在這方面大力「先行先試」，一馬當先，則有望由此打出獨特的「亮點」，樹立傲視群倫的「標竿」。

然而，海西之發展對台金融交流，機會與挑戰並存。主事者應選擇最有利的發展路徑，設定最妥適的發展目標，以「擴大機會，減少挑戰」。無論如何，海西似有機會建立一個具有區域特色與運作效益，且門類齊全的「對台金融市場」。本論文即是以此為軸線，作系統化的論述。

貳、歷史回顧

福建省是海西區的主體。該省因地理上與台灣僅一峽之隔，早已在對台金融交流方面「開了風氣之先」。

---

* 作者簡介：李孟洲，台北《投資中國》信息網社長，廈門大學經濟學博士。

① 「大交流」是指兩岸民間各行各業、各階層間，全方位的交流。

海上交易的現鈔結算

早在1970年代，兩岸漁民就有了「海上交易」（走私），也連帶產生了「鈔券流通」現象。當時的交易內容，通常是台方漁民出售電子品、時裝等，而向大陸漁民買進中藥材、白酒等商品。至於雙方支付手段，包括「以貨易貨」及「現鈔結算」兩種。後者主要以新台幣、美元鈔券作為支付工具，由此衍生了兩岸雙方間「原始階段」的金融交流。

其中，新台幣鈔券的經此流入福建沿海，更彰顯了福建領先群倫的「對台金融特色」。換言之，福建當時幾乎是全大陸唯一「認得新台幣」也「願意收取新台幣」的地方。因此可說，新台幣在福建的流通，使福建在對台金融交流方面，提前「先行一步」。

如果要以歷史眼光，來檢視福建、海西發展對台金融交流的條件，則新台幣在當地流通的擴大與升級，是很具體明確的觀察線索。

繼「海上交易」發生之後，至1987年11月2日，台灣當局開放居民赴大陸探親，福建各地也因此有了台灣客流進出，並因此擴大了新台幣鈔券在大陸的流通規模。主要的動能，來自廈門、泉州一帶的部份商號。他們對於上門惠顧的台灣客商，願意收取新台幣。如此使新台幣的入閩之路，在原先的「海路」之外，又多了一條「陸路」。

銀行單向兌換

至於新台幣在當地流通的「升級」，是指1980年代末，新台幣之從民間「私下流通」提升到「銀行兌換」的層次。即中國銀行當時開辦了「新台幣單向兌換」業務。雖然該項業務的承辦分行，不限於福建一地，大江南北都有，然福建的承辦單位特多，廈門市的中國銀行甚至另外委託其他銀行代辦，以擴大服務面。這使新台幣在福建流通的格局顯著放大。唯那時的銀行單向收兌，主要目的是「服務台胞」。因而銀行這方面只接受持台胞證的客戶，且對客戶「只兌進新台幣而不兌出新台幣」，嚴守「單向」原則，使其「市場意義」有所不足。

直至1998年，福建率先全大陸，開辦了新台幣的「雙向兌換」業務，其市場色彩終於顯現出來。此雙向業務，初期由中國銀行廈門分行、福州分行辦理，至 2003 年擴大到該行漳洲、泉州、莆田三地的分行。①

參、政策演進

早在 1990 年代，福建省當局就有了「率先發展對台金融交流」的政策思維。上述的首開新台幣雙向兌換，是此種政策思維之體現。除此之外，當時福建省當局並曾構思「允許台商在福建投資設立銀行」②、「開放新台幣在保稅區內流通」等，但因受制於當時兩岸關係反覆不定，該等措施均未實現。

金融小三通

直至 2001 年，「小三通」開放，福建福州、廈門分別對應馬祖、金門開通海上客運航班，而閩台金融交流也相應作了小幅開放，即台灣當局制訂「金門馬祖與大陸福建地區金融業務往來作業規定」，允許金門、馬祖的金融機構與福建的金融機構，間接辦理匯款及進出口外匯業務，但匯款貨幣限於人民幣和新台幣以外的貨幣。這只是「金融小三通」，對閩台金融交流發展的作用不顯著。如台灣當局約略同時開放台資銀行赴大陸設立辦事處，實行後並未有銀行到福建設處。

台灣當局長期以來的兩岸經貿政策，一直未把閩台經貿放在突出位置。其原因，一方面是福建過去的對外招商引資競爭力，未能拔得大陸頭籌。二方面，則是福建以往為對台「鬥爭」的前線，台灣當局對其有「戒心」。所以，過去福建與台灣金融業雖有頗多的交流交往，相關專家學者也提出不少閩台金融業務合作發展構想，但政策面一直未有突破性進展。

海西建設計劃

到 2004 年，情況有了較大的變化。即福建省當局於此時正式提出「海峽西岸經濟區」建設計劃，以全方位的思維，全面改造海西地區的投資環境與社會建構。這項計劃，提升了福建發展對台交流的動能及層次，也擴大了可能合作發展項目的廣度與深度。

---

① 台灣《經濟日報》，2010 年 5 月 13 日。

② 早在 1990 年代初，台塑集團提出的「海滄投資計劃」中，即包括有投資設立銀行的規劃項目。

雖然海西計劃初問世時，兩岸關係尚處於緊繃狀態，以致海西名號在台灣「潛潛」了數年。但由於福建方面仍按計劃進行交通建設與產業改造，使海西逐步成為一個完整齊全的對台交流「平台」，為後續的兩岸關係發展創造了基礎條件。

以金融角度來看，正因為海西建成了如此的一個平台，閩台金融業始擁有「體系化」的合作發展建構。換言之，如無海西建設，則福建在兩岸經貿交流領域中，只是「台商投資地之一」，而難以引進台灣的高端服務業，如金融業。

肆、當前政策架構

2009 年 5 月 14 日，中國國務院正式發布「關於支持福建省加快建設海峽西岸經濟區的若干意見」，是當前海西建設的首要政策方針。

中國國務院對海西的定位

該文件在對台方面，把海西定位為「兩岸人民交流合作先行先試區域」。在此定位下，海西要發揮獨特的對台優勢，構築兩岸交流合作的前沿平台，實施先行先試政策，加強與台灣經濟全面對接，推動兩岸交流合作向「更廣範圍、更大規模、更高層次」邁進。其中，「先行先試」之關鍵詞，為閩台金融交流提供了相當大的發展空間。

該文件並表述了海西發展對台金融交流的具體取向，即「推動對台離岸金融業務，拓展台灣金融資本進入海西的渠道和形式，建立兩岸區域性金融服務中心，推動金融合作邁出實質步伐」。此外，該文件也表明要「積極推動建立兩岸金融業監管合作機制，在此機制下，優先批准台資銀行、保險、証券等金融機構在福建設立分支機構或參股福建金融企業，支持設立兩岸合資的海峽投資基金，進一步擴大兩岸貨幣雙向兌換範圍，逐步建立兩岸貨幣清算機制」。

福建省的落實措施

其次，福建省當局接續訂定的「貫徹落實『國務院關於支持福建省加快建設海峽西岸經濟區的若干意見』的實施意見」之中，對閩台金融交流事項，係在國務院該文件相關表述內容的基礎上，引申到了下列層面：

一、促進開展兩岸跨境貿易以人民幣計價結算試點。

二、推動兩岸銀行卡運用和結算。

三、加快海峽產權市場建設，探索引入台灣上櫃和興櫃交易機制，推動設立兩岸股權櫃台交易市場，打造閩台企業對接的直通平台。

四、推動閩台銀行業機構、保險業機構、証券業機構雙向互設、相互參股，支持在閩企業上市融資，引進台灣金融服務中介來閩設立機構。

廈門市的作法

而福建省內的經濟特區廈門市，更進一步爭取設立「兩岸金融合作試驗區」。根據「廈門市貫徹落實黨中央、國務院和省委、省政府加快建設海峽西岸經濟區決策部署的實施意見」，廈門市將通過該「兩岸金融合作試驗區」建設，吸引更多台資銀行、保險、証券等金融機構在廈門設立分支機構或參股廈門金融企業，爭取設立兩岸合資的海峽投資基金，進一步推動和完善創業風險投資機制，拓展台灣金融資本進入廈門的渠道和形式，進一步擴大兩岸貨幣雙向兌換範圍，推動廈台互設兌換網點，增加兌換品種，提高兌換限額，擴大兌換對象。推動建立兩岸貨幣清算機制，爭取在廈設立業務清算行和支付清算系統城市處理中心。

廈門市該「實施意見」同時詳細規劃了「對台離岸金融市場」的業務項目，計包括：

一、為台資企業提供包括離岸存款質押在岸授信等業務。

二、離岸綜合授信額度業務。

三、離岸貿易授信融資業務。

四、離岸貸款業務。

五、銀團貸款。

六、債券融資。

七、離岸再保險。

台灣因素與 ECFA

以上所述，顯示了海西方面積極作相關政策佈局的情況。但說到金融交流的政策層面，不能只看「單邊」，而必需從「雙邊」因素來考量，也就是必需衡量台灣方面的互動情況。

2008 年 5 月台灣發生「政黨再輪替」，馬政府上台，兩岸關係因而大幅轉好，雙方重新建立了定期性、制度化協商機制。這也使兩岸金融交流得以走出迷障，邁上坦途，而海西對台金融交流之路，當然也因此豁然開朗。

其中最有代表性的政策文件，是 2009 年 4 月南京「第三次江陳會」上，所簽署的「海峽兩岸金融合作協議」。其明確訂定，兩岸雙方將進行三大項的金融合作，即「金融監督管理」、「貨幣清算機制等貨幣管理事務」、「金融機構准入及開展業務等」。除此之外，該協議還規定了雙方的資訊交換、保密義務、互設機構、檢查方式、業務交流、文書格式、聯繫主體、協議履行及變更、爭議解決等事項。總而觀之，該協議實為現階段兩岸金融交流合作的「根本大法」。

就此，台灣當局相應調整政策，把對大陸的金融交流合作路徑，從原先的「間接」改為「直接」，並新制定了「兩岸銀行、証券期貨、保險往來及投資許可辦法」，簡稱「金融三法」，取代以往的「台灣地區與中國大陸地區金融業務往來許可辦法」，接著受理了台資金融業赴陸設分支機構或參股之申請。至於大陸當局方面，因已長期主張「兩岸直接雙向交流」，是以這方面的因應調整相對容易，亦已準備妥當。唯真正落實，尚待兩岸雙方簽署 ECFA（兩岸經濟合作架構協議），及其將金融業納入「早期收穫清單」之內。①

兩岸金融交流合作的新局既開，海西這方面之政策亦隨之強化。如 2009 年 8 月 10 日，福建省當局在台北宣布的「加強閩台交流合作的十條政策措施」之中，正式指定「興業銀行」為該省首批赴台投資企業之一。又如 2010 年 5 月，福建省省長黃小晶率團訪台期間，宣布福建十項對台「先試先行」措施，其中有一項是「推動閩台金融緊密合作」，據此，福建省將優先批准台灣的銀行、保險、証券等金融機構在福建設立分支機構、子公司，或參股當地金融企業。另將設立兩岸合作的海峽產業投資基金、建設兩岸區域性金融服務中心等。

伍、實踐成果

閩台金融交流近年頗有突破性進展，已上升到「銀行相互設點」的較高層次。

---

① 兩岸洽簽 ECFA 之事，至本論文截稿時，雙方尚在協商中。

富邦銀行模式

在台資銀行前進福建設點方面，最具有代表性的實踐案例，是台灣「富邦金控」通過其子行「香港富邦銀行」，入股廈門市商業銀行，投資金額3400萬美元，佔股比例19.9%，並取得行長（總經理）派任權。這是台資銀行首度參股大陸銀行，具有劃時代的意義。而該投資項目也包涵著下列的特色：

一、審查通過的時間點較前

該投資項目獲台灣「金管會」正式審查通過的時間點，是2008年4月3日。在這個時間點上，「馬蕭」雖剛贏得大選，但政權尚未交接，「博鰲論壇」的「胡蕭會」也還沒登場。換言之，兩岸關係的大幅轉好，當時都還沒發生。而該富邦銀行投資項目得以「提前」通過，頗有意義。其中也反映出，兩岸金融交流乃為大勢所趨，金融業者已「有備而來」，晚做不如早做。

二、投資路徑屬於「間接」

該富邦銀行投資項目，係通過香港子行。其就台灣而言，屬於「間接投資」。此為馬政府上任前，台灣當局對兩岸金融交流所採取的主要模式。而馬政府上任後，已對兩岸經貿改採「直接雙向」模式，此後台資金融業者之前進大陸，勢必改以直接投資為主流。但也不排除少數個案基於特殊考量，仍採間接投資，即由其海外子機構為主體，前往大陸投資。

三、享受到CEPA的優惠

台灣富邦金控通過香港子行入股廈門商銀，是受惠於香港與大陸簽署的CEPA（更緊密經貿關係安排），因CEPA降低了香港銀行業赴大陸投資設點的門檻，從一般外銀的「總資產不少於200億美元」，降為「總資產達60億美元即可」。香港富邦銀行以港籍身份，和77.8億美元的總資產，取得入股大陸銀行的資格，也等於是採迂迴手段，打開了台資銀行登陸參股投資的門徑，頗有巧思。但另方面，該投資項目也使陸港之CEPA，和兩岸經貿發生了實質關係。其對未來兩岸經濟合作生態可能會有影響。

該富邦銀行赴廈投資項目，正在成為一個「標竿性」的案例。因富邦銀行去那裡，並不以成為廈門商銀股東之一為足，而是有一套系統化、全方位的發展計劃。如其正在逐步推動廈門商銀廣受福建各地分行，2010年年初新開了省會福州之分行，是其中關鍵性的一大步。

海峽產業基金

富邦金控集團內之「富邦証券」，亦已在廈門成立代表處（辦事處）。除此之外，該集團更大的動作，是投資成立基金，並已於2010年5月獲福建省發改委核准。該基金即上述之「海峽產業投資基金」，規模為200億元人民幣，首期為50億元。主要出資者包括富邦金控、福建省投資開發集團有限公司、中國國家開發投資公司等。該基金成立的宗旨，在為兩岸經貿合作、產業發展、台商投資企業服務。鎖定投資對象為海西重要基礎建設、擁有好前景的未上市企業、台商投資企業等。另外，為了充實資金來源，該基金未來也將以「私募」方式，向工商企業、投資機構、銀行、社保基金、保險公司募資。這是兩岸金融合作的一種先進形式。

其他台資機構

截至2010年5月底，台資金融機構另已在海西投資設立了4個據點，分別是：統一証券廈門代表處、台灣人壽公司與建發集團在廈門合資設立「君龍人壽保險公司」、國泰人壽公司設立福建分公司、國泰產物保險公司設立福州分公司。總的來看，台資金融業之三主要業種，銀行、保險、証券，均已有進駐海西之實際案例。

興業銀行準備進駐台灣

至於海西金融機構之進駐台灣，進度相對較慢。截至2010年5月底，已有「興業銀行」申請設立駐台分支機構，獲大陸銀監會批准。但當時因兩岸雙方尚在洽簽ECFA，台灣當局對此項目暫不表態。

無論如何，興業銀行之前進台灣，是福建赴台金融交流合作之標竿。2010年5月初，福建省長所率訪問團在台灣時，特別安排該銀行領導人作論壇之主題報告，顯有為該行「造勢」之作用。而興業銀行領導人的此次報告中，也強調了該行在閩台金融交流領域中所擔當的關鍵角色，及該行與台商間較深的業務關係。如其指出，興業銀行與華映、東南汽車、正新橡膠、燦坤、統一等大陸台資企業，業務往來密切。除此之外，興業銀行有一項創舉，即為台資企業發行了首支10億元人民幣的短期融資券。再者，興業銀行又是福建金融業前進台灣的先鋒和主角，並且是福建省打造兩岸貨幣清算機制的主要智庫。①

由於興業銀行的出線，海西金融機構的「登台」設點營業，已有清晰的主軸。而這對保險、証券機構的赴台，也已起了帶動作用。

總的來看，在2008年年中到2010年年中的兩年期間，福建對台金融交流，「亮點」並不在於「機構入台設點」，因這方面僅有申請案例，而尚未有實際完成設點之項目。此與台方機構之接續進駐福建情況相較，實不成比例。

這期間福建對台金融交流工作的成效，主要表現在福建本身的「交流平台建設」之上。如新台幣在閩「雙向兌換」業務擴大到全省、增加新台幣雙向兌換承辦銀行（興業銀行）、建設海西區域性金融中心工作之進展、平潭島對台金融交流先行先試構想之提出等。

陸、機會與挑戰

隨著海西經濟區的進步與提升，福建對台金融交流必定會有持續的發展。而其最大的發展機會點，在於運用閩台間密切的地緣、商緣、人緣等優勢，建立一種「全方位」的金融交流關係，也就是建立一個完整的「閩台金融市場」，或「海峽東西兩岸金融市場」。該市場可涵括「從公司業務到個人理財」、「從貨幣兌換到投資銀行業務」、「從產物保險到人壽保險」等方方面面的業種、業態。

但在朝此方向發展的過程中，福建也會面對下列的挑戰：

一、大陸其他地區的競爭

現階段大陸各經濟區都普遍有發展對台經貿交流的計劃，有的甚至也把對台金融交流列為發展重點，其中以長三角（蘇南與上海市）、環渤海（天津濱海新區）表現得最為積極。凡此皆對福建的對台金融交流，帶來競爭壓力。

二、海西產業「質」與「量」的提升速度

任何金融中心或金融市場，都必需有強力的產業支撐，才能穩健、踏實

① 李孟洲，「海西對台銀行大戲開鑼了」，台北，《先探》周刊1570期，2010年5月21日出版，頁110－111。

發展。關於這方面的條件，福建基本上並不欠缺，也就是當地產業已具有一定的基礎。但為了大力支持閩台金融市場的建設發展，當地有必要加速提升產業的「質」與「量」，不但儘快往先進、高附加價值提升，而且要儘速把產業規模做大。這是海西金融市場發展的「底盤」。

三、海西金融「外延」影響力的強弱

金融市場的發展力道，另有一個來源，就是市場活動之對外「幅射」、「延伸」。如海西金融市場能將影響力外延到西邊的江西、湖南等省份，及往北、往南分別能與上海、廣東金融市場的「勢力範圍」形成「跨區交集」，並進行常態性的交流，則海西金融市場將是「主流圈」內的市場。反之，其影響力若僅止於海西之內，則該金融市場的發展就會有相當大的侷限。

柒、對策建議

面對上述三大挑戰，福建省當局可以考慮採取下列的作為，來達致突破性的成果，以建立一個「通達四海三江」的典型金融市場：

一、建立「兩岸兩幣」交易的中心市場

福建是全大陸與台灣民間交流最繁盛的地方，也是新台幣、人民幣互兌交易最容易做大的地方。福建應把握這個優勢，在「兩岸貨幣清算機制」建立的前提下，大力發展這兩幣的互兌交易市場，而且，不只是擴大交易量而已，還要形成「定價機制」，以成為這兩幣交易的「中心市場」，也就是其他地方市場同項交易的價格基準。

該「定價機制」是海西金融市場可以「先試先行」的項目。因目前新台幣、人民幣兩幣互兌交易的行情，是通過美元「套算」出來，並未充分反映出民間對該兩幣的需求。如 2010 年上半年，儘管台灣民眾有搶購人民幣的熱潮，甚至造成人民幣鈔券缺貨現象，但當時台灣銀行業的人民幣買賣價卻是不漲反跌，此因當時人民幣對美元匯率不動，而新台幣對美元則是升值，兩者通過美元套算的交易價，呈現了人民幣對新台幣貶值。按供需法則，人民幣既被搶購，其應對新台幣升值才正常。①

---

① 李孟洲，「人民幣買賣應市場化」，台北，《旺報》，2010 年 4 月 22 日。

所以，海西金融市場可由此切入，率先試行「兩幣自主定價」機制，直接按民間供需情況，訂定兩幣互兌價格，並彈性浮動。這將會是海西金融市場領先群倫的一大特色。

二、協助台資金融機構加大業務的「深度」與「廣度」

進駐福建之台資金融機構，都有「立足海西，走向全中國」的設想與願望。對此，福建當局有必要為其爭取較大的發展空間，即千方百計加大其經營上的「深度」與「廣度」。在深度方面，主要是協助其盡量深入承辦福建當地居民的家計存貸、保險、理財等金融服務需求。在廣度方面，主要是協助台資機構儘速赴省外或海西區外廣設分支機構，使其有機會發展成為全國性機構。

三、增加台資企業股票上市家數

金融市場的重要象徵，是當地企業具有繁盛的「資本運營」活動。關於這方面，目前福建台資企業尚有不足，主要在於，當地台資企業股票上市A股、B股的家數仍屬稀少，使當地台資的資本運營空間有相當侷限。為此，福建當局應向中央爭取，擴大當地台資企業股票上市家數，使其成為大陸股票市場的重要組成部份。

四、打造大型企業

金融市場運作的有力基礎，是當地擁有一批在全國乃至全世界排名居於前列的大型企業。為此，福建當局有必要運用有效方法，促成當地企業的「大型化」，如鼓勵企業建立海內外「知名品牌」，或促使企業合併、強強聯合等，以使當地企業在全國乃至全世界的排名迅速上升。凡此皆能有力地促進海西金融市場之茁壯。

海峡西岸经济区对台金融合作的市场空间探析

李　非　陈　茜*

一、引言

（一）研究背景与意义

2009年11月中旬，为落实第三次“陈江会”签署的《海峡两岸金融合作协议》，两岸金融监管部门分别就银行业、证券业和保险业协商签署了监督管理合作谅解备忘录（MOU）。2010年签署的两岸经济合作协议进一步就两岸金融业的市场准入进行磋商，可以预计两岸货币清算机制、资本市场相互开放等议题将会逐步协商和解决。随着两岸金融业合作的障碍逐步清除，两岸公权力部门积极寻求试点地区，率先开展两岸金融合作，不仅可以增进两岸之间的金融往来，而且可以及早发现两岸金融合作中可能存在的一些问题，便于解决两岸在未来金融合作谈判时可能存在的争端①。

就金融机构而言，试点地区须满足合作便利、政策支持以及资本盈利三大基本要件。海峡西岸经济区与台湾地缘相近、商缘相通、血缘相亲、文缘相承，并且在两岸现钞兑换、通汇、金融机构设立等方面已拥有一定的合作基础，符合合作便利的要求。2009年5月国务院公布《关于支持福建省加快建设海峡西岸经济区的若干意见》，提出“推动对台离岸金融业务，拓展台湾金融资本进入海峡西岸经济区的渠道和形式，建立两岸区域性金融服务

---

* 作者简介：李非，厦门大学台湾研究中心教授，博士生导师，经济学博士；陈茜，厦门大学台湾研究院博士研究生。

① 宋逢明：《加强两岸银行金融业交流推动，推动海峡和平发展》，《金融理论与实践》，2010年第1期。

中心，推动金融合作迈出实质性步伐。”这意味着海峡西岸经济区具备对台金融合作的政策优势。在前面两大要件基本满足的基础上，本文力图通过探析金融合作的市场空间，证明海峡西岸经济区满足资本盈利的基本要求。

（二）研究内容的定位

海西区对台金融合作的定位是分析市场空间的前提和基础，其主要体现在四个范畴：

首先体现在合作模式上，台湾地区实行金融自由化政策以后，金融机构运营绩效迅速提高，金融机构数量显著增加。然而，岛内市场规模继续扩展的空间有限，金融竞争日益激烈导致利润空间不断压缩。因此，积极向外拓展市场空间，延伸金融体系的服务范围，是台湾金融业发展的内在需要。海峡西岸经济区虽然拥有众多台商客户，当地金融需求日益增长，但金融服务水平有限。基于两地金融环境的差异，合作以台资金融机构向海西投资为主。

其次体现在合作主体上，包括海西与台湾两地的银行、证券公司、保险公司、信用担保公司、期货公司、风险创业基金以及其他各类金融中介服务机构，在满足一定条件下还包括生产企业和政府部门①。

再者体现在合作性质上，海西对台金融合作是市场化条件下的合作，金融机构作为独立的市场经济主体，受资本逐利性的驱动，基于现实经济条件决定合作的战略布局和阶段目标，以实现利润最大化。

最后体现在范围和对象上，海西对台金融合作的服务范围拟定于海峡西岸经济区及能够辐射到的大陆中西部地区，服务对象定位于海西中小企业与中端收入居民。

二、供需视角下海峡西岸经济区对台金融合作的市场空间

探析对台金融合作在海峡西岸经济区的市场空间，有必要对海西现有金融机构数量、服务水平、不同类型企业融资状况以及民众金融需求进行综合考量。

---

① 海西区内不乏实业界通过股权合作等方式投资金融产业的例子。如闽侨实业投资广发华福证券、建发集团投资厦门国际银行和厦门国际信托等。福建还开创了台港澳资企业入股农村合作金融机构的先河。目前有8家台资企业入股泉州市城区、将乐县等7家农村信用合作社。

（一）金融机构供给的相对不饱和度提供了市场空间

一个区域经济发展水平与金融需求高度正相关，区域 GDP 指标能够体现并衡量该区域金融需求的规模①；同时，区域内各金融网点的数量在一定意义上刻画了该区域金融供给结构与金融业竞争环境，是衡量金融供给的合理指标。在此前提下，为探析市场空间的大小，本文用参照区域与目标区域金融网点数量之比与两地区 GDP 之比两者的差额来度量区域内各类金融机构的相对不饱和度，数值上体现为剔除经济发展水平因素之后参照区域对目标区域金融供给的“净倍数”。金融供给“净倍数”为零，表明在等量 GDP 上目标区域和参照区域具有相同水平金融供给，即目标区域不存在金融供给的相对不饱和；“净倍数”为负，表明等量 GDP 上目标区域金融供给水平高于参照区域，即目标区域的金融供给相对过剩；反之，“净倍数”为正，则表明目标区域金融供给水平相对参照区域较低，数值越大，目标区域的金融相对不饱和程度越高。

本文以海西区的主体福建为目标区域，经济金融发展相对较快的江苏、浙江、广东、上海三省一市为参照区域，分别对福建与四个参照区域八种不同属性和类型的金融机构（以银行业为主）进行比较分析，得出福建不同类型金融机构的相对不饱和度。如图 1 所示，福建境内国有银行、股份制商

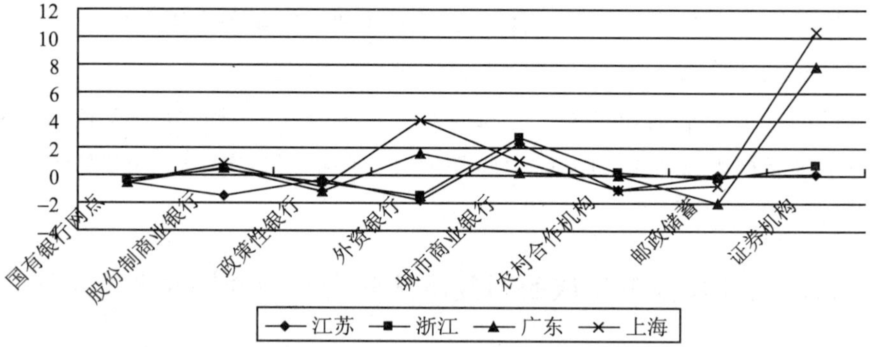

图 1　海西（福建）金融机构的相对不饱和度

数据来源：2008 年福建省、江苏省、浙江省、广东省、上海市金融运行报告整理所得指标计算（以江苏省国有银行网点为例）：福建国有银行相对不饱和度 = 江苏省国有银行网点数/福建国有银行网点数 − 江苏省 GDP/福建 GDP

① 为符合与机构数量指标的可比性，本文采取 GDP 总量指标，而非人均 GDP 指标。

业银行、政策性银行、农村金融合作机构、邮政储蓄与四个区域比较，数值接近零，不存在供给的相对不饱和；然而，福建外资银行、城市商业银行和证券机构三者存在较高的相对不饱和度。其中，以国际化程度最高的上海市为参照区域，福建外资银行和证券机构的相对不饱和度最高，净倍数分别为3.98和10.4；以比邻港澳的广东省为参照区域，福建外资银行和证券机构的净倍数分别为1.62和7.92；以民营资本发达的江、浙两省为参照区域，福建在城市商业银行上有较高的相对不饱和度，净倍数约为2.5。

比较分析的结果为海峡西岸经济区对台金融合作提供了两个思路，台资金融机构参照外资金融机构标准进入海西市场，填补当地外资银行和证券机构的相对不足。在战略上又可以采取业务联盟、参股等方式与海西城市商业银行、证券机构合作。

（二）银行机构贷款利率的反差创造了市场商机

尽管两岸金融体制不同，但银行业都是金融产业中最为核心的部分，直接影响到两岸贸易往来和授信融资。不仅如此，保险业和证券业一定程度上仰赖银行的网络资源和信息资源，信用担保、评级等金融中介服务机构更是作为银行业的配套企业而存在，无法离开银行业独立生存。因此，银行业市场空间的大小，直接影响合作的广度和深度。

贷款利率结构主导着银行营运资金的收益，也反映贷款资金的流向，是衡量银行业市场空间的关键指标。近年来，大陆银行存贷利差平均可达3%以上，为台湾岛内存贷利差的3倍之多。就福建而言，如图2所示，2008年国有商业银行低于基准利率的贷款占52%，而城市商业银行占34.9%，城乡信用社仅为5.2%；贷款利率在基准利率1.3倍以内且高于基准利率的资金占比中，国有银行低于城市商业银行近10个百分点；贷款利率高于基准利率1.3倍的资金占比中，国有银行只占1.4%，城市商业银行占8.7%，城乡信用社高达69.3%。

这种利率结构的反差根源于银行机构贷款对象的差异。国有银行凭借雄厚的资金实力掌握区内国有以及其他性质的优质大型企业客户。基于风险考虑，国有商业银行信贷主要是向传统的重点行业，特别是垄断性行业集中，中小企业很难获得贷款。相反，城市商业银行和城乡信用社在经过风险加权后，将有限的贷款资金以较高利率提供给区内的中小企业。除风险考虑之

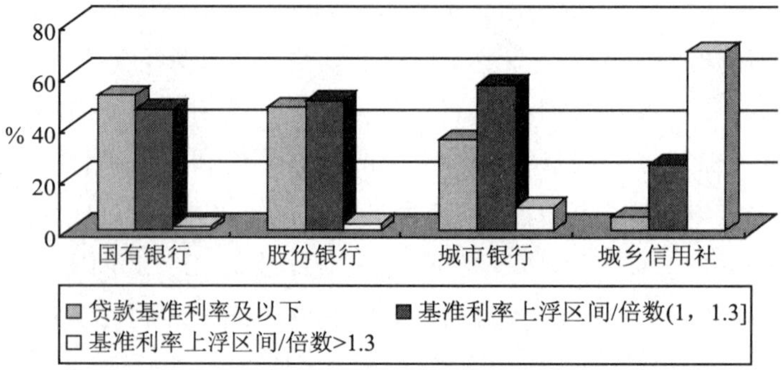

图2　2008 年海西（福建）名类银行贷款利率的资金占比

数据来源：《2008 年福建省金融运行报告》

外，区内中小企业的庞大资金需求，是推高城市商业银行与城乡信用社（特别是后者）贷款利率的另一重要因素。

从对台金融合作的视角来看，通过引入台湾银行业较为成熟的风险控制机制，海西对台金融合作能够将区内中小企业庞大的资金需求和较高的资金回报率（存贷利差可达 4% 甚至更高）转化为可观的市场空间。与此同时，银行业的合作可以带动保险、证券、产业基金、风险投资以及各类金融中介机构的合作，发挥不同机构间的协同效应，实现范围经济下的“一站式”服务。

（三）中小企业的资金不足扩大了市场需求

海西区中小企业的庞大资金需求推高了区内城市商业银行，尤其是城乡信用社的贷款利率，而这一资金需求的产生有其必然性，即源于海西区中小企业自身发展的特点：其一，区内大部分中小企业属于劳动密集型企业，它们更多需要日常的周转资金、短期资金，而非固定资本或中长期资金，然而，目前国有商业银行和股份制商业银行对于 100 万元以下的资金需求基本不予考虑①；其二，利率水平并非制约海西中小企业的首要因素，重要的是能否申请到贷款和贷款投资运行后的整体利润水平；其三，海西中小企业呈现出集群优势和单体规模弱势并存的现象，产业集群间存在显著差异的同

① 中国人民银行福州中心支行：《福建中小企业融资制度改革探索》，《福建金融》，2004 年第 11 期。

时，集群内企业却高度同质；其四，在与大企业的关系上，竞争多于合作，使中小企业难以利用商业信用从产业链上的大企业融通资金；最后，海西区弱势、同质的中小企业间存在显著的模仿和“跟风”现象，使金融机构无法有效分散融资风险，抑制了金融机构贷款意愿。

从规模上看，截止2008年，福建大型企业仅95家，中型企业1729家，小企业63614家，小企业占企业总数的97%；另外，区内还拥有15万家个体户；台资企业的比例尽管低于8%，但80%为独资、平均资产约6300万元的中小型企业，主要集中于纺织业、矿物化学制品业以及机械设备制造业。① 国际经济危机爆发后，区内中小企业整体景气指数从2008年一季度122.5滑落到年末的101，其中小型企业从115.4滑落至90.3，港澳台企业景气指数也从130滑落至97.2。在受到整体盈利指数降至79.3的影响后，企业贷款拖欠指数滑落至97.2。② 利润锐减、资金链面临断裂、技术改造和综合成本上涨等因素让原本融资窘迫的中小企业雪上加霜。

然而，中国出口信用保险公司福建分公司目前仅为250家企业提供信用保险服务，累计承保金额仅占福建一般贸易出口额的7%～8%；中小企业融资担保机构184家，在保中小企业比例却低于10%；在直接融资方面，上市的福建中小企业仅有12家，发行短期融资券的中小企业只有1家；2008年福建参加年审的91家典当行，累积实现典当总额仅为46.1亿③。当无法通过正规金融机构获取融资服务时，部分中小企业转而利用地下金融。根据近年民间借贷总量相当于正规金融机构贷款额4%至5%的保守比例测算，福建民间借贷资金达400亿元。可见，海西对台金融合作具有广阔的市场空间。除中小企业融资之外，服务于中小企业的保险、产业投资基金、信用担保、财务公司等亦可成为合作的重点内容。

（四）民众金融需求的增长拓展了市场规模

除企业金融外，居民消费金融市场、保险市场、证券市场也亟待挖掘。

① 《福建统计年鉴－2009》，http：//www. stats－fj. gov. cn/tongjinianjian/dz09

② 景气指数取值于0～200之间，100为景气指数的临界值；当景气指数大于100时，表明经济状况趋于上升或改善，处于景气状态；当景气指数小于100时，表明经济状况趋于下降或恶化，处于不景气状态。

③ 黄启才，黄健光：《福建外贸中小企业融资问题初探》，《福建论坛》（人文社会科学版），2009年第6期。

2008年，福建城镇居民人均可支配收入近1.8万元，为2001年的2.16倍，年均增长率达11.6%；农民人均收入为2001年的1.8倍，年均增长率达9%。城镇、农村居民家庭恩格尔系数分别为40.6%和46.4%①。根据联合国粮农组织提出的标准，恩格尔系数在59%以上为贫困，50%~59%为温饱，40%~50%为小康，30%~40%为富裕，低于30%为最富裕，可以看出区域整体已达到小康水平。可观的收入水平和较快的增长率，是拓展居民金融市场的财力保证。

虽然海西区国有银行分支行掌握了大量的优质客户，但却无权推出针对本区域特色的理财产品，研发设计、定价、风险管理等环节都在总行，更无法结合客户的投资偏好和资金实力为客户量身定制金融产品；境内外资银行的理财业务虽发展迅猛且成熟，但仅局限于高端客户。因此，金融合作的居民金融市场空间可定位于城市中层收入居民和部分农村居民，开发适用于投资金额适中、有一定抗风险能力的中层客户理财产品②；在保险方面，2008年，福建保险深度为2.7%，远低于上海的5%，甚至低于中部若干省市；保险密度为806元，也低于其他沿海省市，与快速增长的收入水平不相称；在证券方面，以深交所为例，近两年福建个人和机构的开户数约占大陆开户总数的2.9%，而证券成交总额已占到4.5%；从排名情况看，证券成交总额在地区成交总额排名中位居第7位，而证券机构数量143家，仅名列第9位③。占比的差异反映了海西平均每户证券交易规模相对较大，排名的差异却反映出区内证券机构数量的相对不足。因此，通过对台保险、证券业的合作挖掘相应的居民市场空间是可行和必要的。

三、产业联动视角下海峡西岸经济区对台金融合作的市场空间

产业生命周期理论表明，生产要素价格的相对变化会让包括台资企业在内的一大批沿海地区企业向中西部地区转移。中西部为了加快推进工业化进程，实现经济跨越式发展，产业承接也正由被动承接转变为主动承接。与此

---

① 《福建统计年鉴-2009》，http://www.stats-fj.gov.cn/tongjinianjian/dz09

② 一般而言，高端客户投资金额大、抗风险能力很强，但同时要求的收益率也相对较高，并且国有、外资银行已先发制人、抢占先机，高端市场不宜作为台资金融机构现阶段的市场目标。

③ 上海证券交易所会员统计数据，深圳证券交易所市场统计月报。

同时，海峡西岸经济区为实现“东部沿海地区先进制造业的重要基地”这一战略目标，将推动“腾笼换鸟”式的产业升级。从产业联动视角看，区内产业转移与升级为对台金融合作市场空间的拓展提供了战略性的方向。

（一）产业转移下的对台金融合作市场空间

产业转移的本质是资本的迁徙和再投资。无论是存量转移，即把福建现有的机构搬迁至新地区，还是增量转移，即通过新建与并购等途径，将投资建设的重点转移到新的地区，如此资本流动过程为海西区对台金融合作拓展市场空间提供了可行的方向，即跟随转移资本的流向为转移企业提供所需的金融服务，并拓展中西部市场。

1. 转移企业的金融需求是市场空间存在的逻辑基础

首先，产业转移中的绝大多数企业受成本驱动，缺乏足够的闲置资金进行大规模转移性投资。其次，企业投资转移初期，无合适的抵押资产，信息不对称导致中西部地区金融机构不敢贸然发放贷款。再者，转移初期尚未形成规模较大的产业集群，且中西部往往缺乏配套企业，导致转移企业各链条间难以形成有效的配合，进而无法形成有效的资金圈，加重了企业的资金困境。最后，部分转移企业的经营模式将逐步由“店厂合一”变为“店厂分离”，转出地与转入地之间会产生大量新的关联交易，逐步产生多元化的融资服务需求。

2. 中西部不完善的金融环境是市场空间存在的客观条件

首先，中西部地区的典型特征是政府招商引资力度与金融机构支持力度的错位。自2005年以来，国有商业银行股份制改造明显加快，资产质量效益指标已成为各行运作信贷资源的核心依据。同时，总行纷纷上收信贷审批权限，提高准入标准，收缩县域机构网点，导致当地政府对金融机构的引导力日益削弱，从而导致招商引资所引进的转移企业难以获得当地金融机构的贷款。其次，中西部地区存在较严重的国有金融机构垄断局面，股份制商业银行、城市商业银行、外资银行数量较少。这种垄断局面加剧了信贷资金向中心城市、重点行业和大企业集中，转移企业难以获得贷款。① 最后，大陆

① 吴成颂：《产业转移承接的金融支持问题研究——以安徽省承接长三角产业转移为例》，《学术界》，2009年5月。

中小企业征信体系尚未建成，而中西部地区绝大多数信用担保公司融资能力有限，程序繁琐、费用高昂、有效期限过短，并且转移企业的商标、技术等无形资产往往难以办理抵押贷款。

3. 海西产业发展趋势是市场空间存在的现实基础

考察区域内某类产业或特定产业的发展态势，该产业的固定资产投入与人力资本投入的变化十分重要，二者的增加可以说明该产业在当地发展状况良好，有意愿投入更多资本和人力以扩大生产规模，反之则是产业发展趋缓，压缩生产规模。尤其对于海西区为数众多的劳动密集型和技术成熟型产业，固定资产和人力资本的投入相较于技术投入更能准确的刻画产业的经营状态和发展趋势。

2006 年以来福建固定资产投资年均增速约为 30%。相比之下，规模以上工业企业固定资产净值年均增速为 16.4%，其中轻工业年均增速约为 14.6%，港澳台企业年均增速为 13.3%，分别低于整体平均增速 1.8 和 3.1 个百分点。从就业人数看，区内制造业就业人数增幅不断下降，2006 年增长为 30%，次年便降至 13.5%，2008 年为负增长。港澳台企业体现更为明显，近三年就业人数增幅均低于制造业整体增幅，2008 年 -5.2%。① 数据表明，无论是固定资产投资增幅，还是就业人数增幅，区内传统轻工业，以加工制造为主的台资企业在当地均已呈现一定程度的萎缩，侧面证明了此类产业向中西部地区转移以寻求综合竞争优势的趋势。事实也正是如此，2009 年初福建富鑫钢铁公司向安徽转移投资年产 200 万吨的特殊钢项目，总投资额达 30 亿元。贵人鸟、361 度两大知名运动休闲品牌将分别投资 4.18 亿元、2 亿元在安徽建立服装生产基地②。

4. 金融业跨区域融合是市场空间存在的技术保障

随着区域经济一体化不断深入，大陆各省市正不断打破行政区划限制，实现资本、人员、技术在区域内的自由流动。在金融行业，跨区域融合将是金融发展的重要内容和方向。一体化发展势头最好的长三角地区，金融机构

---

① 2004 ~ 2009 年《福建统计年鉴》。

② 《安徽成福建产业转移重要备选地》，http://news.sina.com.cn/o/2009-01-13/115115026339s.shtml

早已通过股权合作、战略合作、事业部以及准金融控股集团等多种形式实现了金融机构的跨区域合作。在海峡西岸经济区，2009年9月，已具有台资背景的厦门市商业银行更名为厦门银行，计划在未来3年发展成为规模增长较快的中型银行，形成区域性的市场布局。2009年12月，福州商业银行更名为海峡银行，将通过增资扩股、网点扩张、引进战略投资者、两岸合作以及上市计划等方式，实现地方性银行向区域性、全国性银行发展。2010年1月，富邦财产有限公司将营运总部设在厦门，加快海西以及中西部地区布局。随着海西政策优势不断集聚，对台金融合作能够实现跨省区，特别是海峡西岸经济区与大陆中西部地区金融资本的融合，从而更好地为转移企业提供金融服务。

（二）产业升级下的对台金融合作市场空间

区域产业升级主要有两种形式，创设新企业和现有企业技术转型。外商投资一直以来都是海西技术引进的主要渠道，其中，承接的台湾石化、机械、光电三大产业占据区内产业技术结构的核心位置。随着对台合作不断深入、对外开放程度不断提高，海峡西岸经济区将承接国际、台湾地区新一轮产业转移，以加快区域产业升级。从对台金融合作的视角看，与国有银行、股份制银行、外资银行以及其他保险、证券机构已经建立金融服务关系的现有企业通常不会轻易发生转向，金融合作想要争取这部分客户实属不易，但对于新进入的企业则可以通过服务、产品的创新，特别是台资金融机构对台湾企业的天然亲和力，发挥后发优势，实现市场空间的拓展。

针对现有企业的技术转型，无论是自主研发、购买新设备或其他形式，均需要配套的金融支持。2008年，福建科技经费筹集总额中，银行贷款与企业自筹占86.3%，较之2000年的79.5%上升近7个百分点。相反，政府支出的比重下降，2008年仅占10%。不仅如此，技术改造将派生出大量如技术设备、进出口货物等相关的保险需求。值得一提的是，中小企业的技术转型步伐逐步加快。近年来，福建科技经费内部支出总额中，小型企业、软件开发单位以及农业企业的支出占比达到30%。① 许多中小企业寄望通过产权流转、私募股权等方式引入战略投资者，实现技术流程、经营管理流程的转型升级。鉴于岛内金融机构在辅导、服务中小企业转型升级，特别是技术产业化、市场化方面具有成熟的经验，海西对台金融合作可充分利用这一优势，在区内现有产业转型升级，特别是中小企业技术转型的过程中拓展市场空间。

四、拓展海峡西岸经济区对台金融合作市场空间的主要路径

海西对台金融合作的主体是双边金融机构和参股金融机构的区内各级政府以及企业。依据不同主体之间的相互关系，应分别从金融机构之间合作、金融机构与政府合作、金融机构与企业合作这三个方面来分析具体的合作路径。

（一）金融机构之间合作的路径

随着金融一体化进程的加快，外资金融机构参与大陆金融市场竞争的路径日趋多样。就海西对台银行业的首次合作，台资当以参股或收购的方式，借助海西区城市商业银行、城乡信用社现有的资源，短时间内铺开市场。对于区内城市商业银行而言，引进台资不仅能够进行资本、技术、产品、经营和管理等方面的有效嫁接，而且打通了城市商业银行与台湾金融市场、台资企业接轨的通道，增强了核心竞争力；对于城乡信用社而言，参股或兼并可以改善经营管理体制，扩充资本金，特别是加大与区内众多台资农业企业的联系。中长期内，伴随产业转移的步伐，海西区银行资本和中西部众多城市商业银行可通过松散的业务联盟或紧密的股权联盟，以“抱团出击”的方式服务众多转移企业。

由于两岸保险业合作无须以 MOU 签订为前提②，保险业的合作已经展开。2007 年，国泰人寿设立福建分公司，2009 年末保监会批准富邦产险在

---

① 数据来源，2009 年福建统计年鉴。科技活动经费内部支出指报告年内用于科技活动的实际支出，包括劳务费、科研业务费、科研管理费，非基建投资购建的固定资产、科研基建支出以及其他用于科技活动的支出。不包括生产性活动支出、归还贷款支出及转拨外单位支出。反映科技投入实际完成情况。

② 截止目前，共 4 家台湾保险公司在大陆筹建合资公司，即台湾国泰人寿、新光人寿、台湾国泰世纪产物保险和台湾人寿

厦门成立独资产险公司。通常情况下，保险公司对于营业网点的依赖程度较小，因此，设立分公司、合资设立新公司、参股、独资公司以及单纯的业务合作等，均是海西对台保险业挖掘本地市场和拓展中西部地区市场的可行路径。在证券业合作方面，合资创设证券机构，利用两岸资本市场相互开放的契机，争取中央优惠政策，积极拓展两岸个人和机构投资客户，打造便于区内企业技术转型的产权、股权交易平台。不仅如此，台资金融机构还可设立或参股财务公司、产业基金、保险中介、信用担保、信用评级机构等。

（二）金融机构与企业合作的路径

一方面，为拓展金融合作的市场，借鉴日本的主银行制经验，台资金融机构应与海西区中小规模的股份制企业、私营企业和个体工商企业建立长期的合作伙伴关系，加强了解，互通有无，建立广泛的信息系统和网络服务。既要为其提供相应的资金支持、企业保险，更要提供财务、生产投资、证券投资、信息咨询等服务，加强中间业务；另一方面，为扩大金融机构的规模，除争取上市融资外，扩大社会法人入股，如金融机构吸收台资大中型企业或集团、当地民营企业入股，双方互相参股，特别是金融合作中的非银行金融资本与产业资本的融合有助于向转移企业提供更充分的金融服务。

（三）金融机构与政府合作的路径

政府参与对台金融合作的路径主要有四个方面：

首先是经营管理的合作。在控股股东一般是地方政府的股权结构下，金融机构难以建立起有效的公司治理机制，而台资参股能够起到优化治理机制与改善管理的作用①；另一方面，海西对台金融合作拓展中西部市场空间面临的最大问题将是经营地域的限制，从当前政策层面看，中国人民银行和中国银行业监督管理委员会均明确表示，允许达到一定条件的城市商业银行跨区域经营②。然而，良性转化须以台资金融机构与地方政府、各地政府之间

---

① 以福建两大城市商业银行为例，福州市商业银行和厦门市商业银行，政府皆有持股，福州市财政局、马尾区财政局分别持有福州市商业银行股份8.413%与7.376%，为第一、二大股东，后者大股东为厦门市财经局，共持有24.42%的股份。福建省政府透过华福、华兴两大国有投资集团持有广发华福证券25.97%的股权。

② 2005年11月，银监会正式核准上海银行宁波分行筹建。这是目前我国城市商业银行跨省市设立异地分行，实现真正意义上跨区域发展的第一张准入证。

有效沟通以及地方政府适度金融退出为前提。

其次是建构金融生态环境的合作。金融生态是指影响金融市场运行的外部环境和基础条件，包括法律制度环境、公众风险意识、中介服务体系、市场信用体系和行政管理体制等内容；广义上还可能包括金融市场生成、运行和发展的经济、社会、法治、文化、习俗等体制。生态环境的好坏直接影响金融合作的服务种类、规模、价格、质量、范围等；或者说良好的金融生态环境有助于金融合作市场空间的充分挖掘和拓展。因此，建议由人民银行福建分行牵头设置区域系统性金融风险预警机制和处置方案；双边合资、独资金融机构与公检法构建金融案件预防协调机制，对金融诈骗、破坏金融秩序、挪用金融资产、洗钱、假币犯罪等非法金融活动进行打击。不仅如此，台资金融机构应协助区内各级政府将分散在银行、工商、税务、海关、质监等部门的企业信用信息进行整合，加快完善企业信用信息系统，并整合公安、教育、计生、社保等部门的个人信用信息，建立个人信用征信体系。不仅如此，应配合金融管理当局健全金融机构市场退出机制，规范金融机构的破产行为，强化金融生态系统的“物竞天择”的进化竞争机制。①

再次是人员往来的合作。政府应协助金融机构为赴海西就业、培训的台湾金融专业人才创造各种便利条件，如子女就学、就医等；协助台湾金融机构联络区内国有银行、股份制商业银行、外资银行以及区内银行业协会、台商协会等，加强行业沟通与合作；支持双方金融业举办金融培训、论坛、研讨会等多种交流机制，提供更丰富多样的交流平台。

最后是争取中央政策支持的合作。尽管两岸经济合作协议涉及两岸金融市场的相互开放，规范了两岸金融合作的硬性框架，但中央对海峡西岸经济区的支持力度决定了海西对台金融合作的弹性空间。正因为海西所拥有的两岸金融合作先行先试政策优势的多寡直接影响金融合作的广度和深度，通过金融机构与政府的合作，共同探讨金融发展的政策机制，提出系统科学的金融发展规划，以争取中央更多的政策支持，从而解决或规避金融合作中面临的政策约束。

---

① 杜朝运：《海峡西岸经济区金融生态优化问题研究》，厦门大学出版社，2008 年 6 月，第 257－258 页。

海峡两岸金融业合作的路径选择和前景分析

王　鹏*

海峡两岸金融业合作是伴随着两岸经贸合作产生和发展的。两岸经贸合作起源于两地的比较利益和优势互补，是经济发展规律的必然，也是文化和情感推动使然。2008 年底以来，两岸实现了海运直航、空运直航、直接通邮的“大三通”，两岸经贸合作愈加紧密。然而，相对于 20 多年来两岸贸易与台商对大陆投资的发展，两岸金融业合作则严重滞后，远不能适应两岸经贸关系的发展。尤其是，近年来由美国次贷危机引发的全球金融危机的爆发，对两岸经贸合作产生重大冲击，严重影响了台资企业在大陆的投资经营活动，两岸金融业合作显得更为迫切与需要。2009 年第三次“陈江会”签署了《海峡两岸金融合作协议》，揭开了两岸金融业制度化合作的序幕，为两岸经济合作注入了新的内容，有助于改变目前两岸经贸合作过程中“金融领域滞后”与“大经贸小金融”的格局。在此背景下，如何进一步扩大和深化两岸金融业合作，探讨合作的路径选择，展望未来的合作前景，共同维护两岸的经济安全和稳定，成为亟待解决的问题。

一、海峡两岸金融业合作的基本现状

随着海峡两岸金融监管合作备忘录（MOU）于 2010 年 1 月 16 日正式生效，两岸金融监管机构将据此建立监管合作机制，有利于促进两岸金融业的优势互补和共同发展，优化大陆台资企业的融资环境。目前，两岸金融业合作已进入实质阶段，主要体现在银行业、证券业和保险业的合作上。

---

* 作者简介：王鹏，暨南大学台湾经济研究所副教授，经济学博士，硕士生导师。

（一）银行业合作

2001 年海峡两岸先后加入 WTO 以来，随着大量台资企业投资大陆，两岸均出台互设金融机构并开办相关业务的政策。近年来，工商银行、建设银行、交通银行、中国银行等多家大陆银行都表示将赴台设立分支机构。这些大陆银行在台设立分支机构功能的定位是服务两岸经济活动，包括服务两岸贸易和项目投资等，主要从事批发信贷和贸易融资业务。与此同时，岛内银行业界加快“西进”的姿态也相当积极。截止 2009 年底，共有 12 家台资银行在大陆设立了办事处（见表 1）。MOU 生效后，7 家在大陆设立办事处满 2 年的台湾银行将升格为分行，台湾最大公股银行——台湾银行也于 2010 年 2 月初在上海成立了办事处，而中信金控、国泰金控、兆丰金控、远东商银等台湾银行业者也在积极与大陆银行洽谈合作事宜。

表 1　台湾金融机构在大陆设点情况

地点	银行业	证券业	保险业
北京	合作金库、中国信托、华信商业	元大京华、倍利国际、金鼎、京华山一、复华、宝来	国泰产险、国泰人寿、富邦产险、富邦人寿、新光人寿、台湾人寿、明台产险、友联产险、中国人寿
上海	世华银行、土地银行、第一商业、华一银行（合资）、商业储蓄银行	元大京华、倍利国际、金鼎、元富、群益、宝来、统一、建华、日盛、大华、太丰行、中信凯基、第一、富邦、台证	富邦产险、新光人寿、中央产物、国泰世纪产物、友联产险、万达保险、国泰人寿、明台产险
深圳	华南银行	倍利国际、元富、亚洲环球、中信凯基、金鼎	
广州		宝来	中央产物、国泰人寿
成都		金鼎	国泰人寿
昆山	彰化银行		
苏州	中国国际商业银行		新光产物、国泰人寿
宁波	协和银行（合资）		

资料来源：根据相关资料整理。

通汇是两岸银行业合作中最早遇到的问题。2001 年 11 月 16 日，台湾当局允许岛内 OBU（overseas banking unit，国际金融业务分行）及海外分支机构与大陆银行及其海外分支机构进行直接金融业务往来。2002 年 2 月 15 日，台湾当局批准岛内 DBU（domestic banking unit，台湾地区外汇指定银行）与大陆银行直接通汇。2007 年，为提升 OBU 与海外分支机构的国际竞争力，台湾当局除了开放办理大陆境内交易产生的外币应收账款收买业务，也将授信业务的对象扩大到外商企业在大陆地区的分支机构，以吸引台商与外商利用 OBU 作为两岸资金调度的中心。2008 年 12 月 25 日，根据海协会和海基会签署的《海峡两岸邮政协议》，两岸邮政开办了信函、包裹、特快专递和汇兑等业务。2009 年 2 月 26 日，两岸正式实现双向邮电通汇。双向通汇为两岸提供了方便的汇款平台，缩短了通汇时间，节省了中间环节的手续费，并且方便大陆台资企业节税与资金调度。

两岸通汇不可避免要涉及到货币兑换问题。早在 1988 年，中国银行厦门分行、福州分行与马江支行即开始开办新台币兑换人民币外汇券业务。2003 年 8 月台湾当局首次开设人民币相关业务，适用对象仅限于 OBU 客户，即境外法人。2005 年 10 月，台湾“行政院”在金门、马祖试办人民币兑换。2008 年 6 月 12 日，台湾当局开放人民币在本岛的兑换业务。2009 年 4 月 26 日，海协会和海基会签署《海峡两岸金融合作协议》等三项协议，同意先由商业银行等适当机构，通过适当方式办理现钞兑换、供应及回流业务，并在现钞防伪技术等方面开展合作，逐步建立两岸货币清算机制，加强两岸货币管理合作。

（二）证券业合作

2008 年国民党重新执政后，两岸关系迅速改善，尤其是海协会与海基会的恢复商谈以及达成两项重要经济协议，为两岸证券业合作带来新的发展机遇。台湾当局采取积极措施，逐步开放大陆境内合格机构投资者（QDII）投资台股。除取消“外资机构”（含基金与非基金）申请投资台股时必须出具“不含陆资声明书”的规定外，2008 年 12 月 4 日，台湾“行政院”通过《大陆地区投资人来台从事证券和期货投资办法》，开放大陆 QDII 来台从事证券投资与期货交易，并允许上市上柜公司的大陆员工及来台挂牌海外企业的大陆股东可认购并获配有价证券；2009 年 4 月 30 日，台湾“金管会”公布《大陆地区投资人来台从事证券投资及期货交易管理办法》，大陆 QDII 可投资台湾上市公司股票、金融债券、公司债券、基金与证券化商品等。同时，放宽大陆台资企业返台上市，日前中国旺旺控股公司正式在台发行存托凭证（TDR），成为第一家台资企业在台上市公司，预计未来将会有更多的台资企业在台上市。

另一方面，台湾当局扩大开放岛内资金投资大陆资本市场，包括提高台湾券商利用海外分行参股大陆证券公司的投资限额；开放创投业赴大陆投资，投资总金额以该创投企业实收资本额的20%为限，创投公司募资投资大陆额度以不超过募资总额的60%为限；放宽境外及岛内基金投资大陆股市，将可投资陆股、港澳红筹股、H股的基金范围从公募基金扩大到私募基金，港澳红筹股不设限，陆股投资上限为10%；扩大台港资本市场交流以吸引陆资，包括开放台港指数股票型基金（ETF）双向挂牌，允许部分香港上市企业在台筹资，开放香港交易所挂牌企业赴台第二上市（或上柜）及发行台湾TDR等。

对于两岸证券市场的合作，大陆金融界倡议开放企业在两岸股市交叉持牌，实现“台股直通车”和“陆股直通车”。为解决台资企业在大陆投资与经营活动中的融资问题，大陆2001年底允许外资企业（包括台资企业）在大陆发行A股并上市。[①] 2003年12月30日，第一家台资企业浙江国祥制冷股份有限公司在上海A股成功上市。截至2009年底，大陆沪、深两市有国祥制冷、汉钟精机、晋亿实业、深圳信隆等8家台资企业成功上市。此外，统一集团、巨大集团、北京联华食品等30多家较符合上市规则的台湾企业已在排队等待上市。

（三）保险业合作

1992年两岸保险业首次在北京接触以来，保险业即形成定期交流制度。随着大陆保险业的对外开放及2002年台湾公布“两岸保险业务往来许可办法”，两岸保险业合作取得了较大进展。2004年，国泰人寿保险公司获准与东方航空公司设立寿险公司，成为台湾第一家在大陆设立的保险公司。此后，一些台湾保险公司凭借语言、文化与风俗习惯相同的优势，陆续突破各

---

① 崔荫：《两岸金融合作交流先行专题研究》，《福州大学学报》（哲学社会科学版），2009年第1期，29－35页。

种障碍进入大陆市场。① 目前，共有国泰产险、国泰人寿、富邦产险等10余家台资保险公司在大陆设立了办事处（见表1）。除机构合作外，两岸在保险人才、保险营销、保险培训等方面的合作也在不断深入。同时，大陆对外资保险业的市场准入条件设置较高，台资保险公司进入大陆市场也受到中国保险监管管理部门“五三二”条件的限制（即公司资产总额达50亿美元，成立时间30年以上和成立代表处2年以上），因此基本符合在大陆设立分公司或合资子公司的仅仅为台湾国泰人寿、新光人寿和台湾人寿这几家台资保险公司，而所有台资非寿险公司均不符合该条件。

在业务操作上，相当一部分在大陆的台资企业采用的是“经纪人”的台湾保险模式，即聘用台湾著名保险经纪公司为其设计各种企业保险方案并代表投保企业与大陆保险公司洽谈承保条件；同时把这些大陆保险公司承保的业务的部份“回分”到台湾保险市场，即通过特约临分再保险的模式将台资企业的部分保险业务分保到台湾保险市场。这些保险经纪人通常是欧美国家的跨国保险经纪公司，在海峡两岸均设有分支机构，在此充当了大陆和台湾保险业务的中间桥梁，把大陆保险公司承保业务分入到台湾保险市场。尽管“经纪人”模式也是国际保险市场和再保险市场经常采用的市场模式之一，但不利于两岸保险公司在技术领域和市场开拓等方面的交流与配合。

二、海峡两岸金融业合作存在的问题

海峡两岸金融业合作虽然取得了较大进展，但原有的合作关系受到诸多因素的制约，在货币兑换、企业融资、通汇清算和金融监管等方面存在着急需解决的问题。

（一）货币无法自由兑换催生地下非法金融活动

多年来海峡两岸经贸往来主要以美元作为支付与结算手段，间接形成人民币与新台币的汇率，企业需要负担两次兑换手续费并承受汇率变化风险，或支出较高费用和时间通过香港、美国等第三地银行进行周转，不仅增加成本、降低效率，而且不利于两岸金融市场的规范与稳定，也不利于两岸经贸往来的正常发展。其结果导致了人民币与新台币的兑换直接转向了黑市，特

① 王琦桦：《论两岸金融合作前景》，《社会科学》，2009年第10期，36－43页。

别是绝大部分收入的新台币通过黑市兑换，使地下钱庄成为境内新台币汇兑清算的主要途径。同时，人民币双向兑换（目前两岸直接通汇，只能在贸易和非贸易项下，不包括直接投资、有价证券投资或未经许可事项为目的的汇款，非商品与劳务汇款金额仍受限制）未取得突破性进展，和两岸之间密切的经贸交流所产生的对金融业合作的庞大需求相比，目前的开放度仍然远远不够。因此，两岸之间长期存在着“地下金融管道”（即所谓的“地下汇款公司”），一般是由台湾母公司将新台币汇到指定账户，然后在大陆台商所在地取得人民币，通过“一手交新台币，一手交人民币”的方式完成通汇。这些地下金融活动缺乏有效的金融监管，不仅具有很高的交易风险，而且还会成为犯罪分子洗钱的通道，扰乱两岸金融秩序与社会治安，更严重的后果则是货币当局难以把握金融宏观形势，有效实施货币政策，进而对两岸经济产生不利影响。

（二）信息不对称导致大陆台资企业融资困难

尽管大陆融资环境在逐年改善，台资企业的融资渠道也在不断拓展，但由于两岸信息不对称等原因，加上台资企业自身存在的诸多问题，资金短缺仍然是大陆台资企业普遍面临的难题，融资障碍已成为制约台资企业产业升级和增资扩产的瓶颈。为了保证贷款的安全和收益，降低逆向选择和道德风险发生的概率，银行放贷时需要支付一定的审查和监督费用，因此企业所要支出的成本就要超过贷款利率。① 由于多数台资企业规模小，信息透明度较差，内控制度不健全，银行决定放贷前需要耗费大量时间来调查企业的财务和信用状况，并要加强监督力度以防范信息不对称可能造成的道德风险，由此导致交易成本的增加。同时，银行放贷成本与贷款额是不成比例的，无论贷款额是多少，银行的审查和监督费用都大致相同；而台资企业融资规模较小，放贷成本占贷款额的比重较高，贷款的平均成本也较高，因此贷款利率相应地要高于大企业。在大陆现实经济条件下，由于台资企业与银行利益的不一致性，企业在追求自身利益最大化的同时，会有意或无意损害银行的利益。尤其是对于中小台资企业，因其信用担保能力低，在贷款获得上存在着强烈的道德风险；借入合同签定后，为追求高额利润，很可能转而投资与高

---

① 邓波：《民营经济前沿问题的研究》，北京：中国时代经济出版社，2003 年。

风险相伴的高收益项目，一旦投资失败而陷入危机时，其损失就只能由银行来承接，由此也决定了台资企业很难从金融市场上获得资金支持。

（三）清算机制尚未建立增加两岸通汇成本

由于海峡两岸尚未建立人民币与新台币的清算机制，岛内银行有关人民币现钞的抛补与结算，几乎都要透过香港汇丰和美国银行等境外“第三者”，导致人民币货源不够充足，无法完全保证人民币在岛内的正常供应。目前在大陆，中国银行是唯一一家获批可以办理新台币兑入和部分兑出业务的大陆银行，其新台币的消化渠道，主要依靠定期将兑入的新台币押送至境外卖出，不仅经营成本高，而且还容易因汇率波动而蒙受汇兑损失。同时，大陆对新台币的管理与外汇不同，仅将其视为表外记货币，不公开挂牌兑换，价格缺乏弹性。从通汇角度看，由于人民币和新台币未建立清算机制，后端的汇款及清算作业仍须取道外资银行，借用美元清算。① 虽然台湾地区各商业银行在香港的分行可以进行拆借，但两岸金融管理部门必须对话协商人民币从香港运到台湾的具体事宜，还需经过香港的货币管理当局同意。另外，目前全国外币统一清算系统还存在时间、地域范围、会员范围、业务范围、清算币种、操作方式等方面的技术障碍，两岸金融管理部门之间难以开展货币互换（SWAP）业务、跨境贸易人民币结算和货币回流等业务。

（四）两岸金融监管体制不统一难以实现有效监管

海峡两岸金融监管体制存在较大区别。大陆实行“一行三会”的单元多头的分业监管体系，严格限制金融业务的范围，金融市场发育不完全，市场开放时间较短，监管法律不够完善，还未形成高效的监管体系。台湾现行的金融业体系，已具备了一定的基础，主要分为有组织的金融业体系及无组织的民间借贷两大部分，并且不断进行着调整与改进。其中，有组织的金融业体系由“财政部”及“中央银行”共同管理，“财政部”主要负责金融行政的监督管理，“中央银行”则完全致力于金融业务的监督管理（见图1）。这种金融业体系的监管职责比较健全，金融市场发展也较为成熟，加上经历多次市场的考验，应对金融问题已拥有丰富的经验。因此，两岸金融

① 曹小衡，陈鹏：《两岸金融合作的障碍、进展及前景》，《上海金融》，2009 年第 8 期，88 －90 页。

业在市场化进程、金融制度规范和金融监管水平等方面均存在一定差距，面对两岸间非法资本流动、假币等共同问题，两岸金融监管机构缺乏有效沟通，无法进行信息共享并实现有效监管，可能产生“监管真空”和“监管摩擦”等问题。此外，两岸的金融行业相关标准没有统一，缺乏同一框架下的金融监管法规，也给两岸金融业合作带来政策上的风险和操作上的不便。

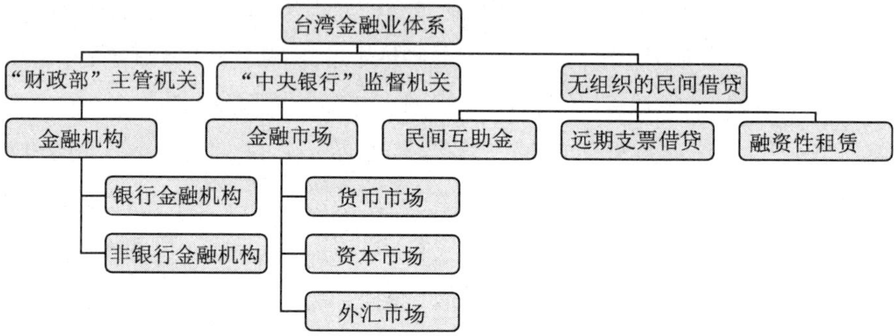

图1　台湾现行金融业体系

资料来源：王鹏：《台湾金融产业的变迁》，《海峡科技与产业》，2009年第1期，68页。

三、海峡两岸金融业合作的路径选择

在经济全球化和区域经济一体化深入发展，尤其是国际金融危机不断扩散蔓延和对实体经济的影响尚未消除的背景下，海峡两岸金融业合作的滞后状态应尽快加以改善，以共同抵御潜在的经济风险。当前，两岸“大三通”的实现为两岸金融业合作的进一步深化提供了可能，两岸均应抓住历史机遇，选择正确的发展路径作为突破口，制定符合两岸现状，又适应未来金融业合作发展的制度框架，为两岸经济合作的平稳运行确立法律依据和制度保障。

（一）遵循WTO规则构筑两岸金融业合作的制度平台

目前，海峡两岸金融业合作存在一些制度瓶颈，一是两岸客观上存在政治争议，在很大程度上为两岸金融业合作交流设置了障碍；二是以往的两岸金融业合作形成的是一种单向、不对等的格局，大陆开放度较大，台湾当局则较多限制。在《服务贸易总协定》中，金融服务贸易同货物贸易一样列入市场准入、国民待遇、最惠国待遇和透明度原则等条款。海峡两岸先后加入 WTO 后，依照承诺大陆正不断开放金融市场，放松对外资银行的市场准入与业务范围限制，对地域与客户的限制、对外资银行所有权和经营权的限制（包括对分支机构和许可证的限制）以及对金融租赁业务和汽车信贷业务的限制也逐渐被取消，台湾则可以直接在 WTO 的架构下到大陆发展金融业务。同时，WTO 有一套完整的争端解决机制（DSU），当两岸发生争端时，当事各方不应采取单边行动对抗，而要通过 DSU 寻求救济并遵守其规则及其所做出的裁决，因此，在 WTO 的框架下可以拓展两岸金融业合作的空间。海峡两岸应该利用 WTO 作为官方协商平台，在遵循 WTO 规则与“同等优先”的原则下，对两岸金融业合作采取“民间主导”、“政府默许”等更加灵活、务实、变通的措施，尽量避免政府干预，充分实施市场规则，为目前两岸金融业合作提供平台，也为深化两岸金融业合作奠定基础。①

（二）借鉴 CEPA 模式提供两岸金融业合作的配套服务

《内地与香港关于建立更紧密经贸关系的安排》（CEPA）的签署，降低了香港金融行业进入内地的门槛，为台湾金融机构“间接”向大陆台资企业提供金融支持创造了机会。根据 2009 年 5 月 9 日签署的 CEPA 补充协议六，内地在原有 CEPA 及补充协议对香港开放服务贸易承诺的基础上，采取措施进一步加强在金融领域的合作。其中，继 2008 年中央支持服务业对港澳扩大开放在广东先行先试，CEPA 补充协议六继续加大支持力度，在银行、证券等 8 个领域采取了放宽市场准入条件（见表 2）。在 CEPA 的推动下，香港金融机构将加速进驻内地，凭借其先进的服务方式、管理水平和技术，为两岸金融业合作提供良好的配套服务。台湾金融机构可以通过并购港资金融机构或者直接在香港设立分支机构的方式，待满足 CEPA 中香港公司的身份界定后，搭乘便车，采用“借壳”方式布局大陆市场，为台资企业在大陆投资的贸易结算和资金进出业务提供便利服务。同时，两岸金融业合作可参照 CEPA 模式，在不违背 WTO 的原则基础上，制订双方金融市场开放与合作、监管等全面的制度框架。在实际操作方面，建议首先通过民间组

① 丁雪峰等：《全球金融危机下的两岸金融合作：现状、制度框架与发展路径》，《改革与战略》，2009 年第 9 期，48 – 52 页。

织协商，将协商结果交由两岸当局各自确认，而后再逐步推进，或者由港澳台三地金融管理部门展开商谈，使台湾可间接利用 CEPA 的待遇，形成实际上的两岸 CEPA。

表 2　CEPA 补充协议六的政策措施

领域	政策措施
银行	香港银行在广东省设立的外国银行分行，可以参照内地相关申请设立支行的法规要求，提出在广东省内设立异地（不同于分行所在城市）支行的申请。
	若香港银行在内地设立的外商独资银行已在广东省设立分行，则该分行可以参照内地相关申请设立支行的法规要求，提出在广东省内设立异地（不同于分行所在城市）支行的申请。
证券	允许符合外资参股证券公司境外股东资质条件的香港证券公司与内地具备设立子公司条件的证券公司，在广东省设立合资证券投资咨询公司。合资证券投资咨询公司作为内地证券公司的子公司，专门从事证券投资咨询业务，香港证券公司持股比例最高可达到三分之一。
海运	允许香港服务提供者在内地设立独资船务公司，为该香港服务提供者租用的内地船舶经营香港至广东省二类港口之间的船舶运输，提供包括揽货、签发提单、结算运费、签订服务合同等日常业务服务。
铁路运输	允许香港服务提供者在深圳市以独资形式建设、运营和管理 4 号线项目。
会展	委托广东省审批香港服务提供者在广东省主办展览面积 1000 平方米以上的对外经济技术展览会。（“中国”字头的展览会由广东省商务主管部门报商务部核准后审批。）
公用事业	在广东省 100 万人口以下城市中，取消对香港服务提供者建设、经营城市燃气管网的股比限制。
电信	允许香港服务提供者在广东省销售只能在香港使用的固定/移动电话卡（不包括卫星移动电话卡）。（须符合内地与香港电信监管部门签订的关于在广东省销售香港电话卡备忘录的规定）
法律	允许已在内地设立代表机构的香港律师事务所（行），与成立时间满 1 年或以上并至少有 1 名设立人具有 5 年（含 5 年）以上执业经验的广东省的内地律师事务所联营。

资料来源：根据《内地向香港开放服务贸易的具体承诺的补充和修正六（2009）》整理。

（三）利用 ECFA 协商进一步推动两岸金融业合作

“两岸经济合作架构协议”（ECFA）是在 WTO 允许的框架内，规范两岸经济活动，进行两岸类似自由贸易区的经济合作。大陆与台湾都是 WTO

的成员，随着国际经济和经贸一体化发展，两岸经济成长和融合程度不断提升，经贸联系日益紧密。两岸当前的金融布局和货币汇兑措施，严重阻碍了两岸经贸关系的自由往来。大陆迄今已批准了 40 家台湾金融机构赴大陆开展业务，为大陆台商提供融资、理财服务，而台湾还未批准大陆金融机构的进入。① 两岸金融业合作是两岸经贸关系的核心，加强两岸金融业合作，不仅能推动并加快 ECFA 的签署，并且也是 ECFA 中需要商讨的重要议题。2010 年 3 月 16 日，台湾“金管会”发布的海峡两岸金融、证券期货、保险等 3 项业务往来及投资许可管理办法规定，不论是台湾金融业“登陆”还是大陆金融业来台设点或参股都以 1 家为限，有关大陆银行参股岛内金融机构部分，将视 ECFA 协商情况另行订定施行日期。因此，在 ECFA 协商中，两岸金融业合作是不可不谈的话题。海峡两岸如要促使大陆对台投资快速增长并以此引导两岸经贸结构更趋平衡、稳定发展，就要借助 ECFA 协商加快大陆金融机构进入台湾，提供两岸金融业合作所需要的金融服务，改变两岸经贸关系的不平衡格局，让两岸金融业合作不仅能适应两岸经贸关系的现状，更能推动两岸经贸关系的发展。

四、海峡两岸金融业合作的发展前景

目前海峡两岸金融业合作仍存在诸多问题，其中既有政策性障碍，也与长期以来两岸在货币清算、金融监管、金融法规及金融统计等技术方面缺乏协调有关。显然，这种局面难以适应两岸经贸往来不断扩大的需要，同时也与经济全球化和区域经济一体化的时代背景格格不入。海峡两岸金融业合作的未来发展，应该从当前存在的问题入手，采取有效措施进一步加以推动。

（一）完善人民币与新台币的兑换与流通机制，扩大两岸金融业合作业务

在海峡两岸资金流动规模持续高速增长的压力下，完善人民币与新台币的兑换与流通机制尤其重要。可以参照港元、澳门元，适当定位新台币，公开办理新台币兑换，增加新台币兑换业务经营网点，加大对新台币兑换业务

① 宋逢明：《加强两岸银行金融业交流推动海峡和平发展》，《金融理论与实践》，2010 年第 1 期，7－13 页。

的宣传。在人民币对新台币定价方面，允许新台币兑换银行根据自身新台币头寸情况，参照国际市场行情，根据国家公布的美元价，自行套算出人民币兑新台币的买卖价，使新台币汇价随行就市，更具市场弹性。① 在新台币的收兑价格方面，目前中国银行收兑新台币的价格远低于黑市价格，在利益的驱使下，除少量因政策需要必须通过中国银行兑换外，大部分新台币和人民币之间的兑换则通过“地下金融管道”进行，严重扰乱了正常的金融秩序。建议中国银行留存一定的备付现钞，降低成本，适当提高新台币的收兑价格。

2009 年《海峡两岸金融合作协议》的签署，标志着两岸金融业合作进入一个实质性阶段。该协议共包括金融合作、交换资讯、保密义务、互设机构、检查方式、业务交流等 12 大项内容，大陆金融机构进入台湾岛内开展业务，既扩大经营规模，又为台湾市场提供更加有效廉价的金融服务；同时，台湾金融机构进入大陆开展业务，将获得大陆广阔的市场空间，带动业务的全面发展。海峡两岸均要以此为契机，不断扩大两岸金融业合作的相关业务。可以将台湾开办人民币兑换业务的地区由金马扩大到全岛，将大陆开办新台币兑换业务的地区由福建省逐步扩大到整个大陆地区；允许台湾保险公司在大陆直接经营寿险、产险等保险业务；进一步扩大两岸证券业务开放等。

目前两岸金融业合作急需对彼此的金融技术操作及管理知识的学习，因此，针对金融技术人才及专业师资的培训，两岸可定期开设培训班，推动金融专业证照相互认证；或合作设立专门的管理机构，解决现阶段两岸金融专业证照无法互通、人才无法充分流动的问题。另一方面，大陆联合征信制度正蓬勃发展，相关的制度日趋完善且业务亦大幅扩充，而台湾的联征制度建立已久，但基于客户资料保密与外银对台商客户风险管理等因素，均未同意提供联合征信中心的资料。面对这一信息交流难题，两岸可以共同出资设立一个联征信息交流平台，事先过滤敏感数据，互通征信相关信息。

（二）运用多种方式拓展融资渠道，最大限度满足台资企业融资需求

大陆台资企业融资难的困境是借贷双方信息不对称条件下多种因素综合

① 黄梅波，李菲瑜：《两岸金融合作：现状与前景》，《福建论坛》（人文社会科学版），2009 年第 1 期，35 – 39 页。

影响的结果，解决台资企业融资障碍的途径，需要各方面的共同努力。除了要继续呼吁台湾当局放宽政策限制，开放岛内金融机构在大陆设立分行，建立两岸资金的双向交流通道，为台资企业融资提供良好的政治生态环境以外，更应该从降低信息成本、改善融资环境和提高台资企业自身素质等方面入手，为大陆台资企业融资提供便利。

完善的信用担保体系可以缓解企业特别是中小企业融资难的问题。大陆各级政府要加强对台资企业行为的监督，建立台资企业风险控制系统和信用等级制度，避免信息不对称导致的市场失灵现象，减缓企业债务融资时的还本付息压力。台资企业之间则可以建立会员制的担保机构，利用政策性保险产品及配套的融资服务，构建台资企业会员间的信用担保融资平台，发挥互保、联保的作用。① 同时，通过政府、企业、银行共同出资的方式，组建以公司制为主要形式的信用担保机构，让信用保险介入银企借贷行为，使台资企业的部分信用风险按一定比例转移到保险机构，从而有利于完善风险补偿机制，降低银行的贷款风险，减轻银行的压力，提高银行的贷款积极性。

中小金融机构地方性较强，对大陆台资企业的经营情况、项目前景和信誉状况比较了解，相对于大的金融机构而言，具有信息优势和交易成本低的优势，有助于解决银企之间信息不对称问题。中小金融机构在为台资企业提供金融支持时，一般可以不必经过抵押、担保手续，在资信审查合格后即可在授信范围内直接发放贷款，这对于担保品不足的台资企业来说，不失为一条重要的融资渠道。在利率政策上，应矫正有失公允的利率政策，降低对台资企业的贷款利率，消除因所有制成分不同而产生的利率差异，对所有借贷者的同一种类、同一期限的贷款实行同一水准的利率。在贷款抵押上，应放宽台资企业的融资抵押条件，允许台资企业将外汇资金和应收账款等作为抵押品，鼓励中资银行对台资企业发放房产、机器设备的抵押性贷款。

（三）尽快建立两岸货币清算机制，推进两岸金融服务向纵深方向发展

两岸货币清算机制是两岸金融业合作顺利开展的基础和前提，在台湾岛内私下人民币流通使用已渐成规模的情况下，尽快为台湾银行办理人民币业

---

① 杨胜刚，胡海波：《不对称信息下的中小企业信用担保问题研究》，《金融研究》，2006 年第 1 期，121 – 125 页。

务提供清算渠道和回流机制，既有利于进一步密切大陆与台湾的经贸关系，也有利于提升人民币在两岸经济融合、互动中的影响力。自2010年1月海峡两岸金融监管合作备忘录（MOU）正式生效后，大陆合格境内投资人QDII投资比重由3%调高至10%，两岸通汇将因人民币直接兑换，免经香港银行，而取得更便宜的成本价格。但两岸货币清算机制的建立需要一个过程，初期可以采取“先易后难、先试后行”的策略，通过建立两岸金融业合作实验区，把各种两岸金融业合作的构想先在实验区内试行，待成功后再全面推广。

由于海峡两岸商业银行通过被授权签订清算协议不需要设立政治前提，只需要有清算能力的银行签约即可。在这方面，福建省具备得天独厚的地缘相近、血缘相亲、语言相通和习俗相似的优势，可在福建省先行试点，参照港澳人民币清算方案实施。台湾方面可以考虑在金门、马祖等地银行设立清算机构试点，与人民银行福州中心支行共同承担两岸货币清算工作。

在解决了人民币与新台币的清算渠道之后，两岸间的金融服务可向纵深推进。大陆银行可为台湾地区汇款人开立人民币储蓄存款账户，并按有关规定支付利息。台湾地区居民可按照人民币银行结算账户的有关管理规定，在大陆银行开立个人人民币银行结算账户，办理现金存取和转账支付。对于人民币兑换业务，清算行可作为中国外汇交易中心的会员，将收兑的人民币通过交易中心向大陆商业银行兑回美元；对于人民币银行卡业务，由清算行和大陆银行卡联合组织（即中国银联股份有限公司）办理人民币卡的清算事宜。允许两岸银行或其附属机构发行的个人人民币卡在大陆或台湾用于消费性支付，或在自动取款机上提取现钞。①

（四）分阶段建立两岸金融监管合作体系，推动两岸金融业开展实质性合作

由于金融风险具有国际传染效应，而国家或地区金融监管又具有局限性，各国或地区间的监管立法存在差异，传统的金融监管对跨国（境）金融机构监管存在疏漏，因此有必要进行金融监管合作。海峡两岸金融监管合作体系可以分阶段建立。第一阶段是促进学术人员、从业人员的互访与交

① 舒雄：《试论海峡两岸货币清算机制的建设路径》，《新会计》，2009年第7期，34-38页。

流。加强和促进金融学术研究机构与人员以及商业银行、同行公会、从业人员的合作研究与交往，以此增进理解与信任，为扩大合作做好铺垫。第二阶段是促进两岸民间机构信息共享以协助监管。可以参考海协会与海基会信函往来的方式，亦可通过网络平台的方式，创立两岸金融监管信息网，及时更新发布两岸金融信息，为两岸金融监管合作提供强大的信息平台及强有力的市场监督力量。第三阶段是依托香港进行间接金融监管合作。鉴于两岸金融监管标准存在差异，通过香港金融管理局与台湾金融监管局签订监管备忘，进行间接监管合作，通过第三方互相交换监管信息。第四阶段是暂时依照国际惯例进行监管。依据国际清算银行巴塞尔银行监督管理委员会所发布的并表监管机制，或是 WTO 架构下的国际规范，建立两岸金融监管联系协商及合作机制，包括信息交流、实地检查、信息保护及持续协调合作事项，以协助有效达成金融监管的职责，维护两岸金融稳定并促进金融良性发展。①

在两岸 MOU 正式生效后，两岸金融业合作随即面临实质层面的市场准入问题。两岸当前的金融市场准入条件并不一致，根据大陆外资银行管理条例的规定，外资银行需先设办事处满 2 年后才能升格为分行，分行设立达 3 年且连续 2 年获利才能承作人民币业务，即所谓的“等待期”。针对“等待期”的限制，两岸金融管理部门有三种模式可循，一是在 ECFA 中将金融业排入“早期收获”，使台湾金融机构取得大陆的“超外资待遇”，在 WTO 的框架内，准许会员在不违背公平贸易及非歧视原则的精神下，透过区域贸易协议取得更优惠待遇。换言之，台湾可以在未来即将洽签的 ECFA 中，将金融业放入“早期收获”安排，以规避“等待期”的规定。二是援引大陆外资银行管理条例第 72 条规定，将台湾金融机构进入大陆金融市场比照外资银行，使两岸金融业合作遵照外资银行投资的相关规定。三是考虑在台资企业聚集的海西经济区、珠江三角洲、长江三角洲与天津滨海新区等地，以及台北、高雄等台湾金融活动中心，建立两岸金融业合作试点区。② 通过实行特殊的金融政策，如降低金融机构设立门槛，推行人民币与新台币直接计价

① 梁晖晴：《两岸金融监管合作模式浅析》，《华北金融》，2008 年第 7 期，35 - 38 页。

② 衣长军：《海峡两岸金融合作的瓶颈与机制创新构想》，《经济纵横》，2007 年第 6 期，52 - 55 页。

结算等，给予台资金融业者优惠待遇，提早承作人民币业务。

总之，海峡两岸金融业合作是经济全球化和区域经济一体化的必然要求，也是两岸经贸关系发展的必然选择。通过金融交流与合作，可以消除制约两岸资金流动、人员往来的诸多障碍，为两岸金融业务拓展新的发展空间，促进两岸经济在更深层次、更宽领域形成互补互利的格局，推动两岸经济合作向更高层次发展。随着当前两岸经贸关系的快速发展，进一步加强两岸金融业合作显得更为迫切。两岸应在《海峡两岸金融合作协议》的基础上，着手制定金融业合作的制度框架，规划未来的发展路径，摒弃一切人为的障碍，为两岸金融业乃至经贸领域的全面合作奠定坚实的基础。

台灣證券業在簽訂 MOU 後，進入大陸市場營運策略之研究

李樑堅　黃耀正*

壹、研究背景與動機

台灣金融業在第三次江陳會談提出由兩岸金融等代表協商簽訂兩岸金融監理備忘錄（Memorandum of Understanding，MOU），如在簽訂後，銀行、證券和保險業就可以獲准開放進入大陸市場經營，而證券業自 1997 年起，大陸就批准台灣證券公司可經第三地設立辦事處，而至 2009 年 12 月止，台灣券商在大陸已設立 24 家辦事處，2009 年 11 月 17 日兩岸正式簽訂 MOU 後，對於兩岸證券業之投資也進入到一個新的局面。而且伴隨兩岸推動兩岸經濟合作架構協議 ECFA 的進行，大陸對外資金融機構市場進入門檻及業務經營上的限制，這些長期構成我國證券業者在大陸地區展業的障礙，也都將在未來透過 ECFA 的談判簽署進行檢討。

雖然台灣證券業在大陸相關城市已設立辦事處，但卻都沒有實質業務上的投資及營業行為，僅可以蒐集當地投資人之特性及投資行為，尤其是開戶後續的買賣作業皆需要有一番認識，以避免錯過投資策略，造成投資風險。不過在簽訂兩岸金融合作備忘錄之後，大陸廣大市場則是每個證券商都想參與經營的商域所在，而且主張參股不限上市公司，在經紀、融資融券、自營業務等都希望彼此能互相開放，而期貨方面也應涵蓋在證券業範圍內。而未來透過金管會積極協商 ECFA，一旦完成協商後，如能進行互免關稅或優惠相互市場進入之開放條件，則有助解決台灣面臨經營困境產業亟需排除關稅

* 作者簡介：李樑堅，義守大學財務金融學系副教授；黃耀正，義守大學財務金融學系碩士生。

障礙之作法，且可代替台灣金融服務業向中國大陸爭取進入世界貿易組織承諾的更優惠市場進入條件。

隨著全球化的發展以及兩岸金融關係日漸密切，兩岸金融在簽訂監理備忘錄之後，相互合作也迫在眉睫，而且兩岸金融市場也已依據世界貿易組織之規範向全世界開放，並且兩岸金融交流合作是以互利雙贏為目標，如何善用台灣證券業的特性、優勢，著眼未來最具發展的大陸市場，台灣應努力尋找適合進入中國大陸證券市場的方式及佈局策略，以取得中國大陸證券市場龐大的商機。

本研究目的受限於兩岸政治局勢限制，台灣證券業在大陸發展有其先天上的條件限制，且外國證券公司已經悄悄進入大陸市場佈局，台灣證券業者也應規劃營運策略，及評估進入可能面對的障礙及問題。故本研究之具體目的有三：

（一）分析台灣證券業進入大陸市場之法令規範及不同模式之比較分析，也探討台灣證券業佈局大陸市場所面臨的發展機會與挑戰，以了解台灣證券業進入大陸市場之發展優勢。

（二）參考國內外學者及文獻資料，藉由證券公司總經理、學者間的深度訪談及問卷調查方式，期盼能更深入分析在簽訂兩岸金融合作備忘錄之後，以建立台灣證券業進入大陸市場佈局模式及營運策略。

（三）檢討相關法令規範，以擬定台灣證券業進入大陸市場之發展模式及其營運策略主軸，及分析所需面對的課題。

貳、文獻回顧

宋逢明（2009）指出證券業方面，台灣正朝大型化和專業化方向發展整合，若允許大陸和台灣股市相互投資，有利於增加兩岸投資組合的分散程度。大陸證券市場目前投機性較高，加強兩岸證券業合作，可以有力促進大陸股市健康理性的發展。

邱曉嘉（2001）認為前進大陸乃時勢之所趨，若台灣金融業者不能提早進入，將增加未來進入及日後業務拓展之困難；另一方面目前大陸金融業的發展相較台灣落後，前進大陸將可開啟台灣金融業更大的發展空間。

王正元（2002）以 SWOT 對台灣證券商進行分析，認為擁有文化、業務經營與產品創新等優勢，以及資本額相較歐美大型投資銀行不足，且知名度較小之缺點，對於進入大陸市場應採漸進融入方式。

林祖嘉（2004）指出，由於台灣證券業本身發展較慢，要赴海外與其他國際證券業者競爭並不容易；另一方面證券業者也不如銀行業者可提供台商最直接的金融服務，因此台灣證券業者赴海外投資的腳步要比銀行業者慢。

韋伯韜（2006）指出，中國兌現加入 WTO 承諾於 2006 年底全面開放金融市場，但兩岸金融交流卻嚴重滯後，不僅傷害兩岸經濟發展，亦影響台灣金融產業前景。且大陸金融服務業正值轉軌之際，若能加強兩岸金融交流與合作，方能創造雙贏的局面。

鄭振龍（2009）認為，兩岸在證券市場結構、上市公司差異及市場開放度方面都有不同，台灣在金控公司具有人才及經驗之優勢，中國券商則高度依賴傳統業務，經紀業務集中度偏低。也正因兩岸證券業各有優勢、互補空間，所以台灣券商深盼登陸時可以更適度開放，不過由於中國證券業競爭激烈、市場自由化程度不如台灣，在法令熟悉度及人才流失也具有風險，這些都是台灣證券業在西進後可能面臨的挑戰。

王典娜（2009）認為金融證券業是關係一個國家國民經濟命脈的部分，所以對開放程度應該嚴格謹慎。一旦開放，不可避免的將加大金融風險，且國際情資帶來的投機風險和國際金融風險，都將形成被動性風險。

叁、兩岸證券商發展現況

一、台灣證券業者在大陸、香港發展狀況

在兩岸法規的限制下，台灣證券商只能依循其他管道拓展大陸市場，至 2009 年 12 月，台灣證券商經中國證監會批准許可的有 24 家辦事處，而其主要分布在上海市 13 家，北京、深圳各 4 家，以及廣州、成都和廈門各 1 家。台灣證券商自 1997 年積極參與投入大陸證券市場至今已長達 12 年，但因大陸於 2002 年頒布的「外資參股證券公司設立規則」的規定，對於跨國從事證券業務並進行投資的政府間，一定要簽署兩岸金融合作備忘錄，使得 24 個辦事處至今仍只能做研究和資訊收集，藉以收集當地投資人之特性及投資行為，但卻都無法實質從事營業行為。

二、外資及大陸本地證券商發展狀況

根據大陸證券業協會截至2010年1月數據，證券會員包含106家證券商、60家基金管理公司、95家投資諮詢公司與3家資產管理公司和5家資產信用評估機構。經過十多年的發展以及近幾年的綜合治理，大陸證券商已進入快速發展時期。

吳光雄（2009）指出，大陸證券商前10名經紀交易量總額占整體市場42.7%，前10名承銷總額占整體市場67.18%，顯示前10大證券商已具規模，呈現大者恆大之趨勢，而目前大陸券商仍著重於傳統的經紀業務，並以手續費為主要收入，自營投資收益為第二收入來源，承銷業務主要還是由大型國有證券商輔導上市，中小型地方證券商與外資證券商能承辦的案件相對較少。投資銀行業務收入佔總收入比值相對少，顯示大陸證券商在理財服務、財務顧問等項目有很大的發展空間。

大陸證券市場乃由官方主導，並採取保護本土證券商政策，證券商的主要經營高層，多由官方派任或指定人選，同時也嚴格限制外國資金參與股權。隨著大陸資本市場基礎性制度改革的積極推進和市場的持續發展，證券商的財務狀況和治理水準顯著改善，境外金融類機構和其他投資者參股的意願也明顯增強。為適應大陸資本市場改革開放的新形勢，應積極穩妥地自主推進證券商對外開放。

三、台灣證券業進入大陸市場之模式分析

藍慧敏（2006）提到，大陸在2006年12月全面開放外資金融業進入市場，但對證券業的開放依然受到限制。大陸除規定單一外資持股不得高於25%，所有外資合計不得超過33%。當國際大型證券機構以不違反目前大陸法令規定，輾轉取得在大陸合資證券商的控制權，並以合資方式進入外資證券商的仍在少數。如以風險控管的角度為考量，合資應為短期過渡時期的作法，利用合資經驗了解市場，建立關係與人脈的擴展，長期應以獨資為較適合之選擇模式。

而台灣證券業進入大陸市場的模式又牽扯到政策法律開放的程度，如果法律政策持續鬆綁，李禧宜（2007）指出台灣證券商現階段政策漸進式開放登入模式與優缺點之建議：

（一）設立代表處

由於受制於現行法令，僅限於收集商情或與台商資訊交流及維繫雙方往來關係的中繼站。

1. 優點：

（1）可作為中國市場與蒐集商情的前哨站。

（2）投入的成本和人力最低。

2. 缺點：

（1）受兩岸政策干預的可能性高。

（2）市場版圖宣示效果大於實際營收，且升格成正式據點的不確定性高。

（二）與外資證券商合作

2001 年 12 月 28 日中國大陸證券監理委員會頒佈「證券公司管理辦法」，首次明文准許境外機構在大陸境內設立中外合營的證券公司。透過策略聯盟的方法，將有助於增加累積國際金融操作的經驗，擴大證券公司經營規模與業務發展，更重要是在兩岸政策鬆綁前，提前熟悉大陸市場的運作，待政策鬆綁後，能立即切入市場，搶得商機。

1. 優點：

（1）合作夥伴資本雄厚，且具國際知名度，可提升台灣證券商的地位。

（2）可學習國際金融操作經驗，並不限單一合作證券商。

2. 缺點：

（1）境外證券商實資本與實力雄厚，合作門檻較高。

（2）雙方營運模式不同，意見容易分歧，且我方無法參與經營決策。

（3）外資券商在中國知名度不高，加上受中國對外資限制，分公司據點受限。

（4）人員不易控管，合作關係無法持久。

（三）與中資證券商策略聯盟或附條件的技術移轉，取得合作機會

許多外資在進入中國產業時，經常會先以技術合作的方式進來，只提供技術與人員，等到市場較為開放以後，再以合資的方式進行投資，等到市場足夠透明時，才會進行獨資。

1. 優點：

（1）提前佈局大陸，讓金融人才提前熟悉大陸證券市場的運作。

（2）利用經營選擇權，可視兩岸開放的情形決定以諮詢顧問收入或技術作價入股，無論開放與否，台灣證券商均可得到利益。

（3）文化背景接近，雙方人員容易溝通，證券交易系統介面轉換容易。

2. 缺點：

（1）技術作價的價值不易衡量，難以達成協議。

（2）中資券商恐在取得關鍵技術後，中途解約或違約。

（四）收購港、澳券商或持有證券商執照之港、澳銀行

由於港澳與中國簽有更緊密經貿關係安排（Closer Economic Partnership Arrangement，CEPA），因此購併港澳已持有證券商執照的銀行，也不失為前往中國證券市場的跳板，憑藉著中國大陸和港澳監 CEPA 合作關係等優勢，未來也可望較同業先進一步做好進軍中國大陸證券市場的佈局。

1. 優點：

（1）運用 CEPA 的優惠待遇，提前在兩岸政策解禁前佈局。

（2）利用香港的籌資市場優勢，建構台商或陸資企業在港上市籌資平台。

（3）香港為國際化的金融市場，可增加國際市場操作經驗。

（4）避開大陸政策干預的影響，且經營權易於掌控。

（5）若港澳、券商在大陸已有營業據點，更可提前進入大陸市場，兩岸三地的業務網絡提前完成。

2. 缺點：

香港為一全球知名競爭者匯集之國際自由市場，台灣券商無競爭優勢。

（五）與港、澳券商合資成立證券子公司

與港、澳券商合資成立港、澳證券子公司，其主要目的與上者（四）相同，均利用港澳與中國所簽訂的 CEPA「更緊密經貿關係安排」，成立港澳地區證券子公司後，立即開始營運，以儘早符合中國證券法規關於經營年限的規定。依此模式，在港澳取得營運超過 10 年的證券子公司的台灣證券商，因港澳與大陸當局已簽有合作備忘錄，待台灣法令開放，即符合參股大陸證券公司的規定，可直接投資中資證券商。

1. 優點：

與（四）收購港、澳券商或持有證券商執照之港、澳銀行優點一同。

2. 缺點：

（1）香港為一全球競爭者匯集之國際自由市場，台灣券商無競爭優勢。

（2）由於為新設公司，針對 CEPA 的年限規定，新公司成立年限從新計算，無法享受直接收購現有港、澳券商或持有證券商執照之港、澳銀行的年限縮短的效用，且無法享有在中國已有據點之先進者優勢。

（六）成立台灣證券商之香港分公司

部分台灣證券商因衡量現階段受制於中國證監會於 1999 年頒佈的「外國證券類機構駐華代表機構管理辦法」，無法發揮實質營運功能，僅具研究與市場調查的功能，因此以香港作為進入中國證券市場的跳板，也由於香港資本市場較具彈性，又具有上市公司集資用途不受限制等優勢，因此台灣券商在香港上市可預見更大的風潮。

1. 優點：

（1）經營主權直屬台灣券商，企業文化與經營理念有一致性。

（2）與（四）收購港、澳券商或持有證券商執照之港、澳銀行優點一同。

2. 缺點：

（1）仍屬台灣券商的分支，被定位為外資，無法享受 CEPA 優惠待遇。

（2）香港為一全球知名競爭者匯集之國際自由市場，台灣券商無競爭優勢。

劉玉珍等（2009）研究對於兩岸法令進一步開放探討國內證券業進入大陸市場的不同模式，加以說明如下：

假設兩岸法律鬆綁的條件下，台灣證券商可選擇以全資模式、股權合作模式、策略合作等模式進入大陸佈局，以下分別探討影響選擇進入模式之因素。

（一）政策鬆綁

兩岸證券業過去開放政策法令不鬆綁下，台灣證券商要以全資模式進入大陸市場的想法，短期內很難進行。台灣政府提出「兩岸經濟合作架構協議」，建議大陸對台灣全面開放金融市場，希望台灣證券商能以全資全照模式登陸，更期盼未來能簽訂 MOU，為台灣與大陸之間搭起合作的橋樑基礎，階段性的政策逐漸開放。

（二）外部不確定性降低

對於台灣證券商進入大陸市場而言，逐漸降低的國家風險與兩岸法令開放的改善，階段性的提出區域性產業經濟合作以利雙方交流，並增加未來以全資模式進入的可能性。

（三）個別公司的知識技術

知識技術外移為多國籍企業以全資模式進入大陸的主要原因，台灣證券商擁有豐富經驗與管理知識上的優勢，在進入大陸市場之際會偏向採取全資模式，保護自我資源，提高合作議價能力，也奠定擴張市場的核心要素。

（四）品牌與聲譽

過去大陸證券商有挪用客戶交易結算資金與證券，佔用股東資金的違規理財現象，證券監管制度的缺乏對於其品牌與商譽受到嚴重威脅。而台灣證券商採取長期佈局大陸市場態度之下，致力於自我品牌建立與商譽的維護，會偏向以全資為主要進入模式。

（五）負面的股權合資經驗

從過去的中外合資證券商案例來看，大陸尚未開放中外合資證券商從事 A 股經紀業務，在承銷案件上，政府機關的批准具有濃厚政治色彩，加上受到 2008 年金融海嘯的影響，中外合資證券商的過去表現不如預期，使得台灣證券商對於合資模式失去信心，因此偏好以獨資方式進入市場。

（六）市場需求增加與潛力

龐大的投資需求為台灣證券商登陸大陸市場的核心原因，大陸金融市場蓬勃發展，債券與創新金融商品的開發，提供擁有經驗優勢的台灣證券商全資登陸的機會。

（七）雙方證券商背景因素

大陸大型的證券商，都存在政府持有多數股權之背景，而管理階層的權力掌控大，加上政府掌權以控制國內資金流動的可能性，對於開放外資證券業的進入採取較保守的態度。台灣證券商在選擇進入模式應多重考量雙方組織架構，面對大型證券商採取策略聯盟、股權合作模式，規模較小的證券商可採取掌有較高股權的進入模式。

（八）增加當地經驗

對於台灣證券商而言，持有證券商專業知識與相關技能為進入大陸市場主要優勢。在注重企業與大陸政府關係的特有文化下，台商以獨資進入可營運項目與收益來源可能因為無法取得相關管道而受限制，因此初期可以透過尋找合資伙伴了解當地市場，相互運用雙方優勢穩定佈局，以建立當地品牌，進而採取全資模式。

肆、研究方法

本研究將針對欲赴大陸市場佈局的證券業，以郵寄或電子郵件方式進行問卷調查分析，並挑選證券中高階主管、台商及相關學者進行深入訪談，以增加本研究之準確性。如此可不受限於問卷調查制式模式，並可適時彈性修正訪談內容，期能更瞭解未來證券業登陸的佈局發展策略與台商的金融需求，進而從中尋找台灣證券業在兩岸時空背景下之可行佈局模式。相關研究方法列示如下：

一、問卷調查

問卷填答設計採用李克特量表（Likert scale），最早是由 R. Lickert 於 1932 年發展出來的，為加總順序量表的變化，以五點量表方式呈現，給予受測者指出同意的程度，分別給予非常同意（5 分）、同意（4 分）、無意見（3 分）、不同意（2 分）、非常不同意（1 分）。

1. 問卷發放對象：主要針對證券業中高階主管與證券從業人員。

2. 訪談大綱：

（1）兩岸簽訂 MOU 後證券業赴大陸投資動機與看法。

（2）兩岸簽訂 MOU 後證券業登陸模式之探討。

（3）兩岸簽訂 MOU 後證券業未來之佈局策略與營運型態探討（市場定位、目標客戶、價格策略、促銷策略、通路策略、參股或策略聯盟區域選擇考量因素、人力資源策略、公共關係策略）。

（4）填答人基本資料

3. 問卷目的：希望透過問卷調查瞭解證券業人士對登陸的看法及佈局營運策略模式。

二、專家訪談

1. 訪談對象：對兩岸證券業發展概況熟悉的證券業中高階主管及學者共2位。

2. 訪談大綱：

（1）兩岸簽訂 MOU 後國內證券業進入大陸投資的型態

（2）兩岸簽訂 MOU 後國內證券業進入大陸投資的考量動機

（3）兩岸簽訂 MOU 後國內證券業進入大陸投資市場定位及區隔

（4）兩岸簽訂 MOU 後國內證券業進入大陸投資營運模式

3. 訪談目的：盼能更瞭解台灣證券業佈局大陸之發展策略及深入瞭解證券業者的金融需求及其考量問題。

伍、結果與討論

一、問卷分析

本研究自 2010 年 1 月 18 日起開始寄發問卷，共計發放 350 份問卷。依據證券商業同業公會統計，截至 2010 年 3 月，台灣共有 70 家券商。而已經在大陸或香港地區進行佈局的券商有 18 家，依序發放至總行及其分行，總計發放 280 份問卷。而其他目前尚無在大陸有實質佈局模式的 52 家，則隨機發放至總行，共 70 份。截至 2010 年 3 月 14 日共回收樣本 135 份，總樣本回收 38.6%，扣除填答不完整的 11 份問卷，有效樣本回收率 35.4%。

經回收資料統計後得知，任職證券業工作年資 10 年以上者佔 67%，襄理階級以上者佔 74.1%。由此可知問卷調查的受訪者職務及工作年資均達到一定程度，應該具備相當的工作經驗，對於本次問卷調查之課題應具有相當的見解，故能凸顯本研究問卷調查的準確度。

（一）台灣證券業進入大陸市場投資之相關課題看法分析整理：如表 1. 所示

由於兩岸政治因素迫使台灣證券業失去與其他外資券商一同進入大陸證券市場的先機，所以藉由參股具互補性城市證券商，或與中資券商或外資券商進行策略聯盟，亦為進入大陸市場的可行進入模式。在大陸金融市場是否較台灣競爭的認知上，則傾向不確定。倘若未來大陸發生金融風暴，由於兩岸緊密的經貿關係也可能重創台灣金融安全，故證券業者應有適切的評估與因應。98 年 11 月 17 日，兩岸已簽定 MOU，未來台灣證券商不論以何種形式進入大陸市場，結果都是值得我們期待的。而兩岸政府也應更積極的協商，讓兩岸金融合作更快速的上軌道。

表 1　台灣證券業進入大陸市場投資之相關課題看法

問項	非常同意（%）	同意（%）	無意見（%）	不同意（%）	非常不同意（%）	平均數	代表意義
1. 設立辦事處的規劃應轉為設立分公司	44	78	1	1	0	4. 33	同意
2. 參股具互補性城市證券業有一定利基	22	96	4	2	0	4. 11	同意
3. 與中資券商進行策略聯盟有一定利基	18	90	10	6	0	3. 97	同意
4. 與大陸境內之外資券商進行策略聯盟有一定利基	17	79	8	20	0	3. 75	同意
5. 政府應以擴大市場及經濟利益為主軸，加速進行兩岸金融監理內容之協商	42	78	4	0	0	4. 31	同意
6. 兩岸金融合作可由民間組織協商	11	52	24	36	1	3. 29	不確定
7. 兩岸應對等開放互設分行或金融機構	45	69	6	4	0	4. 25	同意
8. 大陸金融市場較台灣競爭	22	55	14	32	1	3. 52	同意
9. 大陸若發生金融風暴，將重創台灣金融安全	21	66	10	27	0	3. 65	同意

（二）證券業進入大陸市場投資之考量因素分析整理：如表 2. 所示

證券業赴大陸最主要的投資動機主要是基於大陸市場龐大，且跟隨台商客戶腳步，就近掌握西進客戶授信風險，而台灣證券業近幾年也因積極拓展版圖，競爭相當激烈，因此欲尋求海外發展進入大陸市場拓展版圖。且大陸金融市場自 2006 年年底即全面對外開放，具有相當大的發展潛力。普遍受訪者認為台灣證券業可以憑藉語言及文化優勢打入大陸市場，由於台灣證券業的規模原本就不如歐美、或大陸的大型券商，所以在台灣應該再進行整併壯大規模，以增強國際競爭力，並且未來進入大陸市場則可將在台的成功經驗複製至大陸。

表 2　證券業進入大陸市場投資之考量因素

問項	非常同意（%）	同意（%）	無意見（%）	不同意（%）	非常不同意（%）	平均數	代表意義
1. 跟隨台商客戶就近服務	29	84	6	5	0	4.10	同意
2. 掌握西進客戶投資風險	35	83	5	1	0	4.23	同意
3. 證券業競爭激烈尋求海外發展	23	70	25	6	0	3.89	同意
4. 大陸證券市場發展潛力大	67	56	1	0	0	4.53	非常同意
5. 在台經驗複製至大陸	23	86	5	9	1	3.98	同意
6. 可憑藉語言、文化優勢成功打入大陸市場	35	86	2	1	0	4.25	同意
7. 應再進行合併以壯大規模，增強國際競爭力	40	77	4	2	1	4.23	同意

（三）台灣證券業營運策略與服務通路策略探討分析整理：如表 3. 所示

在價格策略上，應該對不同客戶採取差異化訂價方式，由於在大陸設置營業據點的費用成本很高，為了維持一致的服務水準，服務項目應該設有不同的門檻。在促銷策略上，運用廣告宣傳來增強商品知名度，以及利用辦法說會或參加企業商展來開拓市場和行員的銷售能力皆是要點所在，不過大陸幅員遼闊，證券業者應該審慎評估廣告所帶來的實際效益是否符合經濟效益。在人才資源策略上，首重人員管理重視誇國文化之調適，並且在人才培育上也應該同時兼具國際化及本土化。因擁有台灣背景的券商可能比較不受大陸民眾青睞，尤其如上海等國際化都市，外資券商林立，大陸民眾可能會更喜歡外資券商。在公共關係策略上，應注重行員與顧客間的互動過程，發生突發狀況時，也應該在第一時間迅速公開處理相關問題，並做事後的補救措施，方可獲得消費者的青睞。且絕大多數受訪者也普遍認為良好的政商關係將有助於開拓市場。

由於在大陸設置營業據點的成本相當高，為彌補據點的不足，可以發展電子網路券商。而在選擇參股或與中資券商進行策略聯盟主要考量因素，依序為區域經濟表現、台商企業家數及投資金額、外資券商分佈情況及對台貿易額。

表 3 台灣證券業營運策略與服務通路策略探討

問項	非常同意（%）	同意（%）	無意見（%）	不同意（%）	非常不同意（%）	平均數	代表意義
價格策略							
1. 針對不同客戶制訂差異化定價	33	79	3	8	1	4.09	同意
2. 採低價策略以便擴大市占率	7	38	17	60	2	2.90	不確定
3. 採高價策略台商仍會支援台灣券商	0	19	14	88	3	2.40	不確定
促銷策略							
1. 運用廣告宣傳增強商品介紹及打開知名度	42	80	2	0	0	4.32	同意
2. 利用辦法說會或參加企業商展開拓市場	31	90	3	0	0	4.23	同意
3. 行員銷售能力	21	89	12	2	0	4.04	同意
人力資源策略							
1. 培育本土化人才	38	80	4	2	0	4.24	同意
2. 培育國際化人才	61	60	2	1	0	4.46	同意
3. 人員管理重視跨國文化調適	67	53	3	1	0	4.50	非常同意
公共關係策略							
1. 良好政商關係有助拓展市場	36	73	11	4	0	4.14	同意
2. 應促進行員與顧客間的互動	60	63	0	1	0	4.47	同意
3. 發生突發狀況應迅速公開處理問題	64	53	5	2	0	4.44	同意
服務通路策略							
發展推動電子網路券商彌補據點不足	53	66	3	2	0	4.37	同意
建立綿密投資管道	32	82	10	0	0	4.18	同意
參股或策略聯盟區域選擇考量因素							
1. 台商企業家數及投資金額	49	68	6	1	0	4.33	同意
2. 區域經濟表現	66	55	3	0	0	4.51	非常同意
3. 外資券商在大陸服務分佈情況	28	79	7	10	0	4.01	同意

二、訪談內容整理

受訪者許總經理指出，大陸到目前為止都沒開放到經紀業務這個區塊，這樣不論是設立分公司或合資、參股何種型式，都不能經營經紀業務，也都不能經營買賣 A 股，這樣對券商而言，可以從事的經營利潤都非常微薄。不過在法令還沒完全開放以前，參股經營或是合資管理，都還是個可行的策略。因為大陸證券商所收取的手續費大概比台灣高 2 ~ 3 倍，證券市場交易量也比台灣超出許多，如果能藉由參股經營或合資管理的方式分一杯羹，也算是目前不錯的方法。然而要以何種模式進入大陸市場？還是得視大陸法令開放到什麼程度。

受訪者賈教授則認為，進入大陸市場的模式沒有一定的標準答案。不過與陸資大型的證券商合作，成立聯合投資倒是一個重點捷徑，因為陸資證券商在當地已有一定的服務經驗，文化風俗民情也比較了解，台灣證券商可以從中省去一些文化差異上的麻煩。而如果與外資證券商合作，則可借重他們優秀的國際專業能力，服務的對象也將較偏頂尖的客戶，這樣可在國際市場打響台灣的名號，亦可從中學習到與國際競爭的能力。所以不管是跟中資券商合作或是和外資券商作聯合投資策略聯盟，都是一個不錯的捷徑與方法。

受訪者都認為台灣在經紀及承銷業務實力有一定的水準，不過承銷比的是證券商的資本財力，這樣能和陸資券商資金相對抗的在台券商幾乎可說是沒有，所以倒可把服務的重點放在經紀與自營兩點，畢竟台灣在經紀這方面有很強的競爭力。就服務客戶方面而言，台灣券商會比外資券商強的多，畢竟人文同種懂人情，服務也會比較貼心。而證券網路業務也是相當值得注意的區塊，因為大陸人口數龐大，實在很難多方設點，所以推動網路業務是相當大的重點。如果到時法令開放進入設點，台灣證券商去大陸發展則可借重外商來台發展的經驗，先從大城市，再從二線城市，因為大城市排外性較低，從點到面漸漸發展，慢慢累積實力。

而兩位受訪者也強調 ECFA 一定要簽，不簽 ECFA，台灣就沒有與國際競爭的實力，所以這也是不得不的選擇。雖然在台券商所期待的準國民待遇全資全照有困難點，但是台灣券商在專業經驗上，都領先大陸券商，如果大陸法令能有所開放，台灣券商絕對能有揮灑的空間。且大陸到現在都還沒有信用交易，未來這方面也一定會開放，只要法令一開放，到時台灣券商亦能在知識技術層面上，佔得先機。

陸、結論與建議

一、結論

兩岸金融 MOU 已於 2010 年的 1 月 16 日正式生效，兩岸金融業可望正式相互交流，金管會三月十六日也公布「兩岸金融業務往來及投資許可管理辦法」，證券商、證券投資信託事業、期貨商得在大陸地區設立辦事處及參股投資（維持原有開放架構），而且台灣證券期貨業者赴陸參股投資，投資總金額佔淨值比重已上限放寬到 40%，但限制資本適足率不得低於 200%，且淨值須達新台幣 70 億元以上。

隨著兩岸金融協商持續進行，伴隨推動的兩岸經濟合作架構協議的 ECFA 似乎也勢在必行，不過大陸是否能夠給予台灣同等的互惠，經濟部則主張多步到位的協商共識。而證券商公會也大力推動宣導 ECFA，雖金融服務業未被列入 ECFA 第二次協商中，不過業者認為無礙於兩岸金融業開放大方向。但由於兩岸對 ECFA 早收清單及本文內容等多數待協商項目，尚未準備妥當，使得第三次協商被迫延後。不過行政院長吳敦義五月十九日在接受路透社專訪中提到，兩岸洽談 ECFA 的早收清單，應該會有 300 多項產品列在其中，不過還沒有確定哪些產業或產品上榜，不過 ECFA 的內容一定會以保障台灣商業出發、兩岸公平交易為目的。而在當局積極促使下，期待台灣證券商能以最快的速度拓展大陸市場版圖。

目前台灣證券業在大陸市場依舊仍處於辦事處的階段，無法真正經營實際相關業務，其主要原因有三：一、兩岸金融合作還在協商討論中。二、大陸法令政策仍未完全鬆綁。三、證券業受台灣當局法規限制。一旦兩岸金融協商成功，金融監理機制建立，台灣證券業就可赴大陸市場計劃投資，其進入方法有：1. 採獨資設立證券公司。2. 與中資證券商或外資證券商進行策略聯盟或業務合作。3. 入股具互補性的大陸城市證券商。

由本問卷調查結果得知，受訪者認為進入大陸市場還是應以全資全照設立分公司為主，台灣證券商鎖定的目標是大陸 A 股的經紀業務部分，以及財富管理的市場。不過由於兩岸政治因素，迫使台灣金融業失去與其他外資券商一起進入大陸市場的先機，故藉由參股具互補性城市證券商、與中資證券商或外資證券商進行策略聯盟亦為進入大陸市場的可行模式。

（一）經營策略

就台灣證券業未來進入大陸市場的經營策略，分別從市場定位、服務對象、價格策略、促銷策略、人力資源策略、公共關係策略、服務通路等策略加以說明如下：

1. 市場定位

台灣證券業在個人投資、企業投資、理財規劃的版圖上均享有利基。因為大陸人口數量眾多，公司企業亦不在少數，個人投資和企業投資都是重點所在，而理財規劃也有廣大的運用空間。雖然台灣券商在經驗及技術層面都比大陸券商經驗豐富，不過整體而言，台灣證券商的資源仍無法和歐美大型的外資券商相抗衡，因外資券商看重的往往並非傳統的證券業務，而是著眼在證券業務的創新金融操作經驗，因此必須發揮自己的特色，才能在大陸市場佔有一席之地。

2. 服務對象

初期鎖定以台商和華人為主，應先鞏固最容易掌握的台商市場，其次再開拓在大陸的當地人民和企業，最後才是大陸境內之外資企業。因外資券商早已先進入大陸證券市場，其所提供的相關服務更甚於台灣的證券業者。所以要在短期服務內獲得境外企業的認可，實際執行上會有相當程度的困難，不過大多數的台灣證券商皆認為，在長期服務後能得到外資企業的認同感與贊同。

3. 價格策略

應該對不同客戶採取差異化的訂價方式，由於在大陸設置營業據點的成本很高，為了維持一定的服務水準，服務項目應該設有不同的門檻。而到底該採高價或是低價的策略，證券業者還是需應實際情況作商榷。

4. 促銷策略

運用廣告宣傳來增強商品知名度，以及利用辦法說會或參加企業商展來開拓市場和行員的銷售能力皆是要點所在，不過大陸幅員遼闊，證券業者應該審慎評估廣告所帶來的實際效益是否符合經濟效益。

5. 人力資源策略

首重人員管理重視跨海峽文化之調適，並且在人才培育上也應該同時兼具國際化及本土化。因擁有台灣背景的券商可能比較不受大陸民眾青睞，尤其如上海等國際化都市，外資證券商林立，大陸民眾可能會更喜歡外資證券商。

6. 公共關係策略

應注重行員與顧客間的互動過程，發生突發狀況時，也應該在第一時間迅速公開處理相關問題，並做事後的補救措施，方可獲得消費者的青睞。且絕大多數受訪者也普遍認為良好的政商關係將有助於開拓市場。

7. 服務通路策略

由於在大陸設置營業據點的費用成本相當高，為了彌補據點的不足，也推動並發展電子網路券商建立投資管道。而在選擇參股或與中資券商進行策略聯盟區域選擇因素時，主要考量依序為區域經濟表現、台商企業家數及投資金額、其次是外資券商分佈情況。

二、建議

對政府的建議

為鼓勵推動兩岸金融合作，對政府當局有以下兩點建議：

（一）放寬兩岸證券業投資限制

台灣證券商因當局的「戒急用忍」原則，長期以來與大陸證券機構並無實體交流。並由於台商在大陸發展規模不斷擴大，對於業務發展資金及收購兼併之需求迫切，而在台證券商仍無在大陸市場佔有一席之地，實為可惜。且近年來台灣證券業競爭激烈，證券商營運情形也更加艱困，而大陸證券市場發展潛力龐大，無論如何都該隨客戶腳步拓展海外版圖。且台灣當局也應適度開放中資證券商來台設點的限制，兩岸證券業才能有實質交流。

（二）鼓勵兩岸證券技術人才交流與資訊平台合作

台灣證券商相對於中資證券商在技術實力上仍有競爭優勢，透過金融商品創新、兩岸台商商機交流、證券監理改革交流、與兩岸證券人才交流，不僅都能讓台灣證券商更深入了解大陸證券市場，也可讓大陸證券業者感受到台灣券商在專業人才培訓上與金融改革的成功經驗。且台灣證券商在資訊平台技術成熟，加上雙方在電腦介面與語言溝通上的優勢，透過技術合作，台灣證券商的證券交易資訊平台應會比外資券商的系統容易操作，也會比中資證券商自行開發的系統穩定、效率也較高。但經過了三年中外合資技術成長，大陸證券人才國際操作經驗進步加速，兩岸人才的交流將會是促進雙方證券體制成長與國際化的主要成長動力。

對台灣證券商的建議

（一）評估自身條件選擇進入方式與發展策略

在配合法令規範下，台灣證券商應審慎評估自身條件，選擇進入大陸市場的方式，也可借鏡外資券商在大陸的發展經驗，修正佈局大陸市場的策略。如果台灣證券商選擇以股權模式進入大陸市場，應對合作對象之市占率、業務關聯性、市場經驗、國家持股比例與據點數以及合資公司之外資持股比例全盤加以考量。選擇合作對象時也應以無形的經營理念為長期合作的主要考量；財務健全、可承作全面性證券相關業務與發展具前瞻性為另外考量因素。

（二）直接切入急需改革的課題

評估自身競爭優勢後，應同時分析所擁有的優勢是否是中國大陸證券市場所需要的。因大陸證券商最欠缺的是網路平台架設技術與綜合治理能力，多年來網路證券交易技術牛步化的進展，一直無法有效承載股市鉅額交易量的積弊，也長期為中外投資者所垢病。而台灣證券商多年來在綜合治理上的經驗，再加上大陸證券法規多師法台灣，且兩岸文化與語言像近似，台灣證券商應能給予中資證券商在綜合治理上必要的協助，如此一來應當能得到中國官方相當程度的認同，對台灣證券商在大陸的發展也有極正面的幫助。

（三）快速實現金融商品、專業技術人才的本土化

台灣證券商雖早在十三年前就在大陸設置代表處蒐集資訊與從事市場調查，不過在真正進入大陸證券市場後，仍需花一段時間了解實際經營細節，另外還需耗費相當大的資源從事市場數據蒐集、金融產品設計、產品銷售網路機制與銷售人員的培育等等。這些台灣證券商本土化的程度，將是影響未來在大陸市場發展是否順利的關鍵要素。

參考文獻

［1］王正元，「兩岸證券業發展趨勢及比較」，東華大學企管碩士論文，2002。

［2］王典娜，「商場現代化」，515 期，361 –361，2007。

［3］宋逢明，「兩岸一甲子研討會」，中國評論通訊社，2009。

[4] 吳光雄，「證券業者開展大陸市場的商機與挑戰」，證券公會季刊，2009。
[5] 李禧宜，「大陸證券體系發展與台灣證券商登陸策略之研究」，台灣大學國際企業學研究所碩士論文，2007。
[6] 林祖嘉，「WTO 與 CEPA 對台灣金融業海外與大陸投資影響分析」，國家經濟論壇春季號，財團法人國家策研究基金會，2004。
[7] 韋伯韜，「兩岸金融交流政策與實務研析」，財團法人國家政策研究基金會，2006。
[8] 邱曉嘉，「積極開放金融業赴大陸設置分支機構協助台商投資」，國家政策論壇月刊，1 (2)，52 - 55，2001。
[9] 劉玉珍、李怡宗、許佩茹、毛海戎、謝姍旆，「兩岸證券業發展與整合的契機」，中華民國證券商業同業公會委託計畫，未出版，2009。
[10] 鄭振龍，海峽兩岸證券投資論壇，2009。
[11] 藍慧敏，「外資證券商投資大陸證券商之決策分析」，淡江大學國際貿易系國際企業學碩士論文，2006。

國際化程度與多角化策略對兩岸銀行經營績效之影響

張麗娟*

1. 前　言

隨著世界潮流趨勢，各國提倡國際化與自由化，各經濟體的多國籍企業活動日益增加，金融業的國際金融業務也迅速擴張。為因應可能面臨的競爭衝擊，台灣的金融機構必須擴大其營運規模，進一步尋求營運成長的空間，才能夠迎戰國際大型金融機構，所以為了台灣金融體系長遠的將來，必須積極朝向國際化發展。

台灣在經濟發展的初期，資本市場尚未開放，社會上的資金匱乏，加上嚴格的政策保護與管制而具有高度的進入障礙，所以大部分的金融機構仍為公營企業，金融穩定性也相對較高。根據財政部的統計資料顯示，管制時期的本土銀行家數只有僅僅 24 家，分行 996 家，外國銀行在台分行共 35 家，平均資產報酬率高達 20%。1886 年後管制陸續解除，1991 年開放新銀行的設置，並於 2001 年 6 月 27 日制定「金融控股公司法」，此後金融控股公司更是如雨後春筍般的成立。在經歷一波一波銀行購併或合併後，至 2009 年 12 月底，本土銀行共 37 家（金融控股公司占 15 家），分行 3279 家，外國銀行在台分行共 32 家，平均資產報酬率達 27%。

由於法令的解除與市場開放的政策，使金融機構面臨國外銀行來台的威脅，在人才、技術、設備及內部資源都難以與其比擬的劣勢下，本土金融機

---

* 作者簡介：張麗娟，台灣虎尾科技大學財務經融系副教授。

構更需要新的成長策略提升市場佔有率及強化競爭力。國際化不但可以幫助銀行獲取地主國資源、運用母國之優勢掌握新市場、降低成本、取得規模經濟或綜效以及分散風險。

就台灣地區銀行業國際化發展情形而言，至 2009 年 12 月底台灣地區銀行海外分行及分支機構總共有 249 家，其分布區域以亞太地區 151 家為冠，北美地區 82 家次之，歐洲地區 10 家，中南美地區 4 家，西亞與非洲地區各 1 家，顯示台灣之銀行經營，未來將面對更多國際因素的影響。另外在通過「金融控股公司法」後，跨業經營的障礙剔除，同時也使金融同業及非同業間的競爭激烈化，造成銀行獲利、市場佔有率大幅下降以及利差的縮小和結構的轉變，促使台灣的銀行業者必須重新審視整體的經營方式，尋求提升經營效率的對策，故，多角化的經營策略也成為金融機構擴張經營版圖的參考之一。

面對多變的金融環境下，國際化與多角化似乎都成為金融業必然的趨勢，然而，美國爆發信貸危機後，金融海嘯的衝擊席捲全世界，台灣當然也無法置身於事外，尤其金融業更是深受其害，在透過國際化來擴張版圖的銀行產業中，其經營績效是否會隨著國際化程度的增加？或是因資本適足率提高導致績效下降？這都是銀行業者和制定法規的政府最為關切的議題。故探討「國際化」以及「多角化」對台灣銀行經營績效之影響，成為本研究所要探討之重要課題。基於上述研究動機，本研究欲以台灣本土一般商業銀行作為研究對象，藉由島外的文獻，探討台灣銀行國際化與多角化策略的本質，並利用多元迴歸分析法來檢視國際化與多角化對銀行績效影響之結果及原因，期望未來可成為提供銀行業者與金融機關擬定策略時之參考。

2. 理論基礎與文獻探討

國際化的定義在各學者眼中皆有不同的看法，但都一致認同國際化是企業將其各種營運活動往國外發展的一種行為，如 Hitt et al. 認為只要是進行跨國界拓展的營運活動，都可以稱為國際化。在國際化過程中，企業會因採用的策略或模式的不同而不斷地進行調整，故國際化方式也會因不同的策略產生不同的營運結果。

早期用來評估國際化的衡量指標包括：海外銷售額占總銷售額之比例、

海外資產占總資產之比例、海外子公司數、海外收入占總收入之比例、海外總出口銷售額、海外投資件數；但是因為單一指標無法準確地衡量出企業的國際化程度，也沒有統一的衡量標準，因此有學者提出了多重指標的概念。Welch and Loustarinen 提出外部構面和內部構面概念作為其衡量依據，但由於這兩構面的指標屬於概念性指標，在實務上較難以量化和應用，故 Sullivan 提出三個構面包含九項指標來衡量國際化的程度。三構面為績效屬性、結構屬性及態度屬性，而其中的九項指標則包括了海外銷售額占總銷售額之比例、研發支出密集度、廣告支出密集度、出口銷售額占總銷售額之比例、海外利潤占總利潤之比例、海外資產占總資產之比例、海外子公司數占總子公司數之比例、高階主管的國際化經驗、國際營運的心理距離分散程度。

Sullivan 表示若要達到國際化實證上信度和有效度，應該使用多重衡量指標，例如 Gomes et al. 和林惠文就同時使用海外銷售額占總銷售額之比例、海外資產占總資產之比例和海外子公司數占總子公司數之比例三項指標作為國際化程度衡量之依據。國際性銀行指的是銀行業務的國際化現象和國際銀行業務的參與，或是在兩個國家以上開設分行據點的行為。銀行業之所以會採取國際化，主要是因為面臨國內市場佔有率的下降、利差縮小、市場結構改變以及對外開放政策而產生的競爭壓力，希望藉由設立海外分支機構和海外據點、提供國際金融商品服務、培訓國際金融專業人才及積極參與國際金融活動來達成，此即為銀行之國際化策略。

多角化係指一家企業經營兩種以上的行業，但常因衡量的單位不同而有不同的定義。Rumelt，定義多角化為進入新的產品市場活動，即企業進入新行業、產業、產品線或產品市場，亦指多角化是企業的一種動態擴張。Ramanujan and Varadarajan 認為企業藉由內部事業發展或收購的過程去進入新的領域，並引起行政結構、系統或其他管理程序的改變，就是所謂的企業多角化。Hill and Hoskisson 也提出企業獲利可透過垂直整合、水平整合以及複合式多角化等不同的方向來實現不同的經濟效益。

在績效方面，大部分的學者將績效指標分成財務性指標和非財務性指標。財務性指標包含了總資產報酬率、股東權益報酬率和純益率等，也是最常被拿來使用的績效指標，因為財務性指標不僅能表達出企業營運的盈餘與收入，資料的蒐集也相對較容易。財務性指標雖然可以表現出企業的利潤，但也忽略了一些其他會影響企業經營績效之因素，例如資本適足率。當一家同時進行國際化和多角化的企業，為了增加營收或分散風險而採取多角化策略時，企業的國際化也可能會導致營運的風險增加，因此有些學者採用了非財務性的風險性的資產中資本適足率指標來衡量銀行績效。

銀行業上的經營績效衡量指標亦可採 Thomas 所提出的 CAMEL 標準，其標準分別為資本適足性、資產品質、經營品質、獲利性和流動性。Ramaswamy 則認為財務性指標可以表現出價值鏈活動在海外的績效，應採以營運績效來衡量銀行之績效，透過成本的降低和核心競爭力的取得，使得企業產生競爭優勢，進而獲得良好的績效。

Grant 收集了 1968 到 1984 年英國廠商的長期資料，發現國際化與廠商的獲利呈正向關係；Sambharya 則是針對美國 53 家多國籍企業進行研究，發現國際化與廠商績效並沒有明確的關係；亦有學者研究得出國際化與廠商績效呈現非線性關係時，而且大部份為倒 U 型的關係。Contractor etal. 提出了國際化擴張的三階段理論，認為在國際化早期，國際化程度與績效為負向關係，中期為正向關係，到了晚期又出現負向的關係，兩者呈現謂的 S 型關係。多角化的研究同樣也無一致性的結論。Geringer et al. 在考慮產品之範圍與相關性之下，證實了多角化策略與淨利潤對銷售比率有顯著的相關性。

Lang and Stulz 在探討公司價值與多角化策略的關係時，發現公司並無法經由產品多角化的途徑來提高績效，反而造成公司的價值下降。黃仲生比較多角化應有理論價值與現有價值，研究結果也證實了進行多角化的行為確實會使公司價值顯著下跌。在金融業方面，林惠文進一步探討國際化程度與相關多角化及非相關多角化策略對銀行財務績效影響，其結果顯示國際化程度和多角化策略對銀行財務績效之關係並不顯著。林琮節的研究也顯示出多角化策略有助於提升整體的營業收入，但是在獲利上則無顯著的影響，故提出多角化只是一項必然的趨勢，業務的多角化應該還是要回歸基本面的服務項目，否則將導致反效果。

3. 研究方法

本研究是探討台灣商業銀行進行國際化與多角化策略對經營績效的影響，期望能從中客觀地審視及慎重考量台灣對外投資的綜效結果；研究方法主要是採多元回歸方式進行分析國際化及多角化對績效進行檢定，並以 t 檢定來檢視是否具有顯著影響效果？

3.1 研究假說

在研究國際化與多角化議題上，學者普遍認為國際化策略應比不國際化更具競爭優勢。但隨者國際化程度愈高，交易成本增加，造成績效呈現 U 型曲線關係。而在多角化方面，多角化策略會比非多角化策略較有好的經營績效。銀行可以透過世界金融中心獲取更多的金融資訊和國際實務知識，並藉由資金調度和國際貿易融資需求，提高顧客的滿意度和忠誠度。因此，本文以銀行國際化經營的角度為基礎，建立下列假說：

H_1：銀行國際化程度對經營績效有正向影響。

H_2：銀行多角化策略對經營績效有正向影響。

國際化和多角化除了會影響經營績效之外，同時也會帶來資本適足率下降，而資本適足率也會影響到經營績效的好壞，故提出以下假說：

H_3：銀行國際化與資本適足率有正向關係。

H_4：銀行多角化與資本適足率有正向關係。

H5：銀行國際化和多角化之策略與經營績效有負向關係。

3.2 資料來源與研究樣本

本研究主要探討台灣商業銀行國際化程度、多角化與經營績效之關係，故將台灣的工業銀行（如中華開發工業銀行及台灣工業銀行等）以及台灣銀行扣除，只保留島內一般商業銀行，同時也考量到財務資料的正確性與完整性，總共選取了 31 家本土商業銀行作為本研究之研究對象，研究期間從 2003 年到 2008 年共 6 年，而樣本之資料來源為台灣經濟新報資料庫之合併報表財務資料庫、中國時報情報贏家之財經資料庫、中央銀行「本國銀行營運績效季報」、金融管理委員會銀行局「金融業務統計輯要」、「基本金融資料」、年報、行政院金融監督管理委員會銀行局網站等。

3.3 變數操作性定義

過去文獻對國際化的衡量因人而異，且各有其理論上的優點，但本文根據不同研究對象和產業特性之需求，考量銀行業國際化之特性與資料蒐集之完整性，在變數的操作性定義上，比較常被使用的海外銷售額占總銷售額之比例（Foreign Sales as a percentage of Total Sales，FSTS）、海外資產占總資產之比例（Foreign Assets as a percentage of Total Assets，FATA）作為自變數。

此二項指標的計算方式為外銷售額占總銷售額之比例等於國外分支機構之營收除以全行營收、海外資產占總資產之比例等於海外分支機構之資總資產除以全行總資產。

而另一項自變數為多角化，常用的有 HI（Hirshman – Herfindahl Index）、Entropy Index 及 Rumelt 等方法。銀行業的多角化是指提供各種不同金融商品相關業務比重的多寡，並非生產其他產業之產品數量，故本文選取 HI 指標作為本研究衡量多角化之指標。其公式如

$$H_d = 1 - I, 其中 I = \sum_{i=1}^{n} (P_i)^2$$

其中 I 為產業集中度，P_i 為企業在第 i 項業務之營業收入佔總營業收入的比率；n 為企業的產品橫跨的產業數目；H_d 為多角化程度指標。當 I 愈接近 1，表示企業之銷售較集中於某些部門，意即集中度高，多角化程度低；反之，若 I 愈低，則表示 H_d 越高，多角化程度越高。

在依變數部分則採用一般最常使用的總資產報酬率（Return on assets，ROA）來衡量，其計算方式為總資產報酬率等於本期稅後淨利除以總資產。資產報酬率在衡量銀行的營運使整體資產的報酬運用效率狀況，可表示銀行管理者的經營能力。總資產的決定常被視為財務政策及槓桿的指導原則，故當比率愈高，表資產之收益性愈強，獲利能力愈高。

風險指標則以 CAMEL 標準中的資本適足率（bank of international settlement ratio，BIS）來衡量，資本適足率是以銀行自有資本淨額除以其風險性資產總額而得的比率，主要是用來規範金融機構操作風險性資產時，以確保銀行經營的安全性及財務健全性。另外本研究亦將對銀行經營績效有相當影響程度的逾放比率作為自變數。至於控制變數的規模，Leung and Young 和

吳建良的研究結果皆發現規模和經營績效有正向效果，而 Horst 在分析國際化時，認為相對規模對企業國際化或經營績效有重大影響，另外 Gort 分析多角化策略與績效有關聯性時，也發現規模和績效有正向的關係，因此本文將銀行規模列為本研究之控制變數，採用 Bettis 的衡量方式，以符合常態性之假設，取企業資產總額的自然對數作為衡量企業規模標準。

3.4　模型建立

根據前述文獻探討以及本文提出的假設，建構出回歸模型，其中為避免模型產生內生性問題，故自變數部分皆採用前一年的資料，茲說明如下：

$$P_{it} = a + b_1R\,it - 1 + b_2FATA_{it-1} + b_3FSTS_{it-1} + b_4PD_{it-1} + b_5OLR_{it-1} + b_6SIZE_{it-1} + \varepsilon_{it} \quad (1)$$

$$R_{it} = a + b_1FATA_{it-1} + b_2FSTS_{it-1} + b_3PD_{it-1} + b_4OLR_{it-1} + b_5SIZE_{it-1} + \varepsilon_{it} \quad (2)$$

其中，*FATA* 代表海外銷售額占總銷售額之比例，*FSTS* 代表海外資產占總資產之比例，*PD* 代表銀行多角化，*SIZE* 代表銀行規模（虛擬變數），*R* 代表資本適足率，*P* 代表經營績效，*it* 代表樣本中第 *i* 家銀行的第 *t* 年資料，*it* – 1 代表樣本中第 i 家銀行的第 t – 1 年資料。

4. 實證結果

本研究將提出之兩組模型分別利用多元迴歸分析法來探討銀行國際化程度與多角化策略對經營績效與資本適足率之影響。根據實證統計結果整理如表 1 至表 5。

4.1　敘述統計分析

由表 1 可知總資產報酬率與資本適足率的最大值與最小值分別為正負值，由此數值可知現階段台灣的銀行業經營的高度競爭及各個銀行的素質良莠不齊。逾放比率最大值與最小值為相差 32.64；產品多角化最大值與最小值為相差高達 83.96，可見在研究期間內，銀行的逾期放款比率與多角化程度差距甚大。國際化指標的最小值皆為 0，表示目前銀行仍有以傳統一般收付業務為主要的經營模式。

表 1　變數敘述統計分析結果表

敘述統計項目	資本適足率	總資產報酬率	產品多角化	逾放比率	國際化指標 1 FSTS	國際化指標 2 FATA
平均數	10. 45357	−0. 17936	49. 8662	3. 512473	3. 10215	6. 856117
最大值	29. 81	1. 96	99. 47209	33. 14	26. 0371	37. 192
最小值	−2. 12	−20. 39	15. 50537	0. 5	0	0
標準差	2. 417226	1. 946646	20. 63326	4. 009569	5. 307686	7. 724178

資料來源：本研究整理。

4. 2　相關性分析

由表 2 的相關性分析表中可以看出，國際化指標與資本適足率、多角化、總資產報酬率皆呈現正向的關係，而多角化在 1% 顯著水準下，與國際化指標呈現顯著正向關係，與逾放比率則呈現負向關係。至於規模只與總資產報酬率有正向關係，其餘皆不顯著。

表 2　變數相關性分析結果表

	資本適足率	國際化指標 1FATA	國際化指標 2FSTS	逾放比率	產品多角化	總資產報酬率	規模
資本適足率	1						
國際化指標 1FATA	0. 181409**	1					
國際化指標 2FSTS	0. 029315*	0. 762967	1				
逾放比率	−0. 25465***	−0. 22223***	−0. 13001*	1			
產品多角化	0. 111044	0. 326491***	0. 219256***	−0. 21828***	1		
總資產報酬率	0. 140405*	0. 216588***	0. 132497*	−0. 24259***	−0. 05755	1	
規模	0. 106016	0. 586271	0. 580696	−0. 30872	−0. 03722	0. 3442***	1

資料來源：本研究整理。

註：＊表 P<0. 1，＊＊表 P<0. 05，＊＊＊表 P<0. 01。

4. 2　迴歸分析

根據表 3 可得知，國際化指標的海外總資產占總資產之比例對總資產報酬率呈正向但並不顯著，而海外銷售額占總銷售額之比例與總資產報酬率則為負向關係，表示 H1 並未得到支持。至於產品多角化與總資產報酬率有顯著的負向關係，因此本文之 H2 亦無法如原假設成立。

銀行規模變數對總資產報酬率有顯著正向關係，表示在經營績效方面，規模是一個很重要的控制變數。資本適足率是自有資本淨額除以其風險性資產總額，比率愈高表示銀行風險性資產愈高，代表風險愈低，而資本適足率與總資產報酬率有顯著正相關，本研究之假設 H5 成立。

表 3　國際化與多角化策略對銀行經營績效之迴歸分析

變數	估計係數值	標準差	t 檢定值
截距	-2.00556	0.816754	-2.45553**
資本適足率	0.266773	0.066394	4.018039***
國際化指標 1：FATA	0.034062	0.03167	1.075529
國際化指標 2：FSTS	-0.08303	0.048156	-1.72411*
產品多角化	-0.0213	0.007021	-3.03846***
逾放比率	-0.097113	0.03145	-3.08788***
規模	0.943581	0.320022	2.948489***

資料來源：本研究整理

註：*表 $P<0.1$，**表 $P<0.05$，***表 $P<0.01$。

在表 4 國際化與多角化策略對風險之迴歸分析中，國際化的兩項指標分別達到 0.1 和 0.05 的顯著水準，顯示國際化程度對風險有很大的影響，其中海外銷售額占總銷售額之比例對資本適足率成負向關係，故該結果支持本研究的 H3 假設。在多角化策略上，對資本適足率並無顯著關係，因此本研究之假設 H4 不成立。

表 4　國際化與多角化策略對資本適足率之迴歸分析

變數	估計係數值	標準差	t 檢定值
截距	10.34969	0.56033	18.4707***
國際化指標 1：FATA	0.094476	0.04396	2.149145**
國際化指標 2：FSTS	-0.12718	0.067222	-1.89199*
產品多角化	0.003213	0.009905	0.324414
逾放比率	-0.07747	0.045274	-1.7111*
規模	0.094268	0.445374	0.211659

資料來源：本研究整理。

註：*表 $P<0.1$，**表 $P<0.05$，***表 $P<0.01$。

5. 結論與建議

針對國際化程度與經營績效間之研究發現，在國際化程度與總資產報酬率的關係上並不顯著，這和 Sambharya 的研究一致，其中海外銷售額占總銷售額之比例與經營績效為負向關係，表示國際化程度愈深，銀行的經營績效愈低，其原因可能是受到 2007 年末全球金融海嘯的影響，因此國際化程度愈深的銀行就愈容易受到金融海嘯的牽連。

在多角化策略與經營績效的影響中發現，兩者為顯著負向關係，代表銀行採取多角化策略，並不會幫助經營績效的提升，有可能是因為多角化策略雖然可以獲取多方面的利潤來源以降低風險，但卻忽略了進行多角化策略時，會帶來更多的風險性資產，例如授信與對中小企業的放款等等，因此，過低的資本適足率可能會抵消了整體的經營績效。

在國際化程度與資本適足率間的研究中，國際化程度對資本適足率有顯著的影響，而海外銷售額占總銷售額之比例對資本適足率呈負向關係，即與資本適足率是正向的關係，表示當銀行的國際化程度愈深，交易成本也會增加，所以風險性資產亦隨之而來，同時也會影響到銀行的績效，使得績效不增反減，在本研究中也證實了資本適足率和經營績效是顯著正相關的影響。在多角化策略上，和資本適足率並無顯著相關，是因為本研究之多角化的計算，主要是採取營業收入為主，和風險性資產並無直接的相關性而導致的結果。

在考慮國際化和多角化策略時，銀行規模的大小對經營績效有顯著的關係，表示台灣的銀行在採取國際化和多角化策略時，規模大小是決定績效優劣的一項重要的控制變數；但與資本適足率的關係卻並不顯著。至於逾放比率，在經營績效和風險性資產上皆呈負向的顯著關係，則是因為逾放比率愈高，銀行的呆帳就愈多，風險性資產增加，資本適足率下降銀行風險就會升高，使得銀行的績效減少。

本研究顯示國際化與多角化並非完全能提升銀行的經營績效，除了關心是否能帶來獲利和提升市場占有率方面，應該要多加考量資本適足率中風險性資產所帶來的副作用，其結論應可供銀行業是否應積極於從事海外事業，以及相關當局和後續有興趣從事此方面研究者參考。

在國際化指標上只採用了海外銷售額占總銷售額之比率與海外總資產占總資產之比率兩項變數，建議後續研究者可以再加入其他變數，如海外分行數等；另外本研究僅以總資產報酬率作為績效指標，而績效指標還包括了其他非財務性指標，銀行的國際化程度與多角化未必只反映在財務指標上，進一步造成本研究結果無法非常客觀呈現台灣金融實際情況，故應考量不同因素，而使用不同的相關績效指標，後續者可以進一步繼續探討。

參考文獻

1. 吳建良：《資本適足率與逾期放款率對銀行財務績效之影響》，《台灣銀行季刊》，2000 年第五十六卷第二期，1 - 27 頁。

2. 林惠文：《國際化與多角化策略對財務績效之影響—本國銀行業之比較分析》，《商管科技季刊》，2001，第二卷第四期，377 - 397 頁。

3. 林琮節：《多角化因素與金控因素於銀行之績效評估》，國立屏東科技大學企業管理研究所未出版碩士論文，2005 年。

4. 黃仲生：《多角化對公司價值影響之實證研究》，國立中山大學財務管理研究所未出版碩士論文，1996 年。

5. Bettis R. A. and Mahajan, V. , Risk/Return Performance of Diversified Firms, Management Science, 1985, 31, 785 - 789.

6. Contractor, Farok J. , Sumit K Kundu, and Chin - Chun Hsu, A Three - Stage Theory of International Expansion: The Link Between Multinatinality and Performance in the Service Sector, Journal of International Business Studies, 2003, 34 (1), 5 - 18.

7. Geringer, J. Michael, Paul W. Beamish, and Richard C. da Costa, Diversification Strategy and Internationalization: Implications for MNE Performance, Strategic Management Journal, 1989, 10 (2), 109 - 19.

8. Gomes, Lenn and Kannan Ramaswamy, An Empirical Examination of the Form of the Relationship Between Multinationality and Performance, Journal of International Business Studies, 1999, 30 (1), 173 - 188.

9. Gort, M. , Diversification and Integration in American Industry, NJ: Princeton University Press, 1962.

10. Grant, Robert M. , Multinationality and Performance among British Manufacturing Companies, Journal of International Business Studies, 1987, 18 (3), 79 - 89.

11. Hill, C. W. L. and Hoskisson, R. E. , Strategy and Structure in the Multiproduct Firm, Academy of Management Review, 1987, 12 (2), 331 - 341.

12. Horst, Thomas E. , Firm and Industry Determinants of the Decision to Invest Abroad, Review of Economics and Statistics, 1972, 54 (8), 258 - 266.

13. Lang, L. , and Stulz, R. M. , Tobin's Q, Corporate Diversification, and Firm Performance, The Journal of

Political Economy, 1994, 102 (6), 1240 - 1248.

14. Leung, M. K. and T. Young, China's Entry to the WTO: Managerial Implications for Foreign Banks, Managerial and Decision Economics, 2002, 23 (1), 1 - 8.

15. Ramanujam, R. and P. Varadarajan, Research on Corporate Diversification: A Synthesis, Strategic Management Journal, 1989, 10 (6), 523 - 551.

16. Ramaswamy, Kannan, Multinationality, Configure, and Performance: A Study of Manes in the U. S. Drug and Pharmaceutical Industry, Journal of International Management, 1995, 1 (2), 231 - 253.

17. Rumelt, R. P., Strategy, Structure, and Economic Performance, Boston: Harvard Business School Press, 1974.

18. Sambharya, Rakesh B., The Combined Effect of International Diversification and Product Diversification Strategies on the Performance of US - Based Multinational Corporations, Management International Review, 1995, 35 (3), 197 - 218.

19. Sullivan, Daniel, Measuring the Degree of Internationalization of a Firm, Journal of International Business Studies, 1994, 25 (2), 325 - 42.

20. Thomas, Lioyd B. Jr., Money, Banking and Economic Activity, Third Edition, New Jersey: Prentice Hall, 1986.

21. Welch, Lawrence S. & Reijo Loustarinen, Internationalization: Evolution of a Concept, Journal of General Management, 1988, 14 (2), 34 - 55.

擴大台閩區域旅遊合作發展之研究

蔡承旺*

一、前　　言

隨著經濟全球化和全球整合的加快，觀光產業的競爭已經由單一產品的競爭發展為區域產品的競爭，加強區域合作，實現資源和市場共享，是當今旅遊發展的重要趨勢。區域旅遊合作就是打破行政區的劃分，使一定區域內的旅遊產品和旅遊市場能夠在更新更高的層次上聯合統一，加強合作，互通訊息，資源共享，優勢互補，應對競爭。目前，區域旅遊合作方興未艾，區域旅遊已經形成了一個蓬勃發展的局面。

中國大陸歷經三十年的改革開放後，讓 GDP 總產值從 1978 年的 3600 億人民幣，快速成長到 2009 年的 30 兆人民幣，這 82 倍的成長幅度，造就了 2 億多中國人民脫離貧困警戒區。在人均所得的不斷攀升下，除了基本食衣住行的需求外，休閒觀光旅遊和娛樂市場商機也快速崛起，旅遊需求儼然進入新一輪的黃金成長時期，世界旅遊及旅行理事會（WTTC）就曾指出：「中國將成為全世界從未有過的旅遊經濟大國。」

中國 2009 年經濟成長率達 8.7%，成為僅次於美國、日本的全球第三大經濟體，人均所得達 3300 美元。改革開放最早的沿海深圳地區，在 2009 年的個人平均所得已達到 13000 美元，與台灣相差已不多，也幾乎達到香港人均所得的一半左右。中國旅遊業在世界旅遊業發展中的作用越來越大，預估在 2020 年超過法國、西班牙、美國，成為世界第一旅遊目的地，同時，十年後中國有希望成為世界第一旅遊大國。

---

* 作者簡介：蔡承旺，金門技術學院觀光管理系暨島嶼資源發展研究所助理教授。

中國隨著一個更加流動、更加自由的社會加速形成，旅行從非基本需求逐漸成為一種基本生活方式，在需求上常態化，在政策上制度化。目前中國境內旅遊市場已達 15 億人次，出境旅遊市場發展到 4548 萬人次，入境旅遊市場達到 1.3 億人次，全國旅遊總收入已突破 1 兆人民幣來看，中國已成為全球第四大入境旅遊國和亞洲最大的旅遊客源國。國民所得的提升，成為推升中國具備成為全球第一大旅遊國的潛力，而這個龐大的市場，成為旅遊業經營發展的絕佳機會。

從地理上、歷史上觀之，中國大陸東南沿海的福建、浙江、廣東等省份與台灣地區都有密不可分的關係，其中尤以福建省與台灣跨海峽距離最近，百年來，積累的移民人口最多，與台灣關係也最為密切。本文有鑑於兩岸和平與發展的歷史契機，提出擴大台閩地區觀光產業合作發展之若干策略思考，以促進整個地區的旅遊業全面協調和可行地持續發展。

二、台灣觀光旅遊發展現況

台灣主要客源國美國、日本、韓國處在此次金融風暴中心，經濟受損嚴重，失業率為十年來最高，2009 年這些主要國家遊客赴台旅遊大受影響。而中國大陸在金融危機爆發的背景下，出境旅遊依然保持兩位數增長，大陸遊客赴台旅遊意願強烈，在一定程度上增強了台灣旅遊消費與產業發展市場動力。大陸赴台市場前景看好，大陸遊客將成為台灣旅遊的主力。在兩岸積極交流的基礎上，有利於抓住歷史機遇，擴大加強旅遊產業，透過兩岸各界的共同努力，預計在未來大陸遊客赴台旅遊市場進程將明顯加快。

而 2010 年 1－4 月來台旅客累計 175 萬 6036 人次，與去（2009）年同期相較成長 23.33%。主要客源市場人次及與去（2009）年同期比較之成長率分別為：日本 35 萬 1927 人次（－0.64%）、港澳 23 萬 2403 人次（－1.03%）、韓國 7 萬 533 人次（16.19%）、中國大陸 52 萬 5051 人次（72.31%）、美國 12 萬 8866 人次（15.82%）、新加坡 6 萬 3684 人次（14.69%）、馬來西亞 8 萬 3116 人次（79.54%）、歐洲 6 萬 9841 人次（5.57%）、紐澳 2 萬 4849 人次（12.45%）。99 年 1－4 月各主要客源市場，「觀光」目的旅客為 101 萬 8104 人次，成長 36.73%，「業務」目的旅客為 30 萬 4228 人次，成長 20.66%。由統計資料顯示：中國大陸已是台灣觀光

產業最大的客源市場。(詳見表1)

表1　2010年4月及2010年1－4月主要客源旅客來台統計表

國/地区別	目的別	2010年4月		2010年1月－4月	
		人數	成長率	人數	成長率
總計	總人次	506400	12.91%	1756036	23.33%
	觀光	316990	23.12%	1018104	36.73%
	業務	81763	24.52%	304228	20.66%
日本	總人次	79593	0.36%	351927	－0.64%
	觀光	48300	－7.67%	227843	－5.08%
	業務	22301	22.88%	85105	14.72%
港澳	總人次	70966	－19.35%	232403	－1.03%
	觀光	54426	－24.13%	162768	－7.19%
	業務	5575	17.72%	22636	15.07%
韓國	總人次	15789	18.77%	70533	16.19%
	觀光	6346	18.79%	32636	22.22%
	業務	5694	30.60%	20000	20.73%
中國大陸	總人次	180915	37.62%	525051	72.31%
	觀光	149261	88.29%	404029	151.45%
	業務	7615	32.48%	24546	33.37%
美國	總人次	34355	8.11%	128866	15.82%
	觀光	10739	6.40%	36069	18.85%
	業務	10820	21.71%	41207	19.82%
新加坡	總人次	19162	5.84%	63684	14.69%
	觀光	11615	12.21%	36950	19.18%
	業務	4058	35.86%	14498	25.10%
馬來西亞	總人次	24049	95.38%	83116	79.54%
	觀光	18132	117.46%	57359	113.07%
	業務	2327	24.77%	7633	17.32%

資料來源：交通部觀光局（2010）

三、台閩旅遊合作是觀光發展的必然趨勢

（一）區域合作是樹立旅遊整體形象、吸引觀光客的必然選擇

區域合作是區域旅遊經濟發展的大趨勢，可以實現旅遊資源共享，優勢互補，共同開拓市場，避免悪性競爭，促進旅遊業的持續、協調發展。從需求角度來看，消費的對象越來越廣泛。旅遊是加強人們之間的聯繫和交往的重要途徑，是一項人人都能參與的社會活動。不論性別、職業、年齡，只要擁有足夠的閒暇時間和一定的可支配收入，旅遊活動就能得以進行。現在越來越多的跨區域、跨國界旅遊活動來看，旅遊活動的項目和形勢也在逐步豐富和多樣化：探索、考古、觀景、休閒娛樂、醫療保健等層出不窮，在範圍和規模上有不斷拓寬擴大的趨勢。從供給角度來看，資本的流動也是無疆域界線的。在旅遊消費體驗日益多樣化、旅遊訊息獲取渠道豐富的今天，單一類型的旅遊資源已經不能滿足旅遊者的需求，區域旅遊合作基礎上的多樣性旅遊產品才能構成持續的吸引力。一言以蔽之，區域旅遊合作是要達成人文的、自然的與市場的大聯合。

（二）台閩歷史淵源深厚，觀光資源優勢互補、相得益彰

台灣與福建關係密切、可從地緣關係、血緣根源、文化淵源、商業往來知悉。從地緣關係來看，福建與台灣隔台灣海峽而相望，是中國大陸距離最近的省份。從血緣根源來看，宋元以來，即有福建省老百姓移民至台灣；1885 年台灣建省後，台灣省府劉銘傳鼓勵移民積極開墾本島，福建人遂成為台灣人口主體，占台灣總人口的比例超過 65%；另外有將近 20% 的客家人來自閩南及廣東。從文化淵源來看，閩南文化作為延續自中原的一種移民文化，原是指福建省南部，包括泉州、漳州、廈門三地以及龍岩的部分區域，以其特殊的地理環境為基礎，經晉、唐及五代時期中原河洛文化播傳至閩南，與當地閩越族文化碰撞、融合，在長期的歷史條件、文化背景及其社會經濟條件下逐漸形成的具有鮮明特色和豐富內涵的閩南地域性文化，體現了中原文化、古越文化、海洋文化的神韻和精髓，是中華文化的重要組成部分。由於福建的移民、生根、繁衍，使台灣文化深受閩南文化的影響。例如，在語言方面，閩南語仍為台灣廣泛使用的通俗語言，有高達 73% 的人口比例使用台灣閩南語。從民間信仰觀察，閩台兩地人民同樣信奉媽祖、關

公、王爺等神祇，且以信仰道教者居多。在戲曲風俗方面，台灣的歌仔戲、跳鼓陣等傳統戲曲藝術，與福建原鄉戲曲藝術亦非常相似。因此台閩旅遊資源中自然景觀與人文景觀交相輝映，相得益彰，豐富的旅遊資源提供了旅遊合作的平台，旅遊資源的組合良好。如風景區就集湖光山色、文物古蹟、民間文化、民俗風情於一身，觀光資源特色明顯，民俗風情獨特，具有不可替代性，具備滿足多樣化需要條件，具有不可估量的旅遊開發價值。

（三）小三通為台閩旅遊合作提供了便捷的通道

尤其自2001年開通的為金廈航線台閩旅遊合作提供了便捷的通道，金廈直接往來航線以來，客運量統計如表2所示，金廈航線2009年全年運載運旅客1282萬人次，由統計表可見，金廈航線客運量逐年快速成長，2009年比2001年增長了60倍，截至2010年4月止共運載運旅客52129萬人次，真正成了黃金航線。

在福建沿海與金門、馬祖、澎湖直接往來中，金廈航線客運量占總客運量的80%以上，由此可見金廈客運航線的重要性。之所以如此，是因為對於觀光客而言，節約交通時間與節約成本費用是的重要的考量，金廈航線在兩岸往返中具有自身十分獨特的優勢：一是旅客經金廈航線至金門後轉飛台北松山機場所需時間與廈門直飛台北的時間相當。二是金廈航線已實現常態化運作，日航班達到28個航班，選擇性強，較「包機直航」手續更為簡便。三是金門有通達台灣各大機場的航班，且航班密集。旅客出行十分方便，而廈門目前僅能與台北松山機場實現直飛。四是經金廈航線往返兩岸費用可以大大地降低。以廈門至台北松山為例，金門至廈門船票650元（新台幣，下同），金門至台北機票2020元，往返合計約5340元，而台北松山直飛廈門的機票高達11000元，金廈航線具有明顯的成本優勢。

表2　金門地區歷年小三通人數統計表　　單位：人次

年度	入境人數				出境人數				入出境人數合計
	台灣地區人民	大陸地區人民	外國人民	總人數	台灣地區人民	大陸地區人民	外國人民	總人數	
2001	9751	951	—	10702	9738	937	—	10675	21377
2002	25545	1039	—	26584	26151	946	—	27097	53681
2003	76369	2936	—	79305	78782	2016	—	80798	160103

续表

年度	入境人數				出境人數				入出境人數合計
	台灣地區人民	大陸地區人民	外國人民	總人數	台灣地區人民	大陸地區人民	外國人民	總人數	
2004	192273	9865	—	202138	193937	9475	—	203412	405550
2005	244099	14132	—	258231	244504	15984	—	260488	518719
2006	273738	35399	—	309137	278060	35833	—	313893	623030
2007	313202	45509	—	358711	319502	46883	—	366385	725096
2008	443748	35392	2052	481192	453273	36314	2490	492077	973269
2009	533172	94095	10049	637316	537524	97220	10012	644756	1282072
2010 (1-4月)	157315	60918	3655	221888	162115	62374	3695	228184	450072

資料來源：行政院大陸委員會（2010）

四、對擴大台閩旅遊合作的幾點建議

加強台閩旅遊合作已成為海峽兩岸旅遊界的共識，目前借助閩台便捷的旅遊交通通道，進行進香、謁祖、旅遊觀光、經貿活動，以及日漸成熟的合作機制以及先試先行的政策優勢，台閩觀光業界已共同培育出一個旅遊品牌——「海峽旅遊」，台閩旅遊合作「海峽旅遊區」已漸具規模①。但到目前為止，台閩旅遊合作仍有很大的潛力，福建與台灣兩地的旅遊交流與合作還有許多領域尚待開發，還需進一步完善，本文提出以下幾點建議：

（一）試行福建居民憑身分證赴台「自由行」政策

在大陸《國務院關於支持福建省加快建設海峽西岸經濟區的若干意見》加入了培育「海峽旅遊」品牌後，這使得海峽旅遊的發展獲得前所未有的機遇。本文建議爭取兩岸當局對台閩旅遊政策的新突破，試行福建居民憑身分證赴台灣地區「自由行」政策；爭取福建—澎湖空中航線的航班不受大陸與台灣空中航班總配額的限制；支持豪華郵輪公司開通經福建到台灣地區

① 據福建省旅遊局最新統計：越來越多的人經由福建去台灣旅遊，2009 年經福建口岸赴金馬澎和台灣本島旅遊人數明顯增長，累計達到 4213 個團組 108553 人次，經小三通赴台旅遊占經福建口岸赴台旅遊人次 88%。

的郵輪航線或開通福建—台灣地區郵輪航線。對內要打破行政區劃和地域的界線，拆除旅遊市場壁壘，推進各種要素優化配置和合理流動，開拓市場，促進兩地旅遊業的全面發展。

（二）打造「海峽旅遊區」為精品品牌，提升旅遊品位

台閩在觀光產業的合作方面有著得天獨厚的地緣優勢和旅遊資源優勢，通過旅遊路線安排、精選旅遊景點、延長旅遊路線，實現對兩地遊客的分流與共享，完善旅遊市場的客源結構。積極鼓勵台閩旅遊投資和交流互動，打造台閩旅遊精品。要求兩岸企業積極參與台閩旅遊資源開發和基礎設施建設，提高旅遊業的產業化水平，提升海峽旅遊的品味和層次，增強旅遊業的競爭力。並要加強對海峽旅遊的宣傳促銷，積極利用各種媒體網路開展推介活動，不斷改進宣傳方式，提高宣傳效果，通過兩岸旅遊業的合作，使海峽旅遊成為獨具特色，在海內外具有影響力的旅遊品牌，成為區域旅遊合作的典範。

（三）共同策劃，聯合開拓客源市場

台閩兩地進行區域旅遊合作，最直接的效果是產生資源整合效應，以豐富區域旅遊資源的種類和數量，滿足不同年齡、不同消費水平的人群；不僅有利於旅遊資源產品的深層次開發，提高旅遊產品的質量，延長遊客停留天數，增加旅遊收入對經濟成長的貢獻，也有利於打造觀光產業特色板塊，向市場充分展現海峽旅遊區的豐富性和多樣性，充分發揮市場的規模經濟，增強區域整體的實力和在國際旅遊市場的競爭能力，並為潛在觀光資源的開發提供市場定位的大方向。建議共同策劃並整合區域資源要素，加強台閩互為客源地、互為中轉地、共同推出旅遊線路、共同進行市場行銷等方面的合作，加強兩地旅遊業人、財、物各要素的流動，加強兩地旅遊教育人員的交流，聯合培養旅遊人才，發揮區域整體優勢，實現互利共贏，推進的海峽旅遊區的永續發展。

（四）建立長期有效的危機處理機制

應從整體層面進一步完善台閩兩地旅遊突發事件應急綜合體系和機制，整合政府、社會和行業資源，強化旅遊預警應急機制的系統性、敏感性和有效性；制訂旅遊應急預算，加強旅遊保險體系的建設，提高旅遊系統應對突發事件的處置能力，實現旅遊安全機制常態化，保障遊客和人民生命財產安

全，進而創新旅遊合作機制，推動旅遊進一步發展。完善旅遊規定，以互利互惠為基礎，以便利觀光客活動和促進旅遊要素自由流動為目標，加強政府輔導，鼓勵企業和社會各界參與，形成多層面、全方位的旅遊合作體系。

參考文獻

1. 中國旅遊研究院（2009），《中國旅遊經濟藍皮書》，北京：中國旅遊出版社。
2. 行政院大陸委員會（2010），《兩岸「小三通」人員統計月報》，台北：行政院大陸委員會。
3. 行政院大陸委員會（2008），《兩岸「小三通」推動方案及執行計畫》，台北：行政院大陸委員會。
4. 交通部觀光局（2010），《主要客源旅客來台統計月報》，台北：交通部觀光局
5. 何佳梅、王德剛（2003）主編，《山東省文化資源旅遊開發研究》，山東：齊魯書社。
6. 李非（2003），《建立兩岸更緊密經濟合作關係》，發表於台灣經濟與兩岸經貿關係研討會，廈門：廈門大學。
7. 郝壽義、安虎森主編（2004），《區域經濟學》，北京：經濟科學出版社。
8. Huybers T, Bennett J. Inter – firm cooperation at nature – based tourism destinations ［J］. Journal of Socio – Economics, 2003, 32: 571 – 587.
9. Turk H. Tourism Resource Management on the Example of Tourism Development in the Punat Cove on the Island of Krk ［J］. Tourism and Hospitality Management, 1999, 5（1 – 2）.
10. Weiermair K, Kneisl P. Tourist Cooperation and Networks ［J］. Tourism and Hospitality Management, 1996, 2（1）.

陸客來台旅遊對台灣經濟與社會影響探討

李明正　羅天人*

一、2008年7月後陸客旅遊台灣人數逐漸增加

2008年7月台灣開放大陸居民赴台旅遊，2008年12月兩岸海運直航、空運直航、直接通郵全面啟動，大三通時代來臨。其中空運直航對兩岸旅遊發展更有加溫之意義。截至2010年4月20日，赴台旅遊人次累計已突破百萬大關，達100.212萬人次。此外，2010年1到4月，大陸居民赴台旅遊人數突破40萬人次，比去年同期增加1倍。陸客佔旅遊台灣人數逐漸升溫，根據觀光局統計，2010年1－3月來台旅客累計124萬9636人次，與2009年同期相較成長28.12%。主要客源市場人次及與2009年同期比較之成長率分別為：日本27萬2334人次（－0.93%）、港澳16萬1437人次（9.95%）、韓國5萬4744人次（15.46%）、中國大陸34萬4136人次（98.64%）、美國9萬4511人次（18.90%）、新加坡4萬4522人次（18.97%）、馬來西亞5萬9067人次（73.80%）、歐洲5萬1365人次（10.63%）、紐澳1萬8553人次（15.08%）。2010年1－3月各主要客源市場，「觀光」目的旅客為70萬1114人次，成長43.92%，「業務」目的旅客為22萬2465人次，成長19.30%（如表1所示）。

由上述可知，來台客旅客之所以能夠出現成長，無可諱言，陸客已是關鍵。自2008年7月大陸旅遊首發團赴台至今，旅客人數不斷成長，從2008年每日平均300人，2009到年每日平均1686人，2010年1至4月，每日平

* 作者簡介：李明正，台灣大仁科技大學助理教授；羅天人，台灣大仁科技大學助理教授。

表1　2010年3月及2010年1－3月主要客源旅客來台目的別成長率

國/地区別	目的別	2010年3月		2010年1月－3月	
		人數	成長率	人數	成長率
總計	總人次	516512	30.70%	1249636	28.12%
	觀光	303714	46.02%	701114	43.92%
	業務	91664	21.40%	222465	19.30%
日本	總人次	112231	6.53%	272334	-0.93%
	觀光	76518	3.85%	179543	-4.36%
	業務	24251	19.79%	62804	12.08%
港澳	總人次	61024	6.93%	161437	9.95%
	觀光	43131	3.03%	108342	4.54%
	業務	6957	21.37%	17061	14.23%
韓國	總人次	18603	28.67%	54744	15.46%
	觀光	7923	41.76%	26290	23.08%
	業務	6145	25.13%	14306	17.20%
中國大陸	總人次	149617	71.97%	344136	98.64%
	觀光	115379	152.26%	254768	212.95%
	業務	7166	32.65%	16931	33.77%

資料來源：「2010年3月觀光市場概況概要」，台灣觀光局（2010/4/20），http：//admin. taiwan. net. tw/bulletin/bulletin _ show. asp? selno = 2447

均已達3219人，成長快速；今年第一季大陸觀光客人數首度超越了日本，成為來台旅客人次的第一名。根據交通部觀光局計資料顯示，2010年1月至3月來台旅客累計一24萬9636人次，較去（2009）年同期成長28.1%，其中，中國大陸旅客計三十四萬人次，較去年同期成長98.6%；單單3月來台陸客就高達15萬人次，也因此使得3月單月來台境外總旅次達到了51萬6000人次，創下歷史新高。

此外，中國大陸國家旅遊局局長邵琪偉在2010年5月宣布開放內蒙古、新疆、西藏等六個省分大陸居民來台觀光，擴增大陸組團社，並研議開放大陸民眾來台試點自由行，預定2010年來台旅遊人次可望突破百萬，2011年還將擴大每日開放來台陸客限額。從「數字預測」看來，在兩岸可能將在今年第四季啟動協商，擴增每天來台陸客的限額。根據台灣「交通部」觀光局統計，目前來台陸客人數，一般觀光加上商務、考察，一天約有四千多人次，距離馬英九競選時承諾，陸客開放第二年，來台陸客限額將放寬到五千人次，還有一段距離。① 但中國大陸從2010年7月18日起，又將開放第三批大陸居民赴台旅遊的省市，屆時全大陸三十一個省、市、自治區統統開放赴台旅遊，即大陸所有省分居民都可來台旅遊。② 未來開放中國所有省分居民來台旅遊後，每日五千人次來台人數亦是數步之遙而已。

二、兩岸互設旅遊機構，標示兩岸旅遊業邁入新歷程

兩岸相隔一甲子以來，2010年5月具官方背景的「台灣海峽兩岸觀光旅遊協會」北京辦事處揭牌運作，接著對口的「大陸海峽兩岸旅遊交流協會台北辦事處」也在台北掛牌運作，象徵兩岸交流邁入新階段。台旅會與海旅會雖為民間機構，但派駐人員具公務員身分，並且經兩岸官方授權，是兩岸開啟交流以來首次互設的準官方機構，具特殊象徵意義。③

台旅會北京辦事處成立後，首要工作是加強對大陸居民赴台旅遊的服務，更深、更寬、更廣的發展兩岸旅遊交流。首任台旅會北京辦事處主任楊瑞宗告訴媒體，辦事處將以推廣台灣觀光旅遊資源為主要工作，向大陸民眾促銷台灣的好山好水。除了上述之功能外，台灣學者周繼祥認為兩岸互設設立旅遊機構有下列意涵：④

首先，兩岸互設旅遊辦事處，實際上是雙方首度以互設機構方式，制度化處理兩岸事務。可說為今後兩岸其他方面的制度化互動發展，建立新了一個的模式。

其次，這是兩岸首度以民間名義，卻具備「準官方色彩」的互設機構。台旅會董事包括我方的觀光局長賴瑟珍、兩位副局長謝謂君和吳朝彥等人；而大陸國家旅遊局局長邵琪瑋、副局長杜江到發言人祝善忠等人，均躋身於海旅會之中。

---

① 《旅遊市場大利多 陸客來台 各省全開放》，中國時報，2010年5月8日。

② 2008年7月18日第一批大陸居民赴台旅遊先在大陸13個省、直轄市試點開放；2009年2月擴大到25個省、區、市。2010年7月18日開放第三批後，大陸31省、市、自治區民眾全部可以來台旅遊。

③ 兩岸互設的「準官方機構」，具有特殊意義，因此，「台旅會」和「海旅會」也被稱為「小兩會」，和「海基會」、「海協會」的「大兩會」有所區隔。

④ 周繼祥：《兩岸互設旅遊辦事處後的展望》，http：//www. faps. org. tw/issues/subject. aspx?pk = 119

再次，這同時是兩岸首度由具有官方身份人員的正式駐派。據報載，大陸方面將派遣曾經擔任國家旅遊局司長、港澳辦公室主任，目前擔任海旅會副秘書長的范貴山擔任首任代表，而我方則是選派行政院第三組副組長楊瑞宗出任台旅會駐北京辦事處主任。

綜上所述可知，兩岸互設旅遊辦事處的政治意義重大，但辦事處畢竟不能僅徒具形式，其對後續兩岸交流的實質影響，尤其值得期待。例如大陸遊客在台灣的旅遊投訴，需向台灣觀光局投訴。跟大陸一樣，台灣旅客在大陸的旅遊投訴由國家旅遊局等行政部門受理，現階段既然雙方已互設的辦事處，一旦遊客出現事故和問題，雙方的辦事處都會提供協助，對於提升兩岸旅遊品質當然有重大之影響。

三、陸客來台整體滿意度高、台灣民眾亦多持正面看法

台灣觀光局初步調查陸客來台整體滿意度都維持在九成以上。① 而各地政府也對民眾針對陸客來台議題做出調查。以台北縣為例，台北縣政府觀光旅遊局特別委託艾普羅民意調查公司自 2008 年 7 月 4 日政府開放陸客來台觀光後至 2009 年 6 月進行一項「開放陸客來台觀光週年」民意調查。調查結果顯示，開放陸客來台一年，有 43% 的民眾給予陸客正面評價，其中 4% 受訪民眾表示陸客印象「很好」，39% 表示「還好」，相對的，有 25% 民眾對陸客印象欠佳，其中 18% 的民眾對陸客印象不好，7% 更有惡劣印象。各地區民眾對陸客印象也有明顯不同，整體而言，台北縣市、桃園縣、嘉義縣與南投縣等，對陸客有好印象的比例均超過 45%，高於其他地區。其中台北縣則有 50. 3% 受訪者表示對陸客印象好，22. 6% 表示不好，27. 1% 表示無意見。調查顯示 57% 受訪民眾覺得開放陸客來台觀光，對兩岸關係和諧有幫助，其中 15% 認為有很大幫助，42% 表示有幫助；相對的，合計有 26% 受訪者認為開放陸客來台觀光，對兩岸關係有負面影響。整體而言，北部縣市受訪者認為對兩岸關係有正面貢獻比例，比其他地區來得高。北縣則

① 台灣觀光局甫完成的 2010 年 3 月份有效樣本兩千一百九十三件中，對來台旅遊安排服務滿意度最高的是遊覽車及司機，98. 9%，住宿地點的滿意度也高達 90. 3%，其次為遊程、景點安排的 88. 3% 的滿意度及餐飲 82. 5% 的滿意度。《三月面訪 結果出爐 陸客遊台 滿意度 94%》，中國時報，2010 年 6 月 7 日。

有65.7%受訪者持肯定看法，18.8%受訪者持負面看法。①

70%受訪者認為開放陸客來台對台灣整體觀光產業有正面助益，其中19%認為很有幫助，51%覺得有幫助；而14%民眾覺得沒有幫助，7%認為有負面作用。台北縣受訪者78.3%認為有正面幫助，7.8%認為沒有幫助，5.6%認為反而有害。有41%受訪者表示，開放陸客來台可增加觀光收入，37%覺得沒有幫助，4%甚至覺得有負面影響。其中北縣有41.1%受訪者認為有幫助，35.9%認為沒有幫助，3.9%認為反而有害。各縣市中台北市持正面態度的民調最高，達60.5%，其次是澎湖縣60%，台東縣58.4%，花蓮縣53.4%。

此外，57%受訪者認為，陸客來台觀光自身縣市旅遊品質並沒有變化，18%甚至覺得下滑，只有11%認為有上升。其中台北縣受訪者認為旅遊品質沒有變化的比例為58%，覺得下滑的則有15%，12%認為旅遊品質有上升。而認為台灣整體旅遊品質和以前差不多的則有40%，20%認為上升，27%感到下滑，其中台北縣受訪者認為上升的比例為25%，下滑的為26.7%。58%受訪者認為開放陸資有助於台灣觀光產業發展，其中12%認為很有幫助，46%覺得有幫助。相對的，18%認為沒有幫助，10%覺得反而有害。其中台北縣受訪者中62.9%認為有幫助，16.0%認為沒有幫助，9.4%認為反而有害。

47%受訪者滿意陸客來台觀光週年成果，其中6%非常滿意，41%民眾也表示滿意，26%受訪者不太滿意，9%更表示非常不滿意，合計共35%民眾給予負面評價。台北縣受訪者中53.1%表示滿意，33.7%表示不滿意。針對政府今後對陸客來台觀光的努力方向為何呢？調查結果顯示，51%受訪者認為應加強觀光資源之整合規劃與建設，48%的民眾覺得要加強輔導觀光產業之發展，41%的人希望提升陸客來台觀光的服務品質，28%表示要加強宣傳來台觀光的資訊。

綜合以上的調查結果顯示，民眾多半肯定開放陸客來台觀光的政策，也認為開放陸客來台觀光有助於兩岸關係和諧，但陸客來台是否對各縣市觀光

---

① 《開放陸客來台觀光週年 全國民調報告》，台北縣政府觀光旅遊局，（2009/06/29），http：//www. tourism. tpc. gov. tw/web/News？command = showDetail&postId = 185063

產業收入有幫助，則看法紛歧，持正面、負面看法的，各為41%，也有過半數、達57%的受訪者認為，各縣市的旅遊品質並未因陸客來台而提升。因此，政府今後對加強觀光資源之整合規劃與建設，輔導觀光產業的發展，提升觀光業的服務品質，以及宣傳觀光資訊，仍應加強。

四、陸客來台觀光產業對台經濟貢獻良多

（一）和緩龐大的兩岸觀光逆差

長久以來，台灣與大陸存在龐大的觀光逆差，這種長久失衡問題，更隨著台灣赴大陸旅遊人口成長不斷擴大。根據中國國家旅遊局統計，2007 年台灣民眾赴大陸旅遊 462 萬餘人次，大陸來台僅 23 萬人次；累計至 2007 年底，台灣民眾到大陸人數已達 4700 萬人次，而大陸居民赴台人數達 163 萬人次。到了 2009 年全年陸客來台觀光人數達 53 萬餘人次，觀光局統計為 60 萬餘人次，但無論如何，卻遠遠無法與台灣到大陸高達 377 萬人次的數據相比。台灣每年赴大陸觀光消費高達 1500 億元，大陸賺取台灣大量外匯，兩岸觀光巨額逆差由此可見。

積極爭取大陸觀光客來台，當然有助於提振觀光產業，但對嚴重的觀光逆差能縮減多少，則尚待觀察。台灣觀光局指出，統計去年 1 月至 12 月來台旅客超過 439 萬人次，較前年成長 14. 3%，創歷史新高；其中以「觀光」為目的來台旅客 229 萬八千餘人次，較前年成長 29. 4%，去年陸客來台觀光的總人次是五 53 萬 9106 人次，較前年成長 468. 8%。但是無論大陸觀光客目前來台人次是 50 多萬還是未來的 100 萬人次，如果和目前台灣每年到大陸觀光高達 400 多萬人次的數據相比，明顯台灣人民西進大陸數量遠遠多於陸客來台觀光，大陸獲得的觀光商機仍遠大於台灣。基此，大陸觀光客大量來台觀光，有助台灣和緩龐大的兩岸觀光逆差。

（二）帶動台灣各行各業發展

現階段台灣當局將「六大新興產業」（六大新興產業包括生物科技、觀光旅遊、綠色能源、醫療照護、精緻農業、文化創意）列為經濟發展重要方向後，台灣的觀光產業的確出現了明顯成長，例如在全球金融風暴及 H1. 1 疫情衝擊下，2009 年亞太地區整體觀光旅遊人數呈負成長 2%，但台灣的旅客數卻逆勢成長了 14. 3%，成長率是亞太地區第一。觀光產業並帶

動了食衣住行育樂六大產業超過五十萬人的就業機會。據估計，陸客至今已創造了約五百億元的商機。隨著大陸觀光客將持續增加，觀光產業的相關投資也熱絡起來。

根據台灣旅行商業同業公會就算出，每天若開放3000名陸客來台，一年等於109萬5千人，以一趟7天計，每天平均花費RMB1700元，將創造台灣觀光產業RMB150億元/年的商機，對整體經濟成長貢獻0.5個百分點。單是「陸客來台觀光」的效益就勢必會迅速提升台灣餐飲、旅遊、百貨……各相關行業，如此一來金融業配合服務業整體業績的提升，自然也會蓬勃而起。以史為鑒，2007年旅港人次有2800萬人，其中陸客旅港人次就高達1600萬人（佔2007年的60%），這讓香港各行各業大發利市，這些人若有1/10甚至1/5赴台旅遊，則台灣該擔心的是，現有的觀光旅館與酒店基本不夠用。① 2010年年底之前，估計還會增加超過一千間的星級飯店房間，為大量的旅客運輸需要，遊覽車也正加速打造中，此外，餐館、各式各樣的旅遊販賣店也快速增設中。陸客來台確實帶動台灣部分各行業之發展。

五、兩岸政府應解決現階段旅遊問題，扭轉負面印象

兩岸交流目前存在的一些問題，例如增加兩岸直航的航點及航班、保障旅遊的品質等等，都需要兩岸協商、解決。在兩岸互設旅遊辦事處之後，預料解決上述問題的急迫性將逐一浮現。因此，儘管只是「小兩會」互設的旅遊辦事處，其功能也僅止於旅遊服務與宣傳，但雙方單位若能深入瞭解狀況、研究對策、分別向己方政府提出可行的政策建議，如此方能有效擴大推動兩岸交流。現階段個人認為下列事項應儘速解決：

（一）台灣應建立可長可久之旅遊環境

觀光局統計，2009年來台旅客總計439萬餘人次，而民衆出境人數高達846萬人次，顯見出境人數遠遠超過外人來台人數，旅遊淨資金流出相當龐大，凸顯台灣旅遊市場國際競爭力不足，國際觀光客源不足。今在大陸來台觀光熱中，一方面台灣應掌握這龐大的觀光市場，並持續行銷觀光魅力，

---

① 《馬英九時代的兩岸新局：對台灣經濟的衝擊與影響初探》，國政分析，（July 8，2008），http：//www. npf. org. tw/post/3/4421

乃是當前重要的觀光課題。由於大陸遊客到台灣多數是八至九天的環島遊，但是這樣走馬觀花的旅遊方式太累，並且認識不到台灣真正的美。

目前大批觀光客來台灣後，不論是在都市還是在景點，幾乎沒什麼機會可參與更多有文化特色的活動。台灣有各式各樣的表演團體，戲劇、音樂、舞蹈，甚至享譽華人世界的流行音樂，表演能量十分充沛，卻又苦於表演機會其實相當有限；另一方面，一年400萬人次甚至將來有機會成長至八百萬人次的觀光客，如果晚上想看一些有特色的表演，豐富他們在台灣觀光旅遊的經驗與美好回憶，可能會很失望，因為他們的選擇並不多，或者，直接一點說，除了台北戲棚，旅台觀光客簡直沒有其他的選擇。①

台灣要發展文化深度旅遊、想要藉著觀光讓更多來自世界各地的人認識多元精緻的台灣文化的魅力的國家、城市該有的樣子嗎？台灣的夜晚難道就只有夜市可以逛嗎？更不要講，其實多個知名夜市也因動線規畫不良、停車空間不足或攤位飲食衛生等問題，使得夜市對陸客也好、對日本客也好，都不見得能發揮真正的集客力。

增加觀光資源不是一蹴可幾，很多問題需要解決，但是陸客一年一百萬、一百五十萬的進來，讓很多人清楚看見了商機，民間也更願意加碼投資。在這個情況之下，政府更應該積極扮演火車頭的角色，帶動相關的建設與投資，有計畫地增加台灣觀光魅力，將目前的環島走馬看花，進一步推廣為分區旅遊，避免淪於匆匆趕路。推動雙方業者合作，包裝出「北、中、南、東」的分區行程，納入包括：溫泉美食、保健旅遊及文化體驗等等主題，增加深度及趣味性。

（二）台灣應遏止低價團破壞旅遊品質

大陸觀光客來台旅遊一波接一波，旅館、遊覽車、餐飲業均受惠，但台灣接待旅行社自相流血殺價，市場曾殺到出現「一天一人團費23美元」見骨低價，換算一天新台幣不到八百元，要包含吃住交通，與交通部觀光局規範「一天團費不得少於60美元」形同具文。根據台灣觀光局規定，接待陸客團每人每天團費不得低於60美元，但台灣同業為搶生意，陸客團費從每人每天五55.45.35美元，一路殺到去年下半年出現30美元，甚至25美元、

① 《增加觀光魅力 政府應扮火車頭》，中國時報，2010年5月9日。

23 美元見骨低價。觀光局雖然設立規範機制，若有檢舉人告發屬實可獲獎金五萬元，但因低價團約定均在檯面下交易，雙方表面合約仍簽定 60 美元，陸客低價團公開祕密仍持續運作。①

其結果是台灣五星級觀光飯店大嘆「做不到陸客團生意」，主因在每天團費殺到 30 美元低價團成為目前市場主流，五星飯店只能接到團費 60 美元以上參訪團，業界憂慮「殺雞取卵將來沒雞可吃」後果。低價陸客團充斥，讓不少旅行社業者憂心，但卻難擋市場低價競爭操作，也為來台觀光陸客抱屈。在一天每人團費 30 美元限制下，不少陸客花大錢卻來台住三級旅館，吃一桌一千五百元團餐，只能去不必花錢買門票觀光景點，被安排到特定鑽石、茶葉、寶石店購物。陸客團經常出現「起的比雞早、吃的比豬差、趕的比馬急」低劣旅遊現象。如此下去，陸客台灣旅遊品質堪慮，因此，政府應提出更積極之「質量並重」辦法，保障大陸旅客在台的權益，並採取「事前審核，事中查核，事後考核機制」，加強品質控管，建制兩岸行政互助共同監管旅遊品質等等。給予包船、包機獎助等等。採稽查與獎勵並重，鼓勵業者提升品質，讓台灣之深度與文化之旅成為可能。

（三）建立星級飯店與世界接軌

由於台灣過去旅館分級都是以「梅花」識別標誌，但這套舊有的梅花制已不符合時代潮流，除區分等級的「梅花」識別系統與大多數國家採用的「星星」不同外，連分級的標準與項目也和國際觀光旅遊業界普遍認知的標準有落差。因此，最近台灣觀光局決定推動星級旅館評鑑制度，IN-BOND 的旅行社業者馬上紛紛表示認同，其中又以專門接待陸客的旅行社業者鼓掌最用力、也最大聲。②

由於旅館的等級關係著團費成本與報價結構，台灣舊有的旅館分級制度與目前國際標準脫節，甚至與大陸的星級制度也有認知上的差異，加上旅館飯店業者自說自話、自封星級，故常造成旅行社困擾，甚至因對旅館級數認

---

① 《搶陸客！低價團殺到 1 天 8 百元》，中國時報，2010 年 6 月 5 日。

② 目前台灣旅行社在對大陸旅行社提出行程計畫時，仍採用「梅花」區分旅館等級，但是許多近年新設旅館根本未加入梅花評鑑，而曾經得到梅花認證的飯店，許多也沒有將認證掛在飯店內的明顯處，使陸客不知道自己究竟住在什麼等級的飯店，故而造成誤會。「星級認證 市場更透」明，工商時報，2009 年 12 月 26 日。

定標準不同，因此衍生糾紛。因此，觀光局採用與國際接軌的星級評鑑制度後，可望導正陸客來台觀光市場的商序，讓市場變得更透明與公平。類似的問題自然減少，不會造成陸客的負面印象。

（四）台灣政府鼓勵陸客來台，應同意權宜措施

OKboard是國際間通行的境管權宜措施，民航業者如確認旅客已取得入境許可，可通知旅客登機方的民航業者，讓旅客先登機，落地後再領取入境許可。因兩岸情勢，陸客入台證件必須由接待社代辦，但因大陸幅員廣大，證件寄發耗時，且寄丟風險不小，為方便及安全，旅遊業者早期遂大量利用OKboard方式讓陸客來台。①

但因民航業者擬加收OKboard手續費，移民署、民航局、觀光局及相關單位5月初召開會議對旅遊業者在機場管制區內代發陸客入台證件未表示反對，旅遊業者原已訂6月1日起正式上路，但有媒體報導因內政部有不同意見，可能生變。根本解決之道是政府要想辦法讓陸客在大陸就能取得入台證件，或者是同意以便利又安全的電子簽證取代目前的紙本入台證件，不要一方面鼓勵業者接待陸客來台觀光，一方面又污名化業者、給業者扣帽子。兩岸觀光互動頻繁，業者透過來台帶團的大陸領隊、導遊將陸客入台證件帶回大陸，已將OKboard使用比例降到僅約2成左右，但還是有部分陸客不得不以OKboard方式來台。

至於移民署有意將陸客入台證件時間由現行1個月放寬成3個月，幫助不大。由於，陸客不習慣計畫旅遊，旅行計畫多在1個月前決定，加上陸客來台必須要先找旅行社繳清所有費用後，才能展開審批及入台證件申請等，除非出發前3個月就先繳清團費。但這可能嗎？台灣政府若不同意旅遊業者在機場管制區內發入台證給陸客，就要幫業者想辦法，或者由政府負責寄發並保證將入台證件安全送抵要來台觀光陸客手上，甚至同意以電子簽證、到大陸開設能核發陸客入台證件的辦公室等方式才是解決問題之道。

（五）大陸方面須解決之旅遊問題

1. 大陸宜迅速建立國際旅遊市場慣例

---

① 《代發陸客證件生變 旅遊業者怒》，聯合新聞網，（2010.05.27），http：//udn.com/NEWS/LIFE/LIF1/5627347.shtml

陸客開放來台觀光近兩年，因大陸組團社不願負責，陸客在台旅遊風險問題至今仍未解決，造成「台灣旅客在歐洲遇到冰島火山灰雲受困，旅客食宿安排由台灣組團社負責，為什麼大陸團在台因天候機場關閉受困，大陸組團社就可撒手不管!」的景象，隨著陸客來台人數越來越多，因天候等滯留糾紛狀況將難以避免。

此原因在於大陸在 1999 年公佈實施的 < 中華人民共和國合同法 > 中刪除了「旅遊合同」一章，至今在大陸的 < 合同法 > 中都沒有將旅遊合同作為有名合同加以規定。這導致實踐中對旅遊合同概念的認識存在分歧。分歧主要集中在旅遊合同是否包括旅遊者在旅遊過程中直接與旅遊承辦人以外的其他民事主體簽訂的有關住宿、餐飲、運輸、保險等合同以及旅遊合同的主體一方是具有旅遊從業資格的旅行社，還是在實踐中的任何為旅遊者提供旅遊服務的旅遊承辦人，並無具體之規定。① 簡單的說，大陸無台灣旅遊使用之〈定型化契約〉，清楚規範旅行業與旅行業之權利義務關係。造成一旦因天候等原因，無法搭機回國，無保類似滯留險的大陸旅客，將滯留機場無人問聞之窘狀。目前，在大陸未修改合同法之前，台灣旅行業者除抱怨大陸組團社不採國際慣例外，對未來沒有幫陸客投保滯留險的大陸旅行社，列為拒絕往來戶外，台灣旅行社也是莫可奈何了。

2. 入台證必須先申請

大陸觀光團曾二度發生沒有入台證卻硬要闖關的情事，部分旅客在管制區內大吵大鬧不願上機，班機延誤兩個多小時後起飛，二十四名闖關旅客全部遣返北京。事實上，大陸觀光團沒完成申辦手續不該出團，沒有入台證更不能上飛機，任何一個國家和地區都一樣，沒證件不能入境。部分大陸旅行社卻以為台灣企盼陸客來台，便以為如大旱望雲霓而錯估情勢，大鑽法律漏洞，以為只要人到了關境大門，台灣當局就會給專案特准入境，致令「無辜」受騙旅客抵台後，意欲蠻橫強行「入境」，爆發拉扯衝突。部分大陸旅行社作為不僅造成衝突，更讓「無辜」受騙旅客成為擾亂台灣基礎秩序的代罪羔羊。

---

① 原琳:《旅遊合同的概念和要式性問題研究》，法治與社會（2009 年 6 月），頁 112。

六、結　　語

觀光業向來有無煙囪工業之稱，只要觀光客來旅遊，就可以創造觀光產值。再加上觀光活動涵蓋餐飲、旅館、航空、運輸、旅行業等多項產業，因此振興觀光還有助於活絡關聯產業。就經濟效益而言，不僅創造觀光產值，也能增加消費，進一步提昇景氣，增加就業機會，因此觀光對經濟的貢獻不言而喻。而陸客大舉來台以來，已為台灣帶來可觀的商機與經濟利益，但是在亮麗的數字背後，仍然可能要注意旅遊可能之問題，不應該過度盲目樂觀，應做好各種準備才是正辦。擴大陸客來台旅遊，已是兩岸旅遊交流之重要共識，但如何能讓陸客滿意度能持續，例如台灣的設施供給能量夠嗎？旅遊品質有保障嗎？有無兼顧其他國家旅客來台和境內旅遊市場？台灣當局努力方向，應該是讓台灣成為世界各國遊客覺得台灣是值得旅遊之勝地而不單靠陸客來衝業績，畢竟旅遊品質才是王道。大陸方面也應針對國際慣例優先處理旅遊合約等問題，否則大陸旅客在台灣機場上演示威抗議，不僅損害大陸旅客權利，更重傷台灣民眾對大陸人民觀感，徒增兩岸旅遊交流之困擾。

海峡两岸次区域旅游业合作研究
——以桂台旅游合作为例

刘澈元[*]

全球化和区域化背景下，加强区域合作是实现产业发展的重要途径和手段。两岸经济合作以来，台湾产业向大陆转移和两岸产业合作已形成了三次浪潮，虽然产业形态在不断变换，但主要体现的是制造业内部的升级换代。近年来，随着台湾制造业在大陆的规模化、集聚化发展和大陆产业转型升级速度的加快，服务业尤其是现代服务业合作逐渐成为两岸产业合作的一个趋势。旅游业作为服务业中的一个重要产业（行业），理应且已经在两岸产业合作中占据一定地位。考察2008年5月两岸关系改善以来两岸互动的情势，可以认为，三通基本实现、直航不断扩大、陆资陆客入岛等举措已经为两岸旅游业合作创造了良好的条件。2009年11月，国务院发布《关于加快发展旅游业的意见》，旨在将旅游业从潜在的战略性产业发展成为国民经济的支柱产业。而台湾旅游业历经战后50多年的发展，已成为其经济中国际化程度较高的支柱产业。加之2008年已突破了大陆观光客入岛的政策限制，在很大程度上解决了台湾旅游业客源不足的发展瓶颈，从而实现了旅游资源与客源市场的有效对接与整合。因此，通过合理的政策机制整合两岸旅游产业资源，发挥两岸旅游产业优势，开展两岸旅游产业合作，不仅是大陆旅游产业品质提升的需要，也是建立两岸共同的国际化观光旅游发展认知，共同开拓国际旅游市场的需要。

---

* 作者简介：刘澈元，广西师范大学桂台经济合作研究中心主任，经济管理学院教授，经济学博士。

一、关于两岸旅游业合作方式的简单讨论：区域视角

两岸旅游业合作究竟应该采整体合作还是次区域合作的方式进行，是本研究首先应解决的一个问题。考察旅游业国际合作的通行做法①，一般都有一个规律，就是次区域旅游合作先于整体合作。究其原因，一是旅游业是资源导向型产业，而旅游资源分布在区域间又具有不平衡性。这一特征同时与旅游基础设施的完备程度相适应。一般来说，旅游资源富集的区域，旅游基础设施投入都较大，建设程度较高，可以将该区域作为产业合作中具地域意义的增长极，先行开展合作。二是从合作的协调程度和合作成本方面看，整体合作协调难度大，成本较高，而次区域合作具有一定的灵活性，在政策协调方面较具可操作性，也较易发挥民间团体的作用。三是次区域合作带有实验性质，产业合作损益影响范围具有一定弹性。成功的做法可以被确立为正式制度在更大范围推广，而不符合合作主体间交易进行的“政策”则可被“区域性消化”。因之，在旅游业合作的起步阶段，往往采用次区域合作的方式。

就两岸产业合作现状看，旅游业合作尚处于起步阶段。由于两岸在政制体制、社会生态、文化特质②、产业国际化程度等方面的差异，如果以两岸整体作为合作主体，组建大范围的旅游合作可能还存在一定的难度，也会影响合作质量。而以台湾整体与大陆旅游条件较好的区域作为合作主体，建立次区域旅游合作则不失为一种有效的合作途径。因此，本文的研究对象——两岸次区域旅游业合作并非传统意义上所特指的两岸边境地区的合作，而是指两个经济体之间一些区域与另一经济体的产业合作或者两个经济体中某些区域间的产业合作。

二、代表性区域的选取及其解释

就两岸旅游合作中大陆次区域的选取，由于地缘关系，此前的研究主要

① 台湾是中国的一部分，中国政府对台湾拥有主权，但由于众所周知的原因，当前，两岸并未实现统一。因此，根据中国外经贸部 1994 年的解释，两岸经济合作在性质上属于一个国家内区域经济合作的范畴，但在运行方式上基本按照国际经济惯例和对外经贸制度的模式进行运作。

② 两岸同属中华文化系统。但历经三十年的完全隔绝和三十年的有限交流，两岸文化在一定程度上具有同一文化传统下的亚文化分支特性。因此，此处的文化特质主要指亚文化特质。

集中于狭义的海峡旅游区构建，即海西与台湾的旅游合作。（邓利娟 黄智略 2007）从两岸旅游合作尤其是大陆旅游业发展趋势看，台湾与大陆东部单一区域的旅游合作已不能满足两岸经济一体化要求，应在大陆各经济带相应选取若干区域作为与台湾开展次区域旅游合作的“增长极”。本研究选取桂林与台湾旅游合作作为两岸旅游合作的代表性区域。

对该区域的选择主要基于以下几个因素：

1. 桂林的旅游资源、旅游基础设施与发展历程具有代表性。桂林是中国山水观光旅游的典型区域，“桂林山水”是中国递给世界的“旅游名片”。1973 年，国务院将桂林列为中国首批 24 个对外开放的旅游城市之一。三十多年来，桂林依托丰富的旅游资源，率先构建旅游基础设施，完善旅游市场秩序，创新旅游产品设计，积极发展入境旅游和国内国际区域旅游合作，推动旅游产业与区域经济的良性互动，为中国旅游业改革发展创造、积累了诸多有益的经验和模式，促进了中国旅游业的发展。据统计，2009 年桂林共接待游客 1860.08 万人次，同比增长 14.33%，实现旅游收入 126.92 亿元，同比增长 26.59%，入境游客 129.03 万人次，虽然增幅仅为 3.21%，但海外旅游收入却同比增长 9%，尤其是借助于中国—东盟自由贸易区建设，桂林加大对东盟客源市场的营销力度，使亚洲游客增幅高达 40%。至 2008 年底，已有 150 多位外国国家元首、政要到桂林考察旅游。联合国世界旅游组织将桂林作为其在亚太地区和中国的“基地”和“桥头堡”，2009 年 10 月，世界旅游组织在中国首个旅游发展观测点在桂林阳朔正式建成并投入使用。11 月，第三届联合国世界旅游组织/亚太旅游协会旅游趋势与展望国际论坛在桂林成功举办。经过三十多年的发展，桂林旅游业在引领中国旅游发展方向的同时，也面临着旅游市场需求形势变化和经济一体化格局所带来的旅游全面综合竞争的严峻形势，处于进退消长的转型阶段。正因如此，桂林被视为中国旅游业发展的“风向标”和“晴雨表”。

2. 桂林旅游业发展的多区域合作背景具有代表性。旅游业的国际化是以国家经济一体化战略的实施和一体化关系的构筑为后盾和前提的。在国家明确发展入境旅游的政策引导下，应将一体化区域作为开拓入境旅游的重点客源市场。桂林是中国大陆同时具有国内国际区域整合背景的代表性区域。就国内区域整合而言，桂林不仅是泛珠三角区域经济合作、旅游业合作的重要承担者，可作为泛珠区域的后花园，主动接受珠三角的客源辐射，赢得发展动力，也是新一轮西部大开发和西南“六省区市七方”经济协作、南贵昆经济带（区）建设中以旅游业作为支柱产业的代表性区域，可以借助国家政策支持，开拓上述区域旅游市场。就国际区域合作而言，中国－东盟自由贸易区启动、“两廊一圈”、大湄公河次区域合作、“一轴两翼”及泛北部湾区域合作等战略的推进，都将产生极大的人流、物流、资金流、信息流，从而成为桂林旅游的新兴市场。（方惠玲，2007）

3. 桂台旅游合作已具有一定基础。桂林与台湾旅游合作起步较早，台商从 1988 年开始投资广西桂林，旅游业已成为桂台经贸合作中发展最快、收效最理想、前景最广阔的行业。（钟振，2008）至 2008 年底，台商在桂林投资兴办的旅游企业有 350 多家，实际使用台资 8 亿多美元，其中 80% 为旅游企业。乐满地度假世界是我国目前惟一一家获得 5A 级景区的台商独资企业，桂林的 8 个国家级 4A 级景点中，台资企业占有 4 个；7 个 3A 级景点中，台资企业占有 3 个。另据统计，从 2000 年至今，台胞到广西旅游的数量保持两位数的增长，仅 2007 年广西接待台湾游客就达 45.38 万人次，占广西接待入境游客总数的 22%，而桂林是台胞尤其钟爱的旅游目的地。以乐满地度假世界、愚自乐园、世外桃源景区为代表的台资旅游企业，凭藉高品位的规划设计和先进的管理与服务，将“甲天下”的旅游资源优势，成功转变成了发展优势，已成为桂林乃至中国山水度假的新兴旅游品牌和典范。（牙健红，2008）此外，通过两岸“两会”协商，桂林已被列为两岸第二批直航城市，桂林直飞台湾航班已顺利开通，也为桂林与台湾开展旅游合作提供了条件。

4. 国家赋予桂林旅游政策创新功能。就在国务院发布《关于加快发展旅游业的意见》，提出将旅游业提升为战略性支柱产业之后不久，国务院于 2009 年 12 月发布《关于进一步促进广西经济社会发展的若干意见》，明确提出在桂林“建设国家旅游综合改革试验区”。《意见》指出：“桂林要充分发挥旅游资源优势，打造国际旅游胜地”；“建设桂林、南宁、北海、梧州旅游目的地和游客集散地，发展一批旅游强县和特色旅游小城镇。加强重点旅游景点景区基础设施建设”；“加快桂林机场改造，建成国家重要的旅游机场”。结合国家对广西建设国际经济合作区域的战略定位，不难发现，国家将依托桂林及其它与东盟毗邻区域的独特区位优势和旅游资源优势，在推动中国与东盟旅游合作的同时，赋予桂林旅游业发展先行先试的政策功能，推动桂林旅游业由单一观光型向多元复合型转变；由粗放型向集约型转变；由规模型向规模质量效益并重型转变；由满足游客基本需求向满足游客多层次需求转变；由旅游目的地城市向旅游目的地和旅游集散地城市转变。通过桂林国家旅游综合改革试验区，探索旅游业向战略性支柱产业转化和发展入境旅游、开展国际旅游合作的政策轨迹，使之在全国发挥引领示范作用。

三、两岸经济一体化条件下桂台旅游合作的阶段与模式

两岸关系改善以来经济合作的历程与结果表明，两岸经济一体化的条件已发生显著变化，概言之，两岸经贸关系已初步实现正常化，步入制度化轨道。在此形势下，要素流动的障碍已基本破除，两岸的要素要不要结合、该不该结合、能不能结合的问题已经解决。消除两岸产业合作障碍在需要继续推进的同时不再是产业合作政策的重点，而促进合作主体、合作产业内部结构优化、建立协调性产业合作政策或制度逐渐成为各自或双方同时关注的重点。从要素整合的角度看，重要的就是要素的组合或配置即双方的优势资源如何结合的问题。换句话说，两岸已进入一个依靠政策进而制度促进两岸产业发展的要素整合阶段特殊的阶段，作为静态的要素或者物化的要素流动已经实现，而动态的、无形的要素如政策、制度则处于缺失状态。部门一体化或者行业一体化的政策协调就成为产业合作的关键。

1. 桂台旅游合作的阶段规划

经典一体化理论认为，区域合作的演进主要体现在合作区域的政策协调程度，政策一体化是区域一体化的标志。这一观点对产业合作同样适用，因为，产业合作既是区域合作的先行军，也是区域合作的主要载体。从这一意义说，两岸次区域旅游合作的最终目标应是旅游业一体化。这一终极目标的实现，需要若干阶段性目标作为支撑。根据桂林和台湾旅游业发展现状及未来可能走向，本文认为，桂台旅游合作宜按照三个阶段规划，相应具有三个阶段性目标。

（1）台湾旅游要素向桂林单向流动阶段。台湾旅游资源丰富，旅游业发展起步早，景点景区开发水准高，且较好地实现了自然风光与人文风貌的

结合、旅游产业与其它产业的融合。自1956年开始有计划地发展以来，台湾旅游业依次经历了外国人来台观光、民众出岛观光和民众岛内观光三个重点发展阶段，目前已形成入境旅游、出境旅游和岛内旅游“三位一体”的旅游发展格局。(张玉冰，2008) 进入新世纪以来，虽然受民进党当局紧缩性、封闭性大陆政策的影响，台湾旅游业呈现出入境客源严重不足、旅游提振乏力的困境，但是，台湾旅游业整体素质尤其是旅游设施、旅游管理、旅游服务、旅游产品设计、旅游目的地营销、旅游国际化程度等方面显著优于大陆旅游区域，在国际旅游分工体系中处于比较高端的位阶。2008年6月13日，两岸“两会”经协商正式签署《海峡两岸关于大陆居民赴台湾旅游协议》，并于同年7月18日正式开放大陆居民赴台旅游。据台湾当局“陆委会”统计，截至2009年12月底，大陆旅客赴台观光共26488团、646783人次，已为台湾观光相关产业带来超过11.3亿美元的外汇收益与商机。陆客入台有效缓解了台湾旅游业客源不足的困境，为台湾旅游业提振注入了新的元素。与大陆居民赴台游蔚然成风相对应的是，大陆已成为台湾民众最主要的出岛旅游目的地。目前，岛内经营大陆游线路的台湾旅行业者日益增多，大批旅游服务企业开始在大陆设点布局，试图开拓大陆旅游市场。据统计，台湾约2000多家旅行社中，专业经营大陆旅游线路的就有230多家，其余大部分旅行社或多或少也经营有大陆旅游业务。(曾志兰，2007)

基于桂台旅游业在发展阶段上的差异和台湾旅游企业的经营目标，该阶段桂台旅游业合作的目标应是：加强客源合作，促进客源双向流动的同时，吸引台湾旅游业要素向大陆单向流动，尤其要利用台湾旅游业资金过剩和旅游企业外移的机会，吸引台湾资金投资桂林旅游业，加强旅游基础设施建设；与台湾旅游企业加强合作，提升桂林旅游企业尤其是旅行社管理和服务品质，促进桂林旅游业快速转型。

(2) 实现桂台旅游要素双向流动，以共同旅游目的地构建旅游共同市场。通过第一阶段的合作，桂台两地不仅会形成共同的旅游发展认知，建立初步的合作互信，而且其要素流向也将发生显著变化。随着两岸经济一体化关系的推进，双向商务旅游、旅游项目互动的开展将推动以桂林为代表的一批大陆旅游城市、企业对台湾进行旅游投资，两地旅游业将初步形成“你中有我，我中有你”的融合格局。由于两岸的特殊关系，台湾为巩固、扩大与东盟的经贸关系并摆脱边缘化处境，必须进一步深化与大陆的制度性一体化关系，借助广西的独特区位优势开拓东盟市场，并经中央政府允许或授权与东盟国家建立一体化关系。在桂台扩大产业合作范围，提升产业合作质量的策略选择中，旅游业合作是必然选择。

旅游合作的本质就是解决旅游客体（旅游资源）的不可移动性与旅游主体（游客）的选择性之间的矛盾。（马晓冬，2005）在旅游业整体呈现供大于求的买方市场条件下，旅游主体对旅游目的地的选择越来越趋向于旅游产品组合而非分散的产品信息。相应地，区域旅游合作应将旅游主体的排他性选择转化为组合性选择。在东盟国家同为桂台旅游目标客源市场的情况下，桂台两地可作为共同旅游目的地，构筑旅游共同市场。其中，以旅游线路为主的旅游产品设计与营销、旅游便利化措施整合是以共同旅游目的地开拓境外客源市场的关键。在以旅游线路为主的产品组合设计和营销方面，桂林和台湾应形成两地产品的关联性和差异性，既联动发展又错位发展。

（3）实现旅游产业与区域经济的良性耦合，构建政策高度协调的旅游一体化区域。随着合作的推进，在实现桂台旅游市场与旅游资源共享和对接的基础上，旅游产业对两地区域经济的贡献将逐步显现，旅游合作的目标将演变为旅游产业与区域经济的良性耦合，即两地旅游产业系统将发挥收入效应、创汇效应、就业效应、产业关联效应、区域平衡效应等促进区域经济发展，而区域经济系统将通过游客可支配收入增加、休闲时间增多、旅游动机形成以及为旅游产业提供资金、技术、形象、基础等支持而推动旅游产业系统的发展。（生延超，钟志平，2009）二者耦合发展的功能体现在合作中区域经济发展水平较低的一方尤其明显。为此，桂台两地应在推进旅游产业化过程中构建政策高度协调的旅游一体化产业组织，一方面要为旅游关联产业搭建平台，推进桂台旅游交通体系化、旅游服务一体化、旅游信息联动化，促进形成高效的产业协同发展机制，另一方面，要通过构建政府与企业的双层互动合作机制，对桂台旅游产业链进行有机整合，打造桂台无障碍旅游和无缝隙服务，实现桂台旅游政策的无差异化即旅游一体化。

2. 桂台旅游合作模式选择

桂台旅游合作模式的选择与合作阶段的演进与桂台旅游业成长过程密切相关，必须根据合作主体的目标意愿和合作发展的客观需要选择适宜的合作模式。因而，从不同角度进行的合作模式选择更多体现为一个动态的过程。

（1）由单一重心模式走向多元重心模式。桂台经济合作起始阶段，合作主体的目标呈现单一性。桂林希望通过合作获得台湾的资金、营销手段、营销渠道、旅行社管理经验等要素支持，推进旅游业转型，而台湾则藉合作拓展大陆市场。随着合作的推进，双方目标逐渐由单一化走向多元化，具复杂性的政策协调和旅游产业与区域经济的耦合占据了合作目标的主导地位。相应地，以客源市场多元化、合作内容多元化、辐射地域多元化、产业组织多元化为主要表现形式的多元重心模式将成为合作后期的主要模式。

（2）由互补合作模式走向共生合作模式。按照旅游合作的原理和价值链理论，合作方式的选择应因合作区域类型而异，处于不同发展阶段的旅游地合作，重点在突出双方比较优势，实现旅游要素一体化经营和旅游价值链的重构，通过优势互补与整合作用产生倍增效应，提升合作区域尤其是弱势区域的竞争优势。处于相同发展阶段的同质旅游地应注重双方价值链中强势部分（核心优势）的结合，通过集聚整合产生规模经济和集群效应。（吴泓顾朝林2004）显然，在合作的起始阶段，台湾旅游业整体产业素质高于桂林，宜采用互补合作模式。通过合作，在逐步缩小与台湾旅游业整体差距的基础上，合作将选择共生合作的模式进行。

（3）由政府主导走向政府与企业、民间团体共同主导模式。一般来说，区域旅游合作中的合作主体可分为两大类，即企业和政府。（薛莹，2003）此外，以旅游行业组织为主的民间团体在特定阶段也可扮演主体角色。如前所述，两岸次区域旅游合作的主体一方是在经济上正处于与国家主体构筑制度性一体化关系、在政治上尚未与国家主体实现统一的单独关税区，另一方是国家赋予旅游政策试验功能的综合改革区，其合作不仅具有经济意义，也具有一定的政治意义。因此，旅游合作必须靠政府的政策倾斜推动其稳步发展，而不可能是纯粹的企业集团组织唱重头戏。尤其是合作的起始阶段，政府必须是合作中的第一主体，企业则是合作中的第二主体。（马勇、卢桂芳，2006）随着两岸关系的不断改善和经济一体化的纵深推进，政府尤其是中央政府在两岸次区域旅游合作中的角色将逐步由主导走向宏观协调，合作模式将演变成为“政府协调，企业主导，民间参与”。

四、以桂台合作促进桂林国家旅游综合改革试验区建设

桂林综合旅游改革试验区建设，是国家为推进旅游业转型而采取的一项战略举措。桂台旅游合作既是其有机组成部分，也可以在合作中承担旅游业改革的政策试验功能。根据桂林综合旅游改革试验区建设要求，综合旅游学界研究成果，桂台旅游合作促进旅游综合改革试验区建设可从以下几个方面进行。

1. 构建实验示范体系

（1）在桂台合作的不同阶段，桂林应充分借鉴台湾旅游发展的经验，引入台湾旅游要素，在推动旅游产业转型升级的基础上，以产品国际化、营销国际化、服务国际化、环境国际化、管理国际化为主要内容，构建旅游国际化体系；（2）将桂台旅游合作与中国－东盟旅游自贸区建设、中越国际旅游合作区建设相结合，以多区域合作带动和主导旅游合作，构建多区域旅游合作政策体系；（3）争取国家支持，创新入境旅游政策，在入境签证、车辆互通、自由换汇、安全保障、信息交流、购物退税等方面采取便利与优惠措施，建立国内入境旅游便利化示范体系；（4）桂台作为共同旅游目的地设计、营销以旅游线路为主的旅游产品；大力发展融合山水风光、休闲度假、文化娱乐、商贸购物等元素为一体的复合式现代旅游；区域与城市联动，打造多圈层旅游度假带；构建旅游产品创新示范体系。（5）通过与台湾旅游培训机构、研究机构的合作，建立健全旅游人才培养体系；借助世界旅游组织在阳朔设立的旅游发展观测点，开展旅游产业研究，建立旅游情报收集系统，为国内旅游发展提供高端研究成果。

2. 构建旅游要素市场

旅游要素市场的构建是旅游业转型的标志。从旅游业关联效应发挥的角度看，旅游要素市场的构建不仅仅体现在市场体系的建立，而应注重要素自由流动和合理配置、要素产业发展、要素空间分配等方面。基于此，桂台旅游合作促进要素市场构建的主要政策着力点在于：（1）建立综合旅游要素市场体系。改变过分注重资金要素的做法，从单纯的招商引资转向引资、引智、引制并举，促进旅游发展要素的全面配套，共同提升。注重文化要素市场的培育，推动文化要素与旅游资源的融合。积极探索管理要素、技术要

素、人才要素、信息要素在旅游产业发展中的要素分配机制。根据旅游自然资源的不可移动特性，探索旅游资源所有权和经营权分离的要素运作方式。完善旅游土地市场运作制度，探索推行景区开发以项目带土地的开发方式，形成景区开发、房地产开发以及文化开发和产品开发连动的复合型开发模式。桂台合作成立旅游投资担保公司，利用投资担保的杠杆效应，运作旅游投资，完善旅游资本市场。（2）分阶段推进桂台旅游要素双向自由流动，整合两地旅游要素，发展桂林旅游要素产业。现阶段的重点是实现桂林旅游产业经营的大型旅游企业集团化、中型旅游企业连锁化、小型旅游企业专业化。随着合作的深入，实现桂台旅游交通体系化、旅游服务一体化、旅游信息联动化。（马晓冬，2005）（3）制定合理的旅游产业政策，促进旅游要素的空间合理分配。要着眼于旅游核心区发展与次级旅游中心的协调发展，引导台湾旅游要素在桂林中心城市与各县区间形成符合产业发展的集聚——扩散机制，促进旅游产业的区域协调发展。

3. 旅游发展功能创新

桂林是1973年经国务院批准的全国首批旅游城市之一。与全国其他旅游城市一样，改革开放以来，桂林旅游的功能已基本从服务于政治、外交转向了服务经济，目前，旅游业作为一个促进经济发展的动力产业、深化开放的窗口产业的功能已经得到了充分发挥，需要进行以产业升级为主旨的转型，将旅游业提升为经济体系中的战略性支柱产业。实现旅游业功能转型不能局限于旅游业自身的发展，而应把重点放在产业协同发展和产业组织创新方面。当前，两岸经济正处于由功能性一体化向制度性一体化转化过程中。两岸经济合作框架协议签署后，对一体化经济的运行尚需要进行长期的试验和探索。如前所述，桂林将遵循吸引台湾旅游要素、构筑桂台旅游共同市场、实现桂台旅游一体化的路径推动桂台旅游合作。两岸次区域旅游业一体化的实现，不仅将促进合作主体产业的融合发展和旅游业与区域经济的协调互动，也将发挥区域经济一体化的先行军作用，为两岸经济一体化的运行提供有益经验。同时，桂林也可通过桂台旅游合作探索旅游发展推动社会综合发展的旅游功能实现途径。该方面的重点：一在于通过桂台旅游合作，发展桂林旅游基础设施，创新旅游产品，提高区域财政收入水平，以市场化和公共产品等多种方式满足群众旅游和休闲健康需求，提高公民的生活质量和健康水平；二在于通过旅游发展，促进区域内不同地区的经济平衡发展，协调利益相关者之间的不同利益诉求，体现社会公平；三在于通过多区域旅游合作，促进国家间、区域间的文化交流与融合。

4. 建立旅游生态环境保护补偿机制

生态保护与产业发展之间的矛盾是桂林旅游发展中长期存在的一个问题，尤其是漓江流域生态环境一直都承受着巨大的人口和产业压力。保护漓江已成为桂林发展生态旅游，实施可持续发展的一项重要而紧迫的课题。基于旅游资源所具有的公共产品和产业要素双重性质，应建立多元化的生态保护补偿机制。生态保护补偿机制的建立包括流域补偿、政府公共财政补偿、税收政策补偿、社会化补偿、市场化补偿等方面。上述机制的建立都需要国家立法保障。以桂台旅游合作中市场化生态补偿机制的建立而言，可行的途径包括：（1）建立健全生态补偿投融资体制。按照“政府引导、市场推进、社会参与”的方式和“谁投资、谁受益”的原则，引导台湾旅游企业投资发展桂林生态旅游业，以公共财政投入为保障，吸引台湾资金投向桂林生态建设和环境保护。（2）建立以公共财政和台（外）资为主体、社会资金广泛参与的漓江流域多边生态补偿基金，促进漓江流域生态产业发展。产业发展收益分配后，公共财政收益继续用于扩大基金规模，鼓励台（外）资收益继续参与基金建设。（3）面向桂台旅游合作，探索建设旅游产业内资源使（取）用权、排污权交易市场，推行流域和水资源使用权出让、转让和租赁的交易机制，建立景点景区污染物排放指标有偿分配机制。（4）面向桂台旅游合作，建立生态环境破坏经济赔偿制度，赔偿所得用于充实环境污染整治专项资金。（5）借鉴台湾爱河整治经验，建立漓江保护的志愿者制度，动员社会力量参与生态环境保护补偿。

参考文献

[1] 李非：《海峡两岸经济合作问题研究》，北京：九州出版社，2000 年。

[2] 邓利娟，黄智略：《“海峡旅游区”的构建及其对台湾旅游业的影响》，《台湾研究集刊》，2007 年第 2 期。

[3] 方惠玲：《广西在多区域合作中的重点与策略》，http：//www. gxnews. com. cn/2007 – 10 – 24 / 2010 – 1 – 20.

[4] 钟振：《大合作促进大发展——透过桂台经贸合作看广西积极参与多区域合作》，《当代广西》，

2008 年 14 期。

[5] 牙健红：《广西：台湾游客的乐园 台商投资的热土》，《广西日报》，2008 年 6 月 25 日。

[6] 张玉冰：《台湾旅游业发展现状》，《统一论坛》，2008 年 3 期。

[7]《台当局称陆客赴台观光持续稳定成长 受益逾 11 亿美元》，http：//www. chinataiwan. org/2010 年 2 月 18 日。

[8] 曾志兰：《海峡两岸旅游交流：进程、瓶颈与展望》，《亚太经济》，2007 年 2 期。

[9] 马晓冬：《区域旅游合作与发展简论》，《光明日报》，2005 年 4 月 5 日。

[10] 生延超、钟志平：《旅游产业与区域经济的耦合协调度研究——以湖南省为例》，《旅游学刊》，2009 年 8 期。

[11] 吴泓、顾朝林：《基于共生理论的区域旅游竞合研究——以淮海经济区为例》，《经济地理》，2004 年 1 期。

[12] 薛莹：《20 世纪 80 年代以来我国区域旅游合作研究综述》，《人文地理》，2003 年 1 期。

[13] 马勇、卢桂芳：《海峡旅游合作区的构建与发展模式及对策研究》，《经济地理》2006 年 1 期。

[14] 马晓冬：《区域旅游合作与发展简论》，《光明日报》，2005 年 4 月 5 日。

两岸海运直航视角下的沿海港口竞争力

徐宗玲　曹琪萍*

一、引　言

两岸海运直航是“三通”的内容之一。1979年全国人大常委会发表的《告台湾同胞书》，提出了两岸通邮、通商、通航。2008年11月4日海协会与海基会签署了两岸“海运直航”、“空运直航”、“通邮”及“食品安全”四项协议。2008年12月15日启动客运直航，海运直航以及直接通邮常态化。“通邮、通商、通航”正式成行，直接“三通”终于实现，这是两岸关系发展史上具有历史意义的一件大事。

两岸海运直航是两岸之间贸易货物的直航运输，实现“船通货通”①。而在之前，采取的是“试点直航”或“弯靠”。“试点直航”的船舶采取“不通关不入境”方式，从事大陆输往第三地或第三地输往大陆的货物转运业务，即“船通货不通”②。“弯靠”指的是两岸三地“弯靠”，因为要转经第三地，被称为“货通船不通”③。因此，两岸直航也被称为海运“截弯取直”。

---

* 作者简介：徐宗玲，汕头大学商学院院长；曹琪萍，汕头大学台湾研究所所长。

① 2008年12月15日，直航首航仪式分别在福州、天津、上海、太仓举行。福建省沿海首航的10艘船舶（含台湾万海航运公司锦春轮1艘），分别从福州港、厦门港、泉州港开往高雄港、基隆港、台北港、台中港等。

② 1997年4月，厦门轮总“盛达”号集装箱轮从厦门港首次直航台湾高雄港，结束了48年两岸没有任何商船直接往来的历史，开启了福州港、厦门港与台湾高雄港之间的海上集装箱班轮试点直航。

③ 1998年，福建省开通了两岸三地弯靠集装箱班轮运输，即福州港和厦门港经日本石垣岛至台湾港口。

据估计，两岸贸易运输的95%以上通过海运完成，两岸年运量达7000多万吨，贸易额超过1000亿美元。两岸实现海上直航后，运输成本将明显降低，物流效益将显著提高，每年可减少运输时间11万小时，降低运输成本1亿多美元。运速的提高对两岸的经贸非常有利。而且直航的实现增强地区发挥对台区位优势。例如：广东省距离台湾最近的一个口岸是汕头，与台湾相距仅185海里。过去，汕头对台地理区位优势无法发挥。汕头、揭阳、潮州等地的货物进出基本上都经过深圳绕道香港，增加运输费用和运输时间成本，降低了投资效益。据汕头港务局提供的数据，汕头至高雄的集装箱绕道香港中转比直航要增加2倍以上的路程，即增加海运航程大约370海里。每个标准箱的运输成本增加300美元左右，在途时间延长3天以上。来往人员绕到香港，要多花3000元以上人民币……。在这种情况下，与珠江三角洲比较，汕头对台原有的地理区位优势反变成了“劣势”。因此，直航提供了发挥对台区位优势的机遇。

《海运直航协议》明确了在大陆63个港口与台湾11个港口之间直接开通免税的海上货运直航。台湾列入直航的港口有6个港口和5个“小三通”港口；大陆批准的63个港口包括48个海港和15个河港①。

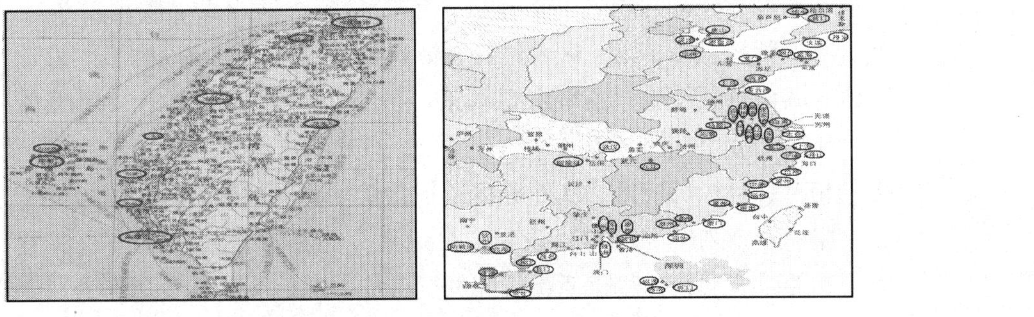

图表1　《海运直航协议》确定的大陆与台湾之间的直航港口

① 台湾方面直航港口6个港口：基隆（含台北）、高雄（含安平）、台中、花莲、麦寮、布袋（先采专案方式办理）5个“小三通”港口：金门料罗、水头、马祖福澳、白沙、澎湖马公。大陆48个海港：丹东、大连、营口、唐山、锦州、秦皇岛、天津、黄骅、威海、烟台、龙口、岚山、日照、青岛、连云港、大丰、上海、宁波、舟山、台州、嘉兴、温州、福州、松下、宁德、泉州、肖厝、秀屿、漳州、厦门、汕头、潮州、惠州、蛇口、盐田、赤湾、妈湾、虎门、广州、珠海、茂名、湛江、北海、防城、钦州、海口、三亚、洋浦。15个河港：太仓、南通、张家港、江阴、扬州、常熟、常州、泰州、镇江、南京、芜湖、马鞍山、九江、武汉、城陵矶

大陆的48个海港在把握机遇的同时，各自面临来自其他港口的挑战。例如福建与台湾隔海相望，位于环太平洋经济圈的中部，东濒太平洋、南连珠三角、北接长三角，是南北海运的要冲和诸多国际黄金航线必经之路，协议签订后，福建不仅有8个一类港口列为两岸海运直航口岸，而且在大陆63个海河港口中，与台湾各主要港口的距离最近。因此，本文关注的问题是在两岸海运直航背景下沿海港口的竞争力。

二、文献综述

陈双喜、戴明华（2006）认为：港口竞争力是指港口企业在市场竞争过程中，通过自身要素的整合、优化以及与外部环境的交互作用，在占有市场、创造价值和维持可持续发展方面相对于其他港口所具有的比较能力和优势。根据港口企业内、外部环境的特点，港口竞争力受到港口地理位置、腹地经济实力、自然条件、政策环境、通关环境、港口基础设施、集疏运系统发达程度、运营条件、潜在的发展机遇和挑战、港口收费、管理水平和服务水平等要素的影响。他们利用AHP层次分析方法，设立港口综合竞争力指数为目标层，划出4个准则层，包括港口腹地经济、港口空间优势、港口硬环境和港口软环境，建立了指标层，包括港城发展程度、腹地经济发展程度、对外贸易总额、港口区位优势、港口建港条件、集疏运网络、港口处理能力、港口基础设施、港口宏观政策、港口经营管理以及港口使用费用共11个指标，并进而细分出22个子指标。通过构造比较判断矩阵，确立了各指标相对总目标的权重，从而分析了东北亚主要港口的综合竞争力。

康树春、刘斌（2008）认为港口竞争力是港口企业在竞争的市场环境中为相关企业和行业提供质优价廉的服务能力和机会，从而达到港口企业价值的最大化。他们划分了投资趋势、吞吐量增长率、港口作业能力、港口财务状况和港口自然条件5个层次来衡量港口竞争力，并设立了13个指标，包括外商直接投资额、港口投资额、港口集装箱吞吐量增长率、港口货物吞吐量增长率、港口航线、港口装卸率、港口桥吊数、港口泊位数、港口靠泊艘次、港口总资产、港口总利润、港口吃水和港口区位优势，从中国60个港口中遴选出中国最具竞争力的25大港口，包括深圳港、上海港、广州港、青岛港、天津港等。

中国国际海运网和大连海事大学世界经济研究所共同调研完成的《2006中国港口综合竞争力指数排行榜报告》，采用的衡量指标分为投资趋势、吞吐量增长率、港口作业能力、港口财务状况、港口自然条件5个层次，5个层次所包含的指标分别为：外商直接投资额、港口投资额、港口集装箱吞吐量增长率、港口货物吞吐量增长率、港口航线、港口装卸率、港口桥吊数、港口泊位数、港口靠泊艘次、港口总资产、港口总利润、港口吃水和港口区位优势，共计13个指标，利用统计学软件排序，从中国60个港口中遴选出中国最具竞争力的10大港口。十大港口依次为：上海港、深圳港、青岛港、广州港、宁波港、天津港、厦门港、大连港、连云港港和营口港。运用相同的方法和指标，中国国际海运网、大连海事大学世界经济研究所以及中国港航研究院发表的《2008年中国港口综合竞争力指数排行榜报告》公布的2008年中国港口综合竞争力十大港口分别为，宁波—舟山港、上海港、青岛港、天津港、广州港、深圳港、大连港、连云港港、营口港、厦门港。从中可以看出，短短的两年时间里中国港口综合竞争力排行发生了较大的变动。

图表2　中国港口综合竞争力指数排行榜变化比较

排名（2008年）	港口	排名（2006年）	港口
1	宁波－舟山港	1	上海港
2	上海港	2	深圳港
3	青岛港	3	青岛港
4	天津港	4	广州港
5	广州港	5	宁波港
6	深圳港	6	天津港
7	大连港	7	厦门港
8	连云港港	8	大连港、
9	营口港	9	连云港港
10	厦门港	10	营口港

Dong－Wook Song & Ki－Taf Yeo（2004）采用层次分析法衡量港口竞争力，对180位专家的问卷进行了分析，提取出货运量（Cargo Volume），港口设施（Port Facility），港口区位（Port Location）以及服务水平（Service Level）等4个重要的港口竞争力衡量指标，进而对70位专家问卷调查确定

了权重，对中国港口评价的结果是：香港、上海和大连排列前三。

王常达（2006）利用因子分析的方法发现：港口生产规模是港口竞争力比较中最重要的因素；货物吞吐量、外贸货物吞吐量、固定资产投资能够较好地反映港口的生产能力；泊位数、万吨级泊位数、万吨级泊位数占总泊位数比例则反映港口发展的容量和限度，代表了港口发展的潜力；集装箱吞吐量、集装箱吞吐量占货物吞吐量比例反映了现代化水平，代表港口的技术条件；而发展速度则考察了短期的发展状况。据此，他对我国沿海主要港口的多个指标进行统计分析，得出沿海港口竞争力排序是：上海，大连，深圳，天津，青岛，宁波，广州以及秦皇岛。

本文关注的是在两岸海运直航背景下沿海港口的竞争力状况。在文献综述的基础上，我们利用层次分析法，建立了沿海港口对台直航竞争力评价的指标体系，通过 Expert Choice 软件确定了 10 个指标的权重，根据《中国港口年鉴 2007 年》的数据，选择了大陆的 14 个沿海港口进行评价，即大连港，天津港，青岛港，连云港港，上海港，宁波港，温州港，福州港，厦门港，汕头港，深圳港，广州港，湛江港以及海口港。采用模糊 ISODATA 法对以上港口进行系统聚类分析，在此基础上形成沿海港口对台直航的 4 级梯度区类。

三、竞争力评价指标体系与评价值

沿海港口对台直航竞争力评价的指标体系需要客观反映沿海港口竞争力的本质和复杂性。本文参照 Dong - Wook Song & Ki - Tae Yeo（2004）和康树春，刘斌（2008）构建的港口竞争力指标，针对沿海港口与台直航的现实情况，在反复讨论的基础上，最终确定了沿海港口与台直航竞争力评价的指标体系（图表 2），各层元素的含义如图表 3 所示。

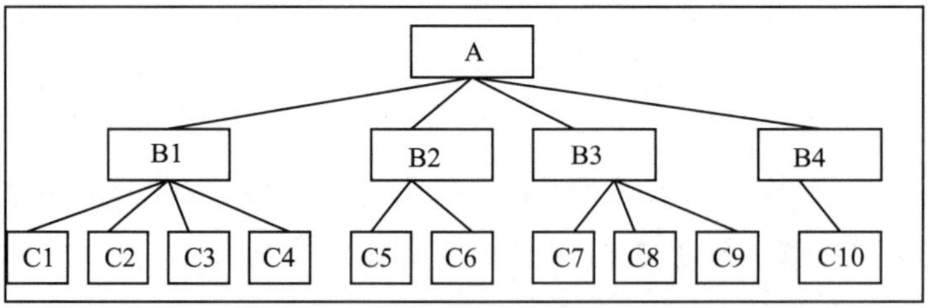

图表 3　沿海港口对台直航竞争力评价的指标体系

图表 4　沿海港口对台直航竞争力评价指标含义

A 沿海港口与台直航竞争力	B1 港口吞吐量	C1 货物吞吐量
		C2 货物吞吐量增长率
		C3 集装箱吞吐量
		C4 集装箱吞吐量增长率
	B2 港口设备	C5 泊位总长
		C6 装卸桥吊数
	B3 港口区位优势	C7 港口所在城市 GDP
		C8 港口所在城市进出口贸易总额
		C9 港口所在城市实际利用外资
	B4 对台优势	C10 与高雄港的距离

对图表 3 所示的层次结构按层次分析法（AHP）用 1 ~9 标度构造了 4 个比较判断矩阵，对 7 位专家进行了问卷调查，利用 Expert Choice 软件进行分析，得出了 10 个指标相对与目标层的权重值，并通过了一致性检验。

图表 5　沿海港口对台直航竞争力评价的指标体系的权重

指标	C1	C2	C3	C4	C5	C6	C7	C8	C9	C10
权重	0. 0663	0. 0843	0. 0535	0. 0759	0. 0607	0. 0393	0. 0708	0. 1803	0. 1139	0. 255

设 X_{ij}表示第 i 个样本的第 j 个指标数据，共有 m 个样本，每个样本有 n 个指标，在评价计算之前首先对指标数据进行无量纲化，无量纲化后的指标为

$$X'_{ij} = \frac{x_{ij} - x_{j\min}}{x_{j\max} - x_{j\min}} \quad i = 1,2,\cdots,m;j = 1,2,\cdots,n$$

其中

$$x_{j\min} = \underset{1\leqslant i\leqslant m}{Min}^{x_{ij}}$$

$$x_{j\max} = \underset{1\leqslant i\leqslant m}{Man}^{x_{ij}} \quad j = 1,2,\cdots,n$$

则各样本多指标综合评价值为

$$y_i = \sum_{j=1}^{n} w_j x'_{ij} \times 100 \quad i = 1,2,\cdots,m$$

其中 w_j 为用 Expert Choice 软件计算出的各个指标的权重值，乘以 100

是为了使所有样本的综合评价值介于 0－100 之间。

把每个港口作为一个样本，根据《中国港口年鉴 2007 年》的数据，利用图表 5 列出的指标权重值计算出的综合评价值如图表 6 所示。

图表 6　沿海港口对台直航竞争力的评价值

港口	得分	港口	得分
上海港	82.55	青岛港	32.11
深圳港	66.59	温州港	28.00
广州港	52.88	天津港	27.99
宁波港	45.20	湛江港	25.23
厦门港	41.43	大连港	24.83
福州港	37.77	连云港港	23.25
汕头港	33.32	海口港	0.88

四、沿海港口直航竞争力的聚类分析

评价值虽然给出了沿海港口对台直航竞争力的指数，但是还需要考察各样本在多指标空间的聚集性，从而进行梯度分区。目前常用的模糊聚类方法有基于模糊等价关系的传递闭包法、基于模糊相似关系的直接聚类和基于软分类空间的 ISODATA 聚类分析法即迭代自组织分析方法。在前两类聚类方法中，计算机实现的常用方法是传递闭包法，但这种方法有许多不足之处：传递闭包法存在“传递”偏差，有时候这种偏差的影响是不能忽视的；传递闭包法生成的模糊等价矩阵采用 λ 截积进行水平分类时，其 λ 值的选取完全是人为的，选择不同的 λ 值可能产生不同的分类结果（钱夕元、邵志清，2004）。而模糊 ISODATA 聚类分析法可有效消除这些不足，它有以下 4 个优点：（1）可完成从两类直至每个样本为一类的系统聚类；（2）聚类结果具有客观性，因为它与初始划分矩阵无关；（3）对聚类样本包含多个指标非常合适；（4）易于编写计算程序（李新运、张海峰、余锦，1995）。

设共有 m 个样本，每个样本含有 n 个指标，预定类别数为 s，x_{ij} 代表无量纲化后的第 i 个样本的第 j 个指标数据，则模糊 ISODATA 的迭代计算步骤为

Ⅰ 给定迭代误差限 $e>0$（如 $e=0.0001$），迭代次数初始值 $r=0$，指数 $t\geqslant1$（如 $t=2$）和初始划分矩阵为 $(u_{ki})_{s\times m}$，划分矩阵应满足

$$\sum_{k=1}^{s} u_{ki} = 1 \text{ 和 } \sum_{i=1}^{m} u_{ki} \phi 0$$

Ⅱ 计算聚类中心

$$v_{kj}^{(r)} = \frac{\sum_{i=1}^{m} (u_{ki})^{t} x_{ij}}{\sum_{i=1}^{m} (u_{ki})^{t}} \quad k = 1,2,\cdots,s; j = 1,2,\cdots,n$$

Ⅲ 计算第 $r+1$ 次迭代的划分矩阵

$$u_{ki}^{(r+1)} = \frac{1}{\sum_{l=1}^{s} \left[\sum_{j=1}^{n} (x_{ij} - v_{kj}^{(r)}) / \sum_{j=1}^{n} (x_{ij} - v_{lj}^{(r)}) \right]^{\frac{2}{t-1}}}$$

Ⅳ若 $\underset{ki}{Max} \mid u_{ki}^{r+1} - u_{ki}^{(r)} \mid \pi e$，则停止迭代，转向Ⅴ；否则转向Ⅱ，继续迭代。

Ⅴ $v_{kj}^{(r+1)}$，$u_{ki}^{(r+1)}$就是欲求的各类别的聚类中心和划分矩阵。若 $u_{k_o i} = \underset{k}{Max}^{u_{ki}}$，则第 i 样本属于第 k_0类，$i=1$，2，…，m。

利用 ISODATA 方法对 14 个沿海港口采用 10 个指标进行了从 2 类到 10 类的聚类计算，其中分为 4 类的聚类效果最佳（迭代次数 =29 次，分类系数 F =0. 9015，平均模糊熵 H =0. 0873），聚类分析结果见图表 7。

图表 7　沿海港口直航竞争力聚类分析结果

类别	项目	迭代结果
1	聚类中心	0. 0234　0. 054307　0. 012382　0. 042514　0. 021551　0. 01431　0. 013885　0. 030202　0. 022508　0. 20987
	样本	上海港，深圳港
2	聚类中心	0. 0137　0. 054471　0. 0062317　0. 023218　0. 012087　0. 0060241　0. 0086787　0. 01673　0. 019578　0. 11554
	样本	广州港，宁波港，厦门港，福州港
3	聚类中心	0. 0468　0. 0658　0. 049823　0. 012497　0. 056012　0. 031696　0. 0575 0. 17496　0. 087566　0. 17405
	样本	汕头港，青岛港，温州港，天津港，湛江港，大连港，连云港
4	聚类中心	0. 0002　0. 00023165　0. 00013385　0. 00012641　0. 0000469　0. 0013418　0. 00082847　0. 0000933　0. 006487　0. 0005641
	样本	海口港

五、沿海港口直航竞争力的梯度区类

通过复合分析，根据评价值可以把14个港口分为4个梯度区类，各区所含样本和聚类结果具有较好的一致性，这说明划分结果真实地反映了沿海港口与台直航竞争力的差异性。

第一类港口，包括上海港和深圳港，评价值均在65以上；第二类港口，包括广州港，宁波港，厦门港以及福州港，评价值37－55之间；第三类港口，包括汕头港，青岛港，温州港，天津港，湛江港，大连港以及连云港，综合评价值20－35之间；第四类港口，海口港，评价值低于1。

综合评价值和梯度分析表明大陆沿海港口与台直航竞争力存在着4级不同的梯度，而且不同梯度区域的竞争力差异比较明显。

参考文献

[1] DONG－WOOK SONG & KI－TAE YEO（2004）. Competitive Analysis of Chinese Container Ports Using the Analytic Hierarchy Process. Maritime Economics & Logistics，6：34－52.

[2] 王常达：《我国沿海主要港口竞争力的因子分析》，《经济理论研究》，2006年18－22页。

[3] 陈双喜，戴明华：《港口竞争力评价模型与东北亚港口竞争力的评价》，《大连海事大学学报》（社会科学版），2006年5（4），39－43页。

[4] 康树春，刘斌：《2007中国港口综合竞争力指数排行榜报告》，Maritime China，2008，35－40页。

[5] 钱夕元和邵志清：《模糊聚类ISODATA聚类分析算法的实现及其应用研究》，《计算机工程与应用》，2004年第15期，第70－71页。

[6] 李新运、张海峰和余锦：《山东省区域经济发展梯度分析及战略构想》，《地理研究》，1995年第14卷第1期，第50－58页。

附录

沿海港口与台湾直航竞争力指标权重的问卷调查

您好，这份问卷是的目的是确定沿海港口与台直航竞争力评价指标的权重。您所拥有的专业知识对于我们有极高的价值。非常感谢您的积极参与和支持！

沿海港口与台直航竞争力评价的指标体系

A 沿海港口与台直航竞争力	B1 港口吞吐量	C1 货物吞吐量
		C2 货物吞吐量增长率
		C3 集装箱吞吐量
		C4 集装箱吞吐量增长率
	B2 港口设备	C5 泊位总长
		C6 装卸桥吊数
	B3 港口区位优势	C7 港口所在城市 GDP
		C8 港口所在城市进出口贸易总额
		C9 港口所在城市实际利用外资
	B4 对台优势	C10 与高雄港的距离

标度说明

标度	定义与说明
1	两个元素对某个属性具有同样重要性
3	两个元素比较，一元素比另一元素稍微重要
5	两个元素比较，一元素比另一元素明显重要
7	两个元素比较，一元素比另一元素重要得多
9	两个元素比较，一元素比另一元素极端重要
2，4，6，8	表示需要在上述两个标准之间折中时的标度

即 1 表示两个元素同样重要，而数值越大（趋向 9）则意味着某一元素比另一元素越加重要。

请您根据您的专业知识对不同的指标进行比较。请在括号中打钩，并打钩选中相应的权重数值。

问题1：请比较港口吞吐量和港口设备两个因素，哪个因素更为重要？重要程度如何？

哪个因素更为重要？　　港口吞吐量（　　）抑或港口设备（　　）

重要程度如何？　　① ② ③ ④ ⑤ ⑥ ⑦ ⑧ ⑨

问题2：请比较港口吞吐量和港口区位优势两个因素，哪个因素更为重要？重要程度如何？

哪个因素更为重要？　港口吞吐量（　）抑或港口区位优势（　）

重要程度如何？　①　②　③　④　⑤　⑥　⑦　⑧　⑨

问题3：请比较港口吞吐量和对台优势两个因素，哪个因素更为重要？重要程度如何？

哪个因素更为重要？　港口吞吐量（　）抑或对台优势（　）

重要程度如何？　①　②　③　④　⑤　⑥　⑦　⑧　⑨

问题4：请比较港口设备和港口区位优势两个因素，哪个因素更为重要？重要程度如何？

哪个因素更为重要？　港口设备（　）抑或港口区位优势（　）

重要程度如何？　①　②　③　④　⑤　⑥　⑦　⑧　⑨

问题5：请比较港口设备和对台优势两个因素，哪个因素更为重要？重要程度如何？

哪个因素更为重要？　港口设备（　）抑或对台优势（　）

重要程度如何？　①　②　③　④　⑤　⑥　⑦　⑧　⑨

问题6：请比较港口区位优势和对台优势两个因素，哪个因素更为重要？重要程度如何？

哪个因素更为重要？　港口区位优势（　）抑或对台优势（　）

重要程度如何？　①　②　③　④　⑤　⑥　⑦　⑧　⑨

问题7：请比较货物吞吐量和货物吞吐量增长率两个因素，哪个因素更为重要？重要程度如何？

哪个因素更为重要？　货物吞吐量（　）抑或货物吞吐量增长率（　）

重要程度如何？　①　②　③　④　⑤　⑥　⑦　⑧　⑨

问题8：请比较货物吞吐量和集装箱吞吐量两个因素，哪个因素更为重要？重要程度如何？

哪个因素更为重要？　货物吞吐量（　）抑或集装箱吞吐量（　）

重要程度如何？　①　②　③　④　⑤　⑥　⑦　⑧　⑨

问题9：请比较货物吞吐量和集装箱吞吐量增长率两个因素，哪个因素更为重要？重要程度如何？

哪个因素更为重要？　　货物吞吐量（　　）抑或集装箱吞吐量增长率（　　）

重要程度如何？　　① ② ③ ④ ⑤ ⑥ ⑦ ⑧ ⑨

问题10：请比较货物吞吐量增长率和集装箱吞吐量两个因素，哪个因素更为重要？重要程度如何？

哪个因素更为重要？　　货物吞吐量增长率（　　）抑或集装箱吞吐量（　　）

重要程度如何？　　① ② ③ ④ ⑤ ⑥ ⑦ ⑧ ⑨

问题11：请比较货物吞吐量增长率和集装箱吞吐量增长率两个因素，哪个因素更为重要？重要程度如何？

哪个因素更为重要？　　货物吞吐量增长率（　　）抑或集装箱吞吐量增长率（　　）

重要程度如何？　　① ② ③ ④ ⑤ ⑥ ⑦ ⑧ ⑨

问题12：请比较集装箱吞吐量和集装箱吞吐量增长率两个因素，哪个因素更为重要？重要程度如何？

哪个因素更为重要？　　集装箱吞吐量（　　）抑或集装箱吞吐量增长率（　　）

重要程度如何？　　① ② ③ ④ ⑤ ⑥ ⑦ ⑧ ⑨

问题13：请比较泊位总长和装卸桥吊数两个因素，哪个因素更为重要？重要程度如何？

哪个因素更为重要？　　泊位总长（　　）抑或装卸桥吊数（　　）

重要程度如何？　　① ② ③ ④ ⑤ ⑥ ⑦ ⑧ ⑨

问题14：请比较港口所在城市 GDP 和港口所在城市进出口贸易总额两个因素，哪个因素更为重要？重要程度如何？

哪个因素更为重要？　　港口所在城市 GDP（　　）抑或进出口贸易总额（　　）

重要程度如何？　　① ② ③ ④ ⑤ ⑥ ⑦ ⑧ ⑨

问题15：请比较港口所在城市 GDP 和港口所在城市实际利用外资两个因素，哪个因素更为重要？重要程度如何？

哪个因素更为重要？　　港口所在城市 GDP（　　）抑或实际利用外资（　　）

重要程度如何？　①　②　③　④　⑤　⑥　⑦　⑧　⑨

问题16：请比较港口所在城市进出口贸易总额和港口所在城市实际利用外资两个因素，哪个因素更为重要？重要程度如何？

哪个因素更为重要？　　港口所在城市进出口贸易总额（　　）抑或实际利用外资（　　）

重要程度如何？　①　②　③　④　⑤　⑥　⑦　⑧　⑨

台灣高科技產業回顧與两岸合作的前瞻思考

詹文男*

一、前　　言

自 1979 年台灣通過實施「科技發展方案」、1980 年新竹科學工業園區啟用，全力推動高科技產業至今已逾 30 年。一路走來，在政府的指導方針及民間的企業活力帶動下，台灣高科技產業交出了一張漂亮的成績單。不管是早期發展的積體電路產業及電腦及週邊產業，抑或後期的光電產業，台灣都在世界市場上扮演著舉足輕重的角色。

究竟是怎樣的契機讓台灣有機會在全球舞台上發光？是怎樣的努力讓台灣的廠商在高科技產業上扶搖而上？面對後金融海嘯時代的市場變化，二岸情勢的緩和，亞勢力的崛起，如何透過兩岸的攜手合作，拓展全球市場，共創雙贏，是本文探索的重點。

二、台灣高科技產業回顧

（一）第一個十年－奠基與啟航（1981－1990）

1970 年代的台灣產業發展是以勞力密集的輕工業為主的產業結構，外銷主力如紡織、玩具及雨傘——等等品項，而這些輕工業也的確為台灣產業的發展奠定了厚實的基礎。

不過由於國際能源價格長期上漲，世界經濟成長減緩，保護主義盛行，

---

* 作者簡介：詹文男，中央大學資訊管理博士，現任財團法人資訊工業策進會產業情報研究所（MIC）所長，台灣亞太產業分析專業協進會（APIAA）理事長。

加上其他開發中國家與中國大陸積極發展勞力密集型的輕工業，台灣過去創造經濟發展奇蹟的外在環境有了重大的改變，產業成長逐漸面臨瓶頸。為了維持 1981－1990 的十年經建計畫 8% 的成長目標，產業結構勢必有所調整。

而為了進行產業的提升與改造，政府決定全力推動高科技產業的發展，並同時進行許多措施，希望能夠為高科技產業的發展奠定良好的基礎。這些舉措包括：行政院院會通過實施「科技發展方案」，推動八大重點科技技術、建立新竹科學園區、提供產業租稅優惠、成立工研院與資策會協助產業發展、透過吸引海外人才及島內大學源源供應充沛且質優的人才，及推動科技專案的發展等等。也因為有了這些優良的基礎環境與競爭資源，台灣廠商才能夠無後顧之憂的不斷勇往向前，並佔領了許多重要的產業灘頭堡。

地利、人和及天時的掌握

從產業成長及組成的角度來看，台灣高科技產業在第一個十年主要是以個人電腦及周邊產業開始領頭發展。產業之所以能夠順利啟航，除了前述提到的地利人和之外，天時的把握也是關鍵。1980 年前後，台灣廠商僅從事微處理機零組件及終端機的裝配，但產值仍低，出口也少。當時的出口的電子產品主力為電子遊樂器，外銷金額達 2 億美元。由於電子遊樂器技術原理與電動玩具相同，因此也被大量製造在國內銷售，而引發許多社會問題，導致政府下令嚴禁。

「生物自然會找尋其自己的出路」，1981 年台灣政府全面禁絕電動玩具之後，部分的電動玩具製造商，為不使工廠閒置與停頓，轉而投入技術原理亦相似的微電腦產業，研究開發當時個人電腦產品中居世界領導地位的 APPLEII相容電腦產品。由於這些電動玩具廠商的加入，頓時使台灣微電腦產業的陣容，由原先的十餘家，倍數增長為 1983 年的 100 餘家，成為當時極為熱門的產業之一。但也因產業太成功，引發了許多智財權的爭議，甚至引來跨海的訴訟。之後長達好幾年，台灣一些廠商與 APPLE 之間的仿冒糾紛仍舊無法平息。

除了研製與蘋果二號相容機器的廠商之外，在此同時，台灣有一些廠商則採取另一種策略致力於微電腦產品的開發與市場的開拓，其中最具代表性的廠商之一，即是以自有品牌為主的宏碁電腦。

1981 年還發生了一件對台灣個人電腦產業影響深遠的事件，那就是

IBM 發表了全世界第一部商用個人電腦 5150。由於 IBM 的全球個人電腦採開放式架構，此開放式架構帶動了 PC 產業的發展，也直接讓台灣廠商在技術障礙較低的狀況下，踏過 PC 生產製造的門檻，台灣廠商得以有機會參與市場競爭，奠定日後成為全球電腦生產大國的基礎。

IBM 5150 的原始設計包括了鍵盤、印表機、監視器、軟碟機與記憶體等電腦周邊的標準產品，更讓台灣日後獲得了包括監視器、主機板、鍵盤、音效卡、滑鼠、掌上型掃描器、視訊卡等多十多項世界第一的產品。時至今日，無論何種廠牌，仍是沿用當初 IBM 所制定的基本規格及架構。

全球領先的生產製造能力

IBM 相容 PC 不僅提供台灣廠商新的機會，也讓一些廠商從 Apple 智財爭議的泥淖中有了轉進的方向。1983 年台灣開發出第一部 IBM PC 相容產品，自此台灣電腦產業開始順利啟航。在營運模式方面，一部份廠商走自有品牌，如宏碁，而大部份的廠商則採取代工模式（OEM）接單生產。隨著國外市場需求大增，台灣個人電腦產品出口值大幅成長，而其所搭配的週邊產業，如監視器、鍵盤、滑鼠、電源供應器—等產品也跟著不斷成長。

由於過去的一些加工出口工業的基礎，台灣原本就建立了良好的零組件工程設計及生產製造基礎能力。加上政府對資訊工業的支援，廠商得以無後顧之憂的全力衝刺。也隨著製造經驗的豐富與深化，以及在 OEM 委託客戶的全球市場水準的高品質要求下，建立了世界級的製造生產能力。

除了優異的生產製造能力之外，台灣個人電腦產業的廠商也逐漸體認研發設計的重要，不斷的投入相關的資源，希望能從 OEM 的接單模式提升至 ODM，在這十年產業發展過程中，在研發領域也有不錯的表現。

例如 1986 年全友公司宣布開發成功 32 位元 80386 微電腦開發系統 MICR－32/80386，為全世界第一家宣布開發成功的廠商，顯示台灣微電腦開發系統技術已屬世界領導地位。同年佳佳科技公司生產之 16 位元個人電腦 ARC 286 Turbo，在美國大學一項電腦功能測試中，擊敗其他十二家世界名牌，被選為最佳 AT 級相容電腦。1989 年宏碁電腦宣布推出與 IBM PS/2 M80 相容之 MCA 架構。在週邊產品方面，1986 年全友發展出全球第一台 MS－200 饋紙式黑白影像掃描器。1989 年鴻友科技公司完成世界第一部 128mm 掌上型影像掃描器、世界第一部 800dpi 之掌上型影像掃描器。

而為了掌握筆記型電腦的商機，提昇產業技術水準，工研院電子所與電工器材公會於1990年發起「筆記本型電腦共同機種開發計劃」，有46家廠商參與該計劃。而這個計畫也是促成台灣筆記型電腦產業在世界市場能夠不斷開疆闢土的重要關鍵之一。

第一個十年，台灣高科技產業在個人電腦產業的帶動下，為後續的積體電路產業及光電產業從下游面打下良好的根基。根據資策會MIC的統計資料顯示，1980年台灣以個人電腦產業為主的資訊硬體產業的產值不到1億美元，1990年產值已超過61億美元，十年之間約60幾倍的成長，台灣已成為世界重要供應地，資訊硬體產值世界排名第8。

（二）第二個十年－成長與茁壯（1991－2000）

台灣個人電腦及周邊產業在全球市場需求不斷擴增，國際大廠積極尋求低成本製造來源的挹注下持續成長。營運模式雖大部分仍以代工為主，但多已提升至ODM的層次。過去國際大廠來台灣多是尋找製造伙伴，但這段時期來台進行技術合作的廠商也逐漸增加。此段期間也由於國內生產成本逐漸提高，部份不具競爭力之產品開始移至東南亞國家及大陸生產。也由於海外生產日趨重要，跨國生產調配成為競爭關鍵。

全球運籌管理能耐的建立

此外，伴隨著與國際廠商合作關係愈趨緊密，台灣高科技產業的核心競爭力也逐漸從優異的生產製造能力，擴增至供應鏈管理與全球運籌能力，舉例而言過去產品出貨有所謂955的要求，亦即95%的訂單要在5天內送達客戶處，之後進展至982，98%的貨可以在2天內送達客戶要求的地點，甚至有些貨可以做到0024，亦即所有的貨可以在24小時內送達。

也因為建構了這樣有效率的全球運籌管理的能耐，而為台灣廠商的營運形貌帶來一些轉變。首先，廠商的營運範圍從原本的研發、生產，擴大至全球採購、全球物料管理、跨組織MIS系統的建立，甚至還包括後勤服務系統的設立。而且與零組件供應商、報關代理公司、運輸公司、倉儲公司等策略伙伴的連結更加緊密，無形中也提高了競爭的門檻。

其次，全球運籌式生產體系促使生產廠商承擔的任務增加，也因此人才、設備、資金的投入亦提高，加上設立新據點時的資金需求、物流時間拉長增加庫存跌價風險與廠商利息負擔、跨國投資所產生的法令與文化差異潛伏經營風險……等挑戰，提升了台灣廠商全球管理及風險對抗的能耐。

最後，也是最重要的是，隨著全球運籌式生產體系的佈建，品牌廠商與製造商關係從單純的交易關係變成戰略夥伴關係，而形成新的產業移動障礙。而這也是台灣個人電腦產業所以能長期領先而屹立不搖的因素之一。至2000年時，台灣個人電腦及相關周邊產業等資訊硬體全球產值已達470億美元，其中本土境內產值達231億美元，排名世界第4。許多資訊產品（如主機板、筆記型電腦、監視器……）的製造數量佔有率居世界第一。同時，也因為追求生產成本的降低及國際佈局以服務品牌廠商，島內產值佔全球產值的比例在2000年首度低於50%。

而就在台灣個人電腦及周邊產業不停攻城掠地而躍升成為世界第三大資訊硬體產品生產地之時，台灣另一項重要的高科技產業－半導體產業也開始嶄露頭角。

半導體產業的建立與發展

事實上，台灣半導體產業很早就開始發展，1966年由後段的封裝製造切入。1974年在一場早餐會報中，時任RCA普林斯頓實驗室總監潘文淵提出了「積體電路發展草案」，說服了主要財經首長而確立了台灣積體電路產業的發展方向。

1976年工研院派出第一批菁英赴美國RCA取經並引進相關技術，為台灣積體電路產業拉開序幕。1980年聯華電子成立，成為台灣第一家IDM（Integrated Device Manufacturer）公司；1987年台灣積體電路公司成立，為全球第一家專業晶圓代工廠。

到了1990年初期，眾多廠商競相設立六吋晶圓廠，島內積體電路產業才開始蓬勃發展起來。亦即晶圓製造廠的陸續成立，不僅帶動設計、封裝、測試等產業之成長，相關產業如晶圓材料、設備、化學品、光罩等也趁勢興起。

1996年全球半導體市場遭受不景氣衝擊，但由於台灣業者具相當之競爭力，整體半導體產值反而獲有相當幅度的成長。尤其是半導體晶圓代工的領域，在台積電與聯華電子的領軍下，佔有全球六成以上的市場，進而引領半導體產業進入策略聯盟與專業分工的時代。

1997年中台積電、聯電、華邦、茂矽、德碁、力晶、旺宏、南亞等IC

大廠陸續宣佈共新台幣 1 兆 6000 億元以上之重大投資計畫，政府也宣布台南科學園區計劃，當時雖然有不景氣的陰影，部分廠商的投資腳步有減緩之現象。但在 1999 年下半年景氣逐漸復甦下仍持續進行。這階段許多新廠商的加入，以及原有廠商的產能擴充、購併等行動，對台灣半導體工業之進一步的發展也產生深遠的影響。

進一步分析，2000 年時台灣 IC 製造業共計 16 家，前十大廠商包括台積電、聯電集團、華邦、茂矽、茂德、旺宏、世界先進、力晶、德基、南亞等。台灣 IC 製造業可說是整個 IC 工業的核心，其發展直接影響上、下游相關產業。而隨著台灣 IC 製造業的快速發展，國內 IC 設計業、封裝廠、專業測試公司、矽晶圓材料業、光罩業等亦均有明顯快速的成長。

而在矽晶圓材料方面，1996 年以前，台灣 IC 製造業所需要之矽晶圓材料百分之百完全由國外進口，一年的進口金額達新台幣 60 億元左右，進口來源以日本為首。1997 年以後，中鋼與美國休斯電子材料公司合資的中德電子開始供應國內 I C 製造業所需之八吋矽晶圓材料，到了 2000 年台灣矽晶圓材料的自給率已達 52%。而隨著中德電子及台灣信越、台灣小松產能逐漸擴大，國內自給率大幅提昇，使得台灣 IC 工業產業結構更趨於完整。

台灣 IC 製造業的業務型態分為自有產品業務與代工業務兩類，並未經營自有品牌產品。由於台灣廠商無法產製微處理器，再加上邏輯產品多樣少量之特性，因此占有全球半導體市場規模二成左右之記憶體產品，變成為台灣 IC 製造業自有產品業務之最佳選擇。

不過，由於 IC 晶圓廠設備投資大，八吋廠的投資金額動輒十億美元以上，十二吋廠更高達三十億美元左右，龐大的投資金額以及有增無減的市場風險，使得全球主要整合元件製造商對於投資新建晶圓廠的腳步減緩，台灣 IC 製造的產業也愈趨顯的重要。但也因缺乏技術及自有品牌，不僅每年需支付不少的權利金，在市場不景氣時，也面臨極大的風險。

在 IC 設計方面，其為半導體產業的最上游，主要靠自行研發或接受客戶委託推出新產品，以 IC 產品研發及行銷為主要工作。IC 設計完成後，將生產交由專注製程技術研發的專業晶圓代工廠製造，因此 I C 設計業廠商不需在製程技術上費心，也無須負擔龐大的製造設備折舊費用。但為取得穩定的產能，IC 設計廠商需與下游製造廠取得長期穩定的合作關係。由於台灣晶圓代工、封裝和測試等下游產業的完整及就近支援，2000 年台灣 IC 設計業已成為僅次於美國的第二大生產地。前十大 IC 設計公司包括威盛、矽統、聯發、凌陽、揚智、盛群、矽成、瑞昱、聯詠、義隆等。

在 IC 封裝及測試產業方面，封裝業在台灣本來即頗具規模。在 1990 年之前一直是台灣 IC 工業最大的主力，直到 1993 年才被 IC 製造業所取代，台灣 IC 封裝業台灣除了外資封裝廠只單純承接母廠訂單外，2000 年計有 44 家國資業者，前五大廠商分別為日月光、矽品、華泰、日月欣、超豐，市場占有率高達 75%。產值亦居全球第一。在測試產業方面，2000 年台灣 IC 測試廠家則有 37 家，產值約為 328 億元，前五大 IC 測試業廠商分別為福雷、南茂、聯測、晶元、矽品等，合計占總產值之 62%。

至 2000 年底，台灣半導體產業在政府及廠商合作努力下，總產值已達新台幣 7144 億元，較 1999 年成長 68.7%，其中 IC 設計產值為 1152 億元，次於美國居全球第四位，年成長率為 55.3%；IC 製造業為 4686 億元，次於美、日、韓，居全球第四位，但若以專業製造代工而言，則為世界第一；IC 封裝業為 978 億元，年成長率 48.4%；IC 測試業為 328 億元，年成長率為 77.3%。而就半導體工業的組成來觀察，以 IC 製造業佔半導體產業產值最高，約 66%；IC 設計業次之，佔 16%；封測則佔 18%。

（三）第三個十年 - 飛躍與轉型（2001 - 2010）

台灣高科技產業的發展，是從電腦及周邊產業開始萌芽，擴及至網路通訊產業，之後逐漸往上游半導體產業深根，最終成品的零組件自給率不斷提升。但在個人電腦市場逐漸往液晶顯示器及筆記型電腦發展的 1990 中期，液晶顯示面板成為左右競爭力的關鍵零組件，但當時的台灣則缺乏這方面的產業實力。

台灣平面顯示器產業發展歷程可以追溯到 1976 年敬業電子自美國休斯公司引進 TN - LCD 組裝技術。1985 年日商台灣愛普生設立 STN - LCD 後段組裝工廠，也建立了一些產業基礎。

產業發展史里程碑的建立

90 年代中期雖然已經有元太及聯友等廠商開始進行生產，但技術仍缺乏市場競爭力。這樣的情境，一直到 1997 年金融危機爆發才開始出現轉機。日本大廠在金融危機衝擊下受傷不輕，已無資金進行擴廠，因此不得不選擇釋放技術與台灣進行合作。當時的中華映管與日本三菱電機；達碁與日本IBM；廣輝與日本夏普；瀚宇彩晶與日本日立進行合作。在日本廠商技術支援及槓桿台灣原有之優異製造及學習能力，台灣液晶面板產業自此快速飛躍，並帶動上游配套零組件的大量投資。

台灣這些液晶廠商加入戰局後，市場供需不平衡之狀況獲得一定程度的抒解，但競爭也愈趨激烈。2000 年網際網路泡沫發生，電腦市場大幅衰退，過去支援產業發展的資本市場大不如前，台灣液晶產業面臨嚴酷的考驗。為了提升市場競爭力，達碁與聯友在 2001 年 3 月宣布合併，一躍成為全球第三大液晶面板廠。另一家廠商奇美在同一年也購併了日本 IBM 的生產線，成為台灣第二大液晶面板廠，開始在世界市場嶄露頭角。

也由於液晶顯示產業的重要，2001 年 8 月行政院第 11 次電子、資訊與電信策略會議（SRB）將平面顯示器列為策略性重點產業。其後並列於 2002 年行政院所提出的「挑戰 2008 – 六年國家總體建設計畫」中之兩兆雙星計畫其中的一兆產業全力推動，目標是 2006 年時半導體、影像顯示產業都能達成一兆元之產值。

在「兩兆雙星」計畫之下，政府提出四大政策願景，做為影像顯示產業政策五年的發展目標，分別為「推動台灣成為全球第一大 TFT – LCD 顯示器供應國」、「構建台灣成為全世界最主要影像顯示產品研發及製造重鎮」、「2006 年影像顯示產業產值達新台幣一兆三千七百億元以上」、「未來五年民間投資金額達新台幣三千五百億以上」。

在此願景下，政府積極提供業者相關服務，包括：以「促進產業升級條例」推動產業投資並提供租稅優惠；針對製造所需的水力、電力與土地協助排除投資障礙；整合島內智慧財產權資源協助解決專利權問題，整合各界研發資源發展新產品與技術；建立產、官、學、研相關顯示產業之推動組織，並結合各機構培育產業人才，擴大引進海外高科技人才；並建立上下游完整產業體系，發展台灣平面顯示器產業聚落，以進一步提升整體競爭力。

2006 年，以液晶面板研製為主的台灣影像顯示產業產值達 1. 27 兆台幣，雖沒達成政府設定之 1. 37 兆台幣之目標，但其上下游產業之完整，直接僱用的台灣員工超過四萬人，已成為台灣僅次於半導體的重量級產業。不過，正如同友達李焜耀董事長所言：「台灣的半導體產業發展已歷時二十多年，才達到兆元規模，液晶顯示產產業卻只花了七年就達到相近的規模與足以匹敵的世界級影響力。如此之成就，不但是台灣產業史上前所未見，也可能是世界產業史上的唯一。」

創新設計能力的提升

而在半導體產業方面，在兩兆雙星的政策推動下，也不斷傳出佳績。不僅產業鏈更加完整，產值亦逐年提高，除了製造代工仍獨領風騷之外，IC設計業更是有長足的進展，在手機晶片、液晶面板驅動 IC 的帶動下，成長迅速。根據統計，2007 年半導體產業產值達 1 兆 4 千 7 百億台幣。

2008 雖因金融海嘯影響而衰退，但產值亦超過 1. 3 兆，其中 IC 製造佔 49%，IC 設計產值佔 27%。（2000 年時 IC 設計產值僅佔半導體產業產值的 16%）。主要的 IC 設計廠商包括聯發科、聯詠、奇景光電、群聯電子及瑞昱半導體等。值得一提的是聯發科，其手機晶片在山寨手機風行的帶動下，營業額成長驚人。

2008 年末的金融海嘯，半導體業亦無法置身事外。台灣廠商多以裁員，減薪及無薪假來因應。渡過了 2009 年低潮之後，市場逐漸恢復復甦力道，廠商產能利用率逐漸提升，半導體廠商亦開始招聘新人。

在兩兆產業不斷的提升之際，台灣個人電腦及周邊產業也開始產生一些變化。由於生產成本逐漸高漲，市場競爭又朝向低價化發展，迫使台灣資訊硬體廠商將工廠往大陸遷移，台灣成為多數廠商全球的營運總部及研發中心。廠商的核心競爭力從過去優異的製造、全球供應鏈管理，更進一步提升至創新/設計能力。許多廠商設計的資訊產品更是屢屢在國際設計大賽中獲獎。

在營運模式方面，由於組織發展的需要，許多廠商開始進行品牌與代工的分割。例如 2000 年宏碁進行企業改造，將集團分割為宏碁、明基及緯創三家公司。改造初期雖經歷陣痛，但也如浴火中的鳳凰，都有不錯的成績展現。

宏碁的個人電腦事業併購了 Packard Bell 及 Gateway 兩家電腦公司，向世界第一挺進；明基推出自有品牌 BenQ，在發展過程中，為了迅速跨足手機市場，併購了西門子的手機部門，跌了一大跤，但也逐漸復原；緯創的代工事業亦在與許多國際領導公司的合作下迭有佳績。而華碩亦在 2008 年初將品牌與代工分割成為華碩與和碩。相對於影像顯示產業及半導體產業的重創，個人電腦及周邊產業相對受傷較輕，全球產值約達1100億美元。

三、後金融海嘯時代的市場變化

面對未來，除了記取過去失敗的教訓以及成功的經驗之外，更需要掌握全球市場變化的脈動以調整腳步，尤其金融海嘯後市場丕變，如何迎接挑戰是二岸高科技產業現階段所必須面對的課題。根據分析，全球總體環境的變化中，以下是重要的議題：

（一）人口結構的改變

人口結構改變是市場改變的主要因素與動力。分析其中主要的變化包括：全球人口持續成長、高齡化社會的來臨、少子化的趨勢，以及移民向都市移動等。

以人口成長為例，雖然我們常聽到少子化可能帶來人口減少的問題，但仔細分析，這少子化的趨勢主要發生在已開發國家，新興國家的人口仍在持續成長。根據聯合國的統計資料顯示，2005年全球人口為65億，預計至2015年時全球人口將到達72億，這將帶來巨大的食衣住行育樂的基本市場需求；又如高齡化的社會的成型，帶來一些新的商機，如老人對健康管理的需要，疾病防治（生化、基因及仿生醫療）、抗老化市場（如整型、健康食品）、孤寂排遣（如即時通訊、機器寵物的需要）等；而老人安養亦是重要的議題，這包括遠距醫療、居家看護及生命產業（喪葬祭祀服務）的市場等。

（二）全球化的風潮

全球化是總體環境中另一個劇烈影響產業變化的關鍵因子。從產業發展的角度來看整個經濟活動的變化發現，全球化讓傳統國界對經濟分割和遮蔽作用逐漸弱化，也帶動了資金的快速移動，且有越來越多人才擺脫地域的限制，在世界各地遷徙移動。此外，研發也開始邁向全球化。各先進國家為了搶奪新興國家的高級人力，在過去幾年不斷的新興市場積極佈局。此一同時，人才流向具發展性國家的現象也愈趨嚴重，工作機會多、報酬和生活條件好的國家，對跨國流動人才具有很強的吸引力，這是個無法避免的趨勢，也是個必須嚴肅面對的課題。

（三）網路化的世界

過去幾年大家多以為網際網路是個泡沫或不切實際的想像，但數字的變化提醒我們，網路已是個真實、而且已成熟為一個巨大的市場。以資訊電子產業為例，其商機包括網路基礎的建設與設備，這些設備的需求將帶動上下游產業的蓬勃發展。在基礎建設完善之後，即可提供相關的服務，這些服務都需要有認證、結帳、保全、隱私權、著作權管理等機制，並需確保這些內容的可接近性，讓內容能進一步延伸到網路電子產品上，例如網際網路家電、網際網路汽車、網際網路住宅、網際網路辦公室、網際網路城市……，這是一個可以無限延伸的市場。根據日本總務省的調查指出，網路化所帶動之無所不在的市場商機在 2010 年可達 7000 億新台幣的規模，而其所衍生出來的經濟效應，更超過 1 兆美元。

（四）跨領域技術的融合

所謂跨領域技術意指整合兩種或多種領域技術。根據研究，在未來的十年間，科技的創新將主要來自多領域技術整合的突破，而非單一技術本身。以近年在日本風行之數位相機防手震功能為例，防手震功能的關鍵要素有二：其一為泛用於交通工具之角（速）度感測用之陀螺儀；其二則是能將陀螺儀的應用細密而精準地整合進入數位相機的微機電技術。這樣的整合讓日本 Panasonic 從產業後進者之劣勢中，在數位相機領域異軍突起。

（五）環保與綠色製造的趨勢

雖然環保要求日趨嚴峻，但從正面思考，它也提供我國產品發展的新方向及新的區隔化基礎。以往台灣資訊產品大多以價格取勝，所得利潤相對較低，綠色產品的興起除可提供廠商新的方向外，更可提昇產品的附加價值，擺脫價格競爭的惡性循環。尤其更可藉此提升產業及台灣整體形象，台灣一向以環保不力遭到國際社會的詬病，若能藉此產品的推展扭轉形象，不僅可提昇我資訊產業的世界地位，對於台灣整體形象的改觀史將有莫大的助益。環境永續發展為不可抑遏之潮流，推動廢棄物資源化以促進資源有效運用為產業發展之重要環節，更是企業創造效益，塑造形象的基礎。因此如何使資源有效再生、循環使用於產業製造生產與消費使用，建立產業共生之生態體系，是各產業發展之重要關鍵。

（六）資源效能提升的需求

資源的爭奪自古為戰爭的終極原因，未來有可能成為衝突焦點的資源，分別為水、石油與糧食。以水資源為例，由於地球持續暖化造成氣候異常，過去不缺水的國家，也開始感受到水資源不再是廉價與理所當然的來源，復以水的價值也會因為應用的不同，產生極大的差異，人們將開始深入思考如何分配水源（農工產業用水合理性的評估、水源管理），以達到人類發展的最大效益。也因為如此，水資源的養護（如清潔集水、水處理、水庫養護、污染防治、水土保育、地下水/溫泉抽取限制…等）與高值化水產業（飲用、保養水加工分級……等）將興起，成為下一個十年的重點。而污水回收處理與淨化技術的發展，亦為重要議題。

四、兩岸合作的前瞻思考

2009 年 2 月 18 日，大陸國務院總理溫家寶主持召開國務院常務會議，審議並原則通過電子信息產業調整振興規劃，主要三大重點任務包括：

1. 完善產業體系，確保骨幹產業（關鍵產業）穩定增長，著重增強電腦產業競爭力，加快電子元器件（零組件）產品升級，推進視聽產業數位化轉型；2. 立足自主創新，突破關鍵技術，著重建立自主可控的積體電路產業體系，突破新型顯示產業發展瓶頸，提高軟體產業自主發展能力；3. 以應用帶動發展，大力推動業務創新和服務模式創新，強化資訊技術在經濟社會各領域的運用，著重在通信設備、資訊服務和資訊技術應用等領域培育新的增長點。

也揭諸了五項措施，包括 1. 落實內需帶動，拓展電子資訊產品應用和產業發展空間。2. 加大投資，集中力量實施積體電路升級、新型顯示和彩電工業轉型、第三代移動通信產業新跨越、數位電視推廣、電腦提升和下一代網路應用、軟體及資訊服務培育六大工程，鼓勵引導社會資金投向電子資訊產業。3. 強化自主創新能力建設。加快實施相關國家科技重大專項，支持優勢企業兼併重組，完善公共技術服務平台。4. 促進發展服務外包，支援企業“走出去”，建立研發、生產基地和行銷網路。5. 加強政策扶持。加大鼓勵軟體和積體電路產業發展政策實施力度；落實數位電視產業政策，推進“三網融合”；調整高新技術企業認定目錄和標準；繼續保持電子資訊產品出口退稅力度，進一步發揮出口信貸和信用保險的支持作用。

而面向新的市場環境，台灣行政院長亦宣示未來的施政重點在於提振民間投資；鼓勵民間參與“愛台 12 建設”、投資三大都會區交通場站開發、觀光服務設施等；亦將積極落實產業再造：積極發展生物科技、觀光、綠色能源、健康照護、精緻農業、文化創意等六大新興產業；推動 WiMAX、雲端運算中心、電子商務、電子書、智慧型電動車、智慧化綠建築等新興資通訊產業發展；促進產業結構調整，促成產品多元化、品牌化及關鍵技術取得，並協助市場行銷。加強全球連結：推動洽簽“兩岸經濟合作架構協議（ECFA）”，並透過相關輔導與支援措施，協助相關產業轉型升級；推動兩岸搭橋計劃；強力拓展印度、俄羅斯、巴西、中東等新興市場商機等。

就二岸政策重點與產業發展來觀察，都希望能夠自主創新調結構，如何合作共創雙贏，應是可以思考的方向。建議可以在新興具市場潛力之領域，如電子書及資訊服務方面思考合作的策略：

電子書：

方向一，合作制訂標準，拓展孔夫子商機。例如藉由華文學習風潮，制訂華文學習市場的電子書（或電子書包）標準，將「中國製造」提昇至「中國標準」，開展兩岸產業進軍全球市場的新格局。

方向二，強化產業供應鏈體系，擴大內需市場，降低數位落差。例如結合兩岸關鍵零組件、材料、量產能力、銷售通路及政策，促進內容及服務的發展，並進一步降低數位落差。

方向三，共同投入先進材料技術發展，掌握次世代產品規格。例如共同發展如電子紙，可撓式面版等次世代技術，主導產品走勢，並藉此帶動如數位內容等周邊產業。

資訊服務：

方向一：建立兩岸資訊服務產業供應鏈體系，一起『走出去』。例如大陸在委外服務或軟體開發方面具成為全球服務外包中心的潛力，並擁有大量軟體工程與資訊管理人才，為軟體工廠之優選基地；台灣具多年產業領域資訊應用與導入經驗，軟體及系統架構相對熟練，硬體研發與製造優勢可配合軟體及服務系統形成多元化解決方案。可以考慮合作建立解決方案應用試點，共同爭取國際離岸外包訂單，促使國際企業由印度轉向大中華區發包（如金融、醫療、資訊等）。

方向二：攜手透過軟體加值與資訊化的應用以調結構、擴內需及保增長。可以考慮透過二岸技術合作，以軟體加值（如嵌入式軟體、數位內容與服務）來提升硬體產品全球市場競爭力，擴大出口，擺脫微利的宿命。尤其台灣在政府及產業資訊化應用、推廣及數位城市建置方面執行多年，經驗可提供各省市信息化建設及推動產業信息化之參考，加速產業結構的調整。此外，e/M/I－Taiwan之推動經驗，促使台灣成為資通訊科技創新應用與服務模式之實驗場域，兩岸可透過試點合作加速創新服務商品化進程，以擴大內需，並拓展全球市場。

五、結　　語

過去資通訊產業市場標準制訂、技術創新、整合應用，甚至產品發展皆以西方為主導，亞洲國家多扮演價值鏈中之生產製造之角色，不僅無法主導市場發展，附加價值亦偏低。而未來新興市場將蓬勃發展，區域化的整合應用將帶動新一波的技術創新，產生龐大的商機。台灣擁有優異之技術研發、工程設計、快速商品化及全球整合運籌能力，大陸則具有基礎科學、工業體系完整及自然资源和人力資源豐富等優勢，加以內需市場龐大，建議雙方應以兩岸市場為基石，研擬二岸互利之市場戰略，共同進軍全球市場，以掌握商機，並共同達成二岸調整改造和優化產業結構的目標。

台灣漁業經濟發展與展望

莊慶達*

一、台灣漁業的角色與貢獻

台灣漁業發展因具有天然的優越條件，目前台灣漁船遍佈全球，漁業活動早已達世界級的規模，根據聯合國糧農組織（FAO）資料顯示，近十年台灣漁產量都高居世界前二十名，其中遠洋漁業更高居世界第四位，同時產品外銷也居世界水產品貿易前十名。這些事實說明台灣在漁業經營上有很高的競爭力。整體而言，台灣的漁業經營可分為以下四大類：

遠洋漁業：指在台灣200浬外的海域作業，主要作業漁法包括鮪延繩釣漁業、鰹鮪圍網漁業、拖網漁業、魷釣漁業、和秋刀魚火誘網漁業。

近海漁業：指在離岸12至200浬內經濟海域作業的漁船，主要作業漁法包括有中小型拖網、鯖鰺圍網、鮪延繩釣、鯛及雜魚延繩釣、火誘網、流刺網、一支釣等。

沿岸漁業：指在12浬以內海域作業的漁業，主要的作業漁法包括有定置網、刺網、魚苗捕撈、和娛樂漁業等。

養殖漁業：有淡水魚塭養殖、海水魚塭養殖及淺海養殖等三大類，總養殖面積約6萬公頃。主要淡水養殖魚類有鰻魚、吳郭魚、鯉魚、淡水大蝦、蜆等。海水養殖主要魚類有虱目魚、草蝦、斑節蝦、石斑魚等；淺海養殖主要有牡蠣、文蛤和小型鮑魚等，箱網養殖方面的主要養殖類別為鯛類、石斑魚、海鱺等。

---

* 作者簡介：莊慶達，台灣海洋大學海洋与资源管理研究所教授，台灣海洋保育學會理事長，台灣漁業經濟發展協會常務監事。

台灣早期漁業發展強調快速增產，由1960年不到30萬公噸，增加到1990年的140萬公噸，年平均成長率5.3%。2002年加入世界貿易組織（WTO）後，開始重視品質提升與價格穩定，產量維持在130萬公噸上下。期間，遠洋漁業生產在1990年代產量約70萬－80萬公噸間變動，佔台灣漁業總產量60%以上。2004年之後，呈現明顯的減產趨勢。近海漁業，在1980和2008年間的產量多維持在20萬－30萬公噸間，沿岸漁業則維持於4萬公噸左右。台灣的養殖漁業頗為發達，但受限於水土資源，1980年以來幾乎沒有繼續發展，產量也大多維持在20萬至30萬公噸之間。

台灣漁產品流通方式主要是由南運到北，從漁港和養殖區域運到都市。年漁產總供應量約在80萬至100萬公噸間，以2008年為例，有66.5%漁產量來自南部縣市，12.6%來自東部與東北部，7.5%來自北部地區，12.3%來自中部地區，其他地區佔1.6%，主要消費地區則在台灣的四大都會地區。長期以來，水產品在台灣農產貿易中一直扮演重要角色，歷年進出口淨值也多能保持著貿易順差。外銷市場主要集中在日本、美國、泰國、香港等地區，平均出口量約45萬－65萬公噸，出口值320億－460億元，每年略有增加。各類出口水產品以冷凍魚類占最多數，占產量的90%與產值的80%，隨著冷凍加工業和漁船冷凍技術的進步，此一趨勢將維持繼續。主要出口漁產品包括有鮪魚、旗魚、鰹魚、魷魚和秋刀魚等遠洋魚貨，以及鰻魚、吳郭魚、虱目魚、石班魚和蝦類等養殖漁產品。

就生產經濟貢獻而言，台灣早期漁業發展是以沿近海漁業為主，1950年的漁產量為12萬餘公噸，50餘年來，除發展沿近海漁業外，亦積極拓展養殖漁業及遠洋漁業，其發展成果也受到國際的矚目；至2008年的總漁產量已達134萬餘公噸，產值920億元，另未列入統計之觀賞魚養殖產值約15億－20億餘元，加上漁業相關周邊產業的產值，估計年漁業總生產價值超過1000多億元（200億人民幣以上）。在就業和關聯產業貢獻方面，台灣早期經濟發展是以農業來支持工業，當時漁產業為民衆主要就業機會選擇和賴以維生的重要行業之一，截至2008年止，漁業從業人數仍約有34萬人。此外，漁產業對於關聯產業如造船、加工食品等工業的經營亦有高度重要性，漁產業除促進關聯性產業發展之外，在糧食和健康食品的貢獻上，也供應台灣人民優質的動物性蛋白質，包生鮮水產品與加工製品，並為台灣賺取巨額的外匯收入。至於漁業其他多元功能方面，則包括在安定漁村經濟與文化傳承的社會貢獻、維護海洋環境的生態貢獻，及海權象徵和海域占有利用的主權貢獻等。近年來，由漁業所延伸出來的休閒服務事業，如娛樂漁業中的海釣船、賞鯨船等，體驗漁業中的漁人碼頭、漁村民宿等，都為漁村帶來不小的經濟貢獻。

二、台灣的漁業經濟發展概況

漁業是一項從事水產生物資源利用的產業，舉凡經營或管理水產生物之事業，不論漁撈、製造、行銷或養殖均為漁業的研究範圍。凡是與漁業及漁業從業者有關之經濟事務、行為與現象均屬漁業經濟的研究範疇。具體而言，可包括下列四個層面：

人：與漁業生產者、運銷者及消費者相關行為或福利等直接相關者，主要如漁民所得、漁家經濟、漁業就業、漁業經營者及勞動者之行為，運銷商之管理，企業管理等。為由生產者與經營者之行為屬性為出發點的層面。

事：與漁業之生產、流通、消費相關之事務，主要為漁業生產、產業結構與發展等。為有關漁業經濟量、經濟事務變動與其因果相關等之事務層面。

物：與漁產品之供需及其價格變動等相關之事務。為由漁產品之物品屬性為出發點的層面。

地：與漁村社區、漁港及其他周邊地域相關之管理事物，主要內容為漁村社區發展、漁港經濟效益與海岸利用管理等之事務層面。

事實上，漁業經濟發展必須考慮漁業特性，就生產特殊性來看，海洋漁業資源的共有財特性，往往產生漁業生產者的競漁行為，其結果是增加漁獲努力量及捕獲量，此導致作業成本上升與市場價格下滑，影響漁業生產的平均成本等於平均收益，漁民因而無法獲得經濟利潤之情形。基於上述資源共有財之特性，為維持海洋魚類資源的永續利用，國際社會普遍訂定各種管理公約，各國對其漁業資源亦無不進行各種管制措施。其中海洋生態標籤（Marine Eco－labeling）已成為業者重視海洋生物多樣性與生態保育的重要議題之一，這項管理機制是希望在維持漁業生產力與經濟價值的同時，亦能提供作為改進海洋生物多樣性與生態保育的契機。雖然有關漁業生態標籤可能造成之經濟衝擊、不同標準與驗證方法對漁產品市場影響、及不同利益關係人間如何協同運作等議題仍在討論之中，但在亞洲國家之中，日本已建立「日本海洋生態標籤（MEL Japan）」，並有多項產品通過認證；中國大陸在舟山、大連已有加工業者通過 MSC、CoC 驗證，並將產品出口至歐美國家通路（如 Wal－Mart）。台灣在漁業環境影響評估、漁業風險評估、漁場/漁船/漁民管理制度及漁場的排他性的相關研究或統計資料尚未符合 MSC 要求，不過東港櫻花蝦產業大致符合 MSC 的要求，亦是台灣政府正考慮可以輔導的重點。

此外就資源與環境觀點而言，魚類生物具有一定再生能力，若能合理有效利用，將能生生不息。就經濟學的觀點，若將魚類資源量視為人類可利用的財貨，往往亦須考慮金錢的時間價值，亦即在考慮財貨價值的時間折扣率後，資源長期使用的總合經濟價值應由魚類永續性經營的總合價值來衡量。因此如何控制捕獲量，使產值最大，又能使魚類資源永不枯竭，成為漁業經濟發展上的重要目標。此外，漁撈產量受自然因素影響甚大，其成本與受益充滿著不確定，是屬高度風險的產業。特別是遠洋漁業作業受制於國際規範與兩國約定，漁業的國際事務也因而非常複雜。有關海洋漁業資源的利用，各國的政治干預甚多，因此漁業糾紛亦不斷。至於在產業特性與會性方面，目前漁產業雖已提升至二級加工製造業或三及休閒服務業，但多數漁業經營仍屬於初級產業，漁民家庭產業性質甚高，因此漁村經濟及漁民所得問題成為有關當局所重視的焦點。

台灣漁業發展歷史悠久，為因應加入 WTO 及知識經濟發展，近年來漁業經濟發展格外顯得重要。2002 年台灣漁業經濟發展協會正式成立，其宗旨為研究漁業經濟議研題，促進台灣漁業經濟發展、繁榮漁村經濟及增進漁民福祉。會員包括產官學界，協會之業務範圍涵蓋：1. 與漁業（漁民）團體合作辦理漁村經濟與社區服務之事項；2. 協助業者提昇經營管理知能以促進台灣漁業之永續發展 3. 提供政府漁業管理政策之建議與興革事項；4. 發行刊物，流通漁業經濟資訊，聯繫會友動態；5. 舉辦座談及研討會議，促進產官學之多元交流；6. 蒐集內外部漁業經濟資訊，供會員參考；7. 接受委託辦理有關漁業經濟發展之調查、研究、規劃及推廣活動；8. 其他有關漁業經濟、漁村社區發展與漁民福祉事項。協助完成之計畫項目有漁船用油優惠措施及查核機制研究、魚貨直銷中心評鑑及管理制度研究、台灣地區沿近海與養殖漁家經濟調查、漁港工程技術及經營管理研究、建構優質安全漁產品產銷履歷系統、影響水產品產銷履歷體系相關規範及對策評估研究、產銷履歷追溯條碼系統示範推廣、農業科技成果技術包裝與加值、推動養殖水產品上市前安全管理措施、推動優良水產養殖場認證體系、建立養殖水產品產銷履歷制度、強化台灣產漁產品市場行銷能力、台灣地區漁家經濟調查計畫、強化養殖水產品產銷履歷管理機制、提昇養殖水產品品質衛生計畫、推動優良水產養殖場認證體系、農業科技成果技術包裝與加值、影響水產品產銷履歷體系相關規範及對策評估研究、漁港工程技術及經營管理研究等。上述研究成果都間直接地協助提高漁產業的附加價值，未來更希望結合新科技與企業化經營理念，以改善漁業的產業價值鏈。

三、漁會組織在台灣漁業經濟發展上的定位

台灣漁會組織長期扮演政府與漁民間的溝通橋樑，對台灣漁業經濟發展作出相當貢獻。漁會組織係成立於 1919 年，至今已有 90 年的歷史，其間歷經「日據時代」、「光復初期」、「全面改組」及「漁會法修改後」等四個不同階段之多次改組與合併，目前有 39 個區漁會及 1 個省漁會。漁會法第一條規定：「漁會以保障漁民權益，提高漁民知識、技能，增加漁民生產效益，改善漁民生活，促進漁業現代化，並謀其發展為宗旨」；漁會法第四條則規定漁會負有十九項任務。漁業由於作業方式較為特殊，漁會又相對多處在較偏遠的海岸或漁村地區，以致外界人士對漁會組織的瞭解甚少，由漁會宗旨、結構、功能與任務關係來看，顯見漁會一方面是照顧漁民、為漁民謀福利的職業團體，一方面又是肩負達成政府任務的委託單位，因此漁會可算是一個融合行政、經濟、教育、社會等多種功能的團體組織。

台灣漁會業務經營的種類繁多，包括會務、業務、推廣、供銷、財務、信用及魚市場等，按其性質可分為經濟、金融、服務與推廣事業四大類。經濟事業主要辦理魚市場、共同運銷、漁用資財供應、漁民購物中心、製冰、冷藏、漁船用油與漁用鹽轉售、漁船上架場、觀光魚市、魚貨加工、國軍魚貨副食品供應等。其中以魚市場收入為業務重心，其管理費收入也為漁會重要財源，但近年來因魚貨銳減，業務萎縮，致管理費收入減少。以 2006 年

為例，漁會魚市場交易量總計為 43 萬 3460 公噸，總交易金額 217 億 5126 萬元，管理費收入 4 億 5894 萬元。基本上，近二十五年（1971 －2006）漁會經濟事業的收支大致呈穩定成長，唯盈餘相當有限，相較漁業最盛時期呈明顯衰退。漁會金融事業方面，目前 40 個漁會中有 25 個漁會獲准成立信用部，不過除高雄、小港、蘇澳與琉球四個漁會信用部成立時間較久外，其餘 21 漁會信用部皆為 1983 年 7 月以後陸續申請營業。1997 年亞洲金融風暴後，受金融自由化、經濟景氣低迷、及地方金融發生擠兌的影響，信用部之經營日益艱難，基本上，近二十五年（1971 －2006）漁會信用事業的收支情形不太樂觀，不過盈餘已有逐年改善現象。漁會在服務與推廣事業方面，是以提供會員、勞健保業務及漁事、四健、家政推廣為主，服務事業之收入有會員常年會費、勞健保業務手續費、漁業證照換發之代書費用及事業盈餘提撥，政府補助之經費每年達 50% 以上。近年來，由於政府財政困難，加上不同團體的排擠效應，使得政府補助漁會服務、推廣事業經費已逐年降低，漁會為此也積極開創一些新的會員服務事項以增加收入。

當前漁會正處台灣內外環境變遷之際，不僅面臨國際間強調實施資源管理型之責任制漁業，也遭逢其它漁業團體的競爭壓力，直間接使得漁會在組織管理與事業經營等方面皆受新的挑戰。今日漁會發展已面臨創新導向的階段，漁會在此階段的創新理念之實踐策略大致如下：

1. 培育創新事業之專業人才

漁會要朝企業化或發展創新事業經營，其中創新研發能力與人才培育甚為重要。但目前普遍在人才與資金不足的情形下，可藉由外在資源的協助，包括與學術研究單位合作，如尋求各大專院校創新育成中心、漁業推廣委員會、及水產試驗研究所等，以協助其解決問題與找尋利基。此外，政府可與學術研究單位合作，設計一系列的創新研發與經營管理人才講座等辦理導入企業識別體/系之教育講習，以強化漁會經營體質與競爭力。

2. 漁會合併且導入企業化經營

漁會可藉由合併改造後導入企業經營理念，以日本農協為例，其將組織再造或合併列為關鍵的作法之一，使得 1987 年擁有之 4117 個農協，至 2005 年僅存 878 家，也因此產生「規模經濟」的實質效益。其實台灣十多年來都榮獲績優漁會組織的彰化區漁會，其組織的發展亦屬雷同，建議不妨參考內外部的成功經驗，擴大組織經營使資源能夠整合，組織方能永續經營。

3. 整合核心資源、提升競爭優勢

漁會 39 個區漁會遍佈台灣各地及眾多分支，可整合龐大的漁港、漁村資源來發展在地文化特色，以發揮資源結盟及規模經濟的統合效益，進而提升其事業經營的競爭優勢；相關整合事項包括推動經濟與金融事業之連鎖化經營，採聯合行銷與採購的方式，或各級漁會就事業經營的項目，按地緣差異性與營業共通性，以自願加盟方式成立漁會聯合經營中心。

4. 規劃休閒漁業、建立品牌特色

目前漁會發展創新事業中，不同型態的服務事業及休閒漁業成為可能的關鍵項目，包括如民宿、加油站、手工藝品、農地銀行等都是熱門選項，並以體驗型的休閒漁業活動為主軸。漁會可透過將顧客帶到門口消費的模式，再利用加工、品牌建立方式將當地盛產漁獲研發具有特色的產品，或創造具地方文化特色的產業，藉此管道把開發產品作為遊客的伴手禮販售，以增加漁會相關產品的附加價值與知名度，並帶動當地產業與漁村經濟的繁榮。

5. 引進官學資源、輔導示範漁會

漁會被賦予執行政府多重任務，尤其在開拓創新事業的期待下，又兼顧其非營利私法人本質，也影響今日漁會角色、功能的發揮，加上漁會在政府輔導與經費補助上不如農會體系，為能使漁會在創新事業方面有具體的成效，可先選定北、中、南、東、離島各一個漁會做為輔導重點對象，集中漁會核心資源及政府與外在資源，積極投入協助其發展各項創新事業與地方特色產業，以作為將來各漁會示範學習及參考的標的。

四、當前重要漁業經濟問題與未來方向

台灣隨著內外社會經濟因素的變動，以及加入 WTO 後的影響，政府對漁業補助受到限制，加上漁產業面臨漁產品貿易自由化、油價高漲、船員老年化、經營成本提高等衝擊，為能強化漁業經營體質及增進漁村社會安定，協助漁業的企業經營與創新事業的確重要，然僅是靠漁會力量是有困難的，更需要民間、產業與政府部門密切結合，才能進行全方位脫胎換骨的龐雜工程。基本上，目前漁業產生各種經營的困難問題，其重要者包括：

台灣漁業勞動人口老化、勞力短缺，漁撈技術傳承及外籍與大陸船員的

僱用與管理出現問題。

國際原物料與能源價格飆漲，各類漁業別的生產成本高漲，漁業經營相當困難。

水產品貿易自由化後，外來漁產品的大量進口，對於本地漁產品造成嚴重的市場衝擊。

市場魚價的穩定與季節波動問題，運銷效率的改善及產品衛生安全受質疑問題

沿近海漁撈能力超過資源的負荷能力，海岸的不當開發造成海洋生態遭到污染或破壞。

海洋資源利用限制與水土資源的過度使用問題，遠洋漁業受限於國際魚類資源管理，養殖漁業則受限於水土資源。

漁村多位於偏遠地區，基礎建設相對不足，加上漁民所得偏低、就業機會不足、漁村人口老化等，造成城鄉差距 。

為因應上述各種困難與問題，當前台灣政府正努力於振興漁業、活化漁村的工作，至於漁業經濟研究的重要課題如下：

為因應水產品的市場開放，加強重要漁產品的市場經濟分析，調整台灣的漁業產業結構，並就具有國際競爭力的重要漁業加以重點發展，並輔導其轉業與對外投資。

為因應國內船員勞動的嚴重短缺，適度僱用外籍與大陸船員，獎勵海事院校畢業生擔任幹部船員，並就僱用船員的社會安全與管理問題加以重視。

為因應漁民所得的偏低，規劃休閒漁業與漁港多功能的發展，以提高漁業的附加價值，並引進由漁業所延伸的新興產業，透過教育訓練與網際網路來提升漁民知識與經營管理的能力。

為因應漁場與水土資源的限制，強化資源最適使用的管理機制，並篩選具有發展潛力的旗艦產品，配合以社區自主管理與漁業權為基礎的責任制漁業。

關於漁業的未來發展願景，台灣漁政單位希望在「永續漁業」與「全民漁業」理念下，朝向「優質、安全、休閒、環保、漁民福利」的政策方向。具體內容包括推動優質漁業，營造漁業優良經營環境，發展高經濟價值產業，提昇國際競爭力；加強安全漁業，實施優良漁產品產銷管理體系，保

障全民權益；發展休閒漁業，促進沿近海漁業多元化經營，建設休閒漁港，並配合觀光旅遊活動，活絡漁村經濟；強化環保漁業，調整海洋漁業產業規模，養護漁業資源，促進生態和諧；綜合漁業發展，辦理漁船保險補助，漁船用油補貼，增進漁民福祉。至於各別漁業的具體政策措施包括 1. 遠洋漁業：獎勵汰建新船及適度削減漁獲能力，參與國際漁業組織與活動，擴大國際漁業合作，開發公海資源，推動責任制漁業，充實漁業勞力；2. 沿近海漁業獎勵汰建新船及適度削減漁獲能力，維護漁業秩序，防杜不肖漁民在沿近海地區以電魚、炸魚、毒魚等違規捕魚及非漁業行為，發展休閒漁業，落實漁業權漁業管理制度，發展栽培漁業及資源培育與管理，建立沿岸水域水質監測網；養殖漁業發展科技導向海水養殖業，強化漁民組織，增進新知，提高行銷效率，開拓消費市場。另外，海洋生態標籤的規劃與管理亦是參與國際社會無法避免的責任，隨著台灣海洋保育意識的發展，政策上如何在海洋保育與資源利用間取得平衡，並重視由下而上的自主性管理，朝形成未來保護區網絡系統之連結為目標，以永續享受海洋環境與資源所帶來的多樣化價值、強化漁產品的品質管理與價值，進而提昇台灣的國際漁業形象，是目前台灣有關單位重視的課題。

五、全球金融海嘯下的農業新思維

2007 年 8 月美國次級房貸爆發之後，其延伸的金融海嘯已造成全球性的經濟衰退，台灣也無可避免地受到重創。在這一波的金融海嘯的衝擊之下，政府各部門莫不全力搶救台灣的經濟，特別是嚴重的失業問題，其中農漁業部門早已無形地扮演搶救失業、安定社會的關鍵角色。事實上，農漁業是一具有抗景氣循環效果的關鍵性產業，當台灣面臨高失業率壓力的時候，更突顯出它吸納失業人口的重要性，因為一些都市失業人口悄悄地回到農漁村，在這裡他們不過多一副碗筷，很容易解決生活問題，甚至協助嚴重老化的農村社會，重現生命力與活力。相反的，如果他們繼續留在都市，其可能產生的社會問題與處理成本就無法想像。等到經濟情況好轉之後，這些失業人口又可回到都市、公司、工廠，繼續為台灣的經濟社會貢獻心力。

其實從經濟學的角度來看，農漁業部門是一具有很強正外部經濟效益的產業，且其加值效果又多半是在台灣內部實現，因此可能產生的經濟貢獻或乘數效果是不容忽視的。雖然目前台灣農漁業部門的年產值約400漁業的多功能價值，如涵養水土、淨化空氣、美麗景觀等，或從綠色GNP與可永續經營的角度來衡量其價值，則農業的產值估計會有10%以上的GDP貢獻，這和一些曇花一現的產業相比，當然是一項值得民衆重視的關鍵性產業。此外，目前台灣農漁業部門的專業從業人口約53萬5千多人，這對於安定社會亦有不可忽視的功能。相對於台灣，其他經濟體如新加波、香港等，在這次金融風暴的衝擊之下，由於沒有農漁業的後盾，因此其失業問題相對嚴重，所延伸出來的社會代價也會加劇。

台灣農漁業部門一向是以小農、小漁為主體的結構，若要與國外大規模的農漁業經營相比，一定要找出自己的競爭優勢。特別是台灣於2002年加入WTO之後，農業經營的內外部條件產生巨大的變化，傳統農漁業更不得不思考轉型經營。其實台灣是有很強的農漁業實力，高素質的農漁業研究與農漁村人力，曾經為台灣經濟奇蹟立下不少汗馬功勞，雖然如此，但過去台灣在經濟掛帥的前提下，往往將農漁業視為弱勢的產業，媒體也常報導政府對農漁業部門的救濟或補貼措施，甚至不少是政策上輕忽農漁業潛在貢獻所產生的後果。如今，欣聞對於政府在推動台灣六大新興產業時，特別提出要在四年內投入242億元的「精緻農業健康卓越方案」，並以健康、卓越、樂活農業為三大主軸，希望能深化農漁產品的品牌認證、研發領先國際的新技術，及重塑農漁村風情與開發農漁業深度旅遊。

基本上，這項策略性產業的發展上，應是具有極高發展潛力的。因為台灣四面環海，森林覆蓋面積又達58.5%，農漁村擁有多樣性的自然生態與豐富的景觀資源，再結合優質的農漁業研發技術與人才，則地區產業與文化特性是可以彰顯出來的。精緻農漁業產業是符合台灣既有優勢及3E原則的：即（1）經濟上（Economical）是可行的，強調穩定可預期之利潤；（2）社會上（Equity）是可接受的，注重產業發展能符合公平正義；及（3）環境上（Environmental）是和諧的，重視環境保護及生態平衡。的確，要改善目前農漁村所面臨問題是一項複雜及長期性的重要工作，特別是當前台灣農漁村人力的平均年齡已達62歲，這些專業農漁業知識的傳承，不是辦幾次農漁業漂鳥體驗營或後繼者培育計畫就可以克服的，而是要落實在生活教育之中，這也是為何一些進步國家希望其中小學生在畢業之前，能在農漁村體驗一段生活的重要意涵，因為唯有向下紮根，才能培育出真正「農」的傳人。不管經濟怎麼好壞，吃飽還是不變的一件大事，全球金融海嘯總會過去的，但農漁業的興衰卻攸關我們的未來。

六、海峽兩岸漁業經濟發展的互動關係

兩岸的漁業經營利害相關、涵蓋層面很廣，包括資源、勞動、市場、研發等面向。在資源方面，早期台灣拖網漁船主要在中國大陸周邊海域作業，如今大陸的海洋漁業高度發展，並大幅擴大海洋資源的利用，以致兩岸漁民經常在台灣周邊海域競爭資源，也發生一些海上交易衝突與漁船作業糾紛問題。近年來，這種問題特別隨著中國大陸實施全面嚴格的休漁政策之後，大陸漁船越界捕魚、非法炸魚現象時有所聞。未來基於海洋資源的永續利用和雙邊漁船作業的合諧，有必要在共同海域上推動漁業作業與管理的事務性協商，以解決漁業作業的衝突，並進一步推動資源保育與利用的合作關係。

在勞動利用方面，由於台灣漁業勞動供給嚴重不足，以致於近二十多年來，大量雇用外籍或中國大陸船員，以滿足其漁業作業的所需。台灣漁業經營長期缺乏年輕勞力的投入，目前相當依賴外籍或中國大陸船員，因此對於這些船員的雇用和管理必須研究改進。雖然目前兩岸已就船員的雇用和管理簽署合作協議，但對於船員的仲介雇用制度、船員訓練和證照、船員福利和作業安全等，仍有許多改進的空間。就此而言，從經濟和法制層面，建立一個雙方可以接受的勞資關係，是穩定兩岸漁業永續發展的重要基礎之一。

在漁產貿易供需方面，兩岸一直維持數量龐大但關係不正常的漁產品貿易，中國大陸的漁產品透過漁船海上交易或各種型態的走私進入台灣市場，大幅壓低台灣的市場魚價水準，嚴重損害台灣漁民所得。這些管道也因缺乏檢疫措施，而存在極大衛生安全的風險。另一方面，台灣若干漁產品，包括石斑魚、水產種苗等也一直是以小額貿易方式，出口到中國大陸市場，唯在出口數量和行銷通路上因受制於地方利益團體而無法順利開展。目前兩岸的漁產品貿易方式對於生產者或消費者都缺乏保障。基於兩岸漁業的正常發展和雙方互惠的經濟利益，此一問題亟待研究解決。

在產業研究發展方面，台灣漁業發展固然已有很好成績，但隨著社會經濟結構的轉變，漁業發展的目標和屬性，已開始朝向生產現代化、生活自然

化、生態永續化和生命知識化等四生一體的全民漁業目標發展。在此方向上，漁業資源的可持續利用與保育、海洋休閒與遊憩活動的開展、生態景觀及文化事業的教育等日益受到重視。在中國大陸方面，其漁產量已超過4000萬公噸，並居世界之首。近年來也開始推動各種型態的海洋休閒事業，海洋資源的多方面利用，也逐漸受到重視。其海洋休閒資源豐富多樣化，然整體漁村建設、文化和生態景觀的意識上，仍有待加強，在此方面，雙方仍有許多交流合作的空間。

此外，在科技利用及衛生安全方面，雙方仍有許多互惠互利之處。中國大陸在基礎科學研究上有很好的成就，而台灣在漁產加工和市場行銷則有長處，特別是近年來推動食品安全與產銷履歷制度方面。我們也期望中國大陸在這方面有更好的發展，包括透過優質、衛生安全的漁產品來供應台灣不足的市場，以建立消費者信心。就此而言，在漁業和海洋科技利用及衛生安全方面是值得探討的，共同創造優質公平的市場競爭及發展知識經濟。此外中國大陸漁業政策與其發展趨向，及社會經濟，特別是對漁產品的市場需求和貿易管理，對於台灣的漁業發展亦有許多直接與間接的影響，有鑑於此，台灣也在今年正式成立「兩岸漁業合作發展基金會」，積極推動兩岸加強的漁業交流合作。

七、結　語

漁業是台灣一項關鍵性的初級產業，不論在糧食安全、就業機會、社會安定、國際貿易、生態環境等層面，都在台灣經濟發展過程中扮演重要的角色。基本上，漁業為利用全民共有資源的產業，其經營也因其特殊性而具有經濟、國防、政治、社會、外交之意義，故漁業政策往往受到各階層重視，使得政策決定除考慮漁業經營效率、漁民所得外，亦須考量社會總體資源的使用效率。因此，漁業經濟發展上都會考慮如下要項：1. 漁業就業的保障，2. 漁產品外匯的創造，3. 生產者合理的所得，4. 消費者福利的照顧，及5. 魚類資源的永續利用等。惟隨著台灣經濟發展階段的不同，上述各要素之重要性有所變動，漁業政策目標與經營策略也須有所調整。尤其是在台灣加入WTO後，漁業各項政府補助受到限制，漁產業面臨貿易自由化、油價高漲、船員老年化、經營成本提高等衝擊。此外，兩岸漁業經營的互動關係也格外顯得重要，特別是在台灣成立「兩岸漁業合作發展基金會」及中國大陸積極推動加速「海峽西岸經濟區」建設之既定政策下，兩岸如何透過交流活動為漁產業開拓更大的利基，應是兩岸有關單位需要重視的課題。

參考書目

[1] 台灣省漁會，1994 ~ 2007，《台灣省漁會督導工作總報告》，台北：台灣省漁會。

[2] 吳榮杰，2005，發言於《漁會組織功能再造之探討》，台灣漁業政策總體檢系列研討會（三），台北：行政院農業委員會漁業署。

[3] 胡興華，2004，《休閒漁業時代來臨》，《漁業推廣》。

[4] 陳諸讚，2008，〈漁會籌組興業公司「準備好了」!〉，《農訓雜誌》。

[5] 莊慶達（2008），《日本推動海洋生態標籤之概況介紹》，《漁情報導》，漁業署，pp3。

[6] 莊慶達、胡興華、邱文彥、高松根、何立德、碧函，2008，「海洋觀光休閒之理論與應用」，五南圖書出版股份有限公司。

[7] 莊慶達、何宗儒、劉光明、王世斌、邱文彥、方天熹、陳明德，2008，「海洋資源管理：理論與實務」，五南圖書出版股份有限公司。

[8] 莊慶達，2007〈漁會組織再造與創新事業之探討〉，發表於第三屆海洋與漁業論壇之兩岸漁業經濟發展研討會，基隆：國立台灣海洋大學。

[9] 莊慶達，2003，〈組織整合，戰略定位——漁會如何促進農業及漁業旅遊策略聯盟〉，《農訓雜誌》。

[10] 莊慶達、陳清春合着，2001，《漁業經濟學》，台北市：華泰。

[11] 廖朝賢，2005，發言於《漁會組織功能再造之探討》，台灣漁業政策總體檢系列研討會（三），台北：行政院農業委員會漁業署。

[12] 蔣憲國，2000，〈台灣廣域農會合併之探討——從日本廣域農協合併的經驗論起〉，《農業金融論叢》。

掌握契機 建構兩岸食品安全管理體系

彭作奎*

一、前　　言

當前全球正處於一個變動劇烈、充滿挑戰與機會的新時代，無論是國際格局或兩岸的政經社會形勢，都在快速變化發展中，新的國際經濟環境是經濟秩序的建構與整合。兩岸正站在農業發展的轉捩點上，兩岸農業的發展必須以新的思維，以各自農業發展優勢優先，結合國際農業資源，建立一套可長可久的安全農業體系，才能開創台灣與大陸農業的新時代。

「民以食為天」，過去社會所關心能否吃飽的「糧食安全」數量問題，隨經濟發展所得提高，轉而為食品安全及品質相關之「安全食品」問題。蓋食品是人類生活與發展的基本生活物資，如果食品安全無法確保，人類的生活與發展即受威脅；進而影響國家經濟發展與國際貿易關係，危害國民經濟穩定。

近年兩岸經貿大幅成長，食品安全是一項兩岸關心的話題，2008 年 9 月爆發中國大陸製造，輸入台灣的三鹿奶粉被檢測出含有化學物質會導致嬰兒死亡，而台灣長期進口中國乳製品作為食品加工原料，發現進口的植物性奶精含有三聚氰胺，由於使用的商家與產品眾多，產品大量下架，造成消費者的恐慌以及食品業者的重大損失，暴露食品中毒對於消費者的隱藏威脅。

近年來台灣經濟以大陸為腹地的兩岸產業分工體系逐漸形成，兩岸農業

---

* 作者簡介：彭作奎，現任台灣中州技術學院校長，財團法人全球生物產業科技發展基金會董事長。

合作與貿易的深化，兩岸糧食與食品供應體系將從量變到質變。由於食品衛生安全的控管涉及從「農場」到「餐桌」的過程，從原料來源、生產、收穫後處理、加工、製造、流通、運輸、銷售、食用消費，涉及層面相對複雜，隨著兩岸間食品安全事件的發生，兩岸宜以風險評估為基礎，制定食品安全風險管理法規與政策，共同建構兩岸食品與農業安全管理體系，推動食品追溯系統，實施農產品產銷履歷制度（Traceability Systems），提供兩岸農產品從原料、生產、運輸及販售等各階段資訊，作為消費者購買時資訊蒐集之依據，提升消費者信心及確保飲食安全。

二、台灣食品與農業安全管理體系與措施

台灣食品衛生與安全主管機關——衛生署與農業主管機關——農委會組成跨部會小組，參照國際標準制定複雜而全面的食品安全管理體系，以確保生產者的利益與消費者的權益。其架構與重點措施如下：

（一）以風險評估為基礎，制定食品安全風險管理法規與政策

依國際資料顯示，全球出現下列五種趨勢，（1）全球因食物引起之疾病增加，如禽流感，重金屬、農藥及食品添加物污染所造成的食物中毒或慢性疾病等；（2）新的致病性微生物出現，新產生的食因性病原菌，例如李斯特菌、出血性大腸桿菌等；（3）由食物引起之過敏性疾病增加；（4）全球性的貿易增加，某些國家之畜禽藥物（抗生素、致癌藥物）濫用情況嚴重，或有機畜禽產品受農藥污染等，導致進口國家需加強防範與管制；（5）畜肉與禽肉工業結合之後果，因畜肉與禽肉產品之主要危害種類不同，尤其是微生物、藥物殘留與人畜共同傳染病之種類不同，當兩項工業結合時，交叉污染機率與危害性增加等五大變遷，已引發國際間制定共同規範以維護食品安全的需求。

面對上述錯綜複雜的因素，台灣對食品衛生安全的管理，主要藉由以下方式進行：（1）推動「危害分析重要管制點」（Hazard Analysis and Critical Control Point, HACCP）系統，以執行食品製造過程的衛生監督管理制度；（2）建立生物技術食品（如：基因改造食品）的監督管理制度；（3）將「風險評估」（risk assessment）應用在食品衛生標準的建立與修訂環境保護、農業生產及加工流通等有關食品衛生安全之標準與法規；（4）利用高科技

的電子化設備進行「源頭追蹤」計畫。

（二）以源頭管理，建立食品追溯系統

近年來，台灣為使消費者對購買的農產品或食品之來源，有更多資訊可以參考，生產者或物流、銷售業者亦能透過相關資訊之建立，做到產品流向之追蹤及管制，從而提昇農產品及食品安全管理。行政院農委會及衛生署亦已建立「農業產銷履歷」及「食品追溯制度」，並積極此一系統來管理台灣產品，銜接衛生署之「食品追溯制度」與農委會之「農產品產銷履歷制度」法令，進一步以產銷流程，調整農委會與衛生署之管理權責，達成產銷一元化之管理。

（三）強化廠商對食品安全之責任

先進國家的食品安全管理制度強調預防危害之發生，非事後之處理；管制措施應兼顧生產源頭及消費市場。台灣則由農委會與衛生署分別推動「源頭管理」策略，以積極預防為主，消費市場之抽樣檢驗為輔。在此策略下，針對種植及養殖之農業生產，與食品加工及流通等源頭進行全程式追蹤及監控。

建立食品業者回收通報系統

問題食品一旦被發現流入市面，立即啟動「食品業者回收通報系統」機制，透過生產商或者經銷商「回收」措施迅速將問題食品由市面上收回銷毀。

建立業者自主澄清機制

輔導業者因應食品安全事件發生之危機處理能力，建立產品之風險管控機制與紀錄，以利分析事件內容，進一步提出處理措施，或對不當報導事件進行澄清，減少消費者疑慮、降低產業衝擊，最後再由政府聯合業者召開記者會，讓民眾瞭解處理過程。

建立檢舉獎勵辦法

台灣可依《檢舉違反食品衛生案件獎勵辦法》向地方衛生局檢舉違法食品，項目包括：違反食品規定之食品、食品添加物、食品器具、食品容器、包裝、食品用洗潔劑、標示、宣傳、廣告或食品業者。

（四）提升農業生產之流程安全管理

為確保生產優質安全之農產品，採取下列提升農業生產流程安全管理措施：

強化各項農業生產資材管理

政府積極輔導農友依法製造、加工、輸入、使用各項農業生產源頭之農用資材。針對農藥，持續加強市售農藥檢查機制，劇毒農藥管理，並積極辦理偽（禁）農藥查緝。針對動物用藥品，持續加強查驗登記與品質、販賣、與使用之管理。飼料方面，自飼料原料進口、製造加工、運輸、儲存等各階段實施各項監控措施。

建立農產品生產認（驗）證制度

依據「農產品生產及驗證管理法」，推動「產銷履歷農產品驗證」、「有機農產品驗證」及「優良農產品驗證」制度。該法共有 6 章，28 條，重點涵蓋：

自願性優良農產品認（驗）證農產品經驗證合格才可使用優良農產品標章，違者處罰。

有機農產品、農產加工品管理有機農產品、農產加工品經驗證合格才可使用優良農產品標章；進口之相關商品除經驗證外，需經審查合格，始得以有機名義販賣，違者處罰。

自願性農產品之產銷履歷管理該產銷履歷驗證制度必要時得強制實施。另規定實施產銷履歷之農產品經營業者對於產銷履歷資訊，具有提供及保存義務。農產品產銷履歷第三者認驗證機構，針對農民在生產農產品的過程及產品本身進行驗證，經驗證機構檢查產銷履歷資料記載正確，產品藥物殘留量符合標準者，通過驗證，允許張貼該會核發之農產品產銷履歷驗證標章。

建構完善農產品安全監測網

動植物防疫檢疫建構健全的動植物防疫檢疫體系，並推動台灣重要動植物疫病害蟲防治，以有效的將國際上的重大人畜共通傳染性，以維護農業生產環境安全與民衆健康，保護自然生態環境。

農漁畜產品安全監測建立「安全農業檢驗管理中心衛星體系」，將農畜禽水產品不同領域檢驗技術結合成全國檢驗網絡，以共同提高安全品質效率，擴充檢驗樣品件數能量，監測台灣農產品藥物之安全。建立農畜禽水產業產品藥物安全抽檢及結果發布作業程序，加強違規案件依法查處及產品管制，防杜不合格產品流入市面。

加強農民教育輔導

開設農業專業訓練班利用各種農民集會辦理宣導、召開示範觀摩講習、田間衛生管理、病蟲害診斷鑑定、非農藥防治法等植物保護技術訓練班，並將安全用藥、生產履歷等納入課程內，使參訓之農友對當前農業發展方向有全盤之認識及瞭解，以生產安全優質之農產品。

強制畜禽養殖業者參與農業專業訓練班研習飼養管理技術及安全新知，強化業者守法觀念，賦予業者生產安全產品之責任，改善整體畜禽生產環境。

辦理養殖管理安全技術及產銷履歷講習對產銷團體設有初級處理廠或加工廠者，辦理相關從業人員 HACCP 衛生安全講習訓練班，強化業者守法及自主管理觀念，並辦理水產專長獸醫師（佐）培訓，協助聘用獸醫師進駐養殖區，輔導漁民適切用藥。

籌組技術服務團透過產業團體班會，加強食品安全及消費權益之宣導教育，導正業者生產觀念與提供消費資訊。透過全國豬隻保險計畫，將病死豬回收處理，防範非法流用情事之發生。

研發農業生產安全管理技術與資材，提昇農業生產技術

加強農業科技研發創新研究農作物之安全管理模式、研發農產品農藥殘留檢測及監測技術、整合有機生產管理技術之研發、篩選開發優良商業化各種微生物肥料產品，以農業發展與農民需求為導向，因應國際農產貿易加速自由化，及農產品消費結構轉變，發展具科技效率之現代化農糧產業。

積極創新防疫檢疫科技研發應用生物技術開發疫病害蟲診斷與鑑定防治技術，發展疫情監測與風險分析技術，積極開發農產品檢疫及處理技術；並規劃新建檢疫中心之儀器設備建置及標準檢疫作業流程，以有效檢出外來有害生物。

加速畜牧科技之創新研究整合育種、營養、生理、生物科技及加工領域技術，開發含抗生素飼料的添加物替代產品，改善畜禽安全飼養模式，建立高效高值畜禽產業體系。

開發快速判定之套組式快速檢測試劑開發符合經濟、操作容易與應用試劑於魚貨新鮮品質與非法添加物，及以消費及產業需求導入新技術，研發優質多樣化、高附加價值新產品。

（五）建立農產品運銷安全流程管控機制

輔導及強化農產品批發市場等衛生安全管理體系

輔導改善其檢驗室設施（備）及員工之教育訓練，強化產地及消費地衛生品質檢測能力。並建立農產品批發市場衛生監測與即時回報系統，統合交易資料庫為台灣農產品批發市場流通管理資訊中心，即時與同步掌握從生產端進行管理。

輔導加工廠場與初級加工處理集貨場等實施 HACCP 管理規範

爲落實 HACCP 管理體系之「源頭管制」、「自主管理」及「產品責任」等三大基本精神，以確保最終產品之衛生安全品質，並將延伸至前端，輔導農產初級加工處理或集貨場，從原料或半成品開始就導入危害分析預防管控概念，避免有些危害至加工廠無法補救，於加工製程品質管制時，強化自主衛生管理，以經常性之監測，維護台灣民眾的飲食權益與健康。

整合及建立符合衛生安全之高效率漁水產銷供應鏈體系與管理指標

台灣漁產運銷過程長且複雜、多元，為提升擬定漁產運銷效能，整合及改善魚市場及各級、魚種產銷團體、合作社之軟硬體運銷相關設施（備），以供應鏈觀念串聯上、下游垂直整合及產銷團體間策略聯盟，辦理生鮮處理場改善、冷藏設備溫度紀錄監控設備等，建立輔導水產品處理場管理指標，有效結合政府與民間資源，落實管理監控系統。

改善傳統市場肉品販售設備

配合傳統市集禁止宰售活禽政策，全面改善畜禽肉類攤商販售環境，推動畜禽肉品進行冷藏（凍）販售，加長肉品保鮮期，提升畜禽產品衛生、安全。

強化畜禽產品物流品質管控機制

建立畜禽產品於配送輸往零售端之物流管控標準化管理，針對不同畜禽產品進行 HACCP 項目，建立各類畜禽產品之《標準化物流品質管控作業規範》，並據以導入運輸流程，以落實畜禽產品運輸過程之品質管控，避免畜禽產品於運輸過程中發生品質劣化。

建立畜禽產品物流監控機制

配合畜禽產品之物流管控標準，建立運銷流程之查驗、監控作業，輔導業者確實依標準程序，導入運輸品質管理觀念。

強化化製原料運輸車及化製場管控機制

配合現行化製原料運輸車每年查驗發證及加裝 GPS 軌跡之管制措施，增加化製原料運輸車及化製場之查緝頻度，輔導業者依法清運斃死畜禽，以防範斃死畜禽非法流用。

（六）提升農業生產之環境安全管理

落實水質、空氣及土壤之全面性監測，以防止環境污染物質進入食物鏈

環境保護署積極建立環境保護綜合監管制度，推動全面性環境監測工作，及預防性環境監管工作，掌握環境污染狀況，進行環境污染來源之減量與管制事宜，強化環境影響評估機制及法制化，降低開發前後對環境之污染負荷。

農委會負責灌溉用水管理，加強灌溉水質污染防治及管理維護，提升農產品品質。

落實農作物重金屬含量監測及污染農地風險管控機制

持續加強農作物與農地之重金屬含量監測高污染風險潛勢之農地，加強監測農作物重金屬含量，檢測結果超過食品衛生限量標準者，立即予以剷除銷燬，農地辦理休耕，並通報環保機關。

強化農業生產環境之公害污染預警監測對於易遭空氣公害污染威脅之農業生產區，由農委會設置田間空氣污染指標作物監測站，利用特定指標植物對污染物之反應特性，提供農民預警並採取防患措施，以減少污染對農作物之危害。

營造安全養殖的生產環境

強化淺海及箱網養殖海域環境管理將淺海貝類養殖與外海箱網養殖比照陸上魚塭納入登記管理，建立完整之海洋養殖漁業行政管理體系，以利水產品源頭追溯。

確保養殖生產環境安全透過水試所或委請各大學等水產檢驗服務中心，對台灣各項養殖魚介貝類之繁殖、養殖場進行水產品品質抽驗及環境品質檢測工作，並定期公告不合格養殖業者、拍賣市場及食品加工廠。

落實漁船環境衛生自主管理，提昇漁撈魚貨生產環境衛生

辦理漁船漁獲物衛生作業評鑑人員訓練計畫，研擬「船上漁獲物衛生自主管理作業指引」與辦理「漁船船上漁獲物衛生管理評鑑」，整合歐盟指

令、決議以及 HACCP 原理原則，以提昇漁船上衛生作業水準，符合國際規範。

建立安全畜禽生產區

農委會依據環保單位提供之環境監測資料，參酌各項畜禽產品之飼養特性、上市週齡及運銷、加工等相關配套條件，研訂成立畜禽安全生產區，作為農業用地容許作畜牧設施使用之依據。

三、建立兩岸食品安全及農產品檢疫檢驗系統

依據財政部資料，大陸農產品進口值居台灣農產品進口第五位，但兩岸卻缺乏及時有效的通報系統、配套措施以及相關法律規範，更加突顯出兩岸食品安全合作的重要性。為了維護食的安全，兩岸之食品與農產品貿易實應比照歐美先進國家，建立輸出入產品緊急通報系統，進行兩岸間有關輸出入產品之資訊交流，事先掌握產品之衛生安全與品質之情報，可針對進口之問題食品立即採取因應措施。加強對輸入產品產地之源頭管理、規劃產品輸入前之驗證及認證管理系統，積極規劃產品輸入前之驗證及認證管理系統，於產品輸入前，針對產品於出口地之產製流程，進行有關法規標準之符合性評估、查核、驗證或認證，以境外管理方式彌補邊境查驗機能不足，提升通關時效，並增進檢驗資源之有效運用，達到維護輸入食品衛生安全與高品質之目的。有鑒於此，「海峽兩岸食品安全協議」及「海峽兩岸農產品檢疫檢驗合作協議」之簽署更有其必要性。

（一）兩岸簽署「海峽兩岸食品安全協議」

過去台灣來自大陸進口商品，進口前並未嚴格檢驗，也未有明確的安全檢驗機制，兩岸食品安全一直遊走在灰色地帶。在發生三聚氰胺及毒奶事件後，引起台灣消費民眾極大不滿與恐慌，不僅對兩岸人民和社會均造成相當程度的困擾，更增加台灣維持社會安全與秩序的內政成本。

為增進海峽兩岸食品安全溝通與互信，保障兩岸人民安全與健康，海峽兩岸關係協會與財團法人海峽交流基金會就兩岸食品安全事宜，經平等協商，台灣與中國大陸於 2008 年 11 月 4 日簽署「海峽兩岸食品安全協議」。未來兩岸之間如有任何食品衛生安全事件，均可相互就涉案的產品品名、規格、製造商、進口商等訊息，直接通報雙方所指定的窗口，方便評估事件的

風險程度，立即掌握產品流向，及時採取必要管制措施，以確保食品安全無虞。

此外，自大陸進口的農產品蔬菜、水果必須完全符合農藥檢驗規定才准予進口、畜牧肉類飼料全面進行安全監控、食品原物料來源皆須通過安全檢驗，甚至是必須要有檢驗合格證明書方可上架銷售，讓人民可以吃的安心、吃出健康。

（二）簽署「海峽兩岸農產品檢疫檢驗合作協議」

為了解決農產品貿易的檢疫檢驗問題，防範動植物疫病蟲害藉由貿易傳播擴散，確保農產品的品質與安全，以保障農業生產安全與消費者健康，亟需加強兩岸在農產品貿易上的檢疫檢驗合作與交流，於 2009 年 12 月 4 日簽署「海峽兩岸農產品檢疫檢驗合作協議」。

協議雙方同意本著互信互惠原則，在科學務實的基礎上，加強檢疫檢驗合作與交流，協商解決農產品（含飼料）貿易中的檢疫檢驗問題，建立業務會商、研討、互訪、考察及技術合作機制；必要時，可成立工作小組開展檢疫檢驗專項領域技術合作研究。雙方同意提供檢疫檢驗規定、標準、程序等訊息查詢，給予必要協助；加強農藥及動物用藥殘留等安全衛生標準交流；建立直接窗口與機制，及時通報進出口農產品重大疫情及安全衛生事件訊息、定期通報進出口農產品中截獲的有害生物、檢出的有毒有害物質及其他不合格情況，並儘速協商解決該協議產生之問題。

四、結語：深化安全農產品產製銷合作

農業是先進國家的產業，是高度科技整合之生命科學產業。展望未來，在國際化的競爭環境下，兩岸應合作互相支援，推動以「科技、資訊、品牌、市場」為核心的食品安全體系與食品供應鏈，並與國際食品供應體系與國際市場接軌。以台灣的技術、資金與品種，建立「台灣品牌」行銷大陸及全球。兩岸農業產業「價值鏈」上，著眼兩岸合作「研發創新」之驅動平台（上游）、以大陸土地為腹地進行「產品技術」創新（中游）及發展「品牌創新」複製台灣農企業之核心價值（下游）之「微笑曲線」建立合作關係，以確保高品質農產品與食品的生產與供應。

為落實此雙赢目標，兩岸政府部門除應落實食品安全與農產品檢疫檢驗

項目、掌握大陸內需市場消費習慣外，大陸與台灣分別妥善利用「物流、金流及資訊流整合觀念」與「動態比較利益概念」，建立“從農田到餐桌”完整上桌之食品安全管理與安全農業供應體系，共同保障彼此「食的安全」。

此外，台灣朝野應排除兩岸農業合作之樊籬，積極改善兩岸農業生產結構，提升效率，是兩岸確保「糧食安全」與「食品安全」有效的途徑。老農福利屬「社會與保險」範疇，不宜因老農問題而延宕兩岸農產貿易與投資等「經濟」議題之推動。台灣應善用大陸 ASEAN + 1 組織之「策略性貿易政策」發展，開拓台灣世界市場經貿空間。大陸應正視兩岸同為 WTO 會員體之事實，善用最惠國待遇原則，使兩岸農業合作有效發揮「互利效果」，創造雙贏局面。

參考文獻

[1] 李紅曦，李國基，連忠勇：《台灣農產品產地標章制度推動現況》，《農政與農情》，2009 年 12 月，210 期。

[2] 許惠悰：《食品安全之風險評估》，Taiwan Watch，2004，Vol. 6，No. 3/Autumn。

[3] 陳武雄：《推動精緻農業健康卓越方案》，《農政與農情》，2009 年 6 月，204 期。

[4] 彭作奎：《以全球佈局策略 推動兩岸農業合作》，「兩岸農業合作可行性」座談會．兩岸共同市場基金會，台北，2007。

[5] 潘蓓蕾：《食品安全從危機應對走向風險預防》，「2010 年國際食品安全論壇」·中國食品科技學會，北京，2010 年 4 月。

一体化架构下两岸农业合作机制的省思与创新

吴凤娇*

一、引　言

历经近30年的发展，两岸农业合作已初呈宽领域、多层次、全方位的双赢格局，成为两岸交流合作的重要组成部分。随着两岸关系的日益改善，两岸农业合作将更趋活跃且呈深入状态，但合作机制构建滞后的弊端也将逐渐显现。科学的合作机制不仅可为合作提供动力，也能有效调节合作中的各种利益关系，使各类合作主体的利益取向与合作效益呈现一致的走向。因此，探索构建创新性的多元化的两岸农业合作机制对促进两岸农业合作的长期、健康、有序发展，保障两岸农业合作的效益实现，具有积极而重要的意义。

在两岸农业合作机制的研究上，两岸学者从应然、实然两个角度对其进行了多方面的研究。李岳云、董宏宇①通过对两岸主要农产品贸易互补性和现有合作模式的考察，分析了两岸农业合作由投资合作走向综合试验区的必然趋势，事实上明确了相应机制建立的重点与方向。基于对中央政府与港澳之间合作机制的借鉴，温思美、郑晶②认为，建立类似CEPA的更广泛深入的农业合作机制是根本上符合两岸经济发展最大利益的选择。陈照、高明③

* 作者简介：吴凤娇，厦门大学台湾研究院博士研究生。

① 李岳云，董宏宇：《海峡两岸农产品贸易竞争与农业投资合作》，《中国农村经济》，2003年第7期，第65－69页。

② 温思美，郑晶：《海峡两岸农业合作模式的绩效及其前景分析》，《农业经济问题》，2006年第11期，第4－9页。

③ 陈照，高明：《关于建立海峡两岸农业共同市场的探讨》，《亚太经济》，2008年第5期，第94－97页。

也从两岸建立长期区域经济协作系统的角度提出了建立“两岸农业共同市场”的建议。王建民①对两岸农业合作机制进行了探索性的构想和具体设计，认为应以两岸农业为整体建立更高层次的、多样化的两岸农业合作机制。李周②则从总体上阐述了构建两岸农业共同发展的合作机制的主要设想和两岸应采择的合作政策。然而，上述研究大多只是对两岸农业合作历程的一般总结和简单抽象，基于前瞻研究的机制建构性体现不足；并且研究视角仍停留于狭隘的农业生产和技术层面合作，缺乏“大农业”思维。这一研究现状既与两岸农业合作的宏观环境不符，也不能为两岸农业合作的进展提供有效的理论研究支持。因此，本文拟在前人研究成果的基础上，就两岸农业合作机制创新进行深入、系统的研究，通过对既有农业合作模式、机制的评析和两岸经济一体化走势的前瞻性分析，在借鉴欧盟农业合作机制建立经验的基础上，探索两岸农业合作机制创新，提出构建创新性机制体系的具体领域及应予构建的相应机制。

二、基于合作模式与机制的两岸农业合作评析

（一）对两岸农业合作历程与模式的概括性认识

两岸农业合作肇始于1987年台湾民众赴大陆探亲引致的台商大陆投资。在大陆鼓励以外销出口创汇的政策目标导引下，台湾农业企业尤其是种植、养殖经营者纷纷赴大陆投资，以大陆作为基地，从事食品加工业的上游原料生产与出口。随着大陆内销市场的逐步开放和台湾原物料及工资成本的上升，台湾食品加工业者也开始在大陆进行投资。目前，台商农业投资已出现了上中下游一体配套投资的现象，投资领域不仅包括农产品生产，还包括加工、销售与贸易等领域，一些区域在与台商合作开拓市场渠道和构建行销网络方面也有一定进展。据不完全统计，至2008年7月，大陆共有台资农业企业5900多家，投资金额为69亿美元，台商投资大陆农业金额已占外商投

① 王建民：《推动两岸农业合作机制与合作模式的多元化发展》，《海峡科技与产业》，2006年第5期，第10－15页。

② 李周：《两岸农业合作的目标和机制》，《中国农业大学学报（社会科学版）》，2007年第2期，第169－172页。

资大陆农业金额的80%以上。①

在投资和贸易关系上，农业投资与制造业具有同样的特点。在台商对大陆进行农业投资的很长一段时期，农业投资所产生的种苗及原料或半成品需求主要依靠从台湾进口来满足，因此，台商在大陆的农业投资也带动了两岸农产品贸易，产生了一定的贸易效果。加之近年来大陆对台农业优惠中农产品采购力度的加大，两岸农产品贸易在商品贸易中已占据了一定的份额。据台湾“农委会”统计，两岸农产品贸易额已从2002年的4.34亿美元增至2009年的9.13亿美元，增长了2.1倍，其中台湾农产品出口至大陆从0.66亿美元增至3.64亿美元，增长了5.5倍，显示大陆已成为台湾农产品最具发展潜力的目标市场之一。② 投资和贸易的开展推动了技术交流。目前，两岸农业技术交流已从单一的种植业逐渐向畜牧、渔业、农机等领域拓展，在引进台湾先进技术和品种的同时，大陆的农业技术对台湾的辐射作用也逐渐彰显。

为加速两岸农业资源的结合，推动两岸农业合作集聚效应的发挥，自1997年开始，国务院台湾事务办公室、农业部与外经贸部先后在福建、海南等地建立了9个“海峡两岸农业合作试验区”、15个“国家级台湾农民创业园”和1个两岸林业合作实验区，这些各具特色、各有侧重、相互衔接的试验区和创业园已成为两岸农业合作的主要载体。

综合来看，当前两岸农业合作主要集中于农产品贸易、农业投资以及学术及技术交流三个方面，其中贸易与投资占据主导地位。农业合作的利益相关者（直接和间接主体）不仅包括农业企业、两岸农民，也包括两岸各层级行政部门、各类非营利组织以及学术界。基于此，可将迄今为止的两岸农业合作模式概括为：（1）台商对大陆单向性的农业投资，后期主要通过海峡两岸农业合作实验区和台湾农民创业园进行；（2）农业技术贸易，主要是大陆对台湾优良农作物品种、农业生产技术以及管理经验等的引进；（3）特色农产品贸易，主要是大陆主动开放市场，允许台湾水果、蔬菜、

---

① 王建华：《两岸农业举行交流活动开启最基层直接合作新时期》，中国政府网，http://www.gov.cn/jrzg//2009-07/20/content_1370190.htm

② 台湾“农委会”农产贸易统计查询系统，http://agrapp.coa.gov.tw/TS2/TS2Jsp/Index.jsp

水产品等农产品的零关税准入；（4）两岸政党间关于农业问题的交流，如海峡两岸经贸论坛等；（5）农业劳动力合作，主要是一些大陆渔民受雇于台湾的捕捞公司；（6）两岸大学和研究机构之间的农业学术交流。①

（二）两岸农业合作既有机制简要评析

考察两岸农业合作历程，可以发现，虽然农业合作的模式多种多样，但非对等条件下的农产品贸易、台商农业企业向大陆单方面投资、在大陆特定政策支持下建设试验区与创业园等依然是两岸农业合作的主流，也成为此前两岸关系下大陆与台湾农业合作的主要模式。两岸农业合作过程体现为一个从最初以投资为主的资源整合到以贸易为主的资源流动再到初步构建以两岸农业合作实验区为主要合作平台的过程。由于两岸农业发展存在明显的阶段差，因而，两岸农业合作的动力主要源于资金、技术、市场、劳动力、自然资源、管理经验等方面的高度互补，同时也间接源于相同的血缘文化背景下双方应对国际农产品市场竞争和追求农业可持续发展的需要。② 也就是说，在两岸农业经贸关系发展的历程中，以经济诱因为主的市场机制扮演了主要的角色。

一个完善的产业合作或者经济合作机制应是政府与市场边界合理确定、职能合理划分的体系。就两岸农业合作中市场与行政部门职能的发挥而言，众所周知，2008 年 5 月台湾二次政党轮替之前，虽然大陆为促进两岸经济合作出台了一系列优惠政策，但台湾当局却基本上奉行的是紧缩性大陆经贸政策。两岸贸易失衡与要素单向流动格局的形成就是一个体现。因此，两岸农业合作的大部分时段内，民间的、由市场自发推动的农业合作占主导地位，合作的动力来自于资源和优势及农业结构的互补性，这是体现市场性的一面。与此同时，在“三通”不通和限制大陆农产品入岛的政策背景下，两岸农业要素的流动是不通畅、不对等的、受到人为干预的，或者说，产业的互动关系受到了两岸政治关系的影响，尤其受到了台湾当局限制性大陆政策的影响。2008 年 5 月以来，两岸要素流动的环境与产业合作政策有了大

① 陶红军，赵亮：《海峡两岸农业经济一体化分析》，《农业现代化研究》，2006 年第 6 期，第 459 页。

② 李周：《两岸农业合作的目标和机制》，《中国农业大学学报（社会科学版）》，2007 年第 2 期，第 169 – 172 页。

幅改观，但政策积极效应的发挥尚需较长时间。由于两岸特殊的政治关系，二次政党轮替之前，两岸官方并未就经济合作乃至具体产业合作进行过正式协商，自然也不存在两岸官方间的农业合作机制。因而，截至目前，两岸农业合作机制仍是典型的市场演化和理论研究的产物。也就是说，两岸农业合作主体在无形中采取了一定的模式，遵循或依托着一种或几种机制，也在接受某一种或者几种机制的调节或指导，但由于长期以来制度化调控缺位，依靠一种扭曲的市场机制负载农业合作，其应有效应自然无法发挥。一方面是行政部门职能政治性缺位，一方面是市场职能扭曲性运行，双重因素制约两岸农业合作。在扭曲性市场机制下，以市场为基础的农业合作的具体机制也程度不同地发生变异。在官方制度化协商缺位的情势下，市场不仅失灵，而且失真。

总体上说，两岸既有的农业合作机制具有两个显著的特点：一是农业合作机制产生的基础与作用范围限制了机制作用的广度与深度。也就是说，两岸农业合作的领域主要是经贸合作、技术交流、管理互动、人才流动、科研合作等生产与技术范畴，而在反映“大农业”功能的范畴如产业关联、土地制度改革、农业组织运行、农村发展等方面则缺乏合作机制建立与发挥作用的基础。二是官方制度化机制缺位条件下市场机制的单方面、扭曲性运行。即农业合作机制是特殊的两岸关系下反映、适应、调节两岸功能性一体化进展中农业合作主体的一系列规范。但是，市场机制是两岸农业合作的基础机制，无论是在功能性一体化阶段还是制度性一体化阶段，对两岸农业合作机制的创新与完善都不意味着对市场机制的舍弃，而是在坚持市场机制的基础上，通过两岸行政部门的协商，建立与市场机制配套的、旨在反映与调节合作主体行为的机制性规范，并实现合作双方的政策对接，从而引导农业合作走向更高的阶段。

三、一体化架构下两岸农业合作的机制诉求：以欧盟共同农业政策变迁为参佐

（一）一体化架构下两岸农业合作的机制诉求

2008 年 5 月台湾二次政党轮替以来，两岸关系显著改善。随着海协、海基两会协商的顺利推进，两岸三通基本实现，要素流动趋向双向、全面，

具有两岸特色的经济一体化协议即将签署，两岸经济将从功能性一体化走向制度性一体化。制度性经济一体化的实现，不仅表明两岸农业合作背景的深刻变化，也将对两岸农业合作的功能、结构、领域乃至运行机制提出新的要求。

两岸经济一体化虽不一定遵循经典一体化理论规定的阶段逐次演进，但政策协调是共同规律。由两岸关系的进展与现状决定，两岸农业合作必然经由一个从正常化到制度化再到政策一体化的发展轨迹。正常化的实现意味着人为阻碍因素的消除，制度化的实现则完全依赖于两岸行政部门协商，而且其本身就是一种合作机制，政策一体化是经济合作发展到较高阶段的产物。如果说在正常化和制度化阶段要素流动的范围仍然局限于一体化区域之内的话，那么政策一体化阶段，要素尤其是成员间的要素组合的流动已经打破了一体化区域边界而在更大的范围流动。一体化的政策目标将以开拓一体化区域之外的国际市场为主。因此，一体化架构对两岸农业合作的机制诉求从宏观上说就是要加强两岸农业政策的协调。

在两岸农业政策协调基础上，一体化架构的运行对两岸农业合作的具体运行机制也会产生相应诉求，主要体现在要求要素双向流动、实现产业关联、构建大农业视角、进行组织与制度合作等方面。因此，一体化架构下，两岸在促进要素双向流动、顺畅流动的基础上，需要将农业生产与技术领域的合作拓展到构筑农业产前、产中与产后的完整产业链，并以“大农业”的要求改造与建构两岸农业合作的社会环境。① 需要将农业合作从单纯的产业合作拓展到农民、农村、农业组织、土地制度等领域。需要从产业关联与产业融合的角度，将农业合作与制造业合作、服务业合作联系起来，建立三次产业及其内部行业的关联与融合机制。需要将技术研发方面的交流与合作推充到农业制度安排和农业组织建立方面的合作。

为实现上述机制诉求，两岸需要借鉴相关区域经济组织进行农业合作的有益经验，根据对行政部门与市场职能的科学确定与边界的合理划分，形成市场机制与官方制度化安排配合支持、良性互动，并从“大农业”范畴出

① 林卿：《两岸农业合作的发展研究》，《福建农林大学学报（哲学社会科学版）》，2009 年第 1 期，第 3 页。

发，建构更符合两岸农业竞争力提高和经济一体化需要的具有两岸特色的农业合作新机制。

（二）欧盟农业合作机制变迁参佐

欧盟是当今世界经济一体化程度最高的区域组织。在一体化架构下，欧盟实施的共同农业政策几经演变，在促进农业与 发展方面取得了显著的成绩，堪称国际农业合作的范例。欧盟农业合作中机制建构的政策精神与政策手段值得两岸借鉴。

1. 欧盟农业合作机制的演变

欧盟在经济一体化的不同阶段，根据农业合作的进展及其效应采取了侧重点不同的农业合作政策。其中 1960 年代确立的共同农业政策框架和 1990 年代以来建立的以“第二支柱”为主轴的农业合作政策影响最大，也最具借鉴意义。

（1）共同农业政策框架的构建。在农产品处于短缺状态、对外贸易水平较低和成员经济体对共同体的高度认同尚未形成的特定背景下，欧盟共同农业政策的建立具有多元目标，即刺激农业生产、促进出口和协调内部关系。1962 年 1 月，欧洲共同体的欧洲委员会（欧盟前身）建立了以统一市场、共同体优先和财政一致为前提的共同农业政策（CAP）基本框架。共同农业政策的运行主要是通过价格机制、市场机制、货币补偿金机制、欧洲农业指导与保证基金和共同市场组织来实现。农业是欧洲一体化程度最高的领域，CAP 也因之成为此后欧盟建立要素自由流动的单一市场的基础和协调共同体内各经济体政治、经济关系的黏合剂。以市场机制为主要基础的共同农业政策被称为欧盟农业合作第一支柱。

（2）第二支柱的建立。共同农业政策在促进欧盟农业发展的同时也导致了农产品大量过剩和财政负担的日益沉重，加之共同农业政策在解决农村就业和可持续发展问题方面的功能缺失，引发了对共同农业政策进行改革的激烈争论。1992 年 6 月，欧盟开始对共同农业政策进行改革。改革的主要途径与目标就是建立以乡村发展为主要内容的“第二支柱”，将过去以价格支持为基础的机制转变为以价格支持和直接补贴为主的机制。这项改革由一系列政策构成，改革到目前仍在持续。1999 年欧盟通过“2000 年议程”，旨在根据一体化成员的农业发展及其合作情况构建欧洲农业模式。2002 年 7

月制定并于2003年6月通过的2007－2013年CAP改革方案是将挂钩的直接收入补贴改为脱钩的直接收入补贴的关键步骤。2005年6月又决定成立乡村发展基金，专门用于2007－2013年间的乡村发展。基金的建立采取欧盟中央预算和成员国共同负担的共同筹资安排。① 2008年11月20日，欧盟通过对与农产品产量挂钩的农业补贴的进一步削减改革，建立了支持落后地区发展和保护生态环境的资金安排机制。至此，欧盟农业合作“第二支柱”得以构建。综合来看，第二支柱的核心内容在于以下三个方面：通过投资和培训提高农业相关产业竞争力、为农民和其他农业主体提供环境管理方面的支持、促进农村经济和文化发展以提高农村地区生活质量。

2. 对两岸农业合作的启示与借鉴

欧盟是当前国际上一体化程度最高的区域组织，而农业又是欧盟一体化进展最快的部门。由于两岸的特殊关系，以两岸目前的一体化整合程度，欧盟的许多农业合作政策在技术意义上并不能为两岸整体接受或效仿。但是，欧盟农业合作的政策精神、发展方向、机制建立乃至一些具体领域的合作方式却值得两岸共同借鉴。

启示与借鉴一：“从农业走向农村”是欧盟农业合作政策由第一支柱转向第二支柱过程中所奉行的主要理念，也是其农业合作各阶段的政策精神体现。尽管欧盟的市场化程度很高，但基于“大农业”的多重功能实现，欧盟在农业合作上始终采取组织（或国家）支持范式而不是单纯的自由主义范式，从而实现了政府与市场的有机结合。从两岸各自农业发展的历程或取向来看，虽然发展阶段尚存差异，但在各自内部的农业政策取向上已先后在按照欧盟的方向发展，但在农业合作中这一走向体现尚不明显。显然，欧盟以“大农业”功能实现为主旨的农业合作理念与政策精神都值得两岸借鉴。

启示与借鉴二：欧盟政策目标与合作机制的有机结合是其农业合作取得成效的重要因素。欧盟农业政策目标确立的主要依据是农业发展形势及其与国民经济的关系。随着农业发展在不同阶段的主题与任务变化，欧盟适时调整其农业合作政策目标，将一体化初期以促进农业生产和提高农产品自给率

① 姬亚岚：《欧盟共同农业政策的第二支柱及其启示》，《世界农业》，2008年第1期，第40－43页。

水平的目标转换为一体化较高阶段以减少过剩、提高产品质量、保护生态环境、促进农村发展和维护农村社区的政策目标。相应地，其农业合作机制实现了由产业发展与支持机制向环境发展与支持机制的转变。事实证明，欧盟农业合作目标与机制的协同转换不仅极大地促进了农业的发展和经济的复兴，也在一定程度上推动了欧洲一体化的进展。

两岸农业合作是典型的“政府”缺位状态下市场主导的民间自发行为，在缺乏明确政策目标的前提下，合作机制的形成在体现出一种自发性和无序性的同时并未体现出一种建构性。因此，两岸农业合作首先需要在政策目标的形成上借鉴欧盟经验，其次，需要按照两岸农业发展与合作的阶段性形势建构相应的机制，才能保证两岸农业竞争力的共同提升。

启示与借鉴三：共同农业政策在本质上就是一种农业合作机制，体现了欧盟农业合作的政策协调高度。共同农业政策既是欧盟经济一体化演进的必然要求，也是一体化组织机构的一项创新性制度安排。正是在一体化演进和制度推动的双重作用下，农业才成为欧盟经济中一体化程度最高的部门，为欧盟经济一体化发展提供了基础条件。两岸农业合作目前虽不具备实行共同农业政策的条件，但可借鉴欧盟经验，在两岸经济合作框架协议签署后，就农业一体化进行专门协商，建立两岸农业一体化机制，使之在两岸经济一体化中承担先行军的职能。

启示与借鉴四：欧盟农业合作的成功也得益于其多样化的基金支持机制。在构筑共同农业政策框架阶段，欧盟适时设立用以维护第一支柱的农业指导基金；在第二支柱建立过程中，欧盟采取“共同筹资安排”的途径设立乡村发展基金，支持农业环境改善；此外，欧盟还设立结构基金用于调整区域之间的发展差距。两岸可借鉴欧盟建立多样化基金支持机制的作法，在综合型基金设立尚不具备条件的情势下，通过特定途径与程序，设立两岸农业合作的职能性基金，就两岸农业合作中特定领域如研究与开发的推进提供支持，待条件成熟后，尝试设立多样化的农业合作基金。

四、经济一体化架构下两岸农业合作机制的创新

基于上文分析，以下三组关系将共同构成两岸农业合作机制创新的基础、框架与方向。一是“政府”与市场的关系；二是“大农业”的功能与

发展手段的关系；三是经济一体化与农业部门一体化的关系。在上述范畴内，两岸农业合作机制的创新体现在两个层面，一是根据“大农业”的功能实现条件构建新的条件支持机制，二是通过官方制度化合作机制对市场机制运行加以引导，实现市场机制与“政府”机制的协调进而融合。具体而言，对两岸农业合作机制的创新性构建将主要集中于以下方面：

（一）完善两岸经济协商与要素流动机制

2008 年 5 月以来，两岸关系显著改善，“两会”协商顺利恢复，两岸“三通”基本实现，陆资、陆客入岛障碍初步消除。这标志着两岸经济协商机制、要素双向流动机制、人员交流机制的初步建立。但是，制约上述机制运行的制度与非制度因素仍大量存在，使上述机制还远未走上常态化与制度化轨道。因此，两岸需要借助当前协商经济合作框架协议的契机，加强两岸农业合作政策协商程度，加快消除制约两岸农业合作的各类消极因素，建立更有保障与制度约束力的农业协商、要素流动、人员流动机制。同时，授权行业协会或特定民间团体，建立农业发展信息与政策沟通机制。

（二）建立两岸农业经济主体的互动合作机制

两岸农业经济主体的互动合作具有一个鲜明的特点，那就是两岸官方在各自与其内部的农业企业、大学或农业研究机构间存在或深或浅的互动关系的基础上，借助于两岸农业技术的交流与投资贸易的开展，两岸产学研合作机制初步形成并取得一定成效。但是，两岸农业合作中包括官方在内的多主体互动关系并未形成，即便有官方参与支持，也只体现在大陆官方与台湾产学研界在大陆的互动。因此，两岸需要构筑完整的官产学研整合机制，并借助于这一机制的建立，将农业合作机制延伸到农业主体合作和农业环境整治领域，相应建立两岸农业组织无障碍交流机制、新型农民培训机制、农村建设经验交流机制。

（三）建立贸易与投资的政策协调机制

两岸农业发展虽处于不同阶段，但稳定农产品市场，保证供需平衡和促进农民增收则是共同的农业发展目标，因而也是农业合作目标。为此，两岸可建立以贸易调节产业的机制，[①] 即两岸根据双方农产品的供需情况，通过对对方部分农产品的进口来调节内部市场供求。或者说，在需要进口某种农产品时优先考虑与对方开展贸易。同时，为避免两岸农产品在国际市场上激烈竞争影响农业发展，两岸官方可授权特定民间团体建立农产品国际市场竞合协调机制，以实现两岸农业共同面向国际市场实现双赢的合作目标。此外，两岸可结合农业贸易纠纷仲裁机制的建立，鼓励农业企业组团投资，以避免单个企业投资的盲目性。

（四）建立知识产权保护与安全合作机制

随着两岸农业合作的深入，两岸农业研究机构的交流将更趋频密，新品种、新技术的研发推广及农产品商标与品牌的保护将成为农业合作的重要内容。两岸必须正确面对农业技术资源与研究成果共享合作的模式问题，一个关键的问题就是以合理的制度安排促进技术的试用与转让。为此，必须在两岸知识产权相关法规对接的基础上，建立两岸农业知识产权与商标保护机制，杜绝农业技术（包括优良品种与实用推广技术）的非法转让以及农产品商标抢注现象的发生，降低其对两岸农业交流与合作的负面影响。同时，采取两岸在渔业合作领域构建安全合作机制的做法，在农产品检验检疫、运输、生产等领域建立普遍的农业安全合作机制，以保障两岸农产品消费者和农业经济主体的利益。

（五）建立农业区域转移及其效益传导机制

两岸农业合作区域虽呈现由沿海向中西部地区的扩展趋势，但福建、广东、海南和山东等东部沿海地区仍是两岸农业合作的“排头兵”，1991－2008 年期间四省农业台资占全国农业台资达 71.59%。中西部地区虽有台资进入，但进展迟缓、规模较小。同时，台资农企经营内容与区域分工脱节现象严重，其构建的产业链往往独立于当地农业发展之外，形同“飞地”，进而影响两岸农业合作的效益发挥与区域间传导。这种现象的出现，除了东部地区农业“集聚”效应和中西部地区引资环境的劣势与政策缺陷外，最主要的仍在于大陆统一市场建设滞后，要素流动渠道不畅。为此，大陆应在合

① 王建民：《推动两岸农业合作机制与合作模式的多元化发展》，《海峡科技与产业》，2006 年第 5 期，第 10－15 页。

理规划农产业区域布局和推进统一市场建设的基础上，建立产业转移的区域协调机制和产业效益区域传导机制，促进台资农业与大陆区域经济在合理分工基础上的高度融合。

任何机制的运行都需要一定的条件。上述机制的有效运行不仅需要两岸各自对其内部农业制度与组织的变革问题，更需要两岸共同致力于一体化条件下农业乃至经济政策的高度协调。限于篇幅，本文不再对机制效应发挥的条件进行探讨。

跋

厦门大学台湾研究院（台湾研究所）成立30年来，先后在10周年庆典、20周年庆典、25周年庆典和30周年庆典之前出版《台湾研究十年》、《台湾研究论文集》、《台湾研究25年精粹》和《台湾研究新跨越》系列文集，在台湾研究界产生了较好的反响。本书的出版，一方面是为了继续厦门大学台湾研究院的团队精神，将研讨会上较具学术创见的研究成果汇总起来，进行集中展示，以进一步了解当前台湾研究的最新成果和思想前沿；另一方面则是希望藉此激励全院师生在台湾研究新的学术征程中确立新坐标，找到跨越研究难题新的着力点和方向。

多学科交叉融合是厦门大学台湾研究院相对来说比较明显的优势。2006年12月24日，中共中央政治局常委、全国政协主席贾庆林一行前来观察，在向他做简报时，我谈到了自己在研究中的一点感想："对于我们这些研究台湾问题的学者来说，如果不知道台湾的历史，我们的研究是不会有深度的；如果不知道台湾的文学，我们的研究是缺少人文关怀的；如果不知道台湾的经济，我们的研究是不能说有深度的；如果不知道台湾的政治，我们的研究是很难有高度的。"这段话是个人在对台交流交往和研究工作中比较强烈的感受，对于任何研究者来说，要跨越这么多学科去认识台湾问题实属不易。

1895年清政府被迫割让台湾，进一步激发了中国人变法图强的坚定意志。100多年来，两岸中国人为此不懈努力，经历了无数的挫折，也走了许多弯路。回顾过去的历史，我们可以总结出许多经验和教训，其中知识的偏颇和缺乏系统性的思维可能是值得检讨的众多问题之一。作为政治精英个体，两岸的许多前辈先贤，他们各自都有对国家和民族问题极其深刻的洞察和体会，他们提出的主张也都有一定的合理性。但是，在如何吸纳其他人的观点，在如何采纳其他政党的合理主张方面，我们太需要能够调和鼎鼐、博采众长的精英。学会欣赏对方的优点，真正做到有容乃大，其实并非易事，除了要有高尚的道德精神外，更需要有全面的知识和能力。这一点对于从事台湾研究的专家学者来说同样是适用的，当我们的国家拥有一大批知识渊博且胸怀宽广的两岸关系研究精英群体时，我们就有可能实现100多年来的梦想。

厦门大学台湾研究院有30位研究人员，分别隶属5个研究所和政治、经济、历史、文学、法律、教育6个不同学科。虽然平时有不少机会一起工作和生活，但跨学科知识整合和合作研究的机会仍然很有限。两岸签署ECFA后，民间关系发展更加迅速，涉及两岸人民生活的研究领域已扩展到法律、教育、宗教、社会等学科，进行跨越学科研究已不仅是寻找学术增长点的问题，更是台湾研究工作者无可回避的挑战。期待这一套会议论文集的出版，将进一步促动全体师生研究观念的变革和研究视野的跨越，或许不久的将来，多学科的知识整合将给我们的研究带来新的收获和喜悦。

感谢所有关心厦门大学台湾研究院的朋友们，同时也感谢全院教职工多年不懈的努力和奉献！

厦门大学台湾研究院院长　刘国深